有美一朵，向晚生香

丁立梅 著

作家出版社

图书在版编目（CIP）数据

有美一朵，向晚生香：新版 / 丁立梅 著. -- 北京：
作家出版社，2018. 11（2023. 8 重印）
　　ISBN 978-7-5063-9926-5

　　Ⅰ. ①有… Ⅱ. ①丁… Ⅲ. ①散文集- 中国 - 当代
Ⅳ. ①I267

中国版本图书馆CIP数据核字（2018）第030782号

有美一朵，向晚生香：新版

作　　者：丁立梅
责任编辑：肖登宇
助理编辑：周李立
装帧设计：张亚群
出版发行：作家出版社有限公司
社　　址：北京农展馆南里10号　　邮　　编：100125
电话传真：86-10-65937186（发行中心及邮购部）
　　　　　86-10-65004079（总编室）
E-mail:zuojia@zuojia.net.cn
http://www.zuojiachubanshe.com（作家在线）
印　　刷：北京中科印刷有限公司
成品尺寸：142×210
字　　数：180千
印　　张：10.5
版　　次：2018年11月第1版
印　　次：2023年8月第20次印刷
ISBN　978-7-5063-9926-5
定　　价：35.00元

目录

序 / 001

第一辑　黄裙子，绿帕子

她多像一个春天啊，在我们年少的心里，茸茸地种出一片绿来。

黄裙子，绿帕子 / 003

打碗花的微笑 / 006

陌上花开蝴蝶飞 / 009

遇见你的纯真岁月 / 017

青春不留白 / 020

我的中学时代 / 024

那一夜，星光如许 / 028

掌心化雪 / 031

等你回家 / 034

你并不是个坏孩子 / 037

女人如花 / 040

第二辑　有一种爱叫相依为命

这世上，有一种最为凝重、最为深厚、最为坚固的情感，叫相依为命。它与幸福离得最近，且不会轻易破碎。

爱到无力 / 045

有一种爱叫相依为命 / 048

父亲的理想 / 051

花盆里的风信子 / 054

他已走过了花木葱茏 / 057

天堂有棵枇杷树 / 060

一朵栀子花 / 063

他在岁月面前认了输 / 066

奔跑的小狮子 / 070

父亲的菜园子 / 073

母亲的心 / 076

第三辑　一天就是一辈子

风吹着窗外的花树，云唱着蓝天的歌谣，怎么样，都是好了，我可以把一天，过成我想要的一辈子。

小欢喜 / 081

月亮天 / 084

一天就是一辈子 / 087

半日春光 / 089

低到尘埃的美好 / 092

品味时尚 / 096

跟着一朵阳光走 / 099

让每一个日子，都看见欢喜 / 102

一个人的歌谣 / 105

书香作伴 / 108

草地上的月亮 / 111

瓦壶天水菊花茶 / 114

第四辑　小扇轻摇的时光

恍惚间，月下有个小女孩，手执蒲扇，追着流萤。依稀的，都是儿时的光景。

从春天出发 / 119

梨花风起正清明 / 122

春风暖 / 125

一去二三里 / 128

人间第一枝 / 131

四月 / 134

五月 / 137

采一把艾蒿回家 / 140

小扇轻摇的时光 / 143

听蛙 / 146

秋天的黄昏 / 149

十月 / 152

第五辑　有美一朵，向晚生香

感谢生命中那些相遇，在我人生的底色上，抹上一朵粉红，于向晚的风里，微微生香。

香菜开花 / 157

有美一朵，向晚生香 / 160

草木有本心 / 163

花间小令 / 166

蔷薇几度花 / 172

满架秋风扁豆花 / 176

闻香 / 179

菊有黄花 / 181

菊事 / 184

木芙蓉 / 187

银杏黄 / 190

才有梅花便不同 / 195

第六辑　风过林梢

露天舞台，一盏汽油灯悬着，照着她唇红齿白一张粉嫩的脸，她像开得满满的一枝芍药花。

蓝色的蓝 / 201

白日光 / 204

如果蚕豆会说话 / 210

老裁缝 / 215

彼岸种下的盅 / 219

棉花的花 / 222

青花瓷 / 226

黑白世界里的纯情时光 / 230

风过林梢 / 234

花样年华 / 241

你在，世界就在 / 245

第七辑　当华美的叶片落尽

当华美的叶片落尽，生命的脉络才历历可见。

向着美好奔跑 / 253

当华美的叶片落尽 / 256

灵魂在高处 / 259

贺卡里的宛转流年 / 262

牛皮纸包着的月饼 / 265

感恩的心 / 268

留香 / 271

风居住的街道 / 274

一窗清响 / 277

老兵 / 280

风会记得一朵花的香 / 283

第八辑　花都开好了

你看，花都开好了。冰天雪地里，红艳艳的一大簇，直艳到人的心里面。

逢简 / 289

人间的羊卓 / 292

花都开好了 / 296

锦溪 / 299

乡下的年 / 303

蒲 / 306

瓶子里的春天 / 310

每一棵草都会开花 / 313

秋意 / 316

草的味道 / 319

新丰看花 / 322

祖母的葵花 / 325

序

每一颗种子，都有它自己的奇迹。

——这是植物们告诉我的。

我手上如果有一颗种子，我绝不会随手扔了它，而是会把它种在一盆土里。

我种过苹果、西瓜、柚子、桂圆、火龙果、荔枝、桔，都是吃完的水果种子。它们有的会发芽、成长，像柚子和火龙果，很快蓬勃出一盆新绿来。大半年的时间里，它们都是我书桌上最美的景致。

有的，暂不会发芽。我也不难过。得之，是意外。不得，也在情理之中。我很享受的是这种可遇不可求的缘分。

我买洋葱，吃剩下的，放冰箱里。日子久了，半颗洋葱头竟在冰箱里发了芽。我找只花瓶，把它装进去，它就不停地长啊长，长出肥绿的一串儿。有人说它是风信子。有人说它是水仙花。

——我得意，告诉他们，不是，是洋葱头啊。

洋葱头也有梦想的。

我还在泥盆里栽过生姜。生姜拱出的新绿，像竹，摇曳生姿，极有看头。我看书或写字累了，就踱到它身边去，一盆的新绿，染绿我的眼、我的心。这意外所得，如同赐予。

　　我还在碗里长过菜花和小野菊。它们一律的，都端给我一盆的好颜色，让我的日子，充满欢喜和甜蜜。

　　不要埋怨生活不优待你。你要扪心自问的是，你优待过它吗？

　　还是请从一颗种子入手吧，爱它，珍惜它，你将收获到许多意想不到的快乐。那里面，期待有，惊喜有，美好有。更重要的是，它让你学会执着、柔软和善待。

第一辑
黄裙子，绿帕子

她多像一个春天啊，在我
们年少的心里，茸茸地种
出一片绿来。

黄裙子，绿帕子

她多像一个春天啊，在我们年少的心里，茸茸地种出一片绿来。

十五年前的学生搞同学聚会，邀请了当年的老师去，我也是被邀请的老师之一。

十五年，花开过十五季，又落过十五季。迎来送往的，我几乎忘掉了他们所有人，然在他们的记忆里，却有着我鲜活的一页。

他们说，老师，你那时好年轻呀，顶喜欢穿长裙。我们记得你有一条鹅黄的裙子，真正是靓极了。

他们说，老师，我们那时最盼上你的课，最喜欢看到你。你不像别的老师那么正统威严，你的黄裙子特别，你走路特别，你讲课特别，你爱笑，又可爱又漂亮。

他们说，老师，当年，你还教过我们唱歌呢，满眼的灰色之中，你是唯一的亮色，简直是光芒四射啊。

他们后来再形容我，用得最多的词居然都是：光芒四射。

我听得汗流浃背，是绝对意外的那种吃惊和惶恐。可他们一脸真诚，一个个拥到我身边，争相跟我说着当年事，完全不像开玩笑的。

回家，我迫不及待翻找出十五年前的照片。照片上，就一普通的女孩子，圆脸，短发，还稍稍有点胖。可是，她脸上的笑容，却似青荷上的露珠，又似星月朗照，那么的透明和纯净。

一个人有没有魅力，原不在于容貌，更多的，是缘于她内心所散发出的好意。倘若她内心装着善与真，那么，呈现在她脸上的色彩，必然叫人如沐暖阳如吹煦风，真实、亲切，活力迸发。这样的她，是迷人的。

我记忆里也有这样的一个人。小学六年级。学期中途，她突然来代我们的课，教数学。我们那时是顶头疼数学的。原先教我们数学的老师是个中年男人，面上整天不见一丝笑容。即便外边刮再大的风，他也是水波不现，严谨得像件老古董。

她来，却让我们都爱上了上数学课。她十八九岁，个子中等，皮肤黑里透红，长发在脑后用一条绿色的帕子，松松地挽了。像极田埂边的一朵小野花，天地阔大，她就那么很随意地开着。她走路是连蹦带跳着的，跟只欢快的鸟儿似的。第一次登上讲台，她脸红，半天说不出话来，只轻咬住嘴唇，望着我们笑。那样子，活脱脱像个邻家大姐姐，全无半点老师的威严感。我们一下子喜欢上她，新奇有，更多的，却是觉得亲近和亲切。

记不得她的课上得怎样了，只记得，每到要上数学课，我们早早就在桌上摆好数学书，脖子伸得老长，朝着窗外看，盼着她早点来。我们爱上她脸上的笑容，爱上她的一蹦一跳，爱上她脑后的绿帕子。她多像一个春天啊，在我们年少的心里，茸茸地种出一片绿来。

她偶尔也惩罚不听话的孩子，却从不喝骂，只伸出食指和中指，在那孩子头上轻轻一弹，轻咬住嘴唇，看着那孩子笑道，你好调皮呀。那被她手指弹中的孩子，脸上就红上一红，也跟着不好意思地笑。于是，我们便都笑起来。我们作业若完成得好，她会奖励我们，做游戏，或是唱歌。——这些，又都是我们顶喜欢的。在她的课堂上，便常常掌声不断，欢笑声四起，真是好快乐的。

然学期未曾结束，却又换回原来严谨的男老师，她得走了。她走时，我们中好多孩子都哭了。她也伏在课桌上哭，哭得双眼通红。但到底，还是走了。我们都跟去大门口相送，恋恋不舍。我们看着她和她脑后的绿帕子，一点一点走远，直至完全消失不见。天地真静哪，我们感到了悲伤。那悲伤，好些天，都不曾散去。

打碗花的微笑

　　天空下，她微笑的样子，像一朵浅紫的打碗花。

　　那年，我念初中一年级。学期中途，班上突然转来一个女生。女生梳两根长长的黑辫子，有张白果似的小脸蛋，精巧的眼睛、鼻子和嘴唇，镶嵌其上。老师安排她靠窗坐。她安静地翻书，看黑板，姿势美好。窗外有桐树几棵，树影倾泻在她身上，波光潋滟。像一幅水粉画。

　　我们的眼光，总不由自主转向她，偷偷打量，在心里面赞叹。寡淡如水的乡村学校生活，因她的突然撞入，有了种种雀跃。说不清那到底是什么，我们就是那么高兴。

　　她总是显得很困。常常的，课上着上着，她就伏在桌上睡着了。两臂交叉，头斜枕在上面，侧着脸，闭着眼，长长的睫毛，像蝶翅样的，覆盖在眼睑上。外面一个世界鸟雀鸣叫，她那里，只有轻梦若纱。

这睡相，如同婴儿一般甜美，害得我们看呆过去。老师亦看见了，在讲台前怔一怔。我们都替她紧张着，以为老师要喝骂她。平时我们中谁偶尔课上睡着了，老师都要喝骂来着。谁知那么严厉的老师，看见她的睡相，居然在嘴边荡起一抹笑。老师放轻脚步，走到她跟前，轻轻推一推她，说，醒醒啦。她一惊，睁开小绵羊般的眼睛，用手揉着，冲老师抱歉地笑，啊，对不起老师，我又睡着了。

我们都笑了。没觉得老师的做法，对我们有什么不公。在她面前，老师就该那么温柔。我们喜欢着她，单纯地，暗暗地。就像喜欢窗外的桐树，喜欢树上鸣唱的鸟儿。

有关她的身世，却悄悄在班上传开。说她爸爸是个当大老板的，发达了之后，遗弃了她妈妈。她妈妈一气之下，寻了死。她爸爸很快娶了个年轻女人，做她后妈。后妈容不下她，把她打发回老家来念书。

这到底是真是假，没有人向她证实过。我们再看她时，就有了好奇与怜悯。她却没有表现出多少的不愉快来，依旧安静地美好着。跟班上同学少有交集，下了课就走，独来独往。我们的目光，在她身后追随着。她或许知道，并不回头。

偶尔一次，我与她路遇。那会儿，她正蹲在一堵墙的墙角边，逗着一只小花猫玩。黄的白的小野花，无拘无束的，开在她的脚边。看见我，她直起身来，冲我点点头，笑，眼睛笑得弯弯的。我们同行了一段路，路上说了一些话。记不得说的什么了，只记得，她讲一口流利的普通话，声音甜脆。田野里有风吹过来，色彩是金黄的，很和煦。是春天，或是秋天。天空下，她微笑的样子，像一朵浅紫的打碗花。

后来的一天，她却突然死了。说是病死，急病。一说是脑膜炎，一说是急性肺炎。她就那么消失了，像一颗流星划过夜空。靠窗边她的课桌，很快撤了。我们一如既往地上着课，像之前她没到来时一样。

好多年了，我不曾想过她。傍晚时，我路过一岔路口，迎面走来一个女孩，十二三岁的模样。女孩梳着现时不多见的两根长辫子，乌黑的。女孩很安静地走着，我一下子想起她，眼睛渐渐蒙上一层薄雾。那打碗花一样的微笑，是我最初相遇到的美好。

陌上花开蝴蝶飞

岁月的波光涛影啊，它们在我的心头流啊流。

这世上，最让人惆怅的事莫过于，你曾经经历的蓊郁葱茏，都被时光的那只小手，拂得干干净净，烟尘也没留下一粒。某一天，你试图循着从前的路，想走回去，却早已物非人也非。风还在吹，水还在流，你却找不到你的过往了，仿佛你从未曾出现过。天地迢遥，山长水渺，你想凭吊，也无所附丽了。那种失落，才真正是疼，疼得慌。

有时半夜睡醒，我会突然想起从前的一些小光阴。弯弯的田埂。冒着炊烟的茅舍。蜷在土墙上打盹的黑猫。木槿花围成的篱笆院落，花红一朵紫一朵地开着。岁月的波光涛影啊，它们在我的心头流啊流。

我睁眼痴痴地想上一想，四周漆黑，万籁俱静，我犹如孤岛。我知道，回不去了。我的村庄之于我，是陌生的了。我之于它，亦像是天外来客。故乡偶尔还是回的，却每每靠近，都有点像踩着唐时贺知章的脚印，怯了又怯。——"儿童相见不相识，笑问客从何处来"，真的就是那样的。

"陌上花开蝴蝶飞，江山犹似昔人非"。还是趁我尚有记忆的时候，让我在记忆里打捞一把吧，以慰相思。

我穿鞋，总是鞋头先破。

新鞋穿上没两天，脚趾已露了出来。

不单单是我，那时的小孩，都是这样的。我们走路从来没有正儿八经过，好好的路放着不走，却专门爱挑那些坑坑洼洼高低不平的地方走，也爱翻沟爬渠。总之，是要带点挑战性的。

路上遇到水洼子，我们踩水洼子。遇到泥块，我们踢泥块。遇到碎砖，我们踢碎砖。遇到小石子，我们踢小石子。实在没什么可踢的了，我们就踢路边长着的小花小草。可怜了那些小花小草，就那么好脾气地任由我们踢着，早也踢，晚也踢。反正，我们的脚是不能闲着的。

布鞋经得起我们几回踢？我妈的一针一线，很轻易地就被我踢破了。回家挨打是免不了的，可就是不长记性，再走路，依然不会好好去走，把路上能踢的东西都踢个遍，沉醉其中，满心欢喜。

想来，四平八稳的生活，连小孩也不喜的，日子里总要擦出点小火花，那才叫有意思吧。

我穿裤子，也总是裤兜先破。

我妈晚上帮我脱裤子，准会在裤兜里倒出一堆的"宝贝"来：小石子，玻璃瓶底，小瓦片，树叶，泥块，芦苇枝，蜗螺壳……有时，还会有小虫子，像蚂蚱之类的。

我妈边倒边骂，讨债鬼，你装这些垃圾做什么啊！

我吓得不敢吱声，怕一吱声，我妈的巴掌就拍过来了。

也还是不长记性，到第二天，裤兜里准又装上这些玩意儿了，乐此不疲。我姐也是。我弟弟也是。害得我妈替我们补着补不完的衣裳。

在一个孩子的眼里，所有的物，都值得亲近，且是万金不换的宝贝。

有一段日子，我特痴迷于挖灶台和造小房子。

提了猪草篮子，说是去割猪草，其实哪里是。到得地里，猪草篮子被扔到一边去，我开始挖灶台。泥堆出台子。泥做出锅碗瓢盆。我在灶台上做"饭"做"菜"，好一个热气腾腾。玩到日落，还不想回家。

也用芦苇茅草搭建小房子。有一次，我在桑树地里，整出一小块空地，用树枝软草，盖了一幢小房，我捉一只虫子进去，代替我住着。用桑树叶代替鸡几只、鸭几只，放在房前，想象着它们正在自在地觅食。我还在房顶上插满小野花，自认为把它打扮得很美，一日三回跑去看，真真是欢喜得不得了。夜里兴奋得睡不着，睁着眼还瞎高兴半天，也不知道高兴个啥，仿佛藏着一个天大的秘密。

我奶奶追着鸡跑，终发现了我的小秘密。她嘟哝着骂着什么，很生气地捣毁了我的小窝。树枝和软草，被她拾回家，做了引火草。

我独自难过了很久。

现在想来，我从小就表现出大众化的庸常来，亲近凡俗，热衷于一灶一锅、一瓢一勺、一庭一院。我注定了一辈子只有在烟火里才得心安。

远房亲戚家，新过门的媳妇生了小孩，家里大人商量着，要去送月子礼。

十月里，正是收获季节，地里的活儿一桩接一桩，谁有那闲空走亲戚？大人们称回几斤馓子和红糖，为谁去送这个礼作了难。我人小，在一边却听得兴奋，仰了头说："我去。"这等走亲戚，总是好处多多的，在亲戚家，我肯定能吃上糖水泡馓子。这小算盘，我可拨得噼啦响。

我妈果真让我去了。她就那么放心的，让一个才五六岁的孩子，去往陌生地。多年后，我妈叹息着说："有什么办法呢？那时穷啊，大人要挣工分啊。"

那个远房亲戚家，我从未到过，亲戚也是我未曾谋过面的。

但无知者无畏，我雄赳赳气昂昂地挎着小竹篮，就上路了。一路走，一路记着我奶奶交代过的，要过四座桥，要转五个弯。

好吧，我爬过四座桥去（那时桥都是木桥，留很大缝隙，我是不敢走着的，只能爬）。我转了五个弯，一个村庄呈现在我跟前。棉花地连着棉花地，茅草房连着茅草房。我穿过一块棉花地，再一块棉花地，在一排茅草房前徘徊，并不担心找不着亲戚家。小脑袋里转着那样的念头，新生了小孩的人家，门前肯定晾着尿布的，亦肯定晾着婴孩的小红衫。刚出生的孩子，都穿这个，这我知道。我有限的人生经验里，竟无意中装进了家乡的很多老风俗。

循着晾衣绳上的尿布，和院门前桃树上晒着的婴孩的小红衫，我没怎么费劲，就找到了亲戚家。亲戚全家惊奇得不得了，那个我叫大妈的妇人，弯腰抱起我，使劲亲，她不相信地一声声问："小乖乖，你怎么就摸到的，你怎么就摸到了？"

我如愿吃到了糖水泡馓子。还收获到回礼一份——两只大饼，纯白面粉做的。

当天，我凯旋而归。晚上，一家人围在灯下，翻看着我带回的两只大饼，热切地问了我很多很多，路上怎么走的，又怎么摸到那个大妈家的，大妈说了些什么，我又说了些什么，吃了些什么。问了一遍又一遍，我答了一遍又一遍。

我妈跟我聊天，提及我小时候的这件事。我妈说："你从小就聪明，那么小的人，能摸那么远的路，还知道新生了小儿的人家，门口要晒小红衫。你命大福大，以后会有享不完的福的。"

我很含蓄地笑了。我没告诉我妈的是，我只是被那碗糖水泡馓子牵着去的。

想望一场雪。

雪也总不来。好些个冬天，风也是冷的，水也是寒的，天却冷得拖泥带水的。

从前的冬天，却不是这样的。天说冷就冷，干脆，果断，彻底。雪一下就是几昼夜。冰凌在屋檐下挂着，一根根，晶莹闪亮，远观去，一排，像水晶帘子。

我们拿它当冰棍吃。手冻得通红，像红萝卜。脸也冻得通红，像红苹果。却不觉得冷，还是要往外跑，小狗样的，在冰天雪地里，撒着欢。

大人也没时间管我们，随我们到处野去，穿得不多也是不要紧的。小孩屁股后面有三把火，我奶奶说。天尽管冷得嘎嘣嘎嘣的，我们却很少被冻坏了，连感冒头疼也少有。

最喜欢的是玩冰。在冰上打冰漂，比赛谁漂得远。小河里的冰，结有几寸厚吧，打冰漂不过瘾的，我们都跑去冰上溜着。便常有意外发生，玩着玩着，脚下的冰突然裂了缝，抽身不及，"扑通"掉下去。幸好是大冬天，都穿着棉衣棉裤，一时半会儿沉不下去，也都能被及时救上来。

我姐经常翻老皇历，对着我小弟。说某年的冬天，她走在去上学的路上，见到我小弟的花棉袄浮在水面上。当时，周围一个人也没有。她伏到冰块上，硬是用牙齿咬着我小弟的棉衣，把他给拽了上来。我姐说，那时，她也只是个孩子，不过十一二岁。

这惊险的一幕，我小弟毫无印象。我姐对此很不满。我救了你的命哪，不是我，哪有今天的你，我姐说。

我小弟心里早就认了，嘴却硬，说她是讲故事。

每年，我奶奶会挑一只母鸡，让它抱窝儿。

抱窝儿的母鸡很敬业，一动不动伏在窝里，伏在一堆鸡蛋上。然后某天，我尚在午睡，耳边就听见了雏鸡的叫，唧唧，唧唧，外面的天光都被这稚嫩的声音，唤得青翠流转起来。

一群小鸡，毛茸茸，粉嘟嘟的，试探着在地上走，走得跌跌撞撞。母鸡领着这样一群鸡崽，出门去，风光无限。

我对母鸡实在好奇，以为我们人，也像母鸡孵蛋一样，这么给孵出来的。我偷拿了鸡蛋，学母鸡的样，孵。结果，鸡蛋在我身下碎了，蛋黄蛋清糊了一身，被我奶奶捉住，狠揍了一顿。我奶奶一连唠叨了数日，说我是败家子。她痛惜着那几只鸡蛋，可以换到几斤盐的。

我后来还偷试过两回，不成功，终死了心。

糊里糊涂参加过一次追悼会，一个大人物的。

是春末夏初的天，村人们神情庄严，悄悄传说，谁谁谁死了。

谁死了？小孩多嘴问。立即被大人警告，不许瞎问。村部设了灵堂，白色的幔子拉起来，中间一个大大的黑色"奠"字。一二年级的小朋友也被告之，要参加追悼会，叫我们回家准备白衬衫。我们小孩只管在心里高兴，觉得自己被当作大人看待，这是其一。更重要的是，可以不用坐在教室里，可以看见一群又一群人聚在一起，多热闹啊。

一堆儿的姑娘婶娘在叠白花，手底下开满了小白花，雪一样白，那么多，都快成河流荡起来了。我真愿意她们就那么叠下去。

白衬衫哪里有呢？我妈没法，弄了件她洗得泛白的衫子，给我套上。我一直拖到脚面上，像穿了件长裙子。别一朵小白花在胸前。——这都是好玩的事。高兴啊，真恨不得天天开追悼会。却不敢在脸上显露出高兴来，学大人们的样，让表情沉重着。

一队一队的人，走进灵堂去。有人在前面喊，一鞠躬。二鞠躬。再鞠躬。哀乐声循环播放。

出门，外面的阳光晃花了眼。人们都扯下胸前的小白花，扔到地上，脸上的庄严肃穆倏忽不见。我站在阳光下发愣，这就算完了？我略略有些惆怅。地上"开满"了小白花，真漂亮啊，我真想捡了它们回家。

遇见你的纯真岁月

那是他和我们的纯真岁月，彼此用心相爱，所以，刻骨铭心。

他是第一个分配到我们乡下学校来的大学生。

他着格子衬衫，穿尖头皮鞋，操一口流利的普通话，这令我们着迷。更让我们着迷的是，他有一双小鹿似的眼睛，清澈、温暖。

两排平房，青砖红瓦，那是我们的教室。他跟着校长，绕着两排平房走，边走边跳着去够路旁柳树上的树枝。附近人家养的鸡，跑到校园来觅食了，他看到鸡，竟兴奋得张开双臂，扑过去，边扑嘴里边惊喜地叫："啊啊，大花鸡！"惹得我们笑弯了腰，有同学老气横秋地点头说："我们的老师，像个孩子。"

他真的做了我们的老师，教我们语文。第一天上课，他站讲台上半天没说话，拿他小鹿似的眼睛，看我们。我们也仰了头对着他看，彼此笑眯眯的。后来，他一脸深情地说："你们长得真可爱，真的。我愿意做你们的朋友，共同来把语文学好，你们一定要当我是朋友哦。"他的这个开场白，一下子拉近了他与我们的距离，全班学生的热血，在那一刻沸腾起来。

他的课，上得丰富多彩。一个个汉字，在他嘴里，都成了妙不可言的音符。我们入迷地听他解读课文，争相回答他提的问题。不管我们如何作答，他一律微笑着说："真聪明，老师咋没想到这么答呢？"有时我们回答得太离谱了，他也佯装要惩罚我们，结果是，罚我们唱歌给他听。于是教室里的欢笑声，一浪高过一浪。那时上语文课，在我们，是期盼，是幸福，是享受。

他还引导我们阅读。当时乡下学校，课外书极其匮乏，他就用自己的工资，给我们买回很多的书，诸如《红楼梦》《钢铁是怎样炼成的》《红与黑》之类的。他说："只有不停地阅读，人才能走到更广阔的天地去。"我至今还保留着良好的阅读习惯，应该是那个时候养成的。

春天的时候，他领我们去看桃花。他说："大自然是用来欣赏的，不欣赏，是一种极大的浪费，而浪费是可耻的。"我们"哄"一声笑开了，跟着他蹦蹦跳跳走进大自然。花树下，他和我们站在一起，笑得面若桃花。他说："永远这样，多好啊。"周围的农人，都看稀奇似的，停下来看我们。我们成了风景，这让我们备感骄傲。

我们爱他的方式，很简单，却倾尽我们所能：掐一把野地里的花儿，插进他办公桌的玻璃瓶里；送上自家烙的饼，自家包的粽子，悄悄放在他的宿舍门口。他总是笑问："谁又做好事了？谁？"我们摇头，佯装不知，昂向他的，是一张张葵花般的笑脸。

我们念初二的时候，他生了一场病，回城养病，一走两个星期。真想他啊，班上的女生，守在校门口，频频西望。——那是他回家的方向。被人发现了，却假装说："啊，我们在看太阳落山呢。"

是啊，太阳又落山了，他还没有回来。心里的失望，一波又一波的。那些日子，我们的课，上得无精打采。

他病好后回来，讲台上堆满了送他的礼物，野花自不必说，一束又一束的。还有我们舍不得吃的糖果，自制的贺卡。他也给我们带了礼物，一人一块巧克力。他说："城里的孩子，都兴吃这个。"说这话时，他的眼睛湿湿的。我们的眼睛，也跟着湿了。

他的母亲，却千方百计把他往城里调。他是家里独子，拗不过母亲。他说："你们要好好学习，将来，我们会有重逢的那一天的。"他走的时候，全班同学哭得很伤心。他也哭了。

多年后，遇见他，他早已不做老师了，眼神已不复清澈。提起当年的学生，却如数家珍般的，一个一个，都记得。清清楚楚着，一如我们清楚地记得他当年的模样。那是他和我们的纯真岁月，彼此用心相待，所以，刻骨铭心。

青春不留白

　　原来，所有的青春，都不会是一场留白。

　　上高中的时候，我在离家很远的镇上读书，借宿在镇上的远房亲戚家里。虽说是亲戚，但隔了枝隔了叶的，平时又不大走动，关系其实很疏远。是父亲送我去的，父亲背着玉米面、蚕豆等土产品，还带了两只下蛋的老母鸡。父亲脸上挂着谦卑的笑容，让我叫一对中年夫妇"伯伯"与"伯母"。伯伯倒是挺和气的，说自家孩子就应该住家里，让父亲只管放心回去。只是伯母，仿佛有些不高兴，一直闷在房里，不知在忙什么。我父亲回去，她也仅仅隔着门，送出一句话来："走啦？"再没其他表示。

　　我就这样在亲戚家住下来。中午饭在学校吃，早晚饭搭在亲戚家。父亲每个月都会背着沉沉的米袋子，给亲戚家送米来。走时总要关照我，在人家家里住着，要眼勤手快。我记着父亲的话，努力做一个眼勤手快的孩子，抢着帮他们扫地洗菜，甚至洗衣。但伯母，总是用防范的眼神瞅着我，不时地说几句，菜要多洗几遍知道吗？碗要小心放。别碰坏洗衣机，贵着呢。农村孩子，本来就自卑，她这样一来，我更加自卑，于是平常在他们家，我都敛声静气着。

亲戚家的屋旁，有条小河，河边很亲切地长着一些洋槐树。这是我们乡下最常见的树，看到它们，我会闻到家的味道。我喜欢去那里，倚着树看书，感觉自己是只快活的小鸟。洋槐树在五月里开花，花白，蕊黄，散发出甜蜜的气息。每个清晨和傍晚，我几乎都待在那里。

不记得是哪一天看到那个少年的了。五月的洋槐花开得正密，他穿一件红色毛线外套，推开一扇小木门，走了出来。他的手里端着药罐，土黄色，很沉的样子。他把药渣倒到小河边，空气中立即弥漫着浓浓的中草药味。少年有双细长的眼，眉宇间，含着淡的忧伤。他的肤色极白，像头顶上开着的槐树花。我抬眼看他时，他也正看着我，隔着十来米远的距离。天空安静。

这以后，便常常见面。小木门"吱呀"一声，他端着沉的药罐出来，红色毛衣，跳动在微凉的晨曦里。我知道，挨河边住着的，就是他家。白墙黛瓦，小门小院。亦知道，他家小院里，长着茂密的一丛蔷薇，我看到一朵一朵细嫩粉红的花，藏不住快乐似的，从院内探出头来，趴在院墙的墙头上笑。

一天，极意外地，他突然对着我，笑着"嗨"了声。我亦回他一个"嗨"。我们隔着不远的距离，相互看着笑，并没有聊什么，但我心里，却很高兴很明媚。

蔷薇花开得最好的时候，少年送我一枝蔷薇，上面缀满细密的花朵，粉红柔嫩，像年少的心。我找了一个玻璃瓶，把它插进水里面养，一屋子，都缠着香。伯母看看我，看看花，眼神怪怪的。到晚上，她终于旁敲侧击说："现在水费也涨了。"又接着来一句："女孩子，心不要太野了。"像心上突然被人生生剜了一刀似的，那个夜里，我失眠了。

第二天，我苦求一个住宿舍的同学，情愿跟她挤一块睡，也不愿再寄居在亲戚家里。我几乎是以逃离的姿势离开亲戚家的，甚至没来得及与那条小河作别。那一树一树的洋槐花，在我不知晓的时节，落了。青春年少的记忆，成了苦涩。

转眼十来年过去了，我也早已大学毕业，在城里安了家。一日，我在商场购物，发觉总有目光在追着我，等我去找，又没有了。我疑惑不已，正准备走开，一个男人，突然微微笑着站到我跟前，问我："你是小艾吗？"

他跟我说起那条小河，那些洋槐树。隔着十来年的光阴，我认出了他，他的皮肤不再白皙，但那双细长的眼睛依旧细长。

——我母亲那时病着，天天吃药，不久就走了。

——我去找过你，没找到。

——蔷薇花开的时候，我会给你留一枝最好的，以为哪一天，你会突然回来。

——后来那个地方，拆迁了。那条小河，也被填掉了。

他的话说到这里，止住。一时间，我们都没有了话，只是相互看着笑，像多年前那些微凉的清晨。

原来，所有的青春，都不会是一场留白，不管如何自卑，它也会如五月的槐花，开满枝头，在不知不觉中，绽出清新甜蜜的气息来。

我们没有问彼此现在的生活，那无关紧要。岁月原是一场一场的感恩，感谢生命里的相遇。我们分别时，亦没有给对方留地址，甚至连电话也不留。我想，有缘的，总会再相见。无缘的，纵使相逢也不识。

我的中学时代

年少的心里，觉得世上最幸福的事，莫过于那样的时刻。

人都爱用"青衫年少，白衣飘飘"之类的句子，来描写中学时代，很纯美，远离世间烟火的样子。真实的情形，其实不是这样的。至少我的，不是这样的。

我的整个中学时代，都穿着土布的衣，脚着一双母亲纳的布鞋，肩背母亲用格子头巾缝制的书包，在离家三十多里的老街上念书。

那时，乡下孩子，极少有家庭富裕的。每个孩子，看上去都差不多，都是一枚不起眼的小土豆。我们这许多的小土豆扎堆在一起，相互取暖，一起成长。

书自然是整天读着的，整天挖空心思去念着想着的，还有吃。是的，吃。

不知是不是因为正处在长身体的年纪，我们每天总处于半饥饿状态。每个月，家里会担了粮米送来，给学校食堂。早上是稀饭就咸菜。中午是白饭就咸菜。晚上还是稀饭就咸菜。这样清汤寡水地吃着，肚子里很欠油水。

那时的伙食费，委实不多，一个月八块钱。交全了的话，中午可以加一个小菜，和一碗冬瓜汤。但很多孩子交不起，比如我。我们就自创一种汤，叫酱油汤。做法极简单，倒出一勺酱油，拿滚开水冲泡了。奢侈一点的，里面再滴两滴麻油，汤就成了。我读了几年中学，就喝了几年这样的汤。

下午的时光，总是漫长得厉害。两节课后，是做课间操时间，肚子饿得折磨人，操做得有气无力。偏偏食堂的师傅又来招惹，煎出香喷喷的葱油饼来，一张张，黄灿灿的，摊放在食堂窗口卖，上面撒满碧绿的葱花，整个校园都弥漫着那香。我们假装闻不到，把头埋到书堆里。可是，那香，从书上的每个字里跳出来。我们假装玩耍，大声说笑，可笑着笑着，鼻子不做主了，总要深吸一口，再深吸一口。周遭的每一寸空气，都是香的呀。有时，我们实在敌不过那馋，几个要好的女生去合买一张，分着吃。

盼着周六学校放假，真是归心似箭。一路马不停蹄奔回去，疼我的祖母，总会想办法给我弄点好吃的，煎两只鸡蛋，煮一碗小鱼。年少的心里，觉得世上最幸福的事，莫过于那样的时刻，可以有煎鸡蛋吃。可以吃煮小鱼。

周日返校时，每个孩子或多或少，都会自带些干粮。我的祖母会给我炒上几斤蚕豆，塞上两罐咸菜。还有一种吃食，是把面粉炒熟了，用沸水泡着吃。现在的孩子恐怕见都没见过，我们苏北人家，叫它焦雪。关于它，还有一段传说。相传久远的从前，六月天里，苏北地区闹饥荒，饿殍遍地。天上的雪神看不下去了，想拯救人间，遂降下雪面粉。但又怕上帝看见六月降雪，会治她的罪，遂把面粉的色泽，染得跟黄土地的颜色差不多。老百姓见天上飘下"泥土"来，人人惊奇。反正观音土都有人吃，这天上的"土"，更不可错过。于是家家争接这天上之"土"，拿开水泡了，吃在嘴里，竟奇香无比。饥荒过后，为纪念雪神，苏北人家就有了每年六月六，必吃炒焦雪的习俗。

学校宿舍老鼠多，一个个都能飞檐走壁，武艺高强。无论我们怎么藏着那些可怜的有限的干粮，它们都能轻易找到。即便我们把装了焦雪的布袋子挂到屋顶上，它们也有本事把布袋子咬出洞来，在里面大快朵颐。与它们几番较量后，我们甘拜下风，把吃食全转移到教室里去了。晚自修上到一半，就有孩子在位子上坐不住了，闻到桌肚子里的香呀。一俟下课铃声响，教室里立即沸腾了，瓷缸瓷钵子的，响成一片。不多久，人人都捧一碗热腾腾的焦雪在吃，整个教室都被焦雪的香给淹没了。

男生们都特能吃，自带的干粮，往往没两天就见底了，他们就偷我们女生的。咸菜，炒蚕豆，焦雪，饼片，见什么偷什么。女生们都心知肚明着呢，也不戳穿他们，有时甚至有意不锁课桌肚，任他们偷食去。其结果是，所带的干粮，往往支撑不到周末。我们又要过几天饿肚子的日子。

也结伴着去同学家打牙祭。有女生晚上要归家取东西，我们呼啦啦吆喝上五六个人去送她。乡下的夜晚，那么安静，我们的动作，却搞得那样大，齐刷刷站在女生家的院墙外，兴奋地说笑，等着她父母来开门。她母亲后来给我们做荷包蛋吃，一人三只。我们就那么心安理得地吃下去，不知一个穷家里，那么多鸡蛋，该积攒多少时日。

就这样，吃着吃着，我们也就长大了。吃着吃着，我们也就毕业了。

那一夜，星光如许

清瘦黝黑的他守在一边，把一个父亲能给予的亲情和爱，全都无私地给了她。

那时，真是羡慕她。

我们一群乡下孩子，进城来高考，独自背着简单的行李，无人相送。只她身边，有父亲和上小学的弟弟陪着，前呼后拥的，让穿着一袭白裙子的她，公主般地高贵着。

我们入住在招待所。楼下是喧闹的农贸市场，各种买卖的声音，不时灌进耳里来。书是看不进去的，我们伏在窗口，望这个城。城市斑斓，犹如万花筒。我们在心里发着狠，等我们考上了，跳出"农门"，将来也要来这城里住。到那时，我们一天要逛两遍街，把这斑斓悉数看尽。

楼下，一溜排开的水果摊子，红瓤的西瓜，被劈成两半，摆在那儿当招牌。青皮红嘴的桃，堆得尖尖的，望得见甜蜜在里头。——真想吃啊。手头却是拮据的。——在地里苦活的父母，还顶着烈日在劳作，让我们也舍不得如此奢侈。

一回头，就看见了她的父亲和弟弟，一人手里抱着一个大西瓜，一人手里提着一袋的桃，上楼来了。我们暗暗想，真是有钱人哪。她父亲很快切好西瓜，洗好桃，给她送过去。其时，她正一边坐在楼道口吹风，一边胡乱地翻着一本书。父亲细心地剔去西瓜里的黑籽，一块一块，递给她吃。她吃到不想吃了，父亲还小声劝着，再吃两块吧，吃了会凉快些的。

傍晚，我们去盥洗间洗衣服。她父亲也端着一盆衣服去洗，是她刚换下的。她弟弟跟着，却噘着嘴，很不高兴的样子。父亲一边洗衣服，一边和风细雨地对弟弟说，姐姐明天就要高考了，西瓜是要省给姐姐吃的，你要懂事一点，等以后爸爸赚了钱，再给你买。

我们听着，有些诧异，原来，他也不富裕。回到宿舍，有同学不知从哪儿听来的消息，说她十岁那年，亲爸就死了，他不是她的亲爸，是继父，她弟弟才是他亲生的。我们震住，再见到他，就有了说不清的感动。

那个时候，高考还在最热的七月份。半夜里热得睡不着，加上有些紧张，我们干脆爬上露台去乘凉。不一会儿，看见她也上来了，后面跟着清瘦黝黑的他。他竟搬了一张席子来，摊到露台上，让她躺下。她听话地躺下，他坐在一边，给她摇扇子，一下一下，摇得满地星光飞溅。

我们一时间感动得无话可说，抬了头仰望星空。满天的星星，密集的小蝌蚪似的，拥着挤着，闪着光亮，仿佛就要掉下来。身边，他摇动扇子的声音，像轻轻响着的一支歌。夜风有一搭没一搭吹着，一个城，没在一片宁静里。我们暂且忘了高考的紧张，只觉得这样的夜空，极好的。

　　多年后，每每有人提及到高考，我的眼前，总会晃过她的样子：一袭白裙，公主般地高贵着。清瘦黝黑的他守在一边，把一个父亲能给予的亲情和爱，全都无私地给了她。不知她后来考上了没有。那似乎也不重要了，有他撑着，她的天空，一定少有风雨。

掌心化雪

　　雪在掌心，会悄悄融化成暖暖的水的。

　　那个时候，她家里真穷，父亲因病离世，母亲下岗，一个家，风雨飘摇。

　　大冬天里，雪花飘得紧密。她很想要一件暖和的羽绒服，把自己裹在里面。可是看看母亲愁苦的脸，她把这个欲望压进肚子里。她穿着已洗得单薄的旧棉衣去上学，一路上冻得瑟瑟。她想起安徒生的童话《卖火柴的小女孩》，她想，若是她也有一把可供燃烧的火柴，该多好啊。——她实在太冷了。

　　拐过校园那棵粗大的梧桐树，一树银花，映着一个琼楼玉宇的世界。她呆呆站着看，世界是美好的，寒冷却钻肌入骨。突然，年轻的语文老师迎面而来，看到她，微微一愣，问："这么冷的天，你怎么穿得这么少？瞧，你的嘴唇，都冻得发紫了。"

　　她慌张地答："不冷。"转身落荒而逃，逃离的身影，歪歪扭扭。她是个自尊的孩子，她实在怕人窥见她衣服背后的贫穷。

语文课，她拿出课本来，准备做笔记。语文老师突然宣布："这节课我们来个景物描写竞赛，就写外面的雪。有丰厚的奖品等着你们哦。"

教室里炸了锅，同学们兴奋得喳喳喳，奖品刺激着大家的神经，私下猜测，会是什么呢？

很快，同学们都写好了，每个人都穷尽自己的好词好语。她也写了，却写得索然，她写道："雪是美的，也是冷的。"她没想过得奖，她认为那是很遥远的事，因为她的成绩一直不引人注目。加上家境贫寒，她有多自尊，就有多自卑，她把自己封闭成孤立的世界。

改天，作文发下来，她意外地看到，语文老师在她的作文后面批了一句话："雪在掌心，会悄悄融化成暖暖的水的。"这话带着温度，让她为之一暖。令她更为惊讶的是，竞赛中，她竟得了一等奖。一等奖仅仅一个，后面有两个二等奖、三个三等奖。

奖品搬上讲台，一等奖的奖品是漂亮的帽子和围巾，还有一双厚厚的棉手套。二等奖的奖品是围巾，三等奖的奖品是手套。

在热烈的掌声中，她绯红着脸，从语文老师手里领取了她的奖品。她觉得心中某个角落的雪，静悄悄地融了，湿润润的，暖了心。那个冬天，她戴着那顶帽子，裹着那条大围巾，戴着那副棉手套，严寒再也没有侵袭过她。她安然地度过了一个冬天，一直到春暖花开。

后来，她读大学了，她毕业工作了。她有了足够的钱，可以宽裕地享受生活。朋友们邀她去旅游，她不去，却一次一次往福利院跑，带了礼物去。她不像别的人，到了那里，把礼物丢下就完事，而是把孩子们召集起来，温柔地对孩子们说："来，宝贝们，我们来做个游戏。"

她的游戏，花样百出，有时猜谜语，有时背唐诗，有时算算术，有时捉迷藏。在游戏中胜出的孩子，会得到她的奖品——衣服、鞋子、书本等，都是孩子们正需要的。她让他们感到，那不是施舍，而是他们应得的奖励。温暖便如掌心化雪，悄悄融入孩子们卑微的心灵。

等你回家

路边，野葵和蒲公英开得兴兴的。做父亲的心，却低落得如一棵衰败的草。

陪一个父亲，去八百里外的戒毒所，探视他在那里戒毒的儿子。

戒毒所坐落在荒郊野外。我们的车，在乡间土路上颠簸着。路边，野葵和蒲公英开得兴兴的。一些鸟，在草地间飞起，又落下。天空蓝得很高远。做父亲的心，却低落得如一棵衰败的草，他恨恨地说，真不想来啊。

一路上，他不停地痛骂着儿子，列数着儿子种种的不是，说他毁了一个家，毁了他。他含辛茹苦养大他，为他在城里买了房、买了车，帮他娶了媳妇。那个不肖子，却被一帮狐朋狗友拖下水，去吸食毒品。房子吸没了，车子吸没了，媳妇吸跑了，他一辈子积攒的家业，几乎被他掏空了。

我真想跟他同归于尽！这个父亲，说到激愤处，双眼通红地睁着，抛出这样一句狠话来。若儿子在跟前，他是要把他撕成碎片才甘心的。

我坐在一边，听他痛骂，隐隐担着心，这样的父亲，去见儿子，会有怎样的结果？

车子静静地，一路向前。野葵和蒲公英，一路跟着。也终于，远远望见了几幢房，青砖青瓦，连在一起，坐落在一块开阔地。开车的师傅说，到了。做父亲的像突然被谁猛击了一掌似的，愣愣地，不相信地问，真的到了？一看表，快上午十点了。他急了，说，也不知能不能见着。因为按这家戒毒所的规定，上午十点之后，一律不允许探视。

他一口气跑到大门口。还好，还有十五分钟的时间。办了相关手续，这个父亲一秒也不曾停留，急急火火往探视室跑。很快，他儿子被管教干部带来。高高壮壮的年轻人，脸上也无欢喜也无悲。他看到父亲，嘴角稍稍牵了牵，像嘲讽。一层玻璃隔着，他在里头，父亲在外头。做父亲的盯着他，从他进来起，就一直盯着他，话筒拿在手上，并不说话。

旁边，亦有来探视的人。一个长相甜美的女孩子，在玻璃窗外头，不停地用手指头在举起的另一掌上画着什么。在里头看着的，是个清秀的男孩子。他眼睛跟着女孩的手指转动，频频点头，含着泪笑。他是读懂她爱的密码的，从此，都改了吧。还有几个人，男男女女，大概是一家子，围在一起，争着跟里面一个中年人说话。里面的中年人，憔悴着一张脸，却一直笑着，一直笑着。这时，他们中的一个，突然到探视室外面，叫了一个男孩进来。孩子不过十一二岁，白净的面容，文文弱弱的。孩子怯怯地打量了四周一眼，走到中年人那里，拿过话筒，隔着玻璃窗，才说了一句什么，里面笑着的中年人，不笑了，他愣愣地看着孩子，眼泪下来了。

哭什么呢？你会改好的！我听到那些人里的一个大声说。

探视的时间快要过去了，管教干部已进来提醒。一直跟儿子对峙着的父亲，这时掉过头来。我发现他与刚才的强悍，判若两人，竟是一脸的戚容，他低声说，里面的日子，不好过的，看他，也黑了，也瘦了。

他问我，你有纸笔吗？

当然有。我掏出来给他，正疑惑着他要做什么，只见他低头在纸上迅速写下几个字，贴到玻璃窗上，给儿子看。里面的年轻人，看着看着，神情变了，两行泪，缓缓地，从他腮边滚落下来。

探视结束后，我看到这个父亲在纸上留下的字，那几个字是：儿子，等你回家。

你并不是个坏孩子

　　一句话，对于说的人来说，或许如行云掠过。但对于听的人来说，有时，却能温暖其一生。

　　一个自称叫陈小卫的人打电话给我，电话那头，他满怀激动地说："丁老师，我终于找到你了。"

　　他说他是我十年前的学生。我脑子迅速翻转着，十来年的教学生涯，我换过几所学校，教过无数的学生，实在记不起这个叫陈小卫的学生来。

　　他提醒我，"记得吗？那年你教我们初三，你穿红格子风衣，刚分配到我们学校不久。"

　　印象里，我是有一件红格子风衣的。那是青春好时光，我穿着它，蹦跳着走进一群孩子中间，微笑着对他们说："以后，我就是你们的老师了。"我看到孩子们的脸仰向我，饱满，热情，如阳光下的葵。

"我当时就坐在教室最北边一排啊，靠近窗口的，很调皮的那一个，经常打架，曾因打破一块窗玻璃，被你找到办公室谈话的。老师，你想起来没有？"他继续提醒我。

　　"是你啊！"我笑。记忆里，浮现出一个男孩子的身影来，隐约着，模糊着。他个子不高，眼睛总是半睨着看人，一副桀骜不驯的样子。经常迟到，作业不交，打架，甚至还偷偷学会抽烟。刚接他们班时，前任班主任特意对我着重谈了他的情况：父母早亡，跟着姨妈过，姨妈家孩子多，只能勉强管他吃穿。所以少教养，调皮捣蛋，无所不为。所有的老师一提到他，都头疼不已。

　　"老师，你记得那次玻璃事件吗？"他在电话里问。

　　当然记得。那是我接手他们班才一个星期，他就惹出一件事来，与同桌打架，打破窗玻璃，碎玻璃划破他的手，鲜血直流。

　　"你把我找去，我以为，你也和其他老师一样，会把我痛骂一顿，然后勒令我写检查，把我姨妈找来，赔玻璃。但你没有，你把我找去，先送我去医务室包扎伤口，还问我疼不疼。后来，你找我谈话，笑眯眯地看着我说，以后不要再打架了，你打了人，也会让自己受伤的对不对？那块玻璃你也没要我赔偿，是你掏钱买了一块重安上的。"他沉浸在回忆里。

　　我有些恍惚，旧日时光，飞花一般。隔了岁月的河流望过去，昔日的琐碎，都成了可爱。他突然说："老师，你做的这些，我很感动，但真正震撼我的，却是你当时说的一句话。"

这令我惊奇。他让我猜是哪句话，我猜不出。

他开心地在电话那头笑，说："老师，你对我说的是，你并不是个坏孩子哦。"

就这么简单的一句话，却让他记住了十来年。他说他现在也是一所学校的老师，他也常找调皮的孩子谈话，然后笑着轻拍一下他们的头，对他们说一句："你并不是个坏孩子哦。"

一句话，对于说的人来说，或许如行云掠过。但对于听的人来说，有时，却能温暖其一生。

女人如花

我最初是因她的笑注意到她的，一群人中，她的笑，如金属相扣，叮叮当当。

她居然叫如花，王如花。别人唤她："如花，如花。"乍听之下，以为定是个闭月羞花之貌的小女子。而事实上，她快五十岁了，人长得粗壮结实，脸上沟壑纵横。

最感染人的是她的笑，笑声朗朗，几里外可闻。我最初是因她的笑注意到她的，一群人中，她的笑，如金属相扣，叮叮当当。

门楣儿不惹眼，是一间旧房子，上悬一块木牌：家政服务中心。一屋的人，不知说起什么好笑的事，惹得她笑得上气不接下气。看到我在看她，她的笑并未停住，而是带着笑问："小妹子，你需要什么服务？"说话间，她已掏出她的名片，递到我跟前。

这委实让我吃一惊。低头看她的名片，"王如花"三个字，显目得很。底子上印一朵硕大的红牡丹，开得喜笑颜开。背面的字，密密的，从做家务活到护理人，她一一写上，似乎样样精通。当得知我只是需要清洁房子时，她手臂有力地一挥，爽朗地笑着说："这事儿简单，包在我身上，我保管帮你把房子打扫得连颗灰尘粒儿也找不着。"

当日，她就带了两个女人到了我家。一个年纪轻的，她说是她侄女，大学毕业了一直没找到工作。"干这个也挺好的，小妹子你说是不是？"她笑着问我。一个年纪稍大一些的，她说是她妹妹。"在家闲着也闲着，我让她来搭搭手。"她乐呵呵说。

我看看楼上楼下，这么大一个家，我充满疑虑，我说："你们行吗？"王如花哈哈大笑起来，她说："小妹子，你放心吧，我说行。"

她果真行。不到半天时间，我家里已大变样，窗明几净，地板光鉴照人。她额上沁满汗珠，笑声却一直没停过。她说："小妹子，我说个笑话你听啊，有次我去一户人家，男主人叫人把煤气罐从楼下扛到六楼去，一看是我，他说，咋不叫个男的来？我说，我先试试。我扛了煤气罐就上了楼，他人跟后面追都追不上。"

跟我说起她的故事来，她也一直笑着。男人因病瘫痪在床，都十多年了。唯一的儿子，跟人学了坏，被判刑入狱，现在还待在牢里。她去探监，跟儿子说了这样一句：儿子，妈妈会陪你重活一次，就当重生养你一回。说得儿子眼泪汪汪。

她说："小妹子，我儿子会学好的。"

她说："只要人在，日子会好起来的。"

我点头，我说："我信。"

她的活干得利索，收费也公道。结完账，我把清理出的一堆废报刊，送给了她。她很开心，冲我朗声笑道："小妹子，以后你家里有事需要我，你只要打我名片上的电话，我保管随叫随到。一回生，二回熟，我们以后就是老朋友了。"

找因她那句老朋友的话，独自莞尔良久。

小城不大，竟常遇到王如花。遇到时，她老远就送上朗朗的笑来，热情地跟我打招呼。有时，我在前面走着，突然听到后面的人群里，有人叫："如花，如花。"而后，我听到一阵笑声，如金属相扣，叮叮当当。不用回头，我知道那准是王如花，心里面陡地温暖起来、明媚起来。

第二辑
有一种爱叫相依为命

这世上，有一种最为凝重、最为深厚、最为坚固的情感，叫相依为命。它与幸福离得最近，且不会轻易破碎。

爱到无力

　　母亲犹如一棵老了的树，在不知不觉中，它掉叶了，它光秃秃了，连轻如羽毛的阳光，它也扛不住了。

　　母亲踅进厨房有好大一会儿了。

　　我们兄妹几个一边坐在屋前晒太阳，等着开午饭，一边闲闲地说着话。这是每年的惯例，春节期间，兄妹几个约好了日子，从各自的小家出发，回到母亲身边来拜年。母亲总是高兴地给我们忙这忙那。这个喜欢吃蔬菜，那个喜欢吃鱼，这个爱吃糯米糕，那个好辣，母亲都记着。端上来的菜，投了人人的喜好。临了，母亲还给离家最远的我，备上好多好吃的带上。这个袋子里装青菜菠菜，那个袋子里装年糕肉丸子。姐姐戏称我每次回家，都是鬼子进村，大扫荡了。的确有点像。母亲恨不得把她自己，也塞到袋子里，让我带回城，好事无巨细地把我照顾好。

这次回家，母亲也是高兴的，围在我们身边转半天，看着这个笑，看着那个笑。我们的孩子，一齐叫她外婆，她不知怎么应答才好。摸摸这个的手，抚抚那个的脸。这是多么灿烂热闹的场景啊，它把一切的困厄苦痛，全都掩藏得不见影踪。母亲的笑，便一直挂在脸上，像窗花贴在窗上。母亲突然想起什么似的说："我要到地里挑青菜了。"却因找一把小锹，屋里屋外乱转了一通，最后在窗台边找到它。姐姐说："妈老了。"

妈真的老了吗？我们顺着姐姐的日光，　齐看过去。母亲在阳光下发愣，"我要做什么的？哦，挑青菜呢。"母亲自言自语。背影看起来，真小啊，小得像一枚皱褶的核桃。

厨房里，动静不像往年大，有些静悄悄。母亲在切芋头，切几刀，停一下，仿佛被什么绊住了思绪。她抬头愣愣看着一处，复又低头切起来。我跳进厨房要帮忙，母亲慌了，拦住，连连说："快出去，别弄脏你的衣裳。"我看看身上，银色外套，银色毛领子，的确是不经脏的。

我继续坐到屋前晒太阳。阳光无限好，仿佛还是昔时的模样，温暖，无忧。却又不同了，因为我们都不是昔时的那一个了，一些现实无法回避：祖父卧床不起已好些时日，大小便失禁，床前照料之人，只有母亲。大冬天里，母亲双手浸在冰冷的河水里，给祖父洗弄脏的被褥。姐姐的孩子，好好的突然患了眼疾，视力急剧下降，去医院检查，竟是严重的青光眼。母亲愁得夜不成眠，逢人便问，孩子没了眼睛咋办呢？都快问成祥林嫂了。弟弟婚姻破裂，一个人形只影单地晃来晃去，母亲当着人面落泪不止，她不知道拿她这个儿子怎么办。母亲自己，也是多病多难的，贫血，多眩晕。手有严重的风湿性关节炎，疼痛，指头已伸不直了。家里家外，却少不了她那双手的操劳。

我再进厨房，钟已敲过十二点了。太阳当头照，我的孩子嚷饿，我去看饭熟了没。母亲竟还在切芋头，旁边的篮子里，晾着洗好的青菜。锅灶却是冷的。母亲昔日的利落，已消失殆尽。看到我，她恍然惊醒过来，异常歉意地说："乖乖，饿了吧？饭就快好了。"这一说，差点把我的泪说出来。我说："妈，还是我来吧。"我麻利地清洗锅盆，炒菜烧汤煮饭，母亲在一边看着，没再阻拦。

回城的时候，我第一次没大包小包地往回带东西，连一片菜叶子也没带。母亲内疚得无以复加，她的脸，贴着我的车窗，反反复复地说："乖乖，让你空着手啊，让你空着手啊。"我背过脸去，我说："妈，城里什么都有的。"我怕我的泪，会抑制不住掉下来。以前我总以为，青山青，绿水长，我的母亲，永远是母亲，永远有着饱满的爱，供我们吮吸。而事实上，不是这样的，母亲犹如一棵老了的树，在不知不觉中，它掉叶了，它光秃秃了，连轻如羽毛的阳光，它也扛不住了。

我的母亲，终于爱到无力。

有一种爱叫相依为命

原来这世上，有一种最为凝重、最为浑厚、最为坚固的情感，叫相依为命。它与幸福离得最近，不会轻易破碎。

有人做实验，把一匹狼和一只刚出生的小羊放到一起养。所有人都不看好小羊的命运，觉得狼迟早会吃掉小羊。但结果却是，狼非但没有吃掉小羊，反而成了小羊最亲密的朋友。它们一起玩耍、一起嬉戏，形影不离。

实验结束后，工作人员把小羊牵走，这时，出现了感人的一幕：狼奋力扑到铁丝网上，对着铁丝网外的小羊长嗷不已，声音凄厉至极。小羊听到狼的叫唤，奋力挣脱绳索，反扑过来，哀哀应着。生离死别般的。

原来，狼和羊也是可以相爱的啊，它们彼此的孤寂相互吸引，在日子的累积之下，衍生出同病相怜风雨同舟的情感来。

狼和小羊的故事，让我想起我的祖父祖母。我的祖母身材修长，皮肤白皙，年轻时是出了名的美人，而我的祖父，个头矮小，皮肤黝黑，还罗圈腿。他们两个怎么看也不像般配的一对。我曾追问过祖母怎么会嫁给祖父。祖母笑着说，那个时候女人嫁人之前，根本就不知道自己要嫁的男人是什么样的，全凭父母做主，嫁鸡随鸡，嫁狗随狗。

在这种认定命运安排的前提下，我的祖父祖母过起了家常的日子，一路相伴着走下来，一生生育七个子女，都养大成人。老了的两个人，像两只老猫似的，相偎着坐在屋前晒太阳。偶尔，祖父出外转转，祖母转眼见不到祖父，会着急地到处询问：老头子呢？老头子哪去了？

祖母八十二岁那年，生病住院开刀。家里人怕祖父担心，瞒他说祖母是小病，在医院住两天就可以回家了，不让他去医院探望。祖父嘴上答应了，背地里却一个人骑了自行车，赶了三十多里的路，摸到医院去看望祖母。祖母仿佛有感应似的，忽然对我们说，老头子来了。大家不信，到门外去看，果真看到祖父正喘着粗气，颤巍巍地站在门外。

还听过这样一个故事：上个世纪六十年代，某大学教授被下放到边远山村，在那里吃尽苦头。幸好有一当地姑娘很照顾他，让他在阴霾里，看到阳光，他和姑娘结了婚。后落实政策，教授返城，才华出众的他，身边一下子簇满了众多优秀的女人，个个都是熠熠复熠熠的。有人劝教授，离了乡下的那个，重找一个相配的吧。教授拒绝了，他说，我已习惯了生活中有她。他坚持把大字不识一个的妻子，从乡下接到城里来，和她同进同出。

这世上，有一种最为凝重、最为深厚、最为坚固的情感，叫相依为命。它与幸福离得最近，且不会轻易破碎。因为，那是天长日久里的渗透，是融入彼此生命中的温暖。

父亲的理想

这些东西，总是源源不断地运到我的家里来，是父母源源
不断的爱。

母亲夜里做了一个梦，一个很不好的梦，是事关我的。

半夜里被吓醒，母亲坐床上再也睡不着。第二天天一亮，
就催促父亲进城来看我。

父亲辗转坐车过来，我已上班去了，家里自然没人。父亲
就围着我的房子前后左右地转，又伸手推推我锁好的大门，没
发现异样，心稍稍安定。

我回家时，已是午饭时分。远远就望见父亲，站在我院门
前的台阶上，顶着一头灰白的发，朝着我回家的方向眺望。脚
跟边，立一鼓鼓的蛇皮袋。不用打开，我就知道，那里面装的
是什么。那是母亲在地里种的菜蔬，青菜啊大蒜啊萝卜啊，都
是我爱吃的。一年四季，这些菜蔬，总会源源不断地输送到我

的家里来。

　　父亲见到我，把我上下打量了好几遍后，这才长长地舒口气说："没事就好，没事就好。"又絮叨地告诉我，母亲夜里做怎样的梦了，又是怎样地被吓醒。"你妈一夜未睡，就担心你出事。"父亲说。我仔细看父亲，发现他眼里有红丝缠绕，想来父亲一定也一夜未眠。

　　我埋怨父亲，"我能有什么事呢，你们在家净瞎想。"父亲搓着手"呵呵"笑，说："没事就好，没事就好。"他解开蛇皮袋袋口的扎绳，双手提起倾倒，菜蔬们立即欢快地在地板上蹦跳。青菜绿得饱满，萝卜水灵白胖。我抓了一只白萝卜，在水龙头下冲了冲，张口就咬。父亲乐了，说："我和你妈就知道你喜欢吃。"看我的眼神，又满足又幸福。

　　饭后，我赶写一篇稿子，父亲坐我边上，戴了老花眼镜，翻看我桌上的报刊。他翻看得极慢，手点在上面，一个字一个字地看，像寻宝似的。我笑他，"爸，照你这翻看速度，一天也看不了一页呀。"父亲笑着低声嘟囔："我在找你写的。"

　　我一愣，眼中一热。转身到书橱里，捧了一叠我发表的文章给父亲看。父亲惊喜万分地问："这都是你写的？"我说："是啊。"父亲的眼睛，乐得眯成了一条缝，连连说："好，好，我丁家出人才了。"他盯着印在报刊上我的名字，目不转睛地看，看得眼神迷离。他感慨地笑着说："还记得你拖着鼻涕的样子呢。"

　　旧时光一下子回转了来。那个时候，我还是绕着父亲膝盖撒欢的小丫头，而父亲，风华正茂，吹拉弹唱，无所不能，是村子里公认的"秀才"。那样的父亲，是怀了远大的抱负的，他想过学表演，想过做教师，想过从医。但穷家里，有我们四个儿女的拖累，父亲的抱负，终是落空。

随口问一句："爸，你现在还有理想吗？"

父亲说："当然有啊。"

我充满好奇地问是什么。我以为父亲会说要砌新房子啥的。老屋已很破旧了，父亲一直想盖一幢新房子。

但父亲笑笑说："我的理想就是，能和你妈平平安安地度过晚年，自己能养活自己，不给儿女们添一点儿负担，不要儿女们操一点点心。"

父亲说这些话时语气淡然，一双操劳一生的手，安静地搁在刊有我文章的一叠报刊上。青筋突兀，如老根盘结。

花盆里的风信子

桃红的花朵，像燃烧着的小灯笼，把他黯淡的人生，照得色彩明艳。

他一直不是个好学生，惹是生非，自由散漫，不学无术。老师们看到他就摇头，同学们也不待见他。为了让他少惹事，老师们对他说："张星，这次考试，你可以不参加。""张星，星期天补课，你可以不来。"他乐得逍遥，整日里游东逛西，打发光阴。偶尔坐在教室里，也是伏在课桌上睡觉。

新来的女老师，有双美丽的大眼睛。女老师特别喜欢花草，自己掏钱包，买来很多的花草装点教室。这个窗台上搁一盆九月菊，那个窗台上放一盆吊兰，教室被她装点得像个小花园。

那天，上课铃声响过后，他才拖拖沓沓进教室，却遇见女老师一双微笑的眼。女老师手上托一个小花盆，对他说："张星，这盆花放在你旁边的窗台上，交给你管理，可以吗？"

他有些意外，一时竟愣住了。定睛看去，花盆里只一坨泥，哪里有半点花的影子。女老师看出他的疑惑，笑吟吟说："泥里面埋着花的根呢，只要你好好待它，它会很快长出叶来、开出花来。"

他接下花盆，心慢慢湿润了，第一次有种被人信任的感觉。虽然表面上，他还是一副满不在乎的样子。

他极少再东游西荡，待在教室里的时间，越来越长。他不再伏在桌上睡觉，他给那盆花松土、浇水。他的眼光，常不由自主地望向那只小花盆，心里开始充满期待。

春寒料峭的日子，那盆土里，竟冒出了嫩黄的芽。芽最初只有指甲大小，像羞怯的小虫子，探头探脑地探出泥土来。他忍不住一声惊叫："啊，出芽了！"心里的欣喜，排山倒海。同学们簇拥过来，围在他的座位旁，和他一起观看那粒芽苞苞。弱小的生命，在他们的守望中，渐渐蓬勃起来。三月的时候，葱绿的枝叶间，开出了桃红的花，一朵缀着一朵，密密的。居然是一盆漂亮的风信子。

他激动地拉来女老师。女老师低头嗅花，突然微笑着问他，"张星，你知道风信子的花语是什么吗？"他茫然地摇摇头。女老师说："风信子的花语是，只要点燃生命之火，便可同享丰盛人生。"他没有吱声，若有所思地打量着那盆花。桃红的花朵，像燃烧着的小灯笼，把他黯淡的人生，照得色彩明艳。

他开始摊开课本，认真学习。他本不是个笨孩子，成绩很快上去了。老师们都有些惊讶，说："张星啊，没看出你这小子还有两下子呀。"他羞涩地笑。坚硬的心，像窗台上的那盆风信子，慢慢地盛开了。有些疼痛，有些欢喜。做人的感觉，原来是这么的好。

后来，他毕业了。由于基础太差，他没能考上大学。但他却找到了自己的人生支点，租了一块地，专门种花草。经年之后，他成了远近闻名的花匠，培育出许多品质优良的花卉，其中，有各种各样的风信子。

她已走过了花木葱茏

在岁月的年轮中，母亲早已走过她的花木葱茏，回到生命的最初。

母亲突然变得胆小了。

比方说，天一黑，她就不敢到屋外去。哪怕是在自家家门口，也只是从这间屋子，走到另一间屋子去。而从前，她常常是独自一人，顶着星星，在地里拾棉花，有时能拾上大半夜，浑身落满露珠的清凉。

再比方说，睡觉时她不敢面朝着窗户。窗帘挡得再严实，她也不敢。而从前，破房子里，处处漏风，她挡在外面，像棵大树似的，替我们抵御风寒。

再再比方说，在她住了一辈子的村庄里，她也会迷路，再不敢擅自外出。而从前，弟弟远在南京上学，从未出过远门的她，挎着一大包她做的糯米饼，一个人摸过去，几经辗转，准确无误地抵达弟弟学校门口。

母亲好像在一夕间老下去，她怯弱得近乎懦弱了。她走路小心翼翼。说话小心翼翼。连微笑，也是小心翼翼的。哪里的一声声响，都会惊吓到她。谁的声音稍稍抬高一些，她也会害怕。而从前，她脚下生风，嗓门比谁的都高。和隔壁邻居吵架，她能吵上大半天，硬是把那个五大三粗的邻居，骂得缩回屋子去。

她患了小感冒，头晕目眩，吃不下饭，便以为活不成了，让父亲十万火急招我们兄妹回家。她一脸戚容，躺在病床上，对着我们哭，哭得凄惶极了，雨打风催般的，仿佛生离死别。而从前，她发着高烧，也还能挑着百十斤的担子，在田埂道上健步如飞。割水稻时，没留心，一刀下去，恨不得剜下她腿上一大块的肉，血流如注。她也只是皱皱眉头，一滴泪也没有掉。

带她进城对身体做全面检查。她亦步亦趋跟着我，碎碎念，乖乖呀，给你添麻烦了，给你添麻烦了。检查的片子很快出来了，母亲很紧张，她蜷缩在我身后，眼巴巴瞅着医生。医生拿着她新拍的片子，上看看，下看看，然后慢条斯理说，老人家，你只是感冒了，有点小炎症。你身体好着呢，没啥别的毛病。

母亲不相信地看着医生。医生说，我给你开点消炎药，你吃吃就好了。母亲很乖地点头，使劲点头，她脸上的笑容，像迎春花触着春风，一点一点张开来。她高兴地对我说，医生说我没病呢。

留母亲在我家小住。母亲起初不肯，她放心不下家里的四只羊、两只鸡、一条狗，还有我父亲。你爸一个人在家呢，母亲说。像把一个小小孩丢在家里，她愧疚得很。我们有事要出门去，母亲赶紧跟过来，抢着开门。我说你这是干吗呢？母亲语气坚定地说，我要跟你们出去。我觉得好笑，我说，我们一会儿就回来的。母亲却很固执，一定要跟着。拗不过她，只好带上她。在路上，母亲终于说出她的心声，一个人在你们家，我怕。我万分惊讶，我说大白天的，你怕什么呢？何况这是我家啊。母亲不好意思地笑了，小声嘟哝，我也不知道，我就是怕。

　　母亲的爱好不多，她不爱看电视，不爱听音乐，又不识字，书报也看不懂。她只能一边干坐在我的阳台上晒太阳，一边望楼下经过的车，一辆一辆地数。我怕她闷得慌，抽空陪她聊天，聊聊村子里新近发生的事，聊聊从前。母亲显得很欢喜，话也多起来，是鱼儿终归大海的样子。说到兴头上，却突然止了，很担心地问我，我没耽误你的时间吧？

　　夜晚，城里的灯火，才刚刚盛开，母亲就说要睡了。我安顿她睡下，给她塞好被子。她不放心地探出头来问，你不会再出去吧？我答，不出去的，我就守在这里。母亲满意地躺下，笑笑的，笑着笑着，就睡熟了。灯光洒在母亲脸上，像洒下一层橘子粉，母亲那张皱纹密布的脸，看上去又天真又纯净。

　　我轻轻关了灯，想着，等天亮了，就带她去吃她喜欢吃的自助餐，想吃多少就吃多少。在岁月的年轮中，母亲早已走过她的花木葱茏，回到生命的最初。从现在起，我要把她当孩子来宠。

天堂有棵枇杷树

他没有悲痛，有的只是感恩，因为妈妈的爱，从未曾离开过他。

年轻的母亲，不幸患上癌，生命无多的日子里，她最放心不下的，是她四岁的儿子星星。从儿子生下起，她与儿子，就不曾有过别离。她不敢想象儿子失去她后的情景，曾试着问过儿子，要是不见了妈妈，星星会怎么办呢？儿子想也没想地说，星星就哭，妈妈听到星星哭，妈妈就出来了。

她听了，一颗心难过得碎了，她在心里说，宝贝，你那时就是哭破了嗓子，妈妈也听不到了。

因为化疗，她一头秀发，渐渐掉落，如秋风扫落叶。儿子好奇地打量着她，问，妈妈，你的头发哪里去了？

她看着一脸天真的儿子，心如刀割，但脸上却笑着，她说，妈妈的头发，去了天堂呀。然后，她装着很神秘的样子，悄声对儿子说，星星，妈妈告诉你一个秘密，你不要告诉别人哦。

孩子很兴奋，郑重地承诺，妈妈，星星不告诉别人。两只晶莹的大眼睛，一动不动盯着她。

她把儿子搂到怀里，搂得紧紧的，笑着跟儿子耳语，妈妈可能要离开星星了，妈妈也要去天堂。

天堂在哪里？妈妈要去做什么呢？孩子有些着急。

天堂啊，离家很远很远，妈妈要去那里种一棵枇杷树。星星不是最爱吃枇杷么？

哦，孩子认真地想了想，那，妈妈把星星也带去，好不好？

不行，宝贝。年轻的母亲，摸摸儿子稚嫩的小脸蛋说，你现在还不可以去，因为你是小孩呀，天堂里，不准小孩去。等你长大了，长到比妈妈还要大好多好多时，才可以去哦。

那，妈妈会等星星吗？

会的，妈妈会一直等星星。妈妈在那儿，种一棵最大最大的枇杷树，树上，会结好多甜甜的枇杷，等着星星去吃。但星星得答应妈妈，妈妈走后，星星不许哭哦，一定要乖，要听爷爷奶奶的话，听爸爸的话，这样才能快快长大，知道不？

孩子高兴地点头答应了。

不久之后，年轻的妈妈安静地走了。孩子一点也不悲伤，他坚信妈妈是去了天堂，是去种枇杷树了。夏天的时候，枇杷上市，橙黄的果实，充满甜蜜。孩子吃到了很鲜艳的枇杷，他开心地想，那一定是妈妈种的。

一些年后，孩子终于长大，长大到明白死亡，原是尘世永隔。这时，孩子心中的枇杷树，早已根深叶茂，挂一树甜蜜的果了。他没有悲痛，有的只是感恩，因为妈妈的爱，从未曾离开过他。他也因此学会，怎样在人生的无奈与伤痛里，种出一棵希望的枇杷树来，而后静静等待，幸福的降临。

一朵栀子花

有时，无须整座花园，只要一朵栀子花。一朵，就足以美丽其一生。

从没留意过那个女孩子，是因为她太过平常了，甚至有些丑陋——皮肤黝黑，脸庞宽大，一双小眼睛老像睁不开似的。

成绩也平平，字写得东扭西歪，像被狂风吹过的小草。所有老师极少关注到她，她自己也寡言少语。以至于有一次，班里搞集体活动，老师数来数去，还差一个人。问同学们缺谁了。大家你瞪我我瞪你，就是想不起来缺了她。其时，她正一个人伏在课桌上睡觉。

她的位子，也是安排在教室最后一桌，靠近角落。她守着那个位子，仿佛守住一小片天，孤独而萧索。

某一日课堂上，我让学生们自习，而我，则在课桌间不断来回走动，以解答学生们的疑问。当我走到最后一排时，稍一低头，突然闻到一阵花香，浓稠的，蜜甜的。窗外风正轻拂，是初夏的一段和煦时光。教室门前，一排广玉兰，花都开好了，一朵一朵硕大的花，栖在枝上，白鸽似的。我以为，是那种花香。再低头闻闻，不对啊，分明是我身边的，一阵一阵，固执地绕鼻不息。

我的眼睛搜寻了去，就发现了，一朵凝脂样的小白花，白蝶似的，落在她的发里面。是栀子花呀，我最喜欢的一种花。忍不住向她低了头去，笑道："好香的花！"她当时正在纸上信笔涂鸦，一道试题，被她肢解得七零八落。闻听我的话，她显然一愣，抬了头怔怔看我。当看到我眼中一汪笑意，她的脸色，迅速潮红，不好意思地嘴一抿。那一刻，她笑得美极了。

余下的时间里，我发现她坐得端端正正，认真做着试题。中间居然还主动举手问我一个她不懂的问题，我稍一点拨，她便懂了。我在心里叹，原来，她也是个聪明的孩子呀。

隔天，我发现我的教科书里，不知什么时候多了一朵栀子花。花含苞，但香气却裹也裹不住地漫溢出来。我猜是她送的。往她座位看去，便承接住了她含笑的眼。我对她笑着一颔首，是感谢了。她脸一红，再笑，竟有着羞涩的妩媚。其他学生不知情，也跟着笑。而我不说，只对她眨眨眼，就像守着一段秘密，她知道，我知道。

在这样的秘密守候下，她发生了翻天覆地的变化，活泼多了，爱唱爱跳，同学们都喜欢上她。她的成绩也大幅度提高，让所有教她的老师，再不能忽视。老师们都惊讶地说："呀，看不出这孩子，挺有潜力的呢。"

几年后，她出人意料地考上一所名牌大学。在一次寄我的明信片上，她写上这样一段话："老师，我有个愿望，想种一棵栀子树，让它开许多许多可爱的栀子花。然后，一朵一朵，送给喜欢它的人。那么这个世界，便会变得无比芳香。"

是的是的，有时，无须整座花园，只要一朵栀子花。一朵，就足以美丽其一生。

他在岁月面前认了输

老下去，原不过是一瞬间的事。

他花两天的时间，终于在院门前的花坛里，给我搭出两排瓜架子。竖十格，横十格，匀称如巧妇缝的针脚。搭架子所需的竹竿，均是他从几百里外的乡下带来的。难以想象，扛着一捆竹竿的他，走在车水马龙的大街上是副什么模样。

他说："这下子可以种刀豆、黄瓜、丝瓜、扁豆了。"

"多得你吃不了的。"他两手叉腰，矮胖的身子，泡在一罐的夕阳里。仿佛那竹架上，已有果实累累。其时的夕阳，正穿过一扇透明的窗，落在院子里，小院子像极了一个敞口的罐子。

我不想打击他的积极性，不过巴掌大的一块地，能长出什么来呢？而且我，根本不稀罕吃那些了。我言不由衷地对他的"杰作"表示出欢喜，我说："哦，真不赖。"是因为我突然发现，他除了搭搭瓜架子外，实在不能再帮我做什么了。

他在我家沙发上坐，碰翻掉茶几上一套紫砂壶。他进卫生间洗澡，水漫了一卫生间。我叮嘱他："帮我看着煤气灶上的汤锅啊，汤沸了帮我关掉。"他答应得相当爽快，"好，好，你放心做事去吧，这点小事，我会做的。"然而，等我在电脑上敲完一篇稿子出来，发现汤锅的汤，已溢得满煤气灶都是，他正手忙脚乱地拿了抹布擦。

我们聊天。他的话变得特别少，只顾盯着我傻笑，我无论说什么，他都点头。我说："爸，你也说点什么吧。"他低了头想，突然无头无脑说："你小时候，一到冬天，小脸就冻得像个红苹果。"想了一会儿又说："你妈现在开始嫌弃我喽，老骂我老糊涂，她让我去小店买盐，我到了那里，却忘了她让我买什么了。"

"呵呵，老啦，真的老啦。"他这样感叹，叹着叹着，就睡着了。身子歪在沙发上，半张着嘴，鼾声如雷。灯光下，他头上的发、腮旁的鬓发和下巴的胡茬，都白得刺目，似点点霜花落。

可分明就在昨日，他还是那么意气风发，把一把二胡拉得音符纷飞。他给村人们代写家信，文采斐然。最忙的是年脚下，村人们都夹了红纸来，央他写春联。小屋子里挤满人，笑语声在门里门外荡。大年初一，他背着手在全村转悠，家家门户上，都贴着他的杰作。他这儿看看，那儿瞅瞅，颇是自得。

我上大学，他送我去，背着我的行李，大步流星走在前头。再大的城，他也能摸到路。那时，他的后背望上去，像一堵厚实的墙。

老下去，原不过是一瞬间的事。

我带他去商场购衣，帮他购一套，帮母亲购一套。

他拦在我前头抢着掏钱，"我来，我有钱的。"他"唰"一下，掏出一把来，全是五块十块的零票子。我把他的手挡回去，我说："这钱，留着你和妈买点好吃的，平时不要那么省。"他推让，极豪气地说："我们不省的，我和你妈还能忙得动两亩田，我们有钱的。"待看清衣服的标价，他吓得咋舌，"太贵了，我们不用穿这么好的。"

那两套衣，不过几百块。

我让他试衣。他大肚腩，驼背，衣服穿身上，怎么扯也扯不平整。他却欢喜得很，盯着镜子里的自己，连连说："太好看了，我穿这么好回去，怕你妈都不认得我了。"

他先出去的。我在后面叫："爸，不要跑丢了。"他嘴硬，对我摆摆手，"放心，这点路，我还是认得的。"等我付了款，拿了衣出门，却发现他在商场门口转圈儿，他根本不辨方向了。

我上前牵了他的手，他不习惯地缩回。我也不习惯，这么多年了，我们都没牵过手。我再次牵他的手，我说："你看大街上这么多人，你要是被车碰伤了怎么办？你得跟着我走。"

他"唔"一声，脸上露出迷惘的神情，粗糙的手，惶惶地，终于在我的掌中落下来。他安安静静地跟着我，任由我牵着他。恍然间忆起小的时候，我们也曾这样牵手，只是如今，我和他的角色互相调换了。我的眼睛，有些模糊，是夕阳晃花眼了吧？

奔跑的小狮子

　　妈妈是要让她迅速成为一头奔跑的小狮子，好让她在漫漫人生路上，能够很好地活下来。

　　她常回忆起八岁以前的日子：风吹得轻轻的，花开得漫漫的，天蓝得像大海。妈妈给她梳漂亮的小辫子，辫梢上扎蝴蝶结，大红、粉紫、鹅黄。给她穿漂亮的裙，带她去动物园，看猴子爬树，给鸟喂食。妈妈给她讲童话故事，讲公主一睁开眼睛，就看到王子了。她问妈妈，我也是公主吗？妈妈答，是的，你是妈妈的小公主。

　　可是有一天，她睁开眼睛，一切全变了样。妈妈一脸严肃地对她说，从现在开始，你是大孩子了，要学着做事。妈妈给她端来一个小脸盆，脸盆里泡着她换下来的衣裳。妈妈说，自己的衣裳以后要自己洗。

　　正是大冬天，水冰凉彻骨，她瑟缩着小手，不肯伸到水里。

妈妈在一边，毫不留情地把她的小手，按到水里面。

妈妈也不再给她梳漂亮的小辫子了，而是让她自己胡乱地用皮筋扎成一束，蓬松着。她去学校，别的小朋友都笑她，叫她小刺猬。她回家对妈妈哭，妈妈只淡淡说了一句，慢慢就会梳好了。

她不再有金色童年。所有的空余，都被妈妈逼着做事，洗衣、扫地、做饭，甚至去买菜。第一次去买菜，她攥着妈妈给的钱，胆怯地站在菜市场门口。她看到别的孩子，牵着妈妈的手，一蹦一跳地走过，那么的快乐。她小小的心，在那一刻，涨满疼痛。她想，我肯定不是妈妈亲生的。

她回去问妈妈，妈妈没有说是，也没有说不是。只是埋头挑拣着她买回来的菜，说，买黄瓜，要买有刺的，有刺的才新鲜，明白吗？

她流着泪点头，第一次懂得了悲凉的滋味。她心里对自己说，我要快快长大，长大了去找亲妈妈。

几个月的时间，她学会了烧饭、炒菜、洗衣裳；她也学会，一分钱一分钱地算账，能辨认出，哪些蔬菜不新鲜；她还学会，钉纽扣。

一天，妈妈对她说，妈妈要出趟远门。妈妈说这话时，表情淡淡的。她点了一下头，转身跑开。等她放学回家，果然不见了妈妈。她自己给自己梳漂亮的小辫子，自己做饭给自己吃，日子一如寻常。偶尔，她也会想一想妈妈，只觉得，很遥远。

再后来的一天，妈妈成了照片上的一个人。大家告诉她，妈妈得病死了。她听了，木木的，并不觉得特别难过。

半年后，父亲再娶。继母对她不好，几乎不怎么过问她的事。这对她影响不大，基本的生存本领，她早已学会，她自己把自己打理得很好。如岩缝中的一棵小草，一路顽强地长大。

她是在看电视里的《动物世界》时，流下热泪的。那个时候，她已嫁得好夫婿，在日子里安稳。《动物世界》中，一头凶狮子拼命踢咬一头小狮子，直到它奔跑起来为止。她就在那会儿，想起妈妈，当年，妈妈重病在身，不得不硬起心肠对她，原是要让她，迅速成为一头奔跑的小狮子，好让她在漫漫人生路上，能够很好地活下来。

父亲的菜园子

地里面，一些嫩绿的小芽儿，已冒出泥土来，正探头探脑着。

父亲在电话里给我描绘他的菜园子：菠菜，大蒜，韭菜，萝卜，大白菜，芫荽，莴苣……里面什么都长了，你爱吃的瓜果蔬菜有的是，你就等着吃吧。

我的眼前，便浮现出这样的菜园子：里面的青翠缠绵成一片，深绿配浅绿，吸纳着阳光雨露。实在美好。

既而我又有些怀疑了，父亲虽是农民，但他使的是粗活，挑河挖地，他很在行。而种瓜果蔬菜，是精致活，像绣花一样的，得心细才行。这一些，几十年来，都是母亲做的，父亲根本不会。

我的疑虑还未说出口，父亲就在那头得意地说，种菜有什么难的？我一学就会了。我知道你喜欢吃这些呢，所以辟了很大的一个菜园子。

自从母亲的类风湿日益严重后，父亲学会了做很多事，譬如煮饭和洗衣。想到年近七十的老父亲，在锅台上笨拙的样子，我的眼睛，就忍不住发酸。父亲却呵呵乐，说，等你回来，我到菜园子里挑了菜，炒给你吃，保管你喜欢的。

　　父亲的菜园子，在父亲的描绘中，日益蓬勃起来。他说，青椒多得吃不掉了，扁豆结得到处都是，黄瓜又打了许多花苞苞，萝卜马上能吃了……我家的餐桌上，便常常新鲜蔬菜不断，碧绿澄清。有的是父亲亲自送来的，有的是父亲托人带来的。父亲说，市场上的蔬菜农药太多，你们少买了吃，还是吃家里带的好。

　　有时，父亲带来的蔬菜太多，我吃不掉，会分赠给左右邻居。即便这样，父亲仍在电话里问，够不够吃？不够，我菜园子里多着呢。仿佛他那儿有一口井，可以源源不断地喷出清泉来。

　　便想象父亲的菜园子，里面的瓜果蔬菜，长势喜人，是一畦一畦的活泼呢。

　　偶然得了机会，我回家转，第一件事，就是直奔父亲的菜园子。母亲坐在院门口笑，母亲说，你爸哪里有什么菜园子啊，学了大半年，他才学会种青菜。这人笨呢。

　　我疑惑，那，爸送我的那些蔬菜哪里来的？

　　母亲说，是你爸帮工帮来的。我不能种菜了，他又不会种，怕你没菜吃，他就去邻居家帮工，人家就送他一些现长的瓜果蔬菜。

　　怔住。回头，瞥见父亲正站在不远处，不好意思地冲我笑，他因他的"谎言"被揭穿而羞赧。嘴上却不肯服输，招手叫我过去，说，你别听你妈瞎说，我不止会种青菜的，我还学会种芫荽。

　　他领我去屋后，那里，新辟了一块地，地里面，一些嫩绿的小芽儿，已冒出泥土来，正探头探脑着。父亲指着那些芽儿告诉我，这是青菜，那是芫荽。还种了一些豌豆呢。你看，长得多好。

　　这里，很快会成一片菜园子，你下次回家来看，肯定就不一样了，父亲说。父亲的脸上，有骄傲，有向往，有疼爱。

　　我点头。我说到时记得给我送点青菜，还有芫荽，还有豌豆。我喜欢吃。

母亲的心

大街上，人来人往，没有人会留意到，那儿，正走着一个普通的母亲，她用肩扛着，一颗做母亲的心。

那不过是一堆自家晒的霉干菜、自家风干的香肠，还有地里长的花生和蚕豆、晒干的萝卜丝和红薯片……

她努力把这东西搬放到邮局柜台上，一边小心翼翼地询问，寄这些到国外，要几天才能收到？

这是六月天，外面太阳炎炎，听得见暑气在风中"滋滋"开拆的声音。她赶了不少路，额上的皱纹里，渗着密密的汗珠，皮肤黝黑里泛出一层红来。像新翻开的泥土，质朴着。

这天，到邮局办事的人，特别多。寄快件的，寄包裹的，寄挂号的，一片繁忙。她的问话，很快被淹在一片嘈杂里。她并不气馁，过一会儿便小心地问上一句，寄这些到国外，要多少天才收到？

当她得知最快的是航空邮寄，三五天就能收到，但邮寄费用贵。她站着想了会儿，而后决定，航空邮寄。有好心的人，看看她寄的东西，说，你划不来的，你寄的这些东西，不值钱，你的邮费，能买好几大堆这样的东西呢。

她冲说话的人笑，说，我儿在国外，想吃呢。

却被告之，花生、蚕豆之类的，不可以国际邮寄。她当即愣在那儿，手足无措。她先是请求邮局的工作人员通融一下。就寄这一回，她说。邮局的工作人员跟她解释，不是我们不通融啊，是有规定啊，国际包裹中，这些属违禁品。

她"哦"了声，一下子没了主张，站在那儿，眼望着她那堆土产品出神，低声喃喃，我儿喜欢吃呢，这可怎么办？

有人建议她，给他寄钱去，让他买别的东西吃。又或者，他那边有花生蚕豆卖也说不定。

她笑笑，摇头。突然想起什么来，问邮局的工作人员，花生糖可以寄吗？里边答，这个倒可以，只要包装好了。她兴奋起来，那么，五香蚕豆也可以寄了？我会包装得好好的，不会坏掉的。里边的人显然没碰到过寄五香蚕豆的，他们想一想，模糊着答，真空包装的，应该可以吧。

这样的答复，很是鼓舞她，她连声说谢谢，仿佛别人帮了她很大的忙。她把摊在柜台上的东西，一一收拾好，重新装到蛇皮袋里，背在肩上。她有些歉疚地冲柜台里的人点头，麻烦你们了，我今天不寄了，等我回家做好花生糖和五香蚕豆，明天再来寄。

　　她走了，笑着。烈日照在她身上，蛇皮袋扛在她肩上。大街上，人来人往，没有人会留意到，那儿，正走着一个普通的母亲，她用肩扛着，一颗做母亲的心。

第三辑
一天就是一辈子

风吹着窗外的花树，云唱
着蓝天的歌谣，怎么样，
都是好了，我可以把一天，
过成我想要的一辈子。

小欢喜

这凡尘到底有什么可留恋的？原来，都是这些小欢喜啊。它们在我的生命里，唱着歌，跳着舞。活着，也就成了一件特别让人不舍的事情。

喜欢这样一种状态：太阳很好地照着，我在走，行人在走，微笑，我们对面相见不相识。心里却萌生出浅浅的欢喜，就像相遇一棵树、相逢一朵花。

路边的热闹，一日一日不间断。上午八九点的时候，主妇们买菜回家了，她们蹲在家门口择菜，隔着一条巷道，与对面人家拉家常。阳光在巷道的水泥地上跳跃，小鱼一样的。我仿佛闻到饭菜的香，这样凡尘的幸福，不遥远。

也总要路过一个翠竹园。是街边辟开的一块地，里面栽了数杆竹，盖了两间小亭子，放了几张石凳石椅，便成了园。我很爱那些竹，它们的叶子，总是饱满地绿着，生机勃勃，冬也不败。某日晚上路过，我透过竹叶的缝隙，看到一个亮透了的月亮，像一枚晶莹的果子，挂在竹枝上。天空澄清。那样的画面，经久在我的脑海里，每当我想起时，总要笑上一笑。

还是这个小园子，不知从哪天起，它成了周围老人们的天下。老人们早也聚在那里，晚也聚在那里，吹拉弹唱，声音洪亮。他们在唱京剧。风吹，丝竹飘摇，衬了老人们的身影，鹤发童颜，我常常看得痴过去。京剧我不喜欢听，我吃不消它的拖拉和铿锵。但老人们的唱我却是喜欢的，我喜欢看他们兴高采烈的样子，那是最好的生活态度。等我老了，我也要学他们，天天放声歌唱，我不唱京剧，我唱越剧。

路走久了，路边的一些陌生便成熟悉。譬如，拐角处那个卖报的女人，我下班的时候，会问她买一份报，看看当天的新闻。五月，她身旁的石榴树，全开了花，一盏盏小红灯笼似的，点缀在绿叶间，分外妖娆。我说，你瞧，这些花都是你的呀。她扭头看一眼，笑了。再遇见我，她会主动跟我打招呼，送上暖人的笑。有时我们也会聊几句，我甚至知道了，她有一个女儿，在读高中，成绩不错。

还有一家花店，开在离我单位不远的地方。花店的主人，居然是个男人，看起来五大三粗的。男人原是一家机械厂的职工，机械厂倒闭后，男人失了业。因从小喜欢花草，他先是在碗里长花，阳台上长一排，有太阳花，有非洲菊，有三叶草。花开时节，他家的阳台上，成花海。左邻右舍看见，喜欢得不得了，都来问他讨要。男人后来干脆开了一家花店，买了一些奇奇怪怪的小花盆，专门长花草。那些小花盆里长出的花草，都一副喜眉喜眼的样子，可爱得很。看他弯腰侍弄花草，总让人心里生出柔软来。我路过，有时会拐进去，问他买上一盆两盆花，偶尔也会买上几枝百合回家插。他每次都额外送我几枝满天星，说，花草可以让人安宁。真想不到这样的话，是他说出来的。一时惊异，继而低头笑，我是犯了以貌取人的错的。我捧花在手，小小的欢喜，盈满怀。

也在路边捡过富贵竹。是新开张的一家店，门口祝福的花篮儿，摆了一圈。翌日，繁华散去，主人把那些花篮，随便弃在路边。我看见几枝富贵竹，夹杂在里头，蔫头蔫脑的，完全失了生机。我捡起它们，带回家，找一个玻璃瓶插进去。不过半天工夫，它们的枝叶，已吸足水分，全都精神抖擞起来。

再隔几日，那几枝富贵竹，竟冒出根须来。隔了一层玻璃看，那些根须，很像银色的小鱼。我把它们放在我的电脑旁，无论我什么时候看它们，它们都是绿盈盈的。这捡来的一捧绿，让我心里充满感动和快乐。

曾经我想过一个问题：这凡尘到底有什么可留恋的？原来，都是这些小欢喜啊。它们在我的生命里，唱着歌，跳着舞。活着，也就成了一件特别让人不舍的事情。

月亮天

有时，安静的力量，要远远大于喧哗。

我要对此刻的天空说点什么才好。

此刻，晚上八九点。月亮升得很高了，天空澄澈得仿若一潭湖水。一两颗星子，是水里面游着的小鱼，轻盈又活泼。

万物经过一春的盛放、一夏的喧闹，渐渐各归其位。这很像一场繁华演出，高潮已过，终到谢幕。于演员也好，于观众也好，都得到了各自所需的，心满意足了。灯光也就一盏一盏熄灭了，站起身，掸掸衣，都回家睡觉去吧。

虫鸣声藏起来了。桂香藏起来了。偶有一两片树叶飘落，声音便格外的响，嘎嚓，嘎嚓。我以为，那是树的心跳声。天与地，都安静下来，撤除防御，卸下武装，裸露着一颗心，让月光晾晒。人在这样的月亮天里走着，容易模糊了时间，模糊了地域，模糊了生死界限。岁月无垠，有亘古况味的感觉。

有时，安静的力量，要远远大于喧哗。

月亮似硕大的花朵，开在天上。你说是朵白莲，像。说是朵白菊花，像。我要说，它更像一朵白牡丹，富贵雍容得不行。也只有这个时候的月亮，才当得起这"雍容"二字吧。月白风清，也说的是这样的时刻吧？

清代德隐说："对此怀素心，千里共明月。"我很喜欢他说的这个"素心"。经月光的洗濯，再染尘的心，怕也会明净起来的吧。那怀着素心之人，一个一个，在月下重逢了。"晨兴理荒秽，戴月荷锄归"，那是归隐田园的陶渊明；"我歌月徘徊，我舞影零乱"，那是洒脱狂放的李白；"从今若许闲乘月，拄杖无时夜叩门"，那是奢望和平安宁的陆游。吕洞宾也来了，他带着一个小牧童而来，"归来饱饭黄昏后，不脱蓑衣卧月明"。月光为毯、为被，那小牧童酣睡的样子，实在动人。

我的童年，便也跟着奔跑而来。这样的月亮天，我们在屋里铁定是待不住的。出门去，游戏多着呢，弹玉球，拍火花，跳房子，踢毽子，跳绳。或用长棉线扯着一片破塑料纸，沿着田间小路，呼呼地往前冲。想象着自己是举着一面旌旗呢，正率领着千军万马。

大人们闹不懂我们为什么这么"疯"，总要责骂，大半夜的，还不睡觉，魂丢外面去啦！他们说对了，我们的确把魂丢在外面了，丢在那片月色里了。我们总要玩到月亮西沉，才回到屋内去睡。一时三刻却睡不着，眼睛睁得大大的，看着窗外的月亮天，瞎兴奋。哦，这样的月亮天，能不叫人快乐嘛！

　　我在路边亭子里的石凳上坐下来。有凉意穿透衣衫，直抵我的肌肤。但也只是一小会儿，我的体温，就让石凳变暖和了。——只要你捧出足够的温度，纵使石头，也会被捂暖。人与人的关系，人与物的关系，莫不如是。

　　难得碰见孩子了。现在的孩子，都被关在密封的房子里，少了在月下追逐的野趣。他们怕是连月亮长什么样，也不大说得清的。一对散步的老夫妇，并排走着，喁喁地说着话，从我身边走过去。他们的发上、肩上，落满白花瓣一般的月光。我微笑着，目送他们，直到他们彻底与一片月色，融合到一起。

一天就是一辈子

哪怕生命只剩最后一天，都为时不晚。

我买了一堆彩铅，作画。

我在纸上随意描摹，画猫，画狗，画小草，画小花。态度谦恭认真，像刚学涂鸦的小孩。人见之，大不解，问我什么的都有。"你为什么现在要学画画？画了做什么用的？""你是想改行做画家么？""是哪里约你的画稿吗？""你是想给自己的书画插图么？"……无一例外的，都奔着一定的功利去。仿佛我种下一棵树，就是为了收获到一树的果，否则，就不符世道常规，就让人匪夷所思了。

可是，有时种树，只为那栽种时劳作的喜悦，有阳光洒下来，有汗水滴下来，泥土芬芳，内心充盈，就很好了呀。它实在无关以后，以后，有没有一树的花，有没有一树的果，有什么要紧呢！

年少时，我是那么热衷地喜欢过画画。梦想里，是想拥有一屋子的彩笔，画一屋子的画，在墙上随便贴。却被大人们认为不务正业，他们苦口婆心地劝告，小孩嘛，将来考上好大学，找份好工作，做人中龙凤，才是最好的奋斗目标。我很听话地，藏起自己的梦想，一日一日，朝着大人们所要求的样子，成长起来。偶尔想起，我曾经也有过自己的梦的，却恍若隔世了。

想想我们一生，几乎都活在世道的常规里。做任何事，走任何路，是早就规定好了的，由不得我们自己做主。我们以世俗的目光，来衡量着成败，追逐着那些所谓的梦想，追得好辛苦。到头来，外表或许很光鲜了，繁花似锦，内里，却空空如也，一颗心，常常找不到着落处。在前行的路上，我们早把自己弄丢了。

好在还有时间来弥补。我以为，哪怕生命只剩最后一天，都为时不晚。这一天，你完全属于你自己，你可以捡拾起从前喜欢的笛子，吹上两段，断续不成曲那又有什么关系？你不必在乎他人的眼光，不必在意曲调是否流畅，你只享受着你吹响的那一刻。手握笛子，有音符从心底飞出，你很快乐。能够使自己快乐，才是人生最大的收获。

就像现在我拿起画笔，不定画什么，也不定画成什么模样，赤橙黄绿，落在纸上，都是我缤纷的喜悦。那些我曾经的年少，那些我隐蔽的梦想，在纸上一一抵达。风吹着窗外的花树，云唱着蓝天的歌谣，怎么样，都是好了，我可以把一天，过成我想要的一辈子。

半日春光

人生的得与失，总是相对应而存在，焉知有时不会逢着意外的欢喜呢？

跑去宜兴看溶洞。结果发现，溶洞自然是好看的，更好看的却是，那里的春光。

从张公洞出来，已是午后。我和那人本来是要去陶祖圣境的，那是在网上购得的联票。景区一小服务员，大概没去过那里，见我们发问，随口对我们说，不远的呀，走上十五分钟就到了。

信了她的话，我们兴冲冲奔着陶祖圣境而去，路却越走越远。路上少有行人，偶有路过的车辆，呼啸着驶过去，留下一片静。好不容易逮住一骑车人，问，陶祖圣境还有多远？那人小愣了半天，很有些惭愧地说，不知道呢。

我们猜测着种种可能性，或许我们方向搞错了。又或许这个景点，很小，很不出色，连当地的百姓都不知道。心里却不急，走走停停，停停走走，满眼都是春天的好景色，足够我们赏玩的了。能开花的树，都撑着满满当当的一树花，云蒸霞蔚着。桃红柳绿间，不时还会跳出一撮或几撮的金黄来，冒冒失失的，如同率性的孩子，满地撒着欢打着滚，把金黄的颜色，染得满头满脸。那是油菜花。静的世界，被它搅动得喧闹欢腾。不远处，青山如淡墨轻染。如果看到水，则更动人了，水边红花朵黄花朵，朵朵生动。多好，多好啊。我们走着看着，看着走着，竟忘了此行的目的，眼睛被染得五颜六色，心被染得五颜六色。

竹多。人家的家前屋后，都是。山上山下，都是。不由得想起《诗经》中的"瞻彼淇奥，绿竹猗猗"之句。用"猗猗"来形容这宜兴春天的竹子，真是再贴切不过了，又茂盛又美好。

遇见卖竹笋的，是两个当地农妇。她们的脚跟边守着一堆新鲜的竹笋，一只只都胖乎乎的，饱满欢实得很。问问价钱，实在不贵，两块钱一斤。农妇黑红的脸上，满是笑意，说，买点儿？烧肉吃好吃呢。我们犹豫着，真想啊，但是走远路带不动哪。

她们便有些好奇，问，你们这是要去哪儿？

去陶祖圣境，我们答。

陶祖圣境？她们一时愣住，互相打听，有这个地方吗？后来一人终于悟道，怕是有西施洞的那个地方吧？还有好远的路呢，在山上呢，你们这么走着，是要走到天黑的。

你们就这么走着来的？她们不相信地问。

我们笑答，是啊，走着呢。

她们立即肃然起敬，哎呀，真不简单。一边为我们可惜着，你们怎么不在张公洞乘旅游 1 号的车呀？怎么就走这么远了？

心里面窃笑，且得意着，我们把你们的春天偷看了呢。

告别她们，我们继续前行。人家的房，都一副福气满满的样子，被花儿们左抱右拥着。或菜花。或桃花。或紫荆。或海棠。哪一种，都是全心全意一丝不苟地盛开着。柳枝飞扬。翠竹滴翠。远远近近的颜色们，各各占据一方，又相互交融。像绣娘摊开绣布，用滴着颜色的丝线，一针一针给绣出来的。无论黄，无论红，无论绿，无论紫，都鲜亮得叫人惊诧和惊叹。鸟儿的鸣叫，格外动听，含了香带了翠的，宛转在密密的竹林中、山坡上、花树间。

最终我们没去成陶祖圣境。太阳快落山的时候，我们搭上了从竹海开往宜兴的最后一班车。内心却无遗憾，因为我们相逢到这半日春光，偷得了浮生半日闲。人生的得与失，总是相对应而存在，焉知有时不会逢着意外的欢喜呢？我只从容地走着，等着。

低到尘埃的美好

幸福哪里有什么标准？原来，每个人有每个人的幸福。

一

家附近，住着一群民工，四川人，瘦小的个头。他们分散在城市的各个角落，搞建筑的有，搞装潢的有，修车修鞋搞搬运的也有。一律的男人，生活单调而辛苦。天黑的时候，他们陆续归来，吃完简单的晚饭，就在小区里转悠。看见谁家小孩，他们会停下来，傻笑着看。他们想自家的孩子了。

就有孩子来了，起先一个，后来两个、三个……那些黑瘦的孩子，睁着晶亮的大眼睛，被他们的民工父亲牵着手，小心地打量着这座城。但孩子到底是孩子，他们很快打消不安，在小区的巷道里，如小马驹似的奔跑起来，快乐地。

一日，我去小区商店买东西，在商店门口发现了那群孩子。他们挤挤攘攘在小店门口，一个孩子掌上摊着硬币，他们很认真地在数，一块，两块，三块……

我以为他们贪嘴，想买零食吃呢，笑笑走开了。等我买好东西出来时，看见他们正围着卖女孩子头花的摊儿，热闹地吵着："要红的，要红的，红的好看！"他们把买来的红头花，递到他们中的女孩子手里。又吵嚷着去买贴画，那是男孩子们玩的，贴在衣上，或是墙上。他们争相比较着哪张贴画好看，人人手里，都多了一份满足。

再见到他们在小巷里奔跑，女孩子们黄而稀少的发上，一律盛开着两朵花，艳艳地晃了人的眼。男孩子们的胸前，则都贴着贴画。他们像群追风的猫，抛撒着一路的快乐。

二

去一家专卖店，看中一条纱巾。浅粉的，缀满流苏，无限温柔。

爱不释手，要买。店主抱歉地说，这条不卖，是留给一个人的。

便好奇，她买得，我为什么买不得？你可以让她去挑别的嘛。

店主笑，给我讲了一个故事。故事的主人公，是个女人，女人先天性眼盲。家里境况又不好，她历尽一些人生的酸苦，成了盲人按摩师。女人特别喜欢纱巾，一年四季都系着，搭配着不同的衣服。

　　也是巧合了，女人那日来她的店，只轻轻一抚这条纱巾，竟脱口说出它的颜色，浅粉的呀。这让店主大为诧异。她当时没带钱，走时一再关照店主，一定要给她留着。

　　我最终都没见到那个女人。但我想，走在大街上，她应该是最美的那一个，有这样的美在，人世间还有什么样的艰难困苦不能逾越的？

三

　　朋友去内蒙古大草原。

　　九月末的大草原，已一片冬的景象，草枯叶黄。零落的蒙古包，孤零在路边。朋友的脑中，原先一直盘旋着"天苍苍，野茫茫，风吹草低见牛羊"的波澜壮阔，直到面对，他才知，生活，远远不是想象里的诗情画意。

　　主人好客，热情地把他让进蒙古包中。扑鼻的是呛人的羊膻味，一口大锅里，热汽正蒸腾，是白水煮羊肉。怕冷的苍蝇，都聚集到室内来，满蒙古包里乱窜。室内陈设简陋，唯一有点现代气息的，是一台十四英寸电视，很陈旧的样子。看不出实际年龄的老夫妻，红黑的脸上，是谦和的笑，不住地给他让座。坐？哪里坐？黑不溜秋的毡毯，就在脚边上。朋友尴尬地笑，实在是落座也难。心底的怜悯，滔滔江水似的，一漫一大片。

却在回眸的刹那，眼睛被一抹红艳艳牵住。屋角边，一件说不出是什么的物什上，插着一束花。居然是束康乃馨，花朵朵朵绽放，艳红艳红的。朋友诧异，这茫茫无际的大草原，这满眼的枯黄衰败之中，哪里来的康乃馨？

主人夫妻笑得淡然而满足，说，孩子送的。孩子在外读大学呢，我们过生日，他们让邮递员送了花来。

那一瞬间，朋友的灵魂受到极大震撼，朋友联想到幸福这个词，朋友说，幸福哪里有什么标准？原来，每个人有每个人的幸福。

我在朋友的故事里微笑着沉默，我想得更多的是，那些低到尘埃里的美好，它们无处不在。怜悯是对它们的亵渎，而敬畏和感恩，才是对它们最好的礼赞。

品味时尚

　　假如，与亲情相约也能成为一种时尚，将有多少父母笑开颜啊。

　　是在突然间起了念头，要来个农家游的。

　　那日，闲来翻报，看到休闲时尚一栏，大幅的照片上，村庄田畴铺陈，阳光融融，人们笑脸灿烂。旁有文字介绍，说上海市民现在最时尚的生活，是去乡下吃农家饭、品农家菜、看农家景。

　　失笑不已，这样的时尚，我在一二十年前可是天天品味着的。

　　得了启示，休息日里，电话召集同样在外工作的弟弟，我说我们这次一起来个农家游可好？

　　两家人马，浩荡成一支团队，直往乡下——我们的老家扑去。慌张了我们的父母，他们站在屋前，手足无措地望着我们笑，问，乖乖啊，今天又不过年又不过节的，咋都回来了呢？

一笑，回他们，想你们了呗。话说完，脸暗自红，若不是受这时尚的农家游的启发，生活在城里的我们，平常日子里，哪里会想到父母？

父母冷清的小屋，因我们的到来而热闹。家里养的小黄狗也来凑热闹，老熟人似的，绕了我们的脚跟嗅。一只小羊跑来，站在门口，朝着我们好奇地张望。琥珀色的眼睛里，有着孩童般的温柔和天真。母亲介绍它像介绍她另外的孩子，母亲说，这是家里刚生的小羊，这小家伙聪明得跟人似的，我和你爸从田里回来，它都老远跑过去接。前些天，它吃了下过露水的草，泻肚子了，再给它湿草，它怎么也不肯吃了。

我们都以为奇，围着小羊拍照。暗喜不已，这样的"明星人物"，到哪里找？六岁的小侄子，更是抱着它，当了活玩具，喜欢得不肯松手了。

提了篮子，去地里摘菜蔬。初夏的天，地里的植物们，葱茏得不能再葱茏。瓜果多的是，香瓜梨瓜木瓜，比赛着结。——随便摘吧。蔬菜多的是，韭菜一垄一垄地绿着。还有小青菜，嫩得掐得出水来。黄豆荚也饱满得刚刚好，用韭菜炒嫩黄豆吃，既鲜嫩又清新。

邻居们隔屋相望，远远招呼，我家有紫茄子要不要？

要，当然要。提了篮子就过去了，摘了小半篮子。邻人还嫌不够，频相劝，再多摘点呀，我家里多着呢。

心里满溢的都是好。乡下人家就是实诚，在他们，给予是福，而你的接受，对他们来说，更是福。因为你的接受，意味着没拿他们当外人。心与心，原是这样靠近的。

很快，正宗的土灶上，烧出正宗的土菜，父亲还斩了一只草鸡。一桌子的好吃好喝。我们埋头大吃，直吃得打饱嗝。父母却吃得少，一直在一旁笑眯眯地看着我们，不时地叹一声，真好。

真好什么呢？在他们，子女能常回家看看，就是最大的满足。我突然想，假如，与亲情相约也能成为一种时尚，将有多少父母笑开颜啊。而我们，也因这样的时尚，可以时常与记忆里的自己重逢，去童年待过的地方走一走，去问候一下从前的蓝天和白云。人生会因此，更为丰满。

跟着一朵阳光走

生命还会重来，美好就在前面等着。

那日，我正收拾书桌，突然看到一朵阳光，爬到我的书上。一朵小花似的，喜眉喜眼地开着。又像一只小白猫，蹑手蹑脚着。

我晃晃书页，它便轻轻动了动，一歪头，跳到桌旁的一盆水仙上。在水仙的脸上，调皮地抹上一层薄粉。后来，它跳到窗台上。跳到门前的一棵树上。树光秃秃的，冬天还没真正过去，这朵阳光却不介意，它在赤条条的树枝上蹦蹦跳跳。它知道，用不了多久，那里会重新长出叶来。那时，春天也就来了。

我的脚步不由自主地跟过去，我要跟着一朵阳光走。

阳光跑到屋旁的一堆碎砖上。碎砖是一户人家装修房子留下来的，被大家当作了晒台。有时上面晾着拖把。有时上面晒着鞋子。隔壁的陈奶奶把洗净的雪里蕻，晾在上面，说是要腌咸菜。她半是骄傲半是幸福地说，她在省城里的儿媳妇，特别爱吃她腌的咸菜。

阳光在砖堆上留下了它的热、它的暖。它又跳到一小片菜地上。小菜地瘦瘦长长的，挨着一条小径。原先是块荒地，里面胡乱长些杂草，夏天蚊虫多，走过的人都速速走开，漠然着。后来，不知谁把它整出来，这个在里面栽点葱，那个在里面种点蒜，还有人在里面栽了一株海棠。阳光晴好的天，海棠花凌凌地开了，一朵一朵，红宝石似的，望过去特别漂亮。大家有事没事，爱凑到这儿，看看葱，看看菜，赏赏花，彼此说些闲话。

谁也不曾留意，阳光已悄悄地，跳到了人的心里面。

现在，这朵阳光继续着它的行程。它走到一片绿化带上。绿化带上有树、有草，也有花。草枯了，花谢了，然不要紧的，它会唤醒它们。我似乎听到它的耳语：生命还会重来，美好就在前面等着。

人是怀抱着希望在这个世上行走的，植物们何尝不是？

树是栾树，叶掉了，枝上留着一撮一撮干枯了的果。我伸手够一串，剥开，里面黑黑的珠子跳出来，和这朵阳光热烈拥抱。我想起有关栾树的记载，说是寺庙多有栽种，用它们的果粒来穿佛珠。

尘世万物，本就存了佛心的。

一只小鸟，在路边的草地里跳跃。它的嘴巴尖尖的、长长的，一身斑斓的毛。奇的是，它的头上，长了两只小小的角。我不识这是什么鸟，这无关它的欢喜安乐。它的头，灵活地东转西转、东张西望，仿佛初来乍到，对周遭的一切好奇极了。

　　这朵阳光，跳到小鸟的脚边。小鸟一定感觉到了，它低下头去啄食，一上一下，一上一下，怎么啄也啄不完。天空高远，草地温暖。

　　我微笑起来，干脆在路边坐下来，看小鸟，看阳光。阳光照强大也照弱小，阳光善待每一个生命。我们要做的，唯有不辜负，不辜负这朵阳光，不辜负这场生命。

让每一个日子，都看见欢喜

人生到底怎样活着才有意义？我想，遵从内心的召唤，认认真真地活着，让每一个日子，都看见欢喜，这或许才是它最大的意义所在。

一个从小在都市长大的女孩，受过良好教育，通音律，会钢琴，还出国留过学。回国后，她在城里拥有一份让人称羡的工作，生活安逸无虞。一次偶然机会，她去大山里游玩，被大山深深吸引住了，从此魂牵梦萦。

后来，女孩毅然决然放弃了城里的热闹与繁华，跑到大山里，承包了土地种梨树。从没握过农具的手，在挖下第一个土坑时，手上就起了血泡。疼，疼得钻心。前来看她的母亲，抱住她哭，求她，我们回去吧。她却执意留下。当昔日的同事，坐在开着空调的咖啡厅里，听着音乐，品着咖啡时，她正顶着烈日，在给梨树施肥除草。渴了，就弯腰到山泉边，捧上一口溪水喝。累了，就和衣躺到草地上，头枕着山风，休息一会儿。

熟悉她的人，没有一个不说她犯傻。读了二十多年的书，接受了那么多现代教育，最后却把那些统统丢弃了，跑到大山里做起山民，这人生过得还有意义吗？

有记者拿了这个问题去采访女孩。女孩没有直接回答，而是带了记者去她的梨园。一路上，野花遍地，女孩边跑边采。时有调皮的小松鼠，从林中蹿出来，女孩冲它招招手。鸟亦多，两年的山里生活，女孩已能叫出不少鸟的名字了。梨花刚开过，青青的果，花苞苞似的冒出来。女孩轻轻掀开一片叶，让记者看她的梨。女孩说，你看，它们一天一天在长大，将会有好多人吃到它们的甜。

女孩是真心实意喜欢上山里的日子，清静，碧绿，还有鸟叫虫鸣常伴左右。女孩说，在这里，我每天都望见欢喜，我觉得很幸福。

女孩的故事，让我想起老家的烧饼炉子。烧饼炉子在老街上，我小的时候，它就在。摊烧饼卖的，是个男人，高高的个头，背微驼。他把揉好的面，摊在案板上，手持一根小棍，轻轻轧，轧成圆圆的一块。再挖一大勺馅，加到里面。把它揉圆，再摊开，撒上芝麻，贴到烧红的炉子边缘上。旁边等的人，会不时关照两句，师傅啊，多放点馅啊。师傅啊，多撒点芝麻啊。他一一答应。

他的烧饼炉子，一摆就是四十多年。他靠它，把两个女儿送进大学。如今，女儿出息了，一个在北京，一个在深圳，都有房有车，要接他去安享晚年。他去住了两天，住不惯，又跑回来，守着他的烧饼炉子。每天清晨五点，他准时起床，生炉子，和面，做馅。不一会儿，上学的孩子来了，围住他的烧饼炉子，小鸟似的，叽叽喳喳地叫，爷爷，多放点馅啊。爷爷，多撒点芝麻啊。他笑眯眯地应着，好，好。

你看，这一茬又一茬人，是吃着我的烧饼长大的，他呷一口浓茶，望着街上东来西往的人，无比安然地说。那只茶杯，紫砂的，也很有些年代了。问他，果然是。跟他三十年了，都跟出感情来了，成了他须臾不离的亲密伙伴。

人生到底怎样活着才有意义？我想，遵从内心的召唤，认认真真地活着，让每一个日子，都看见欢喜，这或许才是它最大的意义所在。

一个人的歌谣

　　我还能做什么好呢？这些日常的琐碎啊，即使换了朝改了代，那琐碎也还在的。

　　喜欢阳光的天。

　　钻石一样的阳光，在人家房屋顶上闪亮，在一些树枝上闪亮，在楼前的道路上闪亮。来来往往的行人头上、身上，便都镶着阳光的钻石，无论贫富，无论贵贱。阳光善待每一个生命。

　　做桂花糕的老人，又推出了他的小摊子，在路边现做现卖。硬纸板上，简陋的几个字当招牌：宫廷桂花糕。我买一块，味道真的很好，绵软而香甜。暗地想，是哪朝哪代宫廷制作此糕的秘方，流落到民间来的？会不会从诗经年代就有了呢？如此一想，我的舌尖上，就有了千古绵延的味道。

　　楼下人家的花被子，在阳光下晒太阳。陪同花被子一起晒太阳的，还有两双棉拖鞋。一双红，一双蓝。这是一对夫妻的。女人在街头摆摊卖水果，男人是个货车司机。我遇见过两次，路灯下，他们伴着一拖车的水果，回家。男人在前面拉，女人在后面推。晚风吹。

这是俗世，烟火凡尘，男人的，女人的。爱着，生活着。每遇见这些景象，我的心里，都会蹦出欢喜来。我会发痴地想上一想，几千年前，也是这样的晴空丽日么，也有这样俗世的一群吧。

那时候，野地里植物妖娆，卷耳、谖草、薇、荇苢、唐、蔓……每一种植物，都有一个可亲的温暖的名字。天空无边无际。大地无边无际。草木森森，野兽飞鸟自由出没。人呢？人也是一株植物，饱满葱茏，随性而长。

男人们多半强壮，他们打猎。他们垂钓。他们大碗喝酒，击缶而歌。艳遇遍地，不期然的，就能遇到一个木槿花一样的女子。他们爱得辗转反侧，心底里，欢唱着一支又一支快乐的歌谣，都在说着爱。

女人们则有着小麦一样的肤色，丰满而美好。她们采桑采唐采薇，亲近着每一株植物，把它们当作心中的神。她们放牧着牛羊，在山坡上唱歌跳舞。她们采葛采绿，织染衣裳。她们在梅树下，大胆地呼唤着她们的爱情："求我庶士，迨其谓之。"她们守候在约会的河畔，望穿秋水，跺着脚发着狠："子不我思，岂无他人？"

真喜欢他们的歌谣啊，率真、野性，是未染杂尘的璞玉。

他们用它，在俗世里，谈情说爱，聊解忧愁。

我常不可遏制地陷入冥想，我就是他们中的一个。是去水边采荇菜的女子，有着绿色的手臂、绿色的腰肢。是在隰地采桑的女子，布衣荆钗，远远望见那人来了，耳热心跳的。是在沟边采葛的女子，一日不见，如隔三秋，相思无限长。是把家里的鸡鸭牛羊养得壮壮的女子，守着门楣，洗手做羹汤，只盼良人能早归……

我还能做什么好呢？这些日常的琐碎啊，即使换了朝改了代，那琐碎也还在的。它们如同血液，渗入生命里，和着生命一起奔流。就像我窗外这凡俗着的一群。千百年了，人类从来不曾走远过，还在俗世里活着、爱着，唱着他们自己的歌谣。

我能做的，唯有倾听。

书香作伴

如果书也是一朵花，我这样想象着，如果是的话，那么，风吹来，随便吹开的一页，那一页，便是盛开的一瓣花。

年少的时候，我曾热切地做过一个梦，一个有关书的梦：开一家小书店，抬头是书，低头还是书。

那时家贫，无钱买书。对书的渴望，很像饥寒的人，对一碗热汤的渴盼。偶尔得了几枚硬币，不舍得用，慢慢积攒着，等有一天，走上几十里的土路，到老街上去。

老街上最诱惑我的，不是酸酸甜甜的糖葫芦，不是香香喷喷的各色糕点，不是喜欢的红绸带，而是小人书。小人书是属于一个中年男人的，他把书摊摆在某棵大树下，或是巷道的拐角处。书大多破旧得很了，有的甚至连封面都没了，可是，有什么关系呢？它们在我眼里，是散着馨香的。我穿过川流的人群奔过去，我穿过满街的热闹奔过去，远远望见那个男人，望见他脚跟前的书，心里腾跳出欢喜来，哦，在呢，在呢。我扑过去，蹲在那里，租了书看，直看到暮色四合，用尽身上最后一枚硬币。

读小学时，我的班主任家里，订有一些报刊，让我垂涎不已。班主任跟我父亲是旧交，凭着这层关系，我常去他家借书看。他对书也是珍爱的，一次只肯借我一本。有时夜晚，借来的书看完了，我又想看另外的。这种欲望一旦产生，便汹涌澎湃起来，势不可当。怕父母阻拦，我偷偷出门，跑去班主任家，一个人走上五六里的路。乡村的夜，空旷得无边无际，偶有一声两声狗吠，叫得格外突兀，让人心惊肉跳。我看着自己小小的影子，在月下行走，像一枚飘着的叶，内心却被一种幸福，填得满满的。新借得的书，安静在我的怀里，温良、敦厚，让我有满怀的欢喜。

多年后，我想起那些夜晚，还觉得幸福。母亲惊奇，那时候，你还那么小，一个人走夜路，怎么不晓得害怕？我笑，我那时有书作伴呢，哪里想到怕了？那样的月色，漫着，水一样的。一个村庄，在安睡。我走在村庄的梦里面，怀里的书，散发出温暖亲切的气息。

上高中时，语文老师清瘦矍铄，爱书如命。他藏有一壁橱的书。我憋足了劲学好语文，只为讨得他欢喜，好开口问他借书。他也终于答应我，我想读书时，可以去他家借。

他家住在老街上，很旧的平房，木板门上的铜环都生锈了。

屋顶上黛青色的瓦缝里，长着一蓬一蓬的狗尾巴草。这样的房子，在我眼里，却如童话中的小城堡，只要打开，里面就会蹦跳出无数的美好来。

是四五月吧，他屋门前的一棵泡桐树，开了一树紫色的桐花，小花伞似的，撑着。我去借书，看到他在树下坐着，一人，一椅，一本书。读到高兴处，他拊掌大叹，妙啊！

他孩子气的大叹，让我看到人生还有另一种活法：单纯，洁净，桐花一般地美好着，与书有关。

后来，我离开老街，忘了很多的人和事，却常不经意地会想起他：一树的桐花，开得摇摇欲坠，他在树下端坐。如果我的记忆也是一册书，那么，他已成一枚书签，插在这册书里面。

而今，我早已拥有了自己的书房，也算实现了当初的梦想——抬头是书，低头还是书。若是外出，不管去哪里，我最喜欢逛的，定是当地的书店和书摊。

午后时光，太阳暖暖的，风吹得漫漫的，人在阳台上小憩，随便从书架上抽出一本书，摊膝上，风吹哪页读哪页。如果书也是一朵花，我这样想象着，如果是的话，那么，风吹来，随便吹开的一页，那一页，便是盛开的一瓣花。

人、书、风，就这样安静在阳光下、安静在岁月里，妥帖，脉脉温情。

草地上的月亮

　　我坐在这些大大小小的月亮中间，跟虫子比赛吟唱，心境澄清，我也像一枚快乐的月亮了。

　　夏天正热烈的时候，我去寻找荷花，意外撞见一块美丽的草地。草地傍河，旁有小土丘做假山。假山上丝竹环绕，绿草如茵，花开数朵，虫鸣其间，自得其乐。

　　我便常常在那里流连。有月的夜晚，在家里坐不住，我关上门，和那人一起，走上二三里的路，奔了那里去。盘腿坐在草地上，听风吹，听虫叫，听花开，听草与草的喁喁私语。夜的声音，丰富得令人惊奇。

　　月亮掉在河里。河水清幽幽的，河里的月亮，便显得格外俏皮。像喜欢探险的孩子，偏要往了那幽深的地方去，一步一探，一步一惊叫。这是月亮的乐。月亮为什么不乐呢？

　　一艘驳壳船停泊在不远处的水上。月色把它的坚硬，泡成柔软。它看上去，很像一蓬青绿的小岛，浮在水面上。我认识那船，外地人的，男人女人，还带着两个五六岁大的孩子。是两个男孩，看上去像双胞胎，一样黝黑的皮肤，一样圆溜溜的眼睛，壮壮实实的。他们在岸上捉蚱蜢、追蜻蜓，玩得不亦乐乎。有大船运来货物的时候，男人女人就忙开了，他们的驳壳船，承载着卸载货物的重任。那是晴白的天。

一些时候，河岸静着，男人女人闲着。船上的桅杆上，扯出一根绳索来，女人在晾衣裳。家常的衣裳，一件一件，大大小小，红红蓝蓝，有岁月静好的意思。男人呢？男人竟在船头钓起了鱼，天热，他打着赤膊，相当的悠闲自得。有天黄昏，我走过那里，竟意外发现他在船头拉二胡。女人进进出出，并不专心听。两个孩子在打闹着玩，也不专心听。男人不在意，他拉了自己听，拉得专注极了，呜呜哑哑，呜呜哑哑。那是他的乐。

我想起另一些场景。那个时候还小，邻家有老伯，相貌奇怪，嘴角歪着，脸上遍布疤痕。手脚亦是不灵便的，走路抑或递物，都抖抖索索着。听大人们说，他年轻时，遇一场大火，家人悉数被烧死，他死里逃生。村人同情他，给他重新搭了两间茅屋住，分配了两头牛，让他养着。日日见他，都是与牛同进同出的。

却喜欢歌唱。有人无人时，他高起兴来，都会扯开嗓子吼几句。唱的什么歌无人说得清，反正就那样唱着，头微微仰向

112

天空，嘴巴大张着，一声接一声，乐着他自己的乐。每逢他唱歌，村里人都会笑着说，听，谢老大又在学牛哞哞叫了。谢老大是村人对他的称呼。可能他是谢家最大的孩子。——这是我的猜测了。我一直不知道他的名字。

他并不介意村人的取笑，照旧唱他的，头微微仰向天空，嘴巴半张着。他身旁的牛，温顺地低着头，吃着草。

也见他在夕阳下喝酒。做下酒菜的，有时是一碟萝卜，有时是一碟咸菜。他眯着眼睛，轻呷一口，并不急着把酒咽下去，而是含在嘴里，久久咂摸着，脸上浮现出满足的笑容。我远远站着看，以为那酒，定是世上最好的美味。某天趁他不注意，偷喝，辣出两眶泪。经年之后，我始才明白，他品尝的，原是心境。

月亮升得越来越高，升到草地的上空。夜露悄悄落，落在草叶上。这个时候的月亮，变得更调皮了，它钻进草叶上的每滴露珠里。于是，每滴露珠里，都晃着一个快乐的月亮。我坐在这些大大小小的月亮中间，跟虫子比赛吟唱，心境澄清，我也像一枚快乐的月亮了。

快乐，原是上帝赋予每个生命的。公平，无一遗漏，如阳光普照。无论贵贱，无论贫富。

瓦壶天水菊花茶

日子的好，缓缓渗进周遭的每一方空气中，渗进他们身下的每一寸泥土里。

小镇看上去很普通，跟任何一座苏北小镇相差无几，却有个让人过耳不忘的名字：白驹。初听到，愣一愣，很自然地联想到《诗经》里的"皎皎白驹"之句。想象中，一片原野铺陈，有菜有豆，白色的骏马奔驰而过，洁白的鬃毛迎风猎猎，如银似雪，在绿的原野上，惊心夺目着。询问当地人，当地人"吃吃"笑起来，说，老祖宗就是这么叫的，从古至今就是这么叫的。

这里曾是汪洋一片，至隋唐时才形成陆地。范仲淹率民众修筑捍海堰，曾在这里作短期逗留，他应士民请求，为这里的关帝庙题写了碑记。在碑记中，这位心系天下百姓苍生的大学士写道："愿后之居高位者，尚其体侯之心以为心。"这时的白驹，以产盐闻名遐迩，商贾往来频繁。

小老百姓的日子，却是清贫简朴的。郑板桥来此访友，友人生活简陋，篱笆错落，茅舍低矮，拿糙米饭招待他。饭后，友人取檐下瓦瓮里的天水，烧沸，从篱笆墙边，随手摘两朵菊花丢进去，于是，就有了满满一瓦壶的菊花茶。两人坐定屋前，一边赏花，一边品茶。此等情趣，深得郑板桥喜欢和留恋。他临别之时，赠友人对联一副答谢："白菜青盐糙米饭，瓦壶天水菊花茶。"个中情谊，唇齿留香。

郑板桥这个人实在是极有意思的。历来会画会诗文之人，多多少少有些清高，有些远离人间烟火，郑板桥却在烟火里打着滚。他去乡下，一顶草帽在头，到地里去摘豆摘菜，完完全全一农村小老头的样。他因此留下了许多烟火字，有时虽是一两句，却让人玩味不已，满满的，都是欢喜的俗世味。如，"一庭春雨瓢儿菜，满架秋风扁豆花"；如，"扫来竹叶烹茶叶，劈碎松根煮菜根"；如，"老屋挂藤连豆架，破瓢舀水带鲦鱼"。田园艰辛，却透出无限诗意，豁达从容，安贫乐道。他的一句"瓦壶天水菊花茶"，让小镇白驹，永远活在了家常的闲适里。

还有施耐庵。他曾隐居白驹，在这里挥毫写下了传世之作《水浒传》。白驹人都知道他，你在街上不识路，问施耐庵纪念馆怎么走，就有一个两个三个当地人走上前来，热心为你指点。他们是摆摊卖水果的。是街边炸油条的。是走路路过的。

小镇巷道连着巷道，曲里拐弯，凌乱着，却有着家常的亲切。随处可见一些上了年纪的老房子，木门腐朽，墙壁剥落，屋顶上的瓦楞间，长满杂草。有的废弃了，有的还住着人。在某条巷子里，我遇到一栋故事一样的老房子，有深深的庭院，有高高的木格窗，里面塞满物什，一把老蒲扇靠窗侧放。想来那是旧物收藏，用是没多大用处了，可不舍得扔掉。那上面或许留有老祖母的气息。

烧饼炉子当街而立。午后清闲，炉火在打着盹，炉子上散落着一些卖剩下的烧饼。我正看着呢，对街走来一男人，白围裙围着，他说，是凉的。你要吃吗？要吃我给你热热。我笑着摇摇头，并没有走的意思。他便拉过一张凳子来，示意我坐下。他自去屋内端一壶茶出来，坐到另一张凳子上。我冲他笑笑，他还我一个笑，无话。他手上的茶壶，一定用过很多年了，茶垢很厚。他呷一口，望着街沉默，我跟着他一起望街。我的眼前，晃过当年场景，矮桌上，一壶菊花茶，热气袅袅。郑板桥和他的友人，也是如此沉默地喝着茶吧。一旁的阳光，迈着碎碎的步子，爬过篱笆墙去。日子的好，缓缓渗进周遭的每一方空气中，渗进他们身下的每一寸泥土里。

第四辑
小扇轻摇的时光

恍惚间，月下有个小女孩，
手执蒲扇，追着流萤。依
稀的，都是儿时的光景。

从春天出发

　　只有在春天种下梦想，才能在夏秋收获。那么，让我们学会播种吧，在春天，跟着一粒种子一起成长。

　　风，暖起来了。云，轻起来了。雨也变得轻盈，像温柔的小手指，抚到哪里，哪里就绿了。草色遥看近却无的。奇妙就在这里，你追着一片绿去，那些毛茸茸的绿，多像雏鸡身上的毛啊。可是，等你到了近前，突然发现，它不见了。你一抬眼，却又看见它在远处绿着，一堆儿一堆儿的，冲着你挤眉弄眼。春天的绿，原是个调皮的小伙伴，在跟你捉迷藏呢。而你知道，春天，真的来了。

　　那么，我们出发吧，从春天出发。

　　先去问候一下河边的柳，"碧玉妆成一树高，万条垂下绿丝绦。"真的是这样啊，你需微仰了头，看它们在春风里蹁跹。毫无疑问，柳是春天最美的使者，它一抬胳膊，燕子飞来了。

它一扭腰肢，光秃秃的枝条上，就爬满翠色的希望。采下一枝柳吧，装进我们的行囊，在春天，我们学会收藏希望。

去问候一些花儿。桃花、梨花、菜花，次第开放。它们偷了春天的颜料，把自己打扮得鲜艳明丽。粉红，莹白，鹅黄，晃花人们的眼。河边的小野花们，也不让春天，它们在春风里，争相撑开了笑脸，星星点点。它们没有桃花的艳，没有梨花的白，没有菜花的恢宏，可是，它们也一样开出生命的美丽。万紫千红总是春呢，它们一样是春的主人。摘下一朵小野花吧，装进我们的行囊，在春天，我们学会收藏美丽。

去问候一些小生灵。蜜蜂、蝴蝶、蟋蟀、蚂蚱……一个冬天过去了，它们过得好吗？侧耳倾听，我们会听到它们拨动泥土的声音，它们就要出来了，带着它们的歌声。那好，就让我们静静坐一会儿吧，坐在小河边。坐在山坡旁。或者，就坐在一棵树下，等待着那些歌声响起，那些来自大自然的声音，多么美妙、纯洁。那是天籁之音。用心记下那些旋律吧，放进我们的行囊，在春天，我们学会收藏歌声。

去问候飘荡的春风。"惟春风最相惜，殷勤更向手中吹"。其实，它何止是吹在手中？它是吹在心里面。于是，草绿了，花开了。人的脸上，荡起微笑。严冬终于过去了，沉睡的生命，在春风里苏醒，欣欣向荣。请与春风相握吧，在春天，让我们学会感恩与珍惜。

去问候一些种子。葵花、玉米、棉花……那些香香的种子，它们的身体里，积蓄着阳光和梦想。泥土的怀抱，已变得湿润酥软。它们迫不及待地扑进泥土里，那里，很快会生长出一片葳蕤。而到了夏秋，会有果实累累的喜悦。

只有在春天种下梦想，才能在夏秋收获。那么，让我们学会播种吧，在春天，跟着一粒种子一起成长。

梨花风起正清明

亲人之间，定有种神秘通道相连着，只是我们惘然无知。

祖母走后，祖父对家门口的两棵梨树，特别地上心起来。有事没事，他爱绕着它们转，给它们松土、剪枝、施肥、捉虫子，对着它们喃喃说话。

这两棵梨树，一棵结苹果梨，又甜又脆，水分极多。一棵结木梨，口感稍逊一些，得等长熟了才能吃。我们总是等不得熟，就偷偷摘下来吃，吃得满嘴都是渣渣，不喜，全扔了。被祖母用笤帚追着打。败家子啊，糟蹋啊，响雷要打头的啊！祖母跺着小脚骂。

我打小就熟悉这两棵梨树。它们生长在那里，从来不曾挪过窝。那年，我家老房子要推掉重建，父亲想挖掉它们，祖母没让，说要给我们留口吃的。结果，两棵梨树还是两棵梨树，只是越长越高、越长越粗了。中学毕业时，我约同学去我家玩，是这么叮嘱他们的，我家就是门口长着两棵梨树的那一家啊。两棵梨树俨然成了我家的象征。

我家穷，但两棵梨树，很为我们赚回一些自尊。不消说果实成熟时，逗引得村里孩子，没日没夜地围着它们转。单单是清明脚下，它们一头一身的洁白，如瑶池仙子落凡尘，就足够吸人眼球。我们玩耍，掐菜花，掐桃花，掐蚕豆花，掐荠菜花，却从来不掐梨花。梨花白得太圣洁了，真正是"雪作肌肤玉作容"的，连小孩也懂得敬畏。只是语气里，却有着霸道，我家还有梨花的。——我家的！多骄傲。

祖母会坐在一树的梨花下，叠纸钱。那是要烧给婆老太的。她一边叠纸钱，一边仰头看向梨树，嘴里念叨，今年又开这许多的花，该结不少梨了，你婆老太可有得吃了。婆老太是在我五岁那年过世的。过世前，她要吃梨，父亲跑遍了整条老街，也没找到梨。后来，我家屋前就多出两棵梨树来，是祖母用一只银镯换回栽下的。每年，梨子成熟时，祖母都挑树上最好的梨，给婆老太供上。我们再馋，也不去动婆老太的梨。

我有个头疼脑热的，祖母会拿三根筷子放水碗里站，嘴里念念有词。等筷子在水碗里终于站起来，祖母会很开心地说，没事了，是你婆老太疼你，摸了你一下。然后，就给婆老太叠些纸钱烧去。说来也怪，隔日，我准又活蹦乱跳了。

那时，对另一个世界，我是深信不疑的。觉得婆老太就在那个世界活着，缝补浆洗，一如生前。有空了，她会跑来看看我，摸摸我的头。这么想着，并不害怕。特别是梨花风起，清明上坟，更是当作欢喜事来做的。坟在菜花地里，被一波一波的菜花托着。天空明朗，风送花香。我们兄妹几个，应付式地在坟前磕两个头，就跑开去了，嬉戏打闹着，扎了风筝，在田埂道上放。那风筝，也不过是块破塑料纸罢了，被纳鞋绳牵着，飘飘摇摇上了天。我们仰头望去，那破塑料纸，竟也美得如大鸟。

祖母走后，换成祖父坐在一树的梨花下叠纸钱。祖父手脚不利索了，他慢慢叠着，一边仰头望向梨树，说，今年又开这许多的花，该结不少梨了，你奶奶肯定会欢喜的。语气酷似祖母生前。

我怔一怔，坐他身边，轻轻拍拍他的手背。我清楚地知道，有种消失，我无能为力。祖父突然又说，你奶奶托梦给我，她在那边打纸牌，输了，缺钱呢。我听得惊异，因为夜里我也做了同样的梦，梦见祖母笑嘻嘻地说，我每天都打纸牌玩呀。我信，亲人之间，定有种神秘通道相连着，只是我们惘然无知。

祖母走后三年，祖父也跟着去了。他们在梨花风起时，合葬到一起。他们躺在故土的怀抱中，再不分离。

春风暖

春风暖。一切的生命，都被春风抚得微醺。

春风是什么时候吹起来的？说不清。某天早晨，出门，迎面风来，少了冰凉，多了暖意。那风，似温柔的手掌，带了体温，抚在脸上，软软的。抚得人的心，很痒，恨不得生出藤蔓来，向着远方，蔓延开去，长叶，开花。

春风来了。

春风暖。一切的生命，都被春风抚得微醺。人家院墙上，安睡了一冬的枝枝条条，开始醒过来，身上爬满米粒般的绿。是蔷薇。那些绿，见风长，春风再一吹，全都饱满起来。用不了多久，就是满墙的绿意婆娑。

路边树上的鸟，多。唧啾出一派的明媚。自从严禁打鸟，城里来了不少鸟，麻雀自不必说，成群结队的。我还看见一只野鹦鹉，站在绿茸茸的枝头，朝着春风，昂着它小小的脑袋，一会儿变换一种腔调，唱歌。自鸣得意得不行。

卖花的出来了，拖着一拖车的"春天"。红的，白的，紫的，晃花人的眼。是瓜叶菊。是杜鹃。是三叶草。路人围过去，挑挑拣拣。很快，一人手里一盆"春天"，欢欢喜喜。

也见一个男人，弯了腰，认认真真地在挑花。挑了一盆红的，再挑一盆紫的，放到他的车篓里。刚性里，多了许多温柔，惹人喜欢。想他，该是个重情重义的人吧，对家人好，对朋友好，对这个世界好。

桥头，那些挑夫——我曾在寒风中看到他们，瑟缩着身子，脸上挂着愁苦，等着顾客前来。他们身旁放一副担子，还有铁锹等工具，专门帮人家挑黄沙、挑水泥，或者，清理垃圾。这会儿，他们都敞着怀，歇在桥头，一任春风往怀里钻，脸上笑眯眯的。他们身后，一排柳，翠绿。

看到柳，我想起那句著名的诗句："不知细叶谁裁出，二月春风似剪刀。"把春风比喻成剪刀，极形象。但我却以为，太犀利了，明晃晃的一把剪刀，"咔嚓"一下，什么就断了。与春风的温柔与体贴，离得太远。

还是喜欢那句，"春风又绿江南岸"。这里面，用了一个"绿"字，仿佛带了颜色的手掌，抚到哪里，哪里就绿了。《诗经》中有《采绿》篇章："终朝采绿，不盈一匊。"说的是盼夫不归的女子，在春风里，心不在焉地采着一种叫绿的植物，采了半天，还握不到一把。我感兴趣的是，那种植物，它居然叫绿。春风一吹，花就开了，花色深绿。这种植物的汁液，可作染料。我想，若是春风也作染料，它的主打色，应该是绿吧。

而在乡下，春风更像一个聪慧的丹青高手，泼墨挥毫，大气磅礴。一笔下去，麦子绿了。再一笔下去，菜花黄了。成波成浪。

我的父亲母亲呢？春风里，他们脱下笨笨的棉袄，换上轻便的衣裳。他们走过一片麦田，走过一片菜花地，衣袖上，沾着麦子的绿、菜花的黄。他们不看菜花，他们不认为菜花有什么看头，因为，他们日日与它相见，早已融入彼此的生命里，浑然大化。他们额上沁出细密的汗珠，他们说，天气暖起来了，该丢棉花种子了。春播秋收，是他们一生中，为之奋斗不懈的事。

一去二三里

时光在村庄这边拐了个弯,停下来了。你的思绪也跟着停下来,不再想日子里那些愁人的事。

春天去乡下最适宜。不管哪里的乡下,江南的自然好,江北的也不错。哪里的春天,都是鲜嫩的、簇新的。

绿最出众,那是春天的底色,浅绿、翠绿、葱绿、深绿……且待春风再吹一吹,那些草们,就漫天漫地舒展开来,绿手臂摇着,绿身子摆着,摇摆得人心里痒。这边刚提议,"踏青去?"那边立即呼应,"好啊。"

踏青之说,其实由来已久。《论语》中就有记载:"暮春者,春服既成,冠者五六人,童子六七人,浴乎沂,风乎舞雩,咏而归。"古人对自然的热爱,要比今人隆重得多。出门去看个春天,定要穿了新衣裳,梳洗打扮一番的。浩荡着一支队伍,去河里掬一捧春天的水,净净身子(据说可除病祛邪)。在草绿花开的原野上，迎风而舞，直至夜幕降临，才歌着咏着，尽兴而归。

这样的赏春，到底喧哗了些。我以为，有三两知己相伴着，足矣。若是一个人独往，则更好了。可以在春的舞台前，从容地、安静地，做一个纯粹的观众。

那么，放下手头的杂务，去吧，随便沿着一个方向，出城去。"一去二三里"？对。这段距离，多么恰当。不远，亦不近，春色正好。你想起后面的续句来："烟村四五家，亭台六七座，八九十枝花"。很写意，素描样的。而事实上，你见到的村庄，远比古人诗里描写的油彩重得多。

现在，你就站在离城二三里的地方。烟村远不止四五家。一排又一排农舍，在各种颜色的簇拥下，高低错落。那是麦子的绿、菜花的黄、桃花的红、梨花的白。你真想走进任何一家去，讨一口水喝，那水里，应该也满是春天的味道吧？

"亭台六七座"？——亭台是没有的，桥倒是不少。有桥必有河，有河必有柳。随便站一座桥上吹吹风，看看杨柳吧。春天的杨柳，是羞答答的新娘，它们轻移莲步，慢扭腰肢。细小的绿苞儿，米粒样地黏在枝条上，蓄了一冬的心思，开始一点一点地往外吐。怎一个风情了得！

"八九十枝花"？呵呵，哪里数得过来。满田的油菜花，千千万万朵啊，烈火焚烧般地蔓延开去。想这菜花，真像烈性女子，爱恨情仇立场分明。这个春天的天空下，它的回响，不绝于耳。只听得它在说，"我胸腔里只有这一腔血，只管拿去洒了吧！"你忽然有种冲动，想跳进这菜花地里打个滚。路边提一篮子羊草的妇人，看着你，笑问："看菜花呢？"你抑制住了要在菜花地里打滚的冲动，笑答："嗯，看菜花呢。"

转过一个路口，又见一排青瓦房比肩而立。在黄灿灿的油菜花映衬下，那些略显粗笨的青瓦，居然秀气起来，眉目生动。这边看了半晌，恋恋不舍地才收住，那边屋后突然探出一株桃米，花开得正好，浅浅淡淡的粉红，一抹 抹的，像轻染上去的云烟。

一位老农从屋内走出。他在油菜花盛开的田埂边停下，蹲下来。你也走过去，蹲下来。老农指间夹一支烟，慢悠悠地吸着，不错眼望着一片麦苗和油菜花。他想的是，不久的将来，那金灿灿的麦粒和黄澄澄的菜籽。你想的是，这翠绿，这鹅黄，这色彩何等的奢侈铺张。

一条狗，不知打哪儿钻出来，绕着老农的腿摇尾巴，欢快得不得了。时光在村庄这边拐了个弯，停下来。你的思绪也跟着停下来，不再想日子里那些愁人的事。名如何，利如何，都是负累。你到底明了，纯粹的追求，不是没有的，关键是，能不能放下。

人间第一枝

一个世界坐不住了，该发芽的，发芽了。该开花的，开花了。

因病，在家蛰居多日，直到满眼春色，扑到窗前，收不住脚了，一脚跌进我的小屋来，我才惊觉，春来了。

是春了。虽是连续的雾霾天，却挡不住生命的涌动。——吹进屋内的风，变得轻软暖和。洒在窗台上的阳光，有了翠意。鸟的叫声，明显地多了起来。仔细听，那里面，有燕，还有莺。你也仿佛听到河床破裂的声音。万物萌动的声音。哗哗。噗噗。一个世界坐不住了，该发芽的，发芽了。该开花的，开花了。

那人下班回来，折一枝柳带回。"你看，柳都绿了。"他报喜似的，把它举我跟前。

感谢他，赠我一枝春。俗世里，我们也只是这样一对平凡的夫与妇，一日三餐，家常稳妥。没有海誓山盟，也不见富贵荣华，却能一同分享着春的秘密。

是的，这是春的秘密。早在二月细雨料峭时，春其实已经来了。它笑的影子，轻轻一闪，闪进一丛柳里面。不几日，那光秃秃的柳枝上，率先爬上嫩黄的芽儿，柔嫩细小得你完全可以忽略了。遥看似烟，近看却无。——这才是春的本事。它把自己藏得严实，原是想给这个世界一个惊喜，也只待一夜春风起，便绿它个大江南北。

人间第一枝，当数柳。

我找一洁净的瓶子，把这枝柳插进去，我的书房里，便都摇荡着春的好意了。闭着眼，我也能感觉到，那河边的嫩黄与新绿，该如何堆积成烟。

烟？这真是个好字。是谁最先想出用"烟"来形容春柳的呢？我觉得，再没有一个字，比"烟"更能配春柳的了。这个时候的柳，也轻，也软，不胜风，真的就如丝丝淡烟，袅娜多姿。杜甫有诗云："秦城楼阁烟花里，汉主山河锦绣中。"柳烟缭绕，城楼掩映其中，这春色不用看，单单想想，也诱人得很了。而郑思肖有诗句："遥认孤帆何处去，柳塘烟重不分明。"我觉得更富情趣。这里的柳烟，堆砌出繁茂之势，却不显笨重，有的只是浓酽，不饮也醉。是让站着看的人眼睛先醉了，如何分得清扬帆远去的船只啊，它分明已和眼前的春色融为一体了。

古人好折柳相赠，多为离别。像鱼玄机的："朝朝送别泣

132

花钿，折尽春风杨柳烟。"不知此一别何日相见，只愿君心似柳心，年年青青。这里的春柳，绊惹上人间情思，离别已成定局，无法挽留，然可以把我最好的祝福，别在你的襟上，一枝柳，就是我送你的一个春天。请把春天带上吧，从此，一路的草，都将为你而绿。一路的花，都将为你而开。

佛教里普度众生的观音，一手持净瓶，一手拿柳枝，洒向人间都是爱。我觉得菩萨手里的这柳枝有意思，换成别的任何一种植物，都不恰当。唯这人间第一枝的春柳才与净瓶相配，那是初生的春，新嫩，洁净，纯粹，充满无限希望。

我的乡下，到清明，孩子们有簪菜花和柳的风俗，为的是避邪。孩子们不懂什么避邪不避邪的，他们只晓得，人生的一大乐事里，这也算得上一件。"清明不戴杨柳，死了变黄狗。"这歌谣每个孩子都会唱，他们一边唱着，一边攀柳，编成小帽，戴在头上。他们快乐地迎着风跑，一年的春好处，就在孩子们的头上荡漾着了。

四月

来吧！燃烧吧！让生命彻底地痛快一回。

这个时候，眼睛里看到的，都是好的。怎么看，都是好的。人间四月天哪。

我从窗户里一探头，就看见屋旁人家院子里的桃花。那里，梅已开过，桃花开始粉墨登场。只一棵树，算不得繁密，像国画大师随意挥毫，勾勒出那么几枝，风骨却立时显露出来。一小朵一小朵粉红的花，撑在上头，凌空远眺，眼波流转，顾盼生风。

我总要呆呆地望上一阵子，望得心里也开出花来。有好几次我都瞅见那户人家胖胖的妇人，在花树下拾掇着什么。妇人是个厉害的角色，常听她大着嗓门，在喝骂自家孩子，雷霆万钧。有一次，我还碰见她在小区门口跟人吵架，唾沫横飞，委实泼辣。这会儿，一树的花，映得她整个的人，水粉水粉的。

她变得温柔可亲，落到我的眼里，也像画了。

总觉得桃花这样的花，豁达得很，群居来得，独处也来得。成片的桃园，它们你挤我挨，铺天盖地，波澜壮阔，美得让人心慌意乱。然单单的一棵，也不显得冷落。乡村人家常常就长着这么一棵，四月天，它从屋后探出半个身子来，变魔术似的，掏出一朵花，再掏出一朵，无穷无尽，喷红吐粉。周围再多的麦绿花黄，也立即做了陪衬，只那半树的花，勾魂摄魄。

茶花开得就有些傻了。阳台上有一盆，从三月一直开到现在，越发开得无心无肺。瞧它盛开的架势，不把一个春天开完，是绝不罢休的。我有些惊讶的是它的凋谢，不是一瓣一瓣凋零，而是整朵整朵掉落。它算得上是花中真名士，即便谢了，也保持盛开的姿势。

也终于轮到垂丝海棠上台了，它擎着一树的花苞苞已等候多时。四月的东风一吹，它就满满地怒放了，红粉美艳，遮天蔽日。人在它边上走，有种锣鼓喧天鞭炮齐鸣的感觉。——让人产生这种感觉的，还有菜花。

菜花得去乡下看。

乡下的四月天，真是奢侈得不行，叫得上名儿叫不上名儿的植物们，都蓄着一股劲儿，开花的拼命开花，吐绿的拼命吐绿，没有哪一样，不是入得景上得画的。且不说桃花，不说梨花，不说杏花和苹果花，单单是野地里的那些蒲公英、一年蓬、婆婆纳和野菊花们，就足以晃花你的眼，你有些忙不过来了，不知道先看哪一样才好。

而成片的油菜花，简直让你的呼吸不能顺畅了。那种气势磅礴，那种淋漓尽致，那种不管不顾，只埋头拼命焚烧般的盛开，真真叫人忧伤得很了。美到极致的事物，往往总令人发愁，不知拿它们怎么办才好。站在菜花地里，你的眼睛被染得金黄。你的脸庞被染得金黄。你的头发被染得金黄。你的手，你的脚，你整个的人，无一不被染得金黄。你也成了菜花一朵。来吧！燃烧吧！让生命彻底地痛快一回。

惹看的，还有柳。有河的地方有。没河的地方也有。我见到一户人家屋前长柳，绿意轻染，让一幢小楼，变得秀气十足起来。古人喜折柳相赠，"柳条折尽花飞尽，借问行人归不归？"唉，为诗中人叹息，桃红柳绿时，最易相思。我想起牡丹花繁盛的洛阳城，多的是柳，街道两边，一棵伴着一棵。这四月天里，它们不定怎样的绿波纷扰、绊惹春风呢。

这个时候的春风，是可以煮着吃的。菜薹是香的。莴苣是香的。春韭是香的。还有蒜薹，烧肉是最好不过的，不吃肉，单拣那蒜薹吃了。烧鱼时若搁上一把蒜薹，鱼会变得格外的香，四月的好滋味，便在舌尖上缠绵。

五月

他只管一路向前冲着，挥动着双臂，咯咯笑着，满满的世界，满满的未知，等着他去一一相见。

五月，是没有多余的话要说的。

就像一个人，已然经过青春的轰烈，渐渐落入过日子的寻常与平稳中，一鼎一镬，温暖敦厚，是不用再急急地去表白的。五月的表情，喜悦平和。

草木走到五月，已走到它们的盛年。这个时候，没有一棵树不是绿的。没有一棵草不是蓬勃招展的。杉树的叶子，青嫩青翠得可以摘上一把，拌了吃。爬山虎携着一枚一枚的绿，贴满了人家满满一面墙。我早上走过时，望上几眼。晚上走过时，再望上几眼，心底有绿波在荡。

鸟的叫声，也是饱含了绿意的，只轻轻一宛转，那绿，仿佛就滴淌下来。我抬头，看到一只鸟，野鹦鹉，或是画眉，正站在一棵浓密的银杏树上发呆。那是午后的好时光，阳光打在银杏树上，片片叶子，都闪闪发光。一个老人从树下过，手上托一把茶壶，施施然。我望着，心动一动，笑了，五月是这样的安妥，风清日朗，让人步履轻盈。

五月的花不多，少有漫天漫地的了，但一个顶一个卓尔不凡。譬如槐花。譬如蔷薇。

你不用眼睛看，用鼻子闻闻，就知道是槐花开了，它把甜蜜的气息，一点不留地泼洒在半空中。你顺着甜味找过去，准不会让你失望，一树的槐花，撑着一肚子洁白的甜蜜。——但你还是要惊喜一番，哎，槐花开了！恨不得像小时一样，爬上树去，捋上一把吃。但到底，你只是站定了，不动，静静地看着那一树莹白的花。岁月过去了很多年，花还是昔日的样子，真好。

蔷薇则开得比较含蓄。它像从前缠了小脚的女子，踩着五月的节拍，不紧不慢地，碎步轻移，一朵一朵往外吐。每一朵，都是精挑细选的，细皮嫩肉的好模样。人家墙头上有那么一丛蔷薇，那墙头就幸福得不得了，尽管油漆斑驳，却清秀古朴得很。

五月还有个节气，叫小满，"物致于此小得盈满"。小富则安。我却在这叫法上低回，小满小满，是小小的满足。日子里，少有大起大落的，要的就是这小小的满足，来安抚走倦了的心。

这个时候的乡下，现出丰腴富足的好景象，"麦穗初齐稚子娇，桑叶正肥蚕食饱。"还有桃结果了。还有梨结果了。新蚕豆也上市了。

母亲说，回家一趟吧，家里的蚕豆可以吃了。我这才发现，街上到处有卖新鲜蚕豆的，碧绿饱满的荚里，躺着翠玉一般的蚕豆。雪菜烧是好的。蒜苗烧是好的。油焖是好的。哪怕就清水煮着，稍稍搁点盐，也是一股子的清香，又粉又嫩。想想世上有这般美食，总是让人舍不得的。

五月，气温变得四平八稳，不再上蹿下跳，我们开始穿单衣了。棉袄晒晒收起来。围巾晒晒收起来。厚被子也换了，冬日的沉重，彻底远离。隔壁邻居家的小孩最高兴，他刚学会走路，整天被包裹得里三层外三层的，走路像企鹅。现在，他自由了，一件汗衫套着，藕段般粉白的四肢乱动，就差有一对翅膀飞上天了。他急急地走，急急地，后面跟着他的祖母，一迭声叫，慢点，慢点。小孩哪里听，他只管一路向前冲着，挥动着双臂，咯咯笑着，满满的世界，满满的未知，等着他去——相见。

采一把艾蒿回家

故乡隔得再远，有些味道，注定是忘不掉的。

出城，去采艾蒿，带了儿子。城郊有一片小河，水已见底，里面长满艾蒿。

"彼采艾兮，如三岁兮。"这是《诗经》里的艾蒿，是情深意长的牵念。其中的男人女人短别离，不过一日不见，竟如同隔了三年。爱，从来都是魂牵梦萦的一桩事。而我更感兴趣的是，那双采艾的手，如何落在艾蒿上。他（她）采了做什么的？遥远的风俗，让我忍不住要作种种臆想。

街上也有艾蒿卖，和芦苇叶一道。用稻草胡乱扎着，一束束，插在塑料桶里。这种植物，叶与茎的颜色雷同，淡绿中，泛白，泛灰。这样的色彩，不耀眼，很低调。是乡村女儿，淡淡妆，浅浅笑。闻起来微苦，一股中药味。村人们又把它叫作——苦艾。也只在远远的乡村，也只在荒僻的沟渠里生长。

平时大抵少有人想到它，只在这个叫端午的日子里，它突然被记起。大人们会吩咐孩子，去，采几把苦艾回来。

那个时候，乡村的乐事里，采艾蒿，也算得上一乐吧。孩子们得了大人指令，如撒欢的小马驹，一路奔向那沟渠去。吵吵嚷嚷着，节日的喧闹，被我们吵嚷得四处流溢。很快，每人怀里，都有一大捧艾蒿。路上走着，一个个小人儿，身上都散发出一股中药的香味。

门前的木盆里，煮好的芦苇叶，早已泡在清水中。眼睛瞟到，心里的欢乐，就要蹦出胸口来，知道要包粽子吃了。大人们这时若指使我们去做什么，我们都会脆脆地应一声，好。跑得比兔子还快。至于插艾蒿，那完全不用大人们动手的，门上，柜子上，蚊帐里，到处都被我们插满了。一屋的艾蒿味，微苦。大人们说，避邪。我们虽对这风俗习惯一知半解，但知道，插上艾蒿，就代表过端午了。于是很欢喜。

朋友是湖北人，也是写作的，曾与我在一次笔会上相遇。后来，她去了美国。她的家乡，过端午也有插艾蒿的习俗，她也曾于小小年纪里，去采过艾蒿。端午前夕，我收到她发来的邮件，她说，国内这个时候，又该粽子飘香了吧。并不想粽子，美国一些华人超市里有卖。却想艾蒿，想坐在艾蒿里吃粽子的童年，温和的中药味，把人包裹得很结实很温暖。

这就对了，故乡隔得再远，有些味道，注定是忘不掉的。

我的儿子，他第一次认识了艾蒿，他觉得奇怪，他捧着一捧艾蒿问我，为什么过端午要插艾蒿呢？我这样回答他，这是祖上流传下来的风俗。——避邪呢，我补充。口气酷似当年我的母亲。想，若干年后，我的儿子的记忆里，一定也有艾蒿，以及，带他采艾蒿的那个人。

小扇轻摇的时光

这样小扇轻摇，与母亲相守的时光，一生中还能有几回呢？

暑假了，母亲一直盼望我能回乡下住几天，她知道我打小就喜欢吃一些瓜呀果的，所以每年都少不了要在地里多种一些。待我放暑假的时候，那些瓜呀果的正当时，一个个碧润可爱地在地里躺着，专等我回家吃。

天气热，我赖在空调间里怕出来，故回家的行程被一拖再拖。眼看暑假已过半了，我还没有回家的意思。母亲首先沉不住气了，打来电话说："你再不回来，那些瓜果都要熟得烂掉了。"

再没有赖下去的理由了。于是，带了儿子，冒着大太阳，坐了几个小时的车，回到了生我养我的小村庄。

村里的人都是看着我长大的，看见我了，亲切得如同自家的孩子，远远地就笑着递过话来："梅又回来看妈妈啦？"我笑着应："是呢。"走老远，听他们在背后说："这孩子孝顺，一点不忘本。"心里面霎时涌满羞愧，我其实什么也没做呀，只是偶尔把自己送回来给日夜想念我的母亲看一看，就被村人们夸成孝顺了。

母亲知道我回来了，早早地把瓜摘下来，放在井水里凉着。是我最爱吃的梨瓜和香瓜。又把家里唯一的一台大电扇，搬到我儿子身边，给我儿子吹。

我很贪婪地捧了瓜就啃。母亲在一旁心满意足地看着，说："田里面结得多呢，你多待些日子，保证你天天有瓜吃。"我笑一笑，有些口是心非地说："好。"儿子却在一旁大叫起来："不行不行，外婆，你家太热了。"

母亲就诧异地问："有大电扇吹着还热？"

儿子不屑了，说："大电扇算什么，我家有空调。你看你家，连卫生间都没有呢。"

我立即用严厉的眼神制止了儿子，对母亲笑笑，"妈，别听他的，有电扇吹着不热的。"

母亲没再说什么，走进厨房，去给我们忙好吃的去了。

晚饭后，母亲把那台大电扇搬到我房内，有些内疚地说："让你们热着了，明天你就带孩子回去吧，别让孩子在这里热坏了。"

我笑笑，执意要坐到外面纳凉。母亲先是一愣，继而惊喜不已，忙不迭地搬了躺椅到外面。我仰面躺下，对着天空，手

144

上执一把母亲递过来的蒲扇，慢慢摇。虫鸣在四周此起彼伏地响着，南瓜花儿在夜里静静地开放。月亮升起来了，盈盈而照，温柔若水。恍惚间，月下有个小女孩，手执蒲扇，追着流萤。依稀的，都是儿时的光景。

母亲在一旁开心地有一句没一句地说着，重重复复的，都是走过的旧时光。母亲在那些旧时光里沉醉。

月光潋滟，我的心放松似水中柔柔的一根水草，迷糊着就要睡过去了。母亲的话突然在耳边响起，"冬英你还记得不？就是那个跟男人打赌，一顿吃下二十个包子的冬英。"

当然记得，那个粗眉大眼的女人，干起活来，大男人也及不上她。

"她死了。"母亲语调忧伤地说，"早上还好好的呢，还吃两大碗粥呢。准备到田里除草的，人还没走到田里呢，突然倒下就没气了。"

"人呀。"母亲叹一声。"人呀。"我也叹一声。心里面突然惊醒，这样小扇轻摇，与母亲相守的时光，一生中还能有几回呢？暗地里打算好了，明日，是决计不会回去的了，我要在这儿多住几日，好好握住这小扇轻摇的时光。

听蛙

生命是如此活泼喜悦，叫人如何不爱？

这两天，颇能听到几声蛙鸣，在夜晚。

一开始，我以为听错。蛙声在乡下不足为奇，乡下的夏夜，没有蛙叫，那还叫夏夜么！那简直就像沙漠里没有沙子，北冰洋里没有冰山。

乡下的夏，是因蛙们而丰富丰满的。天边夕照的绯红，才刚刚收去尾梢。虾青色的夜幕，才刚刚拉开一丝缝，蛙们已等不及了。它们彩排了一天了，这个时候，争先恐后地登台，鼓足了劲，亮开嗓门，一曲又一曲的大合唱，便响彻四野。

乡人们习以为常了，任蛙们的歌声再嘹亮，他们愣是一点小小的惊诧也没有。他们在蛙声中晚饭、洗漱、纳凉、睡眠。稻田里的水稻，催开了一团又一团细粉的花，于夜风中播着清香。还有棉花。还有玉米。还有黄豆、南瓜、丝瓜和向日葵。

还有厨房门口那一大蓬紫茉莉。哪一样没有被蛙们的歌声灌醉？开花的拼命开花，结果的拼命结果。露珠在蛙声中轻悄悄滑落。夜鸟偶尔一声轻啼，是做了一个溢满歌声的梦吧？天上密布着的星星，似乎变得更亮了。

夏夜的村庄，是交给蛙们的。

可这是在城里，城里哪来的蛙呢？我侧耳谛听，没错，是蛙叫。和乡下肆无忌惮的叫法不同，来到城里，蛙们到底有些拘谨了，完全是试探式的，呱，呱，一两声。停停，换换气，再来一两声，呱，呱。

刚下过一场雨，空气湿润凉爽。我去散步，拐过路边一个小公园。公园边上，长着说不清有多少棵的木芙蓉，密匝匝地绿着，开着薄绸子一样红艳艳的花。几只蛙就伏在花下面唱歌。

我走过一座桥，也听到了蛙鸣。桥建在供市民休闲的广场上，广场上有人工小河东西横贯，河边植有柳和木槿。河里面浮着睡莲七八朵，水草蔓生。一场雨，使得河水看上去很有些辽阔的样子。蛙们就蹲在睡莲之上，往来在水草之间，载歌载舞。

路边的植被中，蛙在唱歌。那是些冬青树和红叶李，还有些绿莹莹的三叶草。蛙在其中快乐地跳跃。

甚至，在人家的花坛里，也有蛙来造访，在那里引吭高歌。——城里，竟也是蛙声遍地了。这令我惊喜且惊奇，这些蛙是从哪里而来？

我想到了雨。

对，是刚刚下过的这场雨引诱来的。大雨喂饱了树。树说，留些雨水给花朵吧。花朵吃饱了，说，留些雨水给小草吧。小草吃饱了，说，留些雨水浇灌泥土吧。低洼处的雨水，汇聚到一起，亲密无间。一阵风过，竟也像小河一样泛起波浪。

雨一定是蛙的情人。蛙奔着雨来了，跋涉再远的路，也奔来了。树脚下，花朵间，小草的叶片儿上，低洼处的水里，哪里都有雨的影子，蛙一一找到，与它们会合。它激动地唱啊唱，说不完的情话一箩筐。

我很吝啬这几声蛙叫，久久站着，听。路过的人，亦有被蛙声牵住脚步的，他们停下，侧耳，脸上有惊喜浮现。——听，是青蛙在叫呢，一人说。明明是句多余的话，却博得大家一致的点头，微笑。生命是如此活泼喜悦，叫人如何不爱？

秋天的黄昏

再贪恋地望一眼这秋天的夕阳，它一圈一圈小下去、小下去，像一只红透的西红柿，可以摘下来，炒了吃。

城里是没有黄昏的。街道的灯，早早亮起来，生生把黄昏给吞了。

乡下的黄昏，却是辽阔的、博大的。它在旷野上坐着；它在人家的房屋顶上坐着；它在鸟的翅膀上坐着；它在人的肩上坐着；它在树上、花上、草上坐着，直到夜来叩门。而一年四季中，又数秋天的黄昏，最为安详与丰满。

选一处河堤，坐下吧。河堤上，是大片欲黄未黄的草。它们是有眼睛的，它们的眼睛，是麦秸色的，散发出可亲的光。它们淹在一片夕照的金粉里，相依相偎，相互安抚。这是草的暮年，慈祥得如老人一样。你把手伸过去，它们摩挲着你的掌心，一下，一下，轻轻地。像多年前，亲爱的老祖母。你疲惫奔波的心，突然止息。

从河堤往下看，能看到大片的田野。这个时候，庄稼收割了，繁华落尽，田野陷入令人不可思议的沉寂中。你很想知道田野在想什么，得到与失去，热闹与寥落，这巨大的落差，该如何均衡？田野不说话，它安静在它的安静里。岁月枯荣，此消彼长，焉有得？焉有失？不远处，种子们正整装待发，新的一轮蓬勃，将在土地上重新衍生。

还有晚开的棉花呢。星星点点的白，点缀在褐色的棉枝上，这是秋天最后的花朵。捡拾棉花的手，不用那么急了。女人抬头看看天，低头看看花，这会儿，她终于可以做到从容不迫，稻谷都进了仓，农活不那么紧了。她细细捡拾棉花，一朵一朵的白，落入她手里。黄昏下，她的剪影，就像一幅画。

你的眼睛，久久落在那些白上面，你想起童年，想起棉袄、棉鞋和棉被。大朵大朵的白，摊在屋门前的篾席上晒。你在里面打滚儿，你是驾着白云朵的鸟。玩着玩着，会睡着了，睡出一身汗来。——棉花太暖和了啊。

最开心的事是，冬夜的灯下，母亲把积下的棉花搬出来，在灯下捻去里面的籽儿。你也跟在后面捻，知道有新棉鞋新棉袄可穿，心先温暖起来。那时，你的世界就那么大，那时，一个世界的幸福，都可以被棉花填得满满的。

人生因简单因单纯，更容易得到快乐。你有些惆怅，因为，现在的你，离简单离单纯，越来越远了。

竟然还见到老黄牛。不多见了啊。人和牛，都老了。他们在河堤上，慢慢走。身上披着黄昏的影子。人的嘴里哼着"呦喝""呦喝"。——歌声单调，却闪闪发光。牛低着头，不知是在倾听，还是在沉思。你想，到底牛是人的伙伴，还是人是牛的伙伴？——相依为命，应该是尘世间最不可或缺的一种情感吧。

鸟叫声在村庄那边，密密稠稠，是归巢前互道晚安呢。村庄在田野尽头，一排排，被黄昏镀上一层绚丽的橙色，像披了锦。炊烟升起来了，你家的，我家的，在空中热烈相拥，久久缠绵。还是村庄好，总是你中有我，我中有你。不设防。

突然听得有母亲的声音在叫："小雨，快回家吃晚饭啦——"你忍不住笑，原来不管哪个年代，都有贪玩的孩子。

周遭的色彩，渐渐变浓变深。身下的土地，渐渐凉了，你也该走了。再贪恋地望一眼这秋天的夕阳，它一圈一圈小下去、小下去，像一只红透的西红柿，可以摘下来，炒了吃。

十月

夜凉如水，总有花这么开着，总有人这么好着。

十月说来也就来了。

不过几日工夫，天空就像一把巨伞给撑开了似的，高远得很了。明净的蓝，蓝绸缎一样的，抖开来，滑溜溜的，一铺千万里。这时的天空，太像海洋了，稠稠的蓝，厚厚的蓝，纯粹的蓝，深不见底。不多的几丝云，像白菊花细长的花瓣，浮在水面上。

人在十月的天空下走，忽然有种手足无措的感觉。像在骤然间，被谁拽进一间豪华的宴厅。宴厅里，多的是衣香鬓影、美酒金樽。灯光闪耀辉煌，丰盛的菜肴，摆满了桌子。水果成堆，柿子、桔、大枣、石榴、香橙，只只都是饱满欢实的。菱角老得很劲道了，采摘下来，用刀切开，里面全是粉嘟嘟的肉。剥了它，用瓦罐煨鸡，是再好不过的一道美味。

这个时候，大把大把的颜色，渐渐让位于金色。好像之前一个春天的草长莺飞，一个夏天的荷红柳绿，全都是为它作铺垫。你眼中所见到的，是夺目的金、奢华的金、古朴的金。人常用金秋来说十月，真是再妥帖不过了。十月，真的就是金做的呢。

尤其是乡下。

驱车去乡下吧，那里的每一枝稻穗，都是金色的。稻穗们你挤我挨，站满一田，再一田，稻浪翻滚，是一地一地的金子在滚哪。老农站在稻田边，脸上是小有成就的自得之色。他望向稻田的眼神，很像望向一群儿女。哪一棵水稻，不是他一手带大的？彼时彼刻，他的心，是舒坦的、愉悦的。稻穗映得他满头满身，都是金色，他是闪闪发光的一个人。

河边的芦苇，也快变成金的了，从茎到叶，再到花。而茅草整个地柔软起来。一堆儿茅草挤在一起，像极小黄狗身上的毛，泛着金色的温暖。如果你躺上去，做上一个梦，当也是金色的吧。

雪白的棉花，上面也好像敷了一层金粉，越发显得白。那是阳光洒下的。那是风洒下的。

十月的风，已开始带了哨音，吹在身上，薄凉。夜晚在路边亭子里闲坐，露水调皮地溜进来，歇在发上、肩上、膝上，裸露的手臂，有了冰凉之感，必须加件厚外套才行。回家查日历得知，快寒露了。寒露过后，就是霜降。秋已走到深深处。

栾树的果却继续红着。我去一家小超市买盐，出门，被门口一树一树的红，差点惊了个趔趄。它简直红得有些吓人，一颗一颗，心一样的，抱成一团，燃烧起来，从树上，一直燃烧到地上。满地落红！却不让人感伤，只觉得美，美到极致！去日无多，它似乎紧着这最后时光，疯狂一把。它当懂得，华丽丽转身，远好过颓败萧索，更让人记挂和念想。

桂花已经爱到不能自已，只管把一颗心也辗碎了，制成蜜饯。香，香透了。拿去吧，你尽管拿去吧。更深露重，天地却因这香，显得情意绵长。怎忍匆匆离去？坐会儿，再坐会儿，在这桂香里低回、浅笑，人生的那些追逐忙乱，都变得无足轻重。

菊花开满头了。

有空就上街去转转吧，不定就能遇到一拖车的菊花。卖花的大多数是老人，瘦，但精神着。花要的不是忽略，而是倾心相爱，人老了，心思变得单纯，与花相伴。

我总会带回一两盆。书房里摆着。夜凉如水，总有花这么开着，总有人这么好着。

第五辑
有美一朵，向晚生香

感谢生命中那些相遇，在
我人生的底色上，抹上一
朵粉红，于向晚的风里，
微微生香。

香菜开花

　　一生默默，不离不舍，无关繁华与冷落，只认真地活着自己的活。

　　香菜开花，居然也那么好看。——我是很有些惊奇的了。

　　照理说，我应该见过香菜开花的。从前的乡下，哪家没有这样的一畦菜蔬？用它凉拌云丝，或是萝卜丝，是顶好吃不过的。煮鱼或烧汤搁一点在里面，那鱼和汤，就香得不得了。乡下人叫它，芫荽。

　　花在乡野最容易被埋没，那是因为多。乡下几乎没有一种植物不开花。野蔷薇、紫云英和野菊花，一开一大片，把香气撒得到处都是，也无人去赏。农人们兀自在花旁劳作，浑然不觉。香菜开花，就更显得寂寂无名。

　　然现在不同。现在，它是在我的花池里开了花，让我忽略不得。

院门前的花池里，曾入住过一拨一拨的植物。有我特意栽种的，像月季、美人蕉和海棠。也有主动跑来的，如狗尾巴草、婆婆纳、荠菜和一年蓬。我亦在里面长过扁豆，想有满池秋风扁豆花的。后来，扁豆果然蓬勃得不像话了。

　　只是，这棵香菜是什么时候来此安营扎寨的呢？不知。花池里本来长着一大丛茂密的海棠，都快把池子给撑破了。母亲来我家，看见，觉得浪费了，拔掉，栽上葱。母亲说："葱多好啊，家有葱花，做菜不求人的。"

　　葱却瘦，不情不愿的样子。每每看到它们，总让我觉得愧对它们，给它们浇淘米水，给它们施有机肥，还是不见它们茁壮起来。邻居看见，说："这块地的肥力没了，怕是被原来那丛海棠给吸收了。"我想想，觉得有道理。从此，对它们不再过问。

　　那日，我站小院门口，和邻居闲话，一瞥花池，竟看到了香菜。这太让我意外了。我走近了，弯腰细看，可不就是香菜！一棵，安居乐业在我的花池里，端出一副碧绿粉嫩的好模样。电话问母亲："可有帮我种过香菜？"母亲答："没有啊。"这更让我欢喜了，好吧，我当它是风吹来的礼物。

　　一日一日，它勤勉生长。葱们渐渐退居一隅，花池成了它的天下。

　　忽一日，它就开花了。想来它是早就蓄谋好了的，先是悄悄抽长，个头变高，终于亭亭起来，枝叶纷披。而后，它悄悄积攒着米粒似的小花苞，绿的，与绿叶子混在一起，不细看，还真看不出。一俟时机成熟，它便当仁不让地全部盛开，一头一身，全是细白的小碎花，满天星似的。隔着清风看过去，叶疏花细，很像蓝印花布上栖着的那一朵朵。花中生花，五朵环抱，精巧秀气，每一朵，都当得了古典美。

于是，我有了一池的香菜花可赏。无论远观，无论近看，它都上得了台面，不比人们钟爱的兰花逊色。对着它，我有些感动，我们相识很多年了，我却是第一次见识它的花。从前的从前，它应该就是这么开着花的。以后的以后，它还将会这么开着花。有人赏，或无人赏，对它来说，又有什么关系呢？它只管顺应着自然的法则，一路走下去，让生命按着生命的顺序成长。

想起曾看到的一句话："花的开落，不为旁衬或妆点，花只是花，开落只在开落本身。"这颇像我们的寻常人生，一生默默，不离不舍，无关繁华与冷落，只认真地活着自己的活。

有美一朵，向晚生香

感谢那些相遇，在我生命的底色上，抹上一朵粉红，于向晚的风里，微微生香。

朋友说，她家小院里的桃花开了。她是当作喜讯告诉我的。"来看看？"她相邀。

自然去。每年的春天，我都是要追着桃花看的。春天的主角，离不了它。所谓桃红柳绿，桃花是放在第一位的。

桃花勾人魂。它总是一朵一朵，静悄悄地，慢条斯理地开，内敛，含蓄。虽不曾浓墨重彩地吸人眼球，却偏叫人难忘。是小家碧玉，真正的优雅与风情，在骨子里。

看桃花，总不由自主地想起一首写桃花的诗："去年今日此门中，人面桃花相映红。人面不知何处去，桃花依旧笑春风。"诗人崔护，在春风里，丢了魂。邂逅的背景，真是旖旎：草长莺飞，桃花烂漫，山间小屋，独门独户。桃花只一树吧？够了。一树的桃花，嫩红水粉，映衬着小屋。天地纯洁。诗人偶路过，先是被一树桃花牵住了脚步，而后被桃花下的人，牵住了心。

姑娘正当年呢。山野人家，素面朝天，却自有水粉的容颜、水粉的心。她从花树下走过，一步一款款。他看得眼睛发直，疑是仙子下凡来。四目相对的刹那，心中突然波澜汹涌，是郎情妾意了。三月的桃花开在眼里，三月的人，刻在心上。从此，再难相忘。翌年之后，他回头来寻，却不见当日那人，只有一树桃花，在春风里，兀自喜笑颜开。

这才真叫人惆怅。现实最让人无法消受的，莫过于如此的物是人非。

年轻时，总有几场这样的相遇吧。那年，离大学校园十来里路的地方，有桃园。春天一到，仿若云霞落下来。一宿舍的女生相约着去看桃花，车未停稳，人已扑向花海，倚着一树一树的桃花，笑得千娇百媚。猛抬头，却看到一人，远远站着，盯着我看。年轻的额头上，落满花瓣的影子。我的血管突然发紧，心跳如鼓，假装追另一树桃花看，笑着跳开去。转角处，却又相遇。他到底拦住了我问："你是哪个学校哪个班的？"我低眉笑回："不知道。"三月的桃花迷了眼。

以为会有后续的。回学校后，天天黄昏，跑去校门口的收发室，盼着有那人的信来，思绪千转万回。等到桃花落尽，那人也没有来。来年再去看桃花，陡然生出难过的感觉。

还是那样的年纪，去亲戚家度假。傍晚时分，在一条河边徜徉。河边多树、多草、多野花，夕照的金粉，洒了一地。隔河，也有一青年，在那里徜徉。手上有时握一本书，有时持一钓竿，却没看见他垂钓。

　　一日，隔了岸，他冲我招手，"嗨。"我也冲他招手，"嗨。"仅仅这样。

　　后来，我回了老家。再去亲戚家，河还在，多树，多草，多野花，夕照的金粉，洒了一地。却不见了那个青年。

　　还是感谢那些相遇，在我生命的底色上，抹上一朵粉红，于向晚的风里，微微生香。青春回头，不觉空。

　　真想，在桃花底下，再邂逅一个人，再恋爱一回。朋友说："你这样想，说明你已经老了。"

　　"是吗？"笑。岁月原是经不起想的，想着想着，也真的老了。年轻时的事，变成花间一壶酒，温一温唇，湿一湿心，这人生，也就过来了。

草木有本心

我以为，所有的草木，都长着一颗玲珑心，天真无邪，纯洁善良。

喜欢一切的花草树木。

我以为，所有的草木，都长着一颗玲珑心，天真无邪，纯洁善良。

没有草木是丑陋的。如同青春少女，不用梳妆打扮，一颦一笑，散发出的都是年轻的气息，清新迷人，无可匹敌。

草木从不化妆。所以花红草绿，都是本色。我们常说亲近自然，其实就是亲近草木。我们噼里啪啦跑过去，看见一棵几百年的老树要惊叫，看见满田的油菜花要惊叫，看见芳草茵茵要惊叫。草木却不惊不乍，活着它们本来的样子。

草木也从不背叛远离。你走，草木不走。你遗忘的，草木都给你记着呢。废弃的断壁残垣上，草在长。游子归家，昔日的村庄已成陌生，他找不到曾经的家了。一转身，却望见从前的那棵老槐树，还长在河畔。还是满树的青绿，树丫上，依旧蹲着一只大大的喜鹊窝。天蓝云白，都是昔日啊。他的泪，在那一刻落下。走远的记忆，都走了回来，他童年的笑声，仿佛还在树下回荡，叮叮当当，叮叮当当。感谢草木！让人的灵魂找到归宿。

每一棵草都会说话。它说给大地听。说给昆虫听。说给露珠听。说给小鸟听。说给阳光听。喁喁。喁喁。季节的轮转，原是听了草的话。草绿，春来。草枯，冬至。

每一朵花都在微笑。一瓣一瓣，都是它笑的纹，眉睫飞扬。对着一朵花看久了，你会不自觉微笑起来，心中再多的阴霾，也消失殆尽。这世上，还有什么坎不能迈过去呢？笑也是一天，哭也是一天。不如向一朵花学习，日子笑着过。

新扩建的路旁，秋天移来一排的樟树。可能是为了好运输，所有的树，一律给削去了头。看过去，都光秃秃的一截站着，像断臂的人，叫人心疼。春天，那些树干顶上，却冒出一枚一枚的绿来，团团的，像歇着一群翠绿的小鸟，叽叽喳喳，无限生机。

草木的顽强，人学不来。所以，我敬畏一切草木。

出门旅游，异乡的天空下，意外重逢到一片蓝色的小花。那是一种叫婆婆纳的草，在我的故乡最常见。相隔千万里，它居然也来了。天地有多大，草木就走多远。海的胸怀天空的胸怀，都不及草木的胸怀，它把所有有泥土的地方，都当作故乡。

"草木有本心，何求美人折。"是啊，草木不伪不装，自然天成，大美不言。

花间小令

那是怎样的一种盛放啊，如井喷如泉涌，不管不顾，酣畅淋漓，是把整个心都捧出来的一场燃烧。

油菜花

我们该为一些花鼓掌。

譬如，油菜花。

春天，我把吃剩的半棵油菜，随手丢在水碗里，想不到它竟在水碗里兀自生长起来，碧绿蓬勃，欢欣鼓舞。

我觉得有趣，搬它至窗台，那里，春风几缕，日日眷顾。三五日后，它撑出一撮一撮的花苞苞，精神抖擞着。再一日，我早起，看到的竟是一碗的黄灿灿。——我水碗里的油菜花，已在不知不觉中，悄悄绽放了。

那是怎样的一种盛放啊，如井喷如泉涌，不管不顾，酣畅淋漓，是把整个心都捧出来的一场燃烧。虽远离原野，可它却一点也不沮丧、不气馁，拿水碗当舞台，一招一式都丝毫不马虎，瓣瓣染金，朵朵溢彩。

我在屋里转一圈，就又凑到它的跟前去了。什么时候见它，它都是一副热心肠，捧出所有的金黄，是恨不得为你粉身碎骨的。所有的油菜花，原都是女中豪杰。

我很想向一朵油菜花学习，纯粹而热烈地活上一回，不辜负春风，不辜负自己。

葱 兰

葱兰这名字叫得好，又像葱又像兰。叶是葱绿，花是素白，墙角边蹲着，一排。或在花坛边立着，一圈。不吵不闹，安静恬淡，如乖巧的小女儿。

起初谁会注意到它呢？野草一般的，相貌实在平平。

我去收发室取信，路过图书楼，阴山背后就长了这么一棵棵。日日晴天，它却分享不到一点阳光，但它好像并不在意，照旧欢欢喜喜地生长着，绿莹莹的，如葱如韭。

后来的一天，花开了，小小的白，小白蛾似的，层出不穷地冒出来。在人的心上，扇动起讶异和温柔来，哦，它真是美! 屋后的阴影,被它映照得一派明媚。

我摘一朵,带给收发室的大姐。大姐驼背,身体变形得厉害,据说是年少时一场病落下的。换作别人,早就自卑得不行,可她却活泼开朗,喜欢穿鲜艳的衣裳,喜欢摆弄头发,发型常换。每回见她,都是快快乐乐的,让你再灰暗的心,也跟着明快起来。

大姐把我送的花,很爱惜地用水杯养着。隔日再去,我人还未到近前,她就高兴地告诉我,你送的花还在开呀。去看,果真的,一小朵的白,在水杯里,盛放着,丝毫不减它的秀美。

它还有个别称叫韭菜莲,韭菜一样碧绿青翠,莲一样不蔓不枝,清新脱俗。亦是很形象很贴切。

婆婆纳

每次看到婆婆纳,我总忍不住要笑,是会心一笑。像见到一个可爱的人。

不管它只身在哪里,我都能一眼认出它。在云南的玉龙雪山上,在辽宁的冰峪沟里,或是在我的花盆中。花盆里一株杜鹃开得灼灼,它趴在杜鹃根旁,探着小小的脑袋,蓝粉的小脸,笑嘻嘻的。被杜鹃遮着挡着,亦不觉得委屈。

乡下广袤的田野里,沟边渠旁,到处有它。同属野草类,蒲公英和野蒿，长得又高挑又张扬，在风里招摇。它却内敛得很，趴在一丛茅草中，或是一棵桑树下，守着身下一片土，慢悠悠地，吐出一小片一小片的蓝，如锦，美得一点也不含糊。

我总要在它的名字上怔上一怔。婆婆纳，婆婆纳，是细眉细眼的小媳妇，孝顺、贤惠，一入婆家，就被婆婆喜着疼着。没有华衣美服，没有玉食金馔，也没有姣好容貌，却心灵手巧、踏踏实实，把一段简朴的小家日子，过得红红火火，活色生香。

这世上，多的是平凡人生，只要用心去过，一样可以花开如锦。

木　槿

最初读《诗经》，我曾被"有女同车，颜如舜华"之句惊艳。这里的"舜华"，指的是木槿花。如木槿花一样的女子，该是何等美好。

木槿，乡下人不当花，是当篱笆的，院边栽一排，任它在那里缠缠绕绕。它在五月里开始开花，一开就是大半年光景，朝开暮落，白白紫紫，讨喜的小女孩般的，巧笑倩兮，一派天真。现在想想，那时的乡下小院，虽贫瘠着，然有木槿护着，又是多么奢侈华丽。

如今，城里多植木槿，路边，河旁，常能遇见。满目的深绿浅绿中，三五朵紫红，三五朵粉白，分外夺目，让遇见的心，会欢喜起来，哦，木槿呢！

乡下却少有它的踪迹了，喜欢木槿的老一辈人，已一个一个离去。乡下小姑娘来城里，不识路旁的木槿，我耐心地告诉她，这是木槿啊，以前乡下多着的。

这么说着，鼻子突然莫名地有些酸涩。时光变迁，多少的人非物也非，好在还有木槿在，年年盛放如许。

它又名无穷花。我喜欢这个名，生命无穷尽，坚韧美丽，生生不息。

四季海棠

我站在邻居家的院门前，看花。

那里长一蓬我不认识的花，满铺的小圆叶之上，碎碎的花瓣，抱成一团，朵朵红艳，实在好看。

邻居说，这是四季海棠啊。

你要吗？她热情地相问。我尚未答话，她已弯腰，"咔嚓"一下，掰下一枝来。——我都替它疼了。

邻居说，只要插到土里，它就能活。

我依言插到土里。不几日，这一枝四季海棠，竟变成了一大棵，生出无数的枝枝丫丫来。又过些日子，一棵变成了很繁茂的一簇，把整个花池都撑满了。

它开始安安心心地开花。也不急，一次只开一两朵，一瓣一瓣，慢慢开，总要等到五六天后，一朵花才全部开好，每瓣都红透了。看着它，我总觉得它像极会过日子的小主妇，节俭简朴，细水长流。

有时，我一连好些天忘了看它，再去看时，它还是那副气定神闲的样子，不紧不慢地开着它的花，一捧的肥绿，托着两三团艳红。时光在它那里，仿佛泊在老照片里的一缕月色，静谧而悠长。

霜降过几回，都有冰冻了。耐寒的菊们，也萎了精神。它却仍枝叶饱满，花开灼灼。路过的人会惊奇地说一声，瞧这海棠！肃杀清冷的日子，变得不那么难挨了。

蔷薇几度花

　　我自轻盈我自香，随性自然，不奢望，不强求。人生最好的状态，也当如此吧。

　　喜欢那丛蔷薇。

　　与我的住处隔了三四十米远，在人家的院墙上，趴着。我把它当作大自然赠予我们的花，每每在阳台上站定，目光稍一落下，便可以饱览到它：细长的枝，缠缠绕绕，分不清你我地亲密着。

　　这个时节，花开了。起先只是不起眼的一两朵，躲在绿叶间，素素妆，淡淡笑。还是被眼尖的我们发现了，我和他几乎一齐欢喜地叫起来："瞧，蔷薇开花了。"

　　之前，我们也天天看它，话题里，免不了总要说到它。——你看，蔷薇冒芽了。——你看，蔷薇的叶，铺了一墙了。我们欣赏着它的点点滴滴，日子便成了蔷薇的日子，很有希望很有盼头地朝前过着。

也顺带着打量从蔷薇花旁走过的人。有些人走得匆忙，有些人走得从容。有些人只是路过，有些人却是天天来去。想起那首经典的诗："你站在桥上看风景／看风景的人在楼上看你。"这世上，到底谁是谁的风景呢？——你是我的，我也是你的，只不自知。

看久了，有一些人，便成了老相识。譬如那个挑糖担的。

是个老人。老人着靛蓝的衣，瘦小，皮肤黑，像从旧画里走出来的人。他的糖担子，也绝对像幅旧画：担子两头各置一匾子；担头上挂副旧铜锣；老人手持一棒槌，边走边敲，当当，当当当。惹得不少路人循了声音去寻，寻见了，脸上立即浮上笑容来，"呀"一声惊呼："原来是卖灶糖的啊。"

可不是么！匾子里躺着的，正是灶糖。奶黄的，像一个大大的月亮。久远了啊，它是贫穷年代的甜。那时候，挑糖担的货郎，走村串户，诱惑着孩子们的幸福和快乐。只要一听到铜锣响，孩子们立即飞奔进家门，拿了早早备下的破烂儿出来，是些破铜烂铁、废纸旧鞋等，换得掌心一小块的灶糖。伸出舌头，小心舔，那掌上的甜，是一丝一缕把心填满的。

现在，每日午后，老人的糖担儿，都会准时从那丛蔷薇花旁经过。不少人围过去买，男的女的，老的少的，有人买的是记忆，有人买的是稀奇。——这正宗的手工灶糖，少见了。

便养成了习惯，午饭后，我必跑到阳台上去站着，一半为的是看蔷薇，一半为的是等老人的铜锣敲响。当当，当当当——好，来了！等待终于落了地。有时，我也会飞奔下楼，循着他的铜锣声追去，买上五块钱的灶糖，回来慢慢吃。

跟他聊天。"老头。"——我这样叫他，他不生气，呵呵笑。"你不要跑那么快，我们追都追不上了。"我跑过那丛蔷薇花，立定在他的糖担前，有些气喘吁吁地说。老人不紧不慢地回我："别处，也有人在等着买呢。"

祖上就是做灶糖的。这样的营生，他从十四岁做起，一做就做了五十多年。天生的残疾，断指，两只手加起来，只有四根半指头。却因灶糖成了亲，他的女人，就是因喜吃他做的灶糖，而嫁给他的。他们有个女儿，女儿不做灶糖，女儿做裁缝，女儿出嫁了。

"这灶糖啊，就快没了。"老人说，语气里倒不见得有多愁苦。

"以前怎么没见过你呢？"

"以前我在别处卖的。"

"哦，那是甜了别处的人了。"我这样一说，老人呵呵笑起来，他敲下两块灶糖给我。奶黄的月亮，缺了口。他又敲着铜锣往前去，当当，当当当。敲得人的心，蔷薇花朵般地，开了。

一日，我带了相机去拍蔷薇花。老人的糖担儿，刚好晃晃悠悠地过来了，我要求道："和这些花儿合个影吧。"老人一愣，笑看我，说："长这么大，除了拍身份照，还真没拍过照片呢。"

他就那么挑着糖担子，站着，他的身后，满墙的花骨朵儿在欢笑。我拍好照，给他看相机屏幕上的他和蔷薇花。他看一眼，笑。复举起手上的棒槌，当当，当当当，这样敲着，慢慢走远了。我和一墙头的蔷薇花，目送着他。我想起南朝柳恽的《咏蔷薇》来："不摇香已乱，无风花自飞。"诗里的蔷薇花，我自轻盈我自香，随性自然，不奢望，不强求。人生最好的状态，也当如此吧。

满架秋风扁豆花

大自然的美，是永恒的。

说不清是从哪天起，我回家，都要从一架扁豆花下过。

扁豆栽在一户人家的院墙边。它们缠缠绕绕地长，你中有我，我中有你。顺了院墙，爬。顺了院墙边的树，爬。顺了树枝，爬。又爬上半空中的电线上去了。电线连着路南和路北的人家，一条人行甬道的上空，就这样被扁豆们，很是诗意地搭了一个绿篷子，上有花朵，一小撮一小撮地开着。

秋渐深，别的花且开且落，扁豆花却且落且开。紫色的小花瓣，像蝶翅。无数的蝶翅，在秋风里舞蹁跹。欢天喜地。

花落，结荚，扁豆成形。五岁的侄儿，说出的话最是生动，他说那是绿月亮。看着，还真像，是一弯一弯镶了紫色边的绿月亮。我走过时，稍稍抬一抬手，就会够着路旁的那些绿月亮。想着若把它切碎了，清炒一下，和着大米饭蒸，清香会浸到每粒大米的骨头里。——这是我小时的记忆。乡村人家不把它当稀奇，煮饭时，想起扁豆来，跑出屋子，在屋前的草垛旁，或是院墙边，随便捋上一把，洗净，搁饭锅里蒸着。饭熟，扁豆也熟了。用大碗装了，放点盐，放点味精，再拌点蒜泥，滴两滴香油，那味道，只一个字，香。打嘴也不丢。

这里的扁豆，却无人采摘，一任它挂着。扁豆的主人大概是把它当风景看的。于扁豆，是福了，它可以不受打扰地自然生长，花开花落。

也终于见到扁豆的主人，一整洁干练的老妇人。下午四点钟左右的光景，太阳跑到楼那边去了，她家小院前，留一片阴。扁豆花却明媚着，天空也明媚着。她坐在院前的扁豆花旁，膝上摊一本书，她用手指点着书，一行一行读，朗朗有声。我看一眼扁豆花，看一眼她，觉得她们是浑然一体的。

此后常见到老妇人，都是那个姿势，在扁豆花旁，认真地在读一页书。视力不好了，她读得极慢。人生至此，终于可以停泊在一架扁豆花旁，与时光握手言欢，从容地过了。暗暗想，真人总是不露相的，这老妇人，说不定也是一高人呢。像郑板桥，曾流落到苏北小镇安丰，居住在大悲庵里，春吃瓢儿菜，秋吃扁豆。人见着，不过一乡间普通农人，谁知他满腹诗才？秋风渐凉，他在他居住的厢房门板上，手书浅刻了一副对联："一帘春雨瓢儿菜，满架秋风扁豆花"。几百年过去了，当年的大悲庵，早已化作尘土。但他那句"满架秋风扁豆花"，却与扁豆同在，一代又一代，不知被多少人在秋风中念起。

大自然的美，是永恒的。

清学者查学礼也写过扁豆花："碧水迢迢漾浅沙，几丛修竹野人家。最怜秋满疏篱外，带雨斜开扁豆花。"有人读出凄凉，有人读出寥落，我却读出欢喜。人生秋至，不关紧的，疏篱外，还有扁豆花，在斜风细雨中，满满地开着。生命不息。

闻　香

花品如同人品，宽容、大度、热情、善良，这些加在桂花身上，都配得。

这几天，天一擦黑，我就出门。

我要闻香去，植物们的香。

闻香，白天自然也可以，但我以为，不够味。白天的喧嚣和芜杂太多，人与植物，都有些心猿意马。到了夜晚却全然不一样了，夜幕一经四合，再多的斑斓和热闹，也都迅速消融、沉淀下去，植物们的气息，浮游上来，纯粹、洁净、甜蜜，心无旁骛。

比方说现在，夜色拌调，再蘸上夜风几缕、虫鸣几声、秋露几滴，外面的香，便越发的浓情蜜意起来。勾人魂。

这是秋天精心烹饪的一道大餐，"弹压西风擅众芳，十分秋色为伊忙"，偌大一个天地，都在喷着香、吐着甜。像刚出炉的蜂蜜糕。

对了，是桂花开了。

一出楼道口，花香就兜头兜脸地扑过来。我明明是有准备着的，还是觉得被它偷袭了，脚步欢喜得一个趔趄，哎，多好多好啊，是桂花哎。

小区里也不过植着三两棵桂花树，就香得无孔不入前赴后继的了。晚上，在小区里散步的人明显多了起来，人影绰绰。他们在花香铺满的小径上，来来回回地走，语声喁喁，搅动得花香，一波一波地流淌。我想，他们定也和我一样，闻着香的，有些贪恋。

总要忆起好几年前，也是这样的秋季，我远在秦岭深处，入住在半山腰的一幢民房里。入夜，一座山像死去般的寂静、空落，让我颇是不安，久久难以入眠。就在我辗转反侧之际，突然有花香破窗而入，甘甜黏稠，缠绵缱绻，那熟悉的气息，让我在一瞬间安了心。他乡遇故知啊，我微笑起来，深呼吸，再深呼吸，渐渐的，在花香里沉沉睡过去，一夜无梦。

晨起，我看到离屋子不远的地方，站着一棵桂花树，醇厚的绿叶间，撒落金粟点点。暗香浮动，静水流深。

"寸心原不大，容得许多香。"——这是桂花的好品德。花品如同人品，宽容、大度、热情、善良，这些加在桂花身上，都配得。

它也总要开到秋末，把秋天完美地送走，才默默退隐江湖。想想还有一些日子的桂花香可闻，我就幸福得很了。

菊有黄花

菊花最地道的颜色，是黄色。我买了一盆，黄的花瓣，黄的蕊，极尽温暖，会焐暖一个秋天的记忆和寒冷。

一场秋雨，再紧着几场秋风，菊开了。

菊在篱笆外开，这是最大众最经典的一种开法。历来入得诗的菊，都是以这般姿势开着的。一大丛一大丛的，倚着篱笆，是篱笆家养的女儿，娇俏的，又是淡定的。有过日子的逍遥。晋代陶渊明随口吟出那句"采菊东篱下"，几乎成了菊的名片。以至后来的人们，一看到篱笆，就想到菊。唐朝元稹有诗云："秋丛绕舍似陶家，遍绕篱边日渐斜。"秋水黄昏，有菊有篱笆，他触景生情地怀念起陶翁来。陶渊明大概做梦也没想到，他能被人千秋万代地记住，很大程度上，得益于他家篱笆外的那一丛菊。菊不朽，他不朽。

我所熟悉的菊，却不在篱笆外，它在河畔、沟边、田埂旁。

它有个算不得名字的名字，野菊花。像过去人家小脚的妻，没名没姓，只跟着丈夫，被人称作吴氏、张氏。天地洞开，广阔无边，野菊花们开得随意又随性。小朵的，清秀，不施粉黛。却色彩缤纷，红的黄的，白的紫的，万众一心齐心合力地盛开着。仿佛一群闹嚷嚷的小丫头，挤着挨着在看稀奇，小脸张开，兴奋着，欣喜着。对世界，是初相见的懵懂和憧憬。

乡人们见多了这样的花，不以为意。他们在秋天的原野上收获、播种、埋下来年的期盼。菊们兀自开放，兀自欢笑，与乡人们各不相扰。蓝天白云，天地绵亘。小孩子们却无法视而不见，他们都有颗菊花般的心，天真烂漫。他们与菊亲密，采了它，到处乱插。

那时，家里土墙上贴一张仕女图，有女子云鬓高耸，上面横七竖八插满菊，衣袂上，亦沾着菊，极美。掐了一捧野菊花回家的姐姐，突发奇想帮我梳头，照着墙上仕女的样子。后来，我顶着满头的菊跑出去，惹得村人们围观。"看，这丫头，这丫头。"他们手指我的头，笑着啧啧叹。

现在想想，那样放纵地挥霍美，也只在那样的年纪，最有资格。

人家的屋檐下，也长菊。盛开时，一丛鹅黄，另一丛还是鹅黄。老人们心细，摘了它们晒，做菊花枕。我家里曾有过一只这样的枕头，父亲枕着。父亲有偏头痛，枕了它能安睡。我在暗地里羡慕过，曾决心自己给自己做一只那样的枕头。然来

182

年菊花开时，却贪玩，忘掉这事。

年少时，总是少有耐性的，于不知不觉中，遗失掉许多好光阴。

周日逛街，秋风已凉，街道上落满梧桐叶，路边却一片绚烂。是菊花，摆在那里卖。泥盆子装着，一只盆子里只开一两朵花，花开得肥肥的，一副丰衣足食的好模样。颜色也多，姹紫嫣红，千娇百媚。却还是喜黄色。《礼记》中有"季秋之月，菊有黄花"的记载，可见得，菊花最地道的颜色，是黄色。

我买了一盆，黄的花瓣，黄的蕊，极尽温暖，会焐暖一个秋天的记忆和寒冷。

菊　事

清寒疏离的日子，因菊，变得脉脉温情。

去冬，我把一盆开过花的菊，随手丢弃在屋旁，连同装它的瓦盆。

屋旁有巴掌大的空地，没人理它，它便自作主张地在里面长婆婆纳，长狗尾巴草，长车前子，长蒲公英，还长荠菜。我挑过一回荠菜，满像那回事的，把一份野趣挑进篮子里。后来，这一小撮荠菜，被我切碎了，烙进糯米饼里。饼烙得点点金黄，配了糯米的糯白，配了荠菜的嫩绿，不用吃，光看看，就很享受了。咬一口，鲜透牙。很是感动了一回，有泥土的地方，总会生长着我的故乡。

现在，这块地里，多出一大丛的菊来。是被我丢弃的那一盆。谁想到呢，它的花萎了，叶萎了，心竟是活的。它搂着这颗心，落地生根，不声不响地，勤勤勉勉地生长。最终，它不

184

单自己活了下来，还子孙满堂的样子。——去冬不过一小瓦盆的花，今秋已繁衍成一大丛了。它让我想到柳暗花明，想到天无绝人之路，想到苦尽甘来，只要心没有死，总有出头之日的。

风一场，雨一场，秋季翻过，已是冬了，它还没开够，朵朵灿烂。满世界的萧条，唯它，一簇新亮，是李商隐诗里的"融融冶冶黄"，是童年乡下屋檐下的那抹明黄，打老远就看得见。路过的人，有的站着远远瞅。有的看不过瘾，走近了细细瞧。一律的惊叹，好漂亮的花！它倒是沉得住气，面对众人的赞赏，不动声色、不慌不忙地，只管把好颜色往外掏。一瓣金黄，再一瓣，还是金黄。如历尽世事的女子，参透人生无常，倒让自己有了一份坚守，那就是，守住自己，守住心。所以，冷落也好，繁华亦罢，它都能安然相待，不急不躁。

孤寡老人程爹，在小区的小径旁长菊。小径旁的空地，原是狭长的一小块，小区人家装修房子，把一些碎砖碎玻璃倒在里面。路过的人都小心不去碰触，以免被玻璃划伤了。连调皮的小猫，也绕着那块地走。老人清理掉碎砖碎玻璃，在里面长青菜和菊。几棵青菜，几朵菊花。再几棵青菜，几朵菊花。绿配紫，绿配红，绿配白，绿配黄，小块的地，让人看过去，竟有花园般的感觉。

这些天，老人除了吃饭睡觉，几乎都围着他的菊在转。我上班时看见他，下班时还看见他，背着双手，很有成就感地在小径上漫步，来来回回。一旁，他的菊，如同被惯坏的孩子，正满地打着滚，撒泼似的，把些紫的、红的、白的、黄的颜色，泼洒得四处飞溅。哪一朵，都是硕大丰腴的，都上得了美人头。

天冷，菊越发的艳丽，直艳到人的心里去。小区的人，每日里行色匆匆，虽是久住，彼此却毫不关己地陌生着。而今，因了这些菊，一个个舒缓了脚步，脸上僵硬的线条，渐渐柔软起来。话搭话地闲聊几句，说着花真好看之类的。或者不聊，仅仅站着，看一眼菊，相互笑笑，自有一份亲切，入了心头。再遇见，便是老相识了。清寒疏离的日子，因菊，变得脉脉温情。

木芙蓉

你实在不知它后面还会冒出多少的花苞苞来。一个花苞苞就是一朵惊喜呀。

小区门口的小公园里，不知从何时起，植了一大片的木芙蓉。平日里，它不显山不露水，默默地抽枝，默默地长叶。枝也普通，叶也普通，不识它的人，多半会把它当作野蒿子。

秋渐深，别的花草摇落，它却层出不穷地开起花来，在满目萧索之中，捧出朵朵明艳。一朵一朵的红，像用上等的绢纸叠出来的，簪在枝叶间，你打老远就能望得见。夺目，太夺目了！叫人无端地高兴。

等走近了看，它纤细的枝条上，累累地鼓着的，竟都是花苞苞，家族繁盛、人丁兴旺的样子，你实在不知它后面还会冒出多少的花苞苞来。一个花苞苞就是一朵惊喜呀。你想到小时候看魔术表演，那个嘴里会喷火的中年男人，突然从怀里往外

187

掏东西，他掏出一把的红绸子、一把的绿绸子。在大家的惊呼声中，他抖一抖手，再掏，又是一把的红绸子、一把的绿绸子。他掏啊掏啊，越掏越快，红绸子绿绸子便泉水样的，不断地冒出来，似乎怎么扯也扯不尽。

它就是花中的魔术师啊！

我早也从那里走过，晚也从那里走过，花都好好在着的。我觉得活着的幸福，莫过于有这样的花在开着，有明亮的眼睛在看着。这样的岁月，真真是顶叫人欢喜的。

小时的乡下，也长它，和野葵、木槿们在一起。却不知它叫木芙蓉。我奶奶唤它，饼子花。是说它花朵的样子，大，且扁扁的，像她烙的南瓜饼。我们便也跟着唤，饼子花。一唤好些年，没觉得有什么不妥。它也从没反对过，总是浅浅笑着，撑着嫣红的脸蛋，在日益清寒的秋风里。

每日黄昏，我们放学归家，远远看见茅草屋旁那一朵朵嫣红，脚步就不由得会加快，心里面快乐起来，哦，快到家了，可以捧上热热的粥喝了，可以钻进温暖的被窝了。秋风渐紧，夕阳彤红。

是在一些年后，我在前人的诗里面突然遇到它，才吓了一惊，原来，它竟有个动听的名字，叫木芙蓉。是开在岸上的荷。前人的诗里，对它，多的是赞誉："小池南畔木芙蓉，雨后霜前着意红。犹胜无言旧桃李，一生开落任东风。"它不声不响的，竟把春天里沸腾的一场花事，给比下去了。

我采一枝木芙蓉，想带回家去插。花在我手里，却一下子蔫了。决绝的，不留余地的。如世间刚烈的好女子，为着做人的原则和道义，宁为玉碎，不为瓦全。不阿谀奉承，不委曲求全，柔弱的身子里，有大丈夫气概。这样的好女子，常被人称作女中豪杰，使人敬重且仰视。

我再没有动过采摘它的念头。

现在，霜降已至。它的枝叶，亦开始发黄、枯萎，花却仍在很锦绣地开着。一朵接着一朵，不慌不忙，恬静安然，叫人感动。

它还有个名字，叫拒霜花。我觉得，很贴切。

银杏黄

怎么能够不欢欣呢？我等它等了那么久，也就要去赴约了。

一

终于等来了露白风清。

我身体内隐蔽的一种渴望，按捺不住就要跳出来。我显得无端的高兴，看见什么都想笑，一颗心变得那么柔软，想对整个世界温柔。

怎么能够不欢欣呢？我等它等了那么久，也就要去赴约了。它更像是我一个人的秘密，是大自然郑重地交给我的秘密。

这时节，大自然的面孔最是纷繁，一方面现出它的薄凉沧桑，一方面又端出它的丰饶美艳，你实在被它弄迷糊了。爱，还是不爱，有时真是个问题。

却不能不惊艳。比方说，你走着走着，突然逢到一地的菊花。大朵的，或是小朵的，哪一朵不是极尽欢颜，热情奔放得能把你燃烧了？你看着它，像被狐妖媚惑住，迈不了脚了，甘愿醉倒在温柔乡。

　　再比方说，你正在路边某个小亭子里小歇，鼻子里忽然塞满香甜，浓烈得你无力抵抗。你只能任由它牵着引着，一路寻到跟前去，细密的金黄的小花，多像害羞的小姑娘的眼。你明知道是它在调皮、在逗引，仍像发现新大陆似的，慨叹一声，哦，桂花开了哎。

　　三五文朋好友有空便相约，赏桂去吧。很有点古代文人的遗韵呢。有朋友会泡功夫茶，青花瓷的小杯，单单摆着，就叫人心动。更何况他说，要在山上的桂花树下，温上一壶。风吹桂花落，是不是也有几朵跳到青花瓷的小杯里？那样的景象，不能想，一想就痴了。

　　我要赴的，却是与一场叶子的约会。

二

　　我翻书，想找出一篇写它的，少。"停车坐爱枫林晚，霜叶红于二月花"。——是写枫的。"一重山，两重山，山远天高烟水寒，相思枫叶丹"。——还是写枫的。

它明明有着与枫同等的灿烂与火热，为什么就被忽略掉了？它真有点怀才不遇。

命运却又是仁慈的，同样赋予它空气、阳光、水、天空和大地。

我不知道它是不是也这么想的。每年再相见，它都很守约地扛着一树的黄，像扛着一树的黄花朵，神采奕奕。零星的，或成片的，一律都黄得透透的，每片叶子，都成了精。把周遭的空气，染得黄黄的。把半边天空，染得黄黄的。华丽着，高贵着。薄凉的风，因它，也有了暖意。

它的出色，也终于被人赏识，近一些年来，越来越多的城，在路边栽了它，当风景。

我去无锡，顺道去惠山赏枫，没想到，也与它相逢。它站在一堆火红的枫里面，好像刚刚梳洗完毕，浑身上下披挂一新，满头满身的艳黄跳跃出来，又活泼，又明媚，竟把枫给比下去了。

原来，它也在这里！我望了它笑，想对它说很多话，又觉得哪一句都是多余。

有新人来拍婚纱照。在满山的红里面，他们极聪慧地单单挑出它来，倚了一树的"黄花朵"，笑得恩爱甜蜜、地老天荒。

我退到边上，远远看，为它欣慰。它的身上，染上爱情色了，从此，它将穿行于凡俗的每一个日子，见证每一个烟火人生。

三

念及它，也总是要想到一个老人。

老人在上海。我只是在报纸上偶遇他，在一则新闻下面的图片里。

图片上，老人在绘蝶。他的手底下，聚集着彩色蝴蝶一只只，花团锦簇，姿态万千。

那原不过是些落叶——它的叶。老人一片一片捡起，用笔轻轻点染，就成就了它的另一场绚丽。

生命到底还有多少种活法？这永远是个未知数。正是这样的未知，才造就了生命的神秘与多彩，才有了敬畏、善待与向往。

亦收到一个女孩寄来的信。信里，女孩很用心地放了两枚它的叶。可能是放置时间久了，叶子变得又干燥又薄透，颜色却未曾褪去一点点，仍是最初的艳。我不想用金黄来说它，我以为俗了，它就是它的本色。——我叫它，银杏黄。

女孩说，她最喜欢收藏银杏的叶子，每年，她都会捡拾很多，夹满书本。

女孩的身世，颇惹人怜惜。三岁那年，母亲离家出走，从此再没回过家。父亲因这样的打击，患了精神分裂症。小小的她，学会了照顾父亲、照顾自己。一路的艰辛，不与人说，人前欢笑，却在人后黯淡。一天，她偶与我的文字相遇，凉的心，一点一点被暖起来。她说，梅子姐，你的存在就是一道光，你温暖了我，我也会用这束光温暖身边的人。尽管是小小的力量。谢谢你，也谢谢我自己。我们都要好好的。

我把那两片银杏黄，粘到了我书房的墙上。我什么时候看过去，它们都像花瓣一样盛开着。又像蝴蝶一样，张着翅膀，就要飞了。

才有梅花便不同

梅有的，就是这样的与众不同啊！一地清月，满室幽香。

趁着天黑，去邻家院子边，折一枝梅回来。这有偷的意思了。——我是，实在架不住它的香。

它香得委实撩人。晚饭后散步，隔着老远，它的香就远远追过来，像撒娇的小女儿，甜腻腻地缠着你，让你架不住心软。我向东走，它追到东边。我向西走，它追到西边。我向南走，它追到南边。我向北走，它追到北边。黑天里看不见，但我知道它在那里，它就在那里，在邻家的院子里。一棵，只一棵。

白天，我在二楼。西窗口。我的目光稍稍向下倾斜，就可以看到它。邻家的院子，终日里铁栅栏圈着，有些冰冷。有了一树的梅，竟是不一样了。连同邻家那个不苟言笑的男人，他在梅树下进进出出，望上去，竟也有了几分亲切。一树细密的黄花朵，不急不徐地开着，隔了距离看，像镶了一树的黄宝石。枝枝条条，四下里漫开去，它是想把它的欢颜与馨香，送到更远的地方去。一家有花百家香。花比人慷慨，从不吝啬它的香。

梅是大众情人，人见人爱，这在花里面少见。梅的本事，是一般的花学不来的。谁能在冰天雪地里，捧出一颗芬芳的心？谁能在满目的衰败与枯黄之中，抖搂出鲜艳？只有梅了。它从冬到春，在季节最为苍白最为寂寥的时候，它含苞，它绽放。它是冬天里的安慰，它是春天里的温暖。

喜欢关于梅的一则韵事。相传宋武帝的女儿寿阳公主，某天午睡，独卧于自己寝宫的檐下。旁有一树梅，其时花开正盛。风吹，有花落于公主额上，留下一朵黄色印记，拂之不去。宫人们惊奇地发现，公主因这朵黄色印记，变得更加娇媚动人了。从此，宫人们争相效仿，采得梅花，贴于额前，此为梅花妆。——原来，古代女子的对镜贴花黄，竟是与梅花分不开的。

我对着镜子，摘一朵梅，玩笑般地贴在额前。想我的前身，当也是一个女子吧，她摘过梅花么？她对镜贴过花黄么？想起前日里，去城南见一个朋友。暖暖的天，暖暖的阳光，空气中，有了春的味道。突然闻到一阵幽香，不用寻，我知道，那是梅了。果真的，街边公园里，有梅一棵，裸露的枝条上，爬满小花朵，它们甜蜜着一张张小脸儿，笑逐颜开。有老妇人，在树旁转，她抬眼，四下里看，趁人不备，折下一枝，笑吟吟地，往怀里兜。她那略带天真的样子，让我微笑起来，人生至老，若还能保持着这样一颗喜爱的心，当是十分十分可爱且甜蜜的吧。

亦想起北魏的陆凯。那样一个大男人，居然浪漫到把一枝梅花，装在信封里，寄给好朋友范晔，并赋诗一首："折梅逢驿使，寄与陇头人。江南无所有，聊赠一枝春。"他把他的春天，送给了朋友。做这样的人的朋友，实在是件幸运且幸福的事。

我折回的梅，被我插在书房的笔筒里。简陋的笔筒，因了一枝梅，变得活泼起来俏丽起来。南宋杜耒写梅："寒夜客来茶当酒，竹炉汤沸火初红。寻常一样窗前月，才有梅花便不同。"诗里不见一字对梅的赞美，却把梅的风骨全写尽了。梅有什么？梅有的，就是这样的与众不同啊！一地清月，满室幽香。那样一个寻常之夜，因窗前一树的梅，诗人的人生，活出了不寻常。

第六辑
风过林梢

露天舞台，一盏汽油灯悬着，照着她唇红齿白一张粉嫩的脸，她像开得满满的一枝芍药花。

蓝色的蓝

生命本是如此珍贵，当爱惜。

她报出她的姓时，我们都讶异极了。"蓝，蓝色的蓝。"她笑着说，红唇鲜艳。继而介绍她的名，居然单单一个字，蓝。她的名字，蓝蓝。那会儿，我们正站在蓝蓝的湖边，蓝蓝的天空倒映在湖中，如一大块蓝玉。她的名字，应和了眼前景，如此诗意，真是让人妒忌得很。

我们一行人游西藏，她是半道上加进来的。之前，她一个人已游完拉萨，还在一家医院里，做了一天的义工。"也没做什么啦，就是帮人家拿拿接接的。"她满不在意地大笑起来，灿若一朵木棉花。五十多岁的人，看上去不过四十出头，靓丽明艳。小导游喊同团稍上年纪的女人"阿姨"，却叫她，蓝蓝姐。她乐得眉毛眼睛都在笑。

我们都羡慕她的明媚和精神气。几天的西藏行走，我们早已疲惫不堪，高原反应也还在折磨着，一个个看上去灰头土脸的，她却饱满得枝叶葱茏。"你真不简单。"我们由衷地夸。她听了，哈哈大笑，开心极了。

她爱笑，热情，说话幽默。一团的人，分别来自不同地方，彼此间有戒备，一路上都是各走各的，少有言语。她的到来，恰如煦风吹过湖面，泛起浪花朵朵。众人受她感染，都变得活泼起来亲切起来，有说有笑的。原来，都不是冷漠的人哪。

很快的，她跟全团的人混熟了。这个头疼，她给止疼药。那个腹泻，她给止泻药。有人削水果，不小心被刀划破了手，她伸手到口袋里一掏，就掏出几枚创可贴来。仿佛她会变魔术。大家对她敬佩和感激得不得了，她却轻描淡写地说："这没什么，我只不过多备了点常用药。"

西藏地广路遥，从一个景点到另一个景点，往往相距一两千里，要翻越许多座山，涉渡许多条河。天未亮，我们就摸黑上路，所有人都睡眼惺忪，根本来不及收拾自己，只把自己囫囵塞进车子了事。她却披挂完整，眼影、眉线、口红，样样不缺，妆容精致，光彩灼灼，跟画里的人似的。我们忍不住看她一眼，再看一眼，心里生出无限的感喟与感动来。

知道她的故事，是在纳木错。

面对变幻无穷风光诡异的圣湖，她孩子一样地欢呼奔跑，然后，双膝突然跪下，泪流满面。我们都吓一跳，正愣怔着不知怎么办才好时，听到她喃喃地说："感谢上帝，我来了。"

原来，她身患绝症已两年。医生宣判的那会儿，她只感到天崩地塌。她在意过很多，得失名利，都曾是她生命的主题曲。她玩命地去争，甚至因此忽略了家庭，让自己憔悴不堪。当她知道自己的日子，只剩下短短三个月时，曾经双手紧握着的那一些，都成浮云了，她只要自己能活。

　　她开始重新打理自己的生活。养花种草。出门旅游。还常常跑去做义工。生命变得充盈起来，每天清晨睁开眼，看到窗外的一缕阳光，她的心里总会腾起一阵欢喜，"感谢上帝，我又拥有一天！"她把每一天，都当作是崭新的，是重生。所以，心中时时充满感激。她活过了医生断定的三个月。活过了一年。活过了两年。还将活下去。

　　我们听得涟漪四起。生命本是如此珍贵，当爱惜。我们不再说话，一起看湖。眼睛里，一片一片的蓝，相互辉映交融。那是湖的蓝。天的蓝。广阔无垠。

白日光

一塘的红莲，如期盛开，开得红粉乱溅，朵朵摇香。

那个时候，我是寂寞的吧，四五岁的年纪，身边没一个同龄的玩伴。

午后的村庄，天上飘着几朵慵懒的云。路边草丛中，野花朵黄一朵白一朵地开着。鸡和狗们，漫不经心地走在土路上。风轻轻吹过一片绿的田野。绿的田野上，遥遥地，移动着一些黑的点子白的点子，那是在地里劳作的大人们。我绕着村庄转一圈，实在没事可干，就又转到池塘边的瞎奶奶家了。

全村只瞎奶奶家门前有口池塘。我知道，那里面有鱼有虾，还长莲和菱。六七月莲开，水波轻晃，朵朵摇香。九十月菱角成熟，有人路过，用锄头一蓬一蓬地够上岸来，边摘边吃。而到了腊月脚下，塘边围满了人，人们脸上蒸腾着一团喜气，他们到塘子里取鱼取虾。白花花的鱼，在岸上泥地里跳，闪耀着碎银一样的光芒。

但我从来不敢跑近那池塘，村子里的其他孩子也都不敢。因为大人们说，塘子里有老鬼，专门吃小孩。瞎奶奶也这么说，她每次"见"到我，都要再三叮嘱我，不要到塘子里去玩水啊，那里面有老鬼，闻见小孩子的肉香，就要吃的。我谨记着，我自然是怕老鬼吃我的，我更想得到她的奖励。只要我答没去玩水，瞎奶奶准会奖励我一块薄荷糖。那个年代，一块简朴的薄荷糖，对一个小孩子来说，也是无上的向往和甜。

我小心地绕过那池塘。池塘边的泡桐树上，开了一树一树紫色的花，像倒挂着无数把紫色的小伞。花喜鹊站在上面蹦跳，抖落了一瓣一瓣的花，树下面，便落一层浅紫，细细碎碎的。我很想过去捡一串花来玩，但想到瞎奶奶的薄荷糖，便打消了这个念头。我边走边痴痴看，就到了瞎奶奶家门口了。说来也真是奇怪，瞎奶奶的眼睛虽看不见了，但每次我来，她准知道。那会儿，她抬起头，混浊的没有一丝光亮的眼睛，对着我的方向问，是志煜家的二丫头梅吧？

我答应一声，叫，瞎奶奶。她欢喜地应，哎。放下针线活，伸手招我过去，摸我的脸，问，梅，有没有去塘子里玩水？我答，没。瞎奶奶高兴了，夸我，梅真乖。记住，千万不要去塘子里玩水啊，塘子里有老鬼，专门吃小孩子的，瞎奶奶说。我答，唔，我记住了。瞎奶奶便到她怀里摸索，抖抖颤颤一阵后，方掏出一块方格子手帕，左一层右一层地揭开，我看到里面躺着的薄荷糖。来，给梅吃，梅不要去塘子里玩水啊，瞎奶奶不放心地关照。糖有些黏乎乎的，乳色的小蛾子似的，我一口含到嘴里，直把小小的心都浸甜了。我含糊着应，哦。

糖吃完，瞎奶奶让我帮她穿针线。这活儿我乐意干，我的眼睛亮着呢，只一下，就把线穿过针孔了。瞎奶奶接过针线去，"望"着我，慈祥地笑，瘦小的脸，像一枚皱褶的核桃。她突然落花般地叹息一声，若是我的锁儿还在，他也该成婚了，养的孩子，也该你这般大了。这些话我可听不懂，我定定地看着她，她脸上每一道皱纹里，仿佛都有粼粼的波在荡，竟是说不出的悲伤。

她这么对着我"望"一会儿，复低下头去，一针一线纳她的鞋底，坐在一圈白日光里。时光静极了，梧桐树的影子在矮墙上晃，连同那些紫色的花的影子。矮墙头上，晒着她做好的布鞋，一双双，黑面子，白底子，那么大。我看着瞎奶奶的小脚，有些疑惑地问，瞎奶奶，这是给谁做的鞋啊？瞎奶奶答，是给锁儿他爹做的啊。锁儿，那是谁呢？锁儿他爹又是谁？我怎么从没见过。我怔一怔，突然从池塘边的泡桐树上，传来喜鹊的叫声，喳喳，喳喳，高亢的一两声，打破一个天地的静。瞎奶奶停了针线活，侧耳听，脸上慢慢浮上笑来，说，喜鹊叫，客人到，家里要来客喽。我不信，喜鹊每天都在叫，我却从来没有见过她家来客人。瞎奶奶却说，谁说没有？梅就是我家的客人啊。

我把她说的话告诉祖母，祖母唉地叹一口气，瞎奶奶是个可怜的人哪。

她有过一个完整的家，男人壮实，儿子可爱，一家人在一起，只想把凡俗的日子安稳地过下来。然战乱与饥荒来袭，寻常的日子竟过不下去了，家里渐渐揭不开锅。男人跟她商量，要置副货郎担，去外讨生活，等换得铜板来，给她和儿子好日子过。好歹要保住我们李家的这个根啊！男人看一眼扯着她的衣角、饿得面黄肌瘦的儿子说。她点点头，开始没日没夜地给男人赶做布鞋。一共做了四双，她想着，春天一双，夏天一双，秋天一双，冬天一双，等四双鞋都磨破了，男人也该回了。为这，她把自己的嫁衣都给拆了，一块块布，纳到了男人的脚底下。

男人揣上她做的布鞋，上路了。走前，男人向她保证，少则半年，多则一年，他一定会回来。然而，春去春又回，男人却没有回。他们唯一的儿子锁儿，在又一年的六月天，掉进家门口的池塘里淹死了，死时，手里紧紧攥着一枝红莲。她懊恼得肝肠寸断，她怎么就不知道塘子里好看的红莲会吃人呢？她怎么就没留意到儿子会被红莲牵着，一步一步走下水里去？

彼时，她还年轻着，容貌也好，完全可以再嫁个壮实的庄户人，倚靠着那个人，求个今生安稳。也真的有几个壮实的庄户人看上她，许她好日子，要娶她过门。她却不，她说对不起男人，她把他李家的根弄没了，她要等他回。

一日一日，一年一年，她为男人做着布鞋，从青丝，到白头。漫长的等待，加上内心悔恨的煎熬，她不断地流泪，眼睛渐渐不行了，最后终导致全看不见了。

我念小学后，极少再去瞎奶奶家。偶尔路过，还见她坐在矮墙下，坐在一圈白日光里，永远那样的姿态：低着头，一针一线地纳着鞋底。她的白发上，落着白日光的影子，白淹没在白里面，那么分明，又是模糊的。看过去，她竟像是裹在一团雾里，不很真切。池塘边的泡桐树上，花喜鹊还站在上面喳喳喳。远处的田野里，传来人们劳作的号子声，嗨哟，嗨嗨哟。——太平盛世，热火朝天。她锁儿的爹，始终没回。

我小学毕业那年五月，一个中年人寻寻问问，一路摸到我们村庄。他向村人们打听，崔曼丽还活着吗？她的家在哪里？村人们一头雾水。但不一会儿，有人醒悟过来，说，怕是瞎奶奶吧。上了年纪的人恍然大悟，回忆，瞎奶奶好像是姓崔的。

一村人跟着去看热闹。中年人才提到李怀远，瞎奶奶就浑身颤抖不止，浑浊的眼里，缓缓滚下两行泪，她哆嗦着嘴唇问，怀远在哪里？我对不起他，我把他李家的根弄丢了。中年人一把抱住了她，眼含热泪地叫，大妈，我可找到你了！

当年，她的男人李怀远，挑着货郎担，一路南下。很快赚得一些铜板，以为三两个月就能回的，却在半路上不幸染上风寒，一病不起。一对老夫妇救了他。老夫妇膝下只有一个姑娘，正当青春，对他照应十分细致，端饭端水伺候月余，他的

208

身体才得以慢慢好转。为了报恩，他留了下来，娶了那姑娘，开始了另一番生活。他对老家的女人一直心怀愧疚，她做的布鞋，有两双他没穿完，他珍宝一样收藏着，任何人动不得。逢年过节，他都要拿出来看看。当他病重，得知自己将不久于人世，他把儿子叫到了跟前，嘱咐儿子，无论如何，一定要找到她。

听的人唏嘘不已。瞎奶奶却只是笑着，她使劲地眨着一双空洞的眼，对着眼前的中年人"看"啊"看"。你真的是怀远的儿子？她问。得到中年人肯定的答复，她喜不自禁，颤抖着伸出手来，一遍一遍摸中年人的脸，笑说一声，他还有个根在，好！笑着笑着，眼睛就闭上了，整个人软塌塌倒下去，没了气息。

那年六月，瞎奶奶家门前的池塘里，一塘的红莲，如期盛开，开得红粉乱溅，朵朵摇香。

如果蚕豆会说话

九十二颗蚕豆，九十二种想念。如果蚕豆会说话，它一定会对她说，我爱你。

二十一岁，如花绽放的年纪，她被遣送到遥远的乡下去改造。不过一瞬间，她就从一个幸福的女孩子，变成了人所不齿的"资产阶级小姐"。那个年代有那个年代的荒唐，而这样的荒唐，几乎改变了她的一生。

父亲被批斗至死。母亲伤心之余，选择跳楼，结束了自己的生命。这个世上，再没有疼爱的手，可以抚过她遍布伤痕的天空。她蜗居在乡下一间漏雨的小屋里，出工，收工，如同木偶一般。

最怕的是田间休息的时候，集体的大喇叭里播放着革命歌曲，"革命群众"围坐一堆，开始对她进行批判。

她低着头，站着。衣服不敢再穿整洁的，她和他们一样，穿带补丁的。发也不再留长的，她忍痛割爱，剪了。她甚至有意站毒日头下晒着，她要晒黑她白皙的皮肤。她努力把自己打造成贫下中农中的一员。一个女孩子的花季，不再明艳。

那一天，歇晌，脸上长着两颗肉痣的队长突然心血来潮，把大家召集起来，说革命出现了新动向。所谓的新动向，不过是她的短发上，别了一只红色的发卡。那是母亲留给她的唯一遗物。

队长粗暴地让人从她的发上，强取下发卡。她第一次反抗，泪流满面地争夺。那一刻，她像一只孤单的雁。

这个时候，突然从人群中跳出一个身影来，他不管不顾地冲上前去，从队长手里抢过发卡，交到她手里。一边用手臂护着她，一边对着周围的人愤怒地"哇哇"叫着。

所有的喧闹，一下子静下来，大家面面相觑。一会儿之后，又都宽容地笑了，没有人跟他计较。一个可怜的哑巴，从小被遗弃在村口，是吃百家饭长大的，长到三十岁了，还是孑然一身。谁都把他当作可怜的人。

队长也不跟他计较，挥挥手，让人群散了。他望望她，打着手势，意思是叫她安心，不要怕，以后有他保护她。她看不懂，但眼底的泪，却一滴一滴滚下来，珍珠似的，砸在脚下的黄土里。

他看着泪流不止的她，手足无措。忽然从口袋里，掏出一把炒蚕豆来，塞到她手里。这是他为她炒的。不过几小把，他一直揣在口袋里，想送她，却望而却步。她是他心中的神，如何敢轻易接近？这会儿，他终于可以亲手把蚕豆交给她了，他满足地搓着手"嘿嘿"笑了。

她第一次抬眼打量他。长脸，小眼睛，脸上布满岁月的风霜。这是一个有些丑丑的男人，可她眼前，却看到一扇温暖的窗打开了。是久居阴霾里，突见阳光的那种暖。

从此，他像守护神似的跟着她，再没人找她的麻烦，因为他会为她去拼命。谁愿意得罪一个可怜的哑巴呢？谁也不愿意的。她的世界，变得宁静起来。她甚至，可以写写日记、看看书。重的活，有他帮着做。漏雨的屋，亦有他帮着补。有了他，她不再惧怕夜的黑。

他对她的好，所有人都明白，她亦明白。却从不曾考虑过要嫁给他。这怎么可能呢？她虽身陷泥淖，心底的那一份高傲却从不曾丢。她相信，总有一天，她会重新飞走。

邻居阿婶想做好事，某一日，突然拉住收工回家的她，说："不如就做了他的媳妇吧，以后也有个知冷知热疼你的人。"她愣住。转身看他，他拼命摇头，脸涨得通红。

这之后，他看见她，远远就避开走。她明白他的好意，是不想让她难做。这反倒让她改变了心意，邻居阿婶再撮合这桩亲事时，她点头答应了。是想着委屈的吧，在嫁他的前一天，她跑到没人的地方，大哭一场。

他们的婚姻，开始在无声里铺排开来，柴米油盐，一屋子的烟火熏着。他不让她干一点点重活，甚至她换下的内衣，都是他抢了洗，她在烟火的日子里，渐渐白胖。

这是幸福吧？有时她想。眼睛眺望着遥远的南方，那里，是她成长的地方。如果生活里没有变故，那么她现在，一定坐在钢琴旁，弹着乐曲唱着歌。或者，在某个公园里，悠闲地散着步。她摊开双手，望见修长的手指上，结着一个一个的茧。不再有指望，那么，就这么过着吧。

他们一直没有孩子。但这不妨碍他对她的好，晴天为她挡太阳，阴天为她遮风雨。村人们感叹，这个哑巴，真会疼人。她听到，心念一转，有泪，点点滴滴，洇湿心头。这辈子，别无他求了。

生活是波平浪静的一幅画，如果后来她的姨妈不出现，这幅画会永远悬在他们的日子里。她的姨妈，那个从小去了法国，而后留在了法国的女人，结过婚，离了，如今孤身一人。老来想有个依靠，于是想到她，辗转打听到，希望她能过去，承欢左右。

这个时候，她还不算老，四十岁不到呢。她还可以继续她年轻时的梦想，比如弹琴，或绘画。她在这两方面都有相当的天赋。

姨妈却不愿意接受他。照姨妈的看法，一个一贫如洗的哑巴，她跟了他十来年，也算对得起他了。他亦是不肯离开故土。

她只身去了法国。在法国，她常伴着咖啡度夕阳，生活优

213

雅娴静。这些，是她梦里盼过多少次的生活啊，现在，都来了，却空落。那一片天空下，少了一个人的呼吸，终究有些荒凉。一个月，两个月……她好不容易挨过一季，她对姨妈说，她该走了。

再多的华丽，亦留不住她。

她回家的时候，他并不知晓，却早早等在村口。她一进村，就看到他瘦瘦的身影，没在黄昏里，仿佛涂了一层金粉。或许是感应吧，她想。

其实，哪里是感应？从她走后，每天的黄昏，他都到路口来等她。

没有热烈的拥抱，没有缠绵的牵手，他们只是互相看了看，眼睛里，有溪水流过。他接过她手里的大包小包，让她空着手跟在后面走。到家，他把她按到椅子上，望着她笑，忽然就去搬出一个铁罐来，那是她平常用来放些零碎小物件的。他在她面前，陡地扳倒铁罐，哗啦啦，一地的蚕豆，蹦跳开来。

他一颗一颗数给她看，每数一颗，就抬头对她笑一下。他数了很久很久，一共是九十二颗蚕豆，她在心里默念着这个数字。九十二，正好是她离家的天数。

没有人懂。唯有她懂，那一颗一颗的蚕豆，是他想她的心。九十二颗蚕豆，九十二种想念。如果蚕豆会说话，它一定会对她说，我爱你。那是他用一生凝聚起来的语言。

九十二颗蚕豆，从此，成了她最最宝贵的珍藏。

老裁缝

　　屋檐下的大缸里，不再长太阳花，而是长了一缸的葱，在春风里，很有风情地绿着。

　　老裁缝是上海人，下放到我们苏北乡下来时，不过四十出头的年纪。我没亲眼见到老裁缝从上海来，我有记忆的时候，老裁缝已在村子里住很久了。久得像我每天爬过的木头桥。木头桥搭在一条小河上面，东西流向的小河，把一个村庄，分成了河北与河南。

　　老裁缝的家，住在河北，我得爬过小桥去。他的家门口，总是扫得很干净，地上连一片草叶儿也没有。屋檐下，放一口废弃的水缸，缸里面，种着太阳花。一年四季，那些花仿佛都在开着，红红黄黄白白的，满满一大缸的颜色。这在上个世纪七十年代的乡下，很特别了。这种特别，在我们小孩眼里看来，很神秘。

我们常聚在他的家门口跳格子（一种孩子玩的游戏），不时探头探脑往他屋内瞧。瞧见的景，永远是那样的：他系着蓝布围裙，脖子上晾根皮尺，坐在矮凳上，低头在缝衣裳。身影很清瘦。他旁边的案板上，放着剪刀、粉饼、直尺、裁剪好的布料、零碎的布头。阳光照着檐下的水缸，一缸的颜色，满得要流溢出来。时光好像被老裁缝的针线，缝住了似的，温柔地静止着。老裁缝偶尔从那静止里，抬了头看看我们，目光缥缈。我们"咦呀"一声惊叫，小鸡样的，快速地散开去。

听大人们说过他的故事，原本有妻有儿的，却突然犯了事，坐了两年牢。妻子带着儿子，重嫁人了。他从牢里出来后，家回不去了，被遣送到这苏北乡下来。

我们怕他，怕得没来由的。我们不敢踏进他的屋子一步。但也有例外，一是大人领我们去裁衣。二是大人吩咐我们送东西给他。

腊月脚下，村人们得了空闲，各家的大人，找了零碎的票子，给孩子们扯上几尺棉布，做过年的新衣裳。老裁缝的小屋里，终日便挤满了人。大家热热闹闹地闲唠着，老裁缝静静听，并不插话。他不紧不慢地帮我们量尺寸，手指凉凉地滑过我们的脖颈。很异样的感觉。

有人跟他开玩笑，学了他的口吻，问，阿拉要做媒啊？他淡淡地回，阿拉不要。低了头，拿了粉饼在布料上做记号，嚓嚓，嚓嚓，布料上现出一道道粉色的线。空气中，弥漫着棉布的味道。

一些天后，衣裳做出来了。大人们捧手上感叹，到底是裁缝做的，就是好。他们所说的好，是指他做工的精致，哪怕是小孩的衣，连一个扣眼，他也绝不马虎着做。经他的手做出来的衣，有款有型，即使水洗过，也不变形。

夏秋季节，乡下瓜果蔬菜多。草垛上趴着大南瓜。矮树枝上，缠着一串一串紫扁豆。茅屋后，挂满丝瓜。大人们随手摘一只南瓜，扯一把扁豆，再摘几根丝瓜，放到篮子里，着我们给老裁缝送去。老裁缝接过东西，必一边往我们的空篮子里，放上几颗水果糖。一边伸手摸了我们的头，嘱咐，回去替我谢谢你家大人，他们太客气了。一口的上海腔，很惹听。

老裁缝后来收了个女徒弟，一患小儿麻痹症的姑娘，外村人。这事很是让村人们喧哗了一阵子，因为老裁缝向来不收徒弟的，何况是个女徒弟，何况还拄着拐杖。但那姑娘很固执，天天守在老裁缝家门口。老裁缝破了规矩，答应了。

从此，我们看到的景，变了，老裁缝还系着蓝布围裙，脖子上晾根皮尺，但他的身边，多出一团亮丽，如檐下缸里的太阳花。那朵花，眉眼盈盈，唤他师傅，和他相挨着，穿针引线。他们偶尔低低说着什么，发出笑声来，他的笑声，她的笑声。一团的温馨。我们都有些惊讶，原来，老裁缝是会笑的。

上海来人找老裁缝，是秋末的事。那个时候，天空高远得一望无际。棉田里，尚有些迟开的棉花，零零碎碎地开着，一朵一朵的白,点缀在一片褐色之上。来人很年轻,他穿过一片棉田,很客气地寻问老裁缝的家,声音极像老裁缝。村人们望着他的背影,很有预见地说,这肯定是老裁缝的儿子,老裁缝怕是要回上海了。

老裁缝却没走。只是比往常更沉默了,他依旧坐在矮凳上缝衣裳,系着蓝布围裙,脖子上晾根皮尺。他的女徒弟,守在一边,也沉默地干着活儿。时光宁静,却在那宁静里,让人望出忧愁来,总感觉着有什么事要发生。

到底出事了,问题出在他的女徒弟身上。姑娘回家,对父母说出一句石破天惊的话来,她爱老裁缝,她要嫁给老裁缝。结果,老裁缝的家,被愤怒的姑娘家人,砸了个稀巴烂。姑娘很快嫁了出去,听说出嫁时,哭声震天。

老裁缝在村里待不下去了,他于一个清晨,离开了村子。早起的人,看见他一个人沿着棉田小路,向着远处,越走越远。有人说他回了上海。有人说他去了南方。也有人说他跳了江。

当一个冬天过去,天开始晴暖了,土地开始苏醒了,村人们开始忙春耕。老裁缝住过的地方,一对老夫妻搬了进去。屋檐下的水缸里,不再长太阳花,而是长了一缸的葱,在春风里,很有风情地绿着。

彼岸种下的蛊

世上少见这种花，花与叶两不相见。花开，叶在彼岸。叶来，花在彼岸。一点不拖泥带水，决绝得叫人心疼。

我画了一枝彼岸花。用大红和深红的色彩涂抹，描着描着，手怯。纸上的色彩，太鲜艳了，血一般的。

世上少见这种花，花与叶两不相见。花开，叶在彼岸。叶来，花在彼岸。一点不拖泥带水，决绝得叫人心疼。偏又血脉相连，枝枝蔓蔓上，都是对方的气息。那一个的在，是了然于心的。却注定了今生无缘，来世无分，只能一任思念，雕砌着日日夜夜。

这世上，原还有一种情在，未曾相遇，便早已错过。

命运就是这样的蹉跎。是年少时的那个故事，记不得是谁讲的了。或许是我爷爷，或许是我父亲。说是一年轻男子，收听广播时，爱上了广播里的一个声音。每日晚上，那声音会准时响起,先是开场白:各位听众,晚上好。女声,甜美,清脆,如百灵鸟。这声音有时会讲一两个小故事。有时会讲读一两篇小通讯。有时会播报几则时事。不管她讲什么,在年轻男子听来,都是极好的。他爱上了。

他去找她,不得见。给她写信,写了很多。终一天,她回复了,竟是妙龄女郎一个。他真是欢喜啊。他们约好见面。见面那天,他早早去,却听说,她犯了错,被押解到某地劳教去了。他辗转追到某地,她却又被遣送至他乡。从此,音信杳无。他一辈子未曾娶妻,只等着那熟悉的声音再次响起。到死,他也没有等到。

故事真是悲,听得年少的心里,忧伤四起。茅屋檐下,彼岸花正不息地开。

那时不识此花,纤弱的。夏雨初息,水滴花开,一瓣瓣细长卷曲,红得触目。周遭顿时失色,只那一枝枝红,激荡在似乎空无一物的背景中。祖母叫它龙爪花。我想不明白,它与龙有什么关联。也只把好奇装在肚子里,看见它,也只远远看着。我们掐桃花,掐大丽花,掐菊花,掐一切看得见的花,却从未曾掐下它来玩。——小孩子是顶懂敬畏的,太美的事物里,藏着神圣,亵渎不得。

民间又一说,叫它蛇花。

那年,在无锡。惠山上漫走,满山都开着这样的花。石头旁,小径边,或是一堆的杂草中。它是当野花来开着的,没有一点点骄傲。然独特的气质，即便山野，也遮掩不了。那朵朵的艳红，把一座山，映得水灵而妩媚。喜欢，实在喜欢。我就掐一枝，拿手上拍照。

旁边走过三五个妇人，是老姐妹相聚着爬山的吧。她们对着我，叽叽咕咕说着什么，神情甚是着急。我听不懂，只能猜，以为她们指责我乱掐花草。于是很是羞愧，手上抓着那朵花，扔也不是，不扔也不是。又想狡辩，啊，它是从岩石下面开出来的一朵，是杂草堆里的，是野花儿。

一中年男人走过，看到我们大眼瞪小眼的样，赶紧帮着翻译，告诉我，她们说，你手上的蛇花是有毒的，赶紧扔了吧。

回家查资料，果然。中医典籍上叫它石蒜，如此记载：红花石蒜鳞茎性温，味辛、苦，有毒，入药有催吐、祛痰、消肿、止痛、解毒之效。但如误食，可能会导致中毒，轻者呕吐、腹泻，重者可能会导致中枢神经系统麻痹，有生命危险。

这让我想起"红颜祸水"之说。君王亡国，也怨了红颜。可是，有谁想过，祸水原不在红颜，而是绊惹她的那些个啊。如这彼岸花，它在它的世界里妖娆，关卿何事？你偏要惹它，只能中了它的蛊。——它就是这样的轻侮不得。这骨子里的凛冽，倒让我敬佩了。

它还有个极禅意的名字，叫曼珠沙华。是佛经中描绘的天界之花，说见之者可断离恶业。

棉花的花

我的眼前晃过那一望无际的棉花的花，露水很重的清晨，花红，花白，娇嫩得仿佛一个眼神也能融化了它们。

纸糊的窗子上，泊着微茫的晨曦，早起的祖母，站在我们床头叫："起床啦，起床啦，趁着露凉去捉虫子。"

这是记忆里的七月天。

七月的夜露重，棉花的花，沾露即开。那时棉田多，很有些一望无际的。花便开得一望无际了。花红，花白，一朵朵，娇艳柔嫩，饱蘸露水，一往情深的样子。我是喜欢那些花的，常停在棉田边，痴看。但旁的人，却是视而不见的。他们在棉田里，埋头捉虫子。虫子是栖在棉花的花里面的棉铃虫，有着带斑纹的翅膀，食棉花的花、茎、叶，害处大呢。这种虫子夜伏昼出，清晨的时候，它们多半还在酣睡中，敛了翅，伏在花中间，一动不动，一逮一个准。有点任人宰割。

我也去捉虫子。那时不过五六岁，人还没有一株棉花高，却好动。小姑姑和姐姐去捉虫子，很神气地捧着一只玻璃瓶。我也要，于是也捧着一只玻璃瓶。

可是，我常忘了捉虫子，我喜欢待在棉田边，看那些盛开的花。空气中，满是露珠的味道，甜蜜清凉。花也有些甜蜜清凉的。后来太阳出来，棉花的花，一朵一朵合上，一夜的惊心动魄，华丽盛放，再不留痕迹。满田望去，只剩棉花叶子的绿，绿得密不透风。

捉虫子的人，陆续从棉田里走出来。人都被露水打湿，清新着，是水灵灵的人儿了。走在最后的，是一男一女，年轻的。男人叫红兵，女人叫小玲。

每天清早起来去捉虫子，我们以为很早了，却远远看见他们已在棉田中央，两人紧挨着。红兵白衬衫，小玲红衬衫，一白一红。是棉田里花开的颜色，鲜鲜活活跳跃着，很好看。

后来村子里风言，说红兵和小玲好上了。说的人脸上现出神秘的样子，说曾看到他们一起钻草堆。母亲就叹，小玲这丫头不要命了，怎么可以跟红兵好呢？

家寒的人家，却传说曾是富甲一方的大地主，有地千顷，用人无数。在那个年代，自然要被批被斗。红兵的父亲不堪批斗之苦，上吊自杀。只剩一个母亲，整日低眉顺眼地做人。小玲的家境却要好得多，是响当当的贫下中农不说，还有个哥哥，在外做官。

小玲的家人，得知他们好上了，很震怒。把小玲吊起来打，饿饭，关黑房子……这都是我听来的。那时村子里的人，见面就是谈这事，小着声，生怕惊动了什么似的。这让这件事本身，带了诡秘的色彩。

再见到红兵和小玲，是在棉花地里。那时，七月还没到头呢，棉花的花，还是夜里开、白天合。晨曦初放的时候，我们还是早早地去捉棉铃虫。我还是喜欢看那些棉花的花，花红，花白，朵朵娇艳。那日，我正站在地中央，呆呆对着一株棉花看，就看到棉花旁的条沟上，坐着红兵和小玲，浓密的棉叶遮住他们，他们是两个隐蔽的人儿。他们肩偎着肩，整个世界很静。小玲突然看到我，很努力地冲我笑了笑。

刹那间，有种悲凉，袭上我小小的身子。我赶紧跑了。红的花，白的花，满天地无边无际地开着。

不久之后，棉花不再开花了，棉花结桃了。九月里，棉桃绽开，整个世界，成柔软的雪白的海洋。小玲出嫁了。

这是很匆匆的事情。男人是邻村的，老实，木讷，长相不好看。第一天来相亲，第二天就定下日子，一星期后就办了婚事。没有吹吹打打，一切都是悄没声息地。

据说小玲出嫁前哭闹得很厉害，还用玻璃瓶砸破自己的头。这也只是据说。她嫁出去之后，很少看见她了。大家起初还议论着，说她命不好。渐渐的，淡了。很快，雪白的棉花，被拾上田岸。很快，地里的草也枯了，天空渐渐显出灰白，高不可攀的样子。冬天来了。

那是 1977 年的冬天，好像特别特别冷，冰凌在屋檐下挂有几尺长，太阳出来了也不融化。这个时候，小玲突然回村了，怀里抱着一个用红毛毯裹着的婴儿，是个女孩。女孩的脸型长得像红兵。特别是那小嘴，简直一个模子刻出来的，村人们背地里都这样说。

红兵自小玲回村来，就一直窝在自家的屋子里，把一些有用没用的农具找出来，修理。一屋的乒乒乓乓。

这以后，几成规律，只要小玲一回村，红兵的屋子里，准会传出乒乒乓乓的声音，经久持续。他们几乎从未碰过面。

却还是有意外。那时地里的棉花又开花了，夜里开，白天合。小玲不知怎的一人回了村，在村口拐角处，碰到红兵。他们面对面站着，站了很久，一句话也没说。后来一个往东，一个往西，各走各的了。村人们眼睁睁瞧见，他们就这样分开了，一句话也没有地分开了。

红兵后来一直未娶。前些日子我回老家，跟母亲聊天时，聊到红兵。我说他也老了吧？母亲说，可不是，背都驼了。我的眼前晃过那一望无际的棉花的花，露水很重的清晨，花红，花白，娇嫩得仿佛一个眼神也能融化了它们。母亲说，他还是一个人过哪，不过，小玲的大丫头认他做爹了，常过来看他，还给他织了一件红毛衣。

青花瓷

我们成了，隔着烟雨的人，永远留在十八岁的记忆里。

初见青花瓷，是在米心的家里。

米心是我的同桌。她的名字，我相信，独一无二。至少在我们那个小镇上。

小镇很古，古得很上年纪——千年的白果树可以作证。白果树长在进镇的路口上，粗壮魁梧，守护神似的。有一年，突降大雷阵雨，白果树遭了雷劈，从中一劈两半。镇上人都以为它活不了了，它却依然绿顶如盖。镇上人以为神，不知谁先去烧香参拜的，后来，那里成了香火旺盛的地方。米心的奶奶，逢初一和月半，必沐身净手，持了香去。

小巷深处有人家。小镇多的是小巷，狭窄的一条条，幽深幽深的。巷道都是由长条细砖铺成，细砖的砖缝里，爬满绒毛似的青苔。米心的高跟鞋走在上面，笃笃笃，笃笃笃。空谷回音。惹得小镇上的人，都站在院门口看她。她昂着头，目不斜视，只管一路往前走。

那个时候，我们都是十七八岁的年纪，高中快毕业了。米心的个子，蹿长到一米七，她又爱穿紧身裤和高跟鞋，看上去，更是亭亭玉立，一棵挺拔的小白杨似的。加上她天生的卷发，还有白果似的小脸蛋，更透着一股说不出来的气质。在一群女生里，极惹眼，骄傲的凤凰似的。女生们都有些敌视她，她也不待见她们，彼此的关系，很僵化。

但米心却对我好。天天背着粉红的小书包来上学，书包上，挂着一只玩具米老鼠。书包里，放的却不是书，而是带给我吃的小吃——雪白的米糕，或者，嫩黄的桂花饼。都是包装得很精致的。米心说，他买的。我知道她说的他，是她的爸爸。他人远在上海，极少回来，却源源不断地托人带了东西给米心。吃的，穿的，用的，都是极高档的。

米心很少叫他爸爸。提及他，都是皱皱眉头，用"他"代替了。有一次，米心趴在教室的窗台上，看着教室外一树的泡桐花，终于说出一个秘密，"我上小学的时候，他在上海又娶了女人，不要我妈了，我妈想不开，上吊自杀了。"米心说这些话时，脸上的表情，幽深得像那条砖铺的小巷。一阵风来，紫色的泡桐花，纷纷落。如下花瓣雨。我想起米心的高跟鞋，走在小巷里，笃笃笃，笃笃笃。空谷回音，原都是孤寂。

米心带我去她家，窄小的天井里，长一盆火红的山茶花。

米心的奶奶，坐在天井里，拿一块洁白的纱布，擦一只青花瓷瓶。瓶身上，绘一枝缠枝莲，莲瓣卷曲，像藏了无限心事。四周安静，山茶花开得火红。莲的心事，被握在米心奶奶的手里。一切，古老得有些遥远，遥远得让我不敢近前。米心的奶奶抬头看我们一眼，问一声："回来啦？"再无多话，只轻轻擦着她怀里的那只青花瓷瓶。

后来，在米心的家里，我还看见青花瓷的盖碗，上面的图案，也是绘的缠枝莲。米心说："那原是一套的，还有笔筒啊啥的，是我爷爷留下来的。"

我见过米心的爷爷，黑白的人，立在相框里。眉宇间有股英气，还很年轻的样子。却因一场意外，早早离开人世。至于那场意外是什么，米心的奶奶，从不说。她孤身一人，带了米心的父亲——当时只有五岁的儿子，从江南来到苏北这个小镇——米心爷爷的家乡，定居下来，陪伴她的，就是那一套青花瓷。

米心猜测，"我奶奶，是很爱我爷爷的吧。我爷爷，也一定很喜欢我奶奶的。他们多好啊。"米心说着说着，很忧伤。她双臂环绕自己，把头埋在里面，久久没有动弹。我想起米心奶奶的青花瓷，上面一枝缠枝莲，花瓣卷曲，像疼痛的心。那会儿的米心，真像青花瓷上一枝缠枝莲。

米心恋爱了，爱上了一个，有家的男人。她说那个男人对她好，发誓会永远爱她。她给他写情书，挑粉红的信纸，上面

228

洒满香水。那是高三下学期的事了。那时候，我们快高考了，米心却整天丢了魂似的，试卷发下来，她笔握在手上半天，上面居然没有落下一个字。

米心割了腕，是在要进考场的时候。米心的奶奶，闻到血腥味，才发现米心割腕了，她手里正擦着的青花瓷瓶，"啪"的一下，掉地上，碎了。

米心的爸爸回来，坚决要带米心去上海。米心来跟我告别，我看到她的手腕上，卧一条很深刻的伤痕，像青花瓷上的一瓣莲。米心晃着手腕对我笑着说："其实，我不爱他，我爱的，是我自己。"

十八岁的米心，笑得很沧桑。小镇上，街道两边的紫薇花，开得云蒸霞蔚。

从此，再没见过米心，没听到米心的任何消息。我们成了，隔着烟雨的人，永远留在十八岁的记忆里。

不久前，我回我们一起待过的小镇去，原先的老巷道，已拆除得差不多了。早已不见了米心的奶奶，连同她的青花瓷。

黑白世界里的纯情时光

一旁的油菜花，开得噼里啪啦，满世界的流金溢彩。

这是几十年前的旧事了。

那个时候，他二十六七岁，是老街上唯一一家电影院的放映员。也送电影下乡，一辆破旧的自行车，载着放映的全部家当——放映机、喇叭、白幕布、胶片。当他的身影离村庄还隔着老远，眼尖的孩子率先看见了，他们一路欢叫："放电影的来喽——放电影的来喽——"是的，他们称他，放电影的。原先安静如水的村庄，像谁在池心里投了一把石子，一下子水花四溅。很快，他的周围围满了人，男的，女的，老的，少的。一张张脸上，都蓄着笑，满满地朝向他。仿佛他会变魔术，哪里的口袋一经打开，他们的幸福和快乐，全都跑出来了。

她也是盼他来的。村庄偏僻，土地贫瘠。四季的风瘦瘦的，甚至连黄昏，也是瘦瘦的。有什么可盼可等的呢？一场黑白电

230

影，无疑是心头最充盈的欢乐。那个时候，她二十一二岁，村里的一枝花。媒人不停地在她家门前穿梭，却没有她看上的人。

直到遇见他。他干净明亮的脸，与乡下那些黝黑的人，是多么不同。他还有好听的嗓音，如溪水叮咚。白幕布升起来，他对着喇叭调试音响，四野里回荡着他亲切的声音，"观众朋友们，今晚放映故事片《地道战》。"黄昏的金粉，把他的声音染得金光灿烂。她把那声音裹裹好，放在心的深深处。

星光下，黑压压的人群。屏幕上，黑白的人，黑白的景，随着南来北往的风，晃动着。片子翻来覆去就那几部，可村人们看不厌，这个村看了，还要跟到别村去看。一部片子，往往会看上十来遍，看得每句台词都会背了，还意犹未尽地围住他问："什么时候再来呀？"

她也到处跟他后面去看电影，从这个村，到那个村。几十里的坑洼小路走下来，不觉苦。一天夜深，电影散场了，月光如练，她等在月光下。人群渐渐散去，她听见自己的心，敲起了小鼓。终于等来他，他好奇地问："电影结束了，你怎么还不回家？"她什么话也不说，塞他一双绣花鞋垫。鞋垫上有双盛开的并蒂莲，是她一针一线，就着白月光绣的。她转身跑开，听到他在身后追着问："哎，你哪个村的？叫什么名字？"她回头，速速地答："榆树村的，我叫菊香。"

第二天，榆树村的孩子，意外地发现他到了村口。他们欢呼雀跃着一路奔去，"放电影的又来喽！放电影的又来喽！"她正在地里割猪草，听到孩子们的欢呼，整个人过了电似的，呆掉了，只管站着傻傻地笑。他找个借口，让村人领着来找她。田间地头边，他轻轻唤她："菊香。"掏出一方新买的手绢，塞给她。她咬着嘴唇笑，轻轻叫他："卫华。"那是她揣在胸口的名字。其时，满田的油菜花，噼里啪啦开着，如同他们一颗爱的心。整个世界，流金溢彩。

他们偷偷约会过几次。他问她，"为什么喜欢我呢？"她低头浅笑，"我喜欢看你放的电影。"他执了她的手，热切地说："那我放一辈子的电影给你看。"这便是承诺了。她的幸福，像撒落的满天星斗，颗颗都是璀璨。

他被卷入一场政治运动中，是一些天后的事。他的外公在国外。那个年代，只要一沾上国外，命运就要被改写。因外公的牵连，他丢了工作，被押送到一家劳改农场去。他与她，音信隔绝。

她等不来他。到乡下放电影的，已换了他人，是一满脸络腮胡子的中年男人。她好不容易找到机会，拖住那人问，他呢？那人严肃地告诉她，他犯事了，最好离他远点儿。她不信，那么干净明亮的一个人，怎么会犯事呢？她跑去找他，跋涉数百里，也没能见上一面。这个时候，说媒的又上门来，对方是邻村书记的儿子。父母欢喜得很，以为高攀了，赶紧张罗着给她订婚。过些日子，又张罗着结婚，强逼她嫁过去。

新婚前夜，她用一根绳子拴住脖子，被人发现时，胸口只剩一口余气。她的世界，从此一片混沌。她的灵动不再，整天蓬头垢面地，站在村口拍手唱歌。村里的孩子，和着声一齐叫："呆子！呆子！"她不知道恼，反而笑嘻嘻地看着那些孩子，跟着他们一起叫："呆子！呆子！"一派天真。

几年后，他被释放出来，回来找她。村口遇见，她的样子，让他泪落。他唤："菊香。"她傻笑地望着他，继续拍手唱她的歌。她已不认识他了。

他提出要带她走。她的家人满口答应，他们早已厌倦了她。走时，以为她会哭闹的，却没有，她很听话地任他牵着手，离开了生她养她的村庄。

他守着她，再没离开过。她在日子里渐渐白胖，虽还混沌着，但眉梢间，却多了安稳与安详。又几年，电影院改制，他作为老职工，可以争取到一些补贴。但那些补贴他没要，他提出的唯一要求是，放映机归他。谁会稀罕那台老掉牙的放映机呢？他如愿以偿。

他搬回放映机，找回一些老片子，天天放给她看。家里的白水泥墙上，晃动着黑白的人、黑白的景。她安静地看着，眼光渐渐变得柔和。一天，她看着看着，突然喃喃一声："卫华。"他听到了，喜极而泣。这么多年，他等的，就是她一句唤。如当初相遇在田间地头上，她咬着嘴唇笑，轻轻叫："卫华。"一旁的油菜花，开得噼里啪啦，满世界的流金溢彩。

风过林梢

露天舞台，一盏汽油灯悬着，照着她唇红齿白一张粉嫩的脸，她像开得满满的一枝芍药花。

赫奶奶走了。

这消息让我发了好一阵子的呆。我离开赫奶奶所在的那个小镇，十多年了吧。十年的时光，足以让一个人老去。

我认识赫奶奶的时候，她不过五六十岁。又黑又细的眉毛，弯弯的，像用墨线弹过。配了一对黑珍珠似的眼，望向人的时候，水波潋滟着，孩子般的清澈。她个头中等，身材是恰到好处的丰满。走起路来，像踩着一段舒缓有致的曲子，不疾不徐，有着极美的韵致。想她年轻的时候，一定是个美人。

果真是。

年轻时，她是地方文工团里最红的角儿，舞台上的光芒，盖过天上最亮的星。十八九岁，她甩着粉红的绸帕子唱：

风过林梢呀风过林梢，在哪棵树的心底里，留下痕印。我倚门张望呀张望着，郎的身影，何时再经过我门前？

——嗓音清脆甜润，风吹小铃铛般的。露天舞台，一盏汽油灯悬着，照着她唇红齿白一张粉嫩的脸，她像开得满满的一枝芍药花。台下人山人海，脚踩着脚，有时还争吵着要动手，都为要挤到台前去看她。

赫奶奶兴致好的时候，会跟人说一点儿当年事，断断续续的。她嘴角含笑，慢条斯理轻声讲着，讲着讲着，突然顿住，说，不提了，不提了，这些陈年烂谷子，提起要让人笑话的。彼时，赫奶奶在一家单位食堂烧饭。我刚出大学校门不久，分配到那个小镇工作，孤身一人，一日三餐，都在那家单位代伙。见面的次数多了，也就熟稔了。她总是很尊敬地称我丁老师。我脸嫩着，实在不好意思让一个年长者这么叫我，就悄悄跟她商量，赫奶奶，还是叫我名字吧，可好？她却看着我，极认真地说，那哪能呢，不能坏了规矩，你是老师，就是老师。

也认识了她的老伴。大家有时叫他赫爹，多数时候却直呼他，赫老头。

第一次见到赫爹，我很替赫奶奶惋惜，她怎么嫁了这么一个男人！

赫爹长得丑，真丑。瘦弱，矮小，局促狭窄的脸上，布满麻子。偏偏眼睛又小，让你实在分不清，他看你的时候，是睁着眼睛呢，还是闭着眼睛呢。

赫奶奶洞悉我的心思，她瞟一眼在忙碌的赫爹，很平静地解释道，别看我家老头子长得丑，人可好着呢，是这个世上少有的好人。

每天清晨，赫爹必早早来到单位，替赫奶奶生好烧饭的炉子，烧好单位一天要用的开水，熬好粥。并把单位门前的场地，打扫得干干净净。人若问，赫老头，你家赫奶奶呢？他必宠溺地笑，说，她要睡觉的，我让她多睡一会儿。

赫爹的"早市"忙活妥当了，赫奶奶才梳洗一新地姗姗而来。碗筷摆上桌，食堂里，也就陆陆续续坐着吃早饭的人了。赫奶奶也坐在其中，细嚼慢咽地吃早饭。赫爹却仍在忙着，为中午的饭菜做准备，一边等着我们吃好了，他好刷锅洗碗。大家若叫，赫老头，你也过来一起吃早饭啊。他会受宠若惊地笑，连连摆手，不了，不了，你们吃吧，我一会儿回家去吃。

回家吃什么呢？是茶泡饭就咸菜。他一天三顿，从不讲究。但对赫奶奶，却像供着一尊佛似的，零食给预备着，饼干、糖果、瓜子，和应季的水果，从不间断。单位给赫奶奶配了一间休息室，我有时过去玩，赫奶奶会搬出一桌的零食来，招待我。全是我家老头子买的，她说。

他们的家住在小镇附近，有农田好几亩，都是赫爹种着。

赫爹专辟了地，种赫奶奶喜欢吃的瓜果菜蔬。遇到时新的菜蔬，也给单位食堂免费送一些，蚕豆上市了送蚕豆，番茄上市了送番茄。大家吃着鲜活的菜蔬，不免对赫爹说些感谢的话。赫爹就变得异常慌乱，连连摆手，不谢，不谢，自己种的，不值钱的。赫奶奶不无得意地对人说，我家老头子种田可是一把好手，长的蔬菜啊庄稼啊，都比邻居家的要好。

姚爹突然出现了。姚爹长相斯文，衣着整洁，皮肤白皙，身板儿笔直笔直的。乍一见，像浸润在中草药中多年的老中医，仙风仙骨的。

起初我以为他是赫奶奶的亲戚，像赫奶奶那样标致的人，有这样的亲戚，也是不足为怪的。但后来，三天两头会见着他。他来，大家都很客气地叫他姚爹，很熟悉的样子。他蹲在屋檐下，帮赫奶奶择菜，一边跟赫奶奶说着话，轻声慢语的。若是碰上赫爹来，彼此都会很热络地打招呼，一团和气。

也就听人隐约提起，说他是赫奶奶年轻时的相好。

曾同在一个文工团待着，赫奶奶是台柱子，他是管乐器的，拉得一手好二胡。还兼着写剧本、作曲和排戏，是有名的才子。他写一折《风过林梢》的戏，是歌唱婚姻自由的。那时刚解放，宣扬男女平等，恋爱自己做主。这出戏，很合时宜。赫奶奶是主演，很快引起轰动，一天一场地演，有时还要加演。

两个年轻人日日见着，生了情合了意。也未曾有过承诺，未曾有过誓言，但就是很愿意在一起。有时，他们头挨头地，研究台词唱腔。有时，也没什么事，只偶尔说上一两句无关紧要的话，彼此看着，笑笑，也是好的。看见他们的人，都觉得他们很般配，私下里想着，这两个人要是能够结婚，真像云朵配上云朵、花儿配上花儿呢！

赫奶奶的父母，却突然来到文工团，强行把赫奶奶带回家。他们早已把她暗许了姓赫的一户人家，是早年受过赫家恩惠的。一贫如洗的岁月里，他们夫妇领着幼儿逃荒，差点饿死在荒郊野外，是赫家的一升荞麦，救了他们全家性命。赫家当时有子女六个，最小的赫爹，三四岁了，丑丑的一个小孩，拖着两行鼻涕望着他们。赫奶奶的母亲刚好有孕在身，就指着腹中胎儿，对赫家说，他日，若生了姑娘，就给你们家这个老幺做媳妇儿。

赫奶奶从小也是耳闻过的，只不当真。但她的父母却认了真，耳里听到一些风言风语，着了急，就商量着让赫家来带人。赫奶奶哭过、闹过、绝食过，但她母亲的性子比她更强，一把菜刀架在自己的脖子上，对赫奶奶说，姑娘，你这条命，也是赫家给的，你要是让我们做背信弃义的事，我就立刻死在你跟前。

赫奶奶哭哭啼啼地嫁了。赫爹像捡到珍宝似的，小心轻放着。日子久了，赫奶奶委屈的心，渐渐平复。

姚爹在赫奶奶嫁人后，颓废了好长一段时间，他二胡不拉了，剧本不写了，曲子不编了。一年后，他也离开了文工团，到一所偏远的乡村小学，做了名音乐老师。

他与赫奶奶再次相逢，是他被批斗得最为惨烈的时候。因有个舅舅在海外，他成了走资派。又因他是个搞音乐的，说他宣扬靡靡之音，罪名更大。他天天挨批，头发被剃光了，肋骨被打断了，躺在黑屋子里，一心求死。赫奶奶来了，带着她做的糯米点心，那是他爱吃的。见了她，他仿佛在寒冬里，望见了春天的一抹柳枝绿。

他没有再寻死，咬着牙撑一撑，那段岁月，也就过去了。春和景明时，他搬到了赫奶奶所在的这个镇子，与赫奶奶一家，往来频繁。赫奶奶的孩子，都尊称他，姚叔。

却一直未曾婚娶。赫奶奶热心地帮他穿针引线过，他也对一个离异的女同事有过好感，两人相处过一段日子，后来却不了了之。从此，他再不提婚姻之事。他种花养草，写写曲子，拉拉二胡。闲时就跑过来看看赫奶奶，青天白日，光明磊落。小镇人起初对他们还有闲言，但他们的坦然，倒容不得别人再说什么了。大家暗地里都说赫奶奶有福气，两个男人都对她这么死心塌地。

我离开小镇的那年冬天，赫爹突发脑溢血而亡。大家都心照不宣地想，姚爹终于守得云开月明时，这下子，赫奶奶肯定要和他在一起了。赫奶奶的儿孙们，也都有这个意思，极力撮合他们。

赫奶奶却摇头，坚决地说不，她说她不能对不起老头子，他做了一辈子老实人，对她好了一辈子。

赫爹走后，赫奶奶辞去了食堂烧饭的差事，一下子老了许多，老是丢东忘西，记不住事情。姚爹天天去陪她，买了零食带过去，饼干、糖果、瓜子，和应季的水果。赫奶奶吃着零食，吃着吃着，会错把姚爹喊成赫爹。

赫奶奶的葬礼上，姚爹拉了当年的曲子《风过林梢》。这是赫奶奶临终时要求的。姚爹拉着拉着，一滴泪，很亮的，滑落在二胡的弦上。

花样年华

以为已遗忘掉的，却不料，轻轻一触，往昔便如杨絮纷飞，漫山遍野都是。

这个故事，是我七十岁的老父亲讲给我听的。

故事的主人公，是我父亲小学时的同学。他们多年不遇了，某天，这个老同学突然找了来。两个须发皆白的老人，在秋日的黄昏下，执手相看，无语凝噎。岁月的风，呼啦啦吹过去，就是一辈子。

他来，是要跟我父亲讲一个天大的秘密。他怀揣着这个秘密，日夜煎熬。这个秘密，不可以对妻讲，不可以对儿女讲，不可以对亲戚朋友讲。唯一能告诉的，只有我父亲这个老同学了。

我父亲搬出家里唯一一瓶陈年老酒，着我母亲炒了一碟花生米和一碟鸡蛋，他们就着黄昏的影子，一杯一杯饮。夕照的金粉，洒了一桌。我父亲的老同学，缓缓开始了他的叙述。

四十多年前，他还是个身材挺拔的年轻人，额角光滑，眼神熠熠。那时，他在一所中学任代课教师，课上得极有特色，深得学生们热爱。

亦早早结了婚，奉的是父母之命、媒妁之言。女人是邻村的，大字不识一个，性格木讷，但长得腰宽臀肥。父母极中意，认为这样的媳妇干活是一把好手，会生孩子，能旺夫。他是孝子，父母满意，他便满意。

婚后，他与女人交流不多，平常吃住在学校，只周末才回家。回家了，也多半无话。他忙他的，备课，改作业。女人忙女人的，家里鸡鸭猪羊一大堆，田里的庄稼活也多。女人是能干的，把家里家外收拾得妥妥帖帖。他对这样的日子，没有什么可嫌弃的，直到他陷入到一个女学生的爱情中。

女学生是别班的，十九岁，个子高挑，性格活泼，能歌善舞。学校元旦文艺演出，他和她分别是男女主持。她伶俐的口才、洒脱的台风，让他印象深刻。他翩翩的风采、磁性的嗓音，让她着迷。那之后，他们渐渐走近了。说不清是什么感觉，见到她，他是欢喜的，仿佛暮色苍苍之中，一轮明月突然升起，把心头照得华美透亮。她更是欢喜的，看见他，一个世界都是金光闪闪的。她悄悄给他织围巾和手套，从家里做了雪菜烧小鱼带给他。课余时间，他们一起畅谈古今中外名著，一起弹琴唱歌。花样年华，周遭的每一寸空气，都是香甜的。

他们爱了。在女学生毕业的时候，他犹豫再三，回去跟女人提出离婚。女人低头切猪草，静静听，一句话也没说。却在他回学校之后，用一根绳子结果了自己的性命。

晴天里一声霹雳，就这样轰隆隆炸下来，他的生活，从此无法复原。女学生悄然远走，像一粒尘，掉进沙砾中，转瞬间消失得无影无踪。他背负着"陈世美"的骂名，默默独自生活了十年后，才又重新娶妻。妻是外乡人，忠厚老实，不介意他的过往。就冲着这一点，他对妻是终身感激的。

很快，他有了儿子。隔两年，又有了女儿。儿子渐渐大了。女儿渐渐大了。小家屋檐下，他勤勤恳恳生活着。年轻时那场痛彻心扉的爱情，早已模糊成一团烟雾。偶尔飘过来，他会怔上一怔，像想别人的事。那个女学生的面容，他亦记不起了。

他做梦也没想过他们会重逢。当年，她与他分手时，已怀上他的孩子，她没告诉他。一个人远走他乡，生下儿子。因心里念着他，她一直没结婚，历尽千辛万苦，独自抚养大了儿子。儿子很争气，一路读书读到博士，漂洋过海去了美国创业，自己开一家公司，生意做得如火如荼。

她把一切对儿子和盘托出，携了儿子来寻他。老街上，竟与在购物的他不期而遇。隔着人群，她一眼认出他，走到他跟前，颤抖着问，你认得我吗？他傻愣愣地看着眼前这个华贵的妇人，摇摇头。

她的泪，落下来，纷乱如雨。她只说一句，你还记得当年的那个女学生吗？再说不出第二句话来。他只听到哪里"啪啦"一声，记忆哗啦啦倾倒下来，瞬息间把他淹没。以为已遗忘掉的，却不料，轻轻一触，往昔便如杨絮纷飞，漫山遍野都是。

她说，等了一辈子，只求晚年能够在一起，哪怕不要名分，就砌一幢房，傍着他住，日日看见，便是心安。或者，他们一起去美国，和儿子在一起。他的心被铰成一块一块，他多想说，好，我不会再让你等了。却不能。他有妻在家，他不能丢下。

她怅然离去。离去后不久，美国的儿子来电，说她走了。来见他时，她已身患绝症。死前绝食，说生的无趣。却一再关照儿子，要每月记得给他寄钱用。

他躲到没人处，痛哭一场，曾经的花样年华，都当是一场梦。回家，妻端水上前，惊问，你的眼睛怎么红了？他答非所问，环顾左右，说，饭熟了吧？我们吃饭吧。

你在，世界就在

你要一直一直好好的啊。因为你在，他的世界就在。

乡间的土路，有些坑坑洼洼。偶有车路过，扬起一地的尘。路两边，不时可见梧桐树，顶着一头紫色的花。农田里，一片繁茂。油菜花还在一心一意开着。麦子快灌浆了。

这是丰县的乡下，一个叫首羡的小镇。村庄低矮，房子三三两两，挤在一块儿，平房占大多数，红瓦盖顶，相互偎依。从一条巷道进去，野草野花，在两旁的院墙边茂密。人家的草垛子上，竟也趴着开好的小野花，撑着黄艳艳的小脸蛋，笑盈盈的。

不见多少人，青壮年都外出打工去了，村庄静悄悄的。几个妇人，在自家院落里洗洗涮涮，一些碧绿的菜蔬晾在砖堆上。想来是大葱吧。这里，家家都长大葱的，是家庭收入很大的一笔。

外人来，狗最先发现。家家都有狗，叫得兴奋。里面一声断喝，那狗委屈地"呜呜"两声，自觉没趣，摇摇尾巴，退一边去了。院门口探出头来，端着一张朴实憨厚的脸，冲着你，很不好意思地笑着，仿佛不是你惊扰了他，而是他惊扰了你。

孙厚民就是这样笑着迎出门来的。

初见他，我有点惊讶。是惊讶他脸上的那种淡定和平和。怎么会呢？来之前，我是做好心理准备，准备看一张饱经沧桑的脸的。二十多年来，它被岁月的苦难泡着，被不幸日日纠缠着，怎么说，也该是黯淡的辛苦色，苍老着，愁怨着。我甚至想好一些话来安慰，诸如，一切都会好起来的，活着就是最大的好之类的。

他伸手来握，手很有力。他笑着把我们往院子里让，嘴里说着，请家里坐，家里坐。

小院子不见特别，是乡下那种常见的小院落。泥地清扫得很干净，院子里有树，有花，有菜蔬，还有狗。他的女人"坐"在屋子前晒太阳。前阵子刚下过雨，现在出太阳了，他就抱她出来晒晒太阳。

女人短发，黑里面隐约有了点点的白。也快五十的人了。太阳光碎碎地铺在她脸上，小鱼般地跳跃着，一起跳跃着的，还有她的笑。那笑，很暖，很干净。女人的穿着亦是整齐干净的，若不是她像摆放的家什般的，"坐"那里一动不动，我还真不拿她当病人。她笑着说，坐啊，坐啊，你们请家里坐啊。说时也只嘴在动，她整个的身子，除了头能左右稍稍转动外，别的，都像被螺丝钉给固定住了。

两间小屋，算是正屋。家具简陋，桌椅和床铺，外加一张破旧的沙发。小屋的墙上，糊满年画，和孩子念书时得的奖状，花花绿绿着。孩子也只念完初中，就外出打工去了。我家这个样子，他哪能再念书呢，没钱供呢。孩子也懂事，不想念了的，孙厚民说。愧疚和心疼，让这个男人，第一次收敛起笑容，现出难过的样子。

吃饭的碗里盛着白开水，他拿这个招待我们。你们喝水呀，喝水呀。——他有些羞赧。女人替他把话说了，女人说，到我们家都没好东西招待你们。

二十多年里，他们没添过一件新衣，没添过一件新家具。家里的吃喝全系在几分地上，种点粮食，种点葱，种点蒜。——他也只能间或去地里转转。离开女人的时间，绝对不能长，女人实在保护不了自己。连家里养的羊都可以欺负她，拿她的手指当奶嘴啃，啃得血淋淋的。她疼，却动弹不了，只能任由小羊啃。

说起这个，孙厚民心疼得眉头紧皱，再不敢离她左右。世界就剩下小院落那么大，就剩下她。每隔两小时，他要帮她改变一下姿势，不然她会生疮的。冬天要抱她出来晒太阳，夏天要替她把扇子。一日三餐，餐餐要喂。自她患病后，他从未睡过一个整夜觉，每隔两小时就会醒过来，像上了发条的闹钟，多年来已成习惯了。

苦吗？这么问他时，他低头，只是笑。——若说不苦，还真有点假。半夜三更，他也曾泪洒枕头。可有什么办法呢？老天爷给他设了这么大一道坎，他也只能尽力迈过去。——还是庆幸了，这算不上最坏的结局，毕竟人还在。她在，世界就在。

说起从前的相识相知，他笑，她也笑。那是映在他们心头的明艳，照耀着他们一路前行。二十多年前，他高中毕业，学得电焊手艺，人又生得挺拔俊朗，是乡下后生里很出色的一个了。她也不差，姑娘里头的一枝花，人又勤快。媒人牵头，他们只一照面，就都入了彼此的眼，很快喜结连理。日子虽清苦，但两个年轻人的憧憬很丰满，他在外打工赚钱，她在家侍弄庄稼鸡羊，不愁不富起来。到时盖幢漂亮的房子，养个胖胖的娃，多美好啊！

这年年底，娃也真的来了。伴随着娃来的，却是女人的全身疼痛和瘫痪。他倾家荡产，还借了不少外债，带她走南闯北去看医生。什么民间偏方都试过。还曾学会打针，给她一打，就是三年。然最终医学上却给她判了无期，这种十几万分之一的颈肌萎缩症，至今尚无方子可寻。

认命吧。——孙厚民认了。那时他多年轻哪，才三十岁不到，狠狠心，一出门不回头，这苦难也就避开去了，他可以重辟他的好天地。可是，良心不安哪，一日夫妻百日恩啊，她已经是他的亲人了，他不能撒手不管。

248

这一管，就交出了一辈子。

问他，这是爱情的力量吗？这个朴实的汉子笑着连连摆手，谈不上，谈不上，只要看到她好好地在着呢，就觉得很好了。

女人跟着笑。他们都羞谈爱情。女人说，哎呀，我总是做着那样的梦，梦见我能跑能跳了。——她多想报答他，换了她来伺候他。

他把她从太阳底下抱回来，放到沙发上，给她搁好手脚，垫好靠背、枕头，打趣她，你还想跑哪里去啊。

看着他们，我眼睛微湿。我很想对他表达一下我的感动，想对他说伟大啊崇高啊什么的。结果，我什么也没说。我只是伸手抚抚女人的头，在心里默默祝福了她，你要一直一直好好的啊。因为你在，他的世界就在。

第七辑
当华美的叶片落尽

当华美的叶片落尽，生命
的脉络才历历可见。

向着美好奔跑

生活或许是困苦的、艰涩的，但心，仍然可以向着美好跑去。

阳光的影子，拓印在窗帘上，似抽象画。鸟的叫声，没在那些影子里。有的叫得短促，唧唧、唧唧，像婴儿的梦呓。有的叫得张扬，喈喈、喈喈，如吹号手在吹号子。

我忍不住跑过去看。窗台上的鸟，"轰"的一声飞走，落到旁边人家的屋顶上，叽叽喳喳。独有一只鸟，并不理睬左右的声响，兀自站在一棵矮小的银杏树上，对着天空，旁若无人地拉长音调，唱它的歌。一会儿轻柔，一会儿高亢，自娱自乐得不行。

鸟也有鸟的快乐，如人。各各安好。

也便看到了隔壁小屋的那个男人，他正站在银杏树旁。——我不怎么看得见他。大多数时候，他小屋的门，都落着锁，阒然无声。

搬来小区的最初，我很好奇于这幢小屋，它的前面是别墅，它的后面是别墅，它的左面是别墅，它的右面还是别墅。这幢三间平房的小屋，淹没在别墅群里，活像小矮人进了巨人国。

也极破旧。墙上刷的白石灰已斑驳得很，一块一块，裸露出里面灰色的墙面。远望去，像一堆空洞的眼睛，又像一堆张开的喑哑的嘴。屋顶上，绿苔与野草纠缠。有一棵野草长得特别茂盛，茎叶青绿，在那里盘踞了好几年的样子。有时，黑夜里望过去，我老疑心那是一只大鸟，蹲在那儿。孤单着，独自犹疑着，不知飞往何处去。他的小屋，没有灯光。

隐约听小区人讲过，他的父母先后患重病去世，欠下巨额债务，家里能变卖的东西，都变卖了。妻子耐不住清贫，跟他离了婚，并带走他们唯一的女儿。他成天在外打工，积攒着每一分钱，想尽早还清债务，接回女儿。

他的小屋旁，有巴掌大一块地，他不在的日子，里面长满野藤野草。现在，他不知从哪儿弄来一把锄头和铁锹，一上午都在那块地里忙碌，直到把那块地平整得如一张女人洗净的脸，散发出清洁的光。

他后来在那上面布种子，用竹子搭架子。是长黄瓜还是丝瓜还是扁豆？这样的猜想，让我欢喜。无论哪一种，我知道，不久之后，都将有满架的花，在清风里笑微微。那我将很有福气了，日日有满架的花可赏，且免费的。多好。

男人做完这一切，拍拍双手，把沾在手上的泥土拍落。太

254

阳升高了，照得他额上的汗珠粒粒闪光。他搭的架子，一格一格，在他跟前，如听话的孩子，整齐地排列着，仿佛就听到种子破土的声音。男人退后几步，欣赏。再跨前两步，欣赏。那是他的杰作，他为之得意，脸上渐渐浮上笑来。那笑，漫开去，漫开去，融入阳光里。最后，分不清哪是他的笑，哪是阳光了。

生活或许是困苦的、艰涩的，但心，仍然可以向着美好跑去。如这个男人，在困厄中，整出了一地的希望。——一粒种子，就是一蓬的花、一蓬的果、一蓬的幸福和美好。

当华美的叶片落尽

当华美的叶片落尽,生命的脉络才历历可见。

今冬南方的第一场雪,来得毫无预兆,突如其来。

之前,也不过是稍稍落了点雨,刮了点风,降了点温。人们在羊毛衫外面,套件厚外套,也就能抵御这样的冷了。——真正的冬天,尚隔着一段距离。

谁知,就下雪了呢!

真正叫人一点准备也没有。情绪根本来不及调动,就那么瞠目结舌地看着雪,迅速地落下,落在同样手足无措的房屋和树木顶上,敷一层薄薄的白。

这场雪,来得快,去得也快,前后只持续了两三个小时。待你反应过来,想再好好看看它,它早已消失殆尽。眼前的房屋还是那样的房屋,树木还是那样的树木,人还是那样的人,一切似乎未曾改变。可是,却因这一场雪,心情到底有些不一样了，愕然、惊喜、惆怅、伤感、追忆、怀念……诸般滋味，混杂在一起，也不大说得清了。

生命中，总有些什么，是这么的突如其来。

就像，它的突然别离。

也还记得，与远在河北的它，初次相遇。那时，我还年轻着，写着一些小文字，也只写给自己看。偶尔的，会投稿，只投给本省的《扬子晚报》副刊。一天，一位文学上的前辈指点我，说我的文字，很适合它的随笔版。

我于是专门去了一趟图书馆，"拜访"它。其时，它像个憨厚的乡下少年，蹲在一堆花花绿绿的报刊中，不炫目，不耀眼，却眉眼干净，叫人顿生好感。从此，与它结缘。

那会儿，稿子还都是靠手写。每次给它投稿，我都是一笔一画，认真地在稿纸上誊清。然后，跑去邮局，伏在邮局高高的柜台上，在信封上郑重地写下它的名字和地址。因它在，河北石家庄那个地方，与我，不再陌生。从它那里吹过来的风，都是带着好意的。

很自然的，与它的责编李晓娜，也就相识了，并成了神交。我们间或有书信邮件往来，简短的一些问候，她说她的石家庄，我说我的江苏。话也无须多，彼此的心意，都懂的。我们想象着对方所在的地方，想象着对方走着什么样的路、看着怎样的天空。我们中间隔着的山山水水，也似乎都变得有情有义起来。

我从没想过，有一天，它会突如其来地转身、远走，再不相见。

　　我的情绪，一度被它的突然别离，染上悲伤色了。没有别的法子可解，在下过第一场雪的静夜里，我读诗。读到聂鲁达的，他也在说别离：

　　　　在双唇与声音之间的某些事物逝去

　　　　鸟的双翼的某些事物，痛苦与遗忘的某些事物

　　　　如同网无法握住水一样

　　　　当华美的叶片落尽

　　　　生命的脉络才历历可见

　　生命中的逝去和别离，原是生命的常态。这世上，水在流，云在走，哪有什么会一直待在原地等你。花开有度，聚散有时。也许，我们都该庆幸，在生命中遇到彼此，相互取过暖，相互照亮过，我们的生命，才变得脉络分明。

　　人生原不必过分贪求一生，能够共走一程，已是天大的缘分，足以值得感激的了。

灵魂在高处

尽管我们有时身处劣势，但灵魂仍可以向着高处奔去，活出属于我们自己的庄严和优雅。

每逢逛超市，我总要先奔着一叠碟子去，看看货架上有没有上新款，看看有没有我一见倾心的。

我站在一叠碟子跟前，像突然间闯入一座大花园的蝴蝶。满园的花开灼灼，这朵丰腴，那朵明艳，再一朵巧笑嫣然，可怜的蝴蝶，彻彻底底被快乐冲昏了头，不知先落在哪一朵上才好。

这么多的碟子，这么的多！千娇百媚，风情万种。每一次，我都要自己跟自己做斗争，不买了吧，不买了吧，家里的柜子里，实在装太多了。但最终，我都不能把持住自己，管不住的，没用的。我像个沉溺于爱情中的小女孩，但凡有一点点关于他不好的话，是半句也听不进去的。不单单听不进去，还偏要拗着来。你们不肯我跟他好？我偏要跟他好，天崩地陷刀山火海，我都愿意。他醒着是好，睡着是好，坐着是好，站着是好，即便坏起来，也还是好，全世界，只他一个好。

是啊，只有它，独一无二。亲爱的碟子，我的爱！我要带它回家。

我如愿以偿。

我找洁净的布，把碟子擦洗得干干净净。我在里面装上我爱的小吃，葡萄、大枣，或是饼干、蛋糕。我坐在桌边，看一眼书，看一眼它。碟子真像是盛开在桌上的花朵啊，甜美，可人。装在里面的寻常小吃，也跟着变得灵动起来，都长着一对丹凤眼似的，冲我含情脉脉。简朴的日子，因了一只碟子，竟华丽丽得很了。一同华丽起来的，还有我的心。我觉得，没有比这更好的日子了。

很自然的，我又想到我的祖母。过去年代，大家都穷，我们家孩子多，尤其穷。一日三餐，简陋得不能再简陋，天天喝着稀稀的山芋粥，喝得人没了精神。祖母隔三岔五的，便变着花样，做点美食安慰我们，炸山芋条，或煎山芋饼。山芋条和山芋饼，都拿漂亮的碟子装了。那几只碟子，是青花瓷的，上面盘着靛蓝的花。花瓣儿瘦瘦的、长长的，是恨不得伸到碟子外头来的。那是祖母当年的陪嫁。祖母一直小心收藏着，过些日子，就让它们出来派派用场。这时候，我们就变得欢乐无比，吃着用碟子装着的普通食物，生活有了不一样的滋味。那是苦寒里的暖、长夜里的光。

　　就像我在一摆水果摊卖水果的女人唇上，看到一抹红。那显然是精心涂上去的口红，在她粗糙的脸上，那么耀眼闪烁。周围的混杂和乱哄哄，也湮没不了那种美丽。它让我每想起一回，就感动一回。尽管我们有时身处劣势，但灵魂仍可以向着高处奔去，活出属于我们自己的庄严和优雅。

贺卡里的宛转流年

时光是只橹摇的船，咿咿呀呀的，这边还没在意，它已摇过一片水域去了。

第一张贺卡，是送给我的语文老师的。

那时，我在乡下中学读初中，语文老师是新分配来的大学生，说一口流利的普通话，弹一手好钢琴，朗诵的声音像电台播音员，他很快赢得了我们所有学生的喜欢。新年了，我很想送他一件特别的礼物，然乡下孩子，穷，有什么可送的呢？刚好我的一个同学在城里的舅舅，给我的同学寄来一张贺卡。那是我第一次见到贺卡，浅白的底子上，飘着一盏盏红灯笼，真别致啊。

当时，贺卡只在城里有，乡下没得买。我挖空心思说服父亲陪我进城，手里紧紧攥着平时积攒下来的碎币。城里的五光十色是来不及看的，一头奔了贺卡去，细细挑，慢慢选。最后选中一张，画面上，一个小女孩半蹲着，在吹蒲公英，她身后的草地，碧绿青翠，一望无际。我只觉得美，只觉得它很配我的老师。回家，我在上面工工整整地写下一行字："敬爱的老师，喜欢您！祝您新年快乐！"想了想，最终没署名。想我的老师到现在，也不知道是谁送他那张贺卡的吧。年少时喜欢一个人，很圣洁，把他当作心中的神。

高中时，有同学在一张贺卡上写了一阕词："谁翻乐府凄凉曲，风也萧萧，雨也萧萧，瘦尽灯花又一宵。"只看一眼，心肺便被贯穿，我后来才知那是纳兰性德的词。同学把这张贺卡当作新年礼物送我，他说："不久的将来，我们都老了。"我听了，心里划过一道深深的波，每滴每滴，都是疼痛的惆怅，一瞬间，仿佛老了去。现在回头看，有的，只是微笑与感动。青春无敌，哪怕是忧伤，哪怕是疼痛。

读大学时，我曾寄过贺卡给我的父亲。在贺卡上，我很是郑重地写下"父亲大人"这几个字。贺卡飞到我在的那个小村庄，引起不小的轰动。乡人们哪见过这个呀，且称自己的父亲为父亲大人。我父亲从村部取回贺卡，一路之上，不断有人索要了看，他们一脸羡慕地对我父亲说："你家丫头出息了。"这让我的父亲非常得意，那张贺卡，父亲一直收藏着。我现在每次回家，他都要说起，脸上的表情很沉醉很生动。这让我很怀念那时的自己，那么单纯懵懂地对待这个世界，一往无前。

时光是只摇橹的船，咿咿呀呀的，这边还没在意，它已摇过一片水域去了。很快，我大学毕业了，工作了。头几年，真是热闹，同学之间书信往来不断，过年时，贺卡更是少不了的，我会收到一堆，也会寄出一堆。去买贺卡，慎重得不得了，一定挑了晴天丽日去，一家店一家店去淘，一张一张地精挑细选，在脑子里回想同学的模样，和他们的糗事，一个人，偷偷笑。

贺卡买回来，先自个儿欣赏了。然后净手，开写。在夜晚，在灯下，是最好的。那时，一个天地都是宁静的，思绪可以放牧得很远。白天就在脑中构思好的一些话，掏出来，左斟酌、右思量，这才在贺卡上写下。贺卡寄出了，一颗心，也随之放飞了，那种喜悦与真诚的祝福，无与伦比。

后来，成家了，渐渐被红尘俗事淹没，再没了那颗欢愉和跳跃的心。同学之间的联系，越来越稀疏，直至无。

也会在新年里，收到贺卡，是我的学生或读者寄来的。贺卡一律的喜气洋洋、花团锦簇，大好的年华，开在上面。我对着它们看，心中轻轻淌过一条岁月的河。谁还在贺卡里巧笑倩兮？一地落叶黄，宛转流年，流年宛转。

牛皮纸包着的月饼

我们的心，开始生了翅膀，朝着一个日子飞翔。

朋友去北京，给我带回两盒包装精美的月饼。红漆木盒装着，华丽、雍容。

揭开盒盖，不多的几只月饼，躺在质地柔软的丝绒上，是皇家女儿，金枝玉叶着。

洗净了手，和家人带着虔诚的心，切了一只月饼来尝。为此，我还特地拿出宝贝样收藏着的印花水晶盘，把月饼摆成菊的模样。一家人欢欢喜喜拿了吃，鱼翅做的馅，味道怪异，家人都只吃了一口，就放下了。我坚持吃两块，但终究，也受不了那份怪异。余下的，狠狠心，丢进垃圾筒。丢的时候，我祖母似的念叨，作孽啊作孽啊。

便格外怀念起小时的月饼来。是些小作坊做的，用桂花或松仁做馅，外面的面粉，层层起酥，洇着金黄的油。看着就让人垂涎欲滴。

在中秋前一个星期，村部的唯一一家小商店，就把月饼买回来了。散装的，搁在一个大缸里。我们放学时从商店门口过，可以闻得见空气里的月饼味，香甜香甜的，很浓。探头去看，总看到面皮白白的店主，在用牛皮纸包装月饼，五个一包，十个一包。他动作舒缓，在那时的我们眼里，那动作无疑是美的，充满甜蜜的味道。我们的心，开始生了翅膀，朝着一个日子飞翔。

终于等到中秋这一天了。起早祖父就答应了的，晚上，每人可以分到一个月饼。那一天，我们再没了心思做其他的事，只盼着月亮快快升起来。等月亮真的升起来了，我们不赏月，眼睛都聚到门口的小路上。祖父出现了，手里提着用牛皮纸包着的月饼，隔了老远，我们都能闻到月饼的味道。兄妹几个，跑过去迎接，在他身边跳。祖父说，小店里挤满了人，好不容易才买到月饼。语气里有得意，仿佛他做了一件很了不得的事。

煤油灯下，祖父小心地揭开一层一层的牛皮纸，我们得到了向往中的月饼，用小手托着，日子幸福得能滴出蜜来。母亲在一边教育我们，好东西要留着慢慢吃。于是我们把月饼分成一点一点的碎屑，舔着吃。总能把一个月饼吃到第二天，甚至第三天。

大人们也一人一个月饼，但他们多半舍不得吃，藏着，只等我们嘴馋了时，分了去吃。但生活的琐碎和忙碌，会让他们忘掉藏月饼这件事。我祖母有一次藏了一个月饼，等她记起时，月饼上面已长了很长的毛了，不得不扔掉，一家人为此痛心了好多天。

　　祖母也曾把月饼分送给邻家两个孩子，那两个孩子跟着寡母过活，自是没钱买月饼。中秋时，别人家欢歌笑语，他们家却冷冷清清的。祖母说，可怜啊。遂踮着小脚，给他们送了月饼去。回家来安慰我们，让别人吃掉，比自己吃掉好。那时年幼，不明白这句话，现在想想，祖母说的是帮人的快乐啊。如今那两个孩子早已长大，都出息了，一个在南京，一个在杭州。我祖母在世的时候，他们每年回来，都会去看看她。他们说，忘不了小时候用牛皮纸包着的月饼。

感恩的心

原来，这世上，有一种感恩，叫好好活着。

那是微雨的八月天，我从天目湖归来。一车的人，倦倦的，不是去时的兴致了。去时都带着满头满脑的新鲜，那时，天目湖还是未相识。归来时，已是旧相知了。

车上的电台里，不停地放着歌。有我会唱的，也有不会唱的，也便可有可无地听着。窗外的雨，细细的。我看着窗外，思绪陷入一方空白里。是万紫千红开遍后的那种空白，苍茫、辽阔，热闹散尽。有安稳的静。

换歌了。苍郁的女声。凝重的旋律。铺天盖地而来，无法抵御。仿佛云端里突然落下一场雪，白而厚的。又好似，一场秋风瑟瑟后，茅屋里，有炭炉燃着，红红的火星子，在扑扑跳跃。心，刹那间被一种巨大掩埋。这种巨大是什么呢？是雪的白，是炭火的红，是母亲烙的玉米饼的热，是久违朋友遥遥的一声问候：你好吗？

我好吗？——我，很好的。这样答着，就有感动的泪，欲流下。这世上，因关爱而生暖，因暖而生感激，因感激而生感恩，这才有了生生不息的美好和存在。

急急地探寻这首歌的歌名，用心记下，竟是一首《感恩的心》。回家，不及整顿旅途的劳累，就上网搜索了这歌，一遍一遍地播放。"我来自偶然，像一颗尘土，有谁看出我的脆弱？我来自何方，我情归何处，谁在下一刻呼唤我……"曲调温婉、凄美，却又透出一股子的力量，是绵软的蒲丝里，藏了坚韧。

歌里的故事，让人唏嘘：

天生失语的小女孩，与年轻的妈妈相依为命。年轻的妈妈每天辛苦地外出找工作，回家时，总会给她捎上一块绵软的年糕，那是小女孩最爱吃的。这块小小的年糕，成了小女孩一天中最快乐的等待。

一个大雨天，出了门的妈妈，却再也没回来。小女孩等啊等啊，盼啊盼啊，雨越下越大，夜越来越深，妈妈还是没有回来。小女孩就沿着妈妈外出的路，去找。半路上，她发现妈妈躺在路边。她以为妈妈睡着了。她把妈妈的头，抱起来，枕到自己的腿上，想让妈妈睡得舒服一点。但她忽然看到，妈妈的眼睛，是睁着的，一动不动。她意识到，她亲爱的妈妈，可能已经死了。她使劲拉着妈妈的手摇晃，试图唤醒妈妈，却不能够。妈妈的手里，还紧紧攥着一块她爱吃的年糕。

小女孩哭了很久很久。她知道，妈妈走了，这世上，只剩她一个人了，她要勇敢起来，让妈妈放心。于是，小女孩站起来，站在妈妈跟前，用手语，一遍一遍告诉妈妈："感恩的心，感谢有你，伴我一生，让我有勇气做我自己……感恩的心，感谢命运，花开花落，我一样会珍惜……"泪水和雨水混合在一起，从小女孩小小的却写满坚强的脸上滑过，她就这样站在雨中，不停地"说"着"说"着，直到妈妈安详地闭上眼睛。

　　这世上，有一种感恩，叫好好活着。你给了我生命，给了我阳光雨露，而我，能给你什么呢？在我要给你的时候，或许你已悄然离去，我唯有，好好活着。

　　有时，勇敢而坚强地活着，就是对爱你的人，最大的报答。

留　香

有客来，她微笑着招待，不言不语，却在举手投足间，给人以微风轻拂湖面的感觉。

知道一种叫留香的米糕，缘于我的一个学生。学生到我这里来上写作课，每周一次，在周日下午。

周日这天，午饭的饭碗一搁，我的学生就从家里出发了。她手上抱一个纸袋，里面放着笔和纸，慢慢走，一边走，一边四处闲看。她要穿过两条巷道，一条颇现代，两旁开着这个吧那个吧，大白天也是彩灯灼灼的。一条却很古旧，像洗旧的蓝衫子，两边少有楼房，都是过去的老式平房，大门朝着街道开着。一些人家因地制宜，开起小店，卖些花花草草，做些小吃食。祖传秘方的小吃，大抵都藏在这条巷道里。

我那个学生顶喜欢从那条古旧的巷道过。她每次来，都兴奋地跟我说："老师，从那里走真享受啊，鼻子里闻到的，都是香哩，花草的香，食物的香。"

高三学生，学业过重，像载重的骆驼似的，平日里少有机会放松。她借着学写作的名头，到我这里来，其实，也就是给自己偷得半天闲。我很高兴给她提供了这样的机会。常常我们不谈写作，一人一把椅子，搬去阳台上，对坐着，聊些好像与写作无关的话题。比如，在那条古旧的巷道里，她会遇到哪些好玩的人。

说起这个，我的学生健谈得不得了。她会一一向我介绍，卖花的，卖烧饼的，做鱼汤面的，卖馒头的。有个卖水果的老头，整天唱喏般地招徕顾客，"又大又红的枣子哟，不甜不要钱咪。"隔天换成："又大又香的香蕉哟，不香不要钱咪。"我的学生学着老头的腔调，笑得不行。

生活是庸常的，却也是有趣的，这正是生活的迷人之处。我也跟着笑，鼓励她把这些写下来。某天，我的学生一见到我，就迫不及待告诉我："老师，那里新开了一家米糕店，叫留香。名字好好听啊，糕也好好吃耶。"

"你吃过？"我对美食，向来难抵诱惑。

"嗯，好吃极了。老师，下次来我带给你吃。"我的学生大方地承诺。她突然笑起来，不可抑制的。我说笑什么呢？她说："老师，那个做糕的女的，长得很像你。"

这不单单让我觉得有趣，更好奇了，是恨不得立刻奔过去看一看。我很想知道，能取出"留香"这个诗意绵长名字的女子，是不是真的跟我很相像。改天，没等我的学生带糕给我吃，我就寻了去。不大的门面，整洁着，上书"留香"两字。大门两侧，各在墙上吊一盆绿萝，绿的茎蔓，长长垂挂下来。进门去，藤桌藤椅，玄米茶在杯子里浅淡着，客人可随取随喝。这不像是米糕店，倒像是喝咖啡的。清新雅致的风格，很让我喜欢。

也终于见着做米糕的女子。初见她，我暗自笑了，我的学生太高抬我了，这个女子比我要年轻得多，漂亮得多。她看上去不过二十五六岁，有着一张蜜桃似的脸。一件简单的粉色卫衣套着，清秀干净。有客来，她微笑着招待，不言不语，却在举手投足间，给人以微风轻拂湖面的感觉。

客多。只一会儿，她的几大蒸笼米糕就见了底。我在边上，好不容易"抢"到两只，顾不得烫，咬一口，暄软香甜，真真是好吃。跟她讲："你怎么会做出这么好吃的米糕呢？"她也只是微笑，不说话，笑得天晴日暖。

再去，意外得知，她原来，竟是个失聪的。四岁那年，一场高烧，导致她再也听不见了。父亲因她的失聪，最后和她母亲离了婚。成长的路上，她遍尝艰辛，失望过，甚至绝望过。所幸后来遇到一卖米糕的老人，传她手艺，她便自己开了这个小店，取名留香，是为感激老人，要留住这生命的芬芳。

把她的故事说给我的学生听。我的学生动容，半晌没言语。这年高考，我的学生语文得了高分，被一所很不错的高校录取了。据她说，写作文时，她写了这个做米糕的女子。

风居住的街道

人的一生中，走不丢的，唯有青春年少。

《风居住的街道》是由日本钢琴家矶村由纪子，和二胡演奏家坂下正夫共同演绎的一首曲子。整首曲子以钢琴作底子，二胡跳跃其上。它们似一对恋人，在音符之上，互诉衷肠。钢琴轻轻呢喃，如梦似幻；二胡热烈唱和，高山流水。二者完美地交融在一起，两两相望，地老天荒。

每隔一段日子不听，我会很想它，直至重新找了它来听，一颗心，才安定下来。这很像一个人嗜上某种美味，一些日子不吃，就想得心慌。我以为，美味慰藉味蕾，好的音乐，则慰藉灵魂。

第一次听它，是在办公室，一女孩的手机铃声设的它。那日，我在办公室里，正给桌上的一盆蟹爪兰浇水，女孩的手机突然响起来，这首曲子，一下子冒冒失失地撞进我的耳里来。

我当即愣住，持水杯的手，停在半空中。我仿佛闻到老家的气息：村庄。田野。烟雨朦胧。小家屋檐下，雨滴在唱歌。滴答，滴答，滑落在搁在檐下的一只瓮上，滑落在长在檐下的一丛大丽花上。邻家少年撑伞而过，布衣青衫，笑容浅淡。五月的槐花，将空气染得蜜甜蜜甜的。

　　是暗暗喜欢着的。大人们之间开过这样的玩笑，让你家的梅丫头做我家的媳妇吧。母亲笑答一声，好啊。我在一边听着，信以为真。再遇到少年，眼神刚刚碰触到，我便羞涩地跑开了。风吹着少年的头发和衣衫，他的样子真好看。少年后来去了南方，我也离开家乡。经年后，再想起，少年的模样，已不记得了，然风吹过的年少时光，却成了岁月里，最柔软的温暖。

　　问那个女孩，这是首什么曲子？

　　女孩告诉我，它有个好听的名字，叫《风居住的街道》。女孩说，初听时，想哭。结果，真的痛哭了一场。

　　理解她。谁的往昔里，没有一个风居住的街道？她亦有。当年，她与他坐前后桌，在一个教室读书。窗外的桐花，一树一树地开。他在一张小纸条上写：喜欢我吗？我很喜欢你！她回他一个笑脸，算作默认。扭头望向窗外，风从街道那边吹过来，青春年少，花影飘摇。

　　我记住了乐曲名，回家开了电脑搜索。我下载了它，一遍一遍听。钢琴和二胡，交相辉映。风到底吹过谁的街道？城南旧事，纷至沓来。

　　我想起一个老先生。老先生八十岁了，在他生日那天，他执意要去一个小镇看看。孩提时，他曾从家里坐船，越过宽阔的水域，到达那个小镇去上学。六七十年过去了，他越来越想念当年的街道，路上铺着碎砖，银杏树东边一棵、西边一棵。他有个同学，绰号叫癞子，因为那个同学头上生很多癞疮。癞子跟他最要好，把母亲烙的玉米饼，偷拿出来，带给他吃。和他一起爬上银杏树，坐在树上，垂下双腿，在空中摇晃。

　　老先生如愿到达那个小镇。当年的小镇，已彻底变了模样。老先生寻不到他的学校，寻不到他的街道，寻不到他的银杏树。却一遍一遍告诉身边的人，这里，曾是一座山墙，我和癞子在上面画过画。这里，就是当年长银杏树的地方，我和癞子曾坐在上面学过鸟叫……往昔对他来说，隔得遥远，却从不曾走丢。

　　人的一生中，走不丢的，唯有青春年少。

一窗清响

只要你心怀希望，一盆的葱绿，很快会让它重新变得生机起来蓬勃起来。

闲时，读杨万里的诗，读到一句"芭蕉分绿上窗纱"，我很是喜欢。季节是初夏吧，小门小户的人家，不金碧，亦不辉煌。可是院子里，却栽种着数棵绿芭蕉。是男主人栽的，还是女主人栽的？无论是他们中的哪一个，都定有颗爱植物的心。凡尘俗世，因拥有这样的心而美好。

芭蕉一年一年长高，"扶疏似树""高舒垂荫"，一到夏天，碧绿蓊郁得尤甚。那些绿，垂到什么地方去了？人还没留意呢，它们倒静悄悄地，爬上了窗纱。窗里的人呢？那被芭蕉映得绿莹莹的人呢？午后，他们是在梦里小睡，还是在围桌话家常？一窗清响，日子静好。

我在如此走神的当儿，眼光又不由分说地落到楼后人家的窗上。我的书房，正对着这户人家。我在书房里看书或写字，一抬头，就能瞥见他们家的窗。天蓝色的窗帘，半拉半开。窗口有时会搁一盆绿，是茑萝，或是吊兰。有时会搁一盆花，是杜鹃，或是海棠。青青绿绿，红红白白。大捧的阳光，在窗户上面肆意攀爬。现世安稳。

我熟悉这家人，男人，女人，还有一个小女儿。前几年，男人闹过离婚，外头有了人。离婚闹了好长一段时间，男人日日不归，连小女儿也不肯要了的。那段日子，他们家的窗帘，总是拉得紧紧的，窗台上，落满尘。有时，黑漆漆的夜里，我听到窗帘后传出嘤嘤哭泣，那是女人隐忍的哭。在静夜里，格外分明，听得人心酸。后来，男人出车祸，死里逃生，为他落泪的，是女人，不是情人。守在他床边的，也是女人，不是情人。男人身体康复后，再没提过离婚。

早起时，我去屋后跑步，遇到男人。一夜的风吹，金针似的杉树叶，铺了一地。男人拿着扫帚在认真扫。看到我，他抬头笑一笑，点点头，算作招呼。一边冲屋内叫："凤玲，快去看看锅上的汤熬好了没有，别把水熬干了！"屋内迅捷传出女人的应答："知道了知道了。"声音是清澈的、欢快的。让人想象着，她走路的姿势，一定如一只羚羊一样敏捷和快乐。我打心眼里替女人高兴，风雨过后是彩虹，她等来她的彩虹了。

我外出几天，回来，习惯性地抬头望他们家的窗，突然发现那个窗口，新添了两样东西：一只风铃，一盆葱。风铃是悬挂在窗户上的。冬日的暖阳，打在风铃银色的贝壳上，熠熠发光，仿若珠宝。风吹，银色的贝壳，晃晃悠悠，不时发出叮叮当当的脆响，宛如幸福在鸣唱。

葱呢？真绿！我想起绿油油这个词。也只有这个词能配它，那些绿，是恨不得一滴一滴淌下来的。它们是冬天里的春天。长葱的盆，却是只豁了口的破瓷盆。用旧了吧？女人舍不得扔，在里面栽了葱。葱在女人的眷顾下，一日一日葱茏，旧瓷盆焕发出另一种光彩，素朴而雅致，让人觉得，它天生就是配葱的。

这很像我们的人生，少有绝对完美的，它可能就是一只豁了口的瓷盆，望得见岁月的憔悴与伤口。然而，又有什么关系呢？只要你心怀希望，一盆的葱绿，很快会让它重新变得生机起来蓬勃起来。

老 兵

他们热切地奔向他们的第二故乡去，那里，他们风华正茂，健步如飞，一地的水萝卜，蓬勃招展。

他们是些老兵，上个世纪五六十年代的兵。

一、二、三、四、五，他们并排站立，红衣鹤发，对着我们的镜头笑。笑得阳光飞溅。他们的背后，树木铺排，色彩斑斓，秋景迷人。

那会儿，我和那人正徜徉在海边的林子里，看秋。为防沙固堤，海边植有上千顷林木，种类繁多，倒成了一处赏景的极好去处。林中幽静，偶有树叶摇落，"啪、啪"的一两声，清脆的。如小孩子在梦中磨牙。星星点点的小野菊，开在树下。他们的车忽然至，停在路边，四下里张望。犹豫再三，他们中一人走向我们，向我们打探路，说他们迷路了。

五十多年不见，这儿的变化太大了，都不认识了。他们笑着摇头说。

他们中年长的，八十四岁了。最小的，也已七十有九。

当年，却血气方刚着呢。年轻的武警，来此戍守边防。每日晨起，他们唱着军歌出操野练，沿着海堤长跑，健步如飞。闲时养猪，拓荒种菜。种出的水萝卜，有成人的胳膊粗。当地的渔民惊奇，偷偷拔了带回家。孩子们更是天天光顾，拔上几个，赶紧跑。躲到一垛草垛子后，用衣袖擦擦，就啃上了。咯吱咯吱，像幸福的小老鼠。

他们也只睁只眼闭只眼的，由着孩子们把这儿当快乐王国。偶尔的，他们也佯装跟后面追，看孩子们一溜烟地奔跑，像一阵风似的。他们乐得哈哈大笑。

每隔半个月，营地里都要组织放一场电影。露天里，白布幕早早挂起来了，引得周围的孩子们，在营地前探头探脑。晚上，电影刚开场，孩子们就成群结队地来了。一个个猫着腰，轻手轻脚的，想避开他们的耳目。他们其实早就看见了，只装作没看见，憋住笑，在暗地里观察着那些孩子，看他们小猴子样的，翻过围墙，进到营地来。虽说他们有纪律，不准外人随便踏入营地，可是，那些孩子算外人么？单调孤寂的日子，因那些孩子的渗入，溅起朵朵活泼的水花。

——好像全都是这些芝麻蒜皮的小事儿，没什么可圈可点的，可是，却在他们的记忆里发着酵，散发出水萝卜一样的清香。暖着。恋着。那是他们的青春和热血啊！这里，是他们生命中的第二故乡，是灵魂无法割舍的怀想。

也只是一转身，五十多年就过去了。几百里的距离，不算太远，却遥遥地隔开了他们与它的关联。而今，他们年纪越大，越难抑制想见的渴望。前些日子，几个老战友在电话里一合计，决定重返"故里"。于是，相约着来了。

有生之年，我们就是想再来走一走、看一看啊。他们说。

谁知就迷了路呢！当年闭着眼睛也能走回的边防站，怎么找也找不见了。他们孩子般的，眯着眼，不好意思地笑。

我们动容。主动给他们拍了几张合影。并细心画了路线图给他们，哪里有什么建筑，都给一一标着。他们再三道谢，突然立正，齐刷刷给我们敬了一个军礼。然后一个搀扶着一个，上了车。他们热切地奔向他们的第二故乡去，那里，他们风华正茂，健步如飞，一地的水萝卜，蓬勃招展。

风会记得一朵花的香

　　一个人的存在，到底对谁很重要？这世上，总有一些人记得你，就像风会记得一朵花的香。凡来尘往，莫不如此。

一

　　没事的时候，我喜欢伏在三楼的阳台上，往下看。

　　那儿，几间平房，坐西朝东，原先是某家单位做仓库用的。房很旧了，屋顶有几处破败得很，像一件破棉袄，露出里面的絮。"絮"是褐色的木片子，下雨的天，我总担心它会不会漏雨。

　　房子周围长了五棵紫薇。花开时节，我留意过，一树花白，两树花红，两树花紫。把几间平房，衬得水粉水粉的。常有一只野鹦鹉，在花树间跳来跳去，变换着嗓音唱歌。

房前，码着一堆的砖，不知做什么用的。砖堆上，很少有空落落的时候，上面或晒着鞋，或晾着衣物什么的。最常见的，是两双绒拖鞋，一双蓝，一双红，它们相偎在砖堆上，孵太阳。像夫，与妇。

　　也真的是一对夫妇住着，男的是一家公司的门卫，女的是街道清洁工。他们早出晚归，从未与我照过面，但我听见过他们的说话声，在夜晚，喁喁的，像虫鸣。我从夜晚的阳台上望下去，望见屋子里的灯光，和在灯光里走动的两个人影。世界美好得让人心里长出水草来。

　　某天，我突然发现砖堆上空着，不见了蓝的拖鞋红的拖鞋，砖堆一下子变得异常冷清与寂寥。他们外出了？还是生病了？我有些心神不宁。

　　重"见"他们，是在几天后的午后。我在阳台上晾衣裳，随意往楼下看了看，看到砖堆上，赫然躺着一蓝一红两双绒拖鞋，在太阳下，相偎着，仿佛它们从来不曾离开过。那一刻，我的心里腾出欢喜来：感谢天！他们还都好好地在着。

二

　　做宫廷桂花糕的老人，天天停在一条路边。他的背后，是一堵废弃的围墙，但这不妨碍桂花糕的香。他跟前的铁皮箱子

284

上，叠放着五六个小蒸笼，什么时候见着，都有袅袅的香雾，在上面缠着绕着，那是蒸熟的桂花糕好闻的味道。

老人瘦小，永远一身藏青的衣、藏青的围裙。雪白的米粉，被他装进一个小小的木器具里，上面点缀桂花三两点，放进蒸笼里，不过眨眼间，一块桂花糕就成了。

停在他那儿，买了几块尝。热乎乎的甜，软乎乎的香，忍不住夸他，你做的桂花糕，真的很好吃。他笑得十分十分开心，他说，他做桂花糕，已好些年了。

我问，祖上就做吗？

他答，祖上就做的。

我提出要跟他学做，他一口答应，好。

于是我笑，他笑，都不当真。却喜欢这样的对话，轻松、愉快，人与人，不疏离。

再路过，我会冲着他的桂花糕摊子笑笑，他有时会看见，有时正忙，看不见。看见了，也只当我是陌生的，回我一个浅浅的笑。——来往顾客太多，他不记得我了。但我知道，我已忘不掉桂花糕的香，许多小城人，也都忘不掉。

现在，每每看到老人在那里，心里便很安然。像小时去亲戚家，拐过一个巷道，望见麻子师傅的烧饼炉，心就开始雀跃，哦，他在呢，他在呢。

麻子师傅的烧饼炉，是当年老街的一个标志。它和老街一起，成为一代人的记忆。

三

卖杂粮饼的女人，每到黄昏时，会把摊子摆到我们学校门口。两块钱的杂粮饼，现在涨到三块了，味道很好，有时我也会去买上一个。

时间久了，我们相熟了。遇到时，会微笑、点头，算作招呼。偶尔，也有简短的对话，她知道我是老师，会问一句，老师，下课了？我答应一声，问她，冷吗？她笑着回我，不冷。

我们的交往，也仅仅限于此。淡淡的，像路边随便相遇到的一段寻常。

我出去开笔会，一走半个多月。回来后，正常上班、下班，没觉得有什么不同。

女人的摊子，还摆在学校门口，上面撑起一个大雨篷，挡风的。学生们还未放学，女人便闲着，双手插在红围裙兜里，在看街景。当看到我时，女人的眼里跳出惊喜来，女人说，老师，好长时间没看到你了。

当下愣住，一个人的存在，到底对谁很重要？这世上，总有一些人记得你，就像风会记得一朵花的香。凡来尘往，莫不如此。

第八辑
花都开好了

你看，花都开好了。冰天
雪地里，红艳艳的一大簇，
直艳到人的心里面。

逢简

逢简逢简，相逢简单，人生实在没有比这样的相逢更叫人欢喜的了。

逢简是一个小村庄，地处岭南，这奇特的地名，原是由两个姓氏演化而来，一姓逢，一姓简，后人笔误，把"逢"写成"逢"，久而久之，也就成了逢简。我倒极赞这样的笔误，逢简逢简，相逢简单，人生实在没有比这样的相逢更叫人欢喜的了。

逢简多水，以水开路，人家多逐水而居。河岸密布果木，芒果、龙眼、人参、番石榴、杨桃、香蕉，多不胜数，果实就那么累累缀着，也无人采摘，只当风景来赏。不期然的，你还能相遇到一棵大榕树或是鱼尾葵，枝干蓬勃得像一幢房，不用说，那都有上百年的历史了。三角梅热火朝天开着，也不知从哪朝哪代起，它们就那么开着，一小朵一小朵的粉，群集在一起，成惊心动魄，倒影在水里，像一群彩色的小鱼在游。尽管是深冬，一棵金桂也还在开着花，细碎浓甜的香，播撒在陈年的瓦楞间、河埠头。正暗自惊奇，陪同我的当地朋友瞥一眼它，很淡定地告诉我："这是康熙皇帝当年御赐的。"

我还没回过神来，转身，看到一座桥，他说："是宋代的呢。"再一座，弯曲如弓，三孔倒映着水波，绿树繁花的影子，在里面自在摇曳。他说："这也是宋代的呢。"还有蒙康熙首肯，仿皇家花园里的金鳌桥而建的金鳌玉㓥桥。还有安郡王亲赐的"半天朱霞"匾额。在逢简，你若要寻古，那实在多了去了，那么多的祠堂、老屋、寺庙和石碑，哪一个上面，不承载着那个叫作"历史"的词？你随便一低头，脚底下踩着的石板，上面竟隐约刻着字，也是好几百年前的旧物了。村人们只当它是寻常，踩着它下河，踩着它迎来送往，一代一代地繁衍生息，原本就是你中有我、我中有你，彼此消融在一起，这或许才是世界本来的样子。

那么多的河埠头，大的，小的，有石阶一级一级下到水面的，有单单一块大石头翘立的。翻开往昔，哪一页不写着丰饶？兴盛于明末清初的桑基鱼塘，给逢简带来繁荣，低洼处挖泥成塘，养鱼。泥堆塘边植桑，养蚕。塘泥护桑，蚕沙喂鱼，一时间这里蚕肥鱼美，墟市发达，商贾云集，一船一船的丝绸运出去，再换回一船一船的黄金。

时光的小船却悠然从容，我看着它慢慢划过去，载着一船欢笑的人，脑子里忽然蹦出《诗经》中的句子来，"溯游从之，宛在水中央。"这个被水环绕着的小村庄，多像住在《诗经》里，素朴洁净，又是灵动飘逸的。"若是你端午来，这河里可热闹了，全是赛龙舟的。"朋友说。朋友本是外乡人，二十多年前来到这里，从此再没挪过窝，他爱上了这里的一草一木、一水一桥。闲时，他随便在哪座古桥上坐坐，听历史的风吹过耳际，看夕阳斜斜地移过古屋祠堂去，只觉得心际辽阔，如打马飞过旷野。

"别看它只是一个小村子，可出过不少人才呢。"朋友如数家珍，"这里曾出过冯氏一门八秀才，梁家三兄弟同是翰林，还出过不少的举人和进士，那些石桥、祠堂、牌楼，都是当年这些人建的。"我听得震惊不已，扭头去看逢简人，却看不出他们有多骄傲，风照旧在吹，水照旧在流，他们忙着把半头烤熟的猪，搬到门外的托盘上。猪头上系着红纸，是祭祀用的，这家人可能要办什么喜事了。一个很老的阿婆，从一幢老房子里走出来，我上前打招呼，她听不懂我的话，我也听不懂她的，我们互相咿咿呀呀半天。朋友站在旁边笑看我们，末了，他翻译给我听，说："阿婆问你吃了没有。"我"扑哧"笑起来，凡俗的日子，真的与别的无关，吃才是顶顶重要的。这倒应和了逢简的名，简单就是幸福，简单就是快乐。

人间的羊卓

我们各自上路，萍水相逢，却有了共同的思念，这片湖，这片蓝，将几回回梦里相见？

从拉萨去往日喀则，是往后藏而去，沿途的色彩，比起前藏来说，稍稍逊色了些。然处在八月好时节，也是黄是黄、绿是绿的。山大抵都是光秃秃的，寸草不生，山脚下却黄绿铺陈。绿的是青稞，刚刚抽穗。黄的是油菜花，刚刚怒放。没有整齐划一的，都是顺势而长，反倒有种自由散漫的美，看得人心猿意马。

沿途要翻越海拔 5030 米的甘巴拉山口。不知是不是心理作用，一听到高海拔，我的头就开始山呼海啸起来，得用手指头紧紧按住两边的太阳穴，眼睛却不肯闭上，窗外的景，我不想错过一点点。

山脚下走着藏家女人，牵着小孩。她走过一片菜花地，背上的背篓里，塞满青色的草，她走，草也走，一颠一颠的。她是要回家去喂养牛羊吗？我的思绪跟了她好远。哪里的俗世都是一样的，活着，烟火着。

经过无数的急转弯，我们的车，沿山梁盘旋，一路有惊无险。从甘巴拉山口下来，远远就望见了一枚蓝，像块蓝宝石似的，镶嵌在喜马拉雅群山之中。又似一根蓝色绸带，系在山腰间。小闫宣布，羊卓雍错到了。

羊卓雍错，在藏语里是"碧玉湖""天鹅池"的意思。它是西藏的三大圣湖之一，是喜马拉雅山北麓最大的内陆湖。因汉口较多，像珊瑚枝一样，藏人又称它为"上面的珊瑚湖"。

一车人激动起来，啊啊啊大叫，手舞足蹈，恨不得立即跳下车去。司机见多这样的场景，他笑了，慢条斯理说，别急，车可以停到湖边去的。

真的靠近了。眼睛和心，立即被蓝填满。那是怎样的一汪一汪蓝啊，比天空的蓝更深隧，比大海的蓝更醇厚，蓝得一心一意，蓝得彻彻底底。仿佛蓝缎子似的，在阳光下抖开，风华绝代。又如凝脂，蓝的凝脂，细腻圆润。我的耳边响起当地民歌：天上的仙境，人间的羊卓。天上的繁星，湖畔的牛羊。

湖这面有高高的草甸，碧绿的草，密密匝匝。湖对面有像版画似的山，山脚下绕着绿的青稞黄的菜花。天空蔚蓝，白云几朵，与蓝的湖相互辉映，摄人魂魄。我的高原反应激烈，呼吸渐感困难，但我还是坚持下了车，手脚并用爬上湖边的草甸。

草甸上，一群忘乎所以的游客，在清冷的风中载歌载舞。然歌声也只响亮了一会儿，便停息下来，高原氧气不足，实在不宜大声。那么，就静静的吧，我坐在草甸上，面对着温润如玉的湖，有一刻，我不能相信自己，真的就来到了这个地方。是我吗？是我吗？我这么问自己。浩渺的宇宙中，我也是一个存在，如这片海拔高4441米的湖。我为这个存在，感动得双眼蓄满泪。

我的身旁，出现了两个十八九岁的男孩，他们戴着头盔，腿上绑着护膝，脸庞黝黑，风尘仆仆。他们先是怔怔地望着这片湖，而后，双膝突然跪下，对着这片湖，哭了。

我从交谈中得知，这两个孩子是武汉某大学一年级学生，对西藏一直很神往。暑假前，同宿舍五六个人一合计，决定骑车进藏。途中，有四个同学先后撤退，剩下他们两个。为了省钱，他们没住过一天旅舍，没进过一次饭店，困了，就睡在随身带的睡袋里，饿了，就吃一些饼干或是方便面。也曾想过放弃，但却心有不甘，神圣的土地就在前方，他们一定要踏上它，也算完成人生的一次挑战。最后，在历经一个月零六天之后，他们终于到达拉萨，到达这里。

我祝福了他们。我想，他们吃得了这样的苦，将来的人生，还有什么坎不能迈过去呢？

风凉，湖边不能久待，短暂的会晤，我们不得不离开。我们各自上路，萍水相逢，却有了共同的思念，这片湖，这片蓝，将几回回梦里相见？

　　同行中有人叹，真想在这湖边搭一座小木屋，日日与这美丽的湖相伴。立即有人接话了，这么高的海拔，你待一会儿可以，待上十天八天的，怕是小命早没了。我在一旁听得高兴，这真是好，它美得高不可攀，这才保持了它的本真。如佛祖流下的一滴泪，永远纯洁晶莹在那里。

花都开好了

你看，花都开好了。冰天雪地里，红艳艳的一大簇，直艳到人的心里面。

记忆里，乡村多花，四季不息。而夏季，简直就是花的盛季，随便一抬眼，就能看到一串艳红，或一串粉白，趴在草丛中笑。

凤仙花是不消说的，家家有。那是女孩子的花。女孩子们用它来染红指甲。花都开好的时候，最是热闹，星星点点，像绿色的叶间，落满粉色的蝶，它们就要振翅飞了呀。猫在花丛中追着小虫子跑，母亲经过花丛旁，会不经意地笑一笑。时光便靓丽得花一样的。

最为奇怪的是这样一种花，只在傍晚太阳落山时才开。花长在厨房门口，一大蓬的，长得特别茂密。傍晚时分，花开好了，浅粉的一朵朵，像小喇叭，欢欢喜喜的。祖母瞟一眼花说，该煮晚饭了，遂折身到厨房里。不一会儿，屋角上方，炊烟就会飘起来。狗开始撒着欢往家跑，那后面，一定有荷着锄的父母亲，披着淡淡夜色。我们早早把四方桌在院子里摆上了，地面上洒了井水（消暑热的），一家人最快乐的时光就要来了。花在开。这样的花，开好的时候，充满阖家团聚的温馨。花名更是耐人咀嚼，祖母叫它晚婆娘花。是一个喜眉喜眼守着家的女子呀，等候着晚归的家人。天不老，地不老，情不老，永永远远。

喜欢过一首低吟浅唱的歌，是唱兰花草的，原是胡适作的一首诗。歌中的意境美得令人心碎："我从山中来 / 带着兰花草 / 种在小园中 / 希望花开早。"一定是一个美丽清纯的乡村少女，一天，她去山中，偶遇兰花草，把它带回家，悉心种在自家的小园里，从此种下念想。她一日跑去看三回，看得所有的花都开过了，"兰花却依然 / 苞也无一个。"多失望多失望呀，她低眉自语，有一点点幽怨。月华如水，心中的爱恋却夜夜不相忘。是有情总被无情恼么？未必是。等到来年的春天，会有满园花簇簇的。

亦看过一个有关花的感人故事。故事讲的是一个女孩，在三岁时失了母亲。父亲不忍心让小小的她受到伤害，就骗她说，妈妈到很远很远的地方去了，等院子里的桃花开了，妈妈就回来了。女孩于是一日一日跑去看桃树，整整守候了一个冬天。次年三月，满树的桃花开了。女孩很高兴，跑去告诉父亲，爸爸，桃花都开好了，妈妈就要回来了吧？父亲笑笑说，哦，等屋后的蔷薇花开了，妈妈就回来了。女孩于是又充满希望地天天跑去屋后看蔷薇。等蔷薇花都开好了，做父亲的又告诉女儿，等窗台上的海棠花开好了，妈妈就回来了。就这样，一年一年地，女孩在美丽的等待中长大，健康而活泼，身上没有一丝忧郁悲苦的影子。在十八岁生日那天，女孩深情地拥抱了父亲，俯到父亲耳边说的一句是，爸，感谢你这些年来的美丽谎言。

花继续在开，爱，绵绵不绝。

画家黄永玉曾在一篇回忆录里，提及红梅花，那是他与一陈姓先生的一段"忘年交"。当年，黄永玉还是潦倒一穷孩子，到处教书，到处投稿，但每年除夕都会赶到陈先生家去过。那时，陈先生家红的梅花开得正好。有一年，黄永玉没能如期赶去，陈先生就给他写信，在信中这样写道："花都开了，饭在等你，以为晚上那顿饭你一定赶得来，可你没有赶回来。你看，花都开了。"

你看，花都开好了。冰天雪地里，红艳艳的一大簇，直艳到人的心里面。它让我们完全有理由相信，这世界有好人，有善，有至纯至真。多美好！

锦　溪

当下，你置身于这一方水土中，心是愉悦的、轻松的、享受的，这就好了。

我原本打算去南浔的。

我在平板电脑上搜索行走线路，顺便搜索周边风景，结果，昆山的锦溪跳了出来。我承认，我在瞬间，就被"锦溪"这个名字，俘获了心。锦溪锦溪，是锦缎织成的小溪，这名字叫得真够绮丽香艳的。

它也真的与香艳有段牵连。

相传，南宋宋孝宗建都临安时，他的宠妃陈妃，偏爱锦溪山水，居于其中，不舍离去。陈妃不久芳龄早逝，孝宗大恸，把她水葬于此，并在她身畔修建莲池禅院，亲手栽下龙柏、银杏、罗汉松，佑她万古长存。能得君王如此宠爱的女子，史上怕是少有。民间有说，陈妃不同于一般的胭脂俗粉，她是女中豪杰，曾陪孝宗仗剑天涯，撑起摇摇欲坠的南宋江山。一说孝宗遇刺，她为他挡得一剑，剑伤太深，回天乏力。而我却喜欢作这样的揣测，他和她，也只是俗世里的恩爱夫妻，是眼对眼、心对心的那一个。君王爱恋，亦如民间，生生世世，唯你是我的最相思。

锦溪添了这段传奇，使得它的每一滴水，都浸染上一个女子的香。妩媚的山水，更显妩媚。在此后长达八百三十余年的时光里，锦溪曾更名"陈墓"。

我到达锦溪时，正是午饭时，家家炊烟不断，饭菜飘香。卖鱼的小摊子还守在古镇入口处，红色塑料面桶里，大大小小的河鱼，活蹦乱跳着。四面环湖的古镇，最不缺的，怕就是鱼了。一河穿街市而过，两岸碧树倒映，使得那河看上去，透透迤迤，像古代女子莲步轻移间，身后拖着的一条绿飘带。

河两岸，房屋高低错落，层层叠叠。房自然是上了年纪的房，有极富内涵的瓦当，和雕着图案的木格窗，黛瓦飞檐，哪一幢都入得了画。你若要看几百年前的旧物，甚至上千年的，根本不用寻找，随便一挑眼，就是。那扇门，那扇窗，那片瓦当，那座石桥，哪一样不承载着历史的波光涛影？一间老屋子里，有剃头老师傅，正替一老者理发。他使用的，还是老式剃刀。他一刀一刀剃着，如同在给老者按摩。座椅上的老者，很享受地闭着眼，可能睡过去了吧。一绺阳光，像绺银发似的，从沿河的窗户外飘进来，落在老师傅的手边。老师傅的动作不紧不慢，上百年的光阴，在他的手底下，似乎从未曾更改过。

打银首饰的。弹蚕丝被的。做袜底酥的。熬酱汁肉的。都是些旧时光，看着叫人怀旧又欣喜。当地有民谣："三十六座桥，七十二只窑。"唱的也都是古事了。一眼能望到头的河流上，桥竟多达三十六座，真是够铺张。河流狭窄之处，几乎能盈手相握，上面竟也架拱桥一座。一样的石阶拾级而上，石础上雕花，一点也不偷工减料。有野草攀护桥身，在上面开出点点小黄花，古意盎然。我以为，这里的桥，更多的功用，不是用来渡河，而是用来装饰的。就像独具匠心的主妇，给家人的衣服上，钉上漂亮的纽扣。

不能不提到长廊。江南的古镇，多的是长廊。而锦溪的长廊，又有着不同，它附设了美人靠。你走累了，这么倚着美人靠坐一坐，任清风随意吹吹。低头看下去，青绿的河水，涓涓不息地流着。乌篷船一只只，从你身边轻摇过去。船娘们的歌声前后相接，少有好歌喉，有的甚至唱走了调。可是，不关紧的，你听着，竟觉得悦耳得很。这就像吹在你身上的自然风，闻得见花香草香，反倒有种天然的味道。船上人望你，你也望船上人，彼此成为彼此眼中的风景。或许日后会被想起，或许想不起，这也不关紧的。不是有句话说，活在当下么。当下，你置身于这一方水土中，心是愉悦的、轻松的、享受的，这就好了。

想寻只古窑看看的，老街上是没有的，它应该在阡陌地头。窑多，烧出的砖瓦便多。锦溪的砖瓦之花样百出，堪称一绝的。有巴掌大的窗花砖。有浸润千年的墓砖。有世上罕见的琴砖。还有在窑中要烧 120 天，又在桐油中浸泡 100 天的金砖。是不是也烧瓦罐瓦盆之类的呢？我在一户人家门前，看到檐下蹲一瓦罐，瓦罐里开着粉艳艳的花。我弯下腰细看，屋主出来，她以为我在看花，告诉我："那是长寿花。"我点头，笑一笑，走开。我其实是看那瓦罐的，不知它经历几朝几代，又几个世纪的花开花落。

午饭没吃，觉得有些饿了，就近走进一家家庭小饭馆。点上几个小菜。再来一碗奥灶面吧。鱼是必吃的，淡水鱼，鲜嫩得很。时令蔬菜两道，一道炒黄花菜，一道炒菜苔。靠河放着桌椅，就坐那里好了，一边望水，一边慢慢吃，做一回千古江南人。不远处，一只黄狗站在河边，也在望水，望水里轻摇而过的船只，望得深情又专注。我笑了。想它日日望着，竟也还是没看厌。

乡下的年

看得见的甜就在那里，不急，不急。

乡下的年，是极为隆重的。

从进入腊月起，人们便开始着手为年忙活。老人们搬出老皇历，坐在太阳下，眯缝着眼睛翻，哪天宜婚嫁，哪天祭神，哪天祭祖，一点不含糊。村庄变得既庄严又神秘。

蒸笼取出来了。井水里清洗，大太阳下一溜排开了暴晒。孩子们望着蒸笼，一遍一遍问，什么时候蒸馒头啊？什么时候做年糕啊？大人答，快了，快了。这等待的过程真叫熬人。看看天，那太阳怎么还不西沉，日子怎么还不翻过一页去！灰喜鹊站在光秃秃的树上，欢天喜地叫着。喜鹊也知道要过年么？孩子们也仅仅这么想一想。那边的鞭炮在响，噼噼啪啪，噼噼啪啪，震得小麻雀们慌张地飞，眼前一片红在闪。娶新娘子呢。一溜烟跑过去。一路上，全是看热闹的人。

也终于盼到家里蒸馒头了。厨房里烟雾弥漫。门前早就摊开几张篾席，一蒸笼一蒸笼的馒头，晾在上面。孩子们跳着进进出出，敞开肚皮吃，直吃到馒头堵到嗓子眼。门前不时有人走过，一脸的笑嘻嘻。不管平日关系是亲是疏，这时候，定要被主家拖住，歇上一脚，尝一尝馒头的味道。他们站着亲密地说话，说说馒头发酵发得有多好。问问年货准备得怎么样了。空气变得又酥又软，对着它轻轻咬上一口，唇齿仿佛都是香的。

河里的鱼，开始往岸上取了。一河两岸围满观看的人。鱼在河里扑腾。鱼在渔网里扑腾。鱼在岸上扑腾。翻着白身子。人们的眼光，追着鱼转，心里跳动着热腾腾的欢喜。多大的鲲子啊，往年没见过这么大的呢，人们惊奇着。——往年真没见过吗？未必。可人们就是愿意相信，今年的，就是比去年的好。

河岸上撒满被渔网带上来的冰碴碴，太阳照着，钻石一样发着光。孩子们不怕冷，抓了冰碴碴玩，衣服鞋子，都是湿的。大人们这个时候最宽容了，顶多是呵斥两声，让回家换衣换鞋。却不打。腊月皇天的，不作兴打孩子的，这是乡下的规矩。孩子们逢了赦，越发的"无法无天"起来，偷了人家挂在屋檐下的年货——风干的鸡，去野地里用柴火烤了吃。被发现了，也还是得到宽容，过年么！过年就该让孩子们野野的。

家里的年货，一样一样备齐了，鸡鸭鱼肉，红枣汤圆，还有孩子们吃的糖和云片糕。糖和云片糕被大人们藏起来，不到年三十的晚上，是绝不会拿出来的。孩子们虽馋，倒也沉得住气，看得见的甜就在那里，不急，不急。

掸尘是年前必做的大事。大人小孩齐动手，家里家外，屋前屋后，悉数被打扫得干干净净。甚至连墙旮旯的瓶瓶罐罐也不放过，都被擦洗得锃亮锃亮的。

多干净啊。旧年的尘埃，不带走一点点。新年是簇新簇新的，孩子们在洁净的门上贴春联，穿花洋布，吃大肥肉。这是望得见的幸福。猪啊羊啊跟着一起过年，猪圈羊圈上贴上横批：六畜兴旺。

零碎的票子已备下了，那是给卖唱的人的。年三十一过，唱道情打竹板的就要上门来了。自编自谱的曲儿，一男一女，或是一个男人，倚着门唱：东来金，西来银，主家财宝满屋堆。声音闪着金属的光芒。到那时，年的气氛，达到高潮。

蒲

有蒲熏着的童年，总有一缕清香在飘拂。

我们叫它，蒲。

蒲，蒲呀，我们这样轻轻唤。像唤自家的小姐妹。

蒲是跟苦艾长在一起的。有水的地方，几乎都能瞥见它的身影，绿身子，绿手臂，绿头发，在清风里兀自舒展，翛翛复翛翛。

它是从哪一天开始进入我们小孩的视野的？实在说不清。它跟乡下的许多植物一样，存在得那么天经地义合情合理。我们熟稔它，也是那么天经地义合情合理。就像河里本来就有鱼，空中本来就有飞鸟。它生来，就是村庄的一部分。

端午节，家里大人一声令下，去采些蒲和苦艾回来。我们领旨般地，撒了欢地直奔它而去。都知道，它在哪块水塘里长得最茂盛呢。

这是一年一年承传下来的风俗，过端午，家家门上必插上蒲与苦艾。也在蚊帐里悬挂。也在家神柜上摆着。节日的气氛，被渲染得浓烈又隆重。

苦艾味苦，苦到骨头里，是愁眉苦脸的一个人哪，终年看不见他的笑。我们采一把苦艾，手上的苦味，搓洗很久，也去不掉。我们不爱。蒲却清清爽爽的，是喜眉喜眼的女儿家，又憨厚，又天真。它在水边端然坐，青罗裙带，长发飘拂，碧水缭绕，那方水域，也都染着淡香。我们拿它绿绿的枝叶缠辫梢，每一丝头发，都变得好闻。

夏天，它抽出一枝一枝橙黄的穗，像棍子一样的，我们叫它蒲棍。采了它，晚上点燃了熏蚊子，屋子里也就散发出好闻的蒲香味，像撒了一层薄薄的香料。我们也举着它，当灯，去草丛里捉蟋蟀、捉蚂蚱。

家里也总有几样物件，与它关联着。像蒲扇。它比不得芭蕉扇，又大又笨，扇出的风也大。蒲扇是轻的、软的，它轻摇慢拢，不疾不徐，永远是那么的好脾气，适合温顺的女人和孩子用。乡下的孩子，人人都有一把自己的小蒲扇的。

还有蒲席、蒲鞋。冬天在床上垫上蒲席，又轻软，又暖和。蒲鞋则是好多贫穷人家，冰天雪地里的暖。那时也只道它寻常，不过是野生野长的野草罢了。并不过分珍惜，也没过分看重，只是日日相见的那个寻常人，在骨子里亲着、爱着，却不自知。

经年之后，我在一些书籍里遇到它，才吃惊起来，原来，它的来历，非同一般。它入得了菜，入得了酒，入得了药，还入得了爱情。它简直就是隐世高人一个。

早在《诗经》里就有："其蔌维何，维笋及蒲。"盛筵之上，蒲和笋一样，是当作佳肴被摆上桌的。春日初生，它白嫩的根和茎，是鲜蔬中的珍品。

还是在《诗经》里，它闯进一个少女的心扉，成了她辗转反侧的爱恋，"彼泽之陂，有蒲与荷。有美一人，伤如之何"，"彼泽之陂，有蒲与蕳。有美一人，硕大且卷"，"彼泽之陂，有蒲菡萏。有美一人，硕大且俨"。河畔泽地，它与荷在一起，它与兰花在一起，它与莲在一起，是那么的卓尔不群！英俊又健美的少年郎哪，怎不叫人相思！

蒲也被智慧的先民们，用来泡酒。"不效艾符趋习俗，但祈蒲酒话昇平"，唐人殷尧藩在过端午时如是祈愿。在那之前，应该早已有了这样的传统，在端午，必喝上几杯蒲酒，祈愿人世安稳太平。有些地方，更是把此酒引到婚宴上，拟出"喜酒浮香蒲酒绿，榴花艳映佩花红"这样的对联，真个是美酒飘香，花美人俏，地久天长。

蒲还是上等的药材，全草入药，曰"香蒲"。它的学名，原就叫香蒲的。花粉亦是入得药的，叫"蒲黄"。果穗茸毛入药，则叫"蒲棒"。带有部分嫩茎的根茎入药，叫"蒲蒻"。这样的药煎熬出来，怕也带着一股子香的。

小城新辟的观光带中，不知是谁的大手笔，竟辟出四五个浅塘，里面长的，全是蒲。阔别它多年，偶然遇见，我的惊喜不言而喻。我不时跑过去看它。它开花，嫩黄浅白。它抽穗，橙黄的一枝枝，像棒槌一样的，昂立，长长的碧叶衬着，实在漂亮。它还有个别名，叫水蜡烛，真正是形象极了。它是替鱼照着光明？还是替莲和菱？还是心中本就生着一枝枝光明？

我每回去，都见有孩子在它边上玩耍。他们攀下一枝枝水蜡烛，在风中快乐地挥舞着。我为他们感到庆幸，有蒲熏着的童年，总有一缕清香在飘拂。

瓶子里的春天

去郊外走。满田的菜花都开了，黄灿灿的，波浪翻滚着。春天以不可阻挡之势，就这么铺陈开来，轰轰烈烈成这般模样。

瓶子是蓝色玻璃的，本来有两只，五块钱一只，买的超市的。极便宜，却好看，有亭亭的腰肢，如束着裙腰的女子，款款着。一只放我办公桌上，一只放家里。放我办公桌上的那只，里面养过月季和雏菊，有一次，还养过扶郎和马蹄莲。但某天，却被一个男同事打碎了。他到我桌上去找什么，随手一带，只听"啪"一声脆响，瓶子疼痛得四分五裂。他不在意地说，碎了。我表面上也是不在意，说，碎了就碎了吧。实际上，却心疼得要命。它是廉价的，但却是我的爱，我到哪里再寻着同样的一只来？这如同世上的缘，都是众里寻它千百度的，它或许是平常平凡的那一个，但对于寻找的人来说，它是不可替代的。

放家里的这只，里面养过一种叫一年蓬的花。其实，说它是草更合适，它在野地里生长，开细白的带了波浪边儿的花。有些像小雏菊。但从没有人把它当花。我采一束回来，插瓶子里，瓶子立时秀丽起来。植物淡淡的香气，在我的书房里萦回。

瓶子里还养过康乃馨，是女友送的。那一日，去看女友，女友不声不响下楼，捧一束康乃馨回来，花朵儿朵朵含苞。她说，这种花，可以在瓶子里开好长一段时间的。感激她的细心与体贴，却不会说出感激的话，只管抱着花儿，对着她笑。女人间的友谊，有时更深入内心，是灵魂深处的相知相惜。

更多的时候，瓶子是空的。我不在里面养花，是因为我常忘了给花换水，把花给养死了。瓶子在某些夜晚，便寂静在我的书房里，与我对峙。我有时寂寞，有时快乐，有时傻傻地坐着冥想。而它，总是不动声色地望着我，无波无浪。却又似乎埋伏着惊涛狂澜。——这，只是我的假想。事实上，它只是一只玻璃瓶子，它里面什么也没装，除了空气，还是空气。无欲无求。

人是因为欲望而生痛苦。如果做一只空着的玻璃瓶，是不是更靠近幸福？我插一些绢花在瓶子里，以假乱真地漂亮着。于是瓶子变得花枝招展起来，变得俗世起来，再与我对峙，就有了温暖的细流，在我们中间，涓涓地流。

看来，还是俗世好，如果无欲无求，哪里还有鲜活的人生？所谓痛便快乐着，大概就是这个理。

去郊外走。满田的油菜花都开了，黄灿灿的，成波成浪，汹涌翻腾。春天以不可阻挡之势，就这么铺陈开来，轰轰烈烈成这般模样。我掐两枝菜花，带回。我把它养在蓝色玻璃瓶里，密密的细黄花，就在我的瓶子上热闹。蓝的瓶，蜜黄的花，多么般配！它让人想着春天的田野，心情成一只放飞的风筝。

告诉一个朋友，如果你愿意，一只普通的玻璃瓶子里，也可以盛放一个春天的。她不解。我说，掐一枝菜花插进去，就好了。

每一棵草都会开花

　　每棵草都有每棵草的花期，哪怕是最不起眼的牛耳朵，也会把黄的花，藏在叶间。开得细小而执着。

　　去乡下，跟母亲一起到地里去，惊奇地发现，一种叫牛耳朵的草，开了细小的黄花。那些小小的花，羞涩地藏在叶间，不细看，还真看不出。我说，怎么草也开花？母亲笑着扫过一眼来，淡淡说，每一棵草，都会开花的。愣住，细想，还真是这样。蒲公英开花是众所周知的，黄灿灿的，像小菊花。即便结果了，也还像花，白白的绒球球，轻轻一吹，满天飞花。狗尾巴草开的花，连缀在一起，就像一条狗尾巴，若成片，是再美不过的风景。蒿子开花，是大团大团的……就没见过不开花的草。

　　曾教过一个学生，很不出众的一个孩子，皮肤黑黑的，还有些耳聋。因不怎么听见声音，他总是竭力张着他的耳朵，微

313

向前伸了头，作出努力倾听的样子。这样的孩子，成绩自然好不了，所有的学科竞赛，譬如物理竞赛、化学竞赛，他都是被忽略的一个。甚至，学期大考时，他的分数，也不被计入班级总分。所有人都把他当残疾，可有，可无。

他的父亲，一个皮肤同样黝黑的中年人，常到学校来看他，站在教室外。他回头看看窗外的父亲，也不出去，只送出一个笑容。那笑容真是灿烂，盛开的野菊花般的，有大把阳光栖在里头。我很好奇他绽放出那样的笑，问他，为什么不出去跟父亲说话？他回我，爸爸知道我很努力的。我轻轻叹一口气，在心里。有些感动，又有些感伤。并不认为他，可以改变自己什么。

学期要结束的时候，学校组织学生手工竞赛，是要到省里夺奖的，这关系到学校的声誉。平素的劳技课，都被充公上了语文、数学，学生们的手工水平，实在有限，收上去的作品，很令人失望。这时，却爆出冷门，有孩子送去手工泥娃娃一组，十个。每个泥娃娃，都各具情态，或嬉笑，或遐想，或跳着，或打着滚，活泼、纯真、美好，让人惊叹。作品报上省里去，顺利夺得特等奖。全省的特等奖，只设了一名，其轰动效应，可想而知。

学校开大会表彰这个做出泥娃娃的孩子。热烈的掌声中，走上台的，竟是黑黑的他——那个耳聋的孩子。或许是第一次站到这样的台上，他神情很是局促不安，只是低了头，羞怯地笑。让他谈获奖体会，他嗫嚅半天，说，我想，只要我努力，我总会做成一件事的。刹那间，台下一片静，静得阳光掉落的声音，都能听得见。

从此面对学生，我再不敢轻易看轻他们中任何一个。他们就如同乡间的那些草们，每棵草都有每棵草的花期，哪怕是最不起眼的牛耳朵，也会把黄的花，藏在叶间。开得细小而执着。

秋　意

　　村庄上空秋意弥漫，一片叶子在与另一片叶子话别。一棵草在与另一棵草相约了再见。

　　秋天的第一滴露，是滴落在哪里的呢？

　　是在一片草叶儿上，一朵花的花蕊上，一棵树的梢头，还是在人家的房檐上？

　　天气在一滴露中凉了起来。秋意便像蜿蜒爬行的一条小蛇，顺着山坡来了。顺着田野来了。顺着沟沟渠渠来了。顺着小径大路来了。顺着人家的山墙来了。山墙上一丛爬山虎，藤蔓牵绕，情思悠长。白露过后，那上面的叶片儿开始变红，一点一点的，如莲步轻移的女子，羞答答。最终，一整片一整片的叶子都红透，一整条一整条的藤蔓都红透。白墙，红叶，大自然的搭配，如此叫人惊艳。路过的人，总要抬头看上一眼，再一眼，欢喜得很。这无意中相遇到的一场美，如馈赠。

露成趟成趟地来了。夜晚，坐在灯下看书，四周寂静。突然听到哪里的露珠，"啪哒"一下，掉落。像睡相不好的小孩，不小心在睡梦中翻下床。摔疼了，"哇"一声哭出来。做母亲的赶紧轻揽入怀，一边自责，一边轻轻抚慰。很快，哭声止息，孩子重又酣然入梦。我想，这颗露掉下来，有大地的怀抱给兜着，它亦是不怕疼的吧。

隔壁人家，年轻的母亲又哼起摇篮曲来，唔唔，唔唔。她刚生下孩子不久，小家伙爱哭，且爱在半夜哭。白天路过她家，看到她家外墙墙砖上，贴黄纸一张，上书："天皇皇，地皇皇，我家有个夜啼郎，过路君子念三遍，一觉睡到大天亮。"我笑了。那么一个书卷气极浓的小女子，竟也信这个的。或许，不是信，只是为求得心安。为了孩子，做母亲的是什么法子都要试一试的。

小母亲的歌声，在宁静的夜里，低回。如露珠一颗一颗降落，清凉的，充满深情的。我把正在看着的书，搁一旁，微笑着倾听。我的心里，荡起一圈一圈的感动，有母亲护着的孩子，是幸福的。我们也曾被母亲如此护卫着啊。

风起。秋天的风最是感情丰富。有时如一群戏闹的孩子，把花瓣啊树叶啊什么的，扯得到处都是。有时又如女人在耳语，细语切切。有时却急吼吼的，似脾气暴躁的男人，要奔到哪里去，十万火急，容不得一点阻留，一路呼啸。屋后的桐树，叶子又落下一层了吧。有夜归的人，走在上面，发出嘎嘎嘎的声音，如同谁在嚼烤得脆脆的红薯片。整个秋天，变得香喷喷起来。

想吃红薯了。电话里，父亲说，你妈真有本事，栽的山芋，结出来个个都有娃娃头那么大。我夸，真的啊？我妈太有本事了！我想象得出父亲的喜悦母亲的得意。晚年，他们相濡以沫在庄稼地里，每一棵庄稼，都是他们的孩子。

现在，乡下的稻子已收割完了，稻谷入了仓。红薯刨出来了，在屋角堆成小山。棉花亦已拾净，雪白雪白的，在人家家门口的竹席上孵太阳。该播种麦子了。村庄上空秋意弥漫，一片叶子在与另一片叶子话别。一棵草在与另一棵草相约了再见。虫子的声音，渐渐变得细小，直至，没入大地，大地一片岑静。我的父亲母亲，劳作累了，会双双坐到田埂边，守望着他们的土地。那里面，埋藏着来年的春天。

草的味道

怜爱真是一种美好的人类情感。你拥有了这种情感，你会对整个世界，都充满善意。

下班，开着电瓶车，路边的草地新割了，散发出浓郁的草香。我有种冲动，想停了车，躺倒到草地上去，在那草香里打上几个滚。

怎么形容这香呢？还真说不好。它不似花香，染了脂粉味。它又不似露珠雨水，带着清凉。对，它似乎有种成熟了的谷物的味道，小麦，或是大豆。再闻，却又不是，它香得那么独特，风霜雨露、日月星辰的精华，全在里头。你不由得张大嘴，大口大口地猛吸，五脏六腑都被它灌得醉醉的，如饮佳酿。你猛然醒悟过来，它就是草香哪，用什么也比拟不了。就像一个独特的人，你怎么看，他都与旁人不一样。他有他特有的气质，别人模仿不来。

这是秋冬的草。牛或羊，一整个冬天，都吃着这样的草。牛和羊的身上，都是草香。

春天的草，则又是另一种味道。那些嫩绿的、柔弱的，不能碰，一碰就是一汪水啊。它们多像初生婴儿柔软的发丝，和肌肤，浑身上下，散发出奶香。你走过它们身边时，你的心里，有了怜爱。

怜爱真是一种美好的人类情感。你拥有了这种情感，你会对整个世界，都充满善意。同样的，世界回报给你的，也将是美好和善良。

"青青河畔草，绵绵思远道"，我以为写的也是初春的草。这样的画卷，太容易让人沉溺。春回大地，小草甜蜜的气息，率先扑入人的鼻翼。独坐香闺中的女子，暗自吃了一惊，都春了么？推开窗户，草色入帘青。屋旁的河畔，早已是蜂蝶纷飞。突然的，她悲上心头，远行的人啊，我等你等到草都绿了，你怎么还没有归？——草最担当得起这样的爱情和思念，自然，纯真，绵绵不绝，直叫人柔肠百结。

草也最是宽容，从不计较个人得失恩怨，你踩它、割它，甚至是放火烧它，它依然生长，散发出特有的清香。雨水越多，它越长得欢。所谓水肥草美，才是大自然最好的盛况。我在呼伦贝尔大草原，见识过这种盛况。

在那里，我跟着一棵草走啊走啊，走到呼伦湖，走到贝尔湖，走到根河去。两个老牧羊女坐在草地上。一旁的牛和羊，在安详地啃着草。草地上开着或白或紫的花，东一朵西一朵的，像淘气的孩子，满地乱滚，无秩无序，却有种散漫的天真。我在草地里走，草生出牙齿来，咬我。咬我的，还有满地乱飞的蚊虫。

她们远远看着我笑，说，你应该穿长裤的呀，这儿的虫子多着呢。她们戴头巾，穿长衫长裤，脚蹬靴子，手握马鞭，坐在草地上，悠闲得像草地上开着的花。她们掐一根草，放在嘴里品咂，告诉我，我们这里的好多草，都是上等的草药呢，能治好多病的。问她们，那你们嘴里的草是啥味道呢？她们一齐笑了，答，就是草味呗，香。

她们说，野玫瑰也是一种草。马齿苋也是一种草。格桑花也是一种草。春天开花可好看了，红的，粉的，黄的，很大的一朵朵。她们这么说时，唇齿间，散发出草的香气。让我很想去拥抱她们。

我问她们可不可以拍照。她们很乐意，正正衣冠，端庄地对着我的镜头笑，笑得很像两棵草。

我的老家，也生长着众多的草。每次回家，我都会去看看它们。它们的名字，我一个也没有忘记，牛耳朵、苦艾、蒿子、茅、蒲公英、地阴草、一年蓬、乳丁草、婆婆纳……它们各有各的味道，闭起眼睛，我也能闻得出来。——故乡的味道，那是烙进一个人的骨骼里的。

我很高兴它们一直在，它们在，我的故乡便在。

新丰看花

人的眼睛里，恨不能飞出千万只的蝴蝶来，每朵花上都要去停上一停，看上一看才好。

在新丰有花之前，我是不知在离我并不遥远的地方，还有着这么一个小镇的。尽管，它曾是中华民国村镇规划第一镇。然岁月泱泱，它终淹没其中，跟苏北其他千百个乡村小镇一样，房舍简单，默默无闻。

从街头，搭眼望过去，也就能望到街尾了。然"山不在高，有仙则名。水不在深，有龙则灵"，新丰有花啊。它因有花，名声渐渐远播开去，春种郁金香，夏种荷，秋有百合。不是一朵一朵地种，而是成片成片地种，波澜壮阔地种，"地上长花，湖中生花，树上开花"，花浪簇簇，成海洋。有美名曰：荷兰花海。

我们停车，随便扯住街上一个摆摊卖水果的，相问，你们的荷兰花海在哪里？

中年男人皮肤黝黑，透着一股极地道的憨厚。他跳到路中央，热情指点，你们一直往西走，不用拐弯，看到很多的车很多的人，就到啦！

我们道了谢，顺着他手指的方向，一路开过去，果真看到很多的车、很多的人，颜色缤纷，逶逶迤迤有好几里，都是赶过来看花的。我们尚未走近，花香已率先来迎，浓烈扑鼻。说不清是什么花的香，百合有，菊花有，秋桂有，像东北的家常大菜——乱炖，好滋味一锅端了。

颜色们也都跑来约会。大红、深红、粉红、橘红、玫红、莹粉、乳白、雪白、橙黄、鹅黄、淡紫、粉紫、浅蓝……人的眼睛里，恨不能飞出千万只的蝴蝶来，每朵花上都要去停上一停，看上一看才好。哪里看得尽！坡上，坡下，湖旁，河畔，都是花呀，蜂飞蝶舞。成片的百合。成片的仙客来。成片的菊。成片的马鞭草和向日葵。远方草原上的格桑花也来做客，它们带来了它们的豪迈，红花朵黄花朵，朵朵奔放。人在其中，一时恍惚，仿佛置身于辽阔的大草原，牛羊遍地，天蓝草绿。

最有看头的，还数花海里的人，男男女女，老老少少。寻常模样，一入花海，便都给描了彩绣了边了。俏啊！洁净的俏！

一壮实的男孩子，突然闪身躲到一丛格桑花后面，一边把自己藏着，一边探头望着一处窃笑。他偷望之处，一长发女孩，正顺着一棵棵葵花走过来，边走边四下环顾，似在犹疑着——满眼都是花啊，我的那个亲爱的人呢？

男孩子也只是小藏了一下，就沉不住气了，他未等女孩走到近前，就跳了出来，冲上前去，紧紧拥抱了女孩，好似久别重逢。他低下头，用额头轻碰女孩的额头，温柔地笑问，你找不着我了吧？找不着我了吧？

我笑着轻轻走开去。想着，往后的岁月，他们若在一起久了，也许也会有小小的摩擦、磕绊，会拌嘴，会生气，然而，只要其中一个说一句，可记得那个秋日，我们一起去新丰看花？另一个的心，一定会立即柔软下来。这日的花事，在记忆里盛开、沸腾。和花事一同盛开和沸腾着的，还有他们的爱情，那么的干净、纯粹，散发着灵魂的香气。怎么舍得伤害和相忘！

祖母的葵花

那里，一定有一棵葵花正开，在祖母的心里面。

我总是要想到葵花，一排一排，种在小院门口。

是祖母种的。祖母侍弄土地，就像她在鞋面上绣花一样，一针下去，绿的是叶，再一针下去，黄的是花。

记忆里的黄花总也开不败。

丝瓜、黄瓜是搭在架子上长的。扁扁的绿叶在风中婆娑，那些小黄花，就开在叶间，很妖娆地笑着。南瓜多数是趴在地上长的，长长的蔓，会牵引得很远很远。像对遥远的他方怀了无限向往，蓄着劲儿要追寻了去，在一路的追寻中，绽放大朵大朵黄花。黄得很浓艳，是化不开的情。

还有一种植物，被祖母称作"乌子"的。它像爬山虎似的，顺着墙角往上爬，枝枝蔓蔓都是绿绿的，一直把整座房子包裹住了才作罢。忽一日，哗啦啦花都开了，远远看去，房子插了满头黄花呀，美得让人心醉。

最突出的，还是葵花。它们挺立着，情绪饱满，斗志昂扬，迎着太阳的方向，把头颅昂起，再昂起。小时候我曾奇怪于它怎么总迎着太阳转呢，伸了小手，拼命拉扯那大盘的花，不让它看太阳，但我手一松，它弹跳一下，头颅又昂上去了，永不可折弯的样子。

凡·高在 1888 年的《向日葵》里，用大把金黄来渲染葵花。画中，一朵一朵葵花，在阳光下怒放，仿佛是"背景上迸发出的燃烧的火焰"。凡·高说，那是爱的最强光。在颇多失意颇多彷徨的日子里，那大朵的葵花，给他幽暗沉郁的心，注入最后的温暖。

我的祖母不知道凡·高，不懂得爱的最强光，但她喜欢种葵花。在那些缺衣少吃的岁月里，院门前那一排排葵花，在我们心头，投下最明艳的色彩。葵花开了，就快有香香的瓜子嗑了。这是一种香香的等待，这样的等待很幸福。

葵花结籽，亦有另一种风韵。沉甸甸的，望得见日月风光在里头喧闹。这个时候，它的头颅开始低垂，有些含羞，有些深沉，但腰杆仍是挺直的。一颗一颗的瓜子，一日一日成形，饱满，吸足阳光和花香。葵花成熟起来，蜂窝一般的。祖母摘下它们，轻轻敲，一颗一颗的瓜子就落到祖母预先放好的匾子里。放在阳光下晒，会闻见花朵的香气。一颗瓜子，原来是一朵花的魂啊！

瓜子晒干，祖母会用文火炒熟，这个孩子口袋里装一把，那个孩子口袋里装一把。我们的童年就这样香香地过来了。

　　如今，祖母老了，老得连葵花也种不动了。老家屋前，一片空落的寂静。七月的天空下，祖母坐在老屋院门口，坐在老槐树底下，不错眼地盯着一个方向看。我想，那里，一定有一棵葵花正在开放，开在祖母的心窝里。

愿全世界的花都好好地开

丁立梅 著

作家出版社

图书在版编目（CIP）数据

愿全世界的花都好好地开：新版 / 丁立梅 著. -- 北京 ：作家出版社，2018. 11（2023.8 重印）
ISBN 978-7-5063-9925-8

Ⅰ. ①愿… Ⅱ. ①丁… Ⅲ. ①散文集- 中国 - 当代
Ⅳ. ①I267

中国版本图书馆 CIP 数据核字（2018）第 030783 号

愿全世界的花都好好地开：新版

作　　者：丁立梅
责任编辑：省登宇
助理编辑：周李立
装帧设计：张亚群
出版发行：作家出版社有限公司
社　　址：北京农展馆南里 10 号　　邮　　编：100125
电话传真：86-10-65937186（发行中心及邮购部）
　　　　　86-10-65004079（总编室）
E-mail:zuojia@zuojia.net.cn
http://www.zuojiachubanshe.com（作家在线）
印　　刷：北京中科印刷有限公司
成品尺寸：142×210
字　　数：180 千
印　　张：10.5
版　　次：2018 年 11 月第 1 版
印　　次：2023 年 8 月第 17 次印刷
ISBN　978-7-5063-9925-8
定　　价：35.00 元

目录

序 / 001

第一辑　幽幽七里香

这世界哪怕再叫人失望，也有一种叫美好的东西，在暗地里生长。

幽幽七里香 / 003

笔缘 / 006

我想养一座山 / 009

沙城的春天 / 013

看春 / 016

槐花深一寸 / 019

绿 / 021

口红 / 025

格桑花开的那一天 / 028

萝卜花 / 034

相遇香格里拉 / 037

谦谦君子 / 040

第二辑　初心

世间坚守一段生命容易，坚守一段初心，却难。

补碗匠 / 049

她不是一棵树 / 052

尘世里的初相见 / 055

做了一回小贼 / 058

初心 / 065

那些年，指甲花开 / 069

步摇 / 072

五点的黄昏，一只叫八公的狗 / 075

淡香暖风 / 081

小鸟每天唱的歌都不一样 / 084

孩子和秋风 / 089

寂寞的马戏 / 092

你再捉一只蜻蜓给我，好吗 / 095

第三辑　住在自己的美好里

世上所谓美好的事物，大抵都如此，只安静地住在自己的美好里，这才保存了它们的本性。

看花 / 105

春在枝头已十分 / 108

住在自己的美好里 / 111

云水禅心 / 114

放风筝 / 117

家常的同里 / 120

有鸟在，春天会回来的 / 123

女人和花 / 126

看云 / 130

邂逅红叶谷 / 132

在菊边 / 135

阳光的味道 / 139

一日崇明 / 142

第四辑　追风的女儿

月下一支清冷的百合，在乐曲声中，徐徐地开了花。

一树一树梨花开 / 149

相见欢 / 152

在博鳌 / 155

追风的女儿 / 159

谁碰疼了她的忧伤 / 162

认取辛夷花 / 166

月下我的影子，像头年轻的小鹿 / 169

我们曾在青春的路上相逢 / 172

自是花中第一流 / 175

满山坡的野玫瑰 / 178

穿过我的黑发你的手 / 181

第五辑　爱如山路十八弯

山路十八弯，通向的，原来是一个叫爱的地方。

爱与哀愁 / 193

幸福的石榴 / 196

爱，是等不得的 / 199

吊在井桶里的苹果 / 202

老了说爱你 / 205

过量的爱 / 208

布列瑟农的忧伤 / 211

和父亲合影 / 214

爱，踩着云朵来 / 217

《诗经》里的那些情事 / 220

爱未央 / 227

咫尺天涯，木偶不说话 / 231

爱如山路十八弯 / 237

等你 80 年 / 240

第六辑 时间无垠，万物在其中

时间无垠，万物在其中，原各有各的来处和去处，各有各的存活的本领和技能。

任性的水仙 / 245

在心上，铺一片沃土 / 248

且吟春踪 / 251

谷雨 / 254

漫游桂子山 / 257

艾草香 / 260

素心如简 / 263

小满 / 266

挂在墙上的蒲扇 / 269

华丽缘 / 272

只要听着，就好了 / 275

老画室 / 278

时间无垠，万物在其中 / 281

第七辑 人间岁月，各自喜悦

喧闹远去，唯留宁静。我以为，这样的宁静，更接近生命的本质。

打春 / 287

篸菜花 / 290

红绸伞 / 293

午时安昌 / 297

姚二烧饼 / 300

心态和情绪 / 303

要相爱，请在当下 / 307

仲秋小令 / 310

种爱 / 313

从前 / 316

冬天的树 / 321

人间岁月，各自喜悦 / 324

序

我给这本书命名时，引起一些小争论：

你为什么要取这个名呢？是因为你很喜欢花吗？

你不觉得这个名字太直白、不吸引人吗？

有搞市场营销的朋友直截了当跟我断言：没有卖点。

可是，我还是万分执拗地认定了，就是它。

我曾经非常不喜欢一个人，这个人算是我的邻居。

那时新婚。家里那人的单位给分房，我跟着那人住。大院子里，一排青砖红瓦房，唇齿相依地紧挨着，我们住其中一间。

这个人住我们家隔壁。有女儿比我小不了几岁，大学快毕业了。女儿骨架大，脸庞子也大，算不得好看，像他。

从前他是当兵的，据说都做到正团级了。日常行事待人，就很有点跋扈。又喜喝酒，一喝醉了就骂人。三天两头的，听到他在隔壁叫骂，大嗓门撞击着薄薄的墙体，震得墙上的石灰粉，都要掉下来。

为人也小气、抠门。大院子里一孩子过生日，大伙儿凑钱去买礼物，给那孩子庆生。找来找去，却找不到他。隔一天，他回来，说是回老家了。

单位分西瓜，他第一个冲上去，在一堆瓜里面左挑右拣，几乎把每一只瓜都拿手上掂量过了，拣了两只最大的。

因工作需要，他时常出差。每每出差归来，他都要骂爹骂娘一阵子，牢骚满腹，抱怨着外面伙食的欠缺、住宿条件的简陋、工作的繁琐。

他的女儿病了，百日咳嗽。咳得山也震动水也震动的。

他们家尝试了很多治疗方法，不见好。

后来，他不知从哪里得一民间偏方，用枇杷叶煎水喝。

我们那儿没有枇杷树。

他去乡下找，装了满满一麻袋扛回来。

夏日午后，蝉在树上都困了，一院子的静悄悄。他独坐在一圈树荫下，面前一盆清水，一堆枇杷叶。他拿刷子仔细刷着每一片枇杷叶，把上面的绒毛和尘粒刷净。树的浓荫，在他身上晃动，水波一样晃动。他的身上，发出粼粼的光。

我是从那一刻起，对他生了好感。这世上，人没有绝对的好坏，再强硬的外表下，也有他柔软的一面。就像在沙砾中、残垣上、岩缝里，也有花开明艳。

每个人的心中都有一朵花。

我只愿，全世界的花都好好地开。

第一辑
幽幽七里香

这世界哪怕再叫人失望，也有一种叫美好的东西，在暗地里生长。

幽幽七里香

这世界哪怕再叫人失望，也有一种叫美好的东西，在暗地里生长。

三层小楼，粉墙黛瓦，阅览室设在二层。靠楼梯的一面墙上，满满当当的，摆的全是书。朝南的窗户外面，植着七里香。人坐在室内看书，总有花香飘进来，深深浅浅，缠绵不绝。

这是当年我念大学时，学校的阅览室。对于像我那样痴迷读书，而又无钱买书的穷学生来说，这间免费开放的阅览室，无疑是上帝恩赐的一座宝藏。在那里，我如饥似渴，阅读了大量的中外文学书籍。也是在那里，我初次接触到《诗经》，立马被那些好听的"歌谣"迷上。野外总是天高地阔的，我一会儿化身为那只在河之洲的雎鸠，一会儿又变身为采葛的女子，岁月绵远，天地皆好。

其实那时，我心卑微。我来自贫困的乡下，无家世可炫耀，又不貌美，穿衣简朴，囊中时常羞涩。在一群光华灼灼的城里同学跟前，我觉得自己真是又渺小又丑陋。

读书却使我的内心，慢慢儿的，变得丰盈。那真是一段妙不可言的光阴，每日黄昏，一下了课，我匆匆跑回宿舍，胡乱塞点食物当晚饭，就直奔阅览室而去。看管阅览室的管理员，是个三十多岁的年轻人，个高，肤黑，表情严肃。他一见我跑去，就把我看的《诗经》取出来，交我手上，把我的借书卡拿去，插到书架上。这一连串的动作，跟上了发条似的，机械连贯，滴水不漏。我起初还对他说声谢谢的，但看他反应冷淡，后来，我连"谢谢"两字也免了，只管捧了书去读。

读着读着，我贪心了，我想把它据为己有。无钱购买，我就采取了最笨的也是最原始的办法——抄写。一本《诗经》连同它的解析，我一字不落地抄着，常常抄着抄着，就忘了时间。年轻的管理员站我身边许久，我也没发觉，直到他不耐烦地伸出两指，在桌上轻叩，"该走了，要关门了。"语调冷冷的。我始才吃一惊，抬头，阅览室的人已走光，夜已深。

我不好意思地笑笑，归还了书。窗外七里香的花香，蛇样游走，带着露水的清凉。我心情愉悦，摸黑蹦跳着下楼，才走两级楼梯，身后突然传来管理员的声音："慢点走，楼梯口黑。"依旧是冷冷的语调，我却听出了温度。我站在黑地里，独自微笑很久。

那些日子，我就那样浸透在《诗经》里，忘了忧伤，忘了惆怅，忘了自卑，我蓬勃如水边的荇菜、野地里的卷耳和蔓草。也没想过自己到底为什么要迷恋，也没想过自己日后会走上写作的路，只是单纯地迷恋着、挚爱着，无关其他。

很快，我要毕业了。突然收到一份礼物，是一本《诗集传楚辞章句》，岳麓书社出版的，定价七块六毛。厚厚的一本。扉页上写着：赠给丁小姐，一个爱读书的好姑娘。下面没有落款。

我不知道是谁寄的。我猜过是阅览室那个年轻的管理员。我再去借书，探询似的看他，他却无甚异常，仍是一副冰冰冷的样子，表情严肃。我又怀疑过经常坐我旁边读书的男生和女生，或许是他，或许是她。他们却埋首在书里面，无波，亦无浪。窗外的七里香，兀自幽幽的，吐着芬芳。

我最终没有相问。这份特殊的礼物，被我带回了故乡。后来，又随我进城，摆到了我的办公桌上。我结婚后，数次搬家，东迁西走，丢了很多东西，但它却一直都在。每当我的眼光抚过它时，我知道，这世界哪怕再叫人失望，也有一种叫美好的东西，在暗地里生长。

笔　缘

做这个，得耐得住性子，还要耐得住寂寞。

我是被他店里的古朴吸引住的。

店门口，青花蓝布之上，悬一支特大号的毛笔。笔杆是用青花瓷做的。谁舍得用这笔来写字啊，得收着藏着才是。

这是边陲古镇。一街的鼎沸之中，它仿佛一座小岛，安静得不像话。

我也才从那大红大绿的热闹中走过来。看见这店，身旁的大红大绿全都走远了，喧闹声响也都走远了，人自觉静了。

怎么能不静？看他，静静的一个人，像支悬在墙上的狼毫。白衬衫、褐色皮围裙，戴一顶卡其帆布帽，安坐于店堂口，手握镊子，膝上摊一堆说不上是什么动物的毛，一根一根地拣。他每拣一根，都要对着光亮处仔细看一下，分辨出毛的成色、锋颖、粗细、直顺等等。复低头，再拣。这样的动作，他不厌其烦地做，一做十五年。

店堂狭窄，只容一人过。两边墙壁上，悬着字画。笔架上，各色各样的毛笔，或插着，或悬着，或躺着。有长有短，有粗有细，总有成百上千支吧。这些，全都出自他的手。一根毛一根毛地挑出来，然后，浸泡于水中，用牛角梳慢慢梳理，去绒、齐材子、垫胎、分头、做披毛，再结扎成毫。他说，做成一支毛笔，要一百二十道工序，每一道，都马虎不得。

从前他不是做笔的。他父亲是。他父亲的父亲也是。算是祖传了。父亲做笔，名声很大，方圆几百里，都叫得响。有个顶有名的书法家，专程跑上几百里，来买他父亲做的笔，一买几十年。书法家说，不是他父亲做的笔，那字，就不成字了，总也写不出那种味道来。

父亲临终前，难咽气，说断了祖宗手艺。他当时在一家机械厂任职，还是个副厂长呢，多少人羡慕着啊。可是，为了让父亲能闭上眼睛上路，他选择了辞职，拿起镊子和牛角梳。

这一做，就放不下了。说是热爱，莫若说是习惯了吧。每天早上醒来，他总要摸摸镊子和牛角梳，再把室内所有的笔，都数望一遍，才安心。这种感情，不能笼统地说成执着或是热爱。它是什么呢？就好比你饿了要吃饭，你渴了要喝水，你打个喷嚏会流眼泪，就这样自然而然的。哎呀，说不清啦，最后他这么说。

他辗转过不少地方，带着他的手艺。我这卖的不是笔，卖的是懂得，他强调。现在，能静下心来写字画画的人少，懂得欣赏这种手工艺的行家，更少了。他来到这边陲小镇，一年四季观光客不少，也总能碰上一两个懂笔的知己。所以，他住了下来。有个安徽的书法家，问他订制了十万块钱一支的羊毫。那得在上万只羊身上，挑出顶级中的顶级的毛，没有任何杂质，长短色泽粗细都一样。他为做这支羊毫，花费了大半年时间。

遇到懂它的人，值！他笑了。房租却越来越贵，原来的店铺有两大间呢，宽敞明亮的，好着呢。现在只剩下这么一小间了，他说。

他有两个孩子，一儿一女，都念初中了。孩子却对做笔没兴趣，有时放学回来，他让他们帮着拣拣毛，他们却弄得乱七八糟的。坐不住哇。做这个，得耐得住性子，还要耐得住寂寞。

他姓章，叫章京平。江西人。他在他做的每支笔上，都刻上了他的名字。

我不懂笔。但我还是问他买了两支，八十块钱一支。笔杆上，镶了一圈青花瓷，很典雅。我带回来，插在书房的笔筒中。外面的桂花或是梅花，开得正好的时候，我会掐一两枝回家，和这两支毛笔插在一起。

我想养一座山

有时候，你以为你已走到山穷水尽了，其实不然，奇迹就等在下一秒。

去南京参加一个会，有幸入住山中。山的名头很响，叫紫金山，又名钟山。它三峰相连，绵延三十余公里，形似巨龙腾飞，因而自古就有"钟山龙蟠，石城虎踞"之称。

会议结束得早，我有大把时间，可以把山看个究竟。为此，我特地跑去宾馆前台买一双布鞋，换掉脚上的高跟鞋。

我向着紫金山的纵深处去，也无目的地，也不担心迷路。我只管跟着一枚绿走。跟着一朵花走。跟着一只虫子走。跟着大山的气息走，那种清新、幽静又迷人的。

春末夏初，满山的绿，深深浅浅，搭配合宜。你仿佛看到，哪里有只手，正擎着一支巨大的狼毫，蘸着颜料在画，一笔下去，是浅绿加翠绿。再一笔下去，是葱绿加豆绿。间或再来一笔青绿和碧绿。人走进山里去，立即被众绿们淹没。哎呀——
你一声惊叫尚未出口，你的心，已被绿沦陷。

这个时候，你愿意俯身就俯身，愿意张嘴就张嘴，愿意深
嗅就深嗅。眼里嘴里鼻子里，无一处不是青嫩甜蜜的。浊气尽
去，身体轻盈，自我感觉就倍儿奇异起来，觉得自己变成了
一朵花、一棵草、一只小粉蝶、一枚背面好似敷着珍珠粉的绿
叶子。

倒伏的已枯朽的树木，居然也披上了绿衣裳。我看到它的
枝头有新芽爆出，亦有小草们在它身上，兀自茂密成片。我想
起曾在某个古镇看到的一奇观，一棵遭雷劈火烧的银杏树，经
年之后，在它枯死之处，竟又长出一棵蓊郁的银杏来。

生命的奇迹处处皆有。有时候，你以为你已走到山穷水尽
了，其实不然，奇迹就等在下一秒。

我弯腰跟一些小野花打招呼。半坡上，它们在杂草丛中蹦
蹦跳跳，浅白的一朵朵，像萝卜花，又形似七里香。真是惭
愧，我叫不出它们的名。那也没关系的，我就叫它们山花吧。

有虫子劈面撞我一下，跑到我的眼睛里。是山风调皮了，
还是虫子自个儿调皮了？我轻轻拂去那只小虫子，我不生气。
这是它们的家和乐园，我才是个入侵者。

鸟的叫声，跟细碎的阳光似的，在树叶间跳跃，晶亮得很。
小溪边，迎春花还残留着些许的黄，青枝绿叶之上，那些黄，
像闪烁的眼睛。更像心，不肯轻易撤离这春天。

一座木桥，很轻巧地搭在小溪上。桥的这边是流水，桥的那边也是流水。水边迎春花们手臂相缠。一只黑色镶紫边的蝴蝶，翩然飞来，它停歇在木桥的栏杆上，不走了。它伏在栏杆上，认真地嗅和吮吸。

我看着它，"扑哧"笑了。想这蝴蝶真是傻，这硬邦邦的木头，有什么好吮吸的！

可我看着看着，就有了冲动，我想学它的样子，把脸也凑到栏杆上去闻一闻，深深的。山里的哪根木头上，不浸染着花草的香气，还有水的清冽甜美？蝴蝶才不傻呢，它知道哪里的味道最地道最纯真。

早蛙的叫声，在一丛青青的菖蒲下面。也就那么断续的一两声，像试嗓子似的。满山的绿，因这活泼的一两声，轻轻地抖了抖。天空倾下半个身子来倾听。没有谁知道，天空已偷偷用这大山的绿，洗了一把脸，望上去，又洁净又碧青。

一老人从山上下来，健步如飞。想来他常年在这山上走着，脚上的功夫了得。他走过我身边，笑笑地看我一眼，矍铄的眼神，跟蚕豆花似的。而后，远走，身影很快没到一堆绿后头，清风拂波一般。

日头还早，我倚着山，坐下来，幸福地发呆。突然的，我想养一座山，一座小小的山。有树木环绕。有溪水奔流。花草满山随意溜达，它们喜欢哪儿，就在哪儿扎根。还有数不清的虫子，自由出没，互相串门儿玩。有蝴蝶翩翩然。当然，不能离了鸟叫和蛙鸣。

我们每个人的心中，都可以养上这样一座山的吧，适时地避开车马喧闹世事纷争，还自己些许清宁明澈。

沙城的春天

沙城的春天,来得慢。江南的花早已沸沸开过,这里的树木,大多数还睡眼惺忪纹丝不动着。

我从南方,一路花红柳绿旖旎着过来,突然一脚踩到沙城的土地上,有好大一会儿,我是不大回得过神来的。

沙城,塞北的一座小镇,隶属怀来县。初见它,我的脑子里蹦出这样两句诗来:江南有桂枝,塞北无萱草。关山万里,风沙漫漫,人类的足迹,好多的,早被掩埋得深深。沙城人只知道,他们的前身,是个叫雷家堡的小村子,不过二三十户人家,过着清贫俭朴与世无争的日子。明正统十四年,明英宗御驾亲征瓦剌,兵败退至这里,被瓦剌军追上,明军全军覆没,血染沙场,史称"土木堡之战"。这之后,明政府为巩固边防,开始在这里修建城堡,起名沙堡子。后陆续建成东堡、中堡、西堡,改称沙城堡。

风大。我就没见识过春天也会刮这么大的风，吹得我脖子上的围巾都快系不住了。接待我的沙城四中的陈校长说，今天的风还小很多了呢，昨天傍晚那风刮的，人走在外面，两腿交叉打战。他说着说着，就憨笑起来。对这风，他们日日相见，早已融入生命中，包容里，竟有了宠溺的意思。

问他，这沙城，可是用沙子做成的城堡？他听了，"嗬嗬"笑起来，答，它还真离不开沙子的。盆地入口，周围皆山，风漫进来，沙子也就跟着进来了。

那你们岂不是一年四季都吃着风沙？

啊，反正是离不开沙子的。

我听着吃惊，可他的脸上，却波平浪静着。隐隐的笑意里，似有沙子粒粒，质朴得很旷古。

沙城的春天，来得慢。江南的花早已沸沸开过，这里的树木，大多数还睡眼惺忪纹丝不动着。我去街上寻春，小广场上有老年人在舞剑，红衣红裤，活力四射。有年轻妈妈推着童车，一边缓慢散步，一边教童车里的小孩子唱儿歌："小燕子，穿花衣，年年春天来这里。"我听着笑了，抬头，天空中有鸟飞过，黑色的剪影，像一枚黑花朵。

问陈校长，你们这里的春天，都长些什么？

这个憨厚的塞北男人，笑笑地看着我，坦然说，不长什么。旋即他又补充道，春天我们这里还真没啥。到夏天就好了，夏天我们有葡萄，成万亩的葡萄园。我们地处盆地，气候独特，所产的牛奶、龙眼葡萄赫赫有名。我们已有八百多年种植葡萄的历史了。我们的葡萄酒更是出名，好喝，是国家定点的高档葡萄酒生产基地。你们喝到的高档葡萄酒，十有八九，都是我们这儿生产的。

哦，我不住点头。我看到一个盎然的春天，在他脸上荡漾。

后来，我到四中讲座，见识了比春天还春天的老师和孩子。一张张葵花般的笑脸，朝着我，饱满着。我讲座完了，孩子们蜂拥上来跟我拥抱，他们说，老师，我们喜欢您，喜欢您的讲座，谢谢您！老师，您辛苦了！

我要走了，在办公楼的大厅里，正跟几个老师话别，两个小男生突然跑到我跟前，说，老师，您等等我们好吗，我们有礼物要送给您。说完，他们急急地转身就跑，一会儿之后，他们气喘吁吁站定我跟前，两张红扑扑的小脸蛋上，渗着细密的小汗珠。他们看着我，不好意思地笑，从校服口袋里，各掏出一盒鲜奶，塞我手上。

我们住在学校里，也没什么好东西送您，这个，您喝。

您一定要喝呀。他们晶亮的眼睛，盯着我，生怕我不答应。在得到我肯定会喝的许诺后，他们开心地笑了，冲我一鞠躬，谢谢老师！然后，像小燕子似的，飞走了。

这是他们第二天的早餐奶，是他们能拿得出的最珍贵的东西，他们把它送给了我。我紧紧握着那两盒鲜奶，我把沙城最好的春天，握在手里了。

看　春

这世上，很多时候，苦乐自知，好好活着，才是本质。

城里的春天，多半是零碎的，小打小闹着的，不过是人家窗台的一盆花，城边河畔的几棵柳。乡下的春天却全然不一样，乡下的春天，是极讲排场的，仿佛听到哪里"哗"一下，成桶成桶的颜料，就花花绿绿泼下来，染得满田满坡皆是。这时的乡村，成油画，是最有看头的。

于是去乡下看春天。

我们去的地方，是一个叫新曹的小镇，它有五万亩的油菜地。车子在修得平坦宽敞的乡间道上，一路奔去，奔向那油菜花深深处。以为就到尽头了，哪知车子一拐，竟又撞上一片油菜花地，又铺开一片黄色汪洋，绵绵不绝。同行中一人问，美吧？我笑笑，不语。不堪说，不堪说，只一任眼睛，掉进那汪洋里。古有女子对镜贴花黄，我想这花黄，该是油菜花的颜色才对，眉心一点艳，有惊心之感。

　　跟一些植物相认，不是初相识，是久别重逢。牛耳朵、刺艾、乳丁草、三叶草……这一些，我多么熟悉！乡下是草们的天堂，草们是羊的天堂。小时养羊，天天提了篮子去挑羊草。却贪玩，在草地里捉蚱蜢，或扣了篮子玩老鹰捉小鸡的游戏。等到日落西山了，才想起篮子还是空的呢，野地里，随便找几根草秆，把篮子架空，然后割一把青草，摊上面，看上去，就是满满一篮子翠绿了。回家，故意在大人面前晃一下，让他们看着，是满篮子的青草呢。却趁他们不注意，人已溜到羊圈边，把那把青草扔进去。大人问起，草呢？响亮地回，羊吃了。真是可怜了那些小羊，半夜里饿得直叫唤。

　　不知现在的孩子，玩不玩我们小时玩的游戏了。不知现在的羊，还会不会半夜饿得直叫唤。我看到草地上，有一群羊，正悠闲地吃着草。同去的女孩惊喜地叫，羊哦。同去的老先生神态安详，说，羊有什么看头？我听着，莞尔。

　　蚕豆花开了，星星点点，伴在油菜花旁，像撒下无数的小眼睛。白萝卜的花，是粉紫的，小蜜蜂们围着它嗡嗡，我好不容易等到一只停在花蕊上，给它拍了一张照。一种叫婆婆纳的草，开粉蓝的花，花细小得像米粉。我拉近镜头，拍下那粒粉蓝。再看显示屏上，分明是一朵美得让人心疼的花呵，像乖巧的小女儿。这野地里，到底还藏了多少美？无论卑微与否，它们都认真地绿着，开着花，不辜负春光。我想，这才是活的真姿态吧。

看到一丛荠菜花，细碎的翡翠色，像水仙花的颜色，清秀，温柔。我悄悄拍下它，让同行的人认，可知这是什么花？结果大家都没认出来。我有些为荠菜叫屈，它一季的美丽，到底为谁？或许，它谁都不为，它的美丽，只属于它自己。

路边看见养蜂人，正在路边忙碌。头上裹着头巾，脸上刻着岁月沧桑。这些养蜂人，据说是从闽浙那一带来，他们天南地北地追着花跑，此处花息了，又将迁徙到他方，去寻找花开。一旦成为养蜂人，四处漂泊，将贯穿他们一生。他们幸福吗？我看过商场货架上，摆放的蜂蜜，一瓶一瓶，盛满甜蜜芳香，想那里面该有多少花的魂蜂的魄，还有养蜂人的颠沛流离？这世上，很多时候，苦乐自知，好好活着，才是本质。我唯愿这个春天，他们是快乐的。

槐花深一寸

那一刻，时间停顿，风不吹，云不走，仿佛什么都想了，什么又都没有想。

槐花开的时候，我抽了空去看看。人生的旅途说长也长，说短也短，我们能相遇到的花期也有限，我不想错过每一场花开。

槐花也属乡野之花。它比桃花、梨花更与人亲，那是因为它心怀甜蜜。花开时节，空气中密布它的香甜，让你不容忽视。于是乡下孩子的乐事里，就有这么一件，爬上树去摘槐花。那也是极盛大的场景，树上开着槐花，地上掉着槐花，孩子们的脖子上、肩上落着槐花，口袋里，还塞着一串串白。随便摘取一朵，放嘴里品哑，甜哪，糖一样的甜。巧妇会做槐花饼、槐花糖，吃得人打嘴不丢。家里养的羊，那些日子也有了口福。

我来赏的这树槐花，在小城的河边。小城新辟了沿河观光带，这棵槐，被当作一景从他处移植过来。

傍晚时分，光的影，渐渐散去。黑暗是渐渐加深的，及至一树的白，也没在黑里头，天便完全黑下来了。这时候，赏花变得纯粹，周遭的黑暗做了底子，槐花的白，跳跃出来，是黑布上绣白花。

仰头望向那树白，心莫名被一种情绪填得满满的。说不清那情绪到底是什么。那一刻，时间停顿，风不吹，云不走，仿佛什么都想了，什么又都没有想。这是人生的态度，我更愿意把它理解为本能，是由不得你的。

微笑着，想起那首出名的山西民歌《我望槐花几时开》。歌里唱道：高高山上一树槐／手把栏杆望郎来／娘问女儿你望啥子／我望槐花几时开……盼郎来的女儿家，心焦焦却偏不承认，把相思推给无辜的槐花，哎呀呀，槐花槐花，你咋还没有开？这里的槐花，浸染上人间情思，惹人爱怜。

风吹，有花落下来。我捡起一朵攥手心里，清凉的感觉，在掌中弥漫。白居易写槐花："薄暮宅门前，槐花深一寸。"我以为这是花落景象。古人尚不知花可吃，或者，知可吃而不吃，是为惜花。他们任由槐花自开自落，一径落下去，在地上铺了足有一寸深的白。真是奢侈了那一方土地，埋了那么多香甜的魂。

绿

没有一种颜色，比绿更广阔更浩荡。

喜欢绿。

没有一种颜色，比绿更广阔更浩荡。

春天，花还没来，绿先远行。人们不远千里追去看草原，其实，是去看绿的。牛羊点缀在绿上。湖泊镶嵌在绿上。蒙古包像白花朵一样的，盛开在绿上。一望无际的绿。波涛翻滚的绿。让一颗奔波的心，只想欢唱，只想纵情一回。

废弃的百年院落，墙上爬满绿。地上的砖缝里渗着绿。屋顶上，绣着绿。——那真的像是绣上去的，绒绒的，在黑的瓦片上。

一只猫，跳上院墙，碰翻了一墙的绿。它在墙头上回眸，眼睛里，汪着两潭绿水。看着，竟让人忘了时间，忘了惆怅。

这世上，最是万古不朽的，是绿。

有绿环绕，生的趣味，才源源不断。

是在秦岭，大山腹部，遇见一条绿的溪流。

真真是绿透了呀，像把满山的绿草绿树，都给揉碎了，榨出汁来，倒在里面。

我惊诧得顿住脚步。想捧上那样的一捧绿，在口袋里放好。不为什么，只想随时摸摸，这生命的质地。

也终于明白，亨利八世的爱情。他偶遇一个着绿衫的姑娘，立即为之神魂颠倒。宫廷华丽，美女如云，却难忘野外的绿袖子。小绿初开，在心里种出温柔来。怎能相忘！怎么相忘！于是，一曲《绿袖子》成了经典。

这是绿的魔力。

去西藏。好山好水地看过去，最难忘的，却是纳木错。

高原之上，它不时地变幻着魔术，逗自己玩。天空是蓝的，它就是蓝的。天空是靛青的，它就是靛青的。天空是灰的，它就是灰的。

那天我去，恰好撞见一个绿的湖，碧绿的。像条绿丝带，飘拂于山峦之中。

之前，我因高原反应剧烈，头疼欲裂，寸步难行。然等我看到它的刹那，我的所有不良反应，竟神奇般地消失。我跳下车去，奔向它。那飘向天际的绿丝带，跟山峦浑然一体，跟天空浑然一体，纯净安然。你只觉得灵魂被洗濯一遍，空灵，宁静，无所欲求。

湖旁堆着不少的玛尼堆。有的高得像座小山丘。藏人绕湖一圈，祈福，放下一粒石子。再绕湖一圈，祈福，放下一粒石子。如此循环，无有止境，才形成这样的玛尼堆。而绕湖一圈，需要几十天的时间。这小山丘一样的玛尼堆，该叠加着多少双虔诚的脚印！祈求我的牛羊啊。祈求我的亲人啊。祈求这混沌的尘世啊。祈求我的来生啊。他们信奉着心中的神，欢乐、哀伤、苦难、悲怆，一切的情绪，最终，都化为平静。平静得像一抹绿，湖水一般的绿。

生命本该呈现的，就是这样的平静啊。

在一个叫华阳的山区，看山民们制作神仙豆腐。

说是豆腐，其实与豆一点关系也没有，它完完全全是由绿绿的树叶制作而成。

树的学名叫双翅六道木，山民们却唤它神仙树。过去饥荒年代，人们拿它救命，捣碎，取汁充饥。谁知那汁液竟十分的可口黏稠，绵软似豆腐。人们怀着感恩的心，当它是神仙所赐，叫它神仙豆腐。代代相传，它成了独特的民间小吃。

一对老夫妇，做这个已五十多年，靠这个养大四个儿女。如今儿女们都出息了，但老人家还是每天一大清早，走很远的路，攀上山去，采回树叶，做神仙豆腐。他们说，做习惯了，一天不做，心里就空得慌。

我看到他们，把烫煮过的绿叶子，扣进木桶里，拿木杵一上一下地杵。绿绿的汁液，很快漫出来，被过滤到另一只桶里，均匀地摊到一块大石板上。石板迅速披上了一件绸缎般的"绿袍子"，那么绿，那么滑。待冷却后，揭下那件"绿袍子"，切成手指宽的绿条条，凉拌，吃在嘴里，又滑又软，清香透了。

那一口一口的绿啊！人间美味，叫人感激。

去江南。随便一座古镇，深巷里闲逛，也总要撞见做青团子的。

那是取了青绿的艾蒿，碾碎，和了糯米粉，揉搓而成。

看做青团子，也是极有意思的。眼见着那一团一团的绿，在一双手上盘啊盘啊，就盘成了青团子，乖乖地在蒸笼里躺着，浑身绿得晶莹透亮。像颗绿宝石。蒸笼上冒出的香气，竟也是绿绿的了。

我爱看那些捏着青团子的手，苍老的，或年轻的，无一不浸染着绿。深巷幽静，我的耳畔仿佛响着一支绿的情歌，咿咿呀呀，从千年的烟雨中，一唱三叹的，穿越而来。

口　红

因为心上装着一款口红，整个人，竟不一样了。

女人想要一款口红，想好久了。

玫瑰红的。女人看见来她地摊前的女顾客唇上，抹着那种色彩的口红。女顾客的嘴唇看上去娇嫩欲滴，像两瓣玫瑰花。女人的眼光扫过去，就移不开了。

女人后来又在不同的女顾客唇上，看到了那种红，娇嫩的，鲜艳的。

女人也想这么鲜艳一回。

大半辈子过下来，女人一直生活在困苦、奔波和忙碌中。少时家贫，家里兄弟姐妹多，不用说口红，连吃穿都成问题。待到长大成人，嫁了人，男人与孩子，又成了女人的天，女人围着他们团团转，根本没有心思去妆扮。孩子稍大一些，女人和男人，双双下了岗，当务之急，是解决生存问题。口红？女人压根儿就没想过这回事。后来，男人去开出租，女人摆了地摊，卖些杂七杂八的小物件，补贴家用。

很快，女人的生日到了。男人问："想要什么？"

女人没好意思说要口红。女人怕吓着男人，摆地摊与抹口红是不搭界的。何况，她年纪已是一大把了。

女人却无法放下对那款口红的惦念。

生日那天，她终于鼓起勇气走进商场。在化妆品柜台前，她一眼就看到了那款口红。千真万确，就是它，玫瑰红的！它立在化妆品柜台的货架上，和其他口红一起，款款着，鲜艳娇嫩，等着嘴唇来与它相亲。

女人激动了，她在化妆品柜台前不停地打转，怕别人瞧见了笑话，她只能看一眼那款口红，再看一眼别的什么。卖化妆品的女孩，笑容甜甜地朝她走过来，涂得鲜红的两片小嘴唇，轻轻启开，"阿姨，您想买什么？"

女人慌了神，她伸手一指那款口红，结结巴巴说："我想……买……买这个。""是给我女儿买的。"女人撒了谎，她只有一个儿子，并无女儿。

卖化妆品的女孩善解人意地"哦"一声，取出那款口红递给女人，说："阿姨您真有眼光，这款口红是我们这儿卖得最好的了，您女儿抹上，一定会更美。"

女人讪讪笑，笑得脸红红的。

口红的价钱，远超出女人的想象，要一百多块呢。女人还是狠狠心，买下它。

女人揣着口红回到家，立马对着镜子，在唇上抹开了。镜子里她的双唇，多像两瓣盛开的玫瑰花啊。女人独自欣赏了会儿，拿纸巾，轻轻擦掉。

出门，女人继续去摆她的地摊，容光焕发的。和她相邻摆水果摊的妇人，盯着女人的脸看半天，说了句："你今天的气色真好。"

女人低头笑了。因为心上装着一款口红，整个人，竟不一样了。女人想，以后每天都这么抹两下子，美给自己看。

格桑花开的那一天

尘世里，我们需要的，有时不过是一个肩头的温暖。

在进入了无人烟的大草原深处之前，他的心，是空的。他曾无数次想过要逃离的尘世，此刻，被远远抛在身后。他留恋它吗？他不知道。

远处的雪山，白雪盈顶，像静卧着的一群羊，终年以一副姿势，静卧在那里。鸟飞不过。不倦的是风，呼啸着从山顶而来，再呼啸着而去。

他想起临行前，与妻子的那场恶吵。经济的困窘，让曾经小鸟依人的妻子，一日一日变成河东狮吼，他再感觉不到她的一丝温柔。这时刚好一个朋友到大草原深处搞建筑，问他愿不愿意一同去。他想也没想，就答应了。从此，关山路遥，抛却尘世无尽烦恼。

可是，心却堵得慌。同行的人说，到草原深处后，就真正与世隔绝了，想打电话，也没信号的。他望着银灰色的手机，一路上他一直把它揣在掌心里，揣得汗渍渍的。此刻，万言千语，突然涌上心头，他有强烈的倾诉的欲望。他把往昔的朋友在脑中筛了个遍，也找不到一个可以说话的。他亦不想把电话打给妻，想到妻的横眉怒目，他心里还有挥不去的阴影。后来，他拨了家乡的区号，随手按了几个数字键，便不期望着有谁来接听。

但电话却很顺利地接通了，是一个柔美的女声，唱歌般地问候他，你好。

他慌张得不知所措，半晌，才回一句，你好。

接下来，他也不知哪来的勇气，不管不顾对着电话自说自话，他说起一生的坎坷，他是家里长子，底下兄妹多，从小就不被父母疼爱。父母对他，极少好言好语过，唯一一次温暖，是十岁那年，他掉水里，差点淹死。那一夜，母亲把他搂在怀里睡。此后，再没有温存的记忆。十六岁，他离开家乡外出打工，省吃俭用供弟妹读书，弟妹都长大成人了，过得风风光光，却没一个念他的好。后来，他凭双手挣了一些钱，娶了妻，生了子，眼看日子向好的方向奔了，却在跟人合伙做生意中被骗，欠下几十万的债。现在，他万念俱灰了。他一生最向往的是大草原，现在，他来了，就不想回了，他要跟这里的雪山，消融在一起。

你在听吗？他说完，才发觉电话那端一直沉默着。

在呢。好听的女声，似春风，吹过他的心田。

她竟一点也没惊讶他的唐突与陌生，而是老朋友似的轻笑着说，听说大草原深处有一种很漂亮的花，叫格桑花的。

他沉重的话题里，突然的，有了花香在里头。他笑了，说，我也没见过呢，要等到明年春天才开的。

那好，明年春天，当格桑花开了的时候，你寄一束给我看看好吗？她居然提出这样的要求。

他的心，无端地暖和起来……

后来，在草原深处，无数的夜晚，当他躺在帐篷里睡不着的时候，他会想起她的笑来，那个陌生的、柔美的声音，成了他牵念的全部。他想起她要看的格桑花，他想，无论如何，他一定要好好活到明年春天，活到格桑花开的那一天，他答应过她，要给她寄格桑花。

这样的牵念，让他九死一生。一日，大雪封门，他患上了重感冒，躺在帐篷里奄奄一息。同行的人，都以为他撑不过去了。但隔日，他却坐了起来。别人都说是奇迹，只有他知道，支撑他的，是梦中的格桑花，是她。

还有一次，天晚，回归。在半路上与狼对峙。是两只狼，大概是一公一母，情侣般的。狼不过在十步之外，眼睛里幽幽的绿光，快把他淹没了。他握着拳头，想，完了。脑子中，一刹那滑过的是格桑花。他几乎要绝望了，但却强挺着，一动不动地看着狼。对峙半天，两只狼大概觉得不好玩了，居然头挨头肩并肩地转身而去。

他把这一切，都写在日记里，对着陌生的她倾诉。他不知道，在遥远的家乡，那个陌生的她，会不会偶尔想到他。这对他来说不重要了，重要的是，他答应过她，要给她寄格桑花的，他一定要做到。

好不容易，春天回到大草原。比家乡的春天要晚得多，在家乡，应该是姹紫嫣红都开遍了吧？他心里，还是有了欣喜，他看到草原上的格桑花开了，粉色的一小朵一小朵，开得极肆意极认真，整个草原因之醉了。他双眼里涌上泪来，突然地，很是思念家乡。

他采了一大把格桑花，从中挑出开得最好的几朵，装进信封里，给她寄去。随花捎去的，还有他的信。在信中，他说起在草原深处艰难的种种，而在种种艰难之中，他看到她，永远是一线光亮，如美丽的格桑花一样，在远处灿烂着，牵引着他。他说，我没有姐姐，能允许我冒昧地叫你一声姐姐好吗？姐姐，我当你是荒凉之中甘露的一滴！

她接信后，很快给他复信了。在信中，她说她很开心，上天赐她这么一个到过大草原的弟弟。她说格桑花很美，这个世界，很美的东西，还有很多很多，让人留恋。她说，事情也许并不像他想象的那么糟糕，如果在草原里待腻了，还是回家吧。

这之后，他们开始信来信往。她在他心中，成了圣洁的天使。一次，他从一个草原迁往另一个草原的途中，看到一幅奇异的景象：在林林总总的山峰中，独有一座山峰，从峰巅至峰底，都是白雪皑皑璀璨一片的，而它四周的山峰，则是灰脊光秃着。他立即想到她，对着那座山峰大喊着她的名字。没有一个人会听到他的喊叫，甚至一棵草一只鸟也不会听到。他为自己感动得泪流满面。

他把这些，告诉了她。忐忑地问，你不会笑我吧？我把你当作血缘之中的姐姐了。她感动，说，哪里会？只希望你一切好，你好，我们大家便都好。

这样的话，让他温暖，他向往着与她见面，渴盼着看到牵念中的人，到底是怎样的模样。她知道了，笑，说，想回，就回呗，尘世里，总有一处能容你的地方，何况，还有姐姐在呢！

他就真的回了。

当火车抵达家乡的小站时，他没想到的是，妻子领着儿子正守在站台上，一看到他，就泪眼婆娑地扑向他。一年多的离别，妻子最大的感慨是，一家人守在一起，才是最真切的。那一刻，他从未轻易掉的泪，掉落下来。他重新拥抱了幸福。

他知道，这一切，都是她安排的。他去见她，出乎意料的是，她竟是一个比他小好多岁的小女人。但这又有什么关系呢？在他心中，她是他永远的姐姐。他站定，按捺不住激动的心，问她，我可以拥抱一下你吗？

她点头。于是他上前，紧紧拥抱了她。所有的牵念，全部放下。他在她耳边轻声说，姐姐，谢谢你，从今后，我要自己走路了。回头，是妻子的笑靥儿子的笑靥。天高云淡。

　　尘世里，我们需要的，有时不过是一个肩头的温暖，在我们灰了心的时候，可以倚一倚，然后好有勇气，继续走路。

萝卜花

一根再普通不过的胡萝卜，眨眼之间，竟能开出一小朵一小朵的花来。

萝卜花是一个女人雕的，用料是胡萝卜。她把它雕成一朵一朵月季的模样，花盛开，很喜人。

女人在小城的一条小巷子里摆摊，卖小炒。女人卖的小炒只三样：土豆丝炒牛肉，土豆丝炒鸡肉，土豆丝炒猪肉。一个小气罐，一张简易的操作平台，木板做的，用来摆放锅碗盘碟，女人的小摊子就摆开了。

女人三十岁左右，个子不高，瘦瘦的，长相普通。却爱笑，什么时候见着她，都是一副笑意融融的模样，看得人心里生暖。惹眼的，还有她的衣着。整天沾着油锅的，应该很油腻才是，她却不。她的衣着极干净，外面罩着白罩衣，白得纤尘不染。衣领那儿，露出里面的一点红，是红毛衣，或红围巾的红。过一会儿，白罩衣有些脏了，她就换下来——她手边备着好几套。

让人惊奇且欢喜的是，女人每卖一份小炒，必在装给你的碗里，放上一朵她雕的萝卜花。这样才好看，女人笑着说。

不知是因为女人的干净，还是她的萝卜花，女人的摊前总围满人。五块钱一份小炒，大家都很有耐心地等着。女人不停地翻炒，装盘，放上一朵萝卜花。于是，一朵一朵的萝卜花，就开到了人家的饭桌上。

我也去买女人的小炒，去的次数多了，跟女人渐渐熟了。知道女人原先有个殷实的家，男人是搞建筑的。一次意外中，男人从尚未完工的高楼上摔下来。女人倾尽家里所有，才抢回男人的半条命。

接下来的日子怎么过？年幼的孩子，瘫痪的男人，女人得一肩扛一个。她考虑很久，决心摆摊卖小炒。有人替她担心，街上那么多家饭店和小排档，你卖小炒能卖得出去吗？女人想想，也是，总得弄点和别人不一样的东西。于是她想到了雕刻萝卜花。当她坐在桌旁，安静地雕着萝卜花时，她被自己手上的美好镇住了，一根再普通不过的胡萝卜，眨眼之间，竟能开出一小朵一小朵的花来。女人的心，充满了期待和向往。

女人的小炒摊子，很快成为小城的一道风景，一到饭时，大家不约而同相互招呼一声，去买一份萝卜花吧。也就都晃到女人的摊前来了。

一次，我开玩笑地问女人，攒很多钱了吧？女人低头笑，麻利地翻炒着一锅土豆丝炒牛肉，说，也没多少，够过日子吧。一小朵一小朵的萝卜花，很认真地开在她手边。

一些日子后，女人竟盘下一家小酒店。她把瘫痪的男人接到店里管账，她负责配菜。女人还是一如既往的，爱笑，衣着干净。在所有的菜肴里，她都爱放上一朵萝卜花。菜不但是吃的，也是用来看的呢，她笑着说。眼睛亮着。一旁的男人，气色也好，没有半点颓废的样子。

女人的酒店，慢慢地出了名。大家提起萝卜花，都知道。

相遇香格里拉

省略了握手，省略了寒暄，我们互相打量着，是萍水相逢的两个。仅仅这样。

从丽江往北，地势直往三千米以上爬升。我的头有些晕，额两边曜曜地跳得疼。导游洛桑说："不要紧，这是正常的高原反应，我们已进入香格里拉了。"

这就进入香格里拉了？我觉得不可思议。感觉中，它是神秘莫测的，如蒙着盖头等着掀开的新娘，一朝盖头揭开，满眼惊艳。它却平静得几乎什么表情也没有，像我们往常随意走着的一段路，就那样一条路而已。

没有激动，甚至连轻呼也不曾有。我以同样平静的表情，与香格里拉相遇。省略了握手，省略了寒暄，我们互相打量着，是萍水相逢的两个。仅仅这样。

沿途，是连绵不绝的山。天空很低，匍匐在山的上面。白的云朵，在山巅之上，不紧不慢散着步。山下有房，土黄色，如卧着的大黄狗，安静着。房上插旗，有一面旗的、两面旗的、三面旗的。一般人家插一面旗，表示信教。插三面旗的人家，地位最为尊贵，是家里出了活佛或有得道的高僧。那些旗，迎风猎猎，像夕阳下守望岁月的老人，神秘、安宁。这是很奇怪的一种感觉。

去虎跳峡。老远就听到水声咆哮，似万马奔腾。有木台阶下到峡底。曲里拐弯处，藏人小孩在摆摊，卖一些藏饰品，珠啊银的。看似不过六七岁的样子，递物数钱，却麻利得很。下到谷底，水流湍急，溅起的水花，白花朵般的，在礁石上硕大无朋地开着。有的来不及开花，干脆"唰"一下，冲过礁石去，作激流奔涌。大家忙着拍照留影，一边是自然千万年的欢唱，一边是人类匆匆的足迹。我想，能把匆匆的脚步，印入自然的千万年里，作一刻停留，也是人生一大幸事吧。

目光沿峡谷向上攀升，层峦叠嶂，有细若游丝的一道线，悬在半山腰。据说那是当年的茶马古道。康巴汉子就是沿着这条道，用马驮着茶叶和药材，去换取外面世界的布匹和盐。他们用脚，在岩石之上，踩出一条生命之路，蜿蜒于崇山峻岭中。千百年过去，那些康巴汉子，已沉睡在历史的长河里，却把一种精神留下了，和山川河流一起，成为永恒。

后来我们去草甸骑马。马是被驯服了的，它们驮着游客，慢悠悠散着步，很逍遥。十块钱可以溜一圈。有藏族小孩跑过来，抱着小羊，要求我，"阿姨，和小羊拍张合影吧，十块钱，随你怎么拍。"我抚抚他们黑黑的小脸蛋，问："怎么汉语说得这么流利呀？"他们很骄傲，说："我们老师教的，我们老师是丽江的，我们在学校学汉语。"我和他们合了影，我给他们十块钱。他们欢天喜地，一个劲儿说："谢谢阿姨。"我却有些惆怅。我站在草甸边，望远处的山、远处的房，我很想知道，那里的平静，是否也被打破。

去藏民家。旅游车一直开到藏民家门口，早有藏人在门口迎着，端着酒杯，唱着歌，给游客们献哈达。上楼，在大厅里一排一排坐下。面前的长条桌上，摆着倒好的酥油茶，还有青稞面。游客可以边喝酥油茶，边学做奶酪。藏歌唱起来，藏舞跳起来，这是表演的热闹，是上了妆的，离原汁原味远了去。但大家还是兴致颇高，一屋的人，把地板跺得"咚咚咚"的，跟着藏民们齐声说，扎西德勒！声震屋宇。

谦谦君子

我们能做的，就是记着他的好，并尽量使自己变得美好起来。

一

他躺在床上，盖一床旧的棉布花被，花被上盛开着大红的牡丹。年代久了，牡丹的大红色，已显黯淡。这让我有些恻然，他是那么一个讲究格调的人，盖这样的被子，怕是有违他的意愿。再一想，他亦是个旧式的人，遵守着旧式礼法，有谦谦君子之风。那些消失掉的古朴寻常，也许正是他所坚守的。遂稍稍心安。

房间向阳。天气晴暖，都听得见春天在窗外走动的声音了。我在来时的路上，看到一两枝小黄花，挣脱人家的铁栅栏，探出半张脸来。是早开的迎春花。野鹦鹉也出来唱歌了，还有画眉和黄鹂鸟。

春天真的来了，他却看不到这个春天了。

师母说，他已六天粒米未进。昨夜哼哼了一夜，哼得人心里揪揪的。他这里，都烂了肿了。师母抚抚腹部，轻声告诉我。

肺癌。医生曾说，他至多只能再活三个年头，他却硬撑了五个年头。精神气好的时候，他坐在阳台上，翻从前的学生录，和毕业照。也翻一些学生的来信看，看得都能倒背如流了。教室里，一届一届的学生，哪些人坐哪个位置，他都记得。

他常念叨你，常指着报纸上你的文章跟我说，那个女孩好啊，吃得了苦，从乡下步行几十里路，到街上来上学。

他说你不大爱说话，说你用功，别人在玩耍，你一个人跑去学校门口的小河边，把书读。

他托人打听过你，还一直发着狠说，要去找你。

他把你发表在报纸上的文章，都给剪下来，收着了。

你看，这里都是呢，八十多岁的师母说到这儿，拉开床边五斗橱的一个抽屉，让我看。满满一抽屉，竟都是我文章的剪报。

师母又拉开另外一些抽屉给我看，这个放着一届一届的学生录和毕业照，那个放着天南地北的学生写来的信。

他呀，把这些看得像他的命根子。师母看着躺在床上的他，泪在眼眶里打转。而他，早已陷入半昏迷。整个人看上去，像薄薄的一张纸，那么轻，那么小。

二

他教我们的时候，六十好几了。本已退休在家、安享晚年的，但因学校缺语文老师，他就又回到学校。

他见人一脸笑，没有老师的威严，一点儿也没有。没有一个学生怕他，当面背后，都称他，老头子。有时至多在老头子前面，加上他的姓，陈。陈老头子——我们这么叫。他也不恼，看见我们，依旧笑眯眯的，和蔼温润。

他家住老街上。一条青石板铺成的巷道，小蛇般的，蜿蜒在老街上。两边各站一排黛瓦房，都是木板门、木格窗。他住在其中一幢黛瓦房里，小门小户的，外表看上去，跟其他人家别无二致，内里的摆设却大不相同。有一两回，下了晚自习，我伴着住在老街上的同学回家，走过他家门口，看到有灯光映着木格窗，像水粉洇在宣纸上。我们趴在木格窗上，朝里张望，看到满屋的字画。一排书架倚墙而摆，满满当当的，全是书。灯光晕黄，他在那晕黄的灯光下，挥毫泼墨。窗台边，一只肚大颈长的白瓷花瓶，里头插菊，静静开。

他的毛笔字写得好，那时我们并不觉得。也是到多年后，听人提起，人表示敬仰，说，那个陈老先生啊，毛笔字可是当年老街上一绝的，笔力深厚浑圆，一般的书法家远远不及。

他对诗词歌赋也颇有研究，会写古诗。他有时写了，念给我们听，我们也不觉得好。也是到多年后，听人提起，人表示仰视，说，那个陈老先生啊，写得一手好的格律诗，才华非凡。

他还唱得一口京剧，铿铿锵锵，中气十足。学校搞元旦文艺会演，他上台唱，听得我们忘了他的年纪，只拿他当英俊少年郎。我们在台下，拍得巴掌红。

他的课上得不算好，话语碎碎的，往往一句话，要重三倒四讲好多遍。教案被他圈得密密麻麻，上课时，他把教案凑到鼻子底下去，与其说是"看"，莫若说是"闻"更贴切。他"闻"着一本一本的教案，讲读"予独爱莲之出淤泥而不染，濯清涟而不妖，中通外直，不蔓不枝，香远益清，亭亭净植，可远观而不可亵玩焉""三五之夜，明月半墙，桂影斑驳，风移影动，珊珊可爱"……

我们都爱上他的课，因为，不用端庄严肃，不用假装听话。我们想到什么问题，尽可以站起来问，也可以在课堂底下随便讨论。不高兴听讲了，还可以看看课外闲书。我有好多的课外书，都是在他的语文课上读完的。他不反对，甚至是支持的。要多读书啊，他拿我做榜样，鼓励全班学生读闲书。

老头子人好，这是我们的共同评价。没有人怀疑这一点。

三

他姓陈，名光明，是老街上出了名的谦谦君子。整天一件藏蓝色中山装，风衣扣子一直扣到脖子上。个子中等，清瘦着，待人接物，礼数周全。三岁小娃娃跟他说话，他也是认真庄严地听，认真庄严地回答，一双小眼睛，在玳瑁边框的镜片后，闪闪烁烁。我那时觉得，他那双眼睛特像星星。这比喻一点儿也不特别，但我心里，就是这么想着的。

他走路腰杆笔直，却又时常要弯下腰来，路上掉的纸屑、烟头、石子、碎玻璃啥的，他都一一捡起来。他走过的一路，身后必是干净的。

他爱喝茶。办公桌上，一把紫砂壶里，终日泡着茶。他有滋有味地呷上一口，在我的作文后写评语：只要持之以恒，他日必有辉煌。

他不知道，他随手写下的这句话，是闪着金光的。它照耀了我这么多年，在我想妥协的时候，在我想懈怠的时候。

偶一次，我大起胆来，跑去他家问他借书。他笑眯眯迎我进去，满架的书，任我挑。等我抱着一怀抱的书，跟他告别，他竟送我出来，一直把我送到巷子口。

他亦是不知道，他的这一举动，对我的影响多么大。乡下孩子，家境清寒，自卑是烙在骨头里的，我走路都是低着头的。他的尊重，让我有了做人的尊严华贵，我原来，也是可以昂着头走路的。

四

我受过他的恩惠，一本新华字典。

那时，我是买不起那样的"大部头"的。

他送我一本，说是奖励我的作文写得好。

我以为是真的，心安理得地收下，自个儿觉得挺自豪的。

毕业多年后，当年的同学遇到，聊起他，我始才知道，当年他的"奖励"，只是一个幌子。他通过这样的"幌子"，奖励过不少家境困难的孩子。有同学的学费是他"奖励"的；有同学的衣物是他"奖励"的；有同学的饭钱是他"奖励"的；有同学的文具用品是他"奖励"的。

他送走过四五十届学生。到底有多少学生受过他的恩惠？怕是数也数不清了。我们能做的，就是记着他的好，并尽量使自己变得美好起来。

他分散在世界各地的学生，正风尘仆仆地往他这边赶。师母红着眼睛说，谢谢你们，没有把我家老头子忘掉。这句话，勾出我的泪。我俯身叫他，陈老师，陈老师。师母也帮着叫，老头子，老头子，你知道谁来看你了吗？是你一直念叨的那个女孩呀，是丁立梅呀。

听到我的名字，他似乎有了反应，紧闭着的双眼，微微睁开一丝缝。

那一眼的光照里，有星星闪烁。

第二辑
初　心

世间坚守一段生命
容易，坚守一段初
心，却难。

补碗匠

大人们举起碗，对着亮处晃晃，不漏光，很满意。

失手打碎一只小茶壶。

小茶壶是我从地摊上淘来的，精巧玲珑，里面装桂花或是红枣煮茶，一杯刚刚好。

望着一地的碎片，我有些心疼。那人却不在意地说，打掉就打掉了呗，再重买一只吧。说完，他拿起扫帚，唰唰唰，玻璃碎片全进了垃圾袋。地板上变得干干净净，像揩掉一滴水一样轻巧。我们照旧吃饭喝茶、发呆闲话，桌上少掉一只茶壶，与我们的生活，并无半点影响。

小时候却不是这样的。小时候我们不小心打碎一只碗什么的，那是惹了大祸了。我姐有回打碎一只碗，她慌里慌张把它埋到屋后头。吃饭时，母亲找来找去，就是少一只碗。那时，家里有几口人，就配几只碗，绝对没有多余的。

小弟告密，是大姐打碎掉一只碗。

我姐吓得面色煞白，拔腿就要往外溜，被震怒的父亲一把揪住衣领，提到"毁尸"现场。破碎的碗片儿被挖了出来，我姐被打得屁股三天着不了凳子。

邻家有孩子，因打破一只碗，吓得躲到外面游荡，愣是好些天没敢回家。家人在几里外的草堆里找到他时，他已瘦得不成人形了。即便这样，回家后，他还是挨了一顿揍。

那时有补碗匠，走村串户的。补碗匠挑副担子，不慌不忙地走。担子两头，各置一只小木箱。一只箱子里放他的补碗工具，什么小锤子小钻子小镊子的；一只箱子里放补碗的材料，釉泥和各色各样的铜钉。他来到我们村，就坐到村口的一棵大榆树下，静静地等。不一会儿，他的脚跟前，就摆着不少只破碗了。

我们围住补碗匠，好奇地叽叽喳喳，完全忘了挨打那回事了。看补碗匠像裁缝似的，把碎片儿一块一块地拼接起来，拿草绳箍住，再拿小钻子钻眼儿，把铜钉崩进去，用釉泥反复地抹。看一会儿，不耐烦了，跑开去玩。再跑回来看，他还在补。补着补着，那日头也就斜了。

大人们来取碗。破了的碗上，"缝"着细密的纹路，不仔细看，是不大看得出的。大人们举起碗，对着亮处晃晃，不漏光，很满意。他们夸赞着补碗匠高超的手艺，一边就对身旁的小孩威胁道，看下次你的手还敢不敢犯贱，再敢打破碗，就剁掉你的手。

补碗匠看着笑笑，把他的行头一一收起，不慌不忙地挑起担子，迎着夕阳走了。

我们呆立在原地，看着他渐渐走远，直到他走进夕阳里头去。唉，他是不知道，他手底下的活计，是我们小孩挨了多少的打换来的呀。

她不是一棵树

我愣在那里，为一颗小小的心里驻着的尊严。

我是在丽江古城看到那个女人的，靛蓝的大褂，靛青的裤，腰系百褶围腰，典型的纳西族装扮。女人很老了，皮肤松弛，多皱褶。她盘腿坐在一方檐下，守着一堆绣花鞋垫，对着熙来攘往的人，风吹不动。像丽江河畔的一方石，抑或檐上的一块砖，身边的一个热闹世界，都与她无关的。她的身上，充满无法言说的古朴和沧桑。

我承认，这样的沧桑，深深打动了我。我身边的游人，亦有停下来看她的，他们在她的鞋垫面前弯下腰去，看看，并不买。抬首就是一爿店，更精美的东西，里面多的是。

我举起手里的相机。飞起的檐，赭色的木门，檐下的红灯笼，还有这个老妇人，这实在是个很不错的画面。我甚至想过，如果拍摄效果好，我要把它放进我的游记里当插图。就在

052

这时，突然从人群里冲出一个小孩儿来，小孩儿七八岁，黑，且瘦。他斜背着一个网兜兜，里面横七竖八躺着一些空饮料瓶。小孩儿几步就冲到檐下的老妇人跟前，伸出胳膊挡在前面，眼睛亮亮地对着我，口齿伶俐地说，不许拍！

我吃了一惊，没明白过来。我说怎么了？手里依然举着相机。

小孩儿一看，急了，直视着我，再次强调，不许拍！她不是一棵树！

我愣住了。这是我万万没想到的。是啊，她不是一棵树呢，我怎么可以随便拍？我放下举起相机的手，对小孩儿抱歉地笑了笑。小孩儿松了一口气，却仍盯着我，仿佛怕我偷拍。

我看他实在可爱，开玩笑地问他，那么，我可以拍你吗？

他眼睛滴溜溜地转了转，回答得倒爽快，说，可以。不过，他伸手一指老妇人脚边的五颜六色，坏坏地笑，说，你得先买一双老奶奶的鞋垫。

我问，为什么呢？

他答，因为你刚才侵犯了她，算是向她道歉。

我笑，照他说的做了。他很高兴，挺配合地让我给他拍了一张照片。我故意问他，你也不是一棵树呀，为什么让我拍？

因为你问过我可不可以呀，小家伙响亮地答。而后跑进人群里，像条小泥鳅似的，转瞬不见了踪影。

我愣在那里，为一颗小小的心里驻着的尊严。

　　这以后，我又去过很多地方，但不管到了哪里，我都不会再轻易把别人捉进我的镜头。因为，她不是一棵树，我没有权利侵犯她。

尘世里的初相见

这是尘世的初相见，总会在我们的记忆里反复再现。

陌生的村庄，在屋门口坐着摘花生的老妇人，脚跟边蜷着一只小黑猫，屋顶上趴着开好的丝瓜花……这是一次旅途之中，无意间掠入我眼中的画面，没有什么特别的，但就是常常被我想起。那个村庄，那个老妇人，那猫那花，它们在我心里，投下异样的温暖。我确信，它们与我心底的某根脉络相通。

机场门口，一对年轻男女依依惜别，男人送女人登机。就要登机了，女人走向检票口，复又折回头，跑向男人，只是为了帮他理理乱了的衣领。这样的场景，我总在一些浅淡的午后想起，一个词，很湿润地跳出来，这个词，叫爱情。

送别的车站，一个母亲，反复叮嘱她人高马大的儿子，"到了那儿，记得打个电话回家。天好的时候，记得晒被子。"儿子被她叮嘱得烦了，一边往车上跨，一边说："知道了知道了。"

做母亲的仍不放心，伏到车窗上，继续叮嘱："到了那儿，要记得打个电话回家啊。"母爱拳拳，怀揣着这样的母爱上路，人生还有什么坎不能逾越呢？

凤凰沱江边，夏初的黄昏，空气中，飘荡着丝丝甜润的水的气息。放学归来的孩子，书包挂在岸边的树上，脱下的衣服，胡乱扔在青石板上。一个一个，跳下水，扑通扑通，搅了一河两岸的宁静。我遥问："冷吗？"他们答："不冷。"一个猛子下去，不一会儿，隔老远的水面上，冒出一个一个的小脑袋来。岸边的游客，笑看着他们。这旅途中偶然撞见的一景，谁能轻易遗忘？时光不管走多远，童年的影子，一直在，一直在的。它碰软了我们的心。

苗人寨子里，一场雨刚落过，弯弯曲曲一路延伸上去的青石板上，苔痕毕现，湿漉漉的打滑。瘦瘦的大黄狗，蹲在自家家门口。破旧的院门，灰灰的屋顶，却从里面走出一个水灵灵的小姑娘来。小姑娘赤着脚，从青石板上一路奔下去，辫梢上两朵粉红的蝴蝶结，艳红了简陋的寨子。我唤她一声，她停下脚步，转身讶异地看着我，笑一笑，复又奔下去。我很惊奇地望着她的背影，这么滑的路，她怎么不会摔倒？那次旅途中的其他，我回来后大抵都遗忘了，唯独这个小姑娘，不经意地，就会出现在我的脑海中，日子里，氤氲着别样的感动。无论生活有多灰暗，总有明亮的东西在，人生不绝望。

这是尘世里的初相见，总会在我们的记忆里反复再现。没有理由地使我们静静感念一些时光，静静地，不着一言。像老屋子里，落满尘的花瓶中，一枝芦苇沉默。阳光淡淡扫过，空气中，有微尘曼舞。这是宁静的好吧？这样的宁静，让人内心澄明。怀特说，生活的主题是，面对复杂，保持欢喜。红尘阡陌中，我们欠缺的，或许正是这样一颗欢喜的心。

做了一回小贼

物质的欢愉到底是短暂的，精神的折磨才是长久的。

三毛写过一篇文章叫《胆小鬼》，说的是她小时候偷拿母亲五块钱的事。她揣着这五块钱，像揣着一团火，烫得她一整天魂不守舍，父亲的一个眼神，母亲随意的一句话，都让她如坐针毡。她变得爱脸红、烦躁，不肯讲话，吃不下东西，像害了一场病，最终，她把这五块钱再偷偷放回去才安了心——小贼到底是不好当的。

每个小孩，都有过这样做小贼的经历。所贪的也并不多，只为喜欢的画片，只为喜欢的玩具，只为喜欢的小人书，只为向往中的那一口甜、一口香，就冒着被大人们捉住的危险，做了一回小贼。偷盗的手法又幼稚又拙劣，处处欲盖弥彰，然又折磨着小小的心，做人有了不光明。物质的欢愉到底是短暂的，精神的折磨才是长久的，这样的滋味尝过一次，便不想再尝。

在我五六岁的时候，也做过一回小贼。

想想我家那时人气该多旺啊，三间草房子，挤着大大小小十几口人，我爷爷我奶奶、我爸我妈、我姐、我大弟和我、我小娘娘、我小叔叔，还有我奶奶的养母，我们叫婆老太的，当时被接来我家养老。

后来我小弟也出生了。

婆老太八九十岁了吧。在孩子眼里，那个年纪的人，都老得非常遥远。婆老太大多数时候是躺在床上的，整个人没在一片幽暗里。那间房里搁着三张床，我、我姐和小娘娘在一张床上睡，我爷爷我奶奶带了我小叔叔在一张床上睡，婆老太一人独占一张床。靠南窗还搁一张古式书桌，木是上好的紫檀木，是我奶奶的陪嫁，上面放着木梳、铜镜、我奶奶的簪子、一盒百雀羚，外加一只陶罐。陶罐里装过炒米，过年时还装过糖果糕点。还有一口小闹钟，上面有公鸡，着红冠的鸡头，不停地啄食着，上下，上下，滴答，滴答。我生病时，躺床上无聊，就盯着桌上的那只小闹钟看，一看就是大半天，也不觉枯燥漫长。我惊奇着那只公鸡怎么总也停不下来，它着红冠的鸡头一直在啄啊啄的，不知疲倦。那时不懂，时间哪有停下来的，时间总是快马加鞭一路向前，它不等任何人。

婆老太有时叫过我和我姐去，手指着书桌底下，说那里有很多的小鱼在跳，叫我们去捉。我们就跳着笑着，说婆老太骗人。我奶奶说，婆老太老糊涂了，阎王爷快上门来叫她了。那意思我们大体上懂，是说婆老太快要死了。我们不觉得死的可怕，笑着跑进房里去，跟婆老太要求道："婆老太，你死后不要变成鬼来吓我们哦。"婆老太一口答应："乖乖，婆老太不会变成鬼来吓你们，婆老太舍不得吓你们。"我们听着，开心，忙着去告诉给奶奶听。现在想着，我婆老太面对死亡的从容，真真让我佩服，她的衰老枯萎一点不叫人悲伤，反倒喜滋滋的。一场告别也只是结束一个旅程，踏上另一个旅程，去往她该去的地方。

也就到了六月。阳光好得像透明的玻璃球，骨碌碌满世界滚着。吾村家家晒伏，把衣箱里的衣帽鞋袜、床上的被褥枕头，统统捧出来暴晒。我奶奶也把婆老太的床单被褥捧出来，门口拉上长长的晾衣绳，我奶奶抖抖被子，晾上绳去。我当时在边上玩耍，眼睛突然亮了，我看见一张绿色的票子，从被子里掉出来，掉到下面摊晒着的一堆柴草里。我奶奶浑然不觉，她继续忙着晒这晒那，一会儿屋里，一会儿屋外。我却动了心思，眼睛不时瞟向那堆柴草，我知道那是钱，我亦知道，用钱可以到村部小店里买到糖吃。

我慢慢挪到那堆柴草前，用脚踩住那张绿票子，趁我奶奶再转身进屋之际，赶紧弯腰抓起来，团在手里，塞进裤兜。却做贼心虚，看着我奶奶，脸涨得通红。幸好我奶奶在忙碌，一点也没留意我。我跑过去，讨好地帮着她拿这拿那，跟前跟后。我奶奶终嫌我碍了手脚，说："梅丫头你去外面玩吧。"我巴不得她这么说，如逢大赦，一溜烟跑了。

村部小店是公社配给的，每村配有一家。守店的店员亦是公社派下来的，吃着公粮的城里人。在吾村守店的店员姓吴，吾村人都喊他吴会计。吴会计三十多岁，中等身材，白而胖，见人一脸笑，很和气。吾村人对他敬重得很，屋前屋后的自留地里，种点瓜果蔬菜，都拣最好的给吴会计送去，我奶奶就着我送过几回扁豆和丝瓜。吴会计感激得很，在我提回的空篮子里，放上三四颗水果糖。糖被我们几个小孩分着吃了，那意外的甜，让我快乐了好一阵子。

吴会计常年住在店里，店铺不过一间，用货架隔了，里面住人，支着床铺，搁着脸盆脚盆等一应用品。外头是店面，货架上摆着杂七杂八的东西，如针头线脑、油盐酱醋、灯罩碗碟、铁皮的文具盒、色彩鲜艳的橡皮和卷刀，还有女人扎头的方巾等等。货架外头横放半人高的柜台，柜台的一角，蹲着两只大肚子的玻璃瓶，里面装着红红绿绿的水果糖，一分钱可以买两颗。吃干净了糖，那糖纸是宝贝，我们挑一张红的，对着太阳照，太阳是红的。换一张绿的，对着太阳照，太阳是绿的。也有孩子小恶作剧，拿糖纸包了虫子，或是泥块，伪装成水果糖，扔在路上，然后躲到一边，看经过的人，很高兴地捡起那颗"水果糖"。

靠店门的地方，倚墙摆着三口大缸。一缸是酱油。一缸是菜油。还有一缸，装的东西常有变化。中秋的时候，是一缸月饼。过年脚下，是一缸白糖或糖果。缸边摆着吴会计烧饭用的炊具，一汽油炉子。吴会计在上面煨肉，小蓝火一跳一跳的，肉香袅袅不断地飘出来。那时我觉得吴会计是顶富有的，拥有一屋子的甜和香，想吃白糖就吃白糖。想放多少油，就放多少油。还有肉吃。

话说这天晌午，我攥着那张绿票子，在金晃晃的太阳下一路小跑，跑到小店门口，手心里汗渍渍的。我一眼瞅见柜台上的玻璃瓶，里面躺着红红绿绿的水果糖，心里却慌张着，一时不敢进去，只在店门口转来转去。吴会计站在柜台里，手里在忙活着什么，他只当我是玩儿的，也不抬头，也不招呼，小孩来玩，只当小狗来串门儿。一人进来买东西，我等那人走了。再来一人，我又等那人走了。我手心里热得发烫，浑身燥热不安，瞭不见再有人来，我终鼓足勇气，走进店里去。柜台比我的人还高，我踮起脚尖，举着那张绿票子，举到柜台上，小声说："吴会计，我买糖。"吴会计探身过来，他很奇怪地看看我手里的绿票子，看看我，收下钱，从大肚子的玻璃瓶里，给我抓出几颗糖来。

我幸福地独享了那几颗糖，糖纸被我藏在口袋里。到底是做了贼的，我害怕被发现，磨蹭着等嘴里的糖全部消融干净，并再三用袖子擦干净嘴唇，确信闻不出糖味了，这才回家。家里一切太平，婆老太的被褥，仍晒在太阳下。一堆的柴草，仍摊在场上晒。墙头下一丛凤仙花，仍开着红的花黄的花。厨房里，我奶奶也一如寻常，把碗筷摆上了桌，一大盆玉米稀饭冒着热气。家人陆续回来，也就要午饭了。

吴会计突然来我家，着实吓了我一跳，我赶忙躲进房里。

他是午后来的。他跟我奶奶在堂屋里说话，嘀嘀咕咕一通，我奶奶千恩万谢送他出门。我从房内出来，赫然瞥见堂屋的方桌上，躺着一张绿票子。我奶奶看见我，笑了，说："死丫头，你偷拿婆老太的钱买糖吃了？你知道这是多大的钱啊，这是两块钱啊。幸好吴会计是个好人，把钱给送回来了。"我觉得羞惭，自己倒先哭起来。我奶奶不理我，把那张绿票子收起来。后来，我爸我妈回来，我奶奶把这事当作笑话，讲给我爸我妈听。我爸我妈也笑一回，亦是十分感激吴会计。

这回做小贼的经历，让我好多天不敢去村部小店，不敢看见吴会计，在他心里，我一定是个小贼，一想到这，我就羞愧难过得很。偏偏这时我奶奶着我去打酱油，我无法，大热的天，翻出一件棉袄套上，我以为，这样吴会计就认不出我来。我提着酱油壶，满头大汗走过去，一路上遇见的人都奇怪着，这么热的天，这丫头怎么穿着棉袄。我吭哧吭哧跨进店门，吴会计诧异地看着我，乐了，"梅丫头，你家大人怎么给你穿了棉袄，养痱子的啊？"

　　我相当惊慌，头低得没法再低，恨不得地上有个地缝可以钻进去。回家的路上，我垂头丧气、沮丧万分，我这等把自己包裹起来，吴会计都认出来了，他实在是个厉害的人。

初 心

世间坚守一段生命容易，坚守一段初心，却难。

初心是什么？

是春天的第一棵嫩芽，刚刚钻出土来；是秋天的第一滴晨露，栖落在花蕊间；是夏天的青荷，送出第一缕香；是冬天的飘雪，在大地上印上初吻。

是大敞特敞的门户，热切地拥抱一切。哪怕风雨雷电。哪怕毒蛇猛兽。

初心里，哪有什么风雨雷电呢！哪有什么毒蛇猛兽呢！是相信这个世界的所有。相信鲜花。相信彩虹。相信笑容。相信温柔。相信纯真和善良。相信承诺。哪怕是谎言，哪怕是欺骗，也是坚信不疑的。

是那样竭尽全力想对一个人好，想爱这个世界，想与之天长地久。

是看不得悲伤、眼泪和疼痛。

是没有得失恩怨。没有猜忌、不安和阴谋。

是毫不设防。

是随时随刻，准备倾囊相赠。

花好月圆。日日都是人间四月天。

羡慕小孩子。

每个小孩，都有一颗初心。

看两个陌生的小孩初相见，是颇有意思的。

根本不用大人引荐，他们早已从对方身上，嗅出同类的气味。像两只小狗相遇，就那么好奇地、专注地，打量着对方，仿佛在打量另一个自己。

然后，一个突然不好意思地跑开去，把一张小凳子搬来搬去，弄出很大的响声。甚至不顾大人的阻挠和责斥，故意把沙子撒到吃饭的碗里。其实哪里是玩，只不过用这种方式，吸引另一个注意。眼神清清楚楚地是朝着另一个的，那里面在热切地无声地说，你也来呀，你也来呀。

另一个立即读懂，欢快地跑过去，跟着玩起来。

笑是他们最好的语言。他们挨在一起，一个笑，咯咯咯。另一个笑，咯咯咯。也没什么好笑的，但他们就是望着对方，笑个不停。

他们一笑，全世界的花儿都开了。

也只一盏茶的工夫，他们俨然已成旧相识，到哪里都手牵着手的。他奔跑，她也奔跑。她跳跃，他也跳跃。她绕着一棵树转圈，他也绕着。他叫她，佳佳妹妹。她喊他，阳阳哥哥。是两支小溪流相遇，欢欢喜喜地汇聚到一起，心里倒映着一个蓝天。

告别时，已变得难分难舍，总要哭闹好久。

是真心的舍不得舍不得呀。全世界所有的玩具都拿来，也不敌眼前的这个哥哥和这个妹妹呀。

大人们只觉得好笑，以为小孩健忘着呢，对他们这小小的初心，哪会当真。只是哄骗着，明天还会再来玩的呀。

他们破涕为笑，信以为真。哪里知道，人生有些相遇，只是偶尔的路过，再回不了头的。

过了小半年，他和她，玩着玩着，忽然丢下玩具，出一回神，嘴里碎碎念道，我想佳佳妹妹了，我想阳阳哥哥了。

是一朵花和另一朵花相遇，稍稍点一点头，就有无限的好意。初心晶莹，无关江山，无关风月，只关乎一个他，只关乎一个她，只想在一起，在一起。

不忘初心。有几人能做到不忘呢？

初相见，他对她说，我会一辈子对你好。眼神清亮，誓言叮当，地老天荒。

然一辈子太长了，走着走着，也就走岔了道。他不是他了，她亦不是她。陌上相逢，只剩陌生。

林黛玉说，早知今日，何必当初。

傻姑娘她不知道的是，今日哪能和当初相比，当初捧出的是颗初心哪！是天也透亮，地也透亮。

人越长大，离初心就越远。

世间坚守一段生命容易，坚守一段初心，却难。

我们都把初心给弄丢了。

那些年，指甲花开

女孩子天生就有扮美的本领，即使在再贫瘠的荒芜里，她们也能无师自通，种植出美来。

花店里有一种花，小小的一株，高不盈尺，装在小陶罐里。陶罐拙朴小巧。花也小巧，纤纤弱弱的，从密密的叶子下，探出一点红，和一点白来。像极害羞的小丫头。捧上一罐，爱不释手地探问，这什么花呀？卖花的女人微微一笑，这指甲花呀，改良的指甲花呀。心当下一惊，仔细看去，看出似曾相识来，可不就是指甲花！

对这花太熟稔了，熟稔到几乎熟视无睹的地步。每年夏天，乡村人家的房前屋后，都是它，一大丛一大丛的。也没谁特意栽种过，它就那么姐妹众多。一场夏雨后，满场的姹紫嫣红，噼里啪啦燃开去的，都是它。红的，白的，紫的，黄的，极尽颜色。像谁用蜡笔，一朵一朵给涂抹过。

做女孩子的，这个时候，最开心了。因为，又可以用它染指甲了。我们采了它的叶和茎，捣碎，掺上明矾，隔置小半天，就可以敷到指甲上。一夜过后，指甲上准留下艳艳的红。由不得人不佩服，女孩子天生就有扮美的本领，即使在再贫瘠的荒芜里，她们也能无师自通，种植出美来。

　　是那样的夏夜，一大家子坐在家门口的场院上纳凉。风若有似无吹过，白天的暑热，渐渐消去。露珠悄悄降落。植物们的香气，浮游上来，黄豆荚、南瓜、丝瓜、豇豆，还有玉米和水稻。虫子们大着胆子在鸣唱。天上的星星，密布得像撒落的米粒。我们掐一把黄豆叶，让祖母给包红指甲。祖母总是很有耐心，她把已搅拌好的指甲花，细细地覆盖到我们的指甲上，用黄豆叶包好，外面再用茅草扎紧了。我们戴着这样的"指甲套"，十指沉沉，不好受，却都能忍着。忍一忍，美就来了。——那时我们就懂。

　　女孩子们聚一起，免不了要比比谁的手指甲染得更红艳。黄昏下，我们割完满满一篮子猪草，坐在沟渠边说话，把染了红指甲的手，放到水里面。红指甲在水里面显得分外妖娆。我们轻轻摆动手指头，一沟的水，便都妖娆地晃动起来。我们的心，也跟着妖娆起来。

　　我也曾把一朵一朵的指甲花，摘下来，用针线细细穿成花环，戴头上、戴脖子上，在乡间土路上艳艳地招摇。就有乡人停了锄望着我笑，笑容也如指甲花般的，很明艳。呀，这小丫头，是个人精，不知谁突然笑说。引起一阵和善的附和。当时我虽不知人精是什么，但隐约知道那是一句夸奖的话，小小的心立即飞扬起来。

很多年过去了，我忘了很多的人、很多的事，但乡人笑吟吟的那一句"这小丫头，是个人精"的话，我却一直记得。每每想起，就莞尔不已。

步　摇

贫瘠中的美，光芒绵长得足以覆盖我的一生。

我敲出"步摇"这两个字时，我的手底下，仿佛也在摇曳生风。我一直一直在想，怎么会有这样的首饰呢，它居然叫步摇。

它也只能叫步摇的。

我发现它，是在一套《汉族风俗史》里，说到唐代女子常见的首饰时，提及步摇。原不过是钗梁上垂有小饰物的钗，古代女子，把它插于发髻前。书中只是轻浅的两笔，淡淡带过，在我，却念念于心。步摇，步摇，这叫法，多活泼！像调皮的小孩子，一刻也坐不住，满室的安安稳稳中，他一颗小小的心，早跑到屋外去了。大人稍一不留意，他已溜出屋外，在野地里又蹦又跳。花样女子发髻上插了这样的步摇，莲步轻移，钗随人动，该是怎样的生动！在风吹不动的日子，也会陡增几分情趣。

祖母有钗，银的。年岁久了，色泽变得有些黯淡。祖母还是当它作宝贝，每日里细细地梳完头，把它插到脑后的发髻上。那时我年幼，是极不安分的一个人，母亲笑我身上一定是装了弹簧。然而看祖母梳头，我却能安稳地待一边，一看就是半小时。有时也会抢了她的钗，往我稀黄的头发上插。哪里插得住？祖母笑，等小丫头长大了才行的。我于是盼望长大。而长大是件多么遥远的事，那些日子，天地转得那么慢那么慢。

村里的女孩子，赶小就知道美。草地里坐着，一捧青草在膝上，用它编草戒指草项链草耳环。有一种草的汁液很黏稠，编了耳坠粘在耳上，可以挂很久不会掉下来。我们就"戴"着这样的耳坠，迎着风跑。我们跑，耳坠也跑，我们想象，那是缀着闪亮珠子的耳坠，一步三摇。日子里有满满的好，说不上的。

一段时期，女孩子们赶趟儿似的去穿耳洞。有了耳洞，长大了就可以戴真的耳坠的。我姐姐穿了，在没有耳坠可戴的年代，姐姐一直用一根红线拴着。风吹发飞，那红线隐约可见。美得惊魂。

我也要穿耳洞，是下了决心的。村东头的女人会穿，她喜欢吸水烟。女孩子们讨好地帮她装上烟叶，她点上火，深深吸一口，而后拿出一根银针来，给女孩子们穿耳洞。她捏着女孩子们的耳垂，不停地揉，嘴里说着，哎呀，这姑娘的耳朵长得真好看。突然一针下去，女孩子的眉头跳一跳，是疼的。却嬉笑着说，不疼。女人给她们的耳洞穿上红线，刚刚还寻常着的女孩子，瞬间就变得光彩照人起来。

我却犹豫着，不敢。她们劝，不疼呀，来穿呀。我还是不敢。门外风在招摇，女孩子们等不及再劝我，一个个跑进风里面，发飞起来，她们耳朵上拴着的红线，艳得夺目。

我的耳洞，最终也没有穿成。却对那样的场景，记忆深刻。贫瘠中的美，光芒绵长得足以覆盖我的一生。

喜欢过一个词：布衣荆钗。是乡野女子，粗布衣衫地穿着，却有钗配着，哪怕是荆钗。我以为，《陌上桑》里的罗敷就应是这样的打扮的，而不是文中所写的穿着华丽。她在路边采桑，发髻上的荆钗，追了她的身影而动，她一抬手一扬眉，都藏了万种风情。天生丽质难自弃，那才叫一个惊艳。

五点的黄昏，一只叫八公的狗

日子还是从前的日子，日子又不是从前的日子了。

完全是场意外，在早春，我遇见一个叫帕克的男人，和一只叫八公的狗。

起初，狗还不叫八公。它还在它的童年，在它尚未拥有一个名字的混沌童年。它不知打哪儿来，或许，它的存在，就是为了守候。它出现在火车站，出现在帕克面前，不早不晚，不偏不倚。一段尘缘，由此诞生。

小狗有一双会说话的眼睛。它抬眼望人时，那里面飘着层层雾霭。像一个童稚的孩子，轻轻张开他的眉睫，如水的眼神，懵懂，又无邪。

对，无邪！我相信帕克就是因这样的无邪，而心生怜悯，羁住前行的脚步的。其时，他正要乘火车去上班。他是一所大学的教授，人到中年，生活安定。可是，这只小狗的突然出现，打破了他的安定。

他抱起它，到处寻问，谁丢了小狗。寻问无果后，他又极力怂恿别人收养它——他要乘火车去上班，按规定，火车上是不允许带小狗的。再说，一个大男人带着小狗上班，算咋回事呢？

所有人都表示了对小狗的喜欢，但没有人愿意收养它。他与它眼神对视，他是无奈的，它是信任的，灵魂与灵魂，在那一刻达成共识：哦，就这样吧，就让我们在一起吧。——他带上了小狗。

看到这里，我还是漫不经心的。这部由莱塞·霍尔斯道姆导演的，名叫《忠犬八公的故事》的片子，是帮我调试电脑的小陈随手打开的。片子没卡住，小陈说，你的电脑没问题了，网速挺快的。我哦了声，说谢谢。我并没有打算把这部片子看下去，只当让一种声音，陪伴我。我手头在做另外的事，我把多余的报刊书籍，整理好了，放到一个纸盒箱里。我的房间，因塞满各类报刊书籍，总是显得很凌乱。在这个万物萌动的早春，我心血来潮了，想收拾一下它，让春天的气息，来充盈它。

桌上两盆水仙，花苞苞满得快撑不住了，就要开花了。我俯身过去，数了数，一盆里，有六个花苞。一盆里，有五个花苞。而这时，帕克和小狗，已坐到火车上，火车一路轰隆隆向前。画面安静，没有什么特别的。

如果说，最初帕克是因怜悯而收留了这只小狗，那么，随着他与小狗的共处，这种怜悯，已上升为怜爱了。善良与弱小相遇，哪里还有别的路可走？只能在一起，也只有在一起。他和它共食一小篮子的爆米花；他趴在地上，用嘴示范着，教它学捡球。他们的亲密无间，终于让一度对收养小狗持反对意见的妻子，也改变了初衷——她爱他，他的快乐，就是她的快乐。加上女儿的喜欢，这只流浪的小狗，正式成为他们家庭中的一员，取名八公。

日子还是从前的日子，日子又不是从前的日子了。生活中，多了许多的牵挂与惊喜，无论对于帕克来说，还是对于八公来说，相聚的日子，多么幸福。八公在与帕克的嬉戏中，逐渐长大，长成一只威武漂亮的大狗。不过在帕克面前，它还是童年时的那一只，天真无邪。它依赖帕克，简直须臾不能分离。帕克去上班，它非要跟着不可，这一跟，就跟成了小镇上一道风景。

每天早上，他们一起出发，前去小镇的火车站。一路上，他们尽情戏耍，风轻云淡。到了车站，帕克推开那扇通往火车的门，回头，跟八公挥挥手。八公默送着帕克的背影在门后消失，这才不情不愿地转身，自个儿回家。傍晚五点，它准时跑来火车站，等在站台上，接帕克下班。火车轰隆隆开过来了，门开，下车的人流里，帕克远远叫，八公！八公的狂喜，在那一刻，达到极点。它跳过去，尽情撒娇。满世界里，都跳动着他们的快乐。

这样的温情，深深打动了我。我坐下来，一心一意看他们的故事，任房间里一片狼藉。几朵水仙，终于挣脱外面裹着的一层胞衣，"啪"地绽开——花开原是有声音的。就像动物原是有感情的，谁对它好，它就对谁好，单纯、执着。

我在水仙花的花香里，继续看帕克与八公。一天天，他们持续着他们的"约定"，在车站分离又聚合。那样的风景，成了小镇车站站长、卖热狗的小贩、附近商店老板娘眼里最为寻常的景象。大家微笑着看，就像看车站旁长着的一棵树，就像看每天准时到达的火车。尘世的好，就是这样的，一点一滴，蔓延开来。

然而，有天早上，帕克去上班，八公却怎么也不肯跟他一道出门。它呜咽着，在地上打着转。帕克怅然若失地，一个人走向车站，边走边回头。在他推开通向火车的门，就要登上火车时，八公突然出现了。它嘴里叼着一个球，跑向帕克，那是帕克一直想教会它的技艺，之前，它一直没学会。这太让帕克惊喜与骄傲了。他推迟了登车，与它在车站上，玩起捡球的游戏，帕克把球扔出去，八公立即跑去把球给"捡"回来。帕克开心地对每一个路过的人说，瞧，它会捡球了！

我信，狗是有先知先觉的。小时候，我邻居家有狗，一天夜里，那狗突然哭叫不已。天明，那家的主人死了，脑溢血。这里的八公，应是早就预料到了的，这一次，将是它和帕克最后的欢聚。它调动了作为一只狗的全部智慧，想挽留住帕克，但终究，帕克是要走的，火车就要开了，他要去上班。

这一走，帕克再也没有归来，他倒在大学里的演讲台上，突发性的心肌梗塞。

他曾经待过的地方，一下子变得空空荡荡。他的妻子，因怕睹物思人，悲伤地离开了他们曾经的家。他的女儿，彼时已出嫁。她开车回来，带八公走。车子经过了那么多的路，拐过了那么多的弯，她是要让八公，把曾经的记忆，丢在身后的。

新家也温馨，八公受到最好的照顾。然八公却待不住，它的脑海里，全是火车的轰鸣声。它离开了帕克女儿的家，顺着记忆，走回它的车站，走回它与帕克"相约"的地方。在五点的黄昏，在火车就要到站的时候。

门开，门关，那里都不再有帕克。它听不到帕克熟悉的呼唤，它的眼睛里，蓄着深深的悲伤。它等在那里，等在他们相聚的老地方，它是相信他会回来的。车站的人渐渐习惯了它的等待，他们给它送吃的。偶尔也停在它身边，一起忆一忆那个叫帕克的大学教授，他的儒雅，他的谦谦风度。他们对它说，教授永远也不会回来啦。它抬眼看看，仿佛听懂了，却依然固执地趴着，守在那里。

我的泪，终于抑制不住，汹涌而出。随着年岁渐长，我们早已忘掉流泪的滋味，以为这个俗世里，再也没有让自己疼痛的人和事了。我们把这样的人生，叫作淡定和从容。而事实上，内心的柔软一直在的，它被一只叫八公的狗唤醒。

树绿了黄，黄了绿……雪落在八公身上，雨打在八公身上，一天天，一年年。它坚守在那里，等着帕克归来，在黄昏的车站。九年的时间，无有更改，直到它老死在那里。

整部片子，没有过多的曲折，不过是些小场景、小事件，人在慢慢老，狗在慢慢老，情却没有老，且永远也不会老。它就是我们的生活，是被我们忽略掉的一些感动。它让我们对眼下平淡而寻常的日子，重又充满温情的期待，并且学会在生命与生命之间，传递爱，和忠诚。

感谢八公！

淡香暖风

它们静默一会儿，所有的花朵，都跟着笑起来。

黄昏时，路过街边的小公园，见到几个大人带着孩子在玩。

一个刚学会走路的小孩，努力挣脱他小母亲的手，沿着一条石铺的小径，跌跌撞撞向前奔去。他一边奔，一边挥动着双臂，咯咯咯笑着。他笑什么呢？他的前面是路，后面是路，路上空空荡荡，并没有什么有趣的东西。小径旁，有几棵花树，在开着花。

小母亲追上他，抱他入怀。小母亲叫，哎呀，你不要再跑了嘛。小孩子不听，又挣脱开来，下到地上，跌跌撞撞跑开去。一边跑一边笑，咯咯咯咯，咯咯咯咯。

我停下来，望他。他笑什么呢？笑得人的心里面，绿草茵茵。

道旁的几棵花树，定也奇怪着吧？它们静默一会儿，所有的花朵，都跟着笑起来。

路过的风也笑起来。

夕阳也笑起来。云彩也笑起来。

整个天地，都笑起来。

我也笑起来。

如此的淡香暖风，真叫人柔软。

想起多年前，也是这样的黄昏，我倚在老街上的邮局大门口，等我爸来接。

我们从乡下来，上街一趟不容易。我爸领我去吃了一碗馄饨，他办事去了，嘱我在邮局门口等他。

我站在那里，东张西望，一会儿看看街道，一会儿看看邮局里面的人，笑嘻嘻的，莫名的高兴。

邮局的柜台后，坐着三四个办公的人，他们沉默不语地做着事。没有人来，也没有人出去，一屋的静悄悄。

一个中年男人，突然抬头看看我，再看看我，忍不住问，小姑娘，你笑什么呢？

我不答话，只管笑我自己的。

中年男人愣一愣，不由得也笑起来。他对旁边人说，这小姑娘，爱笑。大家都抬头看我，看着看着，也都笑了。

后来，中年男人从柜台后面走出来，摸了摸我的头，递给我一块奶糖，他说，好姑娘，你要一直这么笑下去啊。那时，奶糖对于乡下孩子，是稀罕物。我笑得山花烂漫的，收下，紧紧攥手心里。

我爸很快来接我了，半路上，我给他看那块奶糖。我爸很意外，问，他们为什么要给你奶糖呢？

　　我也不知道呀，我很开心地回。

　　多年后，我知道了，我的笑，给他们带去了淡香暖风。那块奶糖，是对笑的回报。

小鸟每天唱的歌都不一样

我们互不干扰。世界安好。

一

一只鸟在啄我的窗。

有时清晨，有时黄昏。有时，竟在上午八九点或下午三四点。

柔软的黄绒毛，柔软的小眼睛，还有淡黄的小嘴———一只小麻雀。它一下一下啄着我的窗，啄得兴致勃勃。窗玻璃被它当作琴弦，它用嘴在上面弹奏乐曲，"笃""笃""笃"，它完全陶醉在它的音乐里。

我在一扇窗玻璃后，看它。我陶醉在它的快乐里。

我们互不干扰。世界安好。

有一段时间，它没来，我很想念它。路上偶抬头，听到空中有鸟叫声划过，心便柔软地欢喜，忍不住这样想：是不是啄我窗子的那一只？

我的窗户很寂寞，在鸟儿远离的日子里。

二

街上有卖鸟的。绿身子，黄尾巴，眼睛像两粒小豌豆。彩笔画出来似的。

鸟在笼子里，唧啾。

我带朋友的小女儿走过。那小人儿看见鸟，眼睛都不转了，她欢叫一声："小鸟哦。"跳过去，蹲下小小的身子看鸟。鸟停止了唧啾，也看她。

它们就那样对望着，好奇地。我惊讶地发现，它们的眼神，何其相似：天真，纯净，一汪清潭。可以历数其中细沙几粒、水草几棵。

小女孩说："阿姨，小鸟在对我笑呢。"

有种语言在弥漫，在小女孩与小鸟之间。

我相信，那一定是灵魂的暗语。

三

我确信我家的屋顶上，住了一窝鸟。

深夜里，我写字倦了，喝一杯温热的白开水。四周俱静。我家屋顶上，突然传来嘈嘈切切的声音，伴着鸟的轻喃，仿佛呓语。我以为，那一定是一家子，鸟爸爸，鸟妈妈，还有鸟孩子。

我微笑着听，深夜的清凉，霎时有了温度。

我开始瞎想，它们是一窝什么样的鸟呢？是"泥融飞燕子"中的燕子么？还是"百啭千声随意移"中的画眉？或许是"两个黄鹂鸣翠柳，一行白鹭上青天"中的黄鹂和白鹭呢？简直活泼极了，翠绿、艳黄、纯白、碧蓝，怎一个惊艳了得？它们鸣唱着、欢叫着，发出天籁之声。

我没有爬上屋顶去看，它们到底是怎样的鸟。我不想知道。

它们一天一天，绵延着我的想象，日子里，便有了久久长长的味道。

四

故事是在无意中看到的。说某地有个退休老人，多少年如一日，用自己的退休金，买了鸟食，去一广场上喂鸟。

为了那些鸟，老人对自己的生活，近乎苛刻，衣服都是穿旧的，饭食都是吃最简单的，出门舍不得打车，都是步行。

鸟对老人也亲。只要老人一出现，一群鸟就飞下来，围着老人翩翩起舞、宛转鸣唱，成当地一奇观。

然流年暗换，老人一日一日老去，一天，他倒在去送鸟食的路上。

当地政府，为弘扬老人的精神，给老人塑了一铜像，安置在广场上。铜像安放那天，奇迹出现了，一群一群的鸟，飞过来，绕着老人的铜像哀鸣，久久不肯离去。

我轻易不落的泪，掉下来。鸟知道谁对它们好，鸟是感恩的。

五

有一段时间，我在植物园内住。是参加省作家读书班学习的，选的地方就是好。

两个人一间房，木头的房。房在密林深深处。推开木质窗，窗外就是树，浓密着，如烟地堆开去。

有树就有鸟。那鸟不是一只两只，而是一群一群。我们每天在鸟叫声中醒过来，在鸟叫声中洗脸、吃饭、读书、听课。在鸟叫声中散步。物欲两忘，直觉得自己做了神仙。

有女作家带了六岁的孩子来。那孩子每天大清早起床，就伏到窗台上，手握母亲的手机，对着窗外，神情专注。我问他，"干吗呢？给小鸟打电话啊？"他轻轻冲我"嘘"了声，一脸神秘地笑了。转过头去，继续专注地握着手机。后来他告诉我，他在给小鸟录音呢。"阿姨，你听你听，小鸟每天唱的歌都不一样。"他举着手机让我听，一脸的兴奋。手机里小鸟的叫声，铺天盖地灌进我的耳里来。如仙乐纷飞。

小鸟每天唱的歌都不一样，这句话，我铭记了。

孩子和秋风

孩子有本心。即便是肃杀的秋风，他们也给它镶上童话的金边，从中窥见生命的可亲和可爱。

我和几个孩子站在一片园子里，感受秋天的风。园子里长几棵高大的梧桐树，我们的脚底下，铺一层厚厚的梧桐叶。叶枯黄，脚踩在上面，嘎吱嘎吱，脆响。风还在一个劲儿地刮，吹打着树上可怜的几片叶子，那上面，就快成光秃秃的了。

我给孩子们上写作课，让孩子们描摹这秋天的风。以为他们一定会说寒冷、残酷和荒凉之类的，结果却出乎我的意料。

一个孩子说，秋天的风，像把大剪刀，它剪呀剪的，就把树上的叶子全剪光了。

我赞许了这个比喻。有二月春风似剪刀之说，秋天的风，何尝不是一把剪刀呢？只不过，它剪出来的不是花红叶绿，而是败柳残荷。

剪完了，它让阳光来住，这个孩子突然接着说一句。他仰向我的小脸，被风吹着，像只通红的小苹果。我怔住，抬头看树，那上面，果真的，爬满阳光啊，每根枝条上都是。失与得，从来都是如此均衡，树在失去叶子的同时，却承接了满树的阳光。

一个孩子说，秋天的风，像个魔术师，它会变出好多好吃的，菱角呀，花生呀，苹果呀，葡萄呀。还有桂花，可以做桂花糕。我昨天吃了桂花糕，妈妈说，是风变出来的。

我笑了。小可爱，经你这么一说，秋天的风，还真是香的。我和孩子们一起嗅，似乎就闻见了风的味道，像块蒸得热气腾腾的桂花糕。

一个孩子说，秋天的风，像个调皮的娃娃，他把树上的叶子，扯得东一片西一片的，那是在跟大树闹着玩呢。

哦，原来如此。秋天的风一路呼啸而下，原是藏着笑的，它是活泼的、热闹的，是在逗着我们玩的。孩子们伸出小手，跟风相握，他们把童年的笑声，丢在风里。

走出园子，风继续在刮。院墙边一丛黄菊花，开得肆意流畅，一朵一朵，像新剥开的橘子瓣似的，瓣瓣舒展，颜色浓烈饱满。一个孩子跳过去，弯下腰嗅，突然快乐地冲我说，老师，我知道秋天的风还像什么了。

像什么呢？我微笑地看她。她的小脸蛋，真像一朵小菊花。

秋天的风，像一个小仙女，她走到菊花旁，轻轻吹一口气，菊花就开了。这个孩子被自己的想象激动着，脸上泅着兴奋的红晕。

我简直感动了。可不是，秋天的风，多像一个小仙女啊！她走到田野边，轻轻吹一口气，满田的稻子就黄了。她走到果园边，轻轻吹一口气，满树的果实就熟了，橙黄橘绿。还有小红灯笼似的柿子。还有青中带红的大枣，和胖娃娃一样的石榴。她走到旷野边，轻轻吹一口气，一地的草便都睡去了，做着柔软的金黄的梦。小野花们还在开着，星星点点，红的、白的、紫的，朵朵灿烂。在秋风里，在越来越高远澄清的天空下。

孩子有本心。即便是肃杀的秋风，他们也给它镶上童话的金边，从中窥见生命的可亲和可爱。

寂寞的马戏

> 人人都投以最饱满的热情，乐，是单纯的乐、朴素的乐、全心全意的乐。

马戏团来我们村子里表演，绝对是盛事一桩。

那些年，吾村除了偶尔的露天电影做会时的唱道情、过年时的群众演出，就数马戏团最让我们期盼了。娱乐也就这么多，却一个顶一个热闹有趣。人人都投以最饱满的热情，乐，是单纯的乐、朴素的乐、全心全意的乐。不见华丽铺张，却自有它的喜悦安康。

马戏团很快在村部晒场上安营扎寨，搭了帐篷住，几十口人住在一起。说是马戏团，马其实并不多，也就一匹两匹的，拴在帐篷外。有孩子拔了一把青草去喂它们，它们爱搭理不搭理的，骄傲得很。帐篷外面，牵上了长长的晾衣绳，挂了一绳的花花绿绿。风一吹，那些花花绿绿都飘拂起来，让那一个世界看上去，仿佛是顺水漂来的仙岛。

马戏团在吾村一逗留就是四五天，天天下午有演出。周围村子的人，也都赶过来看。学校也组织学生包场。午后，路上络绎不绝的，全是人。喧喧嚷嚷着，五颜六色着，兴兴的，都是活着的趣味。

马戏团里，总有几个耍杂技的女孩，她们穿水绿的衫，水粉的裤子。或者，水粉的衫，水绿的裤子。她们跟我的年纪相差无几，脸上打着胭脂水粉，面容姣好。她们在钢丝上腾挪扭转，把身体盛放成花朵。如水中浮莲。又似牡丹朝阳，一朵两朵三朵地开。头顶是清风明朗的天，真正叫人欢喜。

众人拼命鼓掌，拍得手都红了。有人感叹着，这些小丫头真是不简单。我奶奶怜惜她们，说："这些伢儿呀，怕是骨头都练软了。"

我那时会翻筋斗，会倒立，小胳膊小腿也灵活得很。我能从我们村部晒场，一路翻着筋斗翻到家门口。看着她们，我动了小心思，我也要把骨头练软。我也要穿水粉的衫、水粉的裤，像花朵一样在钢丝上盛放。

可是，我不知道怎么样才能进马戏团。

我为这事苦恼。

我缠磨着我爸，打听马戏团的事。我爸说："这些都是穷人家的孩子，家里养不活了，从小被送进马戏团去。这些孩子，早上天不亮就要起来练功，练不好要挨师傅的打。台上十分钟，台下十年功的，他们不知吃了多少鞭子的。"

我仍坚持着，我要去马戏团。

大人们都取笑我，说我是入了魔了，没人拿我的话当真。

我独自跑过去找马戏团的人。

是曲终人尽散，晒场上残留着一地的瓜子壳子。马戏团的人在收拾道具，帐篷门口的大锅里，熬着一大锅稀饭。里面有女孩子突然掀帘出来，挂一脸泪痕。后面有声音在追着骂："叫你顶缸，你练多长时间了，怎么还学不会！跟头笨猪似的，你今天晚上觉不要睡了，什么时候把缸顶起来，什么时候睡觉！"

那女孩子看我一眼，转到帐篷后面去了。

一瘦瘦的男人，跟着走出来，长得尖嘴猴腮的，一脸的怒气冲冲，与台上的轻舞飞扬，有着极大的不同。我被吓住，只呆呆站着，一句话也说不出，一句话也不敢问。

有人在叫："开饭啦！"一把大勺子在锅里搅。里面的人陆续出来了，一人手里拿一只瓷钵子，排着队，等着打稀饭。

女孩子都卸了妆，顶着一张黄瘦的小脸，漠然着。那些艳丽娇柔呢，那些水粉青嫩呢，都去了哪里了？我失望极了，扭头就跑，跑得上气不接下气。

我再不曾提过要进马戏团的事。后来的马戏，我亦很少看了。

你再捉一只蜻蜓给我，好吗

他们还像从前一样，是三个人，亲密无间。但分明又不是了，他们都长大了。

陆小卫第一次给方可可捉蜻蜓的时候，穿淡蓝的小汗衫，吸着鼻子，鼻翼上缀满细密的小汗珠。他手举一只绿蜻蜓，半曲着腰，对因摔了一跤而坐在地上大哭的方可可，一遍一遍哄着，"可可，我捉了只蜻蜓给你玩，你不要哭了，好吗？"那一年，陆小卫8岁，方可可6岁。

6岁的蓝心，站在陆小卫的身旁。蓝心吮着小拇指，眼巴巴盯着陆小卫手上的绿蜻蜓。她很想要，但陆小卫不会给她。陆小卫说她长得丑，有时跟她生起气来，就骂她"狼外婆"。狼外婆长得很丑么？方可可不知道。方可可只知道每次陆小卫骂蓝心狼外婆时，蓝心都会大哭着跑回家。不一会儿，蓝心的妈妈，那个跛着一只脚的刘阿姨，就会一手牵着蓝心，一手托着一碟瓜子或是糖果，出来寻他们。刘阿姨不会骂他们欺负蓝心，只是好脾气地抚着陆小卫的头，给他们瓜子或糖果吃，而后关照，"小卫，你大些，是可可和蓝心的哥哥哦，要带着两个妹妹好好玩，不要吵架。"陆小卫这时，会很不好意思地低下头去，用脚使劲踢一颗石子。

刘阿姨走后，蓝心慢慢蹭到陆小卫身边，跟温顺的小猫似的。陆小卫不看她，她就伸了小手小心翼翼去拉陆小卫的衣襟，另一只小手里，一准攥着一颗包装漂亮的水果糖。那糖纸是湖蓝色的，还有一圈白镶边。是她特地省下来的。"给你。"她把水果糖递到陆小卫跟前，带着乞求的神色。陆小卫起初还装模作样嘟着嘴，但不一会儿，就撑不住糖的诱惑了，把糖接过来，说："好啦，我们一起玩啦。"蓝心便开心地笑了，一脸的山花烂漫。

陆小卫转身会和方可可分了糖吃，一人一半。湖蓝的糖纸，被两双小手递来递去。他们透过它的背面望太阳，太阳是蓝的。望飞鸟，飞鸟也是蓝的。方可可用它望陆小卫的脸，陆小卫的脸竟也是蓝的。他们快乐地惊叫。整个世界，都是蓝蓝的，一片波光潋滟。

多年之后，方可可忽然想起，那湖蓝的糖纸，像极了陆小卫给她捉的第一只蜻蜓的翅膀。她后来不哭了，她从地上爬起来，接过陆小卫给她捉的蜻蜓。她用手指头拨它鼓鼓的小眼睛，叫它唱歌。陆小卫笑了，蓝心笑了，她也笑了。

那一年，方可可、陆小卫、蓝心，一起住在一个大院里。他们青梅竹马，亲密无间。

上小学三年级的时候，方可可的家要搬到另一座小城去，那是她父亲工作的城。

那个时候，方可可和蓝心同班，好得像一对姐妹花。而陆小卫，已上小学五年级了，常常很了不起似的在她们面前背杜甫的诗词，翻来覆去只两句：感时花溅泪，恨别鸟惊心。

他有时还会和蓝心吵，吵急了还会骂蓝心狼外婆。蓝心不再哭，只是恨恨地咬着牙，瞪着眼看着陆小卫。

陆小卫却从不跟方可可吵，他还是一有好东西就想到方可可，甚至他最喜欢的一把卷笔刀，也送给了方可可。

方可可三年级学期结束时，父亲那边的房子已收拾好了，他们家真的就搬迁了。临走那天，大院里的人，都过来送行。女人们拉着方可可母亲的手，说着一些恋恋不舍的话。说着说着，就脆弱地抹起眼泪。

方可可也很难过，背着自己的小书包，跟蓝心话别。而眼睛却在人群里张望着，她在找陆小卫，而他，一直一直没有出现。

蓝心送方可可一根红丝带，要她在想她的时候，就把红丝带扎在头发上。方可可点点头答应了，回送蓝心一把卷笔刀，是陆小卫送她的。蓝心很喜欢这把小卷笔刀，她曾跟方可可说过，她最喜欢小白兔了。陆小卫送方可可的卷笔刀，造型恰恰是一只可爱的小白兔。

陆小卫这时不知打哪儿冒出来，拉起方可可的手就跑，一边跑一边回头冲方可可的母亲说："阿姨，可可跟我去一会儿就回来。"

他们一路狂奔，冲出大院，冲出小巷，就冲到了他们惯常玩耍的小河边。那里终年河水潺潺，树木葱郁。陆小卫让方可可闭起眼睛等两分钟。待她张开眼时，她看到他的手里，正举着一只绿蜻蜓。

"可可，给你，我会想你的。"说完，陆小卫转身飞跑掉了。留下方可可，望着手上的绿蜻蜓，怔怔。

方可可在新的家，很怀念原来的大院。怀念得没有办法的时候，她就给蓝心写信，在信末，她会装着轻描淡写地问一句：陆小卫怎么样了？

蓝心的信，回得总是非常及时。她在信中，会事无巨细地把陆小卫的情况通报一番。譬如他在全校大会上受到表扬。他数学竞赛又得了一等奖。他打球时扭伤了一条胳膊。他不再骂她狼外婆，而是叫她蓝心。

方可可对着满页的纸，想着陆小卫的样子。窗外偶有蜻蜓飞过，它不是陆小卫为她捉的那只，她知道。

在小学六年级的那年暑假，方可可跑回去一次。蓝心还在那个大院住着，陆小卫却不在了，他随他的家人搬到另一个小区去了。

蓝心长成漂亮的大姑娘，脑后扎着高高的马尾巴。方可可和蓝心站在街角拐弯处吃冰淇淋，谈陆小卫。蓝心说："他现在上初中了，个子很高了。"

冰淇淋吃掉后，蓝心去打了一个电话，陆小卫就来了，样子很高很瘦。他们还像从前一样，是三个人，亲密无间。但分明又不是了，他们都长大了。

他们坐在从前的小河边，除了笑，就是沉默。

陆小卫后来打破沉默，说："可可，我给你捉只蜻蜓吧。"蓝心立即热烈响应，拍着手说："好啊好啊，也给我捉一只吧。"

陆小卫就笑了，伸手拍一下蓝心的头说："你捣什么乱？"那举止，竟是亲昵的，而与方可可，却是生疏的。方可可觉得心头一暗，太阳隐到了云端里。

一会儿，陆小卫就捉到了一只蜻蜓，红色的，有着透明的翅膀。他把蜻蜓小心地放到方可可的手上，蜻蜓的翅膀颤了颤，陆小卫的手，也颤了颤。方可可抬眼看他，他穿红色T恤，已是翩翩一少年。

蓝心一直追随着陆小卫的脚步走。

陆小卫高中，蓝心初中。陆小卫在北方上大学，蓝心努力两年，也考上陆小卫所在的那所大学。

方可可却在南方的一所大学里，寂寂。她与他们的距离，相隔了万水千山。

元旦的时候，陆小卫寄给方可可明信片，是他亲手制作的，上面粘着蜻蜓标本。他的话不多，只简洁的几个字："可可，节日好。"

方可可不给他回寄，只托蓝心谢他。

方可可跟蓝心一直通信，也通电话。她们天南地北瞎聊一通，然后就聊陆小卫。蓝心说，他是学校的风云人物，是学生会主席，后面迷倒一帮小女生。

方可可笑得岔气，一边就在纸上写：陆小卫，陆小卫……

陆小卫在他毕业的那年夏天，突然跑到方可可的学校来看方可可。他玉树临风地站在方可可面前，方可可忍不住心跳了又跳。

方可可带他去他们学校食堂吃蚂蚁上树，还有藕粉圆子。他大口大口吃，说，再也没有吃过比这更好吃的东西了。

方可可知道，他多少有些伪装。他还像小时候那样，总是尽可能地让她高兴。

有疼痛穿心而过。但表面上，方可可却不动声色。

饭后，他们一起散步，沿着校门外的路走。走累了，他们就一起坐到路边的石阶上。

陆小卫突然问她："可可，你收到我的信了么，我托蓝心寄给你的信？那几天，我正在忙着写毕业论文，没时间跑邮局，而快件必须到邮局才能寄出，所以我托蓝心了。"

"快件？"方可可愣一愣，随即明白了，她含糊着说："早收到啦。"

陆小卫看看她，缓缓掉过头去，艰难地笑，"那么，蓝心说的都是真的了，你已经，有男朋友了？"

方可可大着声笑，说："是啊是啊。"

夕阳西沉，一点一点地，落在心底。有鸽从高空飞过。这个城市没有蜻蜓，却有鸽。它们成群成群地从城市上空飞过，银色的翅膀上，驮着碎碎的夕阳，红色的忧伤。

他们不再说话，沉默地望着路对面。对面的路边，并排长着三棵紫薇树，花开得正好，一树的灿烂。红的，紫的，细密的花，纷纷扬扬。

"像不像你、我，还有蓝心？"方可可指着紫薇树，故作轻松地问陆小卫。

陆小卫只是若有似无地"哦"了声。刹那之间，他们变成陌生。

陆小卫走后的第二天，方可可收到蓝心的信，蓝心在信上说："对不起了可可，我爱陆小卫，从小就爱。而从小，你就什么都比我强，你聪明，长得漂亮，你父母有本事。而我妈妈，却是个残疾人……"

我知道的，蓝心。方可可在心里面轻轻说。她伸手捂住眼睛，不让眼泪掉下来。

不久，陆小卫给方可可寄来最后一张他亲手制作的明信片，明信片上，照例粘着一只蜻蜓标本。薄薄的翅，透明的忧伤。他的话依然不多，只寥寥几个字。他说："可可，我和蓝心恋爱了。"

方可可回："祝福你们。"

再不联系。

再相见，已是几年之后，在陆小卫和蓝心的婚礼上。方可可喝醉了，一点也不记得当时的情形了，印象中，都是蓝心一团甜美如花的笑，雾似的缥缈。

事后，方可可听朋友说，那天，她大醉，醉酒后一直说着一句话："你再捉一只蜻蜓给我，好吗？"

朋友笑她，"瞧你醉的，像个小孩子，还要什么蜻蜓。"

后来，朋友又说，那一天，同醉的，还有新郎官。他喝着喝着，就流泪了，嘴里面也嘟囔着什么蜻蜓蜻蜓的，没有人听得懂。

第三辑
住在自己的美好里

世上所谓美好的事
物，大抵都如此，
只安静地住在自己
的美好里，这才保
存了它们的本性。

看 花

一朵花的开放，它从来没有去征求过谁的同意。风也管不着，鸟也管不着，灵魂便自由了。

这时节，只要一有空闲，我就跑出去看花。

春天最不值钱的，就是花。

走在路上，我有君临天下的感觉，身边莺歌燕舞霓裳飘拂，后宫佳丽何止三千！人实在是有福气了，人并不知。我看路人走过花旁，一树樱花，一树桃花，还有几树海棠，那么沸沸的。他却视而不见，一径走了。我真是急，我恨不得拽住他，你看哪，你且看看哪，你就这么走了，多浪费！

也无须追到远处去，就在家门口转着吧，随便地一扭身，你也就能看到好。好是真的好。草都绿了，花都开好了，无一处不是欢欣鼓舞蓬蓬勃勃的。让你想到一个词，花样年华。季节可不正是到了它的花样年华时！

蒲公英在草地上眨巴着眼睛。这小家伙性格有点孤傲，少有成群结队的。它们撑着艳艳的小黄脸，东一朵、西一朵的，闲逛着玩儿。遇见，我也总是要向它行行注目礼。比方说，它在砖缝中。比方说，它在背阴的墙脚处。比方说，它在一截断墙上。我的内心，也总会引起一点小震动，生命的丰饶，原在生命本身，无关别的。

垂丝海棠开得顶烂漫，顶没心没肺的。春风也不过才吹了两吹，它们就跟商量好了似的，齐刷刷地冒出来，来开茶话会了。每根枝条上，都坐满了小花朵啊，手挽手、肩挨肩的，密密匝匝，盛况空前。

我走过它们身边，我老觉得它们在笑。一朵花先笑了，接着再一朵，再再一朵。然后，千朵万朵跟着笑起来，笑得花枝乱颤、云蒸霞蔚。

笑我吗？我扭头去望，不自觉的，也笑了。

油菜花开得就有些蛮不讲理了。它简直是泛滥，有一统天下的野心，成坡成岭，成海成洋。我走进一片油菜花地，老疑心耳边响着"哒哒哒"的马蹄声，它是要揭竿而起吗？

乡下的房，这个时候，是顶幸福不过的了，被它左抱右拥着，像荡在黄金波上的一艘船。有人出来，有狗出来，有鸡出来，有羊出来，那"黄金波"就跟着划过一道道细细的浪。风吹油菜花。唉唉唉，你只剩叹息的分了。

如果逢着河，如果河边刚好长着一棵野桃树，那你就等着束手就擒吧，你是注定动弹不得的了。水映着一树的花，花映着一河的水，红粉缥缈。有人在河边钓鱼，你看着那人，又欢喜又恼恨。你觉得他是在钓桃花瓣，却又搅了鱼的清梦。鱼嚼桃花影哪，自然与自然相融相生，美到地老天荒。

看到一棵梨树，开出落雪的模样。我走过去，坐在树下，奢侈地发呆。一个信息忽然过来，是远方的一个读者，她说，梅子老师，这些日子我过得很不快乐，我是一个特别在乎别人评价的人，你有过这样的烦恼吗？

我仰头望望一树的花，笑了。低头回复她，这样的烦恼，从前我也有过，现在没有了，因为，我的活，完全是我自己的事。就像一朵花的开放，它从来没有去征求过谁的同意。风也管不着，鸟也管不着，灵魂便自由了。

春在枝头已十分

纵使枯了萎了，只要一颗心，还在，一切都没有什么大不了的。

乍暖还寒，然春天，还是大踏步而来。

河边的柳们，站在细细的风里，已然新妆已毕，都风情万种地袅娜着——春在枝头已十分。

看春去呵——哪里的声音在唤。人在屋内坐着，是铁定坐不踏实的了。蠢蠢着，蠢蠢着。窗外的黄鹂，或是野鹦鹉的一声鸣啼，真正是要了人命。莫辜负了这大好春光哪，看春去呵，看春去呵。

那人说，知道吗，沿河的梅花都开好了。

那人说，知道吗，桃树的花苞苞都鼓鼓的了。

那人说，知道吗，草地的小草也都返青了，绿茸茸的。

那人说，再过几天，我们去看樱花吧。

他每日上下班，都要经过三座桥、四条街道，和两个街边小公园。沿途植满花草树木，他的眼睛，在四时季节里，从不缺少缤纷热闹。

我在他的叙述里，欢天喜地，热血沸腾。

其实，哪里用得着他叙述！我知道的，我都知道这些的。花草树木有序，到哪山唱哪山的歌，它们都明白清楚着，从不怠慢任何一步。日月天地里，它们一步一个印迹，笃实稳妥，一丝不苟，有条不紊，信念坚定，又自在淡然。人在花草树木跟前，怎样的倾倒崇敬也不为过。它们永远值得我们人类学习。

我在日历上开始涂抹，一页涂上赤橙黄绿，一页涂上红蓝青紫。去看花吧。去看草吧。去看叶吧。去看流水吧。去看青山吧。往那颜色深深处去，往那最是斑斓处去。

也去看风筝，牵着梦想和欢笑，在天上飘荡。半空中，那些纷飞的欢腾，我可不可以把它叫作幸福？它有关活着，有关成长，有关陪伴，有关呵护，有关单纯，有关期冀，有关恩爱。俗世的所求，原不过是这些。

想起新年里的一件事。大年初一，那人去所里值班，接到的第一个报警，竟是与死亡相关的。女人，吞药自杀。也才四十岁，样貌、家庭都不错，有儿念初中。然她一味苛求自己，事事都跟他人比，觉得不称心、不如意，活在自设的囚笼里。这次，儿子的期末考试考得不好，竟让她万念俱灰。遗书里她说，她活得太累了，她觉得自己这个做妈的，很失败。

我替她的孩子累得慌，这一生这一世，那孩子该背着多重的包袱成长、前行？她为什么不等一等？只要她稍稍等一等，一个春天也就来了。再厚的冰雪，也会融化。再卑微迟缓的小草，也会发芽。

　　我的阳台上，一盆枯萎掉的海棠里面，爆出了新芽。不过两三粒，紫红的，尚幼小。我不确定，那是不是海棠新爆出的芽。但我仍是很高兴。我很有把握地等着，一些日子后，它们定会捧出一盆的鲜活开放来。

　　纵使枯了萎了，只要一颗心，还在，一切都没有什么大不了的。真的，熬过了冬，熬过了冰雪孤寒山冷水瘦，也就有了欣欣向荣。只要你肯等，只要你愿意坚守和相信，便总有一份好意来回报你。

住在自己的美好里

世上所谓美好的事物，大抵都如此，只安静地住在自己的美好里，这才保存了它们的本性。

一只鸟，蹲在楼后的杉树上。我在水池边洗碗的时候，听见它在唱歌。我在洗衣间洗衣的时候，听见它在唱歌。我泡了一杯茶，捧在手上恍惚的时候，听见它在唱歌。它唱得欢快极了，一会儿变换一种腔调，长曲更短曲。我问他，"什么鸟呢？"那人探头窗外，看一眼，说："野鹦鹉吧。"

春天，杉树的绿来得晚，其他植物早已绿得蓬勃，叶在风中招惹得春风醉。杉树们还是一副大睡未醒的样子，沉在自己的梦境里，光秃秃的枝丫上，春光了无痕。这只鸟才不管这些呢，它自管自地蹲在杉树上，把日子唱得一派明媚。偶有过路的鸟雀来，花喜鹊，或是小麻雀，它们都是耐不住寂寞的，叽叽喳喳一番，就又飞到更热闹的地方去了。唯独它，仿佛负了某项使命似的，守着这些杉树，不停地唱啊唱，一定要把杉树唤醒。

那些杉树，都有五六层楼房高，主干笔直地指向天空。据说当年栽植它们的，是一个学校的校长，他领了一批孩子来，把树苗一棵一棵栽下去。一年又一年，春去春又回，杉树长高了、长粗了。校长却老了，走了。这里的建筑拆掉一批，又重建一批，竟没有人碰过它们，它们完好无损地，生长着。

我走过那些杉树旁，会想一想那个校长的样子。我没见过他，连照片也没有。我在心里勾画着他的形象：清瘦，矍铄，戴金边眼镜，文质彬彬。过去的文人，大抵这个模样。我在碧蓝的天空下微笑，在鸟的欢叫声中微笑。一些人走远了，却把气息留下来，你自觉也好，不自觉也好，你会处处感觉到他的存在。

鸟从这棵杉树上，跳到那棵杉树上。楼后有老妇人，一边洗着一个咸菜坛子，一边仰了脸冲树顶说话，"你叫什么叫呀，乐什么呢！"鸟不理她，继续它的欢唱。老妇人再仰头看，独自笑了。

一天，我看见她在一架扁豆花下读书，书摊在膝上，她读得很吃力，用手指着书，一字一字往前挪，念念有声。那样的画面，安宁、静谧。夕阳无限好。

后来，听人在我耳边私语，说这个老妇人神经有些不正常。"不信，你走近了瞧，她的书，十有八九是倒着拿的，她根本不识字。不过，她死掉的老头子，以前倒是很有学问的人。"

听了，有些诧异。再看见她时，我不由得放缓脚步，多打量她几眼。她衣着整洁，举止安详。灰白的头发，被她编成两根小辫子，搭在肩上。她埋头做着她的事，看书，或在空地上，打理一些花草。

我蹲下去看她的花草。一排的鸢尾花，开得像紫蝴蝶。而在那一大丛鸢尾花下，我惊奇地发现了一种小野花，不过米粒大小。它们安静地盛放着，粉蓝粉蓝的，模样动人。我想起一句话来，你知道它时，它在开着花，你不知道它时，它依然开着花。

世上所谓美好的事物，大抵都如此，只安静地住在自己的美好里，这才保存了它们的本性，留住了这个世界，最原始的天真。

云水禅心

云是天上的水，水是地上的云。它们到底谁是谁呢？

好的曲子，是百听不厌的。

比如，我正在听的这首《云水禅心》。佛曲。四五年前，我初遇它，惊为天曲。魂被它一把攥住，满世界的喧哗，一下子退避数千里。

清清爽爽的古筝，配以三两声琵琶，如隔夜的雨滴，滚落在萋萋芳草上。一扇门，轻轻洞开，红尘隔在门外。人已完全做不了自己的主了，像懵懂的幼儿，一步步被它引领着，走近佛，走近禅，走近灵魂最初的地方。竹海森森，有泉水叮咚。有清风徐拂。有白云悠悠。有鸟鸣声交相呼应。鱼儿在清泉里，摇头摆尾。空气是绿色的，你甚至感觉到，有扑面而来的清冽和甜蜜。静，真静哪！这时候，你的心，化作一泓泉水流过去，化作一缕清风吹过去，化作一朵白云飘过去。不，不，还是化作一尾鱼好了，在清泉里，自由自在地游弋吧。

我的窗外，夏天的燠热一步一步逼近。今年的季节有点怪，春天久盼不至，夏天却急不可耐，一马当先，攻城略地——天气猝不及防地热起来。可隔了几年未听，这首《云水禅心》，还是一如既往的清丽。再多的烦躁，在它的轻抚下，也一一平息。

云水？这个词真是绝妙！云是天上的水，水是地上的云。它们到底谁是谁呢？一个，是另一个的影子，相互倾慕，相互辉映。

不记得在哪里看到的一句话了：云飘到哪里，人追到哪里；水流到哪里，人走到哪里。这天与地，原不是太阳的，不是月亮的，而是云的，是水的。

那一日，与几个朋友相约，去几百里外的便仓看牡丹。那里有传说中的枯枝牡丹——紫袍和赵粉，枯枝之上，绽放欢颜，花开七百四十年。驱车途中，一条河在我们一侧，一路跟随。天空晴朗，云朵洁白。突然撞见一个老渡口，有渡船停在岸边。午后清闲，老艄公独倚在船头，望天。隔岸，一个村庄像一幅水粉画，静止在那里。满坡的油菜花，还没开完，将谢未谢，把半条河给染得金黄。黛青的瓦房，散落在菜花间。

我们跳下车，奔过去。同行中，有四十大几的男人，激动得像个孩子，拿起照相机，一通猛拍，嘴里不停地嚷，多好啊，多好啊。

好什么呢？这天！这地！这云！这水！这渡口！老艄公倚在船头，气定神闲地看着我们。他是见多识广的，单等我们说，过河去。

　　真的过河去了。一人一元的渡船费。我们说，不贵不贵。好奇地问老艄公，你一天要渡多少人过河呢？他答，有时多，有时少。我们笑了，这话，像禅语。

　　船向对岸划过去，击起水花一朵朵。水里的云影，被搅碎了，又很快缝合。船一靠岸，我们立马扑进岸边那片油菜花地，走小径，过小桥。桥下忽然荡来一条小船，上面载着一些农用物品。船上有三人，两个男人，一个女人，女人头上系着花头巾。他们一门心思撑着小船，从我们跟前划过去，划过去。岸边杨柳青。

　　我们忘了要去的目的地，在那个小村庄里流连，心里涨满莫名的感动。人生的相遇、相见、相别，是这样的不确定，又是这样的合情合理。佛家说，云水禅心。又，云在青天水在瓶。一切的物与生命，原都以自然的面貌，各各存活在自己的岁月里。像那个老渡口，一河的水，倒映着岸边的油菜花，倒映着蓝天白云。午后的阳光，泼泼洒洒。一艘小船，从时光里，悠然撑过。

放风筝

　　远远近近的人，都停下来看。他们不看风筝，看放风筝的女人。

　　女人想放风筝。

　　三月天，阳光温暖得像开了花。南来的风，渐渐变得柔软，轻抚着每一个路过的人的脸，抚得人的骨头都发了酥。女人的心里，生出一根青绿的藤蔓来，朝着风里长啊长啊。这样的风，多适合放风筝啊，女人想。

　　是打小就有这个愿望的，要在三月的风里，尽情地放一回风筝。女人的父亲过世得早，母亲又体弱多病，她是家里长女，早早承担起养家的责任。女人清楚地记得，那个时候，也是三月天，桃花一枝一枝的，在人家屋前绽放。风轻轻拍打着村庄。弟弟妹妹们拿了破牛皮纸，糊在竹片上，制作成简易的风筝，在田埂边放飞。风筝像只大鸟，飞上天了，弟弟妹妹们快乐的叫声，震天震地。女人也只是远远瞟一眼，羊还在等着吃草呢，母亲的药还在等着煎，地里的庄稼活，还有一堆，她哪有那份闲情逸致呢？

也终于等到弟弟妹妹们长大，女人这才卸下肩上的担子。这时候，女人也到了谈婚论嫁的年龄。她收拾一番，把自己嫁了。所嫁之人也不富裕，常年在外打工，她守着家，操持着家务和农活。曾经放风筝的愿望，就这样，被丢进了岁月的深深处。

不久，女儿出生了，女人的全部心思，放到了女儿身上。转眼间，又是三月天，女儿会跑会跳了，男人给女儿买回一只蝴蝶大风筝，丝绢做的呢，花花绿绿的。女人盯着风筝看，看着看着，眼光就潮湿了。多漂亮的风筝啊，女人伸出手来，把风筝摸了又摸。

男人根本没留意女人的眼光，男人说，我陪孩子去放风筝，你把我包里的脏衣服洗一下。男人带回的脏衣服有一大包，搁在水池边。女人抚风筝的手，就缩了回去。女人答应一声，转身拿了澡盆，泡上脏衣服。

女人蹲在水池边，心不在焉地洗着男人的衣服。肥皂的泡沫，浸到她的眼睛里，女人抬手抹了抹，眼泪就跟着下来了。女人觉得委屈，却又不知道委屈什么。她抬头，看见女儿在田埂边拍手跳，看见男人手里的"花蝴蝶"，飞上天了，越飞越高，越飞越高。女人就又笑起来，只要女儿快乐，就好。

女儿大了，外出读书，后留在城里，有了自己的天地。男人也不用再外出打工了，他回到家里，陪女人种地，养些鸡鸭鹅的。家里虽仍不富裕，但吃穿不愁了。女人突然松懈下来，在大把的时间里发呆，曾经以为湮灭掉的愿望，开始在她心里泛着泡泡儿，让她不得安神。

又是三月天，女人忽然对男人说，我想放风筝。

放风筝？男人笑了，以为女人在开玩笑。都五十来岁的人了，怎么想玩小孩子玩的玩意儿？这不让人笑话么！男人就说，好端端的，放什么风筝呢。

女人执拗地说，我就是想放风筝。

男人看看女人，再看看女人，女人的神情，不像是开玩笑的。男人心里"咯噔"了一下，男人依稀记起以前女人看风筝的样子，目光湿湿的。是他疏忽了，女人原来有着这样的风筝情结。

男人跑去买了一只蝴蝶大风筝，丝绢做的，花花绿绿的。女人牵着"花蝴蝶"，在田埂边放。"花蝴蝶"飞上天了，女人的心，跟着飞上天。能这么放一回风筝，我这辈子没白活。女人笑了，她轻轻地对站在一旁的男人说。

远远近近的人，都停下来看。他们不看风筝，看放风筝的女人。四野安静，头上已霜花点点的女人，是很惹眼的一道风景。

家常的同里

没有人介意这样的河，没有人介意这样的水，要的，只是这样一个悠闲的日子，承载难得的清静和喜悦。

同里的河，都是顺着房子走的。或者反过来了，房子是顺着河走的。岸边人家，几乎家家都设有客栈，写着客栈大名的布幡飘在半空中，红的、黄的、蓝的，街道上空，便弥漫着千年古镇特有的气息。真的走进去了，却是一副现代市井的模样。家家都会做糕点，热腾腾的青团子、芡实糕、桂花糕、花生糕、萝卜饼，还有一团甜蜜的绕绕糖。游人少有敌得住诱惑的，停下，买上几块，边走边吃，无拘无束，像童年回归。

家家门前，都傍河摆着藤编桌椅，上有凉棚撑着，茶壶一把，茶杯几只。你若走累了，就坐下来喝口茶吧。不喝也没关系的，就坐坐吧，坐到天晚了也没人赶你走。一直急不可耐的时光，在这里，缓慢下来，像一方暖阳，泊在那里。真好，不用急着赶路，也没有未完的事在催着，这会儿，你属于你自己，一颗心完完全全放下来，像那房檐下蹲着的一只发呆的小白猫。

发呆？确是如此。河里不时有游舫摇过，那上面就坐着几个发呆的人，脸上有阳光的影子在跳跃。河不宽阔，河水也不够清澈，甚至有点浑浊。岸边的倒影，在水中模糊成一团色彩，仿佛有人随意泼上了一大桶颜料。却没有人介意这样的河，没有人介意这样的水，要的，只是这样一个悠闲的日子，承载难得的清静和喜悦。

当地妇人埋首在膝上的筛子里，在剥一些小圆果子。白的肉出来了，小米粒似的。我站边上饶有兴趣地看大半天。她由着我看，至多笑笑，复低头剥。我终于忍不住相问，你剥的是什么呢？妇人笑答，芡实啊。见我发愣，她说，就是鸡头米啊，可以做糕点，也可以熬汤煮粥喝，养脾脏呢。要不要来点？她问我。我笑着摇摇头。满街的芡实糕，原来是这个做的啊。

游人们这里探头看看，那里探头看看。看什么呢？红灯笼下的人家，一律有着深深的天井。一个天井就是一个或几个故事，几世人的悲欢离合，都化作一院的香。是桂花。每家院子里，似乎都栽有一棵。十月，它的香已浓到极处，满街流淌。游人们奢侈了，踩着这样的香，去看退思园。去访崇本堂和嘉荫堂。在三桥那里等着看抬新娘子。

同里的三桥，几乎成了同里的象征。三桥分别是太平桥、吉利桥、长庆桥，呈"品"字形跨于三河交汇处。当地习俗，逢家里婚嫁喜庆，是必走三桥的。做新娘子的这个时候最神气了，被人用大红轿子抬着过三桥，边上有人口中长长念，太平吉利长庆！探问当地人，这风俗起于何年何代呢？都笑着摇头说不知。祖上就是这样的啊，他们平静地说。祖上到底有多久？随便一座桥，都沐过上千年的风雨——这一些，在一路奔来的外地人眼里，都是惊叹，同里人却早已把它化作淡然。有什么可惊可叹的呢，他们日日与之相伴，成为家常。

　　天光暗下来，游人渐散，同里回归宁静。我回入住的客栈，那是幢老宅院。走过一段狭窄且幽暗的通道，方可进入天井。二层小木楼，木格窗，古朴朴的，很久远的样子。我坐在天井里，我的背后，是一些肆意疯长的花花草草。一只猫蹲在一口瓮旁，静静看我一会儿，跳过窗台去。我跟主人王阿姨聊天，我说你们同里出过很多名人啊，你家祖上是做什么的？王阿姨低头笑，说，小老百姓呢。她提一壶茶，给我面前的杯子斟满，问我，明早想喝粥吗？我煮粥给你喝。

　　我笑了。这才是好。小老百姓的日子，本是现世的，当下那一茶一饭的温暖，才是顶重要的。

有鸟在，春天会回来的

我喜欢这样的告别，让人记住的不是衰落与悲伤，而是华丽与欢喜。

去一个叫台南的地方采风，那儿有温泉，传说是董永、七仙女待过的地方。

想爱情真是一件奇妙的东西，它让七仙女连神仙都不做了，偷偷下凡来。上无片瓦、下无寸土亦是不在意的，只要一个董郎在，便是她的全世界。

我们的车子，经过一些田野、一些小河、一些村庄。季节已是深秋，满眼的草枯叶黄，好光景走到头的样子。你心甘情愿也好，你不情不愿也罢，时光是容不得人有半点迟疑的。草要枯的时候，自然会枯。叶要落的时候，自然要落。

气温一跌再跌，快冬了吧。一方阳光，水印子似的，泊在一片树林上。这是我们的目的地。我们下车，走进那片树林。

密林深深处，有房，有温泉。我们不急着过去，而是停下来，看那些树。

是些银杏树。这个时节的银杏树，可以用壮观来形容。别的树的韶华光阴，都是叶绿蓬勃时。独独银杏树不同，它的最美时光，是在它转身与你告别时。它把每一片叶子，都认真地给刷上金黄，远观去，像撑着一树一树的黄花朵。

我喜欢这样的告别，让人记住的不是衰落与悲伤，而是华丽与欢喜。

一地的落叶，像一地的黄蝴蝶。脚轻轻踩上去，有沙沙沙的回应，是叶子在歌唱。同行中有人对着一地的落叶感叹，落叶是美的。他这话一点不特别，然放在彼时彼刻，竟相当妥帖。风吹，树上的叶子，前赴后继地纷纷飘落，像下着一场叶子雨，流金溢彩，美得惊心动魄。

我想起朋友来。若不是生病了，这样的小聚，他必定不会缺席。想曾经，他是那么精力充沛的一个人，待人热忱，做事认真，才华横溢。一帮人聚，他每每总是焦点，大口吃肉，大碗喝酒，涉论话题，纵横古今。谁知道他竟患上肝癌，且是晚期！电话里，他倒反过来安慰我，我没事的，我只是来鬼门关门前看一看，还是会回去的。到时，我们还一起喝酒，一起话古今。

我笑着应，好，我等你。但我清楚地知道，这是不可能的了。他再也看不到这样的秋天，看不到这样一场美丽的"叶子雨"。

"昨日繁阴在，莺声树树春。"我摊开手掌，一缕阳光，跌入我的掌中。我突然为这缕普普通通的阳光感动了。回忆总叫人无限怅惘，逝去的永远追不回。可是，我还拥有当下啊，当此时，我在，树在，落叶在，鸟在，阳光在，世界在……怎不叫人感激！

活着，就好。活着，就好啊！

一群鸟雀，慌不迭，忙乱乱的，飞过我们的头顶。似一群莽撞的孩童，在野地里滚着、爬着，稚语一片。一人停下脚步，侧耳，说，听，这鸟叫啊。他神情专注，仿若初见。

我们都跟着停下来，微笑着，倾听。没有人再说话，只有那一树一树的鸟叫声，灌进耳里来。

我想，有鸟在，春天会回来的。

女人和花

花的开放，原本是件极自然的事。可贵的是，有的花却能在苦涩里，迸出生命的热情和喜悦来。

女人开了一家花店。

花店在偏巷里，门面不大，十来平方的样子。门口的空地上，挤满花草，都是寻常的一些花。其中，大丽花居多。一盆挨一盆，万分热烈地开着。

我路过，停住，看那些大丽花。它们或大红，或玫粉，一律的色彩浓郁，拼了命地往那色泽的幽深里钻。我爱这些花，从小就爱。每一朵花上，都住着我的童年。童年的茅屋檐下，大门两侧，一侧长着菊，一侧长着它。

它的根，像极了红薯。我小时候疑心过它能吃，偷偷挖出它的根，放嘴里嚼。苦，苦透了。开出的花，却又丰腴又富丽，喜洋洋的，让人瞧不出一丝苦涩来。

我想买两盆带回去。

女人听到动静，从店里走出来。大妹子，你看花呢！大嗓门嘎嘣嘎嘣的，吓我一跳。

我定睛看女人，有点惊讶。她长得实在够"魁梧"的，胖墩墩的身子，胖乎乎的脸。红黑的两颊上，爬满太阳斑。这样一个人，似乎与花花草草沾不上一点边。

这些都是你种的花？我有些怀疑地问。

当然，我喜欢花。女人爽朗地一笑，大妹子，你看上什么，就挑什么，都是我自个儿长的，不会算贵了给你的。

我家里种了好几亩地的花呢，女人弯腰整理花草。

她的男人突然从店里出来，呼哧呼哧，喘着粗气。男人看上去瘦瘦的，半边脸歪着，身子也歪着。男人好不容易站稳身子，嘴里含混地说着什么。女人赶紧走过去，搀扶住他，笑着说，你怎么又出来了？你安心躺着嘛，我不会走远的。

女人送男人进店内。花的深深处，搭着一张简易的床。

女人再出来时，我已选好两盆大丽花，一盆大红的，一盆玫红的。

女人看着花笑了，大妹子，你真会挑，这花一点不娇气，好长呢。

我笑笑，没说话，心里在惊讶着她的男人。

女人不在意，往屋里看了看，蹲下身子，给我的花重新装盆培土。

他呀，跟个孩子似的，一眼看不到我，就怕我跟人跑掉。哈哈，她大笑，大妹子，你看就长我这模样的，又老又丑，谁还会要我呀，他不抛弃我就是我的造化了。

他吧，原先身体壮实着呢，比我还壮实呢，扛一二百斤的水泥袋子走路，腿都不抖一下。你看不出吧？女人自顾自说着。说到这儿，又突然乐了，兀自呵呵地笑起来。

我们一起去过很多地方打工，上海啦，武汉啦，最远的我们还到过深圳呢。攒了些钱，家里也盖上楼房，空调冰箱一应齐全。这日子过的，我做梦都要笑醒了。

他倒跟我开起玩笑来，中风了，赖在床上不肯起来，躺了好几年呢。

我把房子卖啦，给他治病。他还舍不得，老念叨那房子。我觉得吧，人比房子重要，人没了，啥都没了。房子没了，还能重挣回来。

我也没别的本事，就是打小就喜欢些花花草草的，盘算着，开了这家花店，也方便照顾他。

你看，他现在好多了，能撑着站起来，也能走上几步路了。我相信再调理过一两年，他会完全康复的。说话之间，女人已帮我换好花盆，重新培好土、洒好水。刚喷过水的两盆大丽花，看上去更艳丽了。女人笑着拍拍手上的泥，直起身来，说，大妹子，你以后需要花，就到我家来吧，我肯定会算便宜给你。

女人的身上，摇动着花的影子，女人看上去，也像一朵花了。我一时间不知说什么才好，只不住点头。我想，花的开放，原本是件极自然的事。可贵的是，有的花却能在苦涩里，迸出生命的热情和喜悦来。如这个女人，让我敬重。

看 云

地上有花，总不会辜负眼睛。天上有云，也总不会让眼睛
失望。

我的QQ签名一直是：抬头看天，低头见花。

地上有花，总不会辜负眼睛。天上有云，也总不会让眼睛
失望。

比如，那样一个夏日的黄昏，我下班回家，走在紫薇花夹
道的路上，偶一抬头，我被天上的云吓住了。

怎么来形容那些云呢。像鱼？是的，很像。是一群又一群
白的鱼，在空中游弋着，你都能看见它们身上的鱼鳞，反射着
光亮。湛蓝的天幕，做了海洋。

又像千万只绵羊，挤着拥着。去找绿草地呀，去找羊妈妈
呀。你甚至听到它们咩咩咩的叫唤声。

又像是瀑布，跌落在礁石上，溅起大朵大朵雪白的浪花。

你仿佛听到哗啦啦的水声，自高空流淌下来，脑海中忽的跳出李白的那句"君不见黄河之水天上来"。谁说地上的水，不是天上的云变的呢？

这个时候，天空中除了云，还是云。雪一样的云。盐一样的云。棉絮一样的云。白莲花一样的云。

忽然，一朵云跑起来。两朵云跑起来。三朵云跑起来。无数朵云跑起来。它们一直跑向天边去。天边出现了奇异的变化，夕阳像块糖似的，整个的，融化了。蜜汁一点一点渗透进那些云朵里。云朵幻变出千万朵瑰丽的花，开啊，开啊，开啊，直开到夜幕四合。白天和夜晚的交接，原是如此辉煌。

再比如，秋高气爽的天，你走在路上，无论什么时候抬头，都能看见云，成群结队的。它们一会儿羽化成衣，飘飘拂拂。一会儿又激荡成沙滩，上面的粒粒脚窝，都看得清晰。而大地之上，栾树已红成一片了，如待嫁的新娘。我总觉得这个时候，天与地在秘商着一件什么大事。是什么呢？午后，我在东亭北路上走着，路两边全是火红的栾树，我看到天上一团云，白色的大鸟似的，飘着飘着，眼看着就要掉下来。

邂逅红叶谷

它们把一场生离死别，演绎得华丽出彩，叫人忘了悲伤，只有欢喜。

济南有条河叫锦绣川。锦绣川南部的大山里，有谷名曰：红叶谷。

我是路过。听人说，近处有个红叶谷。当下心动。寻常见着一树两树的红叶，都足够让我欣喜了，何况那满山红叶铺成的山谷！去看，当然去！

已是晚秋，秋意浓厚，叶枯草衰，少见鲜艳。山路弯弯曲曲、曲曲弯弯。车子顺着山坡忽上忽下，如坐过山车，叫人提着一颗心。偶见一户两户的山里人家，散落在山坳。青砖青瓦的小房，简朴着。我在心里犯着嘀咕，这谷外，也未免太寻常了。视线却忽然开朗，一片宽阔地带展现眼前，彩旗飘飘，车马喧腾——红叶谷到了。

登石级，入谷里，人仿佛一下子掉进了传说中的阿里巴巴的山洞，一洞全是金光闪闪的宝藏哪！眼观处，每一棵黄栌，都是披红挂金的。它们悄悄的，不胜喜悦的，商量着一件什么秘密事，满头满身，都泛着兴奋的潮红。

人顺着谷中小径走，头顶上是绚烂，身侧是绚烂，脚底下是绚烂。拐角处撞上的，还是绚烂。再普通的一个人，也变得绚烂起来。像梦，似幻，天上人间。

山坡上上下下。黄栌们跟着上上下下。红叶们，便也跟着上上下下。一簇簇盛开。一片片铺开。像红盖头——山坡就要出嫁。场面真是浩大，"红地毯"铺着，"红被子"卷着，"红灯笼"悬着，"红烛"燃着——喜事临门，满山谷的红艳艳，红透了的红。近处，远处，都是华丽到不能再华丽，富贵到不能再富贵。你手中相机的镜头，根本无须挑角度，闭着眼睛随便拍吧，定格下来的画面，也是夺目的、独一无二的。

山泉汇聚，蓄成湖，叫绚秋湖。湖边山坡倒映。红流淌到湖里面了。金黄流淌到湖里面了。间或的，一撮两撮的松绿，或是竹绿，也流淌到湖里面了。水成彩色的水了。有白鹅凫在这样彩色的水里面发呆，秋意如此浓酽，想它们也是醉了。人站在湖边，只剩下惊叹的分了，美，真美啊！瑶池仙境，莫过如此。

雾起。山谷隐映在雾里面。那些红，便在雾中浮浮沉沉，如红色的小金鱼在游。一簇簇。一团团。又如红色的轻舟荡过。我蓦地想起白居易《长恨歌》里的诗句:"西宫南内多秋草,落叶满阶红不扫。"一场君王之爱,也敌不过生死别离,人走后,只剩凄清荒凉。可分明情未断、思未了,她还在他的眷恋里。红不扫,红不扫!他日日见着,满阶红叶,哪一片不是旧日情思?上天入地,见它如见卿卿。

突然间,我读懂了那些黄栌,它们原是用红叶来寄情的啊。别离只是暂时的,活才是永恒的。所以,它们把一场生离死别,演绎得华丽出彩,叫人忘了悲伤,只有欢喜。

在菊边

没有一朵菊是愁苦烦闷的，那是因为，菊的心里，住着芬芳。

一

新搬进的房，可以接纳大捧的阳光。

阳台上有。房间里有。转一圈，看到吃饭的餐厅里，居然也有一束阳光，像朵花似的，绒绒的，开在我的餐桌上。那是后面人家的窗玻璃反射过来的。

我坐进书房里写字，阳光悄悄跟进来，趴在我的脚面上。像只听话的猫。它不言不语。我也不言不语。有时，心灵的懂得与相知，语言便成了多余。

我写一会儿字，看一下它。再写一会儿字，再看一下它。我觉得它笑了，我便也笑了。

我很享受这种寂然的欢喜。

二

去看最深的秋。再不看，又得等一年了。人生经得起几番秋去秋来？所以，不等。

穿一件新买的红格子外套。很乡村的味道。这种味道，最适合我。不饰不装，如庄稼。

好吧，来世，就让我做一棵庄稼吧，小麦，或是水稻。我将在黑色的泥土里，由一粒小小的种子，成长为丰收的金黄。

这样的生命，真的很丰富。

秋在那里。

在滩涂上。在林子里。

万亩银杏，寂然在风里。

一树一树累累的果，像镶了一树金黄的珠子。谁知道它内里的香软？

没人采摘，任由那些果实一径落下。地上果实和落叶，缠绵在一起。生生世世的样子。

我倚着银杏树拍照。每一棵银杏树，都是看客。我试图端出我最美的样子，给它看。我笑得真心实意。我笑得欢畅开怀。我笑得无忧无虑。

风有些大，却不感到冷。怎么会冷呢？这么多银杏树，等我在这里啊。我从这棵，跑向那棵，再跑向另一棵，再再另一棵。我们相视，没有一句话。

要语言做什么呢？有这颗滚烫的心，就够了。

我捡拾了很多的银杏果。吾乡人又称它白果的。我觉得白果这叫法好，白白的果子，又直白又形象。它内里的核晒干了，的确白净得很。从前我奶奶形容小脸的女孩长得好看，她总会这么说，哎呀，那孩子生得多好，长了一张白果脸呀。

现在，把它用水泡软，去外皮，用纸包上，放微波炉里转上一两分钟，便是香软的小吃食了。

我提着一袋的银杏果，像提着这个秋天最华美的馈赠。我要一天吃上几颗。从今往后，我的每一个日子，都将是香软的了。

三

怎么也没想到会遇到那些菊。那真是意外的惊喜。

我只是偶然路过。

菊开在林子里，开在一棵一棵的白杨下面。

不是一朵。不是两朵。不是三朵。而是一地，一地，再一地。朗朗的，望不到尽头。

我左右环顾，寻找主人。

哪里有？漫长的海堤，少有人烟。连过路客也很少。

它是寂寞开无主。

可是，这有什么要紧？花开与不开，完全是花的事。

我看了这朵看那朵。颜色也就黄，和白。素洁的，却又是绚丽的。你开你的，我开我的，不吵不闹，一律顶着一张笑脸。

曾听过一首《在梅边》的歌。歌词写得乱七八糟，却有一句记在心上：在梅边落花似雪纷纷绵绵谁人怜。

那么，在菊边呢？在菊边，眼眼都是绚丽的欢喜。

低头轻嗅，有浅香钻入肺腑。没有一朵菊是愁苦烦闷的，那是因为，菊的心里，住着芬芳。

阳光的味道

阳光是有味道的，那是童心的味道，是这个世界最本真的味道。

这是初冬。天气尚未冷得彻底，风吹过来，甚至还是和煦的。从七楼望下去，还见一些绿色，夹杂在明黄、深黄、金黄、紫红、橙红、褐粉里，那是银杏、梧桐、桂树、枫树，还有一些白杨和杉树。秋冬转换之际，原是用色彩迎来送往的，斑斓得落不下一丝惆怅。霜叶红于二月花呢，哪一季都有自己的好。这就像我们人生，童年有童年的天真，少年有少年的飞扬，青年有青年的朝气蓬勃，中年有中年的稳健成熟，老年有老年的宽容慈祥，每一个年龄段，都有自己的风和日丽。

阳光在高处，像一群小鸟，飞过来，扑下来，落在七楼的阳台上，觅食一般的。有什么可觅呢？我和写作班的孩子们，在阳台上嬉戏。八九岁的小人儿，青嫩的肌肤，散发出茉莉花般的清甜味。我看到阳光爬上孩子们的脸蛋，爬上孩子们的眉睫，爬到孩子们乌黑的发上。孩子们向日葵一样的，朵朵饱满。阳光要觅的，可是这人世间最初的味道？清新的，纯粹的，未染杂尘。

仿佛就听到阳光的声音。是一群闹嚷嚷的小雀，挤着拥着，要往屋子里钻。也真的钻进来了，从敞开的大门外，从半开的窗户间。装空调的墙壁上，有绿豆粒大的缝隙，阳光居然也从那里挤了进来。屋子靠窗的桌子上，茶几上摊开的一本书上，一角的地板上，就有了它跳动的影子。阳光的影子有些像小鱼，尾巴灵活。或者说，阳光就是天空中游动的鱼。

这么一想，再抬头看天空，就觉得有无数的小鱼在游。这些小鱼游下来，把这尘世每一丝被遗漏的缝隙填满，再多的冷和寂寞，也被焐暖了。我想起那年在一旅游地，邂逅一景点，叫一米阳光。游人众，都是冲着那一米阳光去的。幽深的山洞里，光明是隔绝在外的，只能摸索着前行。这个踩了那个的脚后跟，那个撞了这个的肩，时不时还有峭壁碰了头，大家发出惊叫声。突然，眼前一亮，一缕光亮，从头顶悬下，如桑蚕丝般的，抖动着，那是阳光。仰头看，洞顶，在石头与石头之间，天然留有米粒大的缝隙，阳光从那里溜下来。一行人噤了声，只呆呆望着那一米阳光，它是黑里的亮，是寒里的暖，只要你肯给它留一丝缝隙，它就灿烂给你看。

孩子们在阳光下欢闹，孩子们说，老师，我们在泡阳光澡呢。我一怔，多么形象！阳光被他们扑腾得四处飞溢，像搅碎了一浴盆的水。这"水"，顺着阳台，一路淌下去、淌下去，淌到楼下人家的花被子上，淌到楼下行人的身上。其实，这"水"，早就在空中流淌着，高处有，低处有，满世界都是阳光的海。

孩子们伸出手，左抓一把，右抓一把，仿佛就把阳光抓住了。他们使劲嗅，突然对我说，老师，阳光是有味道的。我微笑着问，什么味道呢？孩子们争相回答。一个说，巧克力的味道。一个说，橘子的味道。一个说，菊花茶的味道。一个说，爆米花的味道。一个说，牛奶的味道……

是的是的，小可爱们，阳光是有味道的，那是童心的味道，是这个世界最本真的味道。

一日崇明

这时的天空和大江，正相互走动，云走到江里，水走到天上。

想去崇明岛看看，也便去了。

不识路，绕过许多的弯。却不怕迷路，因为正好可以四处闲看。秋深时哪里的风景，都是一抓一大把。譬如乡村，田野里的水稻收割后，地里留一地金黄的茬茬，像铺着金黄的毯子。柿子树上的柿子，农人们懒得摘，一任它挂着。满树的叶落尽，只剩红彤彤的果子，远观去，一树的红宝石似的，特别入得画。野菊花们东一簇西一簇的，扎着堆儿，似在窃窃私语。遇到一片茅花地，雪一样的白。风吹过，所有的茅花，都跳起舞来，像下着一场鹅毛雪。

我们到达崇明岛时，天色已晚。夕阳正拖着橘色的长尾巴，从一些树梢上滑过。在通往崇明县城所在地城桥镇的路上，偶有车辆驶过，划破一岛的宁静。路两边全是密密的林子，不见人家。夕阳的尾巴，也终于消失在西边天的江里面，路边的林子，变得高大起来，神秘不可测，跟一座座小山似的，与黑夜融为一体。

事实上，崇明岛没有山。它是长江的入海口，被誉为"长江门户、东海瀛洲"，一面环海，三面环江。岛上植物密布，品种数不胜数。整个崇明岛，就是一座巨大的天然氧吧。

夜晚的城桥镇，也是灯火明亮的。街道两旁少有高层建筑，路上的行人不多，三三两两。摆夜摊的，在晚上八九点才出来，卖些衣物小挂件之类的。我们从街南转到街北，从街东转到街西，恍惚走进江南随便一座小镇。

住江边小屋。夜里下起雨，雨急风狂。江水奔涌的声音，历历在耳，咆哮着，仿佛要把整个小岛给掀了。掀却是掀不掉的，小岛历经一千三百多年，是个老人了，泥沙堆积，根基牢固，是目前世界上最大的沙岛。

睡在床上，听窗外雨打风吹、江水奔腾，感觉自己像睡在一艘小船上。可不是，崇明岛就是泊在江里的一艘船啊。思绪不免漫天游走，最初的最初，是哪个渔民，在江里打鱼，来此歇脚，搭棚居住？他爱上这片岛屿，随后把心爱的女人也带来了，燃起第一缕人间烟火，从此，他们在岛上生儿育女，荒岛变成烟火凡尘。

早起，风有点飕飕的冷。昨夜一场风雨，似乎把秋给送走了。问旅店老板娘，崇明哪里好玩？老板娘大概极少遇到这么个无厘头的问题，想半天才说，好玩的地方啊，你们去江边看看吧。

去江边。风大。路边的风车转得呼啦啦，犹如驶过大型货车，害得我不时回头，怕有车过。哪里有？整个崇明岛，还安睡在梦里面。路的一侧植有一排排银杏，和柏树。木芙蓉一丛一丛，花已开过，余下一两点红，惊艳得很。

日出。眼见着鲜红的太阳，从江里腾跃出来，整个江面霎时被映照得波光流转，一片绯红。天空也是一片绯红，大江似的，波光流转。初升的太阳，在它们中间铺了一条霞光道，分不清谁是谁了。我信，这时的天空和大江，正相互走动，云走到江里，水走到天上。

太阳渐渐升高，天回到天上，江回到江上，崇明岛开始人声沸腾。江边陆陆续续有了游玩的人。当地做小生意的居民，一下子冒出那么多，卖毛脚蟹的，卖小鱼的，更多的是卖崇明的小吃——崇明糕和米团子的。刚出蒸笼的崇明糕，洁白暄软，诱惑着人的味蕾。

崇明糕的历史可谓源远流长。崇明的俗语里就有：自有崇明在宋朝，同龄就是崇明糕。糕的主要成分是糯米，里面掺和了大米，再加核桃、芝麻、桂花等，做成不同口味的，糯软，香甜。每一个到崇明的人，没有不品品崇明糕的。在崇明的大街小巷都有卖，八月十五的月亮似的，一斤一只，或是二斤一只。在一家店里，我还见到五斤一只的。

午饭后我们回头时，我买了不少的崇明糕，沉沉地提在手上，带回家送人。吃是其次的，分享才是最重要的。这是崇明的特色点心崇明糕啊，我这么介绍。一日崇明，就裹在这香甜糯软的糕点里了。

第四辑
追风的女儿

月下一支清冷的百
合，在乐曲声中，
徐徐地开了花。

一树一树梨花开

只有记取了死亡，才真正懂得，活着，是一件多么幸运与幸福的事。

多年以前，在那个春风拂拂的季节里，在一树一树梨花开得正灿烂的时候，我们第一次触摸着了死亡。那年我们都是十七岁，梨花一样的年龄，梨花一样的烂漫着。

被死亡召去的，是个和我们一起吃着饭上着课的女孩子。女孩子姓宋，人长得纤弱细巧，犹如宋词里那个弹箜篌的。平时成绩不好也不坏，与同学的关系不疏也不密。

是在一个阳光融融的春日上午，她没来上课。平时有同学偶尔缺半天一天课的，这挺正常，所以老师没在意，我们也没在意，上课、下课，嬉戏打闹，一如往常。但到了午后，有消息突然传来，说她死了，死在去医院的路上。是突发性的脑溢血。

教室里的空气，刹那间凝固成稠状物，密密地压迫着我们的呼吸。所有正在热闹着的语言、动作，都雷击般地僵住了，严严地罩向我们的，不知是悲、是痛，还是悲痛的麻木。更多的是不可思议——怎么死亡会离我们这么近？

别班的同学，结队在我们教室门口探头探脑，那个女孩子的死，使我们全班同学成了他们的同情对象。我们惶恐得不知所措。平日里的吵吵闹闹，在死亡面前显得多么无足轻重。我们年轻的眼睛互相对望着，互相抚慰着。只要好好活着，一切的一切，我们原都可以不计较，原都可以原谅的啊。

死亡拉近了我们，我们团团围坐在一起，小心翼翼地轻抚着有关那个女孩子的记忆：我们知道了下雨天，她会把伞借给别人；知道了她常常把好吃的东西，带给同宿舍的人；知道了她曾把身上的毛线衣脱下来，给患感冒的同学穿；知道了她的资料书总与他人共享；知道了她很少跟别人生气，多数时候都是微笑着的……回忆至此，我们很有些恼恨自己了，怎么没早一点儿发现她的好呢？我们应该早早地和她成为好朋友，分享生活中的喜怒哀乐的啊。我们第一次触摸到了死亡时，也第一次懂得了什么叫珍惜。

后来不知谁提议，我们全班同学一齐去送她。她家住在梨园边上，她的棺材，摆放在梨花深深处。因当时殡葬改革刚刚兴起，按规定，她也必须实行火化。她的家人不舍得让她化成灰，偷偷把她用棺材装了，藏到梨园里。

我们有些浩荡的队伍，像搞地下工作似的，在一树一树的梨花底下穿行。一枝枝累累的花朵，碰着了我们的头、我们的身子。这样的举动，减缓了我们的悲痛，以至于我们见到她时，都异常冷静。我们抬头望天，望不到天，只见到一树一树的梨花。在梨花堆起的"天空"下，她很安宁地躺着，熟睡一般的。梨花映白了她的脸，她看上去，很美。我们挨个儿走过去，跟她告别，满眼都是雪白的梨花。恍惚间，我们都忘了落泪。

　　后来，我们走出梨园，她的父母在旁人的搀扶下，佝偻着身子，哭哑着嗓子，向我们一一道谢。那飘忽在一片雪白之上的无助，那锥心刺骨的痛楚，震撼了我们年轻的心。事后，我们空前团结起来，争相去做她父母的孩子。每个星期日，我们都结伴去她家，陪她的父母聊天，帮她的父母做家务，风雨无阻。这样一直延续到我们高中毕业。

　　多年以后，我们早已各奔东西，不知故土的那片梨园还在不在了。若在，那一树一树的梨花，一定还如当年一般灿烂着吧？连同那些纯洁着的心灵。记忆里最深刻最永久的一页，是关于死亡的。只有记取了死亡，才真正懂得，活着，是一件多么幸运与幸福的事。

相见欢

青春的回眸里，怎么能少了一朵花的香呢？

花，真大，硕大。白缎子扎出来似的。人普遍称之广玉兰。它其实还有个别名，叫荷花玉兰。这叫法才真叫体己，把它的清新脱尘，活脱脱给叫出来了。它是开在树上的荷花。

一排，一排，路两侧，高大的树上，栖落着这样的花朵。密集的绿叶之中，它的白，愈发显得醇厚、浓郁，质感嫩滑，跟新鲜的奶油似的，让人有咬上一口的欲望。

五六月的天，小城的荷花玉兰，不吵不闹地开了，一朵接着一朵，总要开到七八月。花香顺着风飘，清清淡淡，清清淡淡。是出浴后的女子，怀着体香。因为多，人多视而不见，他们日日袭着花香走，却不知道感激谁。

花不在意。无人留意它，还有鸟儿呢。我看见一只翠鸟，飞进花树中，在绿叶白花间，蹦蹦跳跳，幸福地鸣叫。纵使没有鸟儿光顾，也还有蝴蝶呢，还有蜜蜂呢。哪怕只为一缕拂过的轻风，它的开放，也有了意义。

与它，不是初相识，而是再相逢。是十八九岁的年纪吧，我远在外地的一座城读书。校园里走着，不经意就能撞见这样一棵树，高大，枝繁叶茂。没课的时候，我喜欢躲在二楼的阅览室看书，拣了窗口坐。窗外，一棵荷花玉兰，枝叶蓬勃得都俯到窗台上来了。什么时候看着，它都是满树的绿油油，春光永驻的样子。

最喜花开时分。是鼻子先知道的。一缕一缕的香，从窗外飘进来，在薄薄的空气中浮动，空气变得酥软。抬头，与花朵打个照面，心里的欢喜，一蓬一蓬地开了。

陌生的男孩女孩搭讪，是从这花开始的。

咦，花开了？那一天，终日在一张台子后坐着、负责登记各类报刊的男孩，突然站到女孩跟前来，顺着女孩的目光，看向窗外的荷花玉兰说。

是啊，花开了，女孩答。低头，眼光落在书上面，有些慌乱。

我看你每次来，都借阅诗歌一类的书，你很爱诗？男孩问。

女孩的心跳得缤纷，原来，他一直注意她的。女孩惊喜地说，你也爱诗？

男孩点点头，不好意思地说，我有时，也胡乱涂一些的。

男孩是阅览室的收发员，来自偏僻乡下，家穷，母亲多病，他早早辍学。因了一远房表亲的关系（他的表亲在这所学校任职），他得以在此谋得一临时差事。

女孩不介意这些，她和他交流各自写的诗。薄薄的黄昏，暗香浮动。

也有过一两回漫步，两个人，在旁人诧异的目光中，沿着一排一排的荷花玉兰走。没话找话的时候，他，或者她会说，看，花又开了好几朵了。

于是，都仰头看花。男孩忽然说，真羡慕你们这些大学生啊。又忽然认真地看着女孩说，谢谢你，你没有看不起我。

女孩的心里，又甜蜜又悲伤，竟是说不出的。

也就要毕业了。女孩去找男孩道别，才得知，男孩早已辞去工作，走了。女孩看到男孩留下的诗：你有你的路要走／我有我的路要走／感谢相遇的刹那／你的温暖／陪我走过孤独。

经年之后，我每遇到荷花玉兰，就会想起这些来。男孩的样子早已模糊，却清晰地记得那一朵一朵的花，在我青春的枝头，黯然绽放。

我现在任教的校园里，也植有大棵的荷花玉兰。午后清淡的闲暇里，几个孩子嬉闹着过来了，他们额上淡黄的绒毛下，望得见青嫩的血管在搏动。他们从一排花树下过，并不抬头看花。我忍不住喊住他们：

看，那些花。

花？哪里有？他们看看我，茫然四顾，终于在头顶上发现了大朵的荷花玉兰。他们惊叫起来，这么大的花啊！

青春的回眸里，怎么能少了一朵花的香呢？我笑笑走开去，任他们在花树下，叽叽喳喳。

在博鳌

人世间最深的情、最真的爱，莫过于勿忘和记得啊。

在博鳌，是适合过过慢生活的。

不大的一个小镇，主街道只一条。路两边遍植行道树，那是海南最具特色，也是最为普遍的树——椰子树。人从树下走，担心着树上累累的椰子，会不会突然掉下一只来，砸着了头。又猜测着，谁去摘那些椰子呢。那么多！

椰子树掩映下的房，高不过两三层，涂抹着大把艳丽的颜色，蓝，或黄，或红。门前或是窗下，都有花攀爬着在开。花在那里最不稀奇了，气温适宜，一年四季常开不息，朵朵奔放，色彩浓烈。三角梅多得像野地里的蒲公英。

色彩？对，一踏入博鳌，你就像走进一幅色彩浓郁的油画里，如海底世界的斑斓，炫丽得让你眼花。海风吹在身上，都跟带着油彩似的。外地人初来乍到，满是好奇，想着那些风情的房子里，到底有些什么样的风情呢。探头去看，不过是开着小饭店，或是卖着贝壳、珍珠类的工艺品，或是家庭客栈，或就是一杂货铺子。你所知道的日常零碎，店里面都有。椰子成堆儿垒在店门口。你渴吗？渴了就坐下来吧，劈上一只，捧手上慢慢喝。

老板娘会陪着你坐，笑眯眯地问你从哪里来。你要问的话，比她的多得多，比如这个小镇为什么叫博鳌。她会告诉你，鳌是一种神龙，且给你说上一段相关的传说。还辅之以别的传说，像女娲补天时，投下的圣公石，正好落在万泉河的出海口处，世世代代护佑着博鳌人。你后来查资料得知，"鳌"，是代表各种鱼类，跟"博"连在一起，是指鱼多鱼肥的意思。当年，这里最早的居民——疍家人，行走于水上，许下这美好的愿望，繁衍生息。

你觉得那老板娘可爱，她对于传说，那么深信不疑，且引以为豪。因为爱，才有自豪吧，这种情感，你也有过。你后来又跑去问她买一只椰子，五块钱。你坐在她的店门口，听她告诉你，现在来博鳌定居的外地人很多。这里冬天不冷的，气候好着呢，适合人居住，她说。又告诉你，哪里好玩，哪里有好吃的。她说了很多，你也记不住，只是笑笑，点头。

你其实不想去哪里玩，那些新开辟的旅游景点，人太多了，你对它们兴趣不高。连博鳌论坛会址你都没有去看。你很愿意就这样捧着一只椰子，让自己还原成庸常，与时光对坐。你不急着赶路，它也不急着要走，就这样，都慢下来了，椰子汁的天然奶香，在你的舌尖上打着滚。

喝饱了，沿着主街道闲步。主街道不长，一呼一吸之间，也就走到头了。主街道上有一家老房子，用斑驳的石块做着外墙。从外围看，老房子很像一艘小木船的船舱，也不知是哪一年的。裸露的台阶上，陈列着一些小花盆。墙角边，也有一大捧的花在开。红花朵，和黄花朵，一律地撑着笑，叫不上名字。老房子里的陈设，相当古董了，甚至有过去的留声机和老唱片。你要上一杯"歌碧"，慢慢啜。歌碧是当年南洋的老华侨们带来的，说白了，就是咖啡，有加奶的，和不加奶的。经当地人一演绎，变得风情得不得了。倚墙摆着老钢琴。旧的实木桌上，搁着从前的琉璃台灯。你坐在那里，似乎也成了一个古旧的人了。

街道的尽头，是南海。海浪拍击，日夜不停息。你很容易就想起那句话，子在川上曰，逝者如斯夫。那里，三江交汇的自然风光，是很值得一看的。三江分别是万泉河、九曲江和龙滚河，在亮如银箔子的日光下，江水河水，还真是分不清了。一条狭长的沙洲"玉带滩"，把万泉河和南海隔开，一边是风平浪静的万泉河，一边是烟波浩渺的南海。一如娴静女子，一似鲁莽大汉，相互交映，实属奇观。

如果你还想寻点静，就去"海的故事"里坐坐好了。那些像小孩子用蜡笔画出来的院子和房子，傍海而居，拙朴生动，稚趣十足。你人尚未踏进小院子，一抬头，看见门楣上书俩字：勿忘。心里动一动。进来，扭转身，看到反面书的竟是：记得。人世间最深的情、最真的爱，莫过于勿忘和记得啊。

你要杯白开水，或劈开一只椰子，坐在屋内，或坐在屋外，都行。眼中的一切，都是斑驳得恰到好处的。海风吹来，拂动起挂在屋旁的破渔网，你仿佛也就要出海去了。

追风的女儿

月下一支清冷的百合，在乐曲声中，徐徐地开了花。

《追风的女儿》是陈悦经典的箫笛之作。第一次听到它时，我信了一句话，音乐，会在一瞬间洞开人的灵魂。何况是用箫吹奏的呢？

在所有的乐器中，我一直对箫怀有敬畏。我以为箫是最具灵性的，它与露珠、与风霜、与星辰、与月光、与山谷、与河流连得很近。这首《追风的女儿》恰恰如此，它把日月星辰、山川河流、风霜雨露统统糅合在一起了，天衣无缝。

整首曲子听上去，不像是吹出来的，像是从灵魂深处长出来的。曲径通幽处，月下的藤蔓，伸了长长的触须，向着夜色渺茫处攀去。灵魂这时便像蜿蜒的小蛇，顺着月光的藤蔓，朝着更渺茫的夜空里爬行。那里有什么呢？莽莽苍苍，苍苍莽莽，流不尽的心事，泊不完的思念！

应该是在满月的夜晚，应该是在高高的山巅上，应该是这样一个女子——一袭白衣，长发飘飘，手执一管长箫，幽幽地吹。月下一支清冷的百合，在乐曲声中，徐徐地开了花。风悄悄吹起，月色泠泠而下。她的发飞起来、飞起来，乐曲滑翔，像纤手在寒冬里滑过青瓷。痛也是说不清的，悲也是说不清的，只觉得沁凉入骨。

她或许就是《诗经》里那个站成蒹葭的女子，永远的在水一方，却与爱情隔水相望。她或许就是《汉乐府》里那个被前夫所弃的女人，在前夫另结新欢了，她还跪着长问，新人复如何？心里是一千个一万个放不下哪。夜凉如水时，谁见她独自泪洒枕巾？她或许就是宋词里那个独上高楼的女子，望不尽天涯路，此情无计可消除，才下眉头，却上心头。

乐曲继续滑翔，风继续在吹。我怀疑，千百年来，那风就从没停过。因此追风的女儿，便从远古，一路追了过来，她们涉水而来，踏露而来，为爱百转千回。纵使被伤得千疮百孔，也在所不惜。

原来，这才是女人的死穴，一旦爱上，就再难放下。正如高胜美在另一首《追风的女儿》中所唱的："风来云也到，雨也落了。云一被风拥抱，就哭了。再也忘不了，你对我的好，被你骗到连天荒也老……"

其实，什么都明白的，曾经的好，早已风吹云散，天荒也老。却还是要去追，用尽毕生的热情。即使追成望夫岩，千年固守在山巅上眺望，也还是要追。所以有女子抱守着一句承诺，孤单终老一生。

所以，骄傲如才女张爱玲，在爱上胡兰成后，也不惜低下她高傲的头，倾尽小女子的温柔。最是心痛她说的那句话："见了他，她变得很低很低，低到尘埃里，但她心里是欢喜的，从尘埃里开出花来。"

多傻啊！低到尘埃里，连自己也做不成了。聪明如她，亦逃不过，做一个追风的女儿。

或许这世上，正因了这样的女子，才有了久久长长。因为爱过，所以无悔。

谁碰疼了她的忧伤

青山环抱中，她身后的寨子，美得像上帝遗落的一个梦。

那是个几乎与世隔绝的小山寨。大山深深处，一群苗族人，他们住黄泥抹墙的房，吃自家种的苞谷和红薯，穿自家织的土布衣裳。有儿自小会山歌，有女从小会刺绣。如此生生不息，与大山相融相生。

一行人坐了车去。当地导游再三强调，这个寨子，近年来才逐步与外界沟通的，很多方面还很原始，甚至野蛮。她叫我们无论言，还是行，都不要犯了苗人的忌讳。特别关照，不能给苗人小孩子东西，哪怕一元钱。苗人讲究自食其力，你给他们家小孩子东西，他们非但不感激，还会很生气，认为你教坏他们小孩子，让小孩子有了不劳而获的念想。

山，重重叠叠，杂草遍生。我们沿着山脚下走了大半天的路，一路磕磕绊绊，走得脚酸腿胀。最后，坐船越过一片湖，顺着长满绿苔的青石板，小心地爬上去，这才到了苗人的寨子。

一截矮墙上，传来童稚的歌声，是改版的《小城故事》："苗寨故事多，充满喜和乐，若是你到苗寨来，收获特别多。"我们都被这歌声逗乐了。有人紧走两步路，跑上去问："谁教你的？"那猴子一样灵敏的男孩子，一个翻身跳下矮墙，说："老师教的。"转身一溜烟跑了。

整个苗寨，静。只有一幢幢灰不溜秋的房，参差错开，一律的黄泥抹墙、黑瓦顶。房与房相接处，是青石板路，曲曲弯弯，蜿蜒如蛇游。缝隙处，绿草肆意疯长。导游说，白天到苗寨，是难得见到大人的，大人们都到地里干活去了，他们每天早出晚归，一天只吃两顿饭——早饭和晚饭。

果真的，转遍整个寨子，看到的，只有孩子，和狗。那些孩子，三四岁到七八岁不等。可能是近年来见到的外人多了，那些孩子并不怕生，环绕在我们身边，亦能听懂一些我们的普通话。给他们拍照，他们会摆出造型来，而后轰笑着跑过来，看相机屏幕上自己的样子，说出"漂亮"这个词。

唯有一个小女孩，远远落在一群孩子后。她一直不笑，神情忧郁，看上去顶多五六岁。导游却告诉我："不对，她十岁了。"这让我惊讶。我走过去，跟她搭话，我问："你衣裳上绣的花真好看，谁绣的？"她声音沉稳地答："我绣的。"我夸她："你真有本事，都会绣花了。"她说："我八岁就会刺绣了。"我提出要给她拍照，她想了想，问："可以带上我的妹妹吗？"原来，她留在家里，是为了照应两个年幼的妹妹。她一手搂一个妹妹，对着我的镜头站着。她的身后，是灰不溜秋的房，重重叠叠。不远处，青山苍翠。

照片拍得不错。我让她看，我问："漂亮吗？"她淡淡扫一眼，说："漂亮。"脸上依旧没有笑容。后来，我走到哪里，她便跟到哪里，也不说话，如一朵静静开着的小野花。我问："你为什么不说话呢？"她不答，伸过手来摸我的衣裳，突然冒出一句："你们那儿长黄瓜吗？"我愣住，一时不知怎么回答她。她倒不在意，兀自往下说："我们这里长好多呢，可好吃了。"我认真打量她。她的眼睛避开我，望向大山外，两汪深潭水，映着几多迷惑：大山外，到底是怎样一个世界？它带给她五光十色的冲击，让她明显地有了不安。我突然明白了她的忧郁所在。

我问她："上学吗？"她摇摇头，说："只念到二年级。"又补充："我们这儿只念到三年级的，再念书，就要到山外的镇上去，我没去过。"

我不敢再问什么。如果不是我们的闯入，她或许还是安静快乐的一个人，安命于大山深处的自给自足，长大了嫁一个阿哥，戴满头银饰，做人家的媳妇。我对她抱歉地笑笑，想送她一件礼物，但想起苗人的忌讳，忍忍，作罢。

我们离开苗寨时，一群孩子跟着，一直跟到寨子外。小女孩也跟着，神情忧郁，眼睛里，汪着两汪深潭水。我们走了好远，回过头去，依稀看见寨子口，一个小小的身影，还站在那里，蓝衣蓝裤，像一朵静静开着的小野花。青山环抱中，她身后的寨子，美得像上帝遗落的一个梦。

认取辛夷花

寻常岁月，就这样旖旎生动起来。

少时读《红楼梦》，是读得一知半解着的，里面的好多情节，读过也就读过了，多半记不住。然独独对第四十回中描写的"软烟罗"，记得牢靠。软烟罗，软烟罗，单单念着这几个字，就叫人浮想联翩了。何况它的颜色又各各艳丽着，一样雨过天晴，一样秋香色，一样松绿的，一样银红的。那银红的，贾母命人给黛玉做窗纱。

真奢侈！

我不知道，若是拿这样的软烟罗，给我家的窗子糊上，人睡在里面，会是什么样的好滋味。

我家的窗，只留着一个窗洞，是从来不糊窗纱的。窗帘也没有。冬天天冷了，风刮进来，大人们拿一把稻草塞塞完事。其他的季节，也只用块破塑料纸蒙着。风一吹，哗啦啦作响。

我读初中，有同学不经我允许，跑去我家找我。我生气得很，觉得羞耻。我羞耻着让他望见了我家的贫寒——哦，窗洞竟是用稻草塞着的。

那时去老街，我最流连的，是那些有着粉色窗帘的窗。清晨，穿着碎花睡衣的小街女子，蓬松着头，睡眼惺忪，从有着那样窗帘的房子里走出来，款款的，去上公共厕所，我亦觉得美好。因有了那一挂窗帘，她们整个的人，都是轻逸优雅的。

我软磨硬泡着我奶奶。给我们的房间挂上一幅窗帘吧，我求我奶奶。我奶奶想起来，当年新房上梁时，有用剩下的红棉布绿棉布。红棉布给我做了件小褂子，早穿旧了。绿棉布一直收着。她被我缠得没法，翻箱倒柜，把绿棉布给找出来，用几股棉线穿住一边，也就在房间的窗上挂上了。

晚上，我躺在床上，世界被挡在窗帘外。我望着这幅绿窗帘，迟迟不肯睡，看灯光在它身上描出橘色的影子，有着一屋子的好，心里真是高兴。

再去学校，我有了足够的资本邀请我的同学去我家玩。我说："就是有绿布窗帘的那一家啊。"怕他们记不住，再三重复，一定记住啊，是绿布窗帘哦。

一些年后，我读袁宏道的《横塘渡》：

横塘渡，临水步。
郎西来，妾东去。

妾非倡家女，红楼大姓妇。

吹花误唾郎，感郎千金顾。

妾家住虹桥，朱门十字路。

认取辛夷花，莫过杨梅树。

　　我读着读着，就笑起来。诗里的女孩子实在是俏皮有趣的，还兼着有些显摆。红楼大姓妇——那是很有点钱的呀。门口栽的花树也极昰品味，是芳香优雅的辛夷花，也就是紫玉兰。横塘偶遇，她相遇到意中人。临别之际，她约他去她家拜访，把她的骄傲给端出来，她说，我家就是家门口栽着辛夷花的那一家啊，你千万莫要走错了呀。

　　寻常岁月，就这样旖旎生动起来。

月下我的影子，像头年轻的小鹿

黑夜使得一切变得纯粹，滤去了浮华，还原了本真。

懒得脱下珊瑚绒的睡衣，我就穿着它，出门去跑步。

每晚，我都要出门小跑一会儿，这成了我一天中最享受的时光。

夜色是最好的遮挡，没人觉得我怪异。我可以跳着走，蹲着走，倒着走，傍着走。我也可以踩着舞步，手舞足蹈，哼着唱着。同样的，没人觉得我怪异。

这个时候，便是真正自由的一个人了。万千世界，都是我的。

一路的花香、草香、树叶香，浓的，淡的，深的，浅的，缠缠绕绕。我闻闻这朵花，认认那棵草。黑夜里，它们的面容看不真切，视觉便退居一旁，味觉开始上位。闻闻吧，闻闻就知道了。这就有了再相识的欢喜。

露珠的清澈，让人忍不住想尝上一口。风也是带着好意的，吹过来，拂过去，跟逗你玩儿似的。黑夜使得一切变得纯粹，滤去了浮华，还原了本真。它使我想起"沉淀"这个词。黑夜是最经得起沉淀的。

拾荒的老人，单独一间小棚子，搭建在路边。应该属违章建筑吧，愣是没有人来把它拆除掉。一个月，两个月，半年，一年，它都在。晚上，老人在门前拉只大灯泡，足足有二百瓦，亮闪闪的，把门前的一截路，都给照亮。老人在灯下分拣荒货。夏天的时候，是打着赤膊的。一旁的随身听里，放着河北梆子，或是陕西秦腔，一律的高嗓门，铿铿铿，锵锵锵。对老人这种重口味，我起初真是好奇得很，他是真心喜欢呢，还是借此消除寂寞？后来听多了，我竟也喜欢上那唱腔，有种让人的每个毛孔，都舒展开来的畅意。

我真愿意他一直就这么住下去。我跑步的这条路上，因了他的存在，而生出鲜活的味道。

其实，每次出门前，我也纠结着来的。我家那人不喜动弹，他总是半歪在沙发上，手里随便翻本书，或是拿着电视遥控器，随便调台。他蛊惑我，说，今晚你就不跑了吧，休息一晚，陪我看看电视多好。

——我也想那么干。人都是有惰性的，人都是喜舒适的。但最终，我还是说服自己出了门。多少天的坚持，我不想在这一天出现断裂，那会让我觉得遗憾。

人的行为，往往就在这一念之间。你抬脚迈出了第一步，你也就战胜了你自己，成全了你自己。就像我每每出门之后，都会觉得庆幸，我让一天又以完满告终。要不然，我将错过这一晚的花香草香，错过这一晚的露珠夜色，错过这一晚的河北梆子和秦腔。

月亮是什么时候撑在半空中的？它像一个人，早早地等候在那里。

我不时抬头看看它，觉得它也在看我。

月亮走，我也走。

天空像一口井，水波不现，月亮是浮在水上的一朵白莲花。

又觉得它更像一匹白丝绒，月亮是托在它上面的一块打磨光滑的玉，圆润，质地醇厚。

《诗经》里有赞美诗：月出皎兮，佼人僚兮。说是赞美月下美人，我觉得更像是在赞美月亮。月的皎洁，才衬出美人之纯。天空干净，大地才会干净。

我在月下小跑。路上也有三两个锻炼的人，有的被我赶上了，有的赶上了我。我们不说话，只相互打量一眼，笑笑，继续跑着自己的。

后来，曲终人散，只剩下我，还在跑。和我一起跑着的，还有风，还有一个世界的花香草香。

月下我的影子，看上去比我年轻。它像一头年轻的小鹿，欢跳着一路向前。

我们曾在青春的路上相逢

年少时再多的疼痛，都云淡风轻了。

大眼睛，双眼皮，一笑嘴边现出两个深深的酒窝，那是蕾。她家住老街上，那儿，清一色的粉墙黛瓦房，一幢连着一幢。细砖铺成的巷道，一直延伸到深深处。人家的天井里，探出半枝或一枝花来，蔷薇或是凌霄，点缀着巷道的上空，巷道便很是风情起来。

初夏的天，太阳还没有完全没下去，老街上的居民，就早早地洗好澡，穿洗得发白的睡裤，搬把躺椅躺到院门前，慢慢地摇着一把蒲扇。那时，我的父母亲，多半还在地里面。玉米要追肥了。棉花要掐枝了。水稻该插秧了。——这些农活，我都懂。

蕾不懂。蕾是城里的孩子。城里的孩子不知道水稻与大米的关系，不知道花生是结在地底下的。蕾跟我去乡下，看见一

172

只大母鸡，她惊叫着扑过去。对我能叫出很多野花野草的名字，她报以惊奇。我的村人们都停下钉耙锄头看蕾，蕾长得好看是一方面，还有一方面，是蕾身上的城市味——整日不经风吹，不被日晒，面皮捂得白白的。又衣着时髦，手指甲干净。乡下的孩子有几个皮肤不是黝黑黝黑的？指甲里积满了厚厚的垢。我的村人们啧啧叹，这就是城里的孩子啊。

这让我自卑。我很少再带蕾去我的乡下了，尽管后来她一再要求再去。那个时候，我们一起念高中。两层的教学楼，红砖，红瓦，窗外长高大的泡桐树。蕾爱玩，不爱读书，她常旷了课，和几个男生去看电影。偶尔也拉我一起去，我去过一次，不再去了。在一帮衣着鲜亮的城里孩子中间，我是卑微的小草一棵，实在有些格格不入。

蕾谈恋爱了，这是学校严令禁止的。班主任在课堂上旁敲侧击，予以警告。大家心照不宣地看着蕾笑。蕾脸上飞起一片红霞，她用钢笔重重敲打着桌子，以示对班主任的不满。课桌上，一本作业本的下面，压着男孩子写给她的情书。

蕾后来被班主任抓了个现行，她和一男孩子手牵手在逛街，样子亲密。班主任去蕾的家告了一状。蕾的母亲来到学校，在蕾的面前声泪俱下，要蕾交出跟她谈恋爱的那个男孩子。我们看着蕾的母亲，异常吃惊，她太苍老了，满脸皱褶，完全不像蕾的母亲，倒像是蕾的祖母。

蕾清寒不堪的家境，裸露到众人跟前。蕾的母亲，是在四十多岁改嫁之后生下蕾的，所嫁之人，是个瘫子。蕾的上面，还有三个哥哥、两个姐姐。大哥是个傻子。二姐跟人跑了。蕾的母亲在街上摆摊摊煎饼，维持一家人的生计。

大家看蕾的眼神，就有了异样。蕾变得沉默了，常常的，她的眼睛盯着窗外，一看就是大半天。窗外的桐花，开过又落了，我们要高考了。

蕾没考上，她早早进了一家纱厂做女工。我去外地念大学，渐渐与她失了联系。多年后的一天，突然接到蕾的电话，蕾在电话里问，知道我是谁吗？我脱口而出，你是蕾。曾经的青春岁月，一直都在记忆里深藏着。

我们聊起往昔，两层的教学楼，门前长泡桐树。我在那些往昔里，哽咽。那时，一帮同学在聊将来的职业，一男同学突然指着我说，你当厨娘最合适了。那之前，学校组织我们看过一部外国电影，里面有厨娘，胖，且笨。大家看着我，都哄笑起来。那些笑声，如同锋利的刀子，刀刀刺在我心上，以至于好长一段时间，我都忧郁且激愤着。

高中同学聚会，我遇到了当年的那个男生，他全然不记得说我做厨娘的事了，而是满脸惊喜地叫道，是你啊！有遇见的欢喜。

年少时再多的疼痛，都云淡风轻了。唯有感激，感激上苍，让我们曾在青春的路上相逢，照见彼此的悲喜。

174

自是花中第一流

等走过青春的浮躁、虚荣和执拗，岁月慢慢沉淀下来，渐渐明白了，占有未必就是拥有。

这几天晚上，我颇喜欢到一条路边去坐坐。

也是偶然的发现，某天，打那儿过，鼻子里送进来一缕香，浓甜的，缠绵不绝。我知道，是桂花。心里一阵欢喜，每年桂花的盛开，总是鼻子先知道。

我装着这样的欢喜回家。一到晚上，想散步了，脚步不由自主往那条路奔去，我要去相会桂花。

白天的桂花，自然也是香的。但我觉得，有黑夜做底子，那香气，才会格外纯粹，是白天的芜杂所不能比肩的。就像现在，路两边静了，秋虫在哪里的草丛里唧唧，叫得轻柔又温软。绿化带里栽着的树木们，这个时候，不分你高我低了，它们浑然一体，都是一团暗墨的影，亲热的一家子。星稀月朗，黛青色的天幕，辽阔宵茫，好像是为了呼应这样的宁静。桂花们开始轮番登台。我可以想象到它们的样子，一个个撑着金黄的小伞，踮着小脚尖，鼓着小嘴，使劲地吹着香。或是，挥舞着金黄的衣袖，洒下一片又一片的香。远处人家的房子、灯光，近处的路，路上偶尔走过的行人，还有路旁的花草树木们，都沉没下去，迷醉了一般。桂花的香气浮上来，像水漫过来，天地之间，只剩它的香在游走。

张开嘴，轻轻咬卜一口，那香，仿佛就钻进嘴里了。这个时候的空气像米糕，糯软的。又像酒，香醇的。桂花是酿酒的第一高手。想起李清照写的桂花："何须浅碧轻红色，自是花中第一流。"莞尔。想来她是极爱桂花的，比别的花要甚。我不独独爱桂花，也爱荷花、菊花、梅花、兰花等等。这世上，总有些好花，让人一见欢喜。如同这世上总有些好人，在支撑着这个世界的美好，让人心念转动、眼睛濡湿。

大自然让人恋恋的，是有这些好花在。人世间让人恋恋的，是有那些好人在。

就这样坐着，一个人，坐到双肩渐湿，夜露降了。露蘸着桂花的香桂花的甜，露便也是香的便也是甜的。那么，我是扛着一肩的香和甜了。这么想着，我又笑了。也不知是哪里栽着的桂花树，我不去找，那根本不关紧，我只要闻着它的香。我来，它在。我不来，它也在，这就很好了。年轻时做过那样的傻事，喜欢的花，总想办法连枝剪下，插到家里的花瓶里，独自欣赏，以为那是爱它。等走过青春的浮躁、虚荣和执拗，岁月慢慢沉淀下来，渐渐明白了，占有未必就是拥有。有时，还不如放手，让它归于自然，各有各的路好走。

突然想起看过的一款美食，叫法直白得很，叫桂花藕粉羹。白瓷碗装着，琥珀色的藕粉羹之上，点缀着一小撮金黄的桂花。乍见之下，欢喜得很，金黄配了琥珀色，真是极尽温婉，想着入口一定极香甜柔滑，暖心又暖胃。很想尝试一下了。在这个星稀月朗的晚上，做上一碗桂花藕粉羹，慢慢喝下，当是件十分幸福的事。

满山坡的野玫瑰

因为热爱，才有满足。因为满足，才有幸福。

秋降落在根河那块神奇的土地上时，再少有花开了。只有一种叫马铃兰的，似乎不大愿意受季节的管束，她们戴着紫色的头巾，摇着一串紫色的铃铛，兀自在草地上跑着跳着，笑得叮叮当当。你远远走过，就能望见她们，觉得根河的美，她们占着一席。

草都黄了。分成两截儿，下面是浅黄，上面是深黄，错落有致地铺在山坡上。仿佛谁吃着饼干，不小心落下了一地的饼干屑子。

蚊虫多得能用手捧。可怜我穿条七分裤，裸露的小腿和脚脖子，成了蚊虫们争先叮咬的对象。我一边扑打着，还是执意往草地深深处去。上坡。下坡。视野突然开阔——我已站在根河湿地边缘。

178

山峦环抱。山脚下是巨大的根河河谷。绿洲和小岛密布，根河畅游其中，如银蛇盘旋，圈出一眼一眼的牛轭湖，大珠小珠落玉盘。湖边矮树灌木丛生，一蓬蓬，一堆堆，轻舟一般，载绿而过。

静默。除了静默，我不知道还能以什么方式，来消受这样的大美？

两个年老的牧羊女，端坐在山坡上，手执牧鞭，望着前方，神情怡然。不远处，她们的牛和羊在吃着草。

那么多的蚊虫，她们竟安之若素。

两只长得一模一样的狗，看见生人，很不满地高叫起来。我怕狗，停住脚步，怔怔着，思虑着假如狗扑过来，我是选择逃跑，还是原地不动。牧羊女忙喝住狗，冲我笑道，别怕，它们不咬人的。狗真的听话地住了口，并冲我友好地摇摇尾巴，跑来嗅我手里抓着的伞和小包。

山坡上，长着一丛一丛灌木，上面挂满红宝石一样的红果子。我忍不住摘一把，问牧羊女，这是什么？她们齐声答，野玫瑰呀。

春天开花的时候，可漂亮了，粉粉的，又大又肥，她们比画着。我被她们的形容逗乐了，想象着春天的根河，满山坡都是又大又肥的野玫瑰。牛淹没其中，羊淹没其中，狗淹没其中，还有她们，也淹没其中。

在呼伦湖那儿，我曾遇到一个牧民，他赶着一群马走。我觉得他威武。他却挥挥牧鞭，冲我苦笑了，道出心声，做牧民很苦的，成天跟蚊虫打交道，日晒雨淋的。那些你们看上去很漂亮的蒙古包，里面其实又潮又湿。十个牧民九个都害着关节炎哪。我们的孩子都不肯放牧了，都到海拉尔打工去了。

红花绿草的背后，原有着自个儿才知晓的辛酸。

两个牧羊女的脸上，却波平浪静着。她们指着我手里的红果子，笑着说，这个，可以泡茶喝的呀。我们这山上，好多的草，都可以泡茶喝，可以治百病呢，比药好。

我"哦"一声，有些释然了。她们热爱着这片土地，这很重要。因为热爱，才有满足。因为满足，才有幸福。她们在她们的世界里与世无争，享用着满山坡的野玫瑰——这也算是生活给予她们的福报吧。

穿过我的黑发你的手

我花苞苞一样的心，在那个初冬，幽幽地，一点一点绽开。

初冬的小镇，阳光长了细绒毛

窄小的街道。青石板铺就的路。初冬的小镇，阳光长了细绒毛，淡淡地，飘在空中，落在人家的房屋顶上。

街两边，是那种入得水墨画的房。青砖黛瓦。木板门。早上一扇门一扇门移开来，晚上一扇门一扇门插上去。这是古镇，有六七百年的历史呢。里面的居民，骨子里，都透着古。他们开爿小店，做着小生意。门前一把旧藤椅，常有老妇人或是老先生在上面躺着，夏纳凉，冬取阳。他们看街景，一年四季地看。街景有什么可看的呢？无非是看路过的人，东家的故事，西家的故事，他们知道得很多。日子悠闲。

那个初冬，我披着一身阳光的细绒毛，怀里抱着几册课本，走在青石板上。十六岁，我在镇上中学念高中。我穿棉布的衣、棉布的鞋，头发扎成一束马尾巴。我看见陌生人会脸红。喜欢坐在教室窗前发呆。喜欢看窗外树上的鸟。我交了一些笔友，在遥远的他方。我们常有书信往来，谈一些所谓的人生理想。其实，那个时候，我哪里懂得什么人生理想，我的理想，乱七八糟。我甚至想过，不读书了，去跟镇上一瘸腿女人后面学裁缝。

做剃头匠的父亲责骂我，没出息！他扫起地上一圈一圈的黑发，把它们装进角落里的麻袋里，说，以后考不上大学，你就只能干这个。他的生意，总是做得不咸不淡。常对我们说的是，养活你们容易吗？

我埋下头来读书，心里有莫名的忧伤。我给远方的笔友写信，给他们描绘古老的镇，窗外总是开着一些紫薇花，永远的一树粉红，或一树浅白。我说我期盼着到远方去。笔友回信，对我所在的古镇，充满向往。这让我感到没劲，有不被理解的怅惘。

我在这样的怅惘里，走过那条每天必走三个来回的街道。午后，小街静静的，只有阳光飞落的声音，轻得像叹息。我是在偶然间一抬头，望见彭成飞的。那时，他正站在一家店门前，对着对街的房屋顶看。细长的眉毛，细长的个子，白色的风衣。他的肩上，落满了阳光的细绒毛。他的身边，有两个工

182

人模样的人，正在拆卸门板。

他的目光，是突然收回的，突然落在我的身上，只淡淡扫了一眼，仿若蜻蜓的翅，掠过水面，复又飞上半空去了。可我的心里，却涟漪暗起。我的脸红了，像被人偷窥了秘密似的，我匆匆越过他身边，逃也似的走远。

那天夜里，我做了一个梦，梦见郊外，开满蒲公英。阳光浅淡，一朵一朵盛开在空中，像开好的蒲公英。彭成飞站在一片蒲公英的花丛中，冲我笑，叫着我的小名：小蕊，小蕊。

我花苞苞一样的心，在那个初冬，幽幽地，一点一点绽开。

这个外省来的青年，仿佛从天而降

小镇终日无新闻。所以，一点的小事，都可能成为新闻。

何况是关于彭成飞的呢？这个外省来的青年，仿佛从天而降。他整日一袭白衣的打扮；他细长的眉毛；他像糯米一样的口音；他大刀阔斧改装了他姑姑的老房子，把它装修得像个水晶球……这一切，无不成了小镇人茶余饭后的谈资。

我的父亲，阴沉着一张脸，坐在理发店里。自从彭成飞到来后，他理发店的生意，越发地凋落下来。来理发的，只剩下一些老主顾，年轻一代的，都被彭成飞吸引去了。彭成飞在小镇上开了首家发廊，彩色的字打出的广告语，牵人魂魄——美丽，从头开始。

小镇上的女孩，开始蝶恋花似的，往彭成飞那儿飞，她们恨不得一天一个发型。她们兴奋地讨论着彭成飞的种种，艺校毕业的呢，声音多绵软啊，眼睛多好看啊，手指抚在发上，多温柔啊……更让她们兴奋的是，他还不曾谈对象。有女孩开始为他失眠。

我每天，都从彭成飞的发廊门口过。我用七步走过去，再用七步走过来，七步的距离，我走过他门前。

彭成飞在忙碌，他微侧着脸，细长的眉毛，飞着，脸上在笑。他给顾客做头发，十指修长，洁净得很好看。他的姑姑——一个上了年纪的老妇人，偶尔在店里坐。他就一边帮客人做头发，一边跟她说话。他的声音，听上去，真软，软得让人想伸手握住。

有时，店里面会传出音乐声，流水一样地流出来。一段时期，他喜欢放萨克斯的《回家》，千转万回。我听得每个音符都会哼了，彭成飞对我，却还是陌生着。他不知道，他的门前，每日里走着一个女孩，那个女孩花苞苞一样的心，虔诚地朝向他，一点一点，幽幽绽放。

我从没踏进彭成飞的发廊一步。十六岁的这个初冬，我开始学会伪装，每次路过他门口，我都装作若无其事地走着自己的路。一步，一步，一直走完七步。我脑后的马尾巴，一蹦一跳。

184

我要穿着小红靴，从白雪地里，走向他

同桌阿水，拨弄着一头细碎的黄发，问我她理什么样的发型才好看时，季节已到深冬了。

我陪着阿水去理发。我知道阿水，其实是想去看彭成飞。

彭成飞看看阿水，看看我，问，你们两个都理发吗？

阿水拼命点头，复又摇头，她慌张得全晕了头了，眼睛只顾盯着彭成飞看，一句话也说不出。

我脸红红地说，我不理发，她理。

彭成飞细细的眉毛向上飞起来，他笑了。他问，你们还是学生吧？又对着我看，说，你的头发发质很好，如果理个碎发，会很好看的。

阿水扯我的衣襟，那么，小蕊，你也理吧？

我回，不。彭成飞就又笑了，他让阿水坐到理发椅上，他修长的指，轻轻抚过她的发。阿水仰了头问，我理什么发型好看呢？彭成飞说，你放心，我会让你满意的。阿水听了，就很乖巧地笑。

彭成飞一边帮阿水理发，一边跟阿水聊天。阿水竹筒倒豆子似的，恨不得把所有的都告诉彭成飞。她说她十六岁了，过了年就十七岁了。她说她和我同桌，读高一。她说她叫林阿

185

水，我叫秦蕊。阿水说到我的名字时，彭成飞抬头看了我一眼，冲我笑了一下，说，很好听的名字啊。

又聊到功课念得怎么样。阿水不好意思地说，我们都念得一般般啦。彭成飞哦了声，说，要好好念书呀，争取考个好大学呀。

我转过脸去，看墙上的画。画只一幅，白雪的大地上，一穿红靴的女子，披一头浓密的黑发，黑发瀑布一样地，倾泻。白与红与黑，色彩对比强烈，美得惊心动魄。

阿水的发理好了，可爱的童花头。相貌平平的阿水，看上去，漂亮极了。彭成飞看着镜子里的阿水，问阿水，满意吗？阿水迭声答，满意满意。

回去的路上，阿水兴奋得呱呱呱，每句话里，蹦出的都是彭成飞。我听得漫不经心，我想的是，我要留长发，我要攒钱买一双小红靴。我要穿着小红靴，从白雪地里，走向他。

穿过我的黑发你的手

一年的时间，我的发，已长至腰部。黑而亮，瀑布般的。

父亲看不惯我的长头发。他的剪刀，几次要落到我的发上，都被我拼死护住。

我把长发，细心地编成两条小辫子。我只想，为一个人抖落。

186

我还穿棉布的衣、棉布的鞋，走在窄窄的街道上，走过彭成飞的发廊前。一步，一步，走过去七步，走过来，依然七步。七步的距离里，我装作若无其事，心却渴盼得憔悴，我多想他能朝外望一眼，望见走过他门前的那个女孩，花苞苞一样的心，虔诚地朝着他，幽幽地，一点一点绽放。

然他一次也没有看过我，哪怕蜻蜓点水式的也没有。

这期间，我又陪阿水去过两次彭成飞的发廊。彭成飞每次都陌生地看着我们，笑问，你们两个都理发吗？

阿水叫，我是阿水啊，上次到你这儿来理过发的。

彭成飞就低了头想，嘴里疑惑，阿水？

阿水又拖过我去，这是秦蕊啊，上次也是我们两个一起来的。

彭成飞"哦"一声，扫我一眼，笑，你这名字很好听。

我脸红了，掉头去看墙上画。那幅画还在，穿小红靴的女人，站在雪地里，一头的黑发如瀑。

理完发出来，阿水表现得很伤心，阿水说，人家一点也记不住咱们。

那个冬天奇冷，却不下雪。

寒假很快到来。雪终于在小镇上空飘得像模像样了，只一盏茶的工夫，外面的世界，已一片银白。我拿出新买的小红靴，穿上。正在炉上煮萝卜汤的母亲，抬头看我一眼，说，不是要留着过年穿的吗？我撒谎，张老师约我去她家呢。我说的张老师，母亲知道，就住在小镇上。母亲没再说什么，我很顺利地出了门。

我出门的第一件事，就是解散了我的两条小辫子，我的黑发，如瀑地披下来。我走在雪地里，脚上的小红靴，像两朵开放的花。有路人说，这姑娘的红靴子，多漂亮啊。我笑，心里说，这可是我积攒了一年多的零花钱买的呢。

我一步一步，走向彭成飞。像雪地里的一只红狐狸。

我远远看到的却是，彭成飞和一个眉眼盈盈的女孩子，正在发廊门前堆雪人。

我还是，走了过去，径直走到彭成飞跟前，我说，我要理发。

彭成飞讶异地看着我，说，好。他转身关照那个女孩，新雅，等我一下，我一会儿就好的。女孩子点头，冲我笑，说，这么长的头发，怎么舍得剪掉？

彭成飞这才注意地看了看我，犹豫地站住问，这么长的头发，你舍得剪掉吗？

我坐到理发椅上，我说，给我理个碎发吧。彭成飞说，好。他修长的指，终于落到我的发上面，指尖微凉，穿过我黑黑的发。

我的发，一绺一绺，委身地上。我听见彭成飞在笑问，你叫什么名字？

我答，秦蕊。

属于我的如花年华，才刚刚开始

新年过后，我十八岁了，我开始用功读书。父亲喜得不住唠叨，小蕊，你如果考上大学，家里就是砸锅卖铁，也让你去念。父亲的理发生意，越发的萧条了，他不得不做点其他生意，摆小摊儿，卖臭豆腐。

彭成飞依然是小镇的一道风景，他恋爱了，他快结婚了。他的姑姑无儿无女，祖上的家产，悉数给了他。

我每天还从彭成飞门前过，七步走过来，七步走过去。我的心，疼着，却坚韧着，我要做优秀的女孩，优秀得让彭成飞，某一天会后悔，后悔他当初错失了我。

我如愿地考上了大学。

这个时候，彭成飞却宣布结婚。发廊门口，挂上了大红的灯笼，贴着大红的喜字。

小镇上的紫薇树，又开一树一树的花，开得密密匝匝。数不清的疼痛的心事。我整天歪在家里的旧沙发上看书，父亲都看不下去了，父亲说，小蕊，你咋不出去找同学玩玩？我答，我喜欢待家里。

我离开小镇，是在九月的一个清晨，彭成飞发廊的门，还未开。我轻轻走过他门前，我的身后，是帮我拖着行李的父亲，父亲说，小蕊，在外要好好照顾自己呀，陌生人跟你说话，你不要搭腔。

我回头，拥抱了父亲。

小镇渐渐地，落在我的身后。彭成飞渐渐地，离我远了。

大学里，我快忘了彭成飞时，突然于一群男生中，听到一口糯米腔，我的心，很疼地跳了一下，我想起说一口糯米腔的彭成飞。宿舍的灯下，我给他写了生平第一封也是最后一封信，我说，彭成飞，我曾虔诚地喜欢过你。你的手，曾穿过我长长的黑发。

我没有署名，也没有落地址。那是我青涩年代的一个秘密，它抵达了它该抵达的地方。我突然轻松起来，我笑着答应了一个男孩的约会。属于我的如花年华，才刚刚开始。

第五辑
爱如山路十八弯

山路十八弯，通向
的，原来是一个叫
爱的地方。

爱与哀愁

世上的道理，原都是这么简单，无论是爱物，还是爱人，都要有所节制。

我养过两条小金鱼，一红一白，像两朵小花，在水里开。

为这两条小金鱼，我特地买了一只漂亮的鱼缸。还不辞十来里，去城郊的河里，捞得鲜嫩的水草几根，放进鱼缸里。

专买的鱼食，搁在随手可取的地方。一有闲暇，我就伏在鱼缸前，一边给它们喂食，一边不错眼地看它们。它们的红身子白身子，穿行于绿绿的水草间，如善舞的伶人，长袖飘飘，煞是动人。

某天清晨，我起床去看它们，却发现它们翻着肚皮，死了。鱼缸静穆，水草静穆。我难过了很久。朋友得知，笑我，"它们是被你的爱害死的。"原来，给鱼喂食不能太勤，太勤了，会撑死它们。怅然。从此，不再养鱼。

我亦养过一盆名贵的花，叫剑兰。花朵橘红，叶柄如剑。装它的盆子也好看，奶白的底子上，拓印一朵秀气的兰花。一眼看中，目光再难他移。兴冲冲把它捧回家，当珍宝似的呵护着，日日勤浇水。不几日，花竟萎了，先是花苞儿未开先谢，后是叶片儿一点一点发黄、卷起，直至整棵植株腐烂掉。伤心不已，不明白，我这么爱它啊！还是朋友一语道破天机，"你浇水浇得太勤了，花给淹死了。"

　　自此，我亦不再养花。自知自己是个无法把握爱的尺度的人，爱有几分，哀愁就有几分。如同年轻时的一场爱恋。

　　那时，我满心里装着那个人。吃饭时，想他爱吃的。买衣时，想他爱穿的。天冷了，怕他冻着。下雨了，怕他淋着。路上偶尔看到一朵花开，也想着他，恨不得采了带给他。相处的过程，却不全是欢愉，他常常眉头紧锁，充满忧伤地望着我。那么近，又那么远，仿佛隔着山隔着水。我心里有不好的预感，只以为自己做得不够好，所以，更加倍对他好。到最后，他还是提出分手，分手的理由竟是，你太好了，我怕辜负。

　　爱一个人，原是爱到七分就够了，还有三分要留着爱自己。爱太满了，对他而言不是幸福，而是负担。这是经年之后，我才明白的道理。

　　我想起一个母亲。她结婚好几年，却一直没怀上。后来，她多方求医，终得一子。对那孩子自是宠爱有加，真正是含在嘴里怕化了，捧在手上怕跌了。就这样，那孩子一路被宠溺着长大，二十大几的人了，还是衣来伸手、饭来张口，整天不学无术。一不高兴，就对他母亲非骂即打。一天，他又伸手找母亲要钱，母亲没给，他动了怒，竟勒令母亲跪在地板上，一跪大半夜。一贯木讷的父亲，被激怒了，终于忍无可忍，趁儿子熟睡，一锤砸死儿子。警务室里，他的母亲哭得肝肠寸断，语无伦次说："作孽啊，作孽啊。"

为她痛惜，一个原本天真如雪的孩子，毁了。还有她，和她忠厚的男人，这辈子的伤痛，谁能疗治?

世上的道理，原都是这么简单，无论是爱物，还是爱人，都要有所节制。月满则亏，水满则溢，有时，太多的爱不是爱，而是巨大的伤害。

幸福的石榴

失去的已失去了，再伤心也挽回不了，还不如收起伤心，重新来过。

傍晚下班，天突然下起雨来。秋天的雨，一下起来就没完没了。我站在雨里打车，车极难打，从我跟前过去了一辆接一辆，里面全载着人。

好不容易等到一辆空车驶过来，我几乎一路小跑着冲过去。司机摇下车窗，一张中年男人的脸探出来，看着我，问，去哪里？我说了地址。他为难起来，说，不顺道啊。我急了，我说我给双倍的钱。他还在为难，说，不是钱不钱的问题。但看我被雨淋着，他似乎动了恻隐的心，打开车门，让我上了车。

我甫一坐稳，就有些歉疚地问他，你要接人？

他笑笑摇摇头，啊，不，我是要收工回家。你要去的地方，与我家的方向刚好相反，我送你的话，来回得开很长的路呢。

我纳闷了，你每天都是这么早就收工吗？这下雨天，生意多好啊。

是啊，一到下雨天，我们多赚个几百块不成问题的。但我今天答应了我老婆和女儿，一定赶在六点之前回家的。

今天是我女儿生日，五岁生日。我女儿已经五岁喽，他告诉我。粗线条的五官，变得柔软起来。他开始滔滔不绝地跟我说起她的女儿，五岁的小人，会唱好多儿歌，会背好多首唐诗，还会画画儿。还会跟他甜言蜜语，说长大了要赚钱给他用。

呵呵，他笑。浑身洋溢着那种叫幸福的东西。

也只是寻常之家，老婆在一家玩具厂打工，手巧，家里的零碎，都拾掇成女儿的玩具了。这让他很是自豪。我女儿的玩具，从来不用花钱买，他说。老婆又做得一手好饭菜，每天不管他多晚回家，总有一桌热热的饭菜在等着他。

你说人这一生求个啥呀，不就是求个温暖相守嘛。他的话，让我心头微微发热。

也有过坎坷与磨难，儿子都长到十岁了，一次车祸，却要了儿子的命。他和老婆两个人，沉沦了两年多。那段日子，他们啥事也做不成，光顾着痛苦了。后来他想，一辈子还长，不能总活在阴影里，那太亏了，失去的已失去了，再伤心也挽回不了，还不如收起伤心，重新来过。

不久，他们有了小女儿，一个家，又完整了。

就现在这样，我已经很满足了，他说。

车子这时驶过一个广场。广场边上，一溜排开的雨篷下，摆着水果摊。他突然摇下车窗，看了看，回头问我，我可以停一下车吗？我想下去买点水果。

　　我说当然可以。他很高兴地谢了我，下车去了。不一会儿，他举着两个胖乎乎的石榴回来，笑着问我，你见过这么大的石榴吗？

　　两只石榴，像两个笑哈哈的胖娃娃，真的是又大又可爱。我表示了惊奇。他很开心，把两只石榴小心地搁车座旁，说，我也是第一次看见这么大的石榴呢，我老婆和女儿见到了，一定欢喜。

　　我笑了。我仿佛看到这样一幅和美图：橘色的灯光。热热的饭菜。两只胖乎乎的石榴。围桌而坐的三张笑脸，花朵一样盛开着。一个家不大富，亦不大贵，可是，安乐、温馨、祥和。

　　后来，我经常会想起那样的画面，想起那两只幸福的石榴。很多寻常的日子，也就有了不一样的温度。

爱，是等不得的

只不过一日之隔，他的爱，就再也送不出去了。

他是母亲一手带大的。

他的母亲与别人的母亲不太一样。他的母亲因患侏儒症，身材异常矮小。

他的父亲——一个老实巴交的泥瓦匠，家徒四壁，等到 40 岁才娶了他母亲。一年后，他出生了，白白胖胖，像一轮满月，把父母卑微的心，照得亮堂堂的。父母的日子，因他的到来，有了奔头。

他 6 岁那年，父亲去帮邻居家盖房，从房梁上摔下来，掉下的一根横梁，刚好砸到父亲身上。那时，他正在不远处的土路上，逗着一只蟋蟀玩。从此，他没了父亲。

矮小的母亲，一个人拉扯着他，吃尽苦头。夜幕四合，母亲还未归。一大清早，母亲就背着一背篓的绣花鞋垫，去集市上卖。那些鞋垫，是母亲坐在灯下，一针一线绣的。母亲靠卖鞋垫贴补家用。他坐在门前的矮凳上数星星，等母亲。矮小的母亲是他的天。他对母亲说："等我长大了，我一定报答你。"

母亲笑了，笑出泪来，问他："怎么报答呢？"他说："我给你买一屋子的好东西吃，我给你买一屋子的好衣裳穿。"母亲把他搂到怀里，搂得紧紧的，母亲说："吃的妈不要，穿的妈也不要，等你长大了，带妈坐一回飞机吧。"

乡野广阔、狗尾巴草和车前子长满沟渠，母亲在割草。他欢快地喊："妈妈，我比你高了！"是的，他才八九岁的人，个头已超过矮小的母亲了。头顶上突然响起飞机的声音，母亲抬起头看，他也抬起头看。空中的飞机有点像他见过的花喜鹊。"花喜鹊"飞远了，看不见了，母亲这才收回目光。母亲说："这都是有本事的人坐的。有本事的人坐了飞机，到很远的地方去。"他问："很远的地方是什么样的？"母亲也没去过很远的地方，母亲就想象，"有很多很多的高楼，高楼里的桌子、椅子，都漂亮得不得了。"他郑重地向母亲承诺："以后我要做有本事的人，带你坐飞机，到很远的地方去看高楼。"

他一天天长大，一路念书，把书念到城里，真的成了有本事的人。他住进了母亲曾描绘过的高楼里，高楼里有漂亮的桌子、椅子。他也常常乘像花喜鹊一样的飞机，南来北往。母亲对他崇拜不已，母亲问："你真的坐飞机了？"他淡淡地说："嗯。""坐飞机像不像坐船，会不会晕？"母亲充满好奇。

他觉得母亲好笑。一低头，他瞥见母亲头上的白发，一撮一撮的。永远像儿童一般矮小的母亲，原来也会老的。他的心一软，说："妈，等我有空了，我带你去坐飞机。"母亲低头笑，笑得很不好意思，"不坐不坐，我都这么老了，坐飞机干什么啊？"他蹲下身子看母亲，认真地说："我一定带你去坐。"母亲没再说什么，但神情，很喜悦。

他也终于抽出空来，订好机票，打电话告诉母亲，要带她去坐飞机。母亲激动得逢人便告："我儿要带我去坐飞机了。"她还特地扯了布，做了一身新衣裳。

他回去接母亲，半路上突然接到上司的电话。上司说公司来了一个重要客户，问他是否有空陪着一起吃饭。他只犹豫了几秒钟，就回："没问题。"他想，飞机票可以重签，母亲晚一天出行也无妨。

然而这天晚上，母亲却意外摔倒了。摔倒之后，母亲还神志清醒，跟一旁的人说："我儿要带我去坐飞机呢。"可渐渐地，就不行了。第二天凌晨，母亲没等到他赶到，咽下最后一口气。

他跪到母亲跟前，恸哭不已。只不过一日之隔，他的爱，就再也送不出去了。

吊在井桶里的苹果

　　每次回家，跟母亲有唠不完的家长里短，一些私密的话，也只愿跟母亲说。跟父亲，三言两语就冷了场。

　　有一句话讲，女儿是父亲前世的情人。说的是做女儿的，特别亲父亲。而做父亲的，特别疼女儿。那讲的应该是女儿家小时候的事。

　　我小时候，也亲父亲。不但亲，还瞎崇拜，把父亲当作举世无双的英雄一样崇拜着。那个时候的口头禅是，我爸怎样怎样。因拥有了那个爸，仿佛就拥了全世界。

　　母亲还曾嫉妒过我对父亲的那种亲。有一件事我印象深刻，那天，下雨，一家人坐着。父亲在修整二胡，母亲在纳鞋底，一家人闲闲地说着话，就聊到我长大后的事。母亲问，你以后长大了、有钱了，买好东西给谁吃？我几乎不假思索脱口而出，给爸吃。母亲又问，那妈妈呢？我指着在一旁玩耍的小弟弟对母亲说，让弟弟给你买去。哪知小弟弟是跟着我走的，也嚷着说要买给父亲吃。母亲的脸就挂不住了，叨叨地说些气话，继而竟抹起泪来，说白养了我这个女儿。父亲在一边讪讪笑，说小孩子懂个啥。语气里，却透着说不出的得意。

待得我真的长大了，却与父亲疏远了去。每次回家，跟母亲有唠不完的家长里短，一些私密的话，也只愿跟母亲说。跟父亲，三言两语就冷了场。他不善于表达，我亦不耐烦去问，有什么事情，问问母亲就可以了。

也有礼物带回，却少有父亲的。都是买给母亲的，好看的衣裳、鞋袜和首饰。感觉上，父亲是不要装扮的，成天一身灰色或白色的衬衫，蓝色的裤子。偶尔有那么一次，我的学校里开运动会，每个老师发一件白色 T 恤。因我极少穿 T 恤，就挑一件男款的，本想给家里那个人穿的，但那个人嫌大，也不喜欢那质地。回老家时，我就顺手把它塞进包里面，带给父亲。

我永远忘不了父亲接衣时的惊喜，那是猝然间遭遇的意外，他脸上先是惊愕，继而拿衣的手开始颤抖，不知怎样摆弄了才好。呵呵呵傻乐半天，才平静下来，问，怎么想到给爸买衣裳的？

原来父亲一直是落寞的啊，我却忽略他太久太久。

这之后，父亲的话明显多起来。他乐呵呵的，穿着我带给他的那件 T 恤，在村子乱晃，给这个看，给那个看。他也三天两头打了电话给我，闲闲地说些话，在要挂电话前，好像是漫不经意地说上这么一句，你有空的话，就回家看看啊。我也就漫不经意地应上一句，好啊。却未曾真的实施过。

暑假快到了，我又接到父亲的电话，父亲在电话里很兴奋地说，家里的苹果树结很多苹果了，你最喜欢吃苹果的，回家吃吧，保你吃个够。我当时正接了一批杂志约稿在手上写，心不在焉地回他，好啊，有空我会回去的。父亲"哦"一声，兴奋的语调立即低了下去，父亲说，那，你记得早点回来啊。我"嗯啊"地答应着，把电话挂了。

一晃半个月过去了，我完全忘了答应父亲回家的事。深夜，姐姐突然有电话至，闲聊两句，姐姐忽然问，爸说你回家的，你怎么一直没回来？我问，家里有什么事吗？姐姐说，也没什么事，就是爸一直在等你回家吃苹果的。

我在电话里就笑了，我说爸也真是的，街上不是有苹果卖吗？一箱苹果也不过几十块。姐姐说，那不一样，爸特地挑了几十个大苹果，留给你，怕坏掉，就用井桶吊着，天天放井里面给凉着呢。

心被什么猛地撞击了一把，我只重复地说，爸也真是的，爸也真是的。就再也说不出其他的话来。一个夜，都因那吊在井桶里的苹果，而变得湿润了起来。

老了说爱你

寻常日子，聚少离多，心里面有牵挂，见了面，却没有过多的温情。

婆婆是公公用独轮车娶回家的。

我见过那架独轮车，放在堆杂物的屋子里，灰头灰脸，埋在一堆杂物中。公公几次要把它劈了当柴火烧，都被婆婆拦下了。婆婆如花的年华，刻在上头，哪一次回忆起来，不是唏嘘半天的？

是父母之命、媒妁之言，两个不曾见过面的青年男女，定下亲事。迎娶日那天，公公推着独轮车，来接婆婆。婆婆大哭着不肯上独轮车，她设想过婚礼的种种，却没想到，原来是这样的简陋与不堪。一路之上，独轮车吱吱呀呀，婆婆的一颗心，被碾得七零八落。

穷家里，家徒四壁。新媳妇第一顿饭就犯了愁，拿碗去米缸里舀米，米缸里空空如也。她只好提着篮子去野地里挖野菜，才出门，眼里的一泡泪，落得缤纷。可嫁鸡随鸡、嫁狗随狗，这日子，总得过下去。

很快有了孩子，一个接一个。五个孩子，一字排开，五张小嘴，朝着婆婆要饭吃。上个世纪六十年代，地里面长出的杂草，远比庄稼多。公公说，还是我出外找生路吧。哪里找？海里面找。家的东边，就是大海，海里面有鱼有虾。公公跟了一帮渔民上船，东漂西泊，历尽风浪。这一漂泊，就漂泊了大半辈子。

一个家，全靠婆婆支撑了。她推着独轮车，带上两个最小的孩子，去荒地里割草挣口粮。心里记挂着海上作业的公公，一听到海里面死了人，那心，就提到嗓子眼上。人疯了般地跑。跑哪里去呢？不知道。只知道东边是大海，就往海边跑。半路上，遇到公公回归，公公骂，你慌什么慌？婆婆腿一软，跪倒在地，哭叫一声，吓死我了。

寻常日子，聚少离多，心里面有牵挂，见了面，却没有过多的温情。都是不善言语表达的人，又都是急性子，这一个的心思，那一个不明白。那一个的心思，这一个糊涂着。所以见了面，两人常常三句话不投扣，就吵得鸡飞狗跳的。吵得最厉害的时候，闹过离婚。

不知不觉，儿女们都大了。不知不觉，当年坐着独轮车出嫁的婆婆，已银丝满头。五十多年的婚姻，半辈子的聚散离合，到这时，归于宁静。老了的两个人，谁也离不开谁了，一个才出门不久，另一个就满屋子找。常看到这样的景象：两个鬓发皆白的老人，一前一后走在大街上，一般是公公走在前面，婆婆在后面跟着。阳光静静洒落在他们中间，小鱼般地跳跃着。

两个人亦有着说不完的话，躺着说，坐着说，走着说，甚至在饭桌上，也还在说。说的无非是街头巷尾一些芝麻蒜皮的小事儿，昨天说过的，今天他们还拿出来说，百说不厌。一次，说话之间，公公夹了一筷子菜放到婆婆碗里，是婆婆爱吃的炒鸡蛋。婆婆先是一愣，脸继而红了，她不好意思地左右看看我们，佯嗔道，谁要你搛啊？但筷子却早已将那菜夹起，送到嘴里。嘴边的皱纹，跟着水波样地漾开来。

傍晚没事的时候，他们一前一后倚到阳台上看天，一看大半天。天有什么可看的呢？这让我奇怪。我撞了去，听到婆婆轻声在说，起风了。公公轻声应道，是啊，起风了。婆婆接着说，你听，那风吹的。我好笑地循了婆婆所说的方向去看，并没有看到起风的迹象。但公公却接了婆婆的话说，是啊，那风吹的。两个人脸上，都挂着一团的笑。

过量的爱

世上之事，原都存着两极，物极必反。对爱来说，亦如此。

朋友的儿子染上毒瘾，先是偷偷吸，把开得好好的一家私营超市，吸光了。后来，明目张胆地吸，伸手问朋友要钱，一次又一次。不给钱就在家里发脾气、砸东西，最后甚至发展到动刀子……一贯处事不惊的朋友，在我面前号啕大哭，他说，我恨不得与他同归于尽。

我的眼前，浮现出他儿子小时候的样子：圆嘟嘟的小脸蛋，饱满得像颗蜜桃。大眼睛，双眼皮，睫毛长而卷曲。见到他的人，没有不伸手摸摸他的，都觉得这孩子长得实在太可爱太漂亮了。

也聪明，三岁就能对着电视屏幕，把一首流行歌曲，一字不落地踩着节拍唱下来。唐诗教上两遍，他就能背下来。手上成天不离一根小棍子，模仿着电视剧里的大侠们，嘴里呼呼有声地舞动着。

那时候，我和朋友一家同在一个大院子住。朋友是做生意的，那会儿生意刚起步，四处举债，日子过得很有些拮据。然朋友从没亏待过这个儿子，衣帽鞋袜都买名牌的，玩具也是儿子想要就给买的。牛奶鸡蛋等营养品，没一样落下。用朋友的话说，一生就这么一个小子，要富养。

夏天的晚上，我们一起坐在大院子里纳凉，朋友的儿子舞着他的小棍子，追扑流萤，像只活泼的追风的小猫。我们远远看着这孩子，预言着他的将来。将来，这孩子说不定能成为大明星呢，演电影，拍广告，出唱片，人气高得不行。朋友不屑，说，我才不要他做明星，我要他做大老板、开大公司。我们就开玩笑说，真是的呢，那他后面还不迷倒一帮女孩子。

几年后，我离开大院子，调到别的地方工作，与朋友一家断了联系。再见面，已是十多年后，当年的小小孩，已长成俊美青年。路却走得一波三折，对读书不上心，初中没毕业，就闹着回家了。这时，朋友的生意，已做得风生水起。儿子不喜读书，他默认了，想着凭他赚下的千万家私，让儿子将来衣食无忧，总是绰绰有余的。他这一放任，儿子便像脱了缰绳的野马，任由着自己的性子，一路横冲直撞了起来，成天跟一帮社会小混混混到一起。

十八岁的成人礼，这孩子得到一辆跑车和一幢别墅，从此，他更是挥金如土，常出入高档酒楼和浴城。朋友有了隐隐的担忧，出资给儿子开了一家大型超市，交给儿子打理。想着儿子有事可做，总不至于去走歪路。可脱缰久了的野马，哪里拉得回头？儿子最终走上吸毒之路，好好的一个人，弄得人不像人鬼不像鬼了。

世上之事，原都存着两极，物极必反。对爱来说，亦如此。爱过量了，不是爱，而是毒。

布列瑟农的忧伤

但愿所有的灵魂，不再流浪。

这些天，我一直在听《布列瑟农》，马修·连恩演唱的。

这是一首关于家园关于流浪的歌。它的背景是：1992 年，加拿大某些地方政府施行了一项名为"驯鹿增量"的计划，为达到目的，必须大量捕杀狼群。布列瑟农，那个安静的小村庄，那个生长着温暖记忆的地方，顷刻间泊满离别的忧伤。

一定是秋冬季节。远山，树木，人家的房屋，应该还有尖顶的教堂。其时，夕阳正落，阳光的影子，一点一点斜了。薄雾罩下来。星星们开始亮了。清风吹来晚钟的声音。落叶的味道，寂寥而温暖。流浪的生命——人，或者狼，此刻，就站在那片温暖的天空下，那片它们热爱的土地上，做深情回眸："我站在布列瑟农的夜色里 / 满天的星星在天上闪耀 / 远在布雷纳的你 / 是不是也能看到它们的眼睛……"

整首《布列瑟农》，曲调深沉，有着厚重的忧伤，像刚刚落下一场浓烈的雾。又像深秋里飘过一场雨，一日一日下着，让人望不到头。别了，亲爱的家园。别了，我的爱。"流云从我的身边飘飞而去／那一轮月亮正在升起／所有的星星我都留在身后／如钻石般点缀你的夜空。"马修·连恩忧郁的嗓音，舒缓而低沉，把这首曲子演绎得湿漉漉的。

不忍看那个回眸：光秃的树丫，我爱你。沉默的山冈，我爱你。尖顶的教堂，我爱你。哪怕是人家屋顶上的一缕炊烟，也爱，也爱的。迟缓的脚步，该迈向何处？

一个听过这首歌的女孩告诉我，她现在最怕听到火车声，一听到火车声，就想起这首《布列瑟农》来，就想落泪。她落泪，是因为爱着的人，坐了火车去远方。她在等他回家。

并不替这个女孩感到悲伤。有爱守着，她的那个人，想来不会迷路。怕只怕，一别之后，从此魂断梦也断。就像布列瑟农天空下那群流浪的狼。

我想起一个朋友来，朋友因做生意亏了，远到大西北去挣钱。走的时候，是怀了绝望的心的——亲情淡泊，友情疏离，家乡再没有温暖可依。他几乎是以一种逃离的姿势离开的。但在那个大草原深处，在那些月色浓酽得能让人醉倒的夜晚，他辗转反侧地遥想的，还是家乡。一日，他终忍不住想念，在静夜里，给我打来了电话。一分钟，十块钱，他亦是不在意。他说，他要听听我的声音，听听故土的声音。原来，千万遍阳关走尽，最思念的，还是那个家园。无论对于人来说，还是对于狼来说，家园，才是灵魂最后皈依的地方。

但愿我们都能回到自己梦中的布列瑟农。但愿所有的灵魂，不再流浪。

和父亲合影

　　我与他，就这么，在岁月里疏离着。

　　父亲在 32 岁上，照过一张小照。在上海城隍庙照的。二寸，黑白的。父亲当时是送姐姐去上海看腿的。6 岁的姐姐，腿被滚水严重烫伤，整日整夜地哭。父亲的心被折磨得七零八落。在姐姐的腿伤稍稍好转了之后，从不迷信的父亲，竟跑去城隍庙，想给姐姐买一个护身符。

　　父亲最终在城隍庙买没买到护身符，我不得而知。但父亲却留下一张小照，是那些年里，他唯一拍过的照片。

　　小照被带回来，村里人听闻（那时拍照还是稀罕事），都聚到我家，一屋子的人争相传看，都说到底是大上海啊，拍的照片就是好。照片上的父亲，气宇轩昂，脸上虽挂着淡的忧伤，却挡不住风华正茂的英气。多年之后，我再看父亲那张小照，发现年轻的父亲，长得特像电影演员赵丹。而这时的父亲，正

214

倚在家里的沙发上打瞌睡，衰老得似一口老钟。

　　记忆中的父亲，是没这么老的，是永远的 32 岁的风流倜傥。在一大帮大字不识一个的乡人们里头，父亲很有些鹤立鸡群的样子。他不但断文识字，吹拉弹唱，也是无所不会。那时，我们兄妹几个，喜欢围了父亲转，看风吹过父亲挺拔的身影。喜欢听父亲拉二胡、吹口琴、哼《拔根芦柴花》的小调。喜欢看父亲挥毫泼墨，村子里家家户户的门上，贴的都是父亲手书的对联。这样的父亲，在我们的眼里，是举世无双的。

　　我上学了，成绩不错。父亲跟人说，只这个女儿，是他的翻版。但父亲从未指导过我学习。只一次，我伏在小凳子上，用红红绿绿的粉笔画人，把人涂得五颜六色。父亲走过来，俯下身子看我画人，看了一会儿，他握住我的手，替我帮人加上耳朵。又揩掉那些五颜六色，给人穿上中山装，浅褐色的。我对着看，竟发觉画中人，有些像镜框中小照上的父亲了。我又是惊异又是自豪，我爸原来还会画照片上的人呀。

　　我渐渐长大，对父亲的崇拜渐渐少了去，直至无。我眼中的父亲，与其他庸常的父亲没什么两样，他抽难闻的水烟。爱吃大葱和大蒜。手指甲里淤着黑泥，他用那样的手，把玉米饼掰开，一块一块送到嘴里去。及至我工作了，父亲来城里看我，当着一帮我的同事，把大厦的"厦"读成夏天的"夏"，我羞红了脸纠正。父亲讪讪笑，再读，还是读成"夏"。我只有默默摇头。

父亲老了，很多的病缠上身。最严重的是脊椎病，发作时，压迫得他双腿不能走路。这时的父亲，无助得像个小孩，被我接进城里来看病，完全听任我的"摆布"，神情落寞。

我也不曾介意。那日，我和几个朋友外出游玩归来，心情大好。我翻看着相机里的照片，随口对坐在沙发上眯着眼打盹的父亲说，爸，我们俩好像还没拍过合照呢，要不，来一张？父亲一下子睁开眼，脸上呈现出惊喜，他不相信地问我，就我们两个拍？我说，啊，就我们两个。父亲突然羞涩起来，他问，你不嫌爸爸老吧？

我像被什么猛击了一下。我嫌过他老吗？貌似没有。可事实上，我是在嫌弃。我不耐烦听他说话。我极少再坐到他身边，握握他的手。我不知他又添了几道皱纹，白了几根头发。我与他，就这么，在岁月里疏离着。

父亲没有一点怪我的意思，他很高兴能和我合影，他说，一定要把照片带回家，给村子里的人看看。他很仔细地理好头发，理顺衣衫，靠到我的身边来，对着相机镜头，认真地摆好姿势。我搂着父亲的肩，我说，爸，来，一二三，我们一齐笑。

合影我洗了两张，一张给了父亲，一张留给我自己。所有见过这张照片的人都说，你和你爸长得太像了，笑得一模一样。

爱，踩着云朵来

因为她是母亲，所以，她的爱能踩着云朵来。

父亲说，你妈现在不中用了，在家门口都会迷路。母亲小声争辩道，是夜里黑，看不见嘛。

母亲去亲戚家做客，当夜搭了顺路车回来，车子停在离家半里路的河对岸，过了新修的桥，就到家了。可她却愣是找不着回家的路，稀里糊涂踏上了相反的路，越走离家越远，幸好遇到晚归的同村人，把她送回家。

母亲老了，这是不争的事实，她再也没有从前的利索和能干了。我看着母亲，百感交集，想起了多年前与她相关的一件事。

那年，我在外地上大学，第一次离家上百里，想家想得厉害，便写了一封家书。字里行间，都是浓稠的想念。母亲不识字，让父亲念给她听。她听完信，竟一刻也坐不住了，她决心坐车去学校看我。

那之前，母亲是从未出过远门的，大半辈子只圈在她那一亩三分地里。可她决心已下，任谁也阻拦不了。她去地里拔了我爱吃的萝卜，烙了我爱吃的糯米饼，用雪菜烧了小鱼……临了，母亲又去问邻居大婶借了做客的衣——一件鲜艳的碎花绿外套。母亲考虑得很周到，她不想让在大学里念书的女儿丢脸。

左挎右拐的，母亲上路了。那时去我的学校，需要在中途转两次车。到了终点站还要走上十来里的路。我入学报到时，是父亲一路陪着的。我跟着父亲上车下车，穿街过巷，直转得我头晕，根本分不清东南西北，记不住来时路。

然而我大字不识一个的母亲，却准确无误地摸到我的学校。我清楚地记得，那是秋末的一天，黄昏降临了。风起，校园里的梧桐树，落下大片大片金黄的叶。最后一批雏菊，在秋风里，掏出最后一把热情，黄的脸蛋红的脸蛋，笑得满是皱褶。我在教室里看完书，正收拾东西准备回宿舍，一扭头，竟发现母亲站在窗外，冲着我笑。我以为是眼花了，揉揉眼，千真万确是母亲啊！她穿着鲜艳的碎花绿外套，头上扎着方格子三角巾。三角巾被风撩起，像只纸鸢。黄昏的余晖，在母亲身上镀一层橘粉，闪闪发光。她像是踩着云朵而来。

那日，我们的宿舍，过节一般的。女生们个个都有口福了，她们咬着我母亲带来的大萝卜，吃着小鱼，还有糯米饼，不住地说，阿姨，好吃，太好吃了。我母亲不大听得懂她们说的话，只拘谨地坐着，拘谨地笑着。那会儿，一定有风吹过一片庄稼地，母亲淳朴安然得犹如一棵庄稼。

至于一路之上，她是如何上车下车，又是如何七弯八拐，到达我们学校的，后来，又是如何在偌大的校园里，在那么多的教室中，一下子找到我的，这成了一个谜。

我曾问过母亲，母亲始终笑而不答。现在我想，这些问题根本无须答案，因为她是母亲，所以，她的爱能踩着云朵来。

《诗经》里的那些情事

那只叫相思的鸟儿，已找不到栖落的枝了。

单相思

"关关雎鸠，在河之洲。窈窕淑女，君子好逑。"这是我从小就会背的诗句，那时背得摇头晃脑，因它的朗朗上口。幼小的心，不懂，却觉得美。有大人开玩笑，这丫头聪明，都会背《诗经》了，做我家的媳妇儿好不好？我仰头脆脆地应，好。哪里知道，自己所背诵的诗里面，是一段刻骨的相思呢。

那应是一处天好地好人好的地方，雨水充足，物草丰美。天高云淡，雎鸠一唱一和地在河两岸叫着，叫得人的心，像吸足了水分的青草啊，轻轻一掐，就是满把的柔情。年轻男子，相遇到美丽的姑娘了。姑娘在干吗呢？姑娘正在河中央的陆地上采荇菜呢。隔着半条水域望过去，可以望见姑娘可爱的手臂，不停地左右舞动着，美丽的腰肢，也跟着扭动。年轻男子再也放不下这个姑娘了，"寤寐求之""寤寐思服"，白天夜里都在想着她啊。他辗转反侧地叹：悠哉悠哉。

我每每读到这里，都要笑出泪来。我想象着那样的夜晚：天黑得很深很深，星星在天上眨眼睛，四周俱寂。远远的，雎鸠的鸣叫传过来，搅得男子的心，更是如擂小鼓。他睡不着，他辗转反侧地长吁短叹，悠哉悠哉。意思是，想啊想啊想啊……长夜难度。他一定想得形削骨瘦的。那个被他相思的少女，多么幸福！

他后来，有没有娶到她？那好像不重要了，重要的是，《关雎》中，他留给我们的相思形象，足足打动了人类几千年。

《泽陂》中的小青年就更有意思了。应该是初夏的天，新蒲长出嫩叶来，池塘里的荷也婷婷。小青年在池塘边偶然碰见一位姑娘，姑娘长得真是高大健美啊，"有美一人，硕大且卷"，小青年只一眼，就再难相忘。于是相思了，而且不是一般的相思，"寤寐无为，涕泗滂沱"。你看你看，他无论醒着还是睡着，眼前都是姑娘的影子啊，他不知怎么办才好，伤心得一把鼻涕一把眼泪的。

现代人却难以怀上这样的单相思了，爱上谁，电话邮件短消息，轮番轰炸。恋情来得迅速，去得也迅速。今日结束，明日又重新披挂上阵。那只叫相思的鸟儿，已找不到栖落的枝了。让人惆怅，让人备怀念，《诗经》中的那些傻男人们，他们纯洁如白月光的单相思，成了温润心灵的一块琥珀。

热 恋

"青青子衿，悠悠我心。"这是《子衿》中守在城门楼下的女子，对爱的表白。意思是，你青色的衣领子，也绵绵地牵系着我的心啊。原来，爱上一个人，连他穿的衣，连他佩的饰物，都要爱的。她约了相爱的男子，到城门楼下相会。是约在月上柳梢头么？天还未黑呢，她可能就梳洗打扮好了，早早来到约会的地方。男子哪里知道她这么早就来了呢，自然没来，她于是焦急徘徊地等，一边想念着，一边跺着脚埋怨着："纵我不往，子宁不嗣音？"纵使我不去找你，你也该主动点儿呀，哪怕捎个口信给我也好啊。热恋中的人儿，一分一秒的分离，也觉漫长。所以她挑兮达兮，一日不见，如三月兮。让我们也跟着她着急，替她伸长了脖子眺望，那个穿青衣的男子，来了没？

《褰裳》中的小女子，就爱得更为火辣了，如一锅四川麻辣汤，轻抿一口，那热辣，就直逼人的心窝窝。她把约会的地点，放在一条河边，她站在河这边等着，不知什么缘故，约会中的男子，迟迟没来。河水缓缓地流着，她一边眺望着河水，一边在心里发着狠："子不我思，岂无他人？狂童之狂也且！"那意思是，本姑娘漂亮着呢，你不爱我想念我，难道就没有他人么？爱我的人排着队候着呢，你这个大傻瓜！每读至此，我都忍不住大笑，这实在是个泼辣可爱的姑娘，如一朵野玫瑰，一朝绽开，那芳香就不管不顾地倾溢出来。

《采葛》则把热恋中的这种等待推向极致，通篇全是一个人的自言自语，却千转万回，缠绵宛转。"彼采葛兮。一日不见，如三月兮！"她与他，因什么原因，而有了短暂别离？不得而知，只知道姑娘在等他，看到葛草要想到他，看到蒿草要想到他，看到艾草，还是要想到他，从一日不见如三月兮，到如三秋兮，再到如三岁兮，那分分秒秒的时间，多么让人难挨！心爱的人，你什么时候才能来？

热恋中的人，一个世界都可以不要的，眼里心里全是你，纵使你普通得如一株芨芨草，在他（她）的眼里，你也是九天的仙女、骑着白马而来的王子。

我们都曾做过这样的仙女、这样的王子。它使我们在回味人生的时候，有别样的甜蜜和幸福。

等 爱

梅艳芳唱的《女人花》，我怕听。她唱得实在太哀婉悱恻，应了她的人生。像秋夜里的一滴露，"啪嗒"一声，滴落在心头，内心顿时一片荒凉。是啊，花开不多时，堪折直须折，女人如花花似梦。

几千年前，有个少女，在《诗经》里，也是这般唱着的。这个少女唱的不是花，她唱的是梅子："摽有梅，其实七分。求我庶士，迨其吉兮。"这个时候，她还青春年少，她提着筐子，徜徉在梅树旁，树上的梅子，已黄熟了，在纷纷落。地上三分，树上七分。少女望着梅树上的梅子，联想到她自己，青春也是那梅子啊，眨眼间，就熟了，就掉了，她却还没有意中人。她有些害羞地唱，喜欢我的小伙子啊，你快趁着青春好时光来找我呀。可是，爱她的人，却没有来。树上的梅子眼看着掉到只剩三分了，她焦急地唱，求我庶士，迨其今兮。也就是说，喜欢我的小伙子啊，你不要再等了，你今天就来吧。满树的梅子，终于落尽，她的青春也快要过去了，她还是没等来爱她的人。她无奈地唱，求我庶士，迨其谓之。她不再幻想谈一场缠缠绵绵的恋爱了，来不及了，来不及了，如果有小伙子现在喜欢她，就可以直接订下婚约把她娶回家的。

通篇《摽有梅》，不着悲凉，却字字凉透。等爱的心，看不见被谁伤了，却被伤得千疮百孔。

我认识一好女子，三十多了还未嫁。当初也曾有男孩，死心塌地地爱过她，她没有接受，她想等等再说。这一等，就等到花瓣凋落。我对她说，找个好人嫁了吧。她一脸无奈地看着我，说，我也想啊，可是，到哪里去找呢？

替她感伤。好男人早在青春的路上，被人劫持了。尘世的缘分，原都是一场花开，花期过了，花事也就尽了。

盼　归

很早就知道"首如飞蓬"这个成语，但不知道，首如飞蓬竟是出自《诗经》中的。当有一天，我翻到诗经中《伯兮》这一篇，我的眼睛在首如飞蓬上停住了，我实在吃惊于首如飞蓬的背景，竟是一个女人盼丈夫归的。"自伯之东，首如飞蓬。岂无膏沐，谁适为容"，女人的丈夫，从军远征去了，女人想他，想得无心打扮，致使头发如风吹乱的枯草一样堆在头上。不是没有很好的润发油啊，只是我打扮了给谁看呢？长期的思念，使她心头郁结满了忧伤。这样深刻的想念，实在让人动容！

我想起一个妇人来，妇人的丈夫，早年去台湾，一直未归，留妇人孤身一人。妇人终年一件蓝布褂，头发乱草堆似的堆在头上，脸色灰暗，不言不语地走路、干活。小孩们背后都叫她疯婆子。这样一个疯婆子，某一天，却突然打扮得光艳照人，大红的线衣穿在身上。已灰白了的发，被掼得纹丝不乱。原来，她去台湾的丈夫回来看她了，她为他，梳妆打扮。大家叹，她原来也是这么好看的啊。一周之后，她丈夫却归台，在那里，他早已另娶了太太。妇人什么话也没说，折叠起大红的线衣，换上她的蓝布褂，重又陷入一个人的"首如飞蓬"里。

这样的盼归，在另一篇《风雨》中，终于有了完满结局。"风雨凄凄，鸡鸣喈喈"，外面风大雨大，鸡们在不安地鸣叫，女人的丈夫，出门未归。他出外多久了？或许十天，或许半个月。女人不眠，为他提着一颗心，这么大的风，这么大的雨，亲爱的人啊，你是否被风吹着了，被雨淋着了？女人因此想得害了病。就在这时，奇迹出现了，女人的丈夫竟冒着风雨突然归来。那巨大的惊喜，哪里能形容呢？女人只呆呆地看着他，说一句："既见君子，云胡不夷！"哦，亲爱的，你回来了，我也就心安了。当确信眼前的这个人，真的就是她亲爱的丈夫啊，女人抚摸着丈夫的脸，终于喜极而泣，"既见君子，云胡不喜！"纵使外面天崩地陷，又何妨呢？你回来了，一切便好了。

世间的恩爱，原都是这个样子的，几千年来，都是这个样子的，那就是，亲爱的，只要你平安着，我也就开心了。

爱未央

他嘟嘟哝哝地说，今天是菊香生日呢，我答应过她。

陈四爹最近迷上藏钱，像乌鸦迷上发光的东西。

是儿媳妇肖英最先发现的。

肖英记得买菜时多下一些零钱，随手搁客厅茶几上。她转身去厨房，不过择了一把菜、洗了两只碗，转身，钱就不见了。

没有人来过，除了公公陈四爹在。

陈四爹却没事人似的，在自己的房间里，数着一堆红红绿绿的小球玩。

自从患上老年痴呆症后，他的智商一下子退回到幼儿期，爱耍小脾气，爱玩五颜六色的玩具。

肖英看看陈四爹，当时没说什么，但心里存了疑惑。她后来做了个试验，故意在客厅的茶几上放上十块钱。她躲到一边去，不一会儿，她看到她的公公陈四爹，从房间里慢慢磨蹭着出来。当他瞥见茶几上的钱时，眼睛里立即大放光芒，左右迅速看看，一把抓起钱，揣到怀里去了。

肖英就有些不高兴了，她走了过去，问陈四爹，爸，您拿钱了？

陈四爹紧紧捂住胸口，瞪着她，答，我没有。

可我明明看见您拿钱了。肖英生气地说着，就要来掰他的手，爸，家里不缺您吃的，不缺您穿的，您说您要钱做什么？

陈四爹不肯松手，孩子似的放声大哭起来，一边哭一边说，我没有拿钱，我没有拿钱。

儿子陈程回家，看到这一幕，劝肖英，你跟爸较什么真？他都八十多岁的人了，拿就拿了吧，反正他也花不出去。

肖英气鼓鼓地说，怨不得家里老丢钱，还不知他藏了多少钱呢。

自此后，肖英存了心眼，把钱看管得很紧。陈四爹找不到钱了，表现得很失落。他在家里来来回回地打转，到处翻找，家里的角角落落，都被他翻了个遍。偶尔在哪个抽屉里，捡到一枚两枚硬币，他欢喜不迭，赶紧往怀里藏。

家人对他哭笑不得，把他的行为归结为，是老年痴呆的一种。

他后来发展到，逢人便伸出手来，讨钱。给我钱——他眼睛直盯着来人，很执拗地说。

大家开他玩笑，四爹爹，您要钱买糖吃啊？

他偏着须发皆白的脑袋，想一想，摇摇头，认真地说，不，我要买金戒指。

您买金戒指给谁戴呀？

给新娘子，给新娘子。他口齿不清地说。

给新娘子？大家哄笑一通，都以为他老糊涂了。

陈四爹的突然失踪，让儿子陈程着实急出了一身冷汗。那天，起先是没有一点征兆的，早饭时，陈四爹还好好的，喝掉一碗粥，吃掉半块馒头。饭后，他回房，继续玩他的彩球。陈程去老年活动中心下棋，肖英去菜场买菜。

等肖英买菜回来，家里的大门洞开，公公陈四爹不见了。

街坊四邻都被发动起来寻找，折腾大半天，仍是无头无绪。后不知谁突然想起来，说，老爷子不会真的跑去买什么金戒指吧？

街上卖金戒指的就那么两家，一家百货商场，一家国货商厦。众人分头去找，果真，在国货商厦一楼的黄金柜台旁，找到陈四爹。柜台的营业员一见找去的人，长舒一口气，说，你们总算找来了，这个老爹爹难缠呢，他非要用这么点钱，买一枚这么大的金戒指不可。

众人看过去，柜台上，摊着一堆零碎，不过百十块。陈四爹指着那些钱，固执地说，我有钱，我要买金戒指。

陈程走过去，不好意思地跟营业员打招呼，他指指自己的脑袋，悄声说，对不起啊，给您添麻烦了，我爸这里不行了。营业员恍然大悟"哦"一声，她同情地看看陈四爹，无声地笑了。

陈程转身，有些恼火地拖住陈四爹，爸，您别闹了，咱回家吧。

陈四爹茫然地望着陈程，望着望着，哭了，他嘟嘟哝哝地说，今天是菊香生日呢，我答应过她，要给她买金戒指的呢。

众人听着，心头一震。菊香，陈程的母亲，陈四爹的老伴，故去已十年。

咫尺天涯，木偶不说话

白日光照得着两个人。风不吹，云不走，天地绵亘。

"她"叫红衣。

"他"叫蓝衣。

他们从"出生"起，就同进同出，同卧同眠。简陋的舞台上，"她"披大红斗篷，葱白水袖里，一双小手轻轻弹拨着琴弦。阁楼上锁愁思，千娇百媚的小姐，想化作一只鸟飞。"他"呢，一袭蓝衫，手里一把折扇，轻摇慢捻，玉树临风，是赴京赶考的书生。湖畔相遇，花园私会，缘定终身。秋水长天，却不得不离别。"她"盼"他"归，等瘦了月亮。"他"金榜题名，锦衣华服回来娶"她"，有情人终成眷属。观众们长舒一口气。剧终。"她"与"他"，携手来谢幕，鞠一个躬，再鞠一个躬。舞台下掌声与笑声，同时响起来，哗啦啦，哗啦啦。

那时，"她"与"他"，每天都要演出两三场，在县剧场。

木椅子坐上去咯吱吱，头顶上的灯光昏黄黯淡。绛红的金丝绒的幕布徐徐拉开，舞台上亮堂堂的。戏就要开场了。小小县城，娱乐活动也就这么一点儿，大家都爱看木偶戏。工厂包场，学校包场，单位包场。乡下人进城来，也都来赶趟热闹。剧场门口卖廉价的橘子水，还有爆米花。有时也有红红绿绿的气球卖。进场的孩子，一人手里拿一只，高兴得不得了。

幕后，是她与他。一个剧团待着，他们配合默契，天衣无缝。她负责红衣，她是"她"的血液。他负责蓝衣，他是"他"的灵魂。全凭着他们一双灵巧的手，牵拉弹转，演绎人间万般情爱，千转万回。一场演出下来，他们的手臂酸得发麻，心却欢喜得开着花。木盒子里，她先放进红衣，他把蓝衣跟着放进去，让"他们"并排躺着。他在"他们"脸上轻抚一下，再轻抚一下。她在一边看着笑，他抬头，回她一个笑，默契得无须多说一句话。

彼时，年华正好。她人长得靓丽，歌唱得不俗，在剧团被称作金嗓子。他亦才华横溢，胡琴拉得出色，木偶戏的背景音乐，都是他创作的。让人遗憾的是，他生来是哑巴。他丰富的语言，都给了胡琴，给了他的手。他的手，白皙修长，注定是拉胡琴和演木偶戏的。她的目光，常停留在他那双手上，在心里面暗暗叹，好美的一双手啊。

在一起演出久了，不知不觉情愫暗生。他每天提前上班，给她泡好菊花茶，等着她。小朵的杭白菊，浮在水面上，浅香绵远，是她喜欢的。她端起喝，水温刚刚好。她常不吃早饭就来上班，他给她准备好包子，有时会换成烧饼。与剧场隔了两条街道，有一家周二烧饼店，做的烧饼很好吃。他早早去排队，买了，里面用一张牛皮纸包了，牛皮纸外面，再包上毛巾。她吃到时，烧饼还是热乎乎的，像刚出炉的样子。

她给他做布鞋。从未动过针线的人，硬是在短短的一周内，给他纳出一双千层底的布鞋来。布鞋做成了，她的手指，也变得伤痕密布——都是针戳的。

这样的爱，却不被俗世所容，流言蜚语能淹死人，都说好好一个女孩子，怎么爱上一个哑巴呢，两人之间的关系肯定不正常。她的家里，反对得尤为激烈。母亲甚至以死来要挟她。最终，她妥协了，被迫匆匆嫁给一个烧锅炉的工人。

日子却不幸福。锅炉工人高马大，脾气暴躁。贪酒杯，酒一喝多了就打她。她不反抗，默默忍受着。上班前，她对着一面铜镜理一理散了的发，把脸上青肿的地方，拿胶布贴了。出门有人问及，她淡淡一笑，说，不小心磕破皮了。贴的次数多了，大家都隐约知道内情，再看她，眼神里充满同情。她笑笑，装作不知。台上红衣对着蓝衣唱：相公啊，我等你，山无棱，江水为竭。冬雷震震，夏雨雪，天地合，乃敢与君绝。她的眼眶里，慢慢溢出泪，牵拉的手，上上下下，左左右右。心在那一条条细线上，滑翔宕荡，疼得慌。

他见不得她脸上贴着胶布。每看到，浑身的肌肉会痉挛。

他烦躁不安地在后台转啊转，指指自己的脸，再指指她的脸，意思是问，疼吗？她笑着摇摇头。等到舞台布置好了，回头却不见了他的人影。去寻，却发现他在剧场后的小院子里，正对着院中的一棵树擂拳头，边擂边哭。她站在两米外，心里的琴弦，被弹拨得咚咚咚。耳畔响起红衣的那句台词：冬雷震震，夏雨雪，天地合，乃敢与君绝。

白日光照得着两个人。风不吹，云不走，天地绵亘。

不是没有女孩喜欢他。有个圆脸女孩，一笑，嘴两边现出两个浅浅的酒窝。那女孩常来看戏，看完不走，跑后台来看他们收拾道具。她很中意那个女孩，认为很配他。有意撮合，女孩早就愿意，说喜欢听他拉胡琴。他却不愿意。她急，问，这么好的女孩你不要，你要什么样的？他看着她，定定地。她脸红了，低头，佯装没懂，嘴里说，我再不管你的事了。

以为白日光永远照着，只要幕布拉开，红衣与蓝衣，就永远在台上，演绎着他们的爱情。然而某天，剧场却冷清了，无人再来看木偶戏。出门，城中高楼，一日多于一日。灯红酒绿的繁华，早已把曾经的"才子"与"佳人"淹没了。剧场经营不下去了，先是把朝街的门面租出去，卖杂货卖时装。他们进剧场，要从后门走。偶尔有一两所小学校，来包木偶戏给孩子们看。孩子们看得索然无趣，他们更愿意看动画片。

剧场就这样，冷清了。后来，剧场转承给他人。剧团也维持不下去了，解散了。解散那天，他执意要演最后一场木偶戏。那是唯一一场没有观众的演出，他与她，却演得非常投入，牵拉弹转，分毫不差。台上红衣唱：冬雷震震，夏雨雪，天地合，乃敢与君绝。她和他的泪，终于滚滚而下。此一别，便是天涯。

她回了家。彼时，她的男人也失了业，整日窝在十来平方米的老式平房里，喝酒浇愁。不得已，她走上街头，在街上摆起小摊，做蒸饺卖。曾经的金嗓子，再也不唱歌了，只高声叫卖，蒸饺蒸饺，五毛钱一只！

他背着他的胡琴，带着红衣蓝衣，做了流浪艺人。偶尔他回来，在街对面望她。阳光打在她的蒸饺摊子上，她在风中凌乱了发。他怅怅望着，中间隔着一条街道。咫尺天涯。

改天，他把挣来的钱，全部交给熟人，托他们每天去买她的蒸饺。他舍不得她整天站在街头，风吹日晒的。就有一些日子，她的生意，特别的顺，总能早早收摊回家。——他能帮她的，也只有这么多。

入冬了。这一年的冬天，雪一场接一场地下，冷。她抗不住冷，晚上，在室内生了炭炉子取暖。男人照例地喝闷酒，喝完躺倒就睡。她拥在被窝里织毛线，是外贸加工的。冬天，她靠这个来养家糊口。不一会儿，她也昏昏沉沉睡去了。

早起的邻居来敲门，她在床上昏迷已多时。送医院，男人没抢救过来，死了。她比男人好一些，心跳一直在。经过两天两夜的抢救，她活过来了。人却痴呆了，形同植物人。

起初，还有些亲朋来看看她，在她床前，叫着她的名字。她呆呆地看着某处，脸上无有表情，不悲不喜。——她不认识任何人了。大家看着她，唏嘘一回，各自散去，照旧过各自的日子。

没有人肯接纳她，都当她是累赘。她只好回到八十多岁的老母亲那里。老母亲哪里能照顾得了她？整日里，对着她垂泪。

他突然来了，风尘仆仆。不过五十岁出头，脸上身上，早已爬满岁月的沧桑。他对她的老母亲"说"，把她交给我吧，我会照顾好她的。

她的哥哥们得知，求之不得，让他快快把她带走。他走上前，帮她梳理好蓬乱的头发，给她换上他给她买的新衣裳，温柔地对她"说"，我们回家吧。三十年的等待，他终于可以在光天化日之下，牵起她的手。

他再没离开过她。他给她拉胡琴，都是她曾经喜欢听的曲子。小木桌上，他给她演木偶戏，他的手，已不复当年灵活，但牵拉弹转中，还是当年好时光：

悠扬的胡琴声响起，厚重的丝绒幕布缓缓掀开，红衣披着大红斗篷，蓝衣一袭蓝衫，湖畔相遇，花园私会，眉眼盈盈。锦瑟年华，一段情缘，唱尽前世今生。

爱如山路十八弯

山路十八弯，通向的，原来是一个叫爱的地方。

她一直比较倔强。倔强，是她用来对付父亲的。她的父亲，是个军人，军人的作风，让他脸上的威严总是多于温和。

小时候，她曾试图用她的优秀瓦解父亲脸上的威严，她努力做着好孩子，礼貌懂事、勤奋好学。当她把一张一张的奖状，捧至父亲跟前时，她难掩内心的激动，脸上有飞扬的得意。然而父亲只是淡淡看一眼，说，还得继续努力。

如此的不在意，深深刺痛了她。她甚至怀疑自己不是父亲亲生的。她跑去问母亲，母亲笑了，摸着她的头说，怎么会呢？生你的时候，你爸一高兴，从不喝酒的人，喝掉半斤二锅头呢。

哪里肯信？回头看父亲，父亲不动声色在翻一份报，怎么看怎么不像一个爱她的人。

这以后，她总跟父亲对着干，惹得父亲对她频频发火。她不吭声，倔强地看着父亲，最终，是父亲先叹一口气，转身而去，步履蹒跚。母亲曾苦着脸劝，你们父女两个，是前世的冤家么？她想，或许是吧。

高中分文理科时，父亲建议她学文，那是她的特长。她偏偏选了学理。大学填报志愿时，父亲要她填报师范专业，照父亲的想法，女孩子做老师，是最理想的职业了，既稳妥又安全。她偏不，而是填了建筑专业。气得父亲干瞪眼。

大学毕业那年，她有心回到父母所在的城市工作。但看父亲的表情，好像没有要她留下的意思。她一气之下，跑到千山万水外去了。

一个人在外打拼，难。举目的陌生，更是让她，多了几层寒冷。好在不久后她遇到好人，在公司看大门的张伯，亲人般的，对她和颜悦色、关怀备至。下雨天张伯会给她送伞；天冷了张伯送她一双棉手套；家里做了什么好吃的，张伯会用半旧的饭盒装着，给她带了来。她好奇地问张伯，您怎么对我这么好？张伯笑笑说，你像我女儿啊，我也有个你这么大的女儿，在外地呢。那一刻，她想到父亲，心突然疼疼地跳了跳。

母亲不时会给她寄些东西来，吃的穿的用的，都有。父亲却不曾有只言片语来。她由此更坚定了，父亲，是不爱她的。她对自己说，不要去想他。

那日，张伯过生日，喊她去他家吃饭。在张伯家，她受到张伯老两口热情的款待。她陪他们一起包饺子，热热乎乎像一家人。吃饭时，张伯一高兴，多喝了二两酒。喝多了的张伯，大着舌头对她说，丫头，你有一个好爸爸啊，他左一个电话、右一个电话来，拜托我要好好照顾你，说你性格犟，怕你吃亏哪。什么时候他来看你了，我一定要和他喝两盅。

她的吃惊无以复加。她问张伯，您怎么认识我爸的？张伯摇摇头呵呵乐了，说，我不认识你爸，我们只是电话联系。一个真相，让她的心，顷刻间翻江倒海起来。张伯，是父亲战友的朋友的朋友。父亲托了战友，跟战友的朋友联系上，再跟张伯联系上。

山路十八弯，通向的，原来是一个叫爱的地方。

等你80年

人生至老，剩下的唯一财富，便是回忆。

80 年前，艾德青春，姑娘年少，一朝相遇，情窦初开，满世界的阳光灿若春花。

他们无法自拔地爱上了。他们避开家里人，偷偷约会在枣椰树下。偷偷远足去沙漠深深处。明月照她回，她频频回首道："你一定要等着我啊。"他答："好的，我会等着你。"誓言是那般美好，他将为夫，她将做妻，将来的将来，他们还要生一群可爱的孩子。

然世事难料，等她长到可以谈婚论嫁的年纪，现实却给他们当头一棒，按当地风俗，姑娘必须嫁部族内的堂兄弟或表兄弟。天昏沉沉黑下去，明媚不再。一对恋人，最终被迫劳燕分飞。

姑娘不得不另嫁了，艾德也另娶了别的女人为妻。两个相

240

爱的人，从此远隔天涯。

一年又一年过去了。沙漠的风，吹老了太阳，吹老了月亮，吹老了绿洲上的枣椰树。艾德和姑娘，也在各自的人生里，把日子守成暮色。艾德先后结过两次婚，儿女满堂。姑娘先后结过六次婚，不曾生育。

人生至老，剩下的唯一财富，便是回忆。对于年老的艾德来说，回忆成了他不可或缺的温暖。这一年，艾德97岁了，第二任妻子亦已故去。暮色苍苍里，艾德独坐着，一遍一遍抚摩记忆。风吹起他身上袍子一角，旧事前尘，涌上心头。尘封80年的恋情，就在这时突然破茧而出，鲜亮如初。他心跳如鼓，阅尽人世沧桑，到头来，不能忘怀的，还是那年那月那人。那时候，年轻的枣椰树一排排站立在绿洲上，枝叶婆娑，天空明净得像一件簇新的白袍子。

他再也坐不住了，走出家门，去寻找80年前心爱的姑娘。不知他经历了怎样的千辛万苦，姑娘最终竟被他找到了。当然，眼前的姑娘，亦是步履蹒跚的老妪。那有什么要紧？在艾德眼里，她还是明媚动人的那一个。他迫不及待地向她求婚了。这时，也已是单身的她，毫不犹豫地答应了他的请求。

80年的等待，终于修成了正果，他成了她的夫，她做了他的妻。

第六辑
时间无垠，万物在其中

时间无垠，万物在其中，原各有各的来处和去处，各有各的存活的本领和技能。

任性的水仙

花骨朵是什么时候打的？那完全是在你的眼皮子底下，偷偷进行着的，你竟说不清。

每年冬天，我都会去街上，买上一两盆的水仙回来长，这几成惯例。

倘若哪一年忘了买，心里会极不踏实，总觉得家里少了点什么。即便是到了年脚下，也还是要专门跑出去一趟买。满街的水仙都长高了，都打花苞苞了，有好多的都盛开了。花贩会数着花朵卖。看，这棵上有五朵花苞，这棵上有六朵花苞。你真会挑，这么多花苞苞啊，搁家里，开起来多香哪。一朵三块钱，三五一十五，三六一十八，啊，算便宜点给你吧，两棵你就给三十块钱好了。花贩舌灿若莲。

我持着花，犹豫着，都长这么高了！都长这么高了！心里惋惜着。

我其实，更想买到水仙花球，回来慢慢长。

　　水仙花球很像一个谜。不，不，它就是一个谜。你根本不知道它紧裹着的小身体内，到底藏着几朵花的梦。你把它养在一杯水里。装它的容器是不择的，用碗，用纸杯，用罐头瓶子，它都能很快驻扎下来，随遇而安，苦乐自知。

　　然后，你基本上不用管它了，任它自个儿倒腾着去吧。记起它的时候，就去看看它，你也总能碰到小欢喜。昨天看时，它冒出两颗小芽芽了。今天再去看时，它已抽长出枝叶。枝叶也就开始疯了般地长，越长越密，越长越肥，越长越高。它走过它的童年、少年，直奔着花样年华而去。

　　花骨朵是什么时候打的？那完全是在你的眼皮子底下，偷偷进行着的，你竟说不清。等你发现时，肥绿的枝叶下，翡翠珠儿似的花苞苞，已在一眨一眨地看着你。这也没什么可遗憾的，唯有这说不清，才叫人惊喜吧。是不请不约的意外相遇。

　　到这个时候，我以为，水仙已度过它最好的前半生。接下来，毫无悬念可言了，每朵花苞苞，都会怒放，都会香得透心透肺、淋漓尽致。

　　它香起来的时候，我就有些忧愁了，是美人迟暮，想留也留不住。好在还有来年可等，来年，它又是好花一朵朵，开遍寻常百姓家。

　　以前我在乡下小镇生活，认识一个老中医，他特爱长水仙。每年冬天，他家堂屋的条几上，一溜排开的，全是水仙花，足足有十多盆。他的水仙长得特别，像专门挑拣过似的，有型有款，不高不矮，不胖不瘦。葱绿的枝叶，托起小花三五朵，幽幽吐香，脉脉含情，真正是当得了诗里面夸的"凌波仙子生尘袜，水上轻盈步微月"。

问他讨过经验。他说，水要适度，阳光要适度，营养要适度。这"适度"，不是人人都能掌控的。我家的水仙，也便还是由着它的性子长了，乱蓬蓬的一堆叶，乱蓬蓬的一团香，失了仙气，倒像一率真任性的乡下"疯丫头"。这样也好，它保持了它最原始的本真。

在心上，铺一片沃土

你看你看，有时出生并不重要。重要的是，你将以什么样的姿势盛开。

菜 心

吃青菜，看到裹得紧紧的菜心。我突发奇想，留下菜心。

手头有圆溜溜一只小红瓷瓶，里面原先插了一根绿萝长着的。绿萝却越长越瘦，我把它移到土里去，瓶子便空了。我在里面长菜心。

餐桌上搁着。红配绿，是从前乡下朴实的女儿家，顶个红盖头，就做新嫁娘了，幸福洋溢在她的脸上。好看。我吃饭时，拿它"下饭"，寻常的饭菜，也吃得更有味了。

没事时，我爱端详它。它在生长。先是裹着菜心的小菜叶，慢慢儿的，变肥变大。过两天，那菜心里，抽出菜薹来。

它开始忙碌起来，像蜘蛛织网般的，在那菜薹上，绕着圈地镶珠儿，一刻不停。

它镶啊镶啊，一粒缀着一粒，密密的。起初不过芝麻粒大小，我须得凑近了，眯着眼，仔细瞅，方能看得清。——它的眼神儿真好使啊！它的手，也真是巧啊！

终于，菜薹上缀满了淡绿的小珠儿。我知道，那每一粒小珠儿里，都藏着一朵黄艳艳的欢喜。

"小珠儿"一个赛一个地比赛着长，跟吹着泡泡似的。我眼见着它们鼓起来、鼓起来，里面藏着的黄艳艳，就要淌出来了！它让自己凤冠霞帔起来。

夜里，在我睡着的时候，这颗菜心，已悄悄的、彻底的、欢天喜地的，盛开了。

早起的餐桌上，我有了一瓶的菜花黄。

菜花贱

那人对我说，菜花贱。

是因为多。是因为不择地。是因为它不会隐藏自己一点点。

三四月的天，出门去，随便一搭眼，都能看到它的影。人家的花坛里，有那么几棵，也是开得轰轰烈烈的，丰腴得不得了。

它太把自己当主角了。让你有小小的不服，它怎么可以这么抢风头呢！

它还就是抢了。你认为它是平民小丫头，它却拿自己当公主。我看到一垃圾堆旁，也有一枝油菜花，风姿绰约地在开。

你若移步到郊外，那才见识到它的不可一世呢。人家的屋，被它拥着抱着。屋旁的路，也被它拥着抱着，一直蔓延到河边去了。河水里倒映着一地的黄，黄透了。天空也被染黄了呀。河里的鱼和水草，也被染黄了呀。你整个的人，也被染黄了呀。

美。真美。太美了。美得一塌糊涂。——你在它的丰腴里沦陷，实在找不出多余的词来形容它，你也只能重三倒四地这么说。

贱命如它，终于让你刮目相看。

你看你看，有时出生并不重要。重要的是，你将以什么样的姿势盛开。

还是向一棵油菜花学习吧，只管走着自己的路，在心上，铺一片沃土，盛开出属于自己的丰饶来。

且吟春踪

心，在乐曲的潺湲里，慢慢靠近禅，无求无欲。

一直很喜欢古筝，觉得这种乐器真是奇特，轻轻一拨，就有空山路远的感觉。更何况，它配了优美的音乐来弹呢？那简直，是在人的心上装了弦，每弹拨一下，心，就跟着婉转一回。完全的不由自主。

听《且吟春踪》时，我就是这样的不能自抑。这是初春，阳光晒得人想打瞌睡。街上有了卖花的人，是一种九叶菊，满天星一样的小花儿，缀满泥盆。下面的叶，都看不见了，只看到那锦帕一样的一团碎花。卖花人不叫卖，只管笑吟吟立在一盆一盆的花儿边，看南来北往的人。脸上有春光荡漾。

我笑看着这一切。远方的朋友突然打来电话，他说，春天呢。我笑回，是的，春天呢。他说，给你首有关春的乐曲听。于是，他发来这首《且吟春踪》。在我打开之前，他介绍，这是

251

一首佛乐。

打开的手，就有些迟疑。因为佛乐在我的感觉里，不好听，是重重复复念着南无阿弥陀佛的，念得人的心，很苍老。朋友却强调，这首不一样，绝对不一样，它把古筝的清丽幽远和佛的禅意完美结合在一起了。

我将信将疑地打开，立时就被吸引住了。空灵的音乐，加上古筝的绝响，恰似一股清泉，曲折而下，渐渐淹没了我的人，淹没了我的屋子。又似旷野里一捧夜色，把人温柔地沦陷，是地老天荒哪。有一刹那，我不能言语，世上怎会有如此美妙的音乐？它美得让人想落泪。

整首曲子，舒缓潺湲，纤尘不染。是在那高高的山上，流云和青山嬉戏，风吹来花的香。是在那古刹之中，檐角挂着小铃铛，一下一下地，发出清脆的丁零声。有鸟飞过屋顶，成双成对。落光叶的树上，开始长毛毛了，枝条舒展、柔软。远处人家，有鸡在草丛中觅食。蜜蜂该出来了吧？种子在地里欢唱。阳光，如佛光一样的，剔透耀眼。

乐曲不疾不徐，轻轻流淌。似清风，翻开一页一页的书，一页有流水叮咚，一页有窗前好春色。佛前的青莲，在轻弹慢拨之中开了花。那些长夜的祷求，为的什么呢？六根未净，苦海无边，但，终有一天，心，会净化得一尘不染。再厚的重帷，亦挡不住春光。

忽然想起有一年在无锡的锡山，在山上的凉亭里，看到有女子着古装，低眉敛目，在那儿絮絮弹。弹的就是古筝，叮叮咚咚。她的背后，一抹青山，静谧而安详，仿佛永生永世。那景，美得像梦，让人瞬即忘了，山脚下，原还有个尘世的。

亦想起，英国诗人兰德写的诗来，"我和谁也不争，和谁争我都不屑；我爱大自然，其次就是艺术；我双手烤着，生命之火取暖；火萎了，我也准备走了。"人世中的纷争，原是轻若烟尘的。能够永恒的，只有山川河流、日月星辉。

乐曲继续舒扬，阳光正好。空气中，满是春天的味道，清新、恬淡。心，在乐曲的潺湲里，慢慢靠近禅，无求无欲。屋后累积了一冬的冰，开始消融了，听见草长的声音。亦听见，绿们正整装待发，只待一夜春风起，便染它个江山绿透。

谷 雨

美味与舌头的相遇，也是要看缘分的。不早不晚为最好。

谷雨是雅着的。

是手摇折扇、拈花一笑的翩翩公子，腹有诗书，眉目朗朗。雨来，轻敲他的窗。他呼三五好友，于后花园的亭中闲坐，听雨品茗，吟出"壶中春色自不老，小白浅红蒙短墙"之类的诗句，当是十分的应景。

值此时，雨水渐渐旺盛起来，有时昼夜不息。滴答，滴答，如弹六弦琴。

"雨生百谷"——万物也都按照它们应有的样子在生长。花开到深处了。叶绿到深处了。满世界的珠翠瑶红。时光的脚步，变得优雅起来，不紧不慢。

真是极适合品茗的。

何况，又有着唇齿留香的谷雨茶！

这个时候，茶园的茶叶，最是鲜嫩时。芽叶们吸足雨水，色泽浅翠，肥硕柔软，香气袭人。在茶园遍布的南方，也就有了谷雨摘茶的习俗。此茶被称为谷雨茶。因一部《茶疏》而闻名于世的明代学者许次纾，就十分推崇谷雨茶，他在《茶疏》中写道："清明太早，立夏太迟，谷雨前后，其时适中。"

美味与舌头的相遇，也是要看缘分的。不早不晚为最好。

有南方朋友给我寄来谷雨茶，言说是他亲手摘的，亲手炒的。茶有个可爱的名字，雀舌。是一芽两嫩叶的，形如雀之舌。我是个不懂茶的人，平素也不大喝茶，品不出好歹来。至多是泡点枸杞红枣什么的，渴了，咕咚一下入喉。我怕这么好的茶叶，被我糟蹋了，有暴殄天物之嫌，遂转手送给一个爱喝茶的人。那人虽是个小小门卫，但无茶不欢。每每见他，总捧着一壶茶，在慢慢品。笑眉笑眼的，极满足极陶醉的样。

他有各式各样的茶具，都是他淘来的。他给我展示过，摆了一桌子。他说不同的茶，要用不同的壶来泡，才入各自的味。我不懂这个，但，被他感动。我觉得那是一种极好的生活态度，有着饱满的热爱在里头。我送他茶叶，他感激不已。舍不得喝太多，一次只抓一小撮，能品上一整天。遇到我，总要提及。好茶啊，好茶！他说。我很开心，茶遇到懂它的人，是茶的福。想来送我茶叶的朋友也不会怪我的。

谷雨也宜赏花。

赏的自然是谷雨花。

它还另有个响当当的名字，牡丹。都说它是花中之王，富贵雍容，可谁知它也是高处不胜寒呢。传说被武则天贬去洛阳，它甫一盛开，百花黯淡。"唯有牡丹真国色，花开时节动京城"，于是，一拨又一拨的人，不顾车马劳顿，追去洛阳赏它。却都在距离外，谁也走不近它，它只落得个睥睨群芳的清高之名。

人赋予它谷雨花的称呼，则含了亲昵，含了爱怜。给它摘去了那些累赘的凤冠霞帔，还它贴身体己的布衣荆钗，让它接上地气，变得家常。——它原不过是朵女儿花。

我祖父就种过牡丹。他说芍药配牡丹。他在我们的草屋子门前种。两株芍药，两株牡丹。谷雨前后，它们都开出碗口大的花，红艳艳的。村人们得闲了，就到我们家屋前来转转，眼睛溜上两眼花，并无过多惊喜，至多说一句，这花开得好啊。再没别的话。转过身，他们唠起农事来。"谷雨前，好种棉。"唔，要给棉花播种了。

花在他们身后，就那么，很自在地开着。一两只蝴蝶，或是野蜂，在花间轻轻鸣唱。

漫游桂子山

岁月再多的惊涛骇浪，最后，终将被生所取代。

南京六合有山，名曰：桂子山。高 52.6 米，方圆 0.2 平方公里。六合朋友谦虚地说，只是个小土丘啊。

我信以为真，漫不经意地走向它，打算浮光掠影地看一看就走。

它果真的小，状若盆景。站山脚下，你只需稍稍抬一抬头，就能把它尽收眼底。一块标志碑竖在它的入口处，上书"江苏六合国家地质公园"字样，是国土资源部于 2005 年 9 月 19 日立的。我瞟一眼，亦不曾介意，只管把它当作一座小山丘来看。

并无其他游人，除了我和那人，还有六合的一个朋友。一捡拾垃圾的老者，走过我们身边，不错眼地盯着我们看。待走很远了，仍回过头来看。看什么呢？好奇怪。"平时，不大有人来的，他是欢喜有人来了。"六合的朋友笑着说。

小小的一座山，竟也是绿径通幽，杂树生花。一条砖铺小道，毫无悬念地往山顶而去，人走上去，并不感到一点点登山的吃劲。满山爬满绿草繁花，你尽可以一边走，一边尽情看，无须留意脚下，脚下平坦得很呢。

大蓟开得像家养的。紫色的，胖乎乎的，丰衣足食着。我跳入草丛中，盯着它们看，知是旧时相识，却愣是想不起它们乡下的小名叫什么了。人到底是肉身凡胎，有些记忆，是会随细胞的消亡而消亡的。所以，人与人相交，也要记得常联系啊，莫相忘。

对野蔷薇却是脱口就叫出名来的。太熟悉了，小时乡下，油菜花、桃花、梨花都开过了，它还在开，小朵小朵的白，开在沟边渠边，一大丛一大丛的，像雪落，简直有些没完没了的意思。甜香。甜香得惹蜂惹蝶，也惹小孩子。浑身却长满了刺，守护着它小小的尊严。我们小孩子偏要去招惹它，忍着被刺伤的痛，掐一捧回家，搁在水碗里养。夜里睡醒，手指头隐隐针戳般的疼，屋里头，却弥满了它的甜香。我们在被窝里，满意地笑了，为这甜香，疼一疼，也是值得的。

眼前的野蔷薇，多得像是特地栽种的。一丛雪白，又一丛雪白，跳跃在满山的青翠之中，山因它变得秀美婀娜。我对身边的六合朋友说，你们这桂子山真是好，有这么多的野蔷薇啊。朋友笑笑，说，后面还有"石柱林"可看的。

并没过分在意她的话，想石柱林我倒是见过一些的，无非是些岩浆喷发形成的石柱子罢了。我眼睛仍盯着那些野蔷薇看，一边看一边走，也就绕到了山的另一侧。一个废弃的采石场，突然横亘在跟前，砂石遍地，杂草暗生。我踏进去，抬头，迎面一壁"大森林"，把我吓了一大惊，只诧愣愣看着它，心里泛起波涛来。我很为自己的无知羞愧了，这桂子山哪里是小家碧玉，它的精妙和威武，全在这里啊！厚重？壮观？雄伟？奇异？这些词用在它身上，统统不为过。

它是隐士高人一个，有着世界罕见的"石柱林"。一千万年前，这里火山爆发，玄武岩浆喷到地面，冷却后，形成了形态各异的六棱形、五棱形等"柱状节理"。这些奇特的石柱子，树一样的，一棵挨着一棵，一棵叠着一棵，排列有序，密密相契，壁立千仞。六合的朋友介绍道，这里的石柱子，多达五万多根呢。我不语，只默默仰视那些棵"石树"，始才真正领会了，什么叫鬼斧神工。

有人形容这场面，说像"万箭齐发射苍穹，利剑出鞘映碧空"，完完全全一副英雄豪杰模样。也曾有过战争，血流成浆，上千人的性命，丢在这里。我还是不语，白日光落在它上头，粼粼，粼粼。风吹过，有小沙粒飞起，是亿万年前的那一颗么！石柱之上，爬生着杂草和灌木。有小树，兀自撑着瘦长的枝干。碧绿的枝叶，在空中努力张开，蓬勃舒展，像手臂。冷峻的石柱子，因了这些杂草、灌木和小树，有了温度和温情。

我在心里默默向这些生命致敬。这才是真的力量——生的力量，所向披靡，无往而不胜。岁月再多的惊涛骇浪，最后，终将被生所取代。

艾草香

有时，保持个性，坚守自己，方能脱颖而出。

对艾草，是老相识了。

乡村的沟沟渠渠里，一是艾草多，一是芦苇多。它们在那里熙熙攘攘，自枯自荣，世世代代。除了偶尔飞过的鸟雀，平时大概再没有谁会惦念它们。但乡人们都知道，它们在呢，就在那片沟渠里，枕着风，傍着水，枝繁叶茂，不离不舍。一到端午，家家户户门窗上都插上了艾草，满村荡着艾草香。

羊却不爱吃，猪也不爱吃，大概都是嫌它气味的霸道。它是草里的另类，做不到清淡，从根到茎，从茎到叶，气味浓烈得汹涌澎湃，有种豁出去的决绝。采艾的手，清水里洗过好多遍了，那艾草的味道，还久久逗留在手上，不肯散去。苦中带香，香中带苦，你根本分不清到底是苦多一些，还是香多一些。苦乐年华，它一肩扛了。

所以，它独特，在传统的民俗里，万古长存。早在《诗经》年代，就有了"彼采艾兮"的吟唱。说是唱爱情呢，我却觉得是唱它。它被人们赋予了神圣，用以寄托愁思，聊解忧伤。

　　南朝梁宗懔的《荆楚岁时记》中也曾有记载："五月五日采艾为人，悬门户上，以禳毒气。"说的是端午节这天，人们争相采艾，扎成人的模样，悬挂于大门之上，以消除毒气灾殃。不过是普通植物，却担当起驱毒辟邪的重任，这是艾草的本事了。有时，保持个性，坚守自己，方能脱颖而出。在这一点上，我们人类，得像一棵艾草学习。

　　可能是小时的记忆作怪，多少年来，我一直以为艾草只在水边生长——这是我的孤陋了。福建有文友说，他们家乡的山上，漫山遍野，都长着艾草。人们也食它，三月里，艾草正鲜嫩，采了它，拌上糯米粉，包上芝麻、白糖作馅，蒸熟，即成艾糍粑。咬上一口，香软甘甜，鲜美无比。这吃法让我惊异，有尝试的欲望。想着，等来年吧，等三月天，一定去采了艾草回来吃。

　　小区里，爱种花的陈爹，在他的小花圃里，种上了艾。六月的天空下，一丛红粉之中，它遗世独立的样子，让人一眼认出，这不是艾草么！

　　陈爹笑，眼光缓缓地落在它上面，说，是啊，是艾草啊。

　　种这个做什么呢？问的人显然有些好奇了。

　　陈爹不急着作答，他弯腰，眯着眼睛笑，伸手拨弄一下那些艾。他说，可以驱虫的。你看，它旁边的花长得多好，不怕虫叮。

哦——围观的人一声惊呼，恍然大悟，原来，它做了护花使者。

陈爹种的艾草，现在正插在我家的门上。不多，一棵，茎与叶几乎同色，灰白里，浸染了淡淡的绿。香味很地道，开门关门的当儿，它总是扑鼻而至，浓烈、纯粹。这是陈爹送的。他爬了很高的楼梯，一家一家分送，他说，要过端午节了，弄棵艾你们插插。

我不时地望望、闻闻，心里有欢喜。端午的粽子我早已不爱吃了，然过节的气氛，却一点没削减，因了这一棵温暖的艾。

素心如简

素心如简，他的笑脸，她的笑脸，让一屋子的简陋，变得璀璨华贵。

有好多年了，我一直居住在郊区，虽然离上班的地方远了些，但我喜欢那里的清幽。树木夹道，花草的香气，总是不分季节地在空气中缠绵。我喜欢沿着屋后的小道，漫无目的地走，走着走着，就走到人家的农田边上去了。我可以看看豌豆开花，青菜展开肥绿的叶，瓜藤上挂着绿宝石一样的果。

我也顶喜欢到一家厂房的门口去，那里新开了一家小店，卖面条，也卖米和菜油。有时懒了，不想做饭了，我就去买上一块钱的面条回来下。

小店实在袖珍，是厂房斜搭出来的一块廊棚，周围用砖砌了墙。原先大概是作收藏杂物之用，十来平米的样子，租金应该不贵。

开店的是一对夫妇，三十来岁的年纪，貌相普通，但看起来却清清爽爽。无论什么时候遇到，都能望见他们脸上的笑，憨憨的，亮亮的，让人觉得又亲切、又舒服。

夫妻二人配合默契，一个和面，一个必持了水瓢添水。一个称秤，一个则收钱。也没见孩子，倒见着流浪猫几只，在他们的店门口撒欢。他们用小花碗给小猫们喂食。有人拿起那花碗端详，可惜道："这么漂亮的碗啊。"他们只是笑笑，照旧拿小花碗给猫喂食。

当黄昏的金线，一丝一丝拉开，他们的小店就打烊了。人问："不做生意了？"他们笑答："不做了，要跳舞去。"都换上了鲜艳的衣裳，男人开电瓶车，女人在后面坐着，一溜烟往市区的广场去了。那里，每日里都有一群人，在黄昏时分起舞。

有时也见他们在店门口跳。旁有巴掌大的空地，上面种着葱，长着蒜。绿油油的，很招人。流浪猫三四只，黑花白黄，绒球球似的，在葱里面打闹翻滚。男人教女人走舞步，一二三四，一二三四。路过的人停下，看着，笑。惊讶的有，更多的，却是羡慕。大有大幸福，小有小幸福，能这样与幸福握手拥抱的，能有几人？

一次，我去买面条。女人正在包藕饼，洁白嫩润的藕片，云朵样堆在手边。她放下手上的活，冲我笑，"来啦？"麻利地给我称上一块钱的面条。我说："包藕饼呢。"

她说："啊，对，我叫它素心饼呢。"

“为什么叫素心饼？”我好奇，这名儿太让人心动。

“我随便取的，你看，藕的这一个一个小孔，像不像心？”她拿起一片藕让我看，她脸上有孩子般的天真。屋外的天光，在藕孔里浮游，那些小孔，看上去，真的像一颗颗透明的心。

她装藕饼的盘子亦好看，白瓷的，上面盘着蓝色的碎花。她见我盯着她的盘子看，遂笑着告诉我，那是她挑的，她就喜欢漂亮的碗啊碟子的。“我家里那个人也喜欢。”她补充道。

我第一次认真打量他们的小屋。一条粉色的布帘子搭着，里面做了他们的起居室。面粉袋和米袋整齐地码在墙边。一个灶头的小煤气灶，挨门口放着。切面条的案板占去了屋内大半个地方，局促到转身也难。但装幸福，足够了。

男人去酒店送面条回来了。油锅里的油温升起来，翠绿的葱花撒下去，爆出香。男人探头进来，说：“好香。”女人抬头冲男人笑，应道：“饭就快好了。”

我提着面条跟他们告别，心变得快乐轻盈。我踩着林荫道上树的影子，向着我的小家走去，觉得这活着的有意思。素心如简，他的笑脸，她的笑脸，让一屋子的简陋，变得璀璨华贵。

小　满

　　大自然这本书，哪一页都是生动着的，内容丰富多彩着的。

　　突然地，想起槐花。这时节，槐花应该正当时。

　　顺便地，想起其他的花来。

　　从我所在的教学楼的三层，或是四层。朝北的窗户，往下俯瞰，是小城居民的老房子。一律的平房。房前都长着高高的泡桐树。四月里，泡桐开花，累累一树紫色的花，柔媚得不成样了。我上课的间隙，总自觉不自觉把眼光扫过去，为它欢喜得心疼。它就那么开着，那么开着啊，撑着一树紫色的"铃铛"。风摇，"铃铛"似乎叮当有声，声声都是在唤：春且留住。春且留住。

　　春到底留不住的，谷雨过了，立夏又至。却不让人过分伤感，因为大自然这本书，哪一页都是生动着的，内容丰富多彩着的。这一页翻过去，又有着崭新的一页开始了。

小满也就来了。

怎么来说小满呢？古籍解释："物至于此小得盈满。"这个时候的乡下，"麦穗初齐稚子娇，桑叶正肥蚕食饱"。青蚕豆也大量上市了，成了寻常百姓家餐桌上的主打菜。蒜薹烧青蚕豆是好吃的。雪菜烧青蚕豆是好吃的。油焖着，也是好吃的。哪怕就清水里煮煮，稍稍搁点盐和酱，也是好吃的。乡下孩子的零食，就有了水煮蚕豆。家里的老祖母是慈祥的，她忙里偷闲，用棉线把粒粒青蚕豆给穿起来，做成蚕豆项链。煮粥时，丢进粥锅里。粥熟，蚕豆项链也熟了。捞出来，放冷水里浸一浸，挂到孩子的脖子上。这孩子就幸福得直冒泡泡了，他（她）显摆地满村子跑，一边跑，一边摘着吃。想吃哪颗，就吃哪颗。满嘴的蚕豆香。

值此时，山河庄严，好风好水，日月安稳。一切的物事，都有着小小的富足丰盈。

这时的小满，多像是婚姻里的小女人，脸庞圆润，性情温和。她的样貌算不得很美，但耐看。她养鸡几只，养鸭几只，还养几只羊。也养猫和狗。她在屋前种花，屋后种菜。她出门，狗跟着。她回家，猫迎着。篮子里有青青的草在颠着，羊看见了高兴得冲她"咩咩"叫。篮子里也放菜蔬，青青的韭和豆荚，那是一家人的甜和香。她围着锅台转，一日三餐的家常里，注入了她的柔情她的蜜意。男人吃得饱饱的。孩子吃得饱饱的。她在一边笑眉笑眼地看着，很有成就感。

是的是的，她一生没有大的追求，欲望也只有这么多：粮仓里有余粮；屋檐下有鸡鸭在叫唤；孩子健康着；男人平安着；一家人和和美美的。小日子里，就有了满满的小幸福、小富足。外面再多的富贵繁华，她都不稀罕了。

小满即安。她懂。

我也懂。我在小满前后，守着阳台上几盆绣球花，等着它们开花。它们攥着无数的小拳头，正做着香艳的梦。心里的秘密，却经不住小满的召唤，一点一点，偷跑出来。那些粉红的，或是粉白的。

有一两只蝴蝶，也不时来光顾。一只黑底子红斑点的。一只蓝底子黑斑点的。花就要开了，就要开了。

对我来说，日子里有花可看，有蝴蝶可等，都堪称，小美好了。

挂在墙上的蒲扇

曾经一个个摇着蒲扇的人，都跟着岁月远去了。

逛街，偶见一地摊，摆在护城河畔，卖些杂七杂八的物什，有针头线脑、鞋垫淘米篮子啥的。在地摊一角，竟横七竖八摆了些蒲扇卖，扇面上烫了画，小巧盈手，更像工艺品。

这是走了样的蒲扇，但到底是蒲扇，心底泛起久别重逢的欢喜。我停下来买一把。那人问，买了做什么？我答，回去挂墙上。

记忆里，没有蒲扇的夏天，哪里叫夏天？

小时候，夏天纳凉的唯一工具，是蒲扇。哪家少得了它？卖蒲扇的男人，担着一担子的蒲扇，到乡下来。他手里擎把大蒲扇，大烈日下，边扇风边挡太阳。主妇们围拢过去挑，七嘴八舌。其实有什么可挑的？都是一样的，簇新簇新的。新做的蒲扇，面容洁净，笋白着。闻闻，有股麦秸的味道。

买回的蒲扇，主妇们都用布条，把边子重走上一遍。镶了边的蒲扇，有些沉，扇的风，不爽快。但耐用啊，即使天天摇，一个夏天也摇不坏，可以留着，待下一年夏天再用。

晚上，村人们三五个聚一起，在空地上纳凉。人人手里一把蒲扇，不紧不慢地摇，摇出了不少的俚语笑话。孩子们是绝没有耐心摇蒲扇的，他们呼朋引伴，一窝蜂地钻草堆、蹲草丛，玩得汗流浃背。总有母亲，捉了自家的孩子，用蒲扇在他（她）屁股上敲两下，怒斥：你能不能安神点？瞧瞧，刚洗完澡的，身上又淌湿了！

理她呢。撇撇嘴，嬉皮笑脸，"哧溜"一下，如小泥鳅似的滑开去。草丛里的热闹，永远吸引着孩子。萤火虫装了大半瓶。真可怜了那些小虫子，它们若不是那么招摇，何至于落下被囚禁的命运？到最后，如何安置"囚犯"，孩子们已不理会了，瓶子多半随手扔了。第二天晚上，另找了空瓶子来，再捉。夏夜的天空下，萤火虫永远多得像天上的星星。

玩累了，一个个躺到自家搭在门前的门板上，安静下来。夜渐渐深了，四周的声音，渐渐隐伏于夜的深处。这个时候，稻花的清香，随风飘来，一阵一阵。有鸡在梦中打鸣。天上的星星，繁密得像撒落的米粒。

祖母摇着蒲扇讲故事，重重复复讲的都是小媳妇遇到恶婆婆了。她摇着摇着，速度慢下来，嘴里的呢喃，终至消失。鼾声起。我们抬眼看她，她坐在椅子上，头垂着，嘴巴微张。握蒲扇的手，也垂着。我们扯拉她手里的扇子，祖母惊醒，用扇柄轻敲我们的手，笑说，调皮啊。复又摇起来……

这样的景，再无处可寻。曾经一个个摇着蒲扇的人，都跟着岁月远去了。我的外婆走了，我的祖母走了。而我每次回乡下，母亲都要告诉我，哪个我熟悉的乡亲，也走了。偌大的乡下，再不见了蒲扇的影子。家家都装电扇了，甚至蚊帐里，也挂上一台。仿佛这承载了三千多年历史的蒲扇，从不曾来过。

我把新买的蒲扇挂上墙。我指着它，告诉邻家三岁小儿，我说这叫蒲扇，是用来扇风的。

华丽缘

你能经受住苦难的磨炼，你终将找到，生活赐予你的华美。

觉得那树真叫华丽，秋的帷幕一经拉开，它就满树挂上了红灯笼，在越来越高远的天空下，光彩照人着。

路旁，它站着，一棵，一棵。春天，它新冒出的嫩叶，不是柔软的绿，而是别样的红——这也被我们忽略了，以为那不过是普通的红叶树罢了。夏天，它的叶，走了从俗的路，变绿了，与其他植物浑然一体，这更容易让我们忽略了。虽然，它金色的小花，一簇一簇开了。可是，那么细小，米粉一样的，与满树的绿叶，相融在一起，不显山不露水的，谁留意？风吹，金色的小花落了一地。我们走过，望着地上铺得密密的小花，也仅仅是惊讶了一下，这是什么花呀？却根本没打算去相识相知。路过的风景太多，它也只是寻常。

直到，有那么一天，我骑着单车，慢慢地，从一座桥上下来。桥头的景致，日日相似。桥那头，蹲着一个爆米花的男人，总见他披一件旧的军大衣，头上戴一顶旧军帽。一旁的收音机里，铿铿锵锵的锣鼓声，喧喧嚷嚷——他在听京剧。他的脚跟前，一副铁架支撑着，下有一簇小火，烘烤着上面的黑色小滚筒，滚筒里装着玉米粒。有时，他身边围满人，大家都在等新爆出的玉米花。有时，他身边没人，他就独自摇着那只黑色小滚筒，一边咿咿呀呀跟着收音机里唱，好不自在。每望见他，我的心里，总会腾出说不出的欢喜来，他在，那个桥头，便有了温度。桥这头，卖鞋垫和小物什的妇人，守着她的鞋垫摊子，轻掸着上面的尘。那动作真是优雅至极，她却不知。她只管笑微微地，轻轻掸着，一边拿眼睛看着路过的人。然后，我的眼睛，就看到了那些"花"，三瓣儿抱成一朵，小红灯笼似的。朵朵相连，簇拥成一个大花球。远观，绿叶之上，大捧的红花球，夺目得竟不似真的。它们在半空中盛开着，累累的，一树，又一树，一直延伸到路的尽头去了。

我当即被它惊得目瞪口呆，它怎么可以如此华丽！这个时候，我尚不知它有个很端庄的名字，叫栾树，又名灯笼树的。我亦不知那些夺目的花朵，其实不是花朵，而是它结的果。果里还藏着另一个乾坤，几粒黑得透亮的种子，躺在里面，形似佛珠。也真有人拿它制作佛珠，故寺院中多栽种此树。这些，都是我后来询问了很多人、查阅了相关资料才得知的。这期间，它并不因我的不知道，而懈怠一点点，它殷勤地、蓬勃地结着它的果，从浅黄，到金黄，慢慢至微红，再到深红。直至一树一树，都燃烧起来了，在秋意渐深的天空下，绚烂。

我想起我教过的一个女学生。女学生家境清寒，父亲在乡下务农，忠厚木讷。母亲是个聋哑人。她本人长相极其普通，穿着简朴，成绩一般，平时寡言少语。这样的女孩子，前途极易被人预测——至多上个三流大学，或者，高中毕业后回乡下去，早早地嫁人，走父亲的路。然而最后，她却让所有人大吃一惊，她竟考上了一所知名的美术学院。当有人向她探询考上的秘密时，她淡淡说了句，我已默默练了七年的绘画。

佛说，世上的苦难里，原都藏着珍珠。你能经受住苦难的磨炼，你终将找到，生活赐予你的华美。这就像栾树，在经历了漫长的沉寂之后，它终于，迎来了属于它的华丽。

只要听着，就好了

茫茫的大森林里，只有静。偶尔的一两声鸟啼，仿佛响在梦境。

九月的莫尔道嘎，层林渐染，一片绚烂。据说再过几天，就要下雪了。少游人。

我一路看过去，看山，看树，看石头。茫茫的大森林里，只有静。偶尔的一两声鸟啼，仿佛响在梦境。

我在半山腰的一块大石头上，坐下来歇息。

一老妇人突然走过来，挨着我坐下。一手提一只桦树皮编的篮子，一手拎一只红塑料桶。我看一眼，篮子里装的是松子。红塑料桶中，装的是小红果子。——她是来卖山货的。

我扭头冲她笑笑。她也冲我笑笑。满脸的褶皱抖抖索索，像山风拂过林梢。

我等着她开口。以为她定要向我推销她的山货的，却没有。

她沉默着，我便也沉默着。我们一起看山。一阵风过，桦树的叶子大片大片飘落下来，簌簌作响。有一两枚落在我的膝上，像大蝴蝶。

我捡起来，拿手上把玩。她转头看着我，忽然说，我们这大山里好东西多着呢。不等我开口，她接着说下去，我们这大山里，长杜香和红豆，树上还结松子。

呶，这是红豆，她指指身边红塑料桶中的红果子。好吃呢，她抓一把，就要塞我手上，请我品尝。

我谢了她的好意。

她又一指桦树皮篮子，这是松子，我炒的，香着呢。她同样抓一把，要塞我手上。

我不知所措。

一下雪，这里就看不见人啦，一个人也看不见，雪把山全封起来啦。

鹿也看不见啦，熊也看不见啦。

真的有鹿吗？真的有熊吗？我惊奇。

哦，什么也看不见啦，我就在家里烤烤火。成天的，就是烤烤火。她好像没听到我的问话，自顾自地说下去。

我想出门看看我的亮娃子，也不行啦，出不去啦，雪把路全封住啦。

一到下雪天，我就怕他冷呵。他一个人住在这山上，该多冷啊。

我一头雾水，接不了她的话，只静静看着她。

姑娘，你是哪里人呀？她突然停顿了一下，偏过头来问我。

江苏。我答。

江苏啊，江苏是个好地方啊。她的眼睛，看着前方眯起来，眯成一条缝。山峦叠嶂，外面的世界，隔得很遥远。

我的亮娃子到过北京呢。

姑娘，你去过北京没有？她问。却并不需要我的回答，她顾自喃喃，北京好啊，北京热闹啊，晚上到处都挂着灯，我的亮娃子说，等他挣到钱了，就带我去看看。

哎呀，我可不去，那么远，我跑不动喽。

那么多的车啊，跑得比人快呵，我的亮娃子也跑不过车。

我的亮娃子也就回来了，他再也不出远门了，他永远住在这山上啦。十二年啦，十二年喽。

我似乎感觉到了什么，我不说话，只静静听她说。有时，只要听着，就好了。

哦，快下雪了，一下雪，雪就把山全封住了。

鹿也看不见啦，熊也看不见啦，一个人也看不见啦。

我就在家烤烤火，烤着烤着，雪也就化了。

她说到这儿，独自微笑起来。然后，拎起她的桦树皮篮子和红塑料桶，蹒跚着下山。走两步，她忽然折回头，很认真地对我说，姑娘，你是个好人，我会记住你的。

老画室

你若不走近门，门不会为你打开。而那种叫幸福的东西，往往就守候在门外。

我在宾馆等车。

约好上午十点的车，来送我离开丰县，此次的丰县之行，算是告一段落。残联的负责人突然托人约见我，问，能不能见一见刘社会？

刘社会是他们树立的典型。四岁时因患小儿麻痹症，导致左下肢残疾，走路极不利索。正是这样一个人，却两次奋不顾身，跳下冰水里去救人性命。

这种事迹——多少有些宣传的味道，不喜，我当即拒绝。却被他们送来的画册吸引，里面夹了数张画作，印成明信片大小。上面有树有花，有河流有草地，也有村庄和孩子。都以明黄色作底子，看上去又温暖又静好。

278

那种温暖打动了我，我问，谁画的？

答，就是这个刘社会啊，他经营着一家老画室的。

我要去看！我几乎不假思索。会不会因此延误了火车，都不去管了的。

于是，我见到了老画室。

乍见之下，实在意外，是因为，它太袖珍了。它的左边是家杂货铺，右边是家修理铺，店铺都很大。它挤在中间，委实瘦弱，面积绝不会超过十个平米。

老画室的主人——刘社会，打老远就迎上来。这是个五十岁上下的男人，他穿一件普通得不能再普通的酱黄色外套，头大，身子小，其貌不扬。他冲着我笑，有些拘谨。若不是陪同的人介绍，我很难把他跟艺术扯上边。

老画室里却乾坤大。墙上挂满画作。地上堆着画作。椅子上架着画作。有他画的，有他的弟子们画的。都是温暖系的，大自然、村庄、孩子，那是他们取之不竭的源。他说，我喜欢画这些，我喜欢那种宁静和美好。

已是桃李遍天下了。弟子们都出息得很，全国知名的美术院校，几乎都有他弟子的身影。他先后培养出八九十个美术高才生。——说起这个，他脸上有骄傲色，笑个不停，是欣慰，也是幸福。

曾经，却是在不幸里跌打滚爬着的。四岁时的那场灾难，注定了他一辈子与残疾为伍。他受过多少的冷落欺凌，只他知道。——这些，都可以忽略不计了。最大的打击，是他高考那年，他考上了南京师范大学，满心欢喜地等着通知书入学，却因他是残疾，体检不合格，而被拒之门外。

那时，一个清贫的农家子弟，最大的希望和出路，就是上大学。这条路，对他来说，却完完全全给堵死了。老家的那几间土屋接纳了他，他守在那里，用手里的画笔疗伤。他画啊画啊，画出了一个"老画室"。县城一隅，这么不起眼的一小块地方，放他的艺术梦，足够了。

越来越多的人，知道了老画室，知道了他。不断有孩子被送来，跟他后面学画画。他自定一条规定，残疾孩子一律免费。

他的爱情，也因此降临。

女孩是他的学生，仰慕着他的才华，敬佩着他的为人，一日一日，情愫暗生。女孩在他的悉心栽培下，考入苏州美院，学成，没留在那座粉艳艳的城，而是回到了清贫的他的身边，与他携手。他们拥有了两个漂亮的女儿，一家四口，其乐融融。老画室里挂着他画的小女儿像，白衣红裙的少女，像蓓蕾初放。他自豪地介绍，这是我小女儿，今年读初中二年级了。

这个生在刘邦故里、叫刘社会的男人，有着不服输不认命的个性，他凭借自身的奋斗和努力，活出了属于他的精彩人生。他让我想起一句很哲理的话，你若不走近门，门不会为你打开。

而那种叫幸福的东西，往往就守候在门外。

时间无垠，万物在其中

时间无垠，万物在其中，原各有各的来处和去处，各有各的存活的本领和技能。

一

雨后，我去离家不远的植物园散步。栀子花开了，浓烈的香，把一方空气，调拌得醇厚黏稠，却不叫人不愉快。天空干净，大地水灵灵的，我袭一身花香走着，觉得这样的日子，都是恩赐。

一只蜘蛛忙得很。它把家安在栀子树上，在一花朵与另一花朵之间来回穿梭——它在忙着织它的网。

一阵风来，叶子上托着的小雨滴，纷纷滑落，很轻易就把它的网给弄破了。蜘蛛显然愣了一愣，它顿住，惊诧地望着破了的网，有些无可奈何，又有些伤心。但很快的，它又重整旗鼓，忙着穿梭起来，继续织它的网。

我散一圈步回头，它的网，已织得差不多了，在湿润的天光里，闪着银光。跟一幅精湛的绣品似的，针脚密布匀称，丝丝入扣。怕是再高超的绣娘，也要自叹弗如了。

我为一只小蜘蛛的执着和本事，倾倒。

也是这样的雨后，我在家旁的小路上，偶遇到一只小鸟。仅仅一只。它有着黑褐色的小身子，颈项处，缀着一小撮蓝，头上却奇怪地长着角。雨后寂静，路上行人稀少。鸟似乎很享受这样的寂静，它不蹦跳了，它散起步来。那真是散步，绅士一样的。我停在不远处，傻傻看它。它那煞有介事的模样，让我觉得，它头上的角，不是角，而是隆重戴着的王冠。它是它自己的王。

它叫什么名字？从哪里来，又要去往哪里？

鸟根本不在意我的疑问，它也没打算要告诉我。它继续散着它的步，不紧不慢，缓步而行。许久之后，它才"呼"的一声，飞到近旁的一棵树上。

六月，栾树的花，正细密地开。

二

收拾书桌，看到一只小瓢虫，伏在我的书桌上，不过绿豆大小。

门窗密封，它是怎么进到我的屋子里的？它又在我的屋子里待多久了？都吃了些什么，又睡在哪里？——这些，我都一无所知。

它大概觉得屋子里不好玩了，努力挣扎着要飞出去。它从我的书桌上，爬上了我的窗，爬到窗户的缝隙里，在那里瞎折腾，晕头转向，跌跌撞撞。我也不去管它，自去做我的事。我一边做事，一边有些不怀好意地想着，小东西，你怕是白费力气了，那么严密的窗户，你是注定要失败的。等我做完手头的事，再去看，那里早已没了小瓢虫的身影——它终于飞出去了。

想起小时，家里老母鸡孵小鸡，我日日跑去看。到小鸡要挣破蛋壳时，我最激动。都看见小鸡的头了。都看见小鸡的身子了。都看见小鸡的脚了。小鸡在蛋壳里乱踢腾，很挣扎的样子，我忍不住伸手想戳破蛋壳去帮它。祖母严厉制止，不要动它，等它要出来时，它自己会跑出来的。我吃完午饭，小鸡果真自己出来了，站在竹匾子里，兴奋地东张西望着，抖着它一身柔软的小绒毛。

时间无垠，万物在其中，原各有各的来处和去处，各有各的存活的本领和技能。

第七辑
人间岁月，各自喜悦

喧闹远去，唯留宁静。我以为，这样的宁静，更接近生命的本质。

打　春

　　花朵以花朵的样子绽放，青草以青草的样子碧绿。春天不负众望，就这样，被打来了。

　　不知是不是古人的性子比今人的急，春天还离得老远，冬天的冰寒还在，他们就张罗着迎春了。怎么迎？早早用桑木做了牛的骨架，冬至节后，取土覆盖其上，塑成泥牛。立春这天，众人皆盛装而出，载歌载舞，用彩鞭鞭打塑好的泥牛，祈求一年风调雨顺、五谷丰登。礼毕，抢得泥牛碎片归家，视为吉祥。

　　起初，这也仅仅是皇室行为。每逢这天，皇帝亲自出马，主持这场仪式。史书有记载，泥塑的春牛"从午门中门入，至乾清门、慈宁门恭进，内监各接奏，礼毕皆退"。那场景，浩大隆重，庄严神圣。后来，这种仪式流传至民间，成为全民运动，代代相传，谓之，打春。

这里的"打"字，极有意思，透着欢腾，透着喜庆。在过去很多年代里，农事其实就是牛事。没有牛耕地，哪来的土地松软、五谷丰登？而一冬的歇息，农人们早就急不可耐了，他们日日与土地亲，哪里经得起一冬的闲置？骨头都歇得疼的。我的母亲就是这样的，带她来城里过两天舒坦日子，她浑身不对劲，软绵绵的，仿佛生了病。放她一回乡下，她啥事也没有了，精神抖擞，眉开眼笑，地里的活儿多得数不尽，她哪里有空闲生病？照我母亲的话说，劳动惯了，歇不下来的。

牛呢？整个冬天，它都卧在牛屋里享福，长膘了，身子骨也懒了。这个时候，需要敲打敲打它，给它提个醒，伙计，是时候了，该活动活动筋骨，下田春耕了。一年之计在于春，春的劳作，至此，轰轰烈烈拉开了帷幕。

其实，在彩鞭挥打中，不单单透着欢腾，还透着亲昵。哪里是真打？而是轻轻拍打，带着疼惜，带着宽容。像唤一个贪睡的孩子，你看，厨房里有那么多好吃的，外面有那么多好玩的。吃？不，不，这还不足以吸引孩子，玩才是顶重要的。风起了。风暖了。屋外的鸟叫声多起来，风筝可以飞上天了。孩子睁开睡得惺忪的眼，窗外的热闹，招惹得孩子心里痒，孩子一跃而起。

我以为，春天一定也是这么一跃而起的。它从沉睡的土地上，从沉睡的河流上，从沉睡的枝头上，从万物沉睡的眉睫上，一跃而起。哎呀，一拍打，浑身都是劲，它伸胳膊踢腿，满世界地撒着欢。

乡下有谚语:"打了春,赤脚奔。"好长时间里,我不能明白这句谚语,打了春,天也还寒着,甚至还会飘过几场雪,哪里能赤脚奔跑?现在想着,那其实是人的心里怀的一种期盼,是恨不得立即轻舞飞扬,在裸露的枝头上,长出翠绿的梦想。有期盼,这人生活着才有奔头。

现在,农人们的农具擦得锃亮。河流解冻的声音,如同歌唱。紧接着,虫子醒了。紧接着,万物萌芽。紧接着,花朵以花朵的样子绽放,青草以青草的样子碧绿。春天不负众望,就这样,被打来了。

簪菜花

春行到此处，该绿的叶都绿了，该开的花都开了。

清明是春天的一道分水岭，春行到此处，该绿的叶都绿了，该开的花都开了。随便一搭眼望过去，褐色的大地上，到处簪满黄花绿草。难怪古人把清明节又叫作踏青节。春光撩人哪，此时不踏青，更待何时？

宋吴惟信在《苏堤清明即事》中写道："梨花风起正清明，游子寻春半出城。日暮笙歌收拾去，万株杨柳属流莺。"瞧瞧，这等踏青，何等浪漫！将近半城的人，于清明这天倾巢而出。放眼处，梨花飘白，杨柳依依。人们三五成群，笙歌飞扬，一直玩到日暮才尽兴而归。而在张择端的风俗画《清明上河图》里，清明又是另一番喧闹景象：汴河沿岸，房屋齐整，树木参天，男男女女云集，有坐了船来的，有乘了马车来的，摩肩接踵，挤挤挨挨。踏青的盛况，可见一斑。

我的乡下，不踏青。乡人们日日与大地相伴，早已融入彼此的生命中，无须多出这一章节。但在清明这天祭祀的风俗，却被沿袭下来，一代一代。他们称清明节为鬼节，说这一天，被阎王爷拘禁着的大鬼小鬼都出来放风了。于是家家烧纸钱，户户祭祖先。菜花地里的土坟，早几天前就被装扮一新，新培了土，坟上插满大大小小的红纸幡白纸幡。在成波成浪的菜花映衬下，那些红纸幡白纸幡，很像纷飞的红蝴蝶白蝴蝶。我们小孩子，平日里闻鬼即怕，这时却都忘了怕了，远远望着那些坟，觉得无限神秘。

　　清明这天，祖母捉住到处乱跑的我们，把我们一个一个撅到堂屋中央，让我们对着家盛柜磕头。家盛柜上，摆有祖宗的牌位，上面立着我们未曾谋面过的老爹老太。供品都是家常小菜，碗里的饭，堆得尖尖的，上面插着筷子。一旁燃着香与烛火，气氛庄严。祖母说，好好给祖宗亡人磕头，祖宗亡人会保佑你们平安的。

　　头磕完，没我们的事了，我们撒腿跑出去，折杨柳，掐菜花。底下有一个重大活动，那就是簪菜花。女孩子头发长，花好簪，随便掐两朵，簪在辫梢上，或是发里面。男孩子多是短发，花簪不住。他们想了主意，先用杨柳编成花环，把菜花一朵一朵簪在上面，然后戴在头上，就是灿烂的花冠了。

　　大人们此时都是宽容的，由了我们一朵菜花一朵菜花地糟蹋去，因为清明这天就该簪菜花。有歌谣是这样唱的："清明不戴菜花，死了变黄瓜。"至于菜花与黄瓜，到底有没有关联，不管的。我们头上簪满菜花，在乡间土路上又蹦又跳地唱。一场沉重的纪念，愣是被我们演绎成无尽的快乐。

成年后，我曾翻阅大量资料，想找出清明节簪菜花的由来，无果。我也曾就此问过老一辈的人。老一辈的人呵呵乐了，说，祖上就是这样流传下来的啊。

多好的流传！我想，怀念本是一种温暖行为，而非冰凉与凄清。当菜花簪满头，它昭示的是：我会记住那些逝去的爱，我将心怀美好地活着。

红绸伞

> 一辈子只忠诚于一件事,相伴成老友,相伴成生命,也是一种了不得的坚守吧。

用了没多久的一把红绸伞,坏了,一支骨架断裂。

这把红绸伞,是去秋在西湖边上买的。卖伞的女子很温润,她说,纯手工制作的呢。你看,这上面的一圈花,是一针一线绣上去的呀!

我对纯手工制作的东西,向来难抵诱惑,那上面,浸染着手底的情意和温暖。买,自然买。

我其实,还暗暗有着另一层欢喜——西湖是因一把小伞而天长地久的。当年的白蛇,修炼成人形后,是撑着这把小伞,相遇到她的爱情的。带着甜蜜,带着无限向往,痴情的白蛇,一头坠进红尘里。

可是,再好的爱情,跌落到红尘中,也会被慢慢磨去光泽。

都说许仙是因耳朵根子软，上了法海的当，才导致白蛇最后被压雷峰塔下。我以为，真相不是这样的。真相是，一日一日，她在他身侧，早已褪去神仙的光环，变成俗世里的庸常。他日益淡了爱的心，也有了磕绊与不相让。这个时候，若不是法海，是别个什么人，对他说上三两句似是而非的话，针对他的娘子。他面上或许也争辩，但心里，是留着暗影的——他已不全信她。哪像热恋的当初，他宁肯背叛全世界，也要与她好。好是样样都好，是十全十美，没有半点质疑的，怎会相信她是蛇变的！又怎会被法海骗去金山寺！

他终究，不过是凡俗中一个极凡俗的男人罢了，自私，懦弱，没有担当。她的情，托付错了人。断桥相遇，可怜她还一声断肠，相公啊！千年的红伞还在，不知多少男人，为之羞愧脸红呢。

停箸，与那人玩笑，我说，若我是白蛇变的。

那人断喝一声，吃你的饭吧，你满脑子都在瞎想什么呢！一只鸡腿，随即到了我碗里，他用它，来塞我的嘴。

不知为什么，要感动。我傻傻地看着眼前这个人，有了要与他山盟海誓的冲动。我说，下辈子，下下辈子，再下下辈子，你也要记得来找我啊。

我会撑着一把红绸伞的。

我满大街去找修伞的。

记忆里，修伞的师傅是背着工具下乡的。还有修碗的，磨剪刀的，挑货郎担的，拍照的，弹棉花的，放电影的，爆米花的……

偏僻乡野，因这些人的到来，总能引起一阵轰动。节日般的喧腾。

他们打哪儿来的呢？这是我小时候顶好奇的事。在我的眼里，他们好像是庄稼，就那么从远处的田埂边冒了出来，棵棵饱满葱茏。田埂的尽头，连着别的村庄。别的村庄外，还是村庄。

喜欢，真喜欢呀。觉得田埂尽头，肯定有口大魔术袋，总能从里面变出一些新的人来。

修伞的师傅一来，家家都找出笨笨的油纸伞。这把骨架断了，那把油纸破了。有的伞都破旧得不成样了，跟一堆烂树皮似的。那家人，居然也抱着它，让修伞师傅修。

修伞师傅是个着蓝衫的中年男人，他总是好脾气地笑笑，说，放下吧。

他在村口的一棵大槐树下坐定，取出工具。他的脚跟边，很快堆满了受伤的伞。旁边围一圈人，一边谈笑，一边看他做活。

到太阳落山，家家户户都能拿回修好的伞了。修伞师傅揉揉酸疼的腰，站起来，笑笑的，额发上落着夕照的金粉。

我们小孩争着去打伞。祖母不让，祖母骂，好好的天，打什么伞！她小心收叠起那把油纸伞。

我开始盼下雨，好撑着这把修好的伞，在雨中走。

我在一条旧的小巷子里，终于找到修伞的。

一个腿脚不便的老人，他还兼修锁和鞋子之类的。大多数时候，他少有活干，也只是拨弄着几双捡来的破球鞋，给这双鞋添上一行针脚，给那双鞋打上一块补丁。打发时光罢了。

是打小就吃这碗饭的，这一吃，就是五十多年。

丢不开了，一天不出来摆摊儿，心里就空得慌，老人絮絮叨叨地告诉我。

这已不单纯是一门手艺了。这俨然成了老人生命的一部分，就跟老人身上的一根肋骨似的。

一辈子只忠诚于一件事，相伴成老友，相伴成生命，也是一种了不得的坚守吧。我看着老人，心生敬意。

老人对我的到来，很是欢喜和感激，忙不迭地摊开工具。他说，现在的人啊，早已不在乎这个了，坏了，就扔掉，重买一把新的。

是啊，谁还会捧一把破伞，满大街找着修呢。

生命中，总有一些要消失，总有一些要重新开始。我们能做的，也只是坚守着自己的坚守。能坚守多久，就坚守多久。

老人慢慢修。我慢慢等。路过的人，都在那里停一停，看看我们。像看风景。

这是这个世间，最后的风景了。

午时安昌

有坚守在，一些传统才不会走丢。

是在去沈园的路上，偶然听到摇橹的船夫，在跟游客闲聊，安昌啊，那可是我们绍兴最地道的古镇了。仅这一句，便勾起我无限向往，我问，安昌在哪？船夫答，就在这附近啊，坐公交车十分钟就到了。心一喜，匆匆游完沈园，马不停蹄奔着安昌而去。

午时的安昌，有着喧闹中的宁静，像一扁舟，泊在那儿。风走，云走，它不走。它就在那里，承载着日月星辉，绵延千年。

一条河，当街横卧，街景便在这条河里铺陈：连成一片的翻轩骑楼。灰扑扑的廊棚。一盏一盏的红灯笼。最惹眼的，莫过于那廊下横梁上，晾着的一串串腊肠，黑里透亮，酱色浓郁。远观去，像垂着一幅幅黑色门帘似的。

走进去，内里乾坤大。青石板铺就的街道，一路延伸。这家酒楼，挨着那家作坊。胖胖的酒瓮蹲着，卖的是绍兴特产——黄酒。卖霉干菜的多，几乎家家门口，都搁着几大袋子霉干菜。老茶馆安在，桌椅都上了年纪了，几个当地老人在里面喝茶，眼睛闲闲地望向门外。门外的河里，偶有一两只乌篷船经过。摇橹的汉子不用手摇，用脚踩，他踩着那只乌篷船，轻盈盈的，向着一条拱桥去了。

听不到任何买卖的吆喝声，你只管一样一样地看吧，他们忙活着他们的，做酱鸭，灌香肠，扯白糖……凡尘俗世，食是天。抬头，视线里忽然撞进一个老人来，老人戴毡帽，着长衫，长髯飘飘，气定神闲地独坐在屋门口呷酒，面前两碟小菜。他的头顶上方，悬一酒幡，上书：宝麟酒家。我探头进去，屋内狭窄且破旧，全无酒楼四壁亮堂的景象。正疑惑着，老人突然开口了，眼光灼灼地看着我们问，要吃饭喔？只有我这里才能做出正宗的绍兴小吃来的。我们还未及答话，他又说下去，你们如果想要了解绍兴的风土人情，我这里都有，也只有我这里收藏得最全了。我笑了，他骄傲得跟块活化石似的，怕也是安昌"特产"呢。后来得知，他果真是安昌"特产"，是安昌的"名片"，名叫沈宝麟，对安昌的历史，如数家珍，上过好几回电视的。

逢到一箍桶铺。铺里除了老师傅外，还有个二十来岁的年轻人。他们曲着腰、埋着头，拿锤子不停地凿着桶盘的毛坯。

门口摆着一只只做好的木桶，大大小小，桶身锃亮。婚嫁老习俗流传多久了？说不清的。祖上的祖上，就是这么做的，姑娘出嫁，嫁妆里，少不了几只木桶，其中至关重要的，是子孙桶。这桶，既要做得结实，又要做得漂亮，人家是要当传家宝，传给子孙后代的。我们站着看了很久，他们一直没抬头，专注地在桶盘上打磨，直磨得木头如同玉石般光洁——他们把箍桶的活儿，当作艺术在做。忽然感动了，有坚守在，一些传统才不会走丢。

扯白糖算得上是安昌一绝，三里长街上，扯白糖的大师比比皆是。七十五岁的老人陈师傅，在家门口扯白糖，瘦削的一个人，竟把白糖扯出丈把长，跟舞台上的优伶甩水袖似的。我们看呆了，夸他，您真了不得。他笑，这没什么，我打小就会扯的。我扯的白糖好吃，绵，劲道，老人夸他的白糖。这么夸糖的真够新鲜，我们乐得掏钱买他的扯白糖。买一袋，再买一袋，绵白绵白的，捧在怀里，把一份悠远古老的甜蜜，也一同揣进怀里面。

遇到一年轻女人，独自背着包在逛，这儿摸摸，那儿碰碰，很贪恋的样子。在一座石桥上，她拿了相机，请我们帮她拍张照片。她倚着桥栏，笑得很好看。她的背后，是高低错落的骑楼。屋顶上，黛青的小瓦，井然有序地排列着。阳光泊在瓦楞上，鱼鳞似的跳跃着。檐下成串的腊肠，油黑饱满，把纯朴的古风，扯得悠长悠长的。

姚二烧饼

尘世的寻常里，有香，有静，有稳妥，有相守。

早上起来，突然想吃烧饼了，姚二烧饼。

姚二烧饼出名，小城里，好多人都知道。那是伴着一代人成长的。有孩子长大了，去外地工作，回忆家乡的味道，少不了要说说姚二烧饼。"想吃啊。"他们说。半夜里爬上微博发图，画饼充馋。

是条很古旧的居民巷子。小城里，原来有好多这样的老巷道，都铲除掉重建了，唯独这条巷道，还保留着。两边的房，高不过两层，大多数是平房。一家挨一家，密密匝匝。这家炒菜那家香，那家说话这家应，真个是和睦又亲厚。我从那里走过，常恍惚着，以为掉进了旧时光。

姚二烧饼店就在这条老巷子里。很小的门面，墙体灰不溜秋的。屋上的瓦，也是灰不溜秋的。门口搭一遮雨棚，烧饼炉子就摆在那雨棚下。等烧饼的间隙，人站在店门口往里看，里面幽深幽深的，跟口老井似的。有一对眼珠子，突然蓝莹莹地看过来，是只大白猫。都十多岁了，老了。它蜷缩在一张凳子上，如老僧打坐般的，看门口的人，眼神儿透亮透亮的。一张案板，从门口一直延伸到里面。姚二夫妇和面做饼，都在这上面。上面有时还搁着大把大把的葱，肥肥的，绿绿的。

人贪恋那口旧旧的味道。纯手工的，手工擀皮子，手工剁馅，手工贴炉，任炉火慢慢烤着，烤得两面焦黄。烧饼刚出炉时，一股子麦子和芝麻的浓香，不由分说钻进你的五脏肺腑，热烈得有点火辣辣的。为了那口香，他们的烧饼店门口，便常站着不少在等烧饼出炉的人，等多久都愿意。

等的人有时跟姚二夫妇搭话，"姚二，你家生意真好啊。"姚二的女人听了这话，冲说话的人笑一笑，手里的活，没有慢下一点点。姚二则抬一抬眼皮，回道："还凑合吧，承蒙大家关照。"手里的活，也不见慢下一点点。

夫妇二人，都四五十岁了。长相颇相似，胖胖的，敦厚着的。是日子过得很四平八稳的模样。姚二是从 16 岁起，就在这儿摆上了烧饼炉子，之后，一直没挪过地。他结婚后，女人加入进来。夫妇二人起早带晚，做的烧饼，还是不够卖。

有人建议他们，找两个帮手，把店铺再扩一扩。姚二慢言慢语回，不用了，就这样蛮好。

的确，就这样蛮好。好多人都习惯了"就这样"。走过路过，看到他们夫妇，一个在案板上擀皮子，一个在包馅儿，也听不见他们言语什么，大白猫独自蜷在一旁打瞌睡。始觉尘世的寻常里，有香，有静，有稳妥，有相守。没有人介意那店铺的窄小，介意那墙壁和屋上瓦的灰不溜秋，几天不吃姚二烧饼，就很有些想了。

如我这般，一大清早起来，穿过大半个小城，奔了去买。然不过两个星期未见，那黑不溜秋的木门上，已贴上通告一张：姚二烧饼，从今天开始谢幕。谢谢大家多年来的关照。姚二。下面签着年月日。

旁有邻人，看着发呆的我说："每天都有不少人来跑空弯子。唉，关了，不做了，大前天就关了。"我怅惘伫立良久，方才慢慢走回。半路上不住回头，为什么就关了呢，为什么呢？

过几天，不死心，我复跑去看。那里的门面，已全被推翻掉，在重新翻盖和装修。据说要开一家化妆品店了。

心态和情绪

生活的质量有时不仅取决于生命的长度，更取决于生命的厚度。

我们谈论到死亡。

很清晰地谈，很正儿八经地谈，在饭桌上。

他浅斟一小杯酒，端起，又放下。他说，如果——如果现在突然宣布我将死了，我真的会非常难受，难以接受。

我微笑地看着他，想这么一个遇事从不慌乱的男人，说起死亡来，也有了惧色。

话题是因他的姐姐而起。他姐姐患甲亢引起的淋巴癌，已动过一次手术。不过才一年工夫，动过手术的地方，又重新长出瘤来。

医生说，扩散了，没治了。

我姐怕是难逃这一劫了，他说。

窗外是初夏最好的天。气温恰到好处，阳光还不算烈，风吹得轻软。间或有鸟的啁啾，清脆着，宛转着，花瓣一样的，撒落下来。

花总是在前赴后继地开。

榆叶梅开过了，蔷薇开了。蔷薇花开过了，橘子花又开了。小区里，种上了两棵橘子树，树虽还是小棵，花却开得一点不含糊。我是第一次见到橘子花，很是欣喜了一番的。后来我发现，欣喜的远不止我一个，我看到几个带孩子的老妇人，也弯腰屈膝在两棵橘子树前，一脸欢喜地打量着那些小花。那些白白的、秀气的一朵朵，像极了白蔷薇。

橘子花开过了，紧接着石榴花登场了。石榴花一开，就是满树的喜庆。像一个个红衣红裙的小姑娘，俏立在翠绿的枝叶间，真正是惊艳得不得了。

世上真的有太多的盛开，等着我们去看。有太多未见的相遇，等着我们去相见。

可是，死亡——那个看不见的魔，却不知什么时候，会从什么地方窜出来，生生隔断了一切的念、一切的想、一切的眷恋和不舍。我们没有办法，我们只有听任它的摆布。

他说，我还有很多计划要去实施，比方说，我还要开车带你走天下。

我扭头看一看门口，我想象着死亡或许就站在那里。我笑了——它若真的来，我不会冲它发火、对它抱怨。因为，它选

304

择走进哪一家，选择走近哪一个人，总有着它的理由。

他喝下一口酒，疑惑地看我一眼，你笑什么？我们在谈论很严肃的话题的。

我吃一口炒香菇，嗯，味道真不错。我说，命运无论赐予悲，还是喜，我们除了接受，也只有接受。你哭破嗓子，也不能改变一点点。可是，接受与接受又有着区别，一是沉痛地接受，一是笑纳。沉痛地接受，就等于是把自己直接打进地狱，是你自己亲手打的哦。死亡的阴影，无时无刻不笼罩在你头上，你寝食难安，你泡在恐惧和悲苦里。你本来可以再活个三五年的，然因你的沉痛，也许不消半个月，你就归了天。

如果你是满不在乎地笑纳，该吃去吃，该玩去玩，该睡觉时睡觉，该乐活时乐活。那就完全不同了，死亡也会拿你没办法，它只能安静地等着你，看你丰富多彩地，把余下的每一天，都过得像一辈子。

生活的质量有时不仅取决于生命的长度，更取决于生命的厚度。

所以，你姐当下要做的事，不是哭天抹地、忧郁悲伤，而是把她舍不得花的钱拿出来，多出去走走，把她未来得及看到的好，一一看到。把她未来得及品尝到的美食，一一品尝。多买几件好衣服，把自己打扮得漂漂亮亮的。也多去跳舞的人群中，伸伸胳膊踢踢腿。

我相信，这样做，一定会延长你姐的生命的。或许，还会有奇迹发生呢。

　　他听完，大笑。说，对，心态和情绪最重要。杀死一个人的，往往不是病，而是心态和情绪。

要相爱，请在当下

要相爱，请在当下。当下，你看得见我，我看得见你。你的好，我全部知道。

多年前，我在我的一个高中女同学的毕业纪念册上，一笔一画写下这样的临别赠言：但愿人长久，千里勿相忘。想那时，七月当头，教室窗外，紫桐花落过，巴掌大的叶，布满树梢，阔而肥大。阳光从树叶间，漏下点点滴滴，在教室的窗台上，晃晃悠悠。离别在即，青嫩的心里，定有离愁激荡，于是眼眸对着眼眸，认认真真地相约着，不相忘，不相忘。

多年后，她念初中的小女儿，成了我的热心读者。一天，那小姑娘偶翻她妈妈的毕业纪念册，看到我的名字和我手书的赠言，惊喜之下，发信息给我：梅子阿姨，你还记得有个叫倪素萍的人吗？

谁？这是我的第一反应。小姑娘随后发来我的临别赠言：

但愿人长久，千里勿相忘。我极其陌生地看着，脑子里千遍过万遍筛，昔日的树影花影，重叠在一起，哪里分得清哪张脸与哪张脸？甚至，连名姓也很陌生了。——当初的信誓旦旦，原是不算数的。

同样的年华，有过喜欢的男孩子，许诺过将来。将来，等我们大学毕业了，等我们工作了，一定要一起去海南看海。那时，有歌流行，歌中有两句唱词：请到天涯海角来，这里四季花常开。我们一边哼唱着，一边向往着。彼时的心里，最大的甜蜜与幸福，莫过于海边相守。

后来，我们真的毕业了，我们真的工作了，誓言却被丢进风里面。起初还偶尔想上一想，再然后，生活的千锤百炼，早把当初的誓言，锤打成另一副模样了。偶一次，我翻到当年的日记本，上面白纸黑字写着呢，刻骨铭心还在，却像看别人的故事了。笑一笑，轻轻合上，依然塞到抽屉的一角去，让它积尘。那个男孩子的面容，我早已记不起了。

想来，在青春的岁月里，我们曾许下过太多承诺，任它们星星一般的，在青春的天幕上跳跃、闪亮。一腔的热情，只管如花一样，拼命盛放。以为山高着，水长着，地老天荒，我们，永远是不变的那一个。哪里知道，花有期，人会老。

也曾心心念念着要去一些地方：庐山、西双版纳、新疆、印度……每一处，都镶着金光。家里那人答应我，等将来，等我们赚了足够多的钱，我们就背起背包出发，一个月跑一个地方。以前我会为这样的承诺兴奋不已，现在，我不了。人生充满太多的不定数，那个遥远的将来，我能等到吗？退一步吧，纵使我等到了，只怕到那时，老胳膊老腿的，我也早已爬不动山、涉不了河了。

可爱的闺蜜在云南。秋日的一个午后，她路过一家慢递吧。古朴的墙，古朴的门楣，古朴的桌椅，一下子吸引了她。她趴在雕着花的藤桌上，提笔给我写了一封信，边写边乐。投递日期：十五年后。我好奇地问，你在上面写了些什么呢？她神秘一笑，说，到时你就知道了。

天，我得等十五年！十五年？多长啊。花开，花谢，一季，又一季。到那时，于薄凉的秋风里，突然收到一封来自十五年前的信，我不知道，我该用什么心态去承受。欢喜抑或是有的，只是，更多的感觉，应该像做梦。过去再多再好的岁月，也与我无关了。

是的，要相爱，请在当下。当下，你看得见我，我看得见你。你的好，我全部知道，并且，我会沐浴着它的恩泽，愉快地度过这眼下时光。

仲秋小令

圆圆的月，升上中天，清辉得有点像，青衫年少的时光。

天气凉了。

是从一缕风开始凉的。是从一滴露开始凉的。

太阳渐渐南移。正午的时候，太阳从南边的窗口，探进屋内来，在一盆绿萝上逗留。绿萝不解风情，它不分季节地兀自绿着。

桂花的香气在深处。在一个幽深的庭院里，或是，在一排粗壮高大的银杏树后面。自然的生命，各以各的本事存活。譬如这桂花吧，容貌实在算不得出色，细密密的，碎粉儿似的，极易被人忽略。它许是知道自己的平淡，于是蓄了劲的，另辟路径，把一颗心都染香了，让你想不记住它也难。

银杏的叶，偏偏像花朵。一树的叶，远观去，不得了了，像开了一树金黄的花，把半角天空，都染得金黄。它是历经大富大贵的女子，活到七老八十了，还端着骨子里的优雅——纵使转身，亦是华丽的。仲秋的天，因它，平增一份明艳。

人家的扁豆花，这个时候开得最好了。我上班的路上，有户人家，在屋旁长了扁豆。那蓬扁豆很有能耐地，顺着墙根，爬上墙，爬上屋顶，最后，竟一占天下。屋顶上的青瓦看不见了，全被它的枝叶藤蔓，覆盖得严严实实。紫色的小花，一串一串，糖葫芦似的，在屋顶上笑得甜蜜。小屋成了扁豆花的小屋。我路过，忍不住看上一眼。走远了，再掉过头去，补上一眼。那会儿，我总要惊奇于一粒种子的神奇，它当初，不过是一粒小小的种子。

路边梧桐树上的叶，开始掉落。一片，一片，像安静的鸟——秋叶静美。有小女孩在树下捡梧桐叶，捡一片，拿手上端详。再捡一片，拿手上端详。后来，她举着梧桐叶，跳着奔向不远处的她的小母亲。那位年轻的妈妈，正被一个熟人拽住在说话。小女孩叫，妈妈妈妈。年轻的妈妈答应着，赶紧回头，对小女孩俯下身去，一脸的温柔。小女孩举着她捡到的梧桐叶问妈妈，妈妈，这像不像小扇子？

我为之暗暗叫绝。再也找不到比这更可爱的比喻了，满地的梧桐叶，原是满地的小扇子啊。孩子的眼睛里，住着童话。

屋旁的陈奶奶，在一个旧瓷盆里捣鼓。黄昏，在她身上拉上一条一条的金丝银线，她雍容得让我发愣。我问，陈奶奶你做什么呢？她说，种点葱呢。我的眼前，就有了一瓷盆的青葱，嫩得掐得出水来的葱啊。有满盆的葱绿，在秋风里荡漾，又何惧凋落？生命的承接，总是你来我往，无有间断。

月，也就圆了。

圆圆的月，升上中天，清辉得有点像，青衫年少的时光。惹得人对着它，多发了几回呆。夜露重了，回房睡吧。白日里晒过太阳的被子，轻软得像一个梦，我把自己裹进去，舒舒服服地叹上一口气。

夜里，忽然醒来。哪里的蝉，叫声切切，声音叠着声音，好像在说，我要走了，我要走了。告别的场景，竟不是惆怅的，而是热闹的。是一场盛宴后，相约了再见。

有缘的，总会再见的。

种 爱

原来，生命完全可以以另一种方式，重新存活的，就像他种的一院子的花。

认识陈家老四，缘于我婆婆。

婆婆来我家小住，不过才两天，她就跟小区的人，混熟了。我下班回家，陈家老四正站在我家院门口，跟婆婆热络地说着话。看到我，他腼腆地笑一笑，"下班啦？"我礼貌地点点头说："是啊。"他看上去，年龄不比我小。

他走后，我问婆婆："这谁啊？"婆婆说："陈家老四啊。"

陈家老四是家里最小的孩子，父亲过世早，上有两个哥哥，一个姐姐，都已另立门户。他们与他感情一般，与母亲感情也一般，平常不怎么往来。只他和寡母，守着祖上传下的三间平房度日。

也没正式工作，蹬着辆破三轮，上街帮人拉货。婆婆怕跑菜市场，有时会托他带一点蔬菜回。他每次都会准时送过来。看得出，那些蔬菜，已被他重新打理过，整整齐齐干干净净的。婆婆削个水果给他吃，他推托一会儿，接下水果，憨憨地笑。路上再遇到我，他没头没脑说一句："你婆婆是个好人。"

却得了绝症，肝癌。穷，医院是去不得的，只在家里吃点药，等死。精气神儿好的时候，他会撑着出来走走，身旁跟着他的白发老母亲。小区的人，远远望见他，都避开走，生怕他传染了什么。他坐在我家的小院子里，苦笑着说："我这病，不传染的。"我们点头说："是的，不传染的。"他得到安慰似的，长舒一口气，眼睛里，蒙上一层水雾，感激地冲我们笑。

一天，他跑来跟我婆婆说："阿姨，我怕是快死了，我的肝上，积了很多水。"

我婆婆说："别瞎说，你还小呢，有得活呢。"

他笑了，说："阿姨，你别骗我，我知道我活不长的。只是扔下我妈一个人，不知她以后怎么过。"

我们都有些黯然。春天的气息，正在蓬勃。空气中，满布着新生命的奶香，叶在长，花在开。而他，却像秋天树上挂着的一枚叶，一阵风来，眼看着它就要坠下来、坠下来。

我去上班，他在半路上拦下我。那个时候，他已瘦得不成样了，脸色蜡黄蜡黄的。他腼腆地冲我笑，"老师，你可以帮我一个忙？"我说："当然可以。"他听了很高兴，说他想在小院子里种些花。"你能帮我找些花的种子么？"他用期盼的眼神看着我。见我狐疑地盯着他，他补充道："在家闲着也无聊，想找点事做。"

我跑了一些花店，找到许多花的种子带回来，太阳花，凤仙花，虞美人，喇叭花，一串红……他小心地伸手接着，像对待小小的婴儿，眼睛里，有欢喜的波在荡。

这以后，难得见到他。婆婆说："陈家老四中了邪了，筷子都拿不动的人，却偏要在院子里种花，天天在院子里折腾，哪个劝了也不听。"

我笑笑，我的眼前，浮现出他捧着花的种子的样子。真希望他能像那些花儿一样，生命有个重新开始的机会。

一晃，春天要过去了。某天，大清早的，买菜回来的婆婆，突然哑着声说："陈家老四死了。"

像空谷里一声绝响，让人怅怅的。我买了花圈送去，第一次踏进他家小院，以为定是灰暗与冷清的，却不，一院子的姹紫嫣红迎接了我。那些花，开得热情奔放，仿佛落了一院子的小粉蝶。他白发的老母亲，站在花旁，拉着我的手，含泪带笑地说："这些，都是我家老四种的。"

我一时感动无言，不觉悲哀，只觉美好。原来，生命完全可以以另一种方式，重新存活的，就像他种的一院子的花。而他白发的老母亲，有了花的陪伴，日子亦不会太凄凉。

从　前

我们原都是从从前走过来的，慢慢地，又成为从前。

一

你肯定也听过这样一个故事：从前有座山，山里有个庙，庙里有个老和尚，给小和尚讲故事，讲的什么呢？讲的是，从前有座山……如此循环往复，无有尽头。要是你不想停下，这个故事，便永远停不下来。

白日光长长的，讲故事的人，白发如霜。他盘腿坐在院门前，眯着眼逗我们。他只讲一遍，我们就会了，于是把它当歌谣唱，土路上纷飞的，都是这样的音符：从前有座山，山里有个庙，庙里有个老和尚，给小和尚讲故事……

那时只道寻常，山在，庙在，老和尚在，小和尚在，永永远远，都是那般模样。如檐前开得好好的一蓬大丽花，花艳丽得快撑不住颜色了；如门前的大槐树上，蹲着的那个喜鹊窝，一只花喜鹊盘踞在上面唱着歌。

还有，毛小牛的芦笛声，呜呜呜，呜呜呜。只要张开耳朵，就能听到他在吹。

他说，那是远方汽笛的声音。

毛小牛是我的玩伴，头上生许多癞疮，小伙伴们都叫他癞头。他却偏偏生一双巧手，会做芦笛，会用小草编蚱蜢。他走到哪里，芦笛会吹到哪里。

现在再听这个故事，别有一番滋味在心头。岁月，原是由许许多多的从前组成的，山是有从前的，庙是有从前的，老和尚是有从前的，小和尚亦早已成了从前的从前。毛小牛在 25 岁上溺水而亡，彻底地成了，从前的人了。

二

夜是有声音的。

夏夜的声音，尤其丰富。

选一处草地坐下。露珠在轻轻落，偶尔会听到"啪"的一声，那是它不小心，打翻了某片树叶了。虫鸣于周边响起，唧唧，啾啾，吱吱。还有植物们的声音，它们亲昵得很，一直在耳语。紫薇和梧桐，云松和翠竹，绵延在一起，夜色里，分不清谁是谁。

真静。思绪和着夜色，漫过记忆。想起老祖母了，那时她还不算老，真的不算老。她能拎得动几十斤的草篮子，碎步细密；她能把一群调皮的鸡，撵得满院子飞；她能洗一大盆的衣裳，满满晾一绳。

一样的夏夜。祖母手里摇着蒲扇，摇着摇着就停下了。她定定望着某处，喃喃说："从前，你太婆可疼我呢，这样的夏天，她给我煮绿豆汤喝。我的皮肤，白得透亮，出门去，人家都打听，这是谁家的女娃啊，这么漂亮。"

怔一怔，地上的一片月光，随着树影晃了晃，很不真切。暗地想，祖母哪里有从前呢，祖母本来就是祖母的。风吹着虫鸣声，让人心痒。坐不住的，一溜烟跑去玩——祖母的从前，到底与我不相干的。

玩一圈回来，却发现祖母，还独自坐着在发愣，她沉在她的从前里。

而我现在，沉在我的从前里。

我们原都是从从前走过来的，慢慢地，又成为从前。这便是，人生。

三

心血来潮地想去看荷。这念头一经产生，就势不可当。

我所在的小城，也仅限在公园有。一方池子里，植了数十株。一俟夏天，圆润碧绿的荷叶，铺满整个池子。数枝荷，婷婷于绿叶之上，有含苞的，有已然绽放的。这是一种清清爽爽的美，不芜杂，不喧闹，正如乐府诗《青阳渡》中所描写："青荷盖绿水，芙蓉披红鲜。下有并根藕，上有并头莲。"

再去公园，却没看到荷，原先的几十株，不知去了哪里，一池的水在寂寞。问及，人都摇头说不知。我把公园里有水的地方都寻遍，也未寻到。

有人提议，隔壁的水乡应该有。于是马不停蹄赶了去，一去百十里，只为看荷。

果真有，路边，荷成亩成亩地长。花却开过了，莲蓬已成形。雨忽然来，大而狂，无法下车细看，只隔着一扇车窗，与它对望。雨雾起，它望不真切我，我望不真切它。但知道，都在呢，心安了。

想起白衣年代，青春无敌，那人举一枝荷，说送我。送就送呗，乡下的池塘里，那么多的荷，实在算不得什么。随手接过来，后来是丢了，还是用清水养了，不记得了。

却在经年之后，追着寻着去看荷。人有时，寻找的，不过是记忆里的从前。当年不曾以为意的，日后却念念不忘，只是因为啊，从前的青春年少，我们再也回不去了。

四

在老家，遇到一乡亲。

乡亲很老了，背驼腰弓，我叫不出他的名字。我以前应该叫得出他的名字的。

他笑微微看我，说："你小时候很聪明的，五个小孩数竹竿，就你数得最快。"

数竹竿？这个细节，我是彻底忘了的。

从前的痕迹，以为风吹云散，却不料，一点两点的，不是存活在那个人那里，就是存活在这个人这里。只要轻轻一拨拉，它就哗啦啦奔涌出来，如涨潮的水。你突然想起村东头的瞎眼老太，用断指绕线；你突然想起一个叫红旗的光棍汉，一边插秧一边唱：我爷爷是个老红军；拖着鼻涕的少年玩伴，一个一个出来了；你甚至想起邻家的那只花母鸡，还有黑狗。

所有的记忆，此时汇聚到一个地方，那个地方，是从前。从前的人，从前的事，从前的碧空蓝天，有人叫它，灵魂的故乡。

冬天的树

别再去问活着的意义，一生的所经所历，便是答案。

在冬天，我常常不由自主地会为一棵树停下脚步，一棵掉光叶的树。

那棵树，或许是棵银杏。或许是棵刺槐。或许是棵苦楝树。或许是棵桑。它们一律的面容安详，简洁清爽，不卑不亢，不瞒不藏，坦露出它们的所有。没有了蓊郁，没有了喧哗，没有了繁花灼灼、果实丰登。可是，却端然庄严得叫你生了敬畏和敬重。

偶尔的鸟雀，会停歇在它裸露的枝条上，把那当作椅子、凳子，坐上面梳理毛发、晒晒太阳。它也总是慈祥地接纳。

风霜来，它接纳。

雨雪来，它接纳。

岁月再多的涛光波影，也难得撼动它了。它在光阴里，端坐。鼻对口，眼对心，如"打禅七"的禅僧。

智利诗人聂鲁达说，当华美的叶片落尽，生命的脉络才历历可见。一棵冬天的树，很好地诠释了这句诗。

它让我总是想到那次偶遇：

是在南国小镇。年老的阿婆，发髻整齐，穿着香云纱的衫裤，端坐在弄堂口。风吹过去，吹得她的衫裤沙沙作响。人走过去，花红柳绿地摇曳生姿。她只端坐不动，与世界安然相对，榆树皮似的脸上，不见喜悲。

年轻时的故事，却是百转千回层层叠叠。家穷，兄妹多。那年，她不过才十一二岁，就南下南洋打工。所得薪金，悉数寄往家里。一段日子的苦撑苦熬，兄妹们终于长大成人。她从南洋返回后，自梳头发，成了一个立誓终身不嫁的自梳女。

那个年代，女性的地位低下卑微。走出家门的女性，独立意识开始苏醒，不甘心嫁到婆家，受虐待受欺侮。于是，她们像已婚妇女那样，在乡党的见证下，自行盘起头发，以示独守终身，这就成了自梳女。做了自梳女的女子，若中途变节，是要受到重罚的。轻则会遭到酷刑毒打，重则会被装入猪笼投河溺死。死后，其父母还不得为其收尸葬殓。

可是，爱情的到来，犹如春芽要钻出土来，四月的枝头花要绽放，哪里压得住！她爱了。

被吊打，被火烙，还差点被沉了河，她依然矢志不渝，只愿和心爱的人能生相随、死相伴。

她最终被乡党逐出家园。爱的那个人，却始乱终弃。她当时已怀有身孕，一个人流落他乡，养蚕种桑，独自把孩子抚养长大。

她拥有一手传统的好手艺，织得香云纱。九十多岁了，自己身上的衣，还是自己亲手织布、亲手漂染、亲手缝制。

人把她的一生当传奇，对她的往昔追问不休。她只淡淡笑着，不言不语，风云不惊。

是啊，还有什么可惊的呢！就像一棵冬天的树，已历经春的萌动、夏的繁茂、秋的斑斓，生命的脉络，已然描摹清晰。别再去问活着的意义，一生的所经所历，便是答案。

这个冬天，我陪朋友逛我们的小城泰山寺。寺庙跟前，我看到一棵苦楝树，撑着一树线条般的枝枝丫丫，斑驳着日影天光。如一尊佛，练达清朗。我们一时仰望无语。且住，且住，这岁月的根深流长。

人间岁月，各自喜悦

喧闹远去，唯留宁静。我以为，这样的宁静，更接近生命的本质。

一月，我去北京开会。相遇到北京第一场雪，小，米粉似的，薄薄敷了一层在地上。晚上，我踩着这样的薄雪，一个人逛北京城。在街头遇到卖烤山芋的，让我恍惚半天，以为是在我的小城。我买一只，焐着手，站在风里跟烤山芋的老人说话。老人是河北的，来北京十多年了。老伴也来了。儿子也来了。我问，北京好，还是老家好？老人望了我笑，说，老家当然好啊。不过这里也好的，一家人都在这里，过了一会儿，他又说道。我微笑起来，一家人在一起，再艰辛的岁月，也是温暖的。

二月，我在家养病。时光奢侈得不像话了，我可以长时间打量一株植物，譬如，花架上的水仙。我看着它抽叶，看着它打花苞苞，看着它盛开，捧出一颗鹅黄的、香喷喷的心。"仙风道骨今谁有？淡扫蛾眉箩一枝"，我喜欢这两句。水仙配了美人，再恰当不过了。

还有桌上的风信子，一团雪白，一团淡紫。我盯着它们看，觉得热闹。花开如同市井，也各有各的欢腾喜悦。

三月，我的身体渐渐康复。蛰居多日，我出门去，有点像春天破土而出的虫，望见什么都是新奇的。我走过一座桥，被河里的阳光牵住了脚步。我就从没见过那么好看的阳光，它们在水面上跳着舞，群舞。白衣白裙上，缀满银珠儿。跳得满世界都开了花。桥那头的街道边，烧饼炉子还在那里。摊烧饼的女人，把一把把做馅用的嫩葱晾在匾子里。那会儿空闲着，她站在那里望街，围裙上沾着白面粉。阔别很久，这个尘世还是一如既往的活色生香，让人心安。

四月，我跑去看山看水。水是溪口的剡溪。水清得像孩子眼里的晶莹，我恨不得下去捧了喝。当地人却不在意，弯腰在河里洗涮，不惊不乍，从容自得，惹得我频频回头看。山叫雁荡山，有东南第一山的美誉。白天看。晚上看。任凭你想象去吧，像鸟、像鹰、像虎、像骆驼、像睡美人、像牧童。山只不语，以它的姿势，俯瞰众生，千年万年。

我还跑去洛阳看牡丹。繁华已过，只留余韵。人都替我遗憾，花都谢了呀，你来晚了呀。我倒不觉得可惜，仍是一个园一个园兴味十足地看过去，绿叶铺陈，偶见牡丹花一朵两朵，也都是开尽了的模样。喧闹远去，唯留宁静。我以为，这样的宁静，更接近生命的本质。大浪淘尽，岁月安稳。

六月，我驱车百十里去看荷。邻县乡下，大大小小的水塘里，全是荷。白的面若凝脂，红的红粉乱扑。每年，我都不曾错过它的华丽出演。我想，人生要的就是不辜负，不辜负这双眼睛，不辜负这一塘一塘的荷，不辜负这当下的好时光。

八月，我一路向西，去往向往中的西藏。在西藏，我遇到不少叩长头进藏的藏民，他们风餐露宿，一路艰辛，只为拜见心中的佛。大太阳下，他们风尘仆仆，脸上却无一例外的，有着让人敬畏的坦然和从容。信仰让人强大，这是西藏教给我的。

十月，我领着家里两个老人，在西子湖畔住了几天。满街飘着桂花香，满湖飘着桂花香，我总忍不住张嘴对着空气咬上一口，再一口。夜晚，我独自去钱塘江畔漫步。看一星点的航标，在黑里闪。江水一会儿湍急，一会儿舒缓。这岸笑语喧哗，对岸灯火辉煌。尘世万千，各自欢喜。

十一月，我去了崇明岛。江中小岛，四野苍翠。原是江边人家打鱼歇脚之处，后却繁衍出一个一个的集镇。我在一个叫城桥的小镇住下，听一夜风吹雨打，江水咆哮，担心着岛会沉没。早起，却风平浪静，卖崇明糕和毛脚蟹的当地人，提篮推车鱼贯而出。岛上渐渐盛满热闹繁华。我穿行在那样的热闹繁华里，体味着活着的美好。

当岁末临近，我安安静静等着，等着旧年翻过去，新年走过来。凡尘俗世里，我一直是一粒认真行走的尘，无所遗憾，内心安稳。

花未央，人未老

丁立梅 著

作家出版社

图书在版编目（CIP）数据

花未央，人未老：新版 / 丁立梅 著. -- 北京 ：作家出版社，2018.11（2023.8 重印）
　　ISBN 978-7-5063-9927-2

　　Ⅰ．①花… Ⅱ．①丁… Ⅲ．①散文集–中国–当代 Ⅳ．①I267

中国版本图书馆CIP数据核字（2018）第030780号

花未央，人未老：新版

作　　者：丁立梅
责任编辑：省登宇
助理编辑：周李立
装帧设计：张亚群
出版发行：作家出版社有限公司
社　　址：北京农展馆南里10号　　邮　　编：100125
电话传真：86-10-65937186（发行中心及邮购部）
　　　　　86-10-65004079（总编室）
E-mail:zuojia@zuojia.net.cn
http://www.zuojiachubanshe.com（作家在线）
印　　刷：北京中科印刷有限公司
成品尺寸：142×210
字　　数：180 千
印　　张：10.5
版　　次：2018 年 11 月第 1 版
印　　次：2023 年 8 月第 17 次印刷
ISBN　978-7-5063-9927-2
定　　价：35.00 元

目录

序 / 001

第一辑　光阴如绣，蔓草生香

时光大度而宽容，足够一个小生命，编织出属于它自己的梦。

光阴如绣，蔓草生香 / 003

一棵树，一个人 / 008

在梅边 / 012

一壶春水漫桃花 / 016

故乡的原风景 / 019

满架蔷薇一院香 / 022

虞美人 / 025

听荷 / 028

月季 / 031

胭脂 / 034

薄荷，薄荷 / 037

染教世界都香 / 040

鸟窝·菊花 / 043

发上风流 / 046

第二辑　买得一枝花欲放

哪怕你口袋里穷得只剩下一文钱，你也要花半文钱去买枝花，芬芳你自己。

买得一枝花欲放 / 053

幸运的你啊 / 056

一生只忠诚于一件事 / 059

花池里的草 / 062

不要让心长出皱纹 / 065

一只猫的智慧 / 068

没有谁在原地等你 / 071

洗手做羹汤 / 074

棉被里的日子 / 077

活着的真姿态 / 080

第三辑　森林笔记

生活的简练也来自内心的真诚。你过着怎样的生活，有时，取决于你的内心。

我的"瓦尔登湖" / 087

杉树光阴 / 090

洁净的光芒 / 094

糊涂的美丽 / 097

水里面的黄昏 / 100

到古镇去看古 / 103

佛不语 / 108

千灯 / 111

相遇冰峪沟 / 114

跟着一棵草走 / 117

一路向北 / 121

第四辑 天上有云姓白

天上每天都有白云飘过，不知有没有一朵云上有他。

远方的远 / 127

如果可以这样爱你 / 130

小武的刺青 / 133

母亲 / 138

传奇 / 144

天上有云姓白 / 151

口音 / 154

那个被你伤得最深的人 / 157

老枣树 / 160

天水 / 163

一个人的碧海蓝天 / 167

第五辑　昨日重现

有一刻，总有那么一刻，我们的心，别无所求，纯净得如同婴儿。

花香缠绕的日子 / 185

老学生 / 189

我与青春再见时 / 192

水烟袋里的流年 / 196

闲花落地听无声 / 199

我曾如此纯美地开过花 / 203

一个电话，十个春天 / 206

从未走远 / 209

一方水土养一方人 / 212

昨日重现 / 217

那些远去的农具 / 220

左手月饼，右手莲藕 / 224

心上有蜻蜓翩跹 / 227

第六辑　你在，就心安

亲爱的人，你必得在我眼睛看到的地方，在我耳朵听到的地方，在我手能抚到的地方，好好存活着。

野菊花开满河两岸 / 237

绿袖子 / 242

红木梳妆台 / 245

你在，就心安 / 250

桃花芳菲时 / 253

会说话的藏刀 / 257

布达拉宫里的爱情绝唱 / 260

浮生一梦 / 265

盛夏的果实 / 280

第七辑　风知道

没有谁的记忆，比风的记忆更长久。我们以为许多的经过，经过就经过了，了无痕迹。其实，风都给细细收着呢。

风知道 / 285

惊蛰 / 290

春分 / 293

种点什么吧，在春天 / 296

醉太阳 / 300

夏至 / 303

小暑 / 306

秋未央 / 309

白露 / 312

霜降 / 315

立冬 / 318

大雪 / 322

序

　　我和那人，静静地站在一座桥上。

　　桥下是河。河不宽阔，因久未浚通，整条河便显得很有些野性十足的了。

　　河边多杂草。白茅、蒿子、艾、狗尾巴草、野豌豆、看麦娘，总有不下几十种的。它们相融相生，不吵不闹，和睦亲厚。

　　这里远离闹市。天是它们的天，地是它们的地，河水为邻，清风做伴，它们心思单纯，日子简单。

　　这才有了动人的天真。

　　是的，天真。每一棵草，都是天真的。它们只认真地做着它们的草，不慕热闹，不慕荣光，随遇即安，自成风景。

　　那人忽然笑起来，说，我知道你在看什么。

　　我也笑了，说，我也知道你在看什么。

　　婚姻多年，我们对彼此太了解了。我在看河岸边的花。他在看水，猜测着水里面会有什么样的鱼。

　　一定有鱼的，他说。

　　我微笑，眼光一直盯着那些花。

花在杂草丛中。我是第一眼就看到了的,并在心里面准确地叫出它们的名字。两三串红。四五朵紫。还有两簇浅淡的粉。红的是红蓼。紫的是野牵牛。粉的是一年蓬。

没有一朵花不是美的。

它们的容颜是美的。它们的姿态是美的。它们安静的微笑,也是美的。我以为,人类一切的美,都源于花朵。它们是诗和画。是音乐和舞蹈。是艺术中的艺术。它们是真性情真热爱。

想起呼伦贝尔大草原上的野玫瑰。它们点缀着山坡,点缀着河谷,点缀着草原,点缀着草原人的梦境。年老的牧羊女,安静地坐在山坡上。她用手比画着给我看,春天,这满山坡都开着野玫瑰呀,又大又香,可好看了!

她说着说着,笑起来,又满足又安然。

我为她那句"可好看了"动容。视觉带来的愉悦,有时超过一切。而花朵,是视觉最大的福祉。

亦想起布达拉宫山顶的平台上,大朵大朵艳艳的大丽花,沸沸地开成一片。着喇嘛红僧衣的僧侣们,走过那些花旁,衣映着花朵,花朵映着衣,让人只觉得眼前都是光明灿烂。那画面,实在美极了。佛的世界,也离不开花的。一花一菩提。

武汉的木兰山上,我气喘吁吁登上山顶,被石缝里的一朵小野菊,摄去了魂。它从石缝里,挣扎着挺起大半个身子,撑起黄艳艳的一张小脸蛋,微笑着向我致意。那会儿,我想到悲剧的美。可是,又不是这样的,对于那朵小野菊来说,这根本无悲可言。活着，能盛开，就是圆满，就是快乐。

杭州的山沟沟里，满目是秋的衰败，一撮红，现身在悬崖峭壁之上。是些盛开的野杜鹃。清冷的山谷，立时有了温度。那日，我在悬崖下站了很久，仰望着那撮红，直到脖子酸。

是的，随便走到哪里去，我首先寻找的，必是花。遇见，必止步，细细端详，静静欢喜。

有花在开，这个世界，就仍有美好在。

几千里的奔波，我只是来看花的。

花未央，人未老。如此，甚好。

第一辑
光阴如绣，蔓草生香

时光大度而宽容，足够一
个小生命，编织出属于它
自己的梦。

光阴如绣，蔓草生香

时光大度而宽容，足够一个小生命，编织出属于它自己的梦。

一

买来的生姜，忘了吃它，它兀自在塑料袋子里，长出芽来。哦，不，不对，那不是芽了，它有枝有叶，绿意盈盈，简直就是一株植物的模样了。

我把它移到花盆里，对它说，亲爱的姜，你长吧，按你自己的心意，长成你想要的样子。

我听见它的欢笑。

是的，生命中，能按自己的心意生长，是件多么愉快的事！

同样这样长着的，还有红薯。还有绿豆。还有葱。

亦是忘了吃它们。它们就悄悄地退到一边，发芽，抽茎，长叶，端出一捧的绿来给我看。

时光大度而宽容，足够一个小生命，编织出属于它自己的梦。

二

早起，去看昨天开着的那朵扶桑。只一朵红，缀在我的窗台上，明艳得像红唇。楼下走过的人，抬头，都能看得见。

他们问，什么花啊，那么红！

我欢喜地答，扶桑啊。

现在，它已萎了。

生命的灿烂也只是一日工夫。但我知道，灿烂不在时间的长短。我已记住了它的模样。昨天的风也记住了。云也记住了。鸟也记住了。

昨天的云，落满窗。一只鸟儿，停在我的花旁，啁啾了大半天。

三

紫薇的花开得茂盛极了。小城的路边都是，或红或紫，或蓝或白。一撮一撮，拼尽颜色，不藏不掖，有着傻傻的热情。

看着它们，本是清素的心，也变得灼热起来，想笑，想爱，想对这个世界好。

还有木芙蓉和木槿，也是赶着趟儿地开。

还有合欢。已是秋了，它们居然还在开着花，柔情不减。

我在合欢树下走。我踮着脚尖，朝它们的花朵伸出鼻子去。旁边有人不解，看我。我说，香。那人也把鼻子凑过去，脸上有了笑意。

合欢的香，是小儿女的体香，那种浅淡的甜。让人的心发软。

还有一种树的叶子也极好闻，像薄荷。我每每走过它身边，都会去摘上两片叶子，放口袋里。

四

喜欢在黄昏时，出门去。

这个时候，万物都着上了温柔色，无一不是好的。

天上的云，开始手忙脚乱地换装，在太阳离去夜幕降临前，它们总要来一场大型演出。赤橙黄绿青蓝紫——云的演出服，可真是多得数不清。

换好装的云，疯跑起来。不过眨眼工夫，它们就都汇聚到天边。天边的色彩变得繁复起来，斑驳得如同堆满了油画。又是奢华的、变幻莫测的。云的舞姿，实在太出神入化，曼妙得叫夕阳都融化了。

人不知道，他是多么有福分，每天都能欣赏到这样一场隆重的演出，且是免费的！人总是急急地往前赶、往前赶，硬生生错过了多少这样绚烂的黄昏。

我不急。我遇见了，必停下脚步，把它们看个够。

生命中的遇见，如此有限，这个黄昏走了，也便永远走了，不可再相见。然浮世的追逐，却是无限的，得失名利，哪有尽头？用有限，去换无限，那是顶不划算的事。我不愿意。

我愿意把我生命的三分之一匀出来，交给光阴，只为听听风吹，看看花开。只为在这样的黄昏底下，携一袖清风，看看云的演出。

五

想在白云垛上种点什么。

那真是一垛一垛的白云垛，它们一个挨着一个，随意而又散漫地席蓝天而坐。像丰收过后，晒场上蹲着的棉花垛。又像小时的我们，托着下巴，在田埂上坐着，等着谁给讲故事。

谁给它们讲故事呢？又会讲一个怎样的故事呢？

——我多想知道。

是不是关于小花和小蚂蚁的？是不是关于青草和羊群的？是不是关于溪水和小鱼的？

　　我想在那白云垛上，种上草。嫩绿的、翠绿的、青绿的、碧绿的草，配上这样的白，多么相称。风撑着青草的长篙，以云为舟，自由来去。真个是光阴如绣，蔓草生香。

一棵树，一个人

他不知道，所谓的尽头，其实就在他的脚下，只要他肯慢下来，他就能够抵达。

从前人家，孩子刚出生，会在院子里栽一棵树。

树一天天长高，孩子一天天长大。

树长高了，它的根会在院子里越扎越深，枝叶蓬勃得遮挡住半个院落，再大的风也吹不走它——除非人为的砍伐挖掘。

孩子长大了，心却生出翅膀来，在小小的院子里待不住了，总是想尽办法挣脱着往外飞。也就飞了。飞得离故土越来越远，有的千山万水，有的漂洋过海。

最后，守着故土的，只有树。

某天，你意外撞见一间祖屋，你推开吱吱呀呀乱叫着的门，蛛网遍布杂草丛生的院子里，看不到人了，只看到树。

树站在那里，枝干上布满岁月的苔痕，顶一头蓊郁苍翠，不言不语。

叶落过几世了？风吹走几世了？人又换过几代了？

你不知道。树都知道。树却不说。

人活不过一棵树，这是真的。人也犟不过一棵树去，这也是真的。树的每根筋骨里，都写着执着和坚韧，几十年、上百年，甚至上千年如一日，默默地守着一个地方。今生今世，山河岁月，它只做一件事，那就是，专心致志地爱着脚下的那片土地。无论贫瘠荒凉，无论天地轮转，都不改初心。

人呢？人的杂念太多，欲求太多。人的心，是缺着一个口的，再多的东西，也填不满它。这很像贪婪的孩子，得了一颗糖果，他要一罐。得了一罐，他又要一篮子了。人很少会说，够吃了，就好了。够穿了，就好了。够住了，就好了。一切刚刚好，这就很好了。人难得安静地待在一个地方，难得守着一树一屋，相伴终老。人总爱焦急，十分十分的焦急，说，不，不行，我还要争取更多的。不，不行，我还要争取更好的。于是，爱情里，难得忠贞，因为总有更好的在引诱着。物质名利里，难得满足，因为总有更多的在招着手。

人是傻了，总不肯放过自己，患得患失，又容易得陇望蜀，这山望了那山高。也就注定了一辈子不得安宁，马不停蹄，朝前奔啊奔啊。可是，前方的前头还有前方，这山过了还有那山。人感慨，世界太大了，唉，何时是尽头。他不知道，所谓的尽头，其实就在他的脚下，只要他肯慢下来，他就能够抵达。

人的智慧，终究比不过一棵树。一棵树从来不犯糊涂，它知道什么该拥有，什么该放弃，它貌似只站在原地守候，却把根扎得牢牢的、深深的，远方尽收眼底，看个通明。人呢？人一刻不停地奔走在路上，一路的风景，来不及细看，到最后，往往忘了为何出发，又忘了要去往何方，他只是惯性地朝前奔着、奔着，停不下来、停不下来了。也只有等到年老体衰，再也奔不动的时候，人回过头去，望来时路，才惊觉发现，这一路的奔波，他把生命中最宝贵的东西，早就给丢光了。最初的纯与真，那些有爱、有美好、有相守、有诺言、闪着金色光芒的时光，都给丢了啊！人这时才后悔莫及，孩子般地哭起来，说，我要回家，回家。

回家？回哪个家？大浪淘沙，剩下的吉光片羽，原不过是故乡那个小小的院落，和院子里的一棵树啊。那是灵魂生长的地方。

我有远房伯父，早年出外经商，商海里浮浮沉沉，终在南方的一座城里，打下一片江山。亲戚中传说他有资产过亿。他成了我们这个家族里，神一样的人物，提到他，都是金碧辉煌的。七十多岁的人了，还战斗在商海第一线。却突发重病，倒下。弥留之际，念叨着要回故里，要回他家的老院子。最终，却未能如愿，抱憾而去。据说死时，他眼角不停地淌出泪来，帮着擦掉，又有新的流出来。众人都说，那是不甘心哪，他想回老家呢。

　　他家的老院子早就不在了。院子里从前栽着的一棵柿子树，却留了下来。百十岁了，每年还挂一树的果，累累的。左右邻人去采摘，吃了后，都说，特别的甜。

在梅边

春天的第一张笑脸，是端给梅的。

赏春，是要从赏梅开始的。

春天的第一张笑脸，是端给梅的。

蜡梅不算，蜡梅是寒冬的客人。"知访寒梅过野塘"，说的
是腊梅，又名蜡梅。《本草纲目》里有详解：

蜡梅，释名黄梅花，此物非梅类，因其与梅同时，
香又相近，色似蜜蜡，故得此名。

春天认定的梅，是指春梅。

立春之后，我就似乎闻到空气中有梅香了。近些年，小城
重视起绿化建设来，移来不少的梅，东一株西一株地栽着。河
边有。路边有。公园里有。我居住的小区里也有。两三株红

梅，点缀在微微起伏的草地上。陪伴着它们的，还有金桂、紫薇和栾树。

我在七楼上俯瞰下面的草地，看到一星点一星点的红，俏立在瘦瘦的枝头上，如彩笔轻点了那么一两下。那人站我身后，一探头，说，是梅花。我微笑，没吱声。——我当然知道是梅花。

天仍是寒，我也还穿着冬天的衣裳。一不小心，竟惹上感冒了，咳嗽，低热，头微晕。——多怨这反复无常的春，忽冷忽热的，也没个准。

如恋爱中的女人，她的心思你猜不透。

春天也在谈一场恋爱的。

一样的曲折迂回，患得患失，傻傻地天真着，也不过是要藏起它那颗想爱的心。然到底是藏不住的，一点一点，被这大自然识破。虫子们醒了。草绿起来。花开起来。它的爱，终要尘埃落定。那时，方得花红柳绿，人间四月天。是大团圆的美满结局。

可我不想等。我说，我想去南京看梅了。

那人不假思索，答应，好。

知我者，莫如他。他知道，每年这时节，我都要去赴一场春天的约会。婚姻一路，他不曾给我带来荣华富贵，却带给我现世的安稳和懂得。这是多少女人终其一生，求之不得的。

今生得他，幸焉。

南京的梅花谷，是梅的天下。

那里几乎汇聚了梅家族所有的亲人。

名字也大多婉转清扬着，比如宫粉。比如美人。比如骨里红。还有胭脂、照水和玉蝶。还有名叫别角晚水的，据说全国独此一株。是红楼中的黛玉吧？曲高和寡，临水照花，她输掉了前世尘缘，却守住了她的心。

晴天，特别特别的晴。天就蓝得很，蓝得像干净的湖，车马喧嚣都落不进一点点。真正是谷里一个世界，谷外一个世界。我赶早了，满谷的梅花，尚未完全开放，一粒一粒的花苞苞，鼓着小嘴儿，缀满枝枝丫丫。像彩色的小珍珠，可穿成手链，戴小女孩的腕上。

我穿过一树又一树梅，实在欢喜。我以为这是极好的，花要半开着，欲拒还迎，又含蓄又矜持，不一览无余，才最有看头。俗世里，一览无余的生活，会让人乏味，甚至绝望。你总要留点私密，留点向往，留点期待。没有期待的人生，算什么呢！花亦如此，花也有它的私密。

一群老美人，从我身边风一样刮过去。她们穿红着绿，系花丝巾戴红帽子。我目测了一下，她们的平均年龄应在六十以上了。前面有一人在探路，兴奋地惊叫，快来呀，这里呀，这里呀，这里开了一树啦！

哦，来了来了！她们连声应着，奔了过去。把满山谷的花香，都搅动得荡漾起来。她们是街坊多年？是同学多年？还是同事多年？我在心里猜测着，莫名地感动。人生的路上，能有幸相遇，且一路同行至此，真是莫大的造化。

一壶春水漫桃花

花仍在，人却非。世间的缘分，原是这样的可遇不可求。

三月里桃花开。所以一进三月，我嘴里就一直念念着，看桃花去吧，看桃花去吧。

哪里看去？自然是乡下。乡下的桃花，是追着春风开的。那会儿，桃树上的叶还未长全呢，花朵儿却迫不及待地，一朵挨着一朵开了。呼啦啦，是一树花满头。小脸儿粉粉的，红晕浸染。如情窦初开的女子。

树不是特意栽种，像风丢过来的种子，河边或屋后，就那么随意地长着一两棵。普通得不能再普通。却不防，一朝花开，惹来满场惊艳：呀，原来不是乡下小姑娘啊，是仙子落凡尘的。

记忆里，有桃花点点，在小院里，还有屋后。花开得好的时候，褐黑的茅草屋，也被映得水粉水粉的，有了许多妩媚在里头。只是那时年少，玩性大，飞奔的脚步，哪肯停下来好好欣赏桃花？根本不知道花什么时候开的，又什么时候落了，就那样辜负了大好春光。现在想想，那时丢掉的何止是大好春光？总以为有挥霍不尽的好光阴，哪知青春变白首，也不过是一下子的事。

读大学时，许多女生曾结伴去看桃花，浩浩荡荡。郊外有桃园，花盛开的时候，是浅粉的海洋。一车子全是女生，叽叽喳喳着。等到跳进那花的海洋里，全都变成一朵朵桃花了。粉色的心，唯春风怜惜。

在花树下欢跳着东奔西跑，不期然的，遇到本班一个男生。那男生的目光一直尾随着一个女生，痴痴的。他是爱她的。他看她的目光，就有了千朵万朵桃花在漾。她却毫不知觉，只管在一树一树的花下穿行、欢叫。我在一旁看得感动，暗恋原是这般花影飘摇，迷离生动。我替那个女生急，我在心里叫，你快回头看看他呀、看看他呀。多年后得知，他并不曾携她的手。毕业后，他们各奔东西，他有了他的日子，她有了她的岁月。

唐朝崔护有首很著名的诗："去年今日此门中，人面桃花相映红。人面不知何处去，桃花依旧笑春风。"诗人以桃花作了整首诗的底子，像白的宣纸上，泼了一团水粉，热闹着，又寂寞着。真叫人惆怅不已。花仍在，人却非。世间的缘分，原是这样的可遇不可求。

却记着那年那日，那人送我一枝桃花。桃花开在乡下的河边，他有事路过，禁不住那一树粉红的诱惑，趁人不备，去树上攀下一枝。百十里的路，他宝贝样的带给我，眼里汪着一整个春天。我于一刹那间爱上，从此义无反顾。那个春天，我的书桌上，有了一壶春水漫桃花。

这是他给予我的最浪漫的事。偶尔说起，我们已不泛当年青春的心里，会蒙上一层迷醉。一枝桃花的感动，竟是终身的，谁能想到呢？

故乡的原风景

除了泥土，还有什么，可以让我们如此亲近？

《故乡的原风景》一曲，是日本陶笛家宗次郎创作的。我是一听倾心，再听倾肺，是倾心倾肺了。

其实，令我惊异的不仅是乐曲本身，还有，演奏乐曲所使用的乐器——陶笛。这是一种极古老的乐器，大约公元前 2000年，在南美洲就有了黏土烧制的器具，可以吹奏简单乐曲，被认为是最早的陶笛。十六世纪流传到欧洲，不断得到改造，由一孔发展到多孔，音域随之增加，吹出的声音，更是清丽婉转。上个世纪二三十年代，一个叫明田川孝的日本年轻人，在德国第一眼见到陶笛，立即被它迷住了。他对这种乐器进行加工，制作出十二孔日本陶笛，风靡日本。随着陶笛在日本的风靡，日本出现了许多陶笛演奏家，宗次郎就是其中杰出的一个。

跟明田川孝一样，宗次郎也是第一眼见到陶笛，就被迷住的。后来，他干脆自己盖窑，亲自烧柴，制作属于他自己的陶笛。当我听着《故乡的原风景》时，我总是不可遏制地想，这是泥土在欢唱呢。那些沉默的泥土，那些厚重的泥土，在懂他的人手里，变成亲爱的陶笛。一个孔，两个孔，三个孔，四个孔……孔里面，灌着风声、草声、流水声、鸟鸣声……这是故乡啊，是魂也牵梦也萦的故乡，是根子里的血与水。他给它生命，它给他灵魂，那是怎样一种交融！

我以为，真的没有乐器可以替代了陶笛，来演奏这首《故乡的原风景》的。在远离故乡的天空下，我静静坐在台阶上听，一片落叶，从不远处的树上掉下来。天空明净，明净成一片原野，秋天的。原野上，小野菊们开着黄的花、白的花、紫的花。弯弯曲曲的田埂边，长着狗尾巴草和车前子。河边的芦苇，已渐显出霜落的颜色。有水鸟，"扑"的从中飞出来，在半空中划过一道美丽的弧线。风吹得沙沙沙的。人家的炊烟，在屋顶缭绕。间或有狗叫鸡鸣。还有羊的"咩咩咩"，叫得一往情深、柔情似水。

如果是在月夜，你会听到很多梦呓的声音：草的、虫的、树的、鸟的、房子的……它们安睡在亲切的土地上，安睡在陶笛之上。孩子依偎在母亲怀里，睡得香甜。月光在窗外落，像雪，晶莹的，花朵般的。世界是这样的宁静，宁静得仿若人生初相见。初相见是什么？你的纯真，我的懵懂。如婴儿初看世界，一片澄清。

一个中年朋友，跟我描绘他记忆里的故乡，他肯定地说，那是一种声音，黄昏的声音。那个时候，他在乡下务农，挑河挖沟，割麦插秧，什么活都干。每日黄昏，他从地里扛着农具往家走，晚霞烧红天边，村庄上空，雾霭渐渐重了。这时，他就会听到一种声音，在耳边流淌，欢快的，欢快得无以复加。他的心，慢慢溢满一种欢愉，无法言说的。"你说，黄昏到底会发出什么样的声音呢？"多年后，他在远离故土的城里，在一家装潢不错的酒店的餐桌上，说起故乡的黄昏，他的眼里，蓄满温情。

我以为，那一定是泥土的声音，那些饱吸阳光与汗水的泥土，那些开着花长着草的泥土，那些长出粮食长出希望的泥土……除了泥土，还有什么，可以让我们如此亲近？

满架蔷薇一院香

彼时彼刻，花开着，太阳好着，人安康着，心里有安然的满足。

迷恋蔷薇，是从迷恋它的名字开始的。

乡野里多花，从春到秋，烂漫地开。很多是没有名的，乡人们统称它们为野花。蔷薇却不同，它有很好听的名字，祖母叫它野蔷薇。野蔷薇呀，祖母瞟一眼花，语调轻轻柔柔。臂弯处挎着的篮子里，有青草绿意荡漾。

野蔷薇一丛一丛，长在沟渠旁。花细白，极香。香里，又溢着甜。是蜂蜜的味道。茎却多刺，是不可侵犯的尖锐。人从它旁边过，极易被它的刺划伤肌肤。我却顾不得这些，常忍了被刺伤的痛，攀了花枝带回家，放到喝水的杯里养着。

一屋的香铺开来，款款地。人在屋子里走，一呼一吸间，都缠绕了花香。年少的时光，就这样被浸得香香的。成年后，我偶在一行文字里，看到这样一句："吸进的是鲜花，吐出的是芬芳。"心念一转，原来，一呼一吸是这么的好，活着是这么的好，我不由得想起遥远的野蔷薇，想念它们长在沟渠旁的模样。

后来我读《红楼梦》，最不能忘一个片段，是一个叫龄官的丫头，于五月的蔷薇花架下，一遍一遍用金簪在地上划"蔷"字。在那里，爱情是一簇蔷薇花开，却藏了刺。但有谁会介意那些刺呢？血痕里，有向往的天长地久。想来世间的爱情，大抵都要如此披荆斩棘，甜蜜的花，是诱惑人心的猸。为了它，可以没有日月轮转，可以没有天地万物。就像那个龄官，雨淋透了纱衣也不自知。

对龄官，我始终怀了怜惜。女孩过分的痴，一般难成善果。这是尘世的无情。然又有它的好，它是枝头一朵蔷薇，在风里兀自妖娆。滚滚红尘里，能有这般爱的执着，是幸运，它让人的心，在静夜里，会暖一下，再暖一下。

唐人高骈有首写蔷薇的诗，我极喜欢。"绿树阴浓夏日长，楼台倒影入池塘。水晶帘动微风起，满架蔷薇一院香。"天热起来了，风吹帘动，一切昏昏欲睡，却有满架的蔷薇，独自欢笑。眉眼里，流转着无限风情。哪里经得起风吹啊？轻轻一流转，散开，是香。再轻轻一流转，散开，还是香。一院的香。

我居住的小城，蔷薇花多。午后时分，路上行人稀少，带着一份慵懒。蔷薇从一堵墙内探出身子来，柔软的枝条上，缀满一朵一朵细小的花，花粉红，细皮嫩肉的模样。彼时彼刻，花开着，太阳好着，人安康着，心里有安然的满足。

我有好友，远在黑龙江。她喜欢画画，她在画里面画蔷薇，一簇又一簇，却说，可惜，只见过照片上的蔷薇。

忍不住笑，竟有这样的喜欢，不曾谋面却念念于心。我对她说，等我有空了，我会掐一朵蔷薇给你寄过去。

虞美人

生命的高贵与卑微，本是相对的。

初识它，是在一册诗书里。原是坊间小曲，被人吟唱。后被文人推崇，成词牌名，按韵填词，名扬天下。从远唐，一路逶迤而来，一唱三叹，缠绵旖旎。我仿佛瞥见，大幅的屏风，上面栖息着大朵的花，牡丹，或是芍药。屏风后，美人如水，怀抱琵琶，浅吟低唱着——虞美人。她葱白的手指，轻拢慢捻，一曲更一曲。月升了，夕阳斜了，美人的发，渐渐白了。

女人的年华，原是经不起寂寞弹唱的，弹着弹着，也便老了。

后来，我识得一种花，叶普通，茎普通，花却浓烈得让人惊异。血红，红得似天边燃烧的霞。单瓣，薄薄的，如绫如绸。它们在一条公路边盛开，万众一心。公路边还长了低矮的冬青树，里面夹杂着几株狗尾巴草。让人一喜，分明就是曾经的熟识啊！我停在那儿，等车。车迟迟不来。

那是异乡。我因了几株狗尾巴草，不觉异乡的陌生与疏离。又因了一朵一朵殷红的花，不觉等待的焦急与漫长。我的眼光，久久停在那些殷红上，它们腰身纤细，脸庞秀丽，薄薄的花瓣，仿佛无法承载内心的情感，无风亦战栗。很像古时女子，羞涩见人，莲步轻移。

询问一当地路人："请问，这是什么花？"路人瞥一眼，说："虞美人啊。"许是见多了这样的花，他不觉惊异，回答完我的话，继续走他的路。他完全不知，他的一句"虞美人啊"，在我心中，激起怎样的狂澜。看着眼前的花，想着它的名，远古的曲子，不由分说地，在我耳畔轻轻弹响——是李后主的"春花秋月何时了，往事知多少"；是周邦彦的"柳花吹雪燕飞忙。生怕扁舟归去，断人肠"；是纳兰性德的"残灯风灭炉烟冷，相伴唯孤影"；是苏东坡的"夜阑风静欲归时，唯有一江明月碧琉璃"。

人生最难消受的，是别离。是虞姬且歌且舞，泣别项羽。这个楚霸王最爱的女人，当年风光时，她与他，应是人成对、影成双。垓下一战，楚霸王大势尽去，弱女子失去保护她的翼。男人的成败，在很多时候，左右着女人的命运。她拔剑一刎，都说为痴情。其实，有什么退路呢？她只能，也只能，以命相送。传说，她身下的血，开成花，花艳如血。人们唤它，虞美人。

真实的情形却是另一番的，此花原不过田间杂草，野蒿子一样的，贱生贱长，不为人注目。然它，不甘沉沦，明明是草的命，却做着花的梦。不舍不弃，默默积蓄，终于于某天，疼痛绽放。红的、白的、粉的，铺成一片，瓣瓣艳丽，如云锦落凡尘。人们的惊异可想而知，它不再被当作杂草，而是被当作花，请进了花圃里。有人叫它丽春花。有人叫它锦被花。还有人亲切地称它，蝴蝶满园春。——春天，竟离不开它了。

生命的高贵与卑微，本是相对的。纵使不幸卑微成一株杂草，通过自己的努力，也可以让命运改道，活出另一番景象。

听 荷

而我们，终归要回到那热闹中去，内心却泊着一汪恬淡的水，有墨色的荷，在暗暗喷着香。

去听荷吧，选一个月夜。月亮还不那么丰满，它还处在它的童年，像一瓣细小的白菊，飘在天上，朦胧着。这个时候，最好。

荷开得刚刚好。是满塘开着的。月色清浅，满塘的荷，是墨色染成的一朵朵，与田田的叶，融为一体。与青碧的水，融为一体。与整个整个的夜色，融为一体。天空与大地，从没这么亲密过吧，你是我，我也是你。

塘——城里少见了。这口塘因小城大面积搞绿化，策划者中不知是谁拥有一颗诗意的心，在绿化带中，给挖出来的。周围遍植垂柳，塘里养荷。离塘不远的是桃园。再过去一些，是梨园。接着是桂花园、蜡梅园。这里便成了小城绝美的去处，春有桃花梨花，夏有荷花，秋有桂花，冬有蜡梅，季季有花，日日有好。

盛夏里，塘里的荷自然唱了主角，在层层涌现叠起的绿中间，荷一朵一朵，悄然盛开，如一阕阕小令。哪里能瞒得住风的耳朵？十里八里之外，风都能听到荷轻轻绽放的声音。风跑过来，拂过一朵一朵的花，把荷的清香，洒得四下飞溅。人闻到，一个愣神，啊，荷花开了。平淡的日子里，陡添一重欢喜，看荷去吧。

人家院子里有缸，缸里种荷。那荷也是顶守时的，六月的风一吹，它就开始踮起脚尖，一点一点，从浓密的叶间，探出一张张粉脸，顾盼生姿。荷的主人与人闲话，总似不经意添上一句，我家的荷开了。也引了三朋四友，以赏荷的名义，来家里小酌几杯。俗世的庸常里，就有了几分小雅。

——这样看荷，自是热闹的。而月夜听荷，则是另一番情趣。在塘边，随便挑一块草地，坐下。周遭静，纯粹的静。各种声息，浮游上来，像小花猫的脚尖，于午夜时分，轻轻踩过屋上的瓦片。那是露珠滑落的声音，草叶舒展的声音，风在轻喃的声音，虫在欢唱的声音，荷在绽放的声音。满塘墨色的荷的影，你映着我的，我映着你的。你想起古人写它，"水面清圆，一一风荷举"，又或是，"满塘素红碧，风起玉珠落"，哪里又能描尽它的丰姿？你想用千万个好来夸它，一时又无从说起。

荷在轻轻吐香，你甚至听到它们的心跳。开尽的正在话别，下一场花开再相见。含苞的"啪"一声怒放，花蕊间，盛满思念的味道。待到白天，晴空暖日，人看到一塘的荷，仿佛从未曾少过哪一朵，谁知它们，早已在暗夜里完成了交接。

心中突然涌起感动，满满的。掉头看身边那个人，夜色里看不清他的样子，可是，他的呼吸就在耳边。岁月里还要什么山盟与海誓？能陪你来听这场荷，已经足够了。你伸手握他的手，什么话也不用说。懂的，都懂的。

远远的灯光，辉煌得像满天星斗，那里，有家。这里，荷与月色尽享安宁，仿佛尘世尽头。而我们，终归要回到那热闹中去，内心却泊着一汪恬淡的水，有墨色的荷，在暗暗喷着香。以后再以后的日子，即便走过了千重山万重水，也一定记得这样一个月夜，我们一起来听荷。

月　季

后来，我长大，离开故土，在异地他乡安营扎寨，故乡隔得远远的。月季却仍待在老地方，一年又一年。

花里面，月季的名字，是比较土的一个。它的花期极长，除了隆冬，几乎月月开花，季季芳香，干脆就叫了月季。这好比乡下人家，生的孩子多，跟丝瓜藤上结着的丝瓜般的，一个挨一个，也就不那么"重视"了。孩子哇哇啼哭着出来，又是一丫头片子。做娘的虚弱地说："给娃儿取个名吧。"做爹的瞟一眼，顺嘴丢出个名儿来，就叫小草吧。叫菊花吧。叫叶子吧。

命贱吧？是的，有点。家徒四壁，从小缺衣少食，泥地里滚着爬着，被风吹着揉着，被太阳烤着晒着，皮肤粗糙黝黑。可是，却特别皮实，连小感冒小头疼的也极少。这样的孩子，容易成长，且长大后，经得起岁月磨难，纵使遇到再大的坎，她也能咬咬牙跨过去，心怀感恩，尽力吐露出生命的芬芳。

月季如人，也是这般的命贱，却顽强。那时，放学的路上，要经过一苗圃，里面长满花草。常有花探出墙头，逗引着我，冲我妖娆地笑。于是有那么一天，我趁人不备，很不女生地翻越墙头，爬过围墙去。好大的地方啊，足足有好几亩地。叫不出名字的花真多，但一眼认得月季的，颜色极是出色，单单红色，就有若干种：大红、粉红、橘红、绛红、玫瑰红……我很奢侈地左挑右选，俨然花的主人。我最后挑了一棵粉红的，挑了一棵鹅黄的，连根拔起，塞书包里带回家去。花枝上多刺，刺大且硬，我的手，被刺破好几处，当时是顾不得的。

到家的第一件事，就是整地、挖坑、栽花。地是不紧张的，屋门口随便挑块空地儿就成。我挑了正对着大门的那块，拔掉里面长得好好的两棵茄子。祖父在一边看见了，说："春天栽花才能活的。"我不信，我说秋天也能活的。

月季栽好，才觉出手疼，疼得钻心。晚上母亲回家，拿缝衣针，就着煤油灯，从我手指上挑去三四根刺。母亲边挑边责骂："怎么这么野，丫头没个丫头样子。"母亲也心疼被我拔掉的茄子。我抿着嘴笑，不回嘴。我想着门前的灿烂，偷乐，啊，一棵粉红，一棵鹅黄，真开心哪。

月季却萎了，好像很不满意我替它挪了地方。有大人给我出主意，说用河里的淤泥护着它，它就能成活。我赶紧跑去河里，挖了满满一脸盆河泥。隔天看它，它真的活过来了，花朵儿开得喜盈盈的。就这样，它在我家屋前定居下来，边开边谢，边谢边开。

后来，我长大，离开故土，在异地他乡安营扎寨，故乡隔得远远的。月季却仍待在老地方，一年又一年。

回老家，父亲或母亲，总要指着门前的月季对我说："看，你小时栽的月季。"这是我和父母间保留的对话。我鼻子就有些酸酸的了，我说："它咋还开这么多花呢。"

它的花，一点不见老，还是一团粉红、一团鹅黄，豆蔻年华。

胭　脂

断壁残垣处，它开得勃勃生机，喜庆热闹，全然不理会周遭一片瓦砾倾轧。

突然听到"胭脂"这个名，我的心里，陡地吃了一惊。

是唤一个湿软的女子，她有着细长的眉毛、细长的眼睛，生在江南烟雨的小巷里，暗香浮动，摇曳生姿。又或是，古有女子，对镜理红妆，是"谁堪览明镜，持许照红妆"，是"玉面耶溪女，青娥红粉妆"——这里的"红"，就是胭脂。素手纤纤，在胭脂盒内蘸取一点，拍在腮上，女子的脸，立即艳若桃花。

彼时，夕照满天，我正弯腰，在细细打量一丛花。那是块拆迁地，断壁残垣处，它开得勃勃生机，喜庆热闹，全然不理会周遭一片瓦砾倾轧。紫红的一朵朵，昂昂然，艳，鲜嫩，有股不屈不挠的架势。在我，是旧相识。只是没想到，暌别多年，竟会在城市的一隅与它不期而遇。

一遛狗的老先生路过，以为我不识此花，随口告诉我，这是胭脂啊。因他这一说，我认定他是个文化人。我用微笑向他致意，颔首谢过，却在心里面翻江倒海。

它居然有这么个香艳的名字！

童年的乡下，家家都有这么一大丛胭脂的，长在厨房门口。仿佛它生来就派长在那儿，是乡村应有的模样。像屋后面有河，弯弯的田埂边开野花。像屋顶上歇着无数的雀，牛羊的叫声，此起彼伏。

它在傍晚开，早上合，和月亮一起盛放，和星星们一起旖旎，它是夜的精灵。当然，我的乡亲们远没这么抒情，在他们眼里，天地万物，原都是该派的样子，是命里注定的。鱼在河里游，鸟在天上飞，没什么可奇怪的。家家做晚饭不看钟点，只要瞟一眼厨房门口的花就是了。哦，晚婆娘花开了，该做晚饭了，他们自言自语。

对，他们叫它，晚婆娘花。是勤恳持家的小主妇，夜幕降临了，还不肯歇息，纳鞋打粮，为一家人的生计打拼，直到月亮累弯了腰，花儿也要睡了。

断指七爷的家门口，也长着这么一大蓬胭脂花。七爷的断指，说是打仗时打掉的。激战中，他用手去挡子弹，子弹一下子削去了他四根手指。

我们小孩子好奇，问他，七爷，你真打过仗？

七爷从鼻孔里"哧"出一声，不搭理我们，自去喝他的老酒。一桌一椅，一人一壶，斟满一个夕阳。鸟雀声稠密，一旁的胭脂花，开得沸沸扬扬。

我们傻傻看着，被眼前景怔得无话可说。这时，突然听到七爷幽幽吐出一句，喊，我跨过鸭绿江时，你们这些小毛头还不知在哪片草叶上飘哪。

我们不懂什么鸭绿江，但从他的神态上，肯定了他果真是打过仗的，心里便把他当英雄崇拜。村里人也都这么崇拜着，对他尊重有加。他无后，孤身一人，住两间茅棚，极少种地，家里却从不缺吃的。谁家新打了粮，有了时令蔬菜，都给他送。我受母亲委托，曾给他送过扁豆。这任务让我觉得光荣，小篮子提着，全是新摘下来的扁豆，散发出一缕一缕清香的味道。他收下扁豆，叫我好姑娘，在空篮子里放上两块糖，说，替我谢谢你妈妈。他这么一说，我真是高兴得不得了。有糖吃自然高兴，还有他谦和的语气，也让我莫名开心。

一年一年的，村庄见老了，七爷却不见老。前几年我回乡遇见，他还是那般样子，八九十岁的人了，耳不聋，眼不花，一顿饭还能喝掉半斤酒。全村人都把他当老佛爷了，家家有事，他都是座上客。

他的房子村人们给新修了，小瓦盖顶，门窗结实。只遗憾着，门前不见了胭脂花。

薄荷，薄荷

而它，姿态优雅地站立其中，恬淡地注视着，仿佛在看一群活泼的孩子。

不知它打哪儿来，最初的记忆里，就有它。屋后吧，凤仙花开得呼啦啦、呼啦啦，而它，姿态优雅地站立其中，恬淡地注视着，仿佛在看一群活泼的孩子，以一颗包容欣赏的心，由着它们热闹去。

最是奇怪大人们，咋就知道屋后有薄荷呢？他们是从来不看那些凤仙花的，但他们就是知道，哪里有凤仙花，哪里有薄荷。在他们眼里心里，每种植物的生长，都是天经地义的事，值不得大惊小怪，如同日升月落。他们吩咐一声："去，到屋后掐几片薄荷叶子来。"那是因为孩子们身上生痱子了，奇痒无比。孩子们得令，"嗖"一声飞奔过去，胡乱掐上一把来，满指满掌，皆是薄荷香啊。他们拿它冲了热水，给孩子们泡澡，孩子们的身上，散发出经久的薄荷清凉。还真是神奇的，只要洗上两次薄荷浴，孩子们身上的痱子就不痒了，不知不觉，消失了。

也有用薄荷泡茶喝的。不用多，沸水里丢下两片叶子足矣。我的父亲有个白瓷大茶缸，他每天早上外出干活，都泡上一大茶缸薄荷茶——凉着。暑热里归家，来不及脱了草帽，就奔向它，抱着它咕咚咕咚大灌一气，满足地长叹一声："真过瘾啊。"秋深时节，薄荷也凋零，那个茶缸没有薄荷可泡了，我们拿了它去清洗，手指上缠绕的，竟都是薄荷的味道。长长久久。

看过一个有关薄荷的神话：希腊冥王哈得斯爱上了善良的精灵曼茜，冥王的妻子佩瑟芬妮知道后，妒火中胸。她念魔咒把曼茜变成了一株小草，长在路边任人践踏，以为从此拔去了眼中钉。让佩瑟芬妮怎么也没想到的是，曼茜变成的小草，身上竟散发出一股奇异的清香，赢得越来越多的人的喜爱，人们亲切地唤她，薄荷，薄荷。

喜欢这个故事，有德之人，必有神灵护佑，纵使她变成一株不起眼的小草。而薄荷的花语，恰恰是"有德之人"。从它的茎，到叶，到花，无一处不是清香与清凉的，可食，可入药。用薄荷做成的糖果与食品，多不胜数。最地道的，要数薄荷糖，过去贫穷年代，唯有它，可以与穷人相依为命。薄纸袋里，一装十粒，一毛钱就能买一袋。劳作疲惫的时候，拣一粒放嘴里，从嘴到心，立即被清凉填满。我的祖父祖母喜欢吃，我的父亲母亲喜欢吃，我们，也喜欢。

离故乡远了，以为离薄荷也远了。却于某一日，在我家花坛里，那开得满满的红的、黄的美人蕉中，发现了一抹不一样的绿，凑近了看，竟是一株薄荷。或许是风吹过来的，或许是鸟衔过来的，或许是泥土本身带来的……它来了。我很吝啬地掐一片叶，置在枕边，于是清凉满枕。我多日的失眠，竟不治而愈。

染教世界都香

甜美的东西，是要珍惜着的，是要慢慢消化着的。

秋风吹了几吹，桂花也就开了。

每年，她都是如此守时。不管你有没有在等，不管你有没有把她放在心上，她都会来，只为赴她自己的约。

她来，是高调着的，霸气着的。是锣鼓齐鸣着的，沸沸扬扬着的。她就是她的小宇宙。

没有人会嫌恶了她的高调。谁会呢！人家的底气在那儿摆着呢，不过一两枝花开，就能"染教世界都香"。

香是香得风也打着转转，醉醺醺不知往哪儿吹。我和那人，沿一条河边大道，慢慢走。桂花的香和甜，在身边缠绕不休。我们走到东，她跟到东。我们走到西，她跟到西。我们走到一座桥上去，她竟也跟到桥上去。像个懵懂可爱的孩童，抓一支蘸满香料的笔，逮到什么涂什么，想涂抹出一个她的世界来。

你拿她是一丁点办法也没有的。也只好纵容着她，宠溺着她，任她爬到你的身上，乱涂乱画。哪一笔里，不是香和甜哪！是初入尘世的天真和好。

夜色被桂花香浸着泡着，越发醇厚。河里偶有船只驶过，呜呜响着。船头的灯，如萤火。我微笑地看着它驶过我的身侧。它是否载了一船的桂花香而去？辛苦的奔波里，拌了这样的花香，也算是慰藉是奖赏了。

虫鸣声变得轻柔，不知它们躲在哪一棵树的后面。它们喁喁着，很懂事的，生怕惊扰了什么。没到月半，月亮还不是很圆满，却更显得静美。像开到一半的白莲花，浮在靛青色的夜幕上。有人从身边走过，他们携来一阵香风，又携走一阵香风。我和那人，有一句没一句地说着些话。一切都好到不能再好，天地是。万物是。人是。情绪像鼓胀起来的风帆，意气风发，只想破浪劈涛，朝着远方航行去。

这样的时光，真真叫人舍不得。像小时候品尝那难得的一块麦芽糖，或是月饼，小心地捧在掌心里，傻傻地笑着、看着，快乐在心里冒着泡泡，舍不得动口去咬它。怕一下口，就把它给咬没了。

想来小时也就知道，甜美的东西，是要珍惜着的，是要慢慢消化着的。不然，就是莫大的辜负。

那人对着夜空，深深呼吸一口，再深深呼吸一口，叹道，真好啊。

是啊，真好啊。一年有这样一场桂花开，人生里，也就多出许多的不舍来。纵使遇着这样的不顺、那样的艰难，仍有这般的好时光，它不会负你。活着，也便值了！

鸟窝·菊花

只要每天能看到太阳升起，日子里就有快乐。

有两样东西，无论在什么地方看见，我的心里总会腾起细波来，碎碎的。似轻风拂过，每道褶皱里都是柔软与温情。这两样东西，一是鸟窝，一是菊花。

鸟窝筑在高高的树上，树是刺槐树，或苦楝树。乡村里，家家房前屋后，都有几棵几人合抱才抱得过来的刺槐和苦楝，也不知它们到底生长了多少年，它们应该比村庄还要老。春生家的白眉毛老爷爷说，他小时候，就在这样的树上掏鸟窝的。

鸟窝都是喜鹊们筑的。乡村多喜鹊，在人家房屋顶上喳喳喳叫，在田野上空喳喳喳叫。这种鸟，天生的憨厚，只要一扯开嗓子，就欢快得很，仿佛从不知忧愁。它们筑的窝，大的有面盆那么大，托在高高的枝丫上。窝筑得简陋，枯树枝乱七八糟搭在一起。它们是憨夫憨妇过日子，搭了窝棚住，也能将就着，只要每天能看到太阳升起，日子里就有快乐。

　　天气开始转凉的时候，村庄的鸟儿，都远飞到温暖的他乡去了，只剩麻雀和喜鹊。麻雀四处流浪着，飞到哪儿住哪儿，柴火里，竹林里，芦苇丛里……得过且过着。只有喜鹊，还守着它们的窝，一板一眼地过着日子。

　　风一阵紧似一阵，刺槐树上的叶掉了。苦楝树上的叶掉了。直到一个村庄的树叶，都掉得差不多了。天空开始变得又高又远，村庄呈苍茫色。光秃的枝丫上，喜鹊的窝有些孤零零的，是最后守着的一片叶，守着树。秋深得很彻底了。

　　这时，却有另外的艳丽色彩跳出来。那是屋檐下的一丛菊，并不曾留意，它们是什么时候开始生长的。从冒芽、长叶，到打花苞儿，它们都是默默的。一朝花绽开，就映亮了一个庄子。每家的茅草房都变得黄灿灿的。邻家女子，这时节有人来相亲，没有胭脂水粉好打扮，就掐一朵黄菊花，插到发里面。见了人，温柔地低了头，羞涩地笑，寻常女子，竟变得那么动人起来。

　　李清照有词，"人比黄花瘦"。词里的黄花，是指菊么？我却不认同的。菊哪里瘦了？我记忆里的菊，是一大朵一大朵怒放着的，有着丰腴的美。"满城尽带黄金甲"这句好，把菊的声势写出来了。而当一个村庄的菊都盛开时，是"满村尽带黄金甲"了。你远远归来，旅途劳顿，望见村庄，这时，跳入你眼里的有两样东西：一是高高的树上，大大的鸟窝；一是一片金黄的菊。寒潮欲来了，风卷着灰灰的云，可是，你的心里是暖的，你会想着温暖的炉子，冒着热气的玉米粥，还有拌了两滴麻油的咸菜，倚门而望的亲人。

有家可归，有人在等，是幸福的。这种幸福的味道，经年之后，还能咂摸出那层浓烈。对故乡的感情，原是深入到骨子里的。

我在另一个秋天，去拜访一个朋友。朋友住在一个小镇上，房前有树，房后也有树。我惊喜地看到，朋友家房前的树上，竟有两个大大的鸟窝。屋檐下，一丛黄菊花，盛开得正好。我脱口对朋友说，我喜欢你这里，很喜欢。

来年的春天，朋友到我居住的小城，遇到我，我尚未开口，他就说："你放心，那鸟窝还在，那菊花也还在，到秋天就会开花。"

发上风流

　　南唐的烟雨，就这么漫过来、漫过来，她们是她，她是她们。青山永在，绿水长流。

　　初次结识发绣，是在十五年前。过生日，好友小源送我一件绣品做礼物。是幅白雪红梅图。收到时，我眼睛一热，觉得好友懂我。因自己名字中带个"梅"字，我对梅花有着偏爱。但彼时，我尚不知它的不寻常，以为只是一件普通的苏绣罢了。小源告诉我，这是我们东台的发绣，是用头发绣出来的哎。

　　发绣？我狠狠震了一下。定睛细细看，才品出它的不一般。尺寸丝绢之上，雪花晶莹，带着初入尘世的纯和真。红梅初绽，不过一两枝，疏淡着，随意着。却在那漫不经心中，散发出活生生的幽香来。每一粒花骨朵，都是那么逼真、鲜活，又各具情态。似红楼中的女儿家，有着黛玉的柔怯、宝钗的温厚、湘云的豪放、妙玉的孤傲、宝琴的率真。我惊讶于头上之细发，居然可以在小小的绣针之下，数尽风流。

我恶补了有关"发绣"的一段知识：它源于南唐，兴盛于宋，到元、明两代，都有了长足的发展。明代夏明远的发绣《黄鹤楼》《滕王阁》，被世人称为侔于鬼工。然到清末民初，由于战乱频繁，这一传统的手工艺，受到冲击，几近灭绝。

上个世纪六七十年代，一场史无前例的浩劫，大批苏南人被下放到东台来。这其中，不乏艺人、画师和绣女。他们的融入，使得早就式微的东台发绣，又重新焕发出生机，且很快苗壮成长、翁郁蓬勃起来。从单面绣，发展到双面绣、双面异色绣，针法的采用也灵活多变，参针、套针、虚针、乱针、扣针、网针、平针、刁针、纳针等不一而足，各有千秋。先后绣制出《清明上河图》《姑苏繁华图》《金刚般若波罗蜜经》《长江三峡全景图》《八十七神仙图》等一大批发绣长卷，轰动五湖四海。

张爱玲在她的《倾城之恋》中，描写了一对男女范柳原和白流苏，一个玩世不恭，一个步步为营，两个没有真心的人，却因一场战争，而真正走到一起，相互扶持相互取暖。一个香港城的沦陷，成全了一段俗世的爱情。一个国家的劫难，竟成全了东台发绣这门古老的手艺。

这之后，留了意，在台城的大街小巷转着，不经意的，就能与发绣邂逅。作坊和店铺，有大有小，混迹于市井之中，似乎并无特色。可当你轻轻推门进去，你的呼吸，会立马变得急促。那里，全是头发的世界啊，是另一个山高水阔、跌宕起伏的人生，有着地老天荒的况味。

也曾拔脚去寻从前的梦。西溪古镇，几年前我去时，还见到一排从前的房子，房檐低低，光线幽暗。人们在里面过着从前的日子，烟火自知。还有老澡堂，墙上钉一块木板，上面用粉笔写着"两元一个澡"之类的。我以为换成"二文"更有老味道的。遗留下来的庵有不少，都是黄泥抹墙。门前舟楫往来的宽阔河道，已淤成小河，河旁杂树生花。我一家一家，探头去看，很想探知，南唐的烟雨飘拂下，是哪个女子，率先动了这七巧玲珑的心思，剪下秀发一根根，然后，素手拈针，一针一发，绣下她的情、她的意、她的念、她的想？她当不知，她绣下的，是一段绝唱，是经久不衰，是永恒。

关于它的起源，一说是因当时西溪礼佛成风，佛教信女为对菩萨表诚意，剃下自己的头发，绣成菩萨像膜拜。一说是东台女子，对来此经商的外乡男子动了心，剪下视若生命的秀发，当窗理丝绢。缜密的心思，全凝聚到她的针下、她的发上。我更愿意相信后一种。这世间，唯情才叫人欲罢不能赴汤蹈火。生命有涯，而情无涯。

也曾去参观一个小绣坊。竹影飘摇，妙龄的绣女们，埋首在她们的绣品上。她们的手底下，头发正慢慢长出草来，开出花来，荡漾出山水长空来。灯光桨影，飞鸟虫鱼，楼台亭榭，无一不是情深义重。是昆曲中的杜丽娘，一举手、一投足，都风情万种。南唐的烟雨，就这么漫过来、漫过来，她们是她，她是她们。青山永在，绿水长流。

第二辑
买得一枝花欲放

哪怕你口袋里穷得只剩下
一文钱，你也要花半文钱
去买枝花，芬芳你自己。

买得一枝花欲放

拥有了那样一颗芬芳的心，再糟糕的人生，也会安然走过来的吧。

六七月的天，在街上走，常常能碰见卖栀子花的。

乡下妇人，篾篮子提着，里面躺着一朵一朵的稠白。为保新鲜，每朵花上，都刚喷了水。绿枝横陈，花朵雀跃其上，水灵鲜活，仿佛就要从篮子里蹦出来，由不得你不心动。

每遇见，我心里总是一喜。我喜欢这卖花的妇人，我想象着她的家，几间简单的小瓦房，房前长一两棵栀子。她养鸡养羊，种着一地的庄稼，日子里，有着辛苦劳碌。可是，却有花在房前，不息地开着。

每日里，她走过花树旁，总要停上一停、看上一看。哦，这一朵开了。哦，那一朵也开了。笑容慢慢爬上她的脸，微风拂过，她的心里，装满香香的高兴。终于，满树的花都开得差不多了，她一枝一枝，细心地剪下来，提到街上来卖。她不是卖花，她是卖香、卖欢喜。

我买一枝栀子带回，放水碗里，或插玻璃瓶子里，清水供养着，就好了。过后，我忙着我的事去，把花的事给彻底忘了。却在不经意一抬头的刹那，有花香扑过来，猛地亲我一口。我一愣神，笑了，记起自己买过栀子的。

有一回，我放水碗里的栀子，沸沸开过一阵后，萎了，我扔掉它，忘了倒水碗中的水，那水碗就一直搁在那儿。那之后，我每回进厨房，总会闻见一阵花香。我奇怪着，哪里来的花香？四处去找，最后发现了，原来是从那只水碗中散发出来的。花虽离去，水却还痴痴保留着花的体香。这个发现，让我惊喜了好久。

初夏，去广东，在一个小城逗留。小城看上去很旧、很凌乱，我在街上走着，想着尽早把事情办完才好。这时候，一乡下农人，担着一担的荷和莲蓬，晃晃悠悠地迎面走过来。他走过一棵木棉树，再走过一墙的爬山虎，阳光的碎影，映在他身上，映在那些花朵上，波光粼粼的。那画面，让我倾倒。我瞬间对那个小城，无比好感起来。

我问那个农人买了一枝荷。他说，插水里面，能开好长时间呢。黑瘦的脸上，笑露出两排洁白的牙。我点头，微笑。后来，我擎着这枝荷去赶火车，几千里路带回，它居然还是鲜活的。我把它插书桌上的玻璃瓶子里，它开了半月有余，也才谢了。

去福建，拥挤的街头，嘈杂的闹市口，热气蒸腾。有山里汉子倚一堵墙而坐，他的跟前，搁着一只红塑料桶，桶里面插满了野姜花，朵朵含苞欲放。卖花的汉子说，山上的，刚采的。一街的腾腾热气，就那样迅速散去，眼前只剩下那一朵一朵的野姜花，带着山野清凉的气息。一衣着简朴的青年人，路过，在花的跟前停下来，他低头看着那些花，犹豫了一会儿，买了一束，捧在胸前。那一刻，卖花的，买花的，俱美好。

曾在一本书里，看到过一句话，记在心上了：哪怕你口袋里穷得只剩下一文钱，你也要花半文钱去买枝花，芬芳你自己。我想，拥有了那样一颗芬芳的心，再糟糕的人生，也会安然走过来的吧。

幸运的你啊

很多时候，幸运不在于你有没有得到，而在于，你有没有失去。

你说你是个很不走运的人。出生于偏僻乡村，无家世可拼，无权势可倚，一个人，赤手空拳打天下，处处低人一等。多年拼搏，终于挤进城里来，也不过是觅得一份寻常工作，娶了个寻常的妻，生了个寻常的孩子，一家人挤在不足五十平的蜗居里。

你说这世界，处处都写着"不平"二字。你厌倦了你所做的工作，清水养鱼，再努力也升不了职发不了财。你看不惯太多的人、太多的事，它们偏偏如蝇虫相随。你抱怨生不逢时，没有慧眼识英才。你甚至对你居住的小区，也一日一日看不入眼，生了嫌弃的心。老式住宅楼，多的是底层平民，看上去，都是一副灰不溜秋的样子。你说，就像一群鸦，你也是其中一只。总之，你的日子里，有着太多的不如意。

你让我想起我的两个同事来。他们也曾如你一样，抱怨着这不公那不公的，好像全世界都欠着他们。直到有一天，单位例行体检，一同事被检查出肺部有暗影一团。医生断定，癌。那同事当即瘫倒，面色煞白，整个人感觉都不好了。他再也吃不下饭、睡不着觉，看上去就是一晚期癌症病人状。他揪住每一个前去看他的人，气若游丝地说，怎么偏偏是我得这种病？

　　后来他被送去外地大医院复查。复查结果，只是肺部感染，不是癌。那同事得知结果，狂喜得像中了头彩，他对着医生恨不得磕头，泪流满面地一个劲说谢谢。出得医院大门，他看天天也好，看地地也好。身旁走过的陌生人，也都是好的。街旁的花草树木，也都是好的。这世上，竟没有一样在他的眼里不是好的了。他说，算是死过一回的人了，总算明白了，世上太多事都不值得计较，能好好地活着，就是顶幸运的一件事了。

　　我的另一同事，双休日约了几家人一起出外游玩。路线早就选好了，酒店也都在网上预订了。然就在他收拾行李准备出门时，突然接到老家电话，说他老父亲在干农活时，摔断了腿。他真是恼火得很，不停地埋怨着老父亲，怎么早不摔断腿晚不摔断腿的，偏偏选他要出行的时候。但也没别的法子可想，只得取消行程，匆忙回家。

　　傍晚，他在老家，有消息忽然至，说出游的另几家，路上遭遇车祸，伤亡惨重。我这个同事当即吓出一身冷汗，呆立在原地，半晌没说出话来。事后，他越想越后怕，紧紧抱着他的老父亲，做梦般的，一遍一遍地说，我没出门，真是万幸哪！

你瞧，幸运其实一直都在的。很多时候，幸运不在于你有没有得到，而在于，你有没有失去。你守住了健康、平安和喜悦，你是幸运的；你晚上归家，家人一个都不缺，都好好地在着呢，你能陪着他们，享受着家常菜的馨香，你是幸运的；窗外风狂雨骤，你的蜗居虽不大，但足够你躲避风雨，你是幸运的；每日清晨，阳光重又爬上你的窗，你又拥有了新的一天，你是幸运的；黄昏时，你穿行于俗世的庸常里，路边花开灼灼，瓦肆之中，寻常烟火蒸腾，那一刻，你在。你说，你还要怎样的幸运？

一生只忠诚于一件事

他把一份卑微的职业，做成崇高和传奇。

知道那个叫米索，又名侯赛因·哈撒尼的人，是在一份晚报上。狭长的一角，有篇特稿，报道的是他。寥寥数笔，却用了很长的标题——《萨拉热窝一擦鞋匠辞世，众多市民自发聚集致敬》。

我剪下了那篇特稿，收藏了。

他出生于波黑，一个普通的平民之家。父亲是个擦鞋匠，凭着这份手艺，养活全家。21岁时，米索接过父亲的擦鞋摊，成为萨拉热窝街头一名年轻的擦鞋匠。

不难勾画出这个时候米索的样子：高高的个头，白净的皮肤，有着黑色的或淡黄的微卷的发。深凹进去的大眼睛，炯炯的。浑身蓬勃着年轻人特有的朝气，像只拔节而长的笋。萨拉热窝人亲热地称他，米索小伙子。

每日里，他晨起摆摊，暮降返家，风雨无阻。所做的事，单调得近乎机械，就是埋头擦鞋。他却深深热爱着，近乎虔诚地对待着手底下的每双鞋。他一边擦鞋，兴许还一边哼着歌。他做着一个快乐的擦鞋匠。看到他，人们再多的愁苦，也消减许多。

　　一年过去了，他在街头擦鞋。再一年过去了，他还在街头擦鞋。再再一年过去，他仍在街头擦鞋。渐渐地，他擦成萨拉热窝街头的一个标志、一道风景。人们出门，总习惯性地先去找寻他的身影。哦，哦，米索在呢，人们的心，会因他而雀跃一下。天地立即安稳下来。

　　日转星移，寒暑更替，许多个年头，不知不觉过去了，他由年轻的米索小伙子，变成了人们口中的米索大叔。

　　1992年，同属于南斯拉夫人的三个民族，就波黑的前途和领土划分等问题，发动了大规模的内战，造成几十万人死亡，史称波黑战争。这次战争中，萨拉热窝被炮火围攻四年，城里居民四处逃亡，六十开外的米索，却没有离开过一步，他冒着炮火，照旧晨起摆摊，暮降返家。他在街头的身影，成了人们眼中的一面旗帜和幸运符。惊慌悲痛的人们，只要一看到亲爱的米索大叔，情绪立即得到宽慰，重新燃起生活的信心和勇气。"只要他不走，我们就知道即使今天天塌了，我们明天还会活得好好的。"人们说。

　　他活了下来，和他的萨拉热窝一起。他继续做着他的擦鞋匠，晨起摆摊，暮降返家。外面是天晴日丽也好，风雨琳琅也罢，他的江山不改。他把一份卑微的职业，做成崇高和传奇。

2009 年，米索荣获政府表彰，获赠一套房和一大笔退休金。他对着媒体镜头，极为平淡地表达了自己的心声："很多人问我为什么要坚持这一行？我认为这份工作已经融入我的血液中，我会一直擦到生命尽头。"

他做到了。83 岁这年，他走完了他擦鞋匠的一生。他的遗像，被摆放在萨拉热窝街头，供人瞻仰。人们还在他的遗像旁，放置了一双干净的皮鞋。

一生只忠诚于一件事，世界之大，能有几人？

花池里的草

　　这世上，谁能说就比谁更优越呢？你有你的盛开，他有他的繁华。

　　我在院门前的花池里长花。

　　花不长，草长。还不止一种草，多种，叫得出名叫不出名的，它们齐齐跑来我的花池里相会。嫩绿的，浅绿的，绛红的，米黄的，不一而足。真让我吃惊！原来，草也可以这般姹紫嫣红、这般有华彩的。这很像一个不起眼的人，你以为他是庸常的、无足轻重的、可以忽略不计的，你瞧他不起。等某天，你意外走近了看，他也有妻有子，勤勉努力，妻子爱他，孩子爱他，他在他的日子里，活得富足安康。

　　这世上，谁能说就比谁更优越呢？你有你的盛开，他有他的繁华。

　　草继续生长，一天一蓬勃。我由起初的赏花，变成了赏草，时不时站花池跟前看看它们，意外捡得一颗欢喜心。感谢草！它们不因我的疏忽和轻慢，而轻视自己一点点，它们寸土必争争取着活的权利，且尽可能地让自己，活出色彩来。

人却说草贱。人这是妒忌呢，妒忌他们活不过草。"野火烧不尽，春风吹又生"，这是草。"一番桃李花开尽，唯有青青草色齐"，这又是草。草的生命真是顽强得天下无双、无可匹敌，它吃得了苦，受得了折磨，风来雨来，霜来雪来，甚至药除火烧，它都扛得住，把脚跟立得稳稳的。大凡有泥土的地方，就有草的身影。人争了一辈子的江山，其实都是草的。草是真名士自风流。

晋人陶渊明写它："芳草鲜美，落英缤纷。"陶公用"鲜美"二字来说草，算是说了句良心话——草是能吃的。羊吃牛吃猪吃马吃，荒年时代，人也吃。它救过多少条命，饱过多少人的胃？没人想过。

草还能治百病。一部洋洋大观的中医古典著作《神农本草经》，几乎就是草给撑起来的。我的乡亲们不看本草经，但人人都握着一套老经验，被刀割伤了拿什么草止血，闹肚子了吃什么草可以减缓，他们都知道，路边随便揪上一把带回家就是了。

想起唐人刘禹锡的草："苔痕上阶绿，草色入帘青。"真是诗情画意得不行。乡野偏僻，小小陋室，因草的到访，千古流芳。他的《陋室铭》中，我最喜的就是这一捧草色。那是生的趣味，又简朴，又清丽，绵长悠远。

清代袁枚笔下的草，则充满童真。"儿童不知春，问草何故绿。"春天来了，草长莺飞。初入尘世的孩子，睁大眼睛，好奇地打量着门外新冒出的绿茸茸的小草，他们不明白，绿怎么从泥里面长出来了？他们的稚言稚语，有着嫩草般的鲜嫩和芬芳。

那些草，是不是我眼前的这一些？它们朝着更蓬勃里长，满满一花池了。路过我家门前的人，三番五次好心提醒我，"看，你家花池里的草，都长这么高了，快拔掉啊。"我笑笑，不置可否。心里说的是，我是养着一花池的鲜美、草药、诗意和童真呢，这天赐的欢喜，我怎么舍得拔！我还等着它们开花的。

不要让心长出皱纹

　　人活的，原不是年纪，而是心态。只要心态不老，你就永
远不会老。

　　一帮中年人聚会，一女人盯着我细看，冷不丁来了句，你
脸上怎么还没长皱纹？

　　去理发店。帮我洗头发的小女孩的手，鲜嫩得跟青葱似的。
她在我头上弹啊弹啊，弹着弹着，突然顿了手，甜甜地问，阿
姨，你的头发怎么这么黑，一根白的也没有？

　　跟陌生朋友见面，他们总要疑惑地，对着我上上下下，打
量了又打量，问，你儿子果真那么大了吗？你看上去不像啊。

　　像？什么才叫像？就像小时写作文，写到母亲，必是皱纹
密布的一张脸。黑发里，必是霜花点点。必是背驼腰弓，沧桑
得不得了。必得有一点老态，才叫正常。仿佛到了一定年纪，
非得烙上这个年纪的印记不可。涂红指甲，不可以！穿花裙

子，不可以！你因一件好玩的事，忘情地跳着笑着，不可以！你还拥有好奇、激动、热血，不可以！

街上的喧腾热闹，都不带你玩了。新奇新鲜的玩意儿，都没你的份了。衣服也只能挑黑蓝紫的，质不必高，能遮身就行。出门不必装扮，因为没人注目到你身上。时尚的话题，你没一句插得上。你一边待着去吧，别碍手碍脚的，最好自个儿识趣地，搬把椅子，去太阳下打打盹。或养只小猫小狗，打发时光。你慢慢、慢慢地退到角落里去，没有人留意你的喜怒和欢悲，你被世界遗忘，你渐渐的，也被自己遗忘。

这叫什么逻辑！

我偏不！我想唱的时候，我就大声唱。我爱跳的时候，我仍忘情地跳，只要我还能跳得动。我还是爱囤积发圈、胸针、手链、挂件诸如此类的小物件。我还是好探险，喜欢跑到幽深的更幽深的地方去，因意外发现一棵开满花的老树，而万分惊喜地欢叫。对了，我还买了一堆气球放家里，没事时，吹着玩。

我堂哥，五十好几的人了，头顶已秃过半，眼角皱纹堆积。我们虽不常见面，但每次见面，我都喜欢跟他粘一起，因为他好玩。有一次，我在房间做事，他在客厅，我突然听到客厅里传来他的哈哈大笑。跑去看，他正在看动画片，动画片里，一只小老鼠把一只猫捉弄得狼狈不堪。我堂哥指着动画片叫我看，笑得上气不接下气，他说，你看，你看，你看那只小老鼠！那一刻，他可爱得让我想拥抱他。

人活的，原不是年纪，而是心态。只要心态不老，你就永远不会老。

记得我在念大学时，一老太太教我们历史。我们一帮青春娃，开始都很排斥她。等听她上了几节课后，我们却一下子都狂热地爱上她。她喜穿水粉的衫子，又描眉，又画唇，真是好看。上课时，她的肢体语言十分丰富，讲起历史典故来，眉飞色舞，引人入胜。课后，我们围住她聊天，她教我们怎么打蝴蝶结，告诉我们去哪条老街，可以淘到好看的包和鞋子。春天，她和我们一起外出踏青，在闹市口，她买一艳丽的鸡毛掸子扛着。桃红鹅黄的鸡毛，插在一根长长的竹竿上，她扛着这团艳丽，在人群里走，实在招摇。我们虽不明所以，然跟着她的这团艳丽走，满心里，竟都是说不出的快乐和好玩。等走过闹市区，她这才对我们悄语，我买这个，是想扑蝴蝶来的。

好多年过去了，每每想起她，人群中的那团艳丽，和她一脸的小天真小狡黠，我都不由得从内心底，散发出欢笑来。

我知道，有一天，我的脸上，也会长出皱纹。我的头发，也会渐渐变白。我也终将老去——时光，这把镂刻岁月的刀，我也控制不了。但我，大可以让心，不长出皱纹。像我的大学历史老师那样，永葆着一颗童心，去好奇，去发现，去欢喜，去开怀。这对自己来说，是有福的，对身边的人、对这个世界，亦是有福的。多一份童趣，少一份怨憎和暮气，多好玩啊。

一只猫的智慧

这世上，所有的生命，原都各有各的生存智慧和本领。

朵朵是我捡回的一只猫。

许是有着流浪的经历，它很少有安分的时候。把它留在屋子里，它是不大待得住的，除非它饿了，跑回来讨吃的。

好在我有自己的院落，大门整天洞开着，很方便朵朵的自由出入。院落外面，是一大块空地。空地上，东家种点瓜，西家种点菜，还有人在里面长花。花是海棠，一年里，大部分时间，海棠都在开着花。红艳艳的，浮霞一般。

朵朵很喜欢这块地，它把它当乐园。它在里面打滚。它在里面奔跑。它跟花捉迷藏。它跟草捉迷藏。它也逗着一些小虫子玩，捉起，再放。再捉，再放。一玩就是大半天。在一只猫的眼睛里，这个世界，都是好玩的吧。

我有时会站在院门口看它玩。它顺着竹竿爬，爬，一直爬到竹竿顶端，跟一茎丝瓜藤比赛着跑。它扑到海棠花上，摇落了海棠花几瓣，它抓住那几瓣海棠，愣是玩了半晌。地里一棵普通得不能再普通的一年蓬，朵朵围着它，竟也玩出百般的趣味来。风吹，一年蓬的草尖尖轻轻摆动，可把朵朵兴奋坏了。它紧张地盯着那摆动的草尖尖，埋下半截身子，蓄势待发。突然，它箭一般地射出它的身子，扑过去，跳上跳下。像骁勇的士兵，独闯沙场。真是羡慕它啊，人的心，早就失了这样的活泼天真，老到得很世故，倒是无趣得很了。

夏天，我在屋门外另加了一道纱门，挡蚊虫苍蝇。这多出的一道门，给朵朵带来极大困扰。一道门挡着，它要么进不来，要么出不去。它抗议，喵呜喵呜叫唤，使劲叫唤，以吸引楼上我的注意。我听到了，会下楼来替它开门，放它进来，或放它出去。有时我听不到它叫，或者听到了，我正忙着，就不去搭理它。它很郁闷地独坐在门前，透过纱门，盯着外面的世界。几片落叶，掉进院中来，在院子里的大理石地面上翻卷，朵朵望着很着急。这时我若开门，它准会一跃而起，弹跳出去，搂着地上的落叶打滚，头都来不及抬的。

某天，我出门散步，忘了把朵朵放出来。等我散步归来，竟看到朵朵在院门口的那片空地里，正追扑着一只小虫子，玩得不亦乐乎。我惊奇不已，屋门完好无损地关着，它是怎么出来的？

留心观察它，很快被我发现了玄机。原来，它的小脑袋里，不知什么时候已琢磨出开门的小点子。它对着关紧的纱门，退后几步，埋下半截身子，像跳高运动员一样，来一段助跑，等跑至门边，整个身子猛地一跃，两前爪向前，扑到纱门上，门就被推开了。

它跑出去，还不忘回头，得意地冲我"喵呜"一声。

这世上，所有的生命，原都各有各的生存智慧和本领。一只猫的智慧，该是轻轻盛放的一朵花、绿绿的一株草、一只飞翔的小虫子、一阵淡拂的清风——是灵魂的自由。

没有谁在原地等你

请不要怀疑当初的誓言，每一段感情，原都是真的。

半夜三更，你跑来对我哭诉他的变心，首如飞蓬。你说当初他苦苦追你时，信誓旦旦，许诺过一生一世。婚姻十年，你付出太多，你甘愿放弃一切，做着全职太太，为他洗手做羹汤，为他生儿育女。他现在事业有成了，拣着高枝飞，竟要抛下你这个糟糠之妻。

当初的誓言都是假的！假的！他就是个陈世美！你恨恨。

我看着你，委实吃惊。记忆中的你，粉衣白裙，款款走在三月的花树下。你念过不错的大学，弹得一手好古筝，还会画些小画，虽不是光芒万丈，但也是灿若明珠一颗。

而现在，你发胖的身体，随意套在一件家居服里。你满脸都是怨怼和愤恨，你已跌落尘埃，成了一颗玻璃珠。

你还弹古筝吗？我问。

你愣一愣，不解地看着我，啊一声，说，早就不弹那个了，手指都僵硬了。

哦。我为你可惜。

我想讲一个小故事给你听。

多年前，我还是个小姑娘的时候，特别馋柿子。

对，就是那种软软的红红的，西红柿一般大小的，普通得不能再普通的水果。现在的农民种植多了，坡上地里，成片的。秋天的时候，柿子多得挂树上无人问津，只一任它挂着，小红灯笼似的，成风景。

那时候却稀罕。我读书的小学边上，住一户人家，院子里长一棵很粗大的柿子树。十月的天，一树的柿子，黄澄澄的。那家人把柿子一只一只采下来，用洋石灰焐着。不消半天，那柿子就熟得红艳艳亮透透的。透过外面一层薄薄的皮，望见里面甜蜜的果肉在流淌。手上有零钱的孩子，下了课一路奔过去买。他们回教室时，吃得手上嘴上，都是红艳艳的汁液。我表面上装着不屑，心里却渴望得要死，眼睛的余光，扫到那红红的汁液，它的甜蜜，在我心里汇成小溪流，不息地流啊流啊。我以为，世上最好吃的东西，非柿子莫属。

后来，我终得闲钱一枚。午饭也顾不上吃了，我紧攥着那一枚硬币，迫不及待就往有柿子树的那户人家跑。当时，那家人正围坐桌旁吃午饭，他们奇怪地看着我，问，你做什么呢？我手里举着那枚硬币，我不好意思说是买柿子的，只嗫嚅着，低头踢脚下的土。那家妇人看看我手里的钱,似乎明白了,她说,家里没柿子了。我一惊,抬头看她,她的神情,没有一丝说笑的意思。我的心,一下子掉进冰窟窿里,委屈得快要哭了。我怔在那里,走也不是,不走也不是。妇人看看我,忽然叹口气,起身去了里屋,出来时,手上已托着一只红彤彤的柿子了。"这是留给我家大丫吃的,就剩这最后一个了,算了,给你吧。"她接过我手里的钱。

我不记得是怎么把那只柿子吃下去的。我只记得,那日的天空,有着不一般的蓝。校门口的小河边,开满了黄黄白白的野菊花,好看得要命。我快乐得一下午都想歌唱。

多年后,成筐又大又红的柿子放我跟前,我连碰都不想碰了,我早已不喜吃它。

是我变心了吗?从前对它深刻的眷恋,都是假的吗?不,不,柿子还是从前的柿子,而我,早已走过万水千山,见识过太多比柿子更好吃的水果。我的味蕾,已变得很挑剔。

所以,请不要怀疑当初的誓言,每一段感情,原都是真的。只不过,时过境迁,他已走过十万八千里,而你,还待在原地。

洗手做羹汤

我以为，再多家常的细节，也敌不过这个"洗手做羹汤"的。

读唐诗，读到王建的"三日入厨下，洗手做羹汤。未谙姑食性，先遣小姑尝"，爱极。特喜欢"洗手做羹汤"那句，很活泼，充满生活气息。是女子葱白如玉的手么？浸在一盆清水里。女子弯弯的眉梢上，一定含了羞。心却是忐忑着的，实在怕做不好汤。菜在案板上躺着——是剥光皮的芋头，或是，一堆切好的山药，可以做甜汤。女子的发挽上去，收起女孩子的俏皮，从此，做了人家的媳妇。

我以为，再多家常的细节，也敌不过这个"洗手做羹汤"的。这是怎样的一种可亲与可爱？一个女子，她肯为你跳进厨房做羹汤。当汤在锅里"噗噗"地响着，厨房里弥漫着食物好闻的味道，你远远归来，一脚踏进家门，就被浓浓的食物香气给抱着了。你的心里，会绵延出怎样的满足与幸福来？家常安康的日子，原是这一鼎一镬滋润出来的。

记忆里，我的祖母，会做好喝的鸭羹汤。这汤其实与鸭子一点关系也没有，完完全全是芋头做出来的。那时日子清贫，吃不到鸭，但芋头却是不紧张的，屋后的地里，长很多。刨出来，剥下外面一层黑乎乎的皮毛，就露出里面雪白的身子。祖母的切功很了得，她会把它切成大小均匀的疙瘩，一粒一粒，放锅里烧。汤烧得十分的黏稠，我的祖父爱吃。每到饭时，他总是吩咐祖母，做一碗鸭羹汤吧。

那时，我喜欢在一边看祖母做羹汤，一招一式里，都是暖和香。切刀在案板上叮叮咚咚，灶膛里的火苗烧得旺旺的，空气中，飘着葱花的香，日子真是又踏实又温暖。

如今，可喝的汤太多了，鸭羹汤倒是不常见，它更多的是在怀念中。偶尔我想起，会到菜市场上去寻了芋头回来，学着祖母的样子做。但过后手却瘙痒得不行，像有千万只虫子在皮肤里面爬。原来，芋头皮是极易使人皮肤过敏的。想祖母做了一辈子的鸭羹汤，却从未曾听她喊过手痒，那里面，该有多么深厚的爱的支撑！

我想到女友尹娜。尹娜原是个相当前卫的姑娘，她讨厌被束缚，她讨厌传统婚姻，讨厌做烟熏火燎的主妇。曾当众宣布：一、永不结婚；二、永不进厨房。一个人过多自由自在啊，她说。于是天马行空，满世界游走，活得潇潇洒洒。她的新居里也有厨房，厨房里的厨具，一直都是簇新簇新的。她笑言，摆设而已。某一日,我去看她,却看到她正挽着袖,异常努力地在对付着一条大鱼。问她,干吗呢?她说,煎鱼汤啊。脸上的表情,竟镇静从容得很。

原来,她爱了,她爱的那人,上夜班,熬夜呢,她要煎鱼汤给他喝。鱼汤,大补,她这样跟我解释。说着说着,竟幸福地笑起来,完完全全忘记了,她曾经发过的誓言。

因为爱你,才会为你洗手做羹汤。这就是凡俗的爱情,家常的,充满烟火气的。

棉被里的日子

这是俗世，阳光照着，日子在棉被里安好。

太阳照着，很好的晴天。这是深秋的天，有太阳的时候，天高云淡的，适合踩着落叶走，亦适合晒被子。

说起晒被子，小时的阳光，便穿云破雾而来。那个时候，人单纯得像玻璃娃娃，阳光照在身上，会发出晶莹的光。母亲把棉被，一条一条展在太阳下晒。母亲算不上是一个美丽的女人，她瘦，且黑，也没有飘逸的长头发。可晒被子的母亲，浑身像罩着七彩呢，一举手，一投足，都显得动人。

棉被的被面上，印着硕大的花，花瓣儿开得恨不得掉下来。我认不得那些花，可看着喜欢。也有喜鹊站在花枝上，尾巴拖得长长的。被面的底色，大红或大绿，耀眼得很。阳光掉在上面，"嘭"地开了花。我把小脸埋在被子里，不肯抬起来。被子软软的，阳光软软的，像母亲的手掌心。母亲叫："丫头，汗会蹭上去的呀。"不听。母亲也不当真，任由我去。有时头埋在被子上，埋着埋着，就睡着了。四野静静的。

那时乡村人家嫁女儿，嫁妆里最出彩的，要数棉被了。红红绿绿簇拥着，六条或八条，极霸气地耀人的眼。乡人们围着看，对着被子评头论足，说厚了薄了或是多了少了。整个喜气洋洋全在棉被里藏。

我结婚时，已流行丝绵被。薄薄的，轻软。母亲却说："哪里有棉花的暖和？"执意给我缝新棉被。八床新被，四条大红，四条水绿，是我见惯的那种被面，上面开着大团的花，牡丹或芍药。也有喜鹊朝阳，拖着漂亮的长尾巴。被子艳艳地放在装嫁妆的卡车上，一路吸了很多眼光，听得路人说："瞧，那些被子。"心里得意，我是被宠爱的女儿呢。这些被子，我一直盖到现在。

天好的时候，我会把它们捧到阳光下，像我母亲那样，把它们一一展开来，晒。被面上大团的花，就在阳光下盛开了，开得欢天喜地。朋友有次来我家，看到我晒的被子，惊讶得两眼瞪得溜圆，叫道，好乡气！我笑着不理她，乡气里缠着我小时的好，她哪里懂得。

天阴过几天，突然放晴。母亲来电话，说："天好起来了，多晒晒被子啊。"母亲总是操着这份心，怕我不会过日子。她哪里知道，一个女人一旦走进婚姻，会无师自通学会做很多事，譬如，天好的时候，洗被子晒被子缝被子。

现在，我的大花被就在阳台上晾着。卖大米的从楼下一路叫过去。邻里的声音高高低低传过来。这是俗世，阳光照着，日子在棉被里安好。

活着的真姿态

我看见了活着的真姿态，那里面有努力，有坚守，有感恩，有知足，有坦然，还有一种，叫爱的东西。

秋天，街旁出现了山东那对卖炒货的老夫妇的身影。

他们身后的小棚屋，已关了一个夏天了。

我欢喜地跑过去。

每年秋天，我们都要这么欢喜地相见。

老夫妇俩看见跑过去的我，远远就叫起来，会员卡，会员卡。一个夏天不见，他们见到我，也是格外的亲。

关于这会员卡的叫法，是有来头的。我起初经常跑去问他们买瓜子，去的次数多了，就跟他们开玩笑，我说，快给我办会员卡，下次我再来买，要打折哦。从此，他们就叫我会员卡了。

老头儿说话不多，只是沉默着做事。他在一口大锅里翻炒着花生、瓜子等炒货，袖子卷得高高的，胳膊上暴出的青筋，跟小蚯蚓似的。虽说现在都有机器炒了，滚筒一转，眨眼工夫就炒好了，可他们还是坚持用这种传统的炒法。这样炒出来的才香，他们固执地说。

我信。这么信着的人还真不少，到他们炒货摊买炒货的，回头客多。即便他们比别家卖的要贵上一两块钱，也没人介意。手工的么！那是留着人的体温和情意的。

老妇人有一只眼睛装的是义眼，看人时，那只眼球瞪着，一动不动。

我上街，如果有空闲，爱跑去他们摊子上，帮他们卖卖瓜子，跟他们聊聊天。有一次，聊着聊着，也就聊到老妇人的这只眼睛。

哎呀，那是跑路跑快了磕的，磕的嘛。她说起这只眼睛来，是笑着的。好似小孩子做了一件错事，不好意思得很，曾经的痛楚，并不装在心上。

当年，因家里生活艰难，他们拖儿带女，跑到这异乡来卖炒货糊口。这一出来，就是四十来年。那时，他们的娃，不过才板凳高。

现在，我的孙子都快娶媳妇了。老妇人一边比画着，一边说，心满意足的。老头儿偶尔抬头看她一眼，笑笑的。

我儿子在无锡买了房，我女婿在扬州买了房，干的也是我们这行。

我侄子也干这一行，一家老小也都跟出来了。

他们也都买了房，小日子过得很不错哟。

老妇人絮絮地说到这儿，目光求证般地看着老头儿。老头儿就冲我点点头，证明她所言不虚。依然笑笑的。

我看着他们脸上的皱纹头上的白发，心里发热。尘世万千中，他们毫不起眼，卑微如尘，可是，却又坚韧如树。他们硬是凭着手里的一把铲子，一铲子一铲子养大儿女，把小小的炒货，做成家族事业。

我看一眼他们身后居住的小棚屋。那是一幢住家小楼旁边斜搭出来的两小间，石棉瓦盖顶，简陋得很。楼主人原先大概是用来放放杂物的，租给了他们。他们要在里面待一整个秋天，再一整个冬天，一直到明年夏天。夏天，炒货生意清淡，他们是要回老家去的，他们想家。

问他们，你们为什么不在这里买套房？买个小套也好，住着也舒服。

老妇人笑了，说，我们这样住着挺好，多年了，习惯了。

见我仍盯着她在看，她局促起来，说，我们是想回老家的。等再干不动这个了，我们是要回去的。

这里不好吗？你们在这里不是待了好多年吗？我问。

好，样样都好，比我们老家好。但我们还是要回老家的，麻雀还有个窝呢，我们的窝在老家，老妇人说。

反正，我们这把老骨头，是要埋在老家的，老头儿这时不紧不慢插上一句。

老妇人赞许地冲他看过去。他们对望一眼，一齐笑起来。

有顾客来买瓜子，他们招呼去了，一个称秤，一个收钱，配合默契。

我站在一边笑着看，看了一会儿，跟他们告别。他们愉快地冲我招手，会员卡，明天再来玩啊。我答应一声，心里高兴。我看见了活着的真姿态，那里面有努力，有坚守，有感恩，有知足，有坦然，还有一种，叫爱的东西。

第三辑
森林笔记

生活的简练也来自内心的
真诚。你过着怎样的生活，
有时，取决于你的内心。

我的"瓦尔登湖"

我徜徉在那些杉树林里。枝叶筛下点点日光，水波一般，而我，是水里面快乐游弋的一条鱼。

十多年前，跟那人回他的老家，偶经过海边森林，我被那无边无际的林木，惊着了。杉树、杨树、银杏，不一而足，都是成片成林地长着的。还有大片大片的竹海。那之前，我一直以为森林离我远着的，它应该远在某座大山里，远在西双版纳那样的地方。

后来得知，这个森林，是上个世纪六十年代，下放来此的上海、苏州、无锡的知青们，开垦荒地，一锹一土给挖出来的。每一棵树、每一片叶子里，都有着从前的青春热血，和一些说不清道不明的情绪。它是属于记忆的。

从此，心里有了记挂。每隔些日子，烦躁了，郁闷了，空落了，我会对那人说，去看看森林吧。于是我们一路向着海边去，百十里的车程，也便到了。

我徜徉在那些杉树林里。枝叶筛下点点日光，水波一般，而我，是水里面快乐游弋的一条鱼。或者，穿梭在绿得像绿水晶一般的竹林里。我被绿染得青翠通透，我是绿莹莹的一个人了。那会儿，我总疑心我是到达了某个海底。

有一次，我们还意外撞到一块野葵地。无数朵野葵花，寂静无人地开着。白色的飞鸟出没其间。旁有小河静静卧着，河水缓缓流淌。河面上，野鸭几只，凫游着，亦是静静的。

还撞到一间小茅屋，在竹林的顶端。是守林人的。他在屋门前，刨着一小段木块，说是要做个灯笼。一人，一狗，几只鸡。有扁豆花兀自在茅屋顶上，开得静悄悄的。那样的静好，是前世今生，是地久天长。它让我生了贪恋，要是能住在那里就好了。当这种欲望越来越强烈时，我开始着手实现它。

我搁下手头在做的事。我不带电脑，只带着一颗心，和一本书，奔了森林去。书是木心的。木心说，文字的简练来自内心的真诚。"我十二万分地爱你"，就不如"我爱你"。多么简单有趣的一个人！我想说的是，生活的简练也来自内心的真诚。你过着怎样的生活，有时，取决于你的内心。舍弃一些繁复与牵绊，其实并不难，难的是，你有没有真心想舍弃。

梭罗因厌倦城市的混沌污浊，一口气跑到远离尘烟的瓦尔登湖，在湖畔筑小屋独居，一住就是两年多。在那两年多的时间里，他和湖水、森林对话；和飞鸟、虫子交朋友；观看小蚂蚁们打架；晨迎朝霞起，暮送夕阳归。并在他的小木屋四周，开荒种地，自给自足。完全回归到大自然，成为大自然之子。

每个人的心中，都有一个"瓦尔登湖"的。

我的"瓦尔登湖"，就是那个海边森林。它在我的东台。它在黄海之滨。

杉树光阴

翻阅一个大森林，就像翻阅一本心仪已久的书，是不舍得一下子就翻完的。

诚诚说，放心，老师，您若不叫我，我绝不会去打搅您的。

我刚到大森林，诚诚就闻讯迎了过来。他是森林里的工作人员之一，年轻帅气的一个大男孩。大学毕业没多久，他就来到大森林。他说很久以前就读我的书，真心喜欢着。

您想吃什么，可以提前告诉我，我会让食堂给您备着。我们这里全是绿色食品，林下鸡蛋，林下蔬菜，林下鱼，保证您喜欢，诚诚热情地说。

一个大森林，捧出的每样吃食，都带着树叶和青草的味道。不用吃，光是想一想，也叫人满心喜悦。

我拥抱了可爱的大男孩，感谢他的好心和善解人意。

在客房里放下行李，简单地收拾了一下，我便出门去看森林了。

翻阅一个大森林，就像翻阅一本心仪已久的书，是不舍得一下子就翻完的。读两页，就要珍惜地搁下，掩卷沉思，微笑，赞叹，让文字一个一个，在心里面开花。那种幸福滋味，是一点一滴，渗透进每一丝的呼吸与记忆里的。只宜独享。

现在，我面对我的大森林我的"瓦尔登湖"，我屏声静气，小心地翻开它的扉页。一个杉树林，迎面而来。

对杉树，我实在有着好感。它算得上是草木王国里的"老祖宗"了，早在恐龙统治着陆地的白垩纪，就出现了。那时，人类还完全没有影儿的。

也是打小就认识它。小时候，我爸在屋旁栽杉树。栽一行，再栽一行。我和我姐，提着小水桶，跟后边兴奋地帮着浇水。我爸说，丫头们，这是给你们做嫁妆的。

哦？我们惊奇地看着那些小树苗，眼前晃动着大红的木箱子和大红的木桶，那是嫁妆红。村子里人家的姑娘出嫁，都要陪上这样的嫁妆的，一派的喜气洋洋，一派的花开明媚。我们挺高兴的，高兴得有些发癫。想到有一天，自己居然也可以拥有那些大红的木箱子和大红的木桶，做人真的是华贵和有意思得不得了。

杉树长得快，也不过几年工夫，就蹿到比我家的屋顶还要高了，枝干挺拔，叶片秀气。我和我姐常跑去看，抱抱它们，看它们又长粗了多少。想着那些大红的木箱子和大红的木桶，心里欢喜着。

后来，我渐渐长大，出外求学，留在家里的时间，真是少之又少。接着是工作，离家越来越远，家终于成了故乡。少年时的那些承诺、那些欢喜，渐至被遗忘。等到某天，我想起老家的那些杉树来，已不见了它们。那里，栽着一些桑树，枝叶阔大，肥头肥脑的。我妈开始养蚕。

老家的旧屋也翻新过几回，又新砌了房。我爸说，房上的木料，用的就是那些杉树。这个时候，我和我姐，早已在婚姻里安稳。我们都没要那些老式的陪嫁物。偶尔我们回老家，站在屋角，会遥想一下当年光阴，那些属于我们的水杉光阴。很有些怀念。

杉树的性子刚直，倔，宁折不弯。个个都不甘落后，拼着力气向上、向上、向上。上面是光，是暖，是灿烂，是辽阔。杉树的心里，一定清楚着自己要什么。哪怕是一棵看上去还很幼年的杉树，细胳膊细腿的，它也一样地踮着脚尖，拼命地向上、向上，朝着阳光的那一头，一心一意，目标坚定。

面对一棵杉树，人容易心生惭愧。人往往目标太多，又太容易中途放弃，这山望了那山高，得了千个盼万个，于是，总在稀里糊涂地痛苦着，稀里糊涂地被一些额外的欲望支使着，纠缠不清，生生负累。

在杉树的眼里，人是好笑的吧？

我缓缓走在这片杉树林里。我成了一棵会行走的杉树。我和时光，都慢下来了。

有好一会儿，听不到声响，一点儿也听不到。没有鸟叫，没有虫鸣。它们也怕惊扰了这份宁静吧。这是十月，风，还有太阳，还有夜晚的露珠、星星和月亮，或许还有飞鸟，还有虫子，它们你一笔我一画的，在这些杉树的身上，描上了秋的影子。不算深，亦不算浅，是恰到好处的斑斓。

天光敞亮、透明。白日光幻化成无数条调皮的小鱼儿，在那些枝叶间，在林中空地上，在空地上的那些野花野草身上，蹦蹦跳跳。它们银色的影子，滑过我的发、我的眉、我的肩、我的衣袖。待我想捉住它们时，它们又从我的脚跟边溜走。

突然，风起。哗哗哗，哗哗哗，所有的杉树叶，一齐欢唱起来。整个杉树林顿时山呼海啸，万马奔腾。看上去那么柔软的叶子，力量竟如此巨大！

随便一处，都可以坐下来，地上不脏的。铺着落叶的地毯，哪里会脏？我倚着一棵树，顺势坐下来，闭起眼，听树们说话。风轻时，它们的说话声也轻，有些窃窃私语的意思。像谁的手指，滑过琵琶，轻轻弹拨着。风大时，它们欢腾起来，竹板敲起来，胡琴拉起来，还有胡芦笙，还有架子鼓，还有萨克斯。好了，一首它们自编自导的交响乐，就这么热热闹闹地上演了。惊涛骇浪，仍又不失华丽浪漫。

它们这是为谁演奏呢？为我吗？我听着听着，独自笑了。

洁净的光芒

大凡天真着的事物，都有着这般魔力。

梭罗说，每一个早晨，都是一个愉快的邀请，使得我的生活跟大自然自己同样的简单。

想着他这句话的时候，我赶紧起床，换上轻便的衣装，出门。我不想辜负了森林的早晨，那愉快的邀请。

清晨的林中，没有风。所有的树木，都安静着。连小小一片树叶子，都不擅自舞动。

静的力量，有时比喧哗更显巨大，明明济济一堂，却似乎空旷无一物。

这样的静，很合我心意。我本就是个不爱说话的人，在能沉默的时候，我坚决不会开口。我以为，人生的很多好光阴，是被淹没在废话里了。很可惜的。

我在林中走着。我尽量放轻脚步。我怕惊扰了那些树们，我也怕惊扰了我自己。

树们安静的样子，让我想去一一拥抱它们。灵魂简单清洁的模样，就是这般的吧，只认真地做着一棵树，按着一棵树的样子生长。

还有，那些鸟们。

我也怕惊扰了它们的歌声。鸟的歌声，有着穿透人心的宁静。大凡天真着的事物，都有着这般魔力。鸟是天真的。

森林是鸟的天堂。这个黄海森林亦不例外。在这里，鸟的种类，多达二百四十种。

大白天里，却难得见到它们的身影。它们或许是在森林更深处。又或许飞去更远方。往东，就是一望无际的滩涂和大海。天高任鸟飞。对鸟们来说，飞翔是它们一生为之奋斗不懈的事。

清晨，这些鸟们刚刚睡醒，尚未出门。它们用歌声开始它们新的一天。唧唧唧，啾啾啾，稚语欢笑，响成一片，树顶上仿佛开着幼稚园。我能想象，它们一边梳洗着羽毛，一边歌唱。一边吃着早点，一边歌唱。它们对着清新的万物歌唱。对着薄薄的晨雾歌唱。没有一只鸟儿，不是属于歌的。

它们又似在热烈讨论着，今天要飞往哪里去，沿途会遇见什么样的新鲜事。——它们会遇见什么新鲜事呢？会看到一朵蒲公英，在小河边静悄悄地开了；会遇到牛，在树林里安详地吃着草；会看到彩色的蜘蛛，在一座桥的桥栏上织网，一丛小野菊，伏在桥的那头凝望；会看到滩涂上盐蒿的脖子，被秋给染红了；还会遇到赶海的人，他们背着背篓，走向海里去，背影越来越小、越来越小，最后，小到成了一只只鸟。海天一色。

太阳出来了，从森林的东方，从海的那一边。瞬间，一个天地，仿佛启开了无数瓶香槟酒，橘色的泡沫四处飞溅。庆贺吧，庆贺吧，新的一天开始启航了！这时候，每一棵树看上去，都有着洁净的光芒。像极一个精神明亮的人。

糊涂的美丽

它们你中有我，我中有你，不问来处，不想去处。就这样，待在一起，待成神话。

在桂花的身边，人的大脑，容易迟钝。

想什么呢？什么也想不了。

那么香！香也罢了，偏还浸着甜。是活泼的少女身上，散发的那种鲜活甜蜜的朝气。

怎么办呢？

没办法的。只能沉溺，心甘情愿的。

我骑着诚诚提供给我的单车，那车真是轻便好骑得很。我从森林接待中心的客房那里出发，客房边上，就栽着几棵桂花树。花累累地开着，香甜的气息，一波复一波。我从旁边经过，它们慷慨地赠我一车的香。

我驮着一车的桂花香，穿行于杉树林和杨树林中。上午的森林里，起了风，一阵一阵的，树叶便跟着一声高一声低地应和着。一会儿吟哦，作诗一般的。一会儿长啸，豪气冲天。一会儿又变成淑女，素手弄琴。一会儿化身为壮士，敲着竹板，唱着大江东去，大江东去。

十月的天，有了寒。轻寒。这样的寒，让人的神经变得格外敏感，一点点暖，一点点亮，一点点声响，都能在心中铺出一片温柔来。何况，还有缠绵不休的桂花香。

是森林管理者的用心了，他们在森林里，也栽了些桂花树。不多，只在每条小径的拐角处，栽上一两棵。也只要那样的一两棵，够了。多了，就泛滥了。泛滥了，就流俗了。流俗了，就少了它应有的动人了。赏心只需两三枝。这两三枝，足以供养一颗心了。

我被桂花香迎着，觉得尊贵。我停车，在它的身边待上一待，也不知要跟它说些啥。只微笑着，望着那一树细密的金黄。

没有人。多好。没有人。早晨那些欢叫的鸟们，此刻，也不知去了哪里。偶尔一两声虫鸣，像呓语，响在林子更深处。天地间，只剩下静。除了风偶尔路过。

我在小径旁的一条长凳上坐下。一圈儿的阳光，泊在那儿，泄泄融融。我坐在那圈阳光里。不用急着去哪里，也没有什么人催着我走，也不要去想森林外的事。我做什么，或不做什么，完全听凭自己做主。

还是要想到梭罗，那个可爱的美国人，他住在他的瓦尔登湖，幸福满满地说，我浏览一切风景，像个皇帝，谁也不能否认我拥有这一切的权利。

这会儿，跟他一样，我也像个皇帝。

一只小虫子飞来，歇在我的衣袖上。它把我当作一棵草，还是一朵花了？我没有惊动它，任它歇着。我的身前身后，小野花们黄一朵紫一朵的，肆意无序地开着。它们好似来此游玩的仙童，在偌大的森林里，甩开脚丫奔跑。一只蝴蝶，橘黄的，艳艳的，和一朵蒲公英亲吻了许久。野葡萄的花，细碎得像小米粒，结出的果子，却有着透明的紫，跟小紫玉似的。能吃，我小时候吃过。我跑过去摘下几颗，放嘴里，酸酸的，童年的滋味。几只蜜蜂也不知打哪儿来，它们忙得很，一会儿去问候小野菊，一会儿又来敲野葡萄的门。桂花的甜香，飘拂过来。

我不知拿什么来形容眼前的事物，只觉得眼前样样都好。包括我这个人，亦是好得不能再好。我想对它们说，我们就这么好下去，好到地老天荒。

翻开木心的书。木心在聊希腊神话，他说希腊神话有种糊涂的美丽。

我突然为我眼前的事物，找到最好的注脚。原来这一切，都有种糊涂的美丽啊！它们你中有我，我中有你，不问来处，不想去处。就这样，待在一起，待成神话。

水里面的黄昏

天地万物，最慷慨莫过于夕阳，每一次告别，它总要把最后一丝光最后一份暖，留给这世界。

我遇到了黄昏，一个水里面的黄昏。

那会儿，我已穿过一个杉树林，又穿过一个杨树林，到了一片竹林里。

竹林傍着一条河。河呈东西走向，一条南北支流，在这里汇合，它们亲密地搂抱成一个较大的河湾。河湾边多苇和茅，也有树。苇花褐黄，茅花雪白，前者慈眉善目，后者娴静温婉，都是好人家的模样。树们长得茂密，像河湾天然的屏障。有一两棵看上去特别高大，如站在城墙上的卫士，长矛长戟地武装着。它们在那儿好些年了吧？秋风吹过几回，树上的叶落去不少，枝条看上去却并不萧条，反倒有疏朗之意。似乎作画时，有意的留白。

我采了一把小野花。还摘了几颗野草莓。几个妇人在竹林里挖野蒜。野蒜味儿重，风轻轻一吹，就浓浓烈烈地铺洒开来。

我走过去，站边上看，我说，这是野蒜呀。她们笑回，是啊，这是野蒜呀。

回家炖肉吃呀，她们互相说笑。

好些年没见过的野味了。小时候，去荒地里割猪草，挖一把野蒜带回。我奶奶洗洗切切，跟小鱼一起，放饭锅上蒸。那就是我们无限向往的美味了。野蒜炒鸡蛋也好吃。野蒜炖咸肉，更是美味中的美味。只是那个年代，咸肉很少见，偶尔吃上一次，会快乐很多天。

回忆里，最刻骨铭心的事，竟都是关乎吃的。想想，既心酸，又感动。活着最真实最生动的地方，原是在这低低的烟火中的。

我看了会儿妇人们挖野蒜，又观看了一只蜘蛛织网。我一直微笑着，我体会到一种发自内心的幸福。就像梭罗说的，每个毛孔都浸润着喜悦。

然后，一个黄昏向我走来。

起初也不曾有多介意，黄昏么，哪一天都有的。我照旧散我的步，看夕阳忙着在竹林里穿针引线，给竹们穿上金缕衣。天地万物，最慷慨莫过于夕阳，每一次告别，它总要把最后一丝光最后一份暖，留给这世界。

我走到了河边。我不经意地往河里看去，我惊得差点跳起来！一河的颜料，一河的斑斓！一河的！黄昏走到了水里面。

　　水燃烧起来了！火红的晚霞，在水里面跳舞。仿佛无数条红鲤鱼在游，它们摇头摆尾着，活蹦乱跳着，欢欣鼓舞着。简直，疯了！

　　乐什么呢！

　　乐着的不仅仅是它们，还有河岸边的草木。草木们都披上了霓裳，光华灼灼，一齐朝着水里面走来，来跟黄昏相会。天地间，好似走着一支迎新队伍，浩浩荡荡。是诗经年代的那场贵族婚礼么？"之子于归，百两御之"，场面可真够气派够奢华的。终于，草木们与黄昏在水里面相会了。大红灯笼挂起来，锣鼓喧天，鞭炮齐鸣，一场盛大的婚礼，热热闹闹地在水里面举行了！

　　这个时候，我，一个偶然路过的过客，除了热泪盈眶，实在没有别的事好做。

到古镇去看古

人类的承接，原是错综纠缠的脉络，树根似的，盘结而下，与坚实的大地紧紧相连。

古镇真的很古，始建于唐开元元年，且有个让人浮想联翩的旧名——东淘。东临大海，大浪淘金——金是没有的，却有盐，至清嘉庆年间，这里已有灶户 19694 家、灶丁 48413 名。傍镇有南北贯通的串场河，河面上整天船只穿梭、舟帆楫影。去时运盐，回时黄石板压舱。一日一日，那带回的黄石板，竟在镇上铺出一条七里长街。

有街，人烟必旺。于是，一家一家的店铺林立起来，连成一片，连成黛青的丛林。飞起的檐上，乌青的瓦当，展翅的燕似的，息在上头。上面刻着"福、禄、寿、喜、财"等吉祥的字样。做买卖的乡下人，肩上担一副担子，担子上搁着乡下的土特产。有时他会带了小儿来看稀奇，手里牵着，走上街头。

那小人儿哪里见过这等热闹和繁华？脚步迈不动了，眼睛不够转了，隔着行人缝隙，指指店铺里那花花绿绿的糖人要买，指指冒着热气的肉包子要吃。乡下人节俭，也不富裕，哪能都满足了？被做父亲的呵斥着一路走去。也有耍杂耍的，沿街的铜锣敲得"当、当、当"，找一块空地，一圈的人，立马围了去。

这是当年的尘世喧闹，如春天的金盏花开，瓣瓣都是金黄的灿烂。历史翻转过一页，再一页，千年时光，也是悠悠过。我在一个冬日的黄昏，走进古镇，一个人。街上有另一番尘世的热闹，现世的。商店的音响里，放着流行歌曲——《遇见你是我的缘》。卖水果的摊儿，恨不得摆到街中央，橙黄的是桔和橘，青中带红的是苹果。我绕过那水果摊，去寻七里长街。问街上走着的一个人，知道七里长街吗？他纳闷地看着我，笑问，哪里有？

亦笑。真的呢，历史已走了这么久这么远，好多的痕迹，早已被风吹雨打去，哪里可寻？但到底还是留了痕迹。黛青的房，在小巷里；明清时的建筑呢，门板已风化成紫黑，门板上的铜锁扣，锈迹深重。轻抚，感觉手底下，有历史的风，猎猎吹过。我与谁的手印重叠了？谁又曾在这个门里，笑望月升日落？不可知了。抬头，那乌青的屋脊上，长一蓬狗尾巴草，在这个冬日的黄昏里，它们很深沉地沉默着，仿佛也是一段历史。

小巷静。有的房内还住着人。有的房内，已不住人了。房都是几进几出的，好内容全在深深处，一家老小的饮食起居都在里头。有花草长得茂盛。庭院深深深几许。天色渐暗，老房子里的光线，便彻底地暗下来。探头过去，需要静等几分钟，方能隐约看见屋内的人和物什。有剃头师傅，还使着老式的剃须刀，不紧不慢地在给一个顾客剃头发。剃头师傅很老了，顾客亦很老了，他们的身影，隐在一段幽暗里，是一段旧时光。没有什么声音可以打扰他们，他们在旧时光里，安详。

再有一间房，房内摆满布鞋，一个老人，正抽拉着鞋线——他在做布鞋。我想起那些年月，母亲坐在煤油灯下纳鞋底，白棉线抽得"哧、哧、哧"的，冬天的深夜，因此有了温度。沿着黄石板铺成的街道，慢慢走，我想，这上面，不知走过多少双布鞋呢，不知走过多少母亲的牵挂和疼爱。富商也好，盐民也罢，总有一个母亲，在为他祈愿，岁岁平安。这样一想，再古老的历史，不过是母亲的历史。

真的就见到一个母亲，很老的母亲了，百岁老人呢。七十多岁的儿子，守着她，在老房子里过。我进去，老人拄着拐，站门边，笑吟吟看我。她的儿子是她最好的讲解员，讲她这么大年纪，还穿针走线，吃饭穿衣，都是自己打理。还说一事，说她自从嫁过来，一直义务清扫周围的街道，前两年还清扫呢。儿子说时，做母亲的一直侧耳倾听着，很放心很满意的样子。上帝厚待仁厚之人，这个老人，就是最好的见证。我转头，看到几盆植物，在小院子里，绿得欣欣向荣。

保存完好的鲍氏大楼是必去看一看的。建于清代的鲍氏大楼，一律的徽式建筑。这里曾经车如流水马如龙，是占地三千多平方米的钱庄，房屋一直延伸到串场河边。每间房的设计都独具匠心，连支撑柱子的石础，也马虎不得，上面精雕细琢着一些动物，或花卉。鲍家有后人，守着一间房。是个很精神的老阿婆，围着家常的围裙在做家务。见到有人来，笑着搭话，伸手一指案桌上一个相框，里面一男子风度翩翩。那是我男人，她说。

我笑。无端地想起一首词来：雕栏玉砌应犹在，只是朱颜改。出门来，院子里静。照墙站成喑哑的暮色风景，下面爬满岁月暗生的绿苔，不见了曾经的车水马龙。有人在照墙上探了头看我，忽又隐到后面去了。四周真静啊。

沿着麻石板铺成的小甬道，一路西行，搭眼望去，就是串场河了。当年河水涟涟，波光桨影，现而今，河已塌陷，水也很浅了。这个季节，荒草和芦苇，都顶着一身的枯黄，让人心里顿起凄凉之感。无论岁月曾经如何繁华，谁能拽住岁月的衣襟呢？我们能做的，一是怀念，二是珍惜。

还有汪氏建筑群，还有吴氏家祠，还有万氏古宅、郝氏古宅，还有朱家大院、曹家大院，还有钱维翔故居、袁承业故居……

九坝十三巷七十二个半寺庙，到底是怎样的鼎盛？

那里，盐民哲学家王艮在漫步，平民诗人吴嘉纪在徜徉。

风从南边吹过来，又从北边吹过去。扬州八怪之一的郑板桥，对着秋风吟出"一庭春雨瓢儿菜，满架秋风扁豆花"，现世安稳的模样。只是他住过的大悲庵呢？不见了。那里长一棵苦楝树，有鸟从光秃的枝头飞过，一路高叫着飞到别处去了。

　　人类的承接，原是错综纠缠的脉络，树根似的，盘结而下，与坚实的大地紧紧相连。当我们触摸到那个源头时，我们懂得了，历史的另一个名字，叫厚重。我们唯有尊重和敬畏。

佛不语

佛不语，它坐在高高的山巅之上，一日一日，守望着红尘万丈。

去威海，是要去赤山看看佛的。

它原是住在赤山红门洞里的山神，被称作赤山明神。赤山因它成为东方神山，名扬天下。传说其法力无边，福佑大千，功德无量。在日本、韩国也备受推崇，那儿的许多寺院里，至今仍供奉着它。佛不分国界，佛光普照。

赤山山势起伏，壁立千仞。旁有大海缠绵悱恻，海水湛蓝。阳光下，海水闪着绸缎似的光泽。佛坐在高高的山巅之上，坐南朝北，面向大海，目光平和，稳重厚笃。它的左手随意搭放着，右手臂提起在胸前，手掌向下。如慈母在照看孩子。哪里的佛，都是这样的，身上罩着母性的光芒。世上母亲，原都是佛。

我们一路行去，阳光透明，反倒蒸腾起一片雾霭，如轻纱缥缈。赤山便笼在这样的轻纱里，梵宇僧楼，婉约其间。不时相遇到绿树红花，人一样的顾盼生姿。你停下，与一棵树，或是一朵花对视久了，不由得笑了。到底是神山啊，那树那花，仿佛就要开口说话。

　　大佛高达 58.8 米。人站在下面，小如蚂蚁。我们这群"蚂蚁"仰望着慈眉善目的大佛，心像被什么点化了似的，一时安静无语。对佛，你可以不信，但不可不敬，这也是对他人信仰的尊重。

　　年轻的导游小姐考我们，你们知道佛的右手掌为什么向下吗？大家说出的答案五花八门。最有趣的一个答案是，佛要伸手拿东西吃。这是烟火凡尘里的佛。大家都笑起来。

　　真正的答案却是，海上多风浪，佛掌向下，是为了抚平海上风浪，让出海的渔民和过往的商贾船只能安全上岸。所以，当地人逢年过节，或是出海远航，都要到佛前拜一拜的，求健康求平安。

　　同行中一大男人突然问，灵吗？导游小姐回眸一笑，说，当然灵，只要你心诚。

　　男人立即面对佛像，双手合掌，目光低垂，如此长达五分钟之久。等他拜佛完毕，大家取笑他，你也信这个？他笑了笑，没说什么。后来才听他说起，他的妻子生病不断，他拜，求的是心安。同行中一女孩，一路上，很少说话，心中似有悲痛无法化解。当我们踏上 108 级台阶，抵达佛殿，看到她正低眉敛目，跪伏在佛前。我们没有打扰她，默默绕开去，在殿外等。

许久之后，她出来，脸上现出笑容，人也变得活泼起来，主动跟我们提出，要和我们合影留念。她心中的结，一定对佛讲了。佛不会背叛，不会泄密，佛是最好的听众。

我们下山去，相遇到另外几拨人上山，他们亦是来看佛的。佛不语，它坐在高高的山巅之上，一日一日，守望着红尘万丈。你来，或者不来，它就在那里。大爱无言，大音希声，这是佛的力量。

千　灯

天下本一家，我只愿这世道，不要再有烽火残杀，永永远远地太平下去。

到江南，若逢着下雨，是最好不过的了。

江南的景致，宜雨中赏，尤其那些年代久远的古镇。

去昆山的千灯，就赶了这样的巧。一路上，雨欲下不下，天空的一张脸，憋得青紫。到了千灯，那雨，终于一滴一滴迸了出来，很快的，织成一幅一幅的雨帘，轻飘慢拂。

烟雨中的千灯，淡墨晕染，边角泛白，建筑的走笔隐隐约约，犹如梦境。人走进去，便是走进一幅古画中了。

入口相迎的，是千灯极具特色的一拱一梁组合的双桥，一曰恒升桥，一曰方泾桥。这样的桥，在千灯，还留存有五六座，都是明清时候的老建筑了。它们安静地，俯卧于一条南北贯穿的河流——千灯浦之上。千灯古街，就是以这条浦为主要经脉的。粉墙黛瓦，也多半倚着这条浦顺序排开，高低错落，倒影绰绰，古韵盎然。

外来的游人，对这些古桥古建筑，都不甚稀罕了，江南随便一座古镇，这些元素都少不了的。他们急急去寻的，是那千盏灯笼齐放的壮观。千灯么，顾名思义，该是火树银花的。

千灯人听到，乐不可支。这是他们的小浪漫小伎俩，骗了不少人的。——千灯，原名千墩，不过一土墩而已。据汉书《吴越春秋》和宋《玉峰记》中所记载，昆地有三江，其吴淞江畔有土墩999个，到千灯这里，刚好是第1000个，故称"千墩"。

"土墩"里，却孕育出低吟浅唱的清雅和婉约来。丝竹悠远，那个生于元末明初叫顾坚的男子，宽袖大袍，迎风昂立，他的歌喉甫一展开，就醉了江南烟雨。这南曲之奥，被后人称作最早的"昆曲"。六百多年后，人们把一顶"昆曲鼻祖"的帽子送给他。

到这时，他该是欣慰的吧。半世坎坷，双目失明，沦为算命先生。好在有曲有赋相伴，人生的凄风苦雨，总算得到一些温度和安慰。他所著《风月散人乐府》《陶真野集》曾行于世，被世人喜爱，后散佚。然经他演绎的"昆山腔"，终重见天日，再多的历史风尘，也难掩它的清丽婉转。

千灯的老街不大，也就一河一街、一庙一塔。河不必细说了，就是千灯浦。街是石板街，亦是明清时的。一块块石板保存完好，全长约莫三里多，一只蜈蚣似的趴着，描摹出老街特

112

有的韵味和古朴。

庙是延福禅寺，有着一千五百多年历史了。曾经规模宏伟、香火鼎盛，单单禅房就有 1008 间，僧人八百名，清朝时毁于战火。现在见到的延福禅寺，是修复重建的。塔叫秦峰塔，是延福禅寺最重要的一部分。塔高 38.7 米，亭亭玉立，仪态万千，故又被称作"美人塔"。风动，塔檐下的铜铃，齐齐鸣响，浸润着雨的空灵。悠悠千年，在这叮叮当当的鸣响声中，也便过来了。

还是去走走石板街吧。因是寻常日，街上不见游人几个。两侧的店铺，都显得很安静，青团子和芡实糕，兀自冒着热气。有古井清洌，细雨飘得稠稠密密。一抬头，不知不觉，竟走到顾炎武先生的纪念馆了。这个热血的人，当年一句"天下兴亡，匹夫有责"，惊醒了多少沉睡的灵魂。天下本一家，我只愿这世道，不要再有烽火残杀，永永远远地太平下去。

出得先生的纪念馆的门来，我撑着伞，正对着石板街发呆。一女孩突然走到我身边，掏出记者证，言说是某报记者，在做一个有关江南古镇的专题采访。她问我，你觉得千灯古镇与别的江南古镇可有什么不同？

我的眼光，落在石板街旁的黛瓦房上。一字排开的瓦当，上面有隐约花纹。可是风穿牡丹？瓦当下，一千灯人在冒着热气的青团子后面，闲闲散散地看着我们。我笑了，转身对那个女孩说，你听，这雨打瓦当。

相遇冰峪沟

且化作那湖中一滴水，且化作那山上一抹红，且化作那山峰上的一朵云……怎样，都是好的。

冰峪沟位于大连庄河北部山区，内有众多沟谷，群山一蓬一蓬，散落其间，玲珑秀美。英纳河、小峡河两条河流，穿梭其中，如玉带飘拂。山枕着水，水绕着山，形影相随，不离不弃，勾画出一幅幅妙不可言的天然画卷。人称"辽南小桂林"。

我去时不是节假日，游人不多，山谷，静。水流声，风吹声，鸟鸣声，游人的轻语声，便格外分明。谷里树木繁茂，多古树，树们沿谷底一路攀升。野花遍地。开得最为热烈的，当数小野菊了。星星点点，红红白白，有趴在裸露的岩石上的，有夹杂在荒芜的草丛里的。石因它们变得秀美，草因它们变得多情。同行中有女子，忍不住俯身去采那些花，很快手里便有了一捧。花开在她胸前，她的人，明媚得沾了仙气。男同胞们见状，纷纷加入进去，在草丛里摘花。"这朵好！""那朵也好！"——他们开心地叫。

不时有小松鼠从林子里跑出来，小尾巴翘得高高的。看见游人，不惧怕，而是好奇地张望一通，复又遁入林子里。

我看天。天在山峰上，与山峰嬉戏。不遥远，仿佛只要我登上山顶，便可以抚摸到。我看山，山把眼睛塞得满满的，色彩斑驳。

湖水汤汤，倒映着两岸山峦，山在水里走，水在山中行。人最是有福的了，既在水里走，又在山中行。左岸的山，笔直向上，裸露的岩石，有着赭红或赭黄的皮肤，斑斓如油画。右岸的山，披了一身红叶做的衣裳，活泼俏丽，华美风情。往后看，是山。往前看，还是山。峭壁秀绝，鬼斧神工。时有一抹艳红跳入眼睛，是野杜鹃吧？是波斯菊吧？山峰无一例外的，都是青得泛黛的。彼时，只觉得身体轻盈，风一样的，飘上去，飘上去。好，且化作那湖中一滴水，且化作那山上一抹红，且化作那山峰上的一朵云……怎样，都是好的。只求与这大自然，融为一体。

著名的仙人洞，位于龙华山天台峰的悬崖下。通往仙人洞的路叫"梯子岭"。从远处看，"梯子岭"曲曲弯弯，游蛇一般蜿蜒而上。到底有多少级呢？有说八百的，有说六百的。当地人的歌谣唱得极有意思："上山八百八，进庙就能发。下山六百六，进庙就长寿。"

有洞必有传说。传说曾有一位叫宏真的高僧，在这里修炼成仙。洞府很大，洞中有洞，里面建有庙宇，始建于明朝。庙中供奉的分别是释迦牟尼佛、宝幢佛、弥勒尊佛，两侧为十八罗汉。右侧，是一幢木结构的二层楼，为"玉皇阁"和"三官殿"，供的是道家尊奉的神仙。在这里，道僧合一，门派不同，却又是殊途同归的，那就是：积德从善。红尘万丈，人心所向，莫不如此。

一道士从庙里走出，玄衣玄鞋，长发及肩，很有点仙风道骨的味道。问他，"从这里可以攀到山顶吗？"他笑而不答，走到悬崖边，靠近栏杆向下望。我们亦跟过去，向下望。数座山峰，尽收眼底，远远近近，美不胜收。原来，我们已临近山顶而不自知。

跟着一棵草走

我见到草的另一番模样，洗尽铅华，慈祥亲厚。

八月下旬去呼伦贝尔，已算不上好时节了。这个时候，大草原的风开始寒了，水开始瘦了，草场被收割了，花们也都凋谢得差不多了。对草原来说，水肥草美的好日子，似乎已翻过一页去。

但我还是决定前往。

到达海拉尔时，上午九点。天下着小雨。冷。很秋深的样子。接站的司机小张说，再过个十天半月，我们这里都该下雪了。一下雪，就得封路了。

打个寒战。把行李箱里为数不多的厚衣裳，全都翻了出来，披挂在身，还是冷得慌。不管了，咱走吧，去草原吧，我要看草去。

我们的车子，像尾鱼似的，很快滑进了草原的草波浪之中。

来这儿之前，有句歌词在我脑中反复回荡："天边有一个辽阔的大草原。"唱的就是呼伦贝尔。在我，天真地以为，再辽阔的草原，也不过是多一些草地罢了。等我真的置身其中，我才知它的辽阔，远不是几顶蒙古包、几片草地、几群牛羊。一个数字足以说明，它的总面积竟达到一亿四千九百万亩。境内山峦起伏，河流纵横，湖泊星罗棋布，被人称为"北国碧玉"。

雨，不知何时已停。或许是被风吹走了。是被云吹走了。是被草吹走了。草？是的，这里是草的天下，草的王国。碱草、针茅、苜蓿……一百二十多种牧草，在这里相融共生。它们排列有序，或无序，紧密地团结着，一路向前，开天辟地，纵横千里。间或有紫的花黄的花，跳跃其间。我们看了这棵看那棵，看得眼睛疲倦。揉揉，再看。这个时候，好词好句已不顶用，只能重复地说："好美啊。"司机小张的眼睛却不看草地，他以为没看头了，他说："七月里来，那才叫漂亮呢，草长得好高，比人还高，牛羊都没在里头。花多不胜数，到处都开着大朵的红花白花的。"我听了笑笑，并不遗憾，我见到草的另一番模样，洗尽铅华，慈祥亲厚。

收割好的草们，被卷成了一个一个的草卷，匍匐在草地上。等完全晾干了，牧人们会把它们拖回家去。漫长的冬天，它们将把碧绿的梦，一口一口，喂进马牛羊的胃中。现在，远远望过去，它们更像一头一头的奶牛，和一只一只的肥羊，蹲在那儿。天空阔大无边。生命阔大无边。人呢？人成了误入草原的一只蚂蚁，那么渺小。

我们的车子，跟着一棵草走，从上午，走到下午，再走到黄昏。一棵草还在前面引路，它要走到哪里去呢？山坡柔软。湖泊明亮。它是要走到天上去吧？草和天相接的地方，草就是云，云就是草。

天上的"草"，被风吹动得跑起来，一棵草跑向另一棵草。密集茂盛。在它们之间，偶尔现出一眼的蓝天来，如一眼的湖，蓝得纯粹、醇厚。天空和大地，是分不清了，天也是地，地也是天，这才叫天地一体，洪荒混沌呢。

遇到不少的羊群、牛群、马群。也不见牧人。不顾冷风吹，我下车去，追着一群羊跑，想跟它们亲近一下。羊大概不喜陌生人，一见到我们，拼命跑。牛倒是安静得很，远远瞅着我们，比草原还沉默。

我踩着草，想把自己走成呼伦贝尔大草原的一棵草。草在我的脚下，起伏。却不是温柔的，而是尖锐的长着牙齿的，蚊虫肆虐。怨不得到过这里的人都说，进草原，一定要带上清凉油和红花油，草原上的草会咬人呢，蚊虫也多。我却不以为意，结果什么也没带。我在草地上走了不过十来米远，脚脖子已被草割得生疼，蚊虫在我裸露的皮肤上，留下不少的明目张胆的记号。

原来，做一个牧人，远不是挥挥马鞭子那么轻松美好。

遇到一个牧人，年轻的。他脚蹬马靴，头戴头盔，身穿棉大衣，全副武装，正吆喝着一群马，把它们赶到另外一块草地去。我拦住他说话，我说这儿不是有草可吃么，为什么要赶它们走？他看我一眼，说："不能都啃光了，要留着一些，来年才会长得好。"马群停在另一块草地上，并不吃草，而是以相同的姿势，雕塑一样站立在寒风中，一动不动。问他："马为什么这样？"他答："马冷。"他掏出手机玩。草原上没有信号，上不了网，这不要紧，他可以玩玩游戏。他说冬天没事干，就在家喂喂马。他说再过两年，他也不喂马了，他要去城里，他哥他姐都到城里去了。

我想要去一家真正的蒙古包，喝一碗真正的奶茶，却未能如愿。蒙古包自然是有的，撑着洁白的毡房，跟一朵一朵的大蘑菇似的，开在草原上。但那都是为接待游客而搭建的，跟戏服似的，是表演。游客们在那里吃吃饭、骑骑马，纯粹的玩耍。从前的游牧民族，都不住蒙古包了，他们有了固定的住所，砖墙砖瓦地砌了房。他们的后代，能进城的，也都进城了，跑去海拉尔，或是额尔古纳，在那里买房。游牧生活对于年轻人而言，早已渐行渐远，成为古话。

我听到寂寞，"轰"的一声，在草原的骨头里弹响。

一路向北

很多时候，我们为了外界的一点点诱惑，而丢失掉一颗骄傲的心。

冬阳。芦苇荡。丹顶鹤。柔软的黄，纯净的白，构成的图画让我心动。这是今冬翻报时我看到的一幅新闻照片。

也便寻去了。大风的天，寒冷无孔不入，但还是执意要去。不认识路，只知道鹤在北边，在一个叫射阳的地方，离我居住的城市有二三百里。于是一路向北，一路向北。

报上说，今年来此度冬的鹤，多达千只。一路上，想象成繁花盛开，千只鹤，齐齐划过天际时，该是怎样的一种壮观？

对鹤，不陌生。小时候的印象中，就储存了鹤的。那是家里土墙上的一幅画，画里面，青山绿水，云雾缭绕，一群鹤在云雾里翩翩飞舞，如仙子。祖父爱张贴这样的画，每年年底，他都要郑重其事地去逛集市，有两样东西他必买，一是老皇历本，二是《仙鹤图》。他用新的，换了墙上旧的。鹤便年复一年的，在我家的土墙上舞蹈。鲜亮着，生动着。让小小的茅草房，充满祥和和安宁。

滩涂上，一丛丛芦苇在风里摇曳，像伸长的手臂，在召唤，在等待。阳光点点筛落，四顾苍茫，辽辽阔阔，有出世的萧索。想起《诗经》里的句子：鹤鸣于九皋，声闻于野。侧耳听，却听不到鹤鸣。同行的人笑，"鹤不是一般的鸟呢，哪能轻易让你听到它叫？"

笑着往芦苇深深处寻去，希望能寻到它们的影子，哪怕一只也好。不时有白色的水鸟从芦苇荡深处飞出来，欢快地飞上天空，很美，我以为那是白鹭。也有一些灰色的鸟，咕咕叫着，在低空飞旋。我说不上它们的名字。

只是不见鹤。

一个来此看过鹤的朋友告诉我，大白天是很难看到鹤的，它们一般都警觉得很，都把自己藏得深深的，藏在远离人烟的地方。

他说起那次看鹤的经历。他陪上海来的两个朋友，当晚进驻滩涂，睡在滩涂上养鱼人的窝棚子里，冷得要命。但为了看鹤，忍着。半夜三点，他们爬起来，守在窝棚留有的洞隙处，向外张望，不敢弄出一点点响动。就那样，虔诚地等待日出，等待鹤的出现。

"差点没被冻死啊。"他笑。

我问："最后看到鹤了没？"

他说："看到了啊。"

我又问："很美？"

他回："是啊，很美。"

叹一口气，是放下心来的满足。鹤们真的像修炼得道的高人呢，仙风道骨，远离尘嚣。费尽周折，也只能远远一观。美好原在距离外，鹤懂。它们清静出尘，方留住了它们永远的神秘和美。

半路折回，在滩涂边的养鹤场，看到了人工驯养的鹤。纤细的长足，洁白的羽毛，墨黑的翅翼，配上一块鲜艳夺目的红色肉冠，使它们看上去气度不凡。琥珀色的眼睛里，漾起一片宁静的湖水——温柔、善良、从容，还有，说不出的宽容与博大。

对它们招招手，它们信步而行，不疾不徐，是回应么？儿子最兴奋，喂它们面包吃。回来的路上，儿子说："鹤很骄傲。"我问为什么这么说。儿子回答说："它们老是站得高高的看我们。"

是了是了，这才是鹤，纵使被圈养了，那优雅也不肯丢。这让我们人类很惭愧，很多时候，我们为了外界的一点点诱惑，而丢失掉一颗骄傲的心。

第四辑
天上有云姓白

天上每天都有白云飘过，
不知有没有一朵云上有他。

远方的远

　　路边，开着一朵一朵小花，花瓣儿像极微笑的眼睛，一路笑向天边去了。

　　男人患了肝癌，晚期。行将就木。

　　守在一边的小女儿，六岁，对死亡懵懵懂懂。她害怕地问男人，"爸爸，你要死了吗？"

　　男人伸手抚了抚小女儿的脸，笑着摇摇头，"不，爸爸是要到很远很远的地方去。"

　　"很远很远的地方在哪儿？"小女儿问。

　　男人于是让朋友把他和小女儿带到野外，那里，有一片原野，和低矮的山坡。春天了，草长莺飞，阳光的羽毛，轻轻飘落。一条长满小草和开满野花的小路，弯弯曲曲，伸向远方。一群又一群的小粉蝶，在花草间嬉戏。远方，天与山齐。男人指着远方告诉小女儿，"那里，是远方的远，爸爸要到那儿去。

爸爸的爸爸，也就是你爷爷，一个人在那儿寂寞了，想爸爸了，所以，爸爸决定去看他。等你长大了，爸爸想你了，你也会走这么远，去看爸爸的。"

"那我就坐飞机去。"小女儿说。想了想，她又说，"要不，我坐飞船去。飞船快吧爸爸？"

男人笑了，男人说："飞船很快很快。可是宝宝，你坐上飞船，你就看不到这些漂亮的小花了。还是慢慢走过去好，你一边走，还可以一边和蝴蝶们玩呀。"

小女儿觉得这个主意不错，她甚至想好，要做个大花环带给爸爸。"只是，你会认出我吗？"小女儿不放心地问。

男人说："到那时，我就问路过的风儿，你们见过我的小女儿吗？我就问路边的小花，你们见过我的小女儿吗？它们会问我，你小女儿长什么样儿呀。我就说，哦，我小女儿有大大的眼睛、小小的嘴，长得像个小公主。她戴着一个美丽的花环，她总是甜甜地笑着，笑起来可漂亮啦。于是风儿和小花都会争着告诉我，呀，我们见过的呀。它们会把我带到你身边，一指你，说，就是她呀。我就认出是你了。"

小女儿开心地笑了。

男人接着说："所以，爸爸走后，宝宝要快乐哦，要笑。不然，那些风儿，那些花儿，会不认得你。"

小女儿点头答应了，很认真地和男人勾了勾小指头。

不久，男人走了。小女儿很思念他，她在纸上画了一幅画：

无边的原野，低矮的山坡，弯弯的小路。路边，开着一朵一朵小花，花瓣儿像极微笑的眼睛，一路笑向天边去了。小女儿不悲伤，她知道，那里，就是远方的远，是爸爸在的地方。有一天，他们会在那里相聚，到那时，她一定要告诉爸爸，她一直一直过得很快乐。

如果可以这样爱你

如果可以这样爱你，妈妈，让我做一回母亲，你做女儿，让我的付出天经地义，而你，可以坦然地接受。

母亲坐在黄昏的阳台上，在给我折叠晾干的衣裳。她是来我这里看病的，看手。她那双操劳一生的手，因患类风湿性关节炎，现已严重变形。

自从来城里，母亲一直表现得惶恐不安，她觉得她给我添麻烦了。那日，母亲帮我收拾房间，无意中碰翻一只水晶花瓶。我回家，母亲正守着一堆碎片独自垂泪，她自责地说："我老得不中用了，连帮你打扫一下房间的事都做不好。"我突然想起多年前，我还是个小女孩时，打碎家里唯一值钱的东西——一只暖水瓶，我并不知害怕，告诉母亲，是风吹倒的。母亲把我上上下下检查了一遍，看我伤了没有，而后揪着我的鼻子，说："还哄妈妈，哪里是风，是你这个小淘气。"我笑了，母亲也笑了。现在，我真的想让母亲这样告诉我，啊，是风吹倒的。尽管我一再安慰她没事的没事的，母亲还是为此自责了好些天。

看病时，母亲反复问医生的一句话是，她的手会不会废掉。医生严肃地说："说不准啊。"母亲就有些凄凄然，她望着她的那双手，喃喃语："怎么办呢？梅啊，妈妈的手废了，怕是以后不能再给你种瓜吃了。"我从小就喜欢吃地里长的瓜啊果的，母亲每年都会给我种许多。我无语。

带母亲上街，给母亲买这个，母亲摇摇头，说不要。给母亲买那个，母亲又摇摇头，说不要。母亲是怕我花钱。我硬是给她买了一套衣服，母亲宝贝似的捧着，感激地问："要很多钱吧？"我想起小时，我看中什么，总闹着母亲给我买，从不曾考虑过，母亲是否有钱，我要得那么心安理得。母亲现在却把我的给予，当作是恩赐。

街边一家商场在搞促销，搭了台子又唱又跳的，我站着看了会儿。一回头，不见了母亲。我慌了，大字不识一个的母亲，如果离开我，她将多么慌张！我不住地叫着"妈"，却见母亲站在不远处的一棵梧桐树下，正东张西望着。看见我，她一脸惭愧，说："妈眼神不好，怎么就找不到你了，你不会怪妈妈吧？"

突然泪涌眼眶。我上前牵了母亲的手，像多年前，她牵着我的手一样，我不会再松开母亲的手。大街如潮的人群里，我们只是一对很寻常的母女。

如果可以这样爱你，妈妈，让我做一回母亲，你做女儿，让我的付出天经地义，而你，可以坦然地接受。

小武的刺青

他虽然没跟我保证过什么，但我知道，那刺青，让他真的长大了。

我且叫他小武吧。

他其实不姓武。不过，他好像挺喜欢"武"这个字的。在他的桌子上刻着。在他的衣服上印着。在他的手腕上文着。

是的，他刺了青。

我的同事们提到他，都说，那个刺了青的家伙。

不要怪我的同事们气量小，用这种语气说一个学生。而的的确确是，他"伤"他们太深。大凡跟他打过交道的，无一不败下阵来。以至在高二分班时，同事们都事先跟学校提出申请，"刺了青的家伙"在的班，坚决不教！

说起来，他也没做过多大的坏事儿，但，就是他那一副桀骜不驯的样子，很让我的同事们抓狂。女同事罗做过他的班主任，罗一提到他，就浑身打战。这孩子，太不上道道了！罗说。

他不止一次在课堂上惹得罗下不了台。罗找他谈话，他要么呈 45 度角仰望天空，管你说什么，他就是一言不发。要么，他会突然冒出一句半句，气得你半死。罗不过才四十来岁，就被他一口一个老太太地叫着。老太太，您别动怒，动怒会伤肝的，您知道吗？或者是，老太太，您本来就不好看，这一动怒，脸上的皱纹就更多更深了。

男同事秦提起他，也是一头怒火。在秦的课上，他只有两件事做，要么睡觉，要么捣蛋。秦实在看不下去了，当众批评了他两句。他不紧不慢对秦说，老师，您也是响当当的本科毕业生吧？您瞧您现在，一个月才拿了个两三千块，不够人家一顿饭钱。您还好意思叫我们考什么大学，是想让我们都沦为您这样的？

秦那天回到办公室，气得把教科书摔在办公桌上，叫嚷着，不干了不干了，这讨饭的活再也不干了！可是，等上课铃声一响，秦还是赶紧夹起教科书，上课去了。

小武的家庭背景，也让同事们头疼。他念小学时，他妈死了，死于自杀。他爸是生意人，常年不在家，他是跟着奶奶长大的。学校开家长会，他爸从来没有出席过。

同事们把小武当球似的，踢来踢去，最后，我的班，收下了小武。

小武不知从哪里得了消息，他在楼梯拐角处，与我"偶遇"。他睥睨着我，问，听说我们将合作？

　　我淡定地看看他，我说，是啊，还请大侠多多关照啊。

　　他对我的回答，显然有些意外，咧嘴一乐。

　　我的眼光溜到他手腕上的那个"武"字，我说，这个字，还可以文得更好看些，应该文成草书的。我一本正经。

　　他狠狠愣在那里，完全不知我是啥意思。

　　最初的两堂课，小武还算安静，他除了偶尔故意趴在桌上睡睡觉外，没做出什么大动作。我也不去理他。他看我对他睡觉没什么反应，到底耐不住了，开始在课桌上敲出声响。不时来上一两下，当当，当当当。他敲的时候，我就停下来等他，全班学生也都转头看他。他挑衅道，看什么看！老子脸上有字啊？

　　全班学生就都看向我。我笑笑，好了，小武同学腕上有字，脸上是没字的，我们继续上课吧，老师刚才讲到什么地方来的？

　　学生们一齐大声回答，声音把他给淹没了。

　　小武在作业本子里写，你是我见过的最厉害的老师，佩服！

　　我回他，谢谢夸奖。你也不赖。

　　我知道，他会来找我的。

　　他果真来找我。我削了一只苹果给他，我说，这是山东大沙河产的苹果，特甜的。

　　你听说过大沙河吗？那儿曾经无风三尺沙的。不过，就是那沙质土壤，特别易于果树生长哎，结出的苹果又甜又多汁。

什么土壤会长出什么东西来的。这就好比我们人吧，各人都有各人的长处的。我装着漫不经心地说。

小武捧着苹果，傻傻地看着我，半天才说，老师，你真有意思。

隔日，晚归。等我走出办公楼，才看到，下雨了。我没带伞。小武不知从哪里冒出来了，他手里擎着把雨伞，他说，老师，我送送你。

我说，好啊。

他举着伞，站我身边，个头比我高很多。我抬头看看他，我说，哎，你都比老师高出这么多哎，我都要仰视你了。

他"扑哧"笑了。

一路上，他老老实实告诉我，老师，我就是不喜欢学习，听不进去。反正我爸说过，以后跟他去做生意。

我点头，表示理解。我说不喜欢学习就不学吧。但，坐在教室里，别人是一天，你也是一天，总得做点有意思的事，才对得起自己的一天是不？喜欢听的课，你就听一点，不喜欢听的课，你可以看点有意思的书。多读点书，你会成为一个不一样的生意人的，因为，你有一肚子的书撑着啊。那叫儒商哎。

小武再次"扑哧"笑了。

后来的小武，让同事们惊讶。他找从前的老师，一一打招呼，说以前都是他不懂事，多有得罪。这孩子，怎么跟换了一个人似的？同事们问我。

　　我也看到小武的变化了。他把刺了青的手腕处，用布条缠上。他虽然没跟我保证过什么，但我知道，那刺青，让他真的长大了。

母　亲

　　夕照铺天，劳作一生的母亲，亦如那摇摇欲坠的夕阳，伴着我的父亲，守在那个叫勤丰的小村庄。

　　母亲出身贫寒农家，兄妹五个，母亲排行老二。少时没少吃过苦，五六岁就扛着小锄头下地，帮大人干活。青黄不接的日子，她啃过树皮，食过草根。七八岁的时候，大病一场，无钱医治，躺在床上好几个月，差点丢了小小性命。母亲忆起过去，却平和得很。她天性里有认命的成分，既然老天爷这么安排了，自有老天爷的道理，做牛也好，做马也罢，受着吧。

　　母亲嫁给父亲，是从一个贫寒跳进另一个贫寒里。父亲是家里长子，下面还有三个弟弟、三个妹妹。母亲嫁过来那年，父亲最小的弟弟才四岁，成日粘在母亲身后，吵着要吃的。父亲最小的妹妹，那时尚在襁褓中。

　　父亲长年跟着工程队外出，一大家子的吃喝拉撒，落在母亲肩上。母亲没别的法子，只有拼命干活。那时按劳力记工分，母亲挣的工分，总是全队最高的。而工分的多少，直接关系到口粮的多少。我小时的印象里，母亲走路像风。她风一样地奔来奔去，肩上扛着农具，肘弯里挎着草篮。母亲吃饭也像风，捧起碗来呼呼呼，几碗稀饭迅速下肚，她抹一抹嘴，转身又去了地里。

祖母和母亲的关系却不好，一个屋檐下住着，剑拔弩张的，两个人能一隔好多天不搭话，见面跟仇人似的。祖母是好人，母亲是好人，但好人与好人在一起，未必就能合得来。祖母长相俊美，出身大家，早年读过私塾，骨子里留着大家的优雅。她不事农活，女红却好得不得了，她给我们兄妹几个裁剪衣裳，一针一线缝上，穿出去别人都要围观。她还喜绣花，她在衣襟上绣，在枕头上绣，在鞋头上绣，坐在低矮的茅屋檐下。低矮的茅屋檐，因有祖母在，而变得闪闪发光。她还擅长做美食，让人吃厌的南瓜和山芋，她能变出花样做出南瓜饼和山芋羹。这样的祖母，赢得我们孩子的喜欢。

母亲不同，母亲瘦、黑，皮肤粗糙。祖母在背后说，你妈身上的皮，黑得掉碳里也摸不到。那时听着，竟非常认同，一句反驳的话也没有。现在想想，母亲整天被风吹被日晒的，皮肤怎能不粗糙？不懂事的我，竟嫌弃过她的"丑"。我三姑好看，我希望三姑做我的母亲。那时我念小学了，下大雨的天，母亲夹了伞，去接我。我看见黝黑的母亲，赶紧往人群里躲，不让母亲瞧见。我希望送伞来的是三姑，那么光滑圆润的一个人，多么让我的同学羡慕。我甚至问过三姑，你为什么不做我的妈妈呢？年少的虚荣，到底伤了母亲没有，我不知道。成年后，一次跟母亲在一起，我想起这事来，心被揪痛。我转身抱住母亲，母亲受惊了，她显得手足无措，不住地问我，怎么了？哪里不舒服？我轻轻说，妈，没事，我只想抱抱你。母亲局促地笑，一动也不敢动，任由我抱着。

母亲极少做饭做菜，家里的烧煮，都是祖母。母亲的天地不在锅台上，而在地里面。一年三百六十五天，除了大年初一，她几乎天天伏在地里面。风霜雪雨把母亲历练得坚硬无比，母亲难得有柔软的时候。她脾气暴躁，哪里不顺眼了，立时谩骂起来。祖母私下嘀咕，你妈做十件好事，被她一骂，都一笔勾销了。母亲对我们的管束，往往是暴打。我们兄妹几个没少挨过她的打骂。那时，我们心里怨怨的，对母亲又恨又怕。我们吃着祖母做的饭菜，心是向着祖母的。一旦母亲跟祖母闹矛盾了，我们齐齐站出来，反对母亲，说母亲不好。母亲抹着泪骂我们是叛徒。我们并不因此难过，反而有种得意，让母亲伤心的得意。想想那时我们多么残忍。现在，母亲统统把这些都忘了，她时时幸福地跟人讲，她生了几个好儿女。

母亲的针线活也粗糙，她为我们的衣裳打的补丁，总要受到祖母的揶揄，看看，你妈做的针脚这么大，像趴着几条蚯蚓了。我们也有了爱美的心，拒绝再穿那样的补丁衣裳。往往招来母亲的痛打，最后是不得不屈服了，心里对母亲的恨意，便又加深一层。冬天的深夜，煤油灯昏黄的影子里，母亲的影子在晃悠，母亲在纳鞋底。全家十来口人的鞋，都是母亲做。她一下一下，哧溜哧溜地抽着鞋线，让人看着又单调又疲惫。我们很快睡去，也不知母亲什么时候睡的，没人去关心这个问题。第二天，母亲照旧风一样地奔到地里去。

我们兄妹几个并不让母亲省心。姐姐在六岁时，贪玩，爬到集体煮猪食的大锅里，被滚水严重烫伤。母亲为这，不知哭掉多少眼泪。弟弟五岁时，因生病送去医务室打针，谁知那赤脚医生的打针水平不高，一针下去，弟弟便站不起来了。母亲哭得断肠。所幸后来弟弟的腿医好了。我亦是大病几场，出天花时，昏迷七天七夜。母亲衣不解带守在一边，我病好了，母亲却倒下去昏睡了两天。现在想想，桩桩件件，都浸透着母亲厚重黏稠的爱啊。当时却惘然，不知一颗做母亲的心，为我们碎了又碎。

母亲不识字，对识字的人怀着崇敬。当年，贫农身份的她，义无反顾嫁给我的地主父亲，原因就是我父亲识文断字。母亲在让我们读书的问题上，从来立场坚定，不管家里多么困难，一定要让我们把书念下去。农忙时节，星期天在家，我们怕去地里帮忙，就伪装成看书，捧本厚厚的小说看。那厚厚的书，让母亲敬畏，母亲看一眼，自去地里忙活。邻居们奇怪，怎不叫你的孩子们来？母亲笑笑说，他们在看书呢。全村人家，纵容着那么大的孩子在家看闲书的，怕只有我母亲了。

我念高中的时候，因病荒废半年学业在家。无事在村子里晃悠，村里一妇人见到我，上下打量我一番，相当不解地对我母亲说，你家二丫头这么大了，还让她念什么书啊。她家有儿子与我同龄，早早退学在家学了木匠。母亲没好气地回她，我高兴让她念到什么时候就念到什么时候，念到老我也养着她。妇人讨了个没趣，好长时间看见我母亲都不说话。我今天能识得这么多字，还能写文章出书，都拜我母亲所赐。

祖母到得晚年，母亲也渐渐衰老，斗争了一辈子的两个女人，达成和解。她们互相关心互相牵挂，我给母亲买了好吃的，母亲会问一句，给你奶奶买了没有？我给祖母做件衣裳，祖母会叮嘱，给你妈做件吧，她苦了一辈子。祖母八十二岁上患了癌，是母亲送去医院开了刀，侍奉在左右，使祖母在病后又得以活了六个年头。那期间，母亲学会做菜，换着花样给祖母烧好吃的。母亲说，谁都有老的时候啊。母亲的心，到底是柔软的。祖母在临终前，由衷地感激母亲，对我们说，要好好孝顺你妈。只这一句，让一边听着的母亲，泪水长流。

母亲爱过美吧？这事，从前我从未想过，母亲一年四季都穿灰灰的衣裳。等我们长大了，她又捡起我们不穿的穿。我搬家，要扔掉一批不穿的衣，母亲拦下了，统统打包回家。一天，我回去，看到母亲上身穿着我的大红外套，下身穿我一条牛仔裤，这样混搭着，浑然不觉尴尬，还兀自兴高采烈地对我说，都是好好的衣裳，一点都不破。我懒得去纠正她，想着，既然她高兴这么穿，就让她穿好了。然而，有一天，母亲支支吾吾半天，提出要我买条裙子给她。我一惊，细细回想，作为女人的母亲，一辈子竟从未穿过裙子。

我给母亲买回一条靛蓝的裙子。母亲看着裙子的眼神，像初恋女子看着情人的眼神。但那条裙子却从未见母亲穿过。问母亲，怎么不穿呢？母亲说，邻居看见了会笑话的，哪有干活穿裙子的。见我现出不高兴的样子，母亲赶紧说，我晚上穿的，在房间里穿。我鼻子一酸，差点泪落。灯光灿灿，一个人的房间里，母亲穿上向往了一生的裙子，独自华丽。

母亲也爱手镯。那种玉的，淡绿的。母亲跟我逛商场时看到，眼睛盯着，半天没动弹。改天，我买一只玉镯，想给母亲一个惊喜。母亲伸手轻轻抚，说不出的欢喜。可惜母亲的手，因长期艰辛劳作，变形得厉害，骨骼突出，那种手镯，怎么套也套不进去。母亲却还是很欢喜，她说，我也有玉镯了。

母亲名字叫卢惠芬，一个极普通又极贤惠的名字。像极母亲的人。还是我父亲总结得好，父亲说，你妈是我们家的功臣。我们兄妹几个，无一人不认同。夕照铺天，劳作一生的母亲，亦如那摇摇欲坠的夕阳，伴着我的父亲，守在那个叫勤丰的小村庄。我只愿天地长久，母亲长久。

传　奇

　　我不知道我为什么要跑，似乎那颗快乐与骄傲的心，唯有奔跑，才能盛放。

　　我的整个少年时代，都被一个叫卜子的堂哥激励着。那个时候，村庄闭塞得有些孤寂，土地清瘦，四季的风，空落落地吹着，可因为有那个堂哥卜子在，一切便都明丽起来。父亲和母亲，抱着这样的念想，有朝一日，他们的孩子，也会成为卜子一样的人。那是黑里头的亮，再清寒苦贫的日子，也有了奔头。

　　闲暇时，父亲总要给我们讲讲卜子。他深吸一口水烟，目光迷离地朝着南方，那是卜子所在的方向。他说，卜子啊。我们就聚精会神起来。在一边纳鞋底的母亲，也竖起耳朵，手上的动作明显放慢了。门外，槐树上小雀们的叫声，也似乎放轻了许多。

父亲爱讲卜子小时候的糗事。这让我们有种错觉，卜子是与父亲无比亲近的。有了这层亲密关系，陌生且遥远的卜子，便跟我们也亲近起来，他是我们的荣耀和骄傲。有一件事父亲讲过不下二十遍，说卜子五六岁时，到舅舅家做客，大人们不拿小孩当回事，不让他上座席，让他蹲灶角边吃。他竟掉头就走，回去发狠说，再不去这个舅舅家了。后来，果真有好多年都不肯去舅舅家，舅舅再怎么哄也不肯去。那么小的人，就那么有骨气，父亲赞许地点点头。母亲在一旁开口了，要不是那么有骨气，他哪里会过上现在的好日子。

　　堂哥卜子的好日子，被众多亲戚津津乐道着，在我们贫瘠的想象里，是锦绣无端的。怎么说呢，就像土布与绸缎的区别。就像清汤寡水与美味佳肴的区别。堂哥卜子早已成为我们这个家族的传奇。原先也是一普通农家青年，高中毕业后，在村里做代课老师，娶得村里支部书记的女儿为妻。书记女儿却嫌他难看（据说卜子长得丑），不拿他当人，总瞧他不起，给他气受，甚至红杏出墙。他一气之下，离了婚，南下求学，历尽辛苦，最后，考上名牌大学。毕业后，他被分配到南方，事业做得风生水起。吃穿不愁自不必说，还娶了个年轻貌美的广东姑娘，住着大洋房。在我们尚不知荔枝为何物时，他家的荔枝成篮成篮放在家里吃不掉。

　　然不知什么原因，堂哥卜子自打去了南方，就再没回来过。每年春节，都要谣传一阵他要回来的消息，各家早早做好接待的准备，主妇们更是使出看家本领准备菜肴，最后，却全都落了空。我盼望见到堂哥卜子的心情，格外强烈，在兄妹几个中，就数我成绩最好。父亲说，我极有可能踏上卜子的脚印。卜子成了我的一面旗帜、一个标杆。我却从没见过堂哥卜子，我的兄妹，也都没见过。连我的父亲，说起卜子的样子来，也是模糊不清的。父亲讪讪笑，说，他小时候的样子我是记得的，眼睛小小的，很神气。

这让我疑惑不已，堂哥卜子与我的父亲到底有多亲？我是搞了好久才搞明白，原来这个堂哥，并不是我真正意义上的堂哥，他是一个远房伯伯的儿子。这个远房伯伯，平日与远亲们少有往来，但因他家出了一个卜子，原先少走动的，这才相互走动起来。这种情形有点滑稽，我们已熟稔卜子到骨头里，日日念着盼着，他却连我们是谁都不知道。他根本就不认识我们。

失望是有的，但转而又高兴了，因为父亲说，卜子的家族观念特别强。例证是，某某本家的孩子，去投奔他了，他给那孩子安排工作了。这让我们听着很安心。

我初中毕业那年，堂哥卜子终于决定起程回乡。消息早些天就在亲戚中传播，后来，得到证实，说堂哥卜子携妻挈女已在归途中。一路之上，不断有朋友拦下他，热情款待，一两天的行程，硬是走了一个多星期。众人快乐且仰慕地叹息一声，哎，卜子啊。便有亲戚天天去车站接，终于在某一天的一缕黄

146

昏中，把卜子接回。

　　家家都兴师动众宴请卜子。我家也打扫干净庭院，办好酒菜，专等着迎接卜子的到来。父亲一早就骑车上路了，到几十里外的卜子家去，隆重地邀请他。我们眼巴巴等了一天，等回父亲，父亲却失望地说，卜子太忙了，家家都请，有时忙不过来，一天要吃六顿呢。父亲带回来一袋话梅、一袋椰子糖，还有一盒酥饼，说是卜子给我们兄妹几个的礼物。我们就着昏黄的灯光，翻看着卜子给的礼物，听父亲讲在卜子家的见闻，他家门前花团锦簇、人来人往，无一刻不是热闹的。

　　卜子最终没来我家。他送的话梅我吃了两颗，酸得掉牙，但还是欢喜的，这是堂哥卜子给的呀，是来自大城市的。那是我第一次吃话梅。

　　我念高中时，参加一次大型作文竞赛得了奖，父亲怂恿我给堂哥卜子写封信，向他汇报这件喜事。父亲说，在我们这个大家族里，也只有你以后能跟卜子平起平坐了。父亲的话，让我觉得神圣。我铺开信纸给堂哥卜子写信，我抬首写：尊敬的卜子哥哥。打下无数的草稿后，总算写成。给全家人念了两遍，大家都说好，我这才郑重地把信寄出。

　　期待堂哥卜子回信的日子，是忐忑着的。每次走过收发室门口，看见收发室里那个胖阿姨，我总心跳如鼓，我觉得，她掌控着堂哥卜子的信。我有些讨好地冲她笑，叫她阿姨。终于有一天，在我再次对着她笑，叫她阿姨时，她从一堆信中，抽出一封，对我扬扬，说，是你的吧？我一眼瞥见信封上赫然印着南方某大单位的地址，呼吸变得急促。胖阿姨也瞟一眼信封，随口问了句，你家什么人在那边？我匆匆答，我哥。抓起信就跑。我不知道我为什么要跑，似乎那颗快乐与骄傲的心，唯有奔跑，才能盛放。

堂哥卜子的回信，成了全家人的幸福，大家有事没事就着我拿出来念。在信里，卜子夸我真是了不得。他说我一定能考上好大学，为我们这个家族争光。父亲到处传播这事，弄得亲戚们看我的眼神，也充满了艳羡，仿佛我已经出息起来。这无形中给了我巨大压力，我拼了命地学习，朝着堂哥卜子指引的方向，快马加鞭。

我成功了。收到大学录取通知书的那会儿，我恨不得立即飞到南方去，让堂哥卜子看看我的通知书。我决心去看他。父亲十分支持，自打我考上后，父亲整天神采飞扬，走哪里胸脯都挺得高高的。我家也出人了！父亲处处显摆。去，去让卜子看看，父亲说。

我背上家里的土特产，坐了一天一夜的长途车，终于抵达堂哥卜子所在的城。不知是不是天色渐暗的缘故，出现在我眼前的城，并非想象中的华丽丽，而是灰灰的。连路旁开着的美人蕉，也色彩浅淡。堂哥卜子站在一根路灯的柱子下，对我伸出手，客气地说，是妹妹吧？我站在向晚的风里，傻愣愣看着他，我不能相信，我眼前的这个人，就是我念了这么多年的堂哥卜子。他怎么会是卜子呢？他秃着头，瘦削削的脸上，爬着横一道竖一道的皱纹，穿一件皱巴巴的白衬衫。

他提起我的行李，拦了辆出租车。我木偶一般跟着他，穿街过巷，最后，走到一个老住宅区。三楼，楼道阴暗，我走得磕磕绊绊。他不时回头关照我，妹妹，小心啊。我马上要换大房子了，这里暂时住着，他解释道。

我点头，答一声，哦。鼻子却酸酸的。他家两室一厅的房，因我的到来，显得有些拥挤了。他把女儿的房间腾出来给我住，念初中的女儿和他们挤一间。堂嫂的表情淡淡的，和我打了一声招呼，她就把自己关到房里去了。

堂哥执意带我去饭店吃饭。街边小饭店，堂哥点了三五个菜，要了一瓶酒。他不停地招呼我吃菜，起初也还清醒着，但喝着喝着，就喝多了。他的话跟着多起来，说起这么多年他一人在外，老家人都以为他做了大官、发了大财，凡是跟他家沾点边的，都想奔着他来。妹妹，你知道吗？我也不过是个小小的办事员，混了几十年，才混个科级，能办什么事？求人半天，才把一个远房表弟安排进了一家单位做保安。他说他最怕回老家，那是伤筋动骨的事，千里迢迢回去，事先要准备一大堆礼物，哪一家亲戚都要照顾到。他说他也只拿着一份工资，却要养活一家人。堂嫂一直没工作。女儿的教育费用又高，每周上一次钢琴课，就得花掉近小半个月的工资。

那天堂哥卜子还说了些什么，我记不清了，只记得，他眼泪糊了一脸。第二天酒醒了，他看见我很不好意思，悄悄问我，我没乱说什么吧？我说没有。他跑出去买几只芒果回来，他说，这是南方水果，你一定没吃过。我自然没吃过。他女儿回来看见芒果，想吃，他用眼神狠狠制止住了。后来，我在厨房门口，听到他在厨房内对女儿说，那是给你姑姑吃的，她没吃过这种水果。我的眼泪差点掉下来。

他挽留我多住几日，说假都请好了，准备陪我四处逛逛。我谎称家里有事，不肯多住。他无法，只得送我去车站。在等车的间隙，他跑去买了好多袋话梅和椰子糖，让我带回老家，给各家亲戚送去。车还没来，我们站着，一时都无话。他突然说一句，告诉家里人，我这里一切都好。我狠狠点头。

我从南方回，提着一袋一袋的话梅和椰子糖。亲戚们都很好奇我的南方之行，他们吃着椰子糖，扯着我非让我讲讲卜子不可。他们问我，卜子是不是住着大洋房？是不是开着小车？是不是水果成篮成篮放在家里吃不掉？我说，哦，是啊是啊。亲戚们便快乐且满足地叹，哎，卜子啊。

天上有云姓白

　　天上每天都有白云飘过，不知有没有一朵云上有他。

　　他不是我们的正式老师，不过是个高中毕业生。

　　那时，我们初中快毕业了，教我们的英语老师突然生了病，没有老师能顶上这个缺，于是他来了，跛着一条腿。

　　据说他是校长的亲戚。不然凭他一个高中毕业生，怎么能来代我们的课？他来代课总有好处的，有不菲的代课费。这是消息灵通的同学说的。

　　他第一天来给我们上课，在我们的灼灼目光中，他一跛一跛的，费了好大的劲，才迈上讲台。有学生在底下终于憋不住，"扑"一声笑出来。这一笑，让他"腾"地红了脸，他窘迫得不敢直视我们，低着头，对着讲台上一摞作业本，半天才憋出一句话来："同学们好，天上有云姓白，我的名字叫白云。"

　　自此后，有学生远远看见他，就"白云""白云"地叫开了。等他答应一声，回转过身来，殷殷地问："什么事啊？"那叫着的学生会"啊"一声，抬头指着天说："我看天上的白云呢。"他并不恼，呵呵笑一声，也陪着那个同学仰头看天。

他的课备得极认真，书上密密麻麻全是红笔注的补充。只是那时我们不懂事，并不知他的努力和辛劳，私下里是有些瞧他不起的，认为他不过是个代课的。所以上课总不好好上，不时打岔，跟他要贫嘴，甚至有同学在底下吹口哨。每每这时，他总是涨红了脸，站在讲台前，一动不动地看着我们。等我们闹够了，他可怜巴巴地问："现在我们开始上课好吗？"然后弯腰跟我们连连道歉："对不起，对不起，都怪我课讲得不好，让你们没兴趣听。"教室里突然安静下来，窗外有风吹过。那一瞬，我们有些无地自容，再上课，都听话起来、乖巧起来。他很高兴，课上完了，他说："我要奖励你们。"我们都以为他是说着玩的，再来上课，却见他提来一袋子糖——他自个儿掏钱买的，给我们一人发两块。

他喜欢扎在学生堆里聊天。有学生好奇地问："你的腿咋的啦？"他并不避讳，也不生气，自自然然地说："小儿麻痹症落下的。"又说起他很想读大学，但家里穷，弟妹多，上大学成了遥不可及的梦想。"所以呀，你们要珍惜呀，珍惜这样的好时光。"他变得像长者。

一个月后，我们的英语老师病好了来上班，他得走了。这时，班上发生了一件大事，一个成绩很好的女生，父亲突然暴病身亡，女生的家一下子塌了，女生提出退学。他知道后，很着急，跛着一条腿，走了十来里的乡间路，到女生家里去。女生的寡母领着五个孩子，齐齐跪倒在他跟前。他的心一下子揪紧了，他说："我会帮你们的。"他掏出身上所有钱，又许诺，女生以后上学的钱，他会帮衬着。"一定要让她读高中、读大学，她有这个潜力。"他再三恳求，直到女生的母亲答应为止。

我们毕业前夕，他到学校来看我们，来看那个女生。他瘦了，精神却出奇的好。他说："你们要好好读书啊，我很想你们。"这一句话，惹哭了我们许多人。

在我高中快毕业的时候，却听说他染上白血病，不久便走了。当年他教的学生，因分散在四面八方，竟没有一人能见上面。他资助过的那个女生，一说起他，就哭得不能自已。

很多年过去了，当年的同学每遇见，必谈到他。末了大家会叹一声："他是个好人哪。"天上每天都有白云飘过，不知有没有一朵云上有他。

口　音

一个人，无论走多远，最感亲切的，是家乡话。最不能忘记的，亦是家乡话。

朋友家的孩子，被送去英国念书，电话里，他不是抱怨居住饮食的不习惯，而是抱怨说话的不习惯。他用一口流利的方言跟他母亲说话，他说，妈妈呀，这儿没人跟我说家乡话，可把我憋坏啦。

一个人，无论走多远，最感亲切的，是家乡话。最不能忘记的，亦是家乡话。

独自去云南旅行，满耳听到的，全是外地口音，孤独感油然而生，仿佛突然掉落到一座孤岛上，尽管到处花香鸟语，却隔着烟水茫茫。想家的感觉，很强烈。后来，去一家卖银饰的店转悠，店主殷殷向我推荐各种银饰，手镯项链戒指，不一而足。还有一种挂脖子上的饰物，上面雕着硕大的水莲花，花半开，美到极致。爱不释手，想买。同一辆旅行车上下来的广东人，在我身后拉我衣角，悄声说，假的，过不了多久，就会变黑的。我犹豫，说，可是，它这么好看。店主在一边听着，突然惊喜地叫起来，您是江苏人吧？我诧异，反问他，你怎么知道我是江苏人？

您的口音啊，他乐，说，我也是江苏的，常熟的。

常熟那地方我熟悉，一年里，总有好几次路过那地方。我在省作家班读书时，就有同学也是常熟的。于是我们一个柜台内，一个柜台外，很起劲地说起江苏来。不断有顾客来，店主亦是顾不上的。遥远的云南，一下子变得亲切起来，临了，我不单买了他的那朵水莲花，还另买了许多银镯，带回家送人。

回来，家里人都笑我，你上当了。因为那些银饰，有些真的变黑了。心里却没有一点点的悔，遥远的云南，相遇到家乡口音的快乐，长存在记忆中。

父亲有堂哥，在外颠沛流离若干年，后来把家安在重庆，与家乡隔着千重山万重水。娶妻重庆人，说一口重庆话。生子生女，也是一口重庆话。唯他，半生不熟的重庆话里，夹着浓浓的家乡口音，半个多世纪过去了，他依然操一口家乡口音。七十岁上，他回来探亲，从小一起玩儿的伙伴，也都老了。两句话没聊完，他已泪流满面，他说，我终于听到家乡话了。半个多世纪路迢迢，乡音未改，所有的念想，都有了寄存的地方。

读唐人乐府《长干行》，无端端喜欢极了。读，再读。眼前波光粼粼，展开一片辽辽的水域，碧波上，舟来帆往，真是热闹的。诗里的女子出现了，她正在一扁舟上沉思呢，家乡隔在千山万水外。耳边忽然飘过熟悉的乡音，从另一条船上。她意外的欢喜，是满满的，简直等不及一点一点往外溢，而是烟花般的，"嘭"一声炸开来。她跳出去张口就问："君家何处住？妾住在横塘。停船暂借问，或恐是同乡。"这样的萍水相逢，因口音的相似，竟是毫不设防的。不知诗里的女子和男子，最后结局如何，我很希望男未娶、女未嫁，他们可以成就一段美满姻缘。

　　成年后，我出外工作，在一座城待久了，以为城市会把我蜕化成一个城里人，却因几声蛙叫、几点鸟鸣，曾经的日子便排山倒海在记忆里翻腾。而当某一天，被某一个陌生人揪住惊喜地问，您是不是某个地方的人？怔住，微笑，陌生瞬间成熟识。那一口跑哪儿也丢不了的口音，一下子把故乡，拉得很近很近。

那个被你伤得最深的人

这世上，被你伤得最深的那个人，往往是最爱你的那个人。

见过一个父亲的泪。他蹲在一堵高墙外，头上霜花点点，满身疲惫的风尘。他先是呆呆地望着街角一处，后来，他双手捂住脸，呜咽起来。双肩剧烈耸动，单薄的身影，看上去，像极秋深时，枝头挂着的一枚叶子，欲落不落。眼泪从他指缝处，漫溢出来，成小溪流。午后的阳光，照在上面，反射着晶莹的光，亮闪闪的惨痛，无遮无挡。高墙内，是看守所。他20岁的儿子，因跟人合伙抢劫，被关在了里面。

见过一个母亲的泪。车站，她来追她执意要远走的女儿。女儿打扮得时髦入时，长靴子短裙子，嘴唇抹得鲜艳欲滴。她却头发蓬松，衣着黯淡。她不住地恳求着女儿："乖乖，妈妈求你了，你不要走啊……"女儿根本不耐烦听，一直别过头去不看她，回她的话，恶狠狠的，"你烦什么烦，我的事不要你管！"

女儿等的车，很快来了，女儿甩开母亲试图牵拉的手，跳上车去。这个母亲急得直拍车窗，口里叫着女儿的小名，"兰儿，兰儿，你不要走，你不要走。"惹得旁人纷纷侧目。车到底，还是开走了，做女儿的，连头都不曾回一下。她站在人来人往的车站，呆呆望着女儿远去的方向，蓝天白云都是痛啊。泪水从她脸上，成串成串落下。

见过一个丈夫的泪。他寻找离家出走的老婆，持了老婆的照片，站在路口，拖住每个过路的人，问："你见过这个人吗？她是我老婆，我在找她。"问得嘴唇皲裂。一年之中，他走遍大半个中国，老婆的音信还是杳无。他把寻人信息发到他能发到的每个角落，拜托好心的人帮他留意。半夜三更，只要电话一响，他立马就奔过去看。一次，他得了消息，说某个大山沟里，一户人家买来的媳妇，很像他的老婆。他一路风餐露宿地寻过去，半路上体力不支，差点一脚摔下山崖。

后来的后来，老婆还真的被他寻着了。其时，她已再度嫁人，养得珠圆玉润，坚决不肯跟他回家。五大三粗一男人，没法子可想了，蹲在马路边，哭得号啕。

见过一个妻子的泪。丈夫背着她，挪用公款给同学做生意，结果同学生意失败，公款还不上了。丈夫害怕之下，选择了逃离，于一个清晨，撇下她，一去不返。她天天盼，日日等，夜夜泪湿枕巾，希望某天，丈夫突然归来，那将是多大的惊喜啊。

她鼓足勇气上了电视里的情感现场。面对着无数的观众，她潸然泪下，好几次语不成调，眉目间全是伤悲。她对着摄像镜头，呼唤着她的丈夫："我求你了亲爱的，你快回来吧，哪怕是坐牢，我陪你一起坐。欠下的债务，我和你一起还。我们的日子还长着，你怎么忍心丢下我，一个人躲得远远的……"

这世上，被你伤得最深的那个人，往往是最爱你的那个人，你伤他（她）总是易如反掌，因为他（她）对你毫不设防。而在被你伤害之后，他（她）只会哭泣，从不知道反抗。

老枣树

外面再多的繁华旖旎，也不及家里一颗枣子的好。

老家的院子一角，一直长着一棵枣树。枣树枝叶蓬勃时，能遮住半幢房子。屋内的光线因它的分割，显得明明暗暗。我妈做针线，看不清针脚了，她会抬头看一眼窗外的枣树，自言自语道，枣树遮住光了。但从不曾想过动它，就这么让它任性地长着。

这棵枣树，到底活了多大年纪了，我爷爷在世时，也说不清。我爸更是说不清了，我爸说，打小，家门口就长着的。他们兄妹六七个，都是吃着这棵枣树上的枣长大的。

枣树原在爷爷的老家待着的。爷爷成年后，分家产，这棵枣树，也成了家产的一部分，被分给了爷爷。

爷爷带着这棵枣树，到百十里外的荒地里安了家。三间茅草屋搭起，这棵枣树，被植在了茅草屋前，成了我们家的标志。它结果时，累累一树，方圆一二十里的人都知道。

到我记事时，这棵枣树，已被人称为老枣树了。我小时候，走丢过，站在大路上直着嗓子哭。人问，孩子，你家住哪里呀？我抽抽泣泣答，我家房子前长棵老枣树。人便一拍巴掌，恍然大悟，哦，是丁志煜家的啊。因了这棵老枣树，我被顺利送回家。

我10岁那年，我家搬迁到河对岸去。我奶奶不舍得这棵老枣树，执意也要把它搬走。我爸请了人来搬它，人一锹下去，损伤它不少的根。我奶奶心疼得不得了，拿些碎布头包住它的根。它被栽到了新家的院子一角，大家都说，怕是难成活的。但最终，它却活过来了，抽枝、长叶、开花、结果，从不怠慢任何一步。

这棵枣树上的枣子，甜了我们兄妹几个的童年、少年，成了我们心目中家庭中的一员。我们去外地念书，给家里人写信，在最后，也总要问候一下老枣树，老枣树还好吧？

我爸认真回，好着呢，开一树花了。或者回，又结好多枣子了。

枣子总能留到我们寒假归来时吃。我奶奶拣大个的，一颗一颗洗净了、晒干了，装在陶罐里。枣子红红的，一口一个甜。我们吃着，觉得安稳快乐，外面再多的繁华旖旎，也不及家里一颗枣子的好。奔波在外的心，终落到实处。

后来，我们兄妹几个，一个个离家了，有了自己的小窝。

然每到枣子成熟的时候，我们都不约而同回老家去，屋前屋后转转，看看老枣树，摘下一颗一颗的甜。一家老小，围桌而坐，一个都不少，其乐融融。有老枣树在，时光好像还是从前的样子。

随着我奶奶和爷爷的相继过世，老枣树也一年不如一年了。先是枝条枯萎，继而，树干腐朽，脆弱不堪。起初，还有少量枝条硬撑着，在春天爆出新绿，在夏初开出花，在秋天果子成熟。到最后，它实在撑不住了，一树的衰败喑哑。

终有一天，等我们兄妹几个都在家，我爸跟我们商量，把老枣树砍了吧？

哦？我们都很意外。看看老枣树，它缩在院子一角，像衰老干瘪着的一个人，怕是连吹过的一缕轻风也扛不住了吧。我们相互看一眼，说，好啊，那就……砍了吧。

再回老家去，我在院子里转着转着，意外发现，在原先老枣树生长的地方，竟冒出一棵小枣树来，探头探脑着，顶一身翠翠的嫩叶子，在阳光下笑意婆娑。

天　水

孩子不懂这些，他们总要经历很多岁月之后，才会变得从容。

连续的雨天，叶子在风雨中打着旋，不堪重力般的，一头栽到地面上。行人都瑟缩在雨披里，嘴里嚷着，好冷。是冷，一路下班归来，手脚冰凉。眼看着天黑了，雨却仍没有停下的意思。

厚棉被捧出来了。取暖器也搬出来了。插上电，不一会儿，芯片就红红的了。一居室，开始被熏得暖暖的。风在窗外，雨在窗外，夜在窗外。急雨敲屋、敲窗，它们进不来，我有安心的感觉。

想起一首诗里写的："绿蚁新醅酒，红泥小火炉。"真是诱人得很。新酿的米酒，在小火炉上温着。这也罢了，偏偏一绿一红，这样的色彩，诱惑着我的想象。一定是新米酿的酒吧？

上面泛着绿莹莹的光。小火炉是红泥抹上，抑或是炭火烧红的，反正是泛着温暖的红色。被冻僵的四肢，在瞬间活泛起来。这样一个雨夜，我渴望也有这样一炉火燃着，有这样的酒温着，虽然我不会喝酒，大概也难以抗拒这样的温暖，会饮上一杯。醉了又何妨？风声雨声在屋外，我可以守着一屋的暖。还求什么呢？

那人躺在床上傻笑，说："真好。"那人不是个诗情画意的人，有时甚至是严肃的，却在这雨夜里，变得像个孩子，欢欢喜喜把被子裹在身上，叹着气叫："真幸福啊。"幸福什么呢？外面是惊天动地一个天地，雨狂风狂。室内却有一屋的温馨。这样的温馨，需要好好享受才不致浪费。

"你听，你听。"那人让我听雨敲在琉璃瓦上的声音。"像不像打夯？"他比喻。我说，打夯是什么？他说，就是人家砌房子时，用石头夯实地基，那时，很多男人一齐用力，"嗨哟"一下，把石头结结实实夯下去，发出"咚"的一声，再提起，再"嗨哟"一声夯下去。就这样一下一下的。

我笑。一群男人，赤着膊夯地基的样子就在眼前晃。他们口里哼着号子，一声一声，可不正像这急雨乱敲么。房子是砌给人住的呢，一点马虎不得，地基夯得越实越好。盖房子的主家，白面馒头蒸在一边，候着他们。夯累了，一个个坐下来，大口吞馒头，一边开着荤荤的玩笑，劳作的生活，就这样过出快乐的味道来。

再听，这急雨又像一群心慌慌的孩子，赶着去邻村看一场戏。戏早就开场了呀，他们却因什么事耽搁，去晚了。一碗热粥在大人的"威逼"下慌慌喝下，从喉咙一路烫下去，直烫到心口，也管不得的。碗搁下时，人早已跑到门外去了。一路小跑，脚步纷乱，边跑还边叫，等等我呀。其实，哪里用得着这么的急，那些戏，总是那村演了再到这村演，日后有得看的。上了年纪的人，在路上走得不慌不忙，一边走一边对着那些孩子慌慌的背影说，心慌吃不得热粥哟。是不相干的一句话，却有老人的老经验在里头。孩子不懂这些，他们总要经历很多岁月之后，才会变得从容。

雨仍在下着。一个夜，静了。老家的屋檐下，少了等雨的盆吧？那时，老家还都是茅草房，再急的雨，打在茅草上，也变得温柔，是沙沙沙的。仿佛有无数只手，抚在人的心上。祖母总喜欢放只盆在屋檐下等雨，那些浸过茅草的雨，顺着屋檐落到盆里，褐色的红。祖母说那是天水。"甜呀。"祖母说。让它沉淀了，烧茶喝，或是煮粥吃。

我有没有吃过"天水"烧的茶或煮的粥呢？我不记得了。想来总是有的。小时候的需求简单，有茶喝有粥吃就好了。祖母会让我们吃出花样来，譬如用这"天水"烧茶煮粥，还是原来的锅碗，里面盛的东西，却变得美好起来香起来。

问那人："你知道天水吗？"

那人奇怪，"什么天水？"

我独自微笑。在一屋的雨声里，想天水和我的祖母。它们在这个世上真实存在过，又一同消失在时空里，成了浩渺中的永恒。

一个人的碧海蓝天

尘缘相误，流年偷换，谁是谁的劫？

不是所有的相遇，都能相悦欢喜、温柔善待。亦不是所有的牵手，都能笑看东风、相伴到老。

他是大观园里的贾宝玉，她是温柔贤淑的薛宝钗。虽是金玉良缘，可到底，她不是他前世的一滴泪。

这年，他 18 岁。她 15 岁。

两个新式的人，举行了一场轰轰烈烈的新式婚礼，却是在两个家庭包办的前提下。

婚礼的豪华，轰动一方。徐家摆下喜宴数百桌，前来贺喜的人，络绎不绝。张家的陪嫁绵延数十里，其中有许多家具都是特地去欧洲选购的，一火车皮也装不下。

当碛石的人们，还在津津乐道徐家婚礼的奢华、新娶少奶奶嫁妆的丰厚，羡慕着这场强强联手的婚姻时，婚姻中的他和她，却早已撤下华丽丽的道具，成了熟悉的陌生人。

他不待见她，从知道要娶她的那一刻起。不管这个"她"是张幼仪，还是别的谁，哪怕就是林徽因，他也不会认同"她"。只道"她"是封建礼教下的一个包袱，接受新式教育的他，骨子里反感着这场包办婚姻。他以为，他自由的心，从此被套上枷锁。

父亲的意志，他却无法违拗。他只得违心娶了她，早早地把她打进"冷宫"，由不得她一句辩解。

在她，多么冤枉。本也是金枝玉叶，有着显赫的家世。祖父是前清知县；父亲是富甲一方的商人；二哥张君劢是颇有影响的政治家和哲学家；四哥张嘉璈是金融界和政界名流。

从小，她备受父母及兄长的宠。三岁时裹足，因不忍她疼痛，兄长做主，扔了她的裹脚布。她便很幸运地，拥有了一双天足。然日后，这双天足并没有给她带来婚姻幸福，她不无伤感地说，对于我丈夫来说，我两只脚可以说是缠过的，因为他认为我思想守旧，又没有读过什么书。

出嫁前，她过着无忧无虑的少女生活，就读于苏州第二女子师范学校。在那里，她接受着先进教育，成绩优异。只是尚未毕业，就被家人接回家，突塞一个夫婿给她。

无法揣测她当时的心理，惶恐？害羞？期盼？惴惴？15岁的小姑娘，对着一张照片看啊看，直到把那个眉清目秀的人，印到心坎上。从此，他是她的郎。

他也看过她的照片，一句乡下土包子，从此给她定了形。无论她是何等端庄贤淑，何等聪明能干，她都入不了他的眼。任她再多努力，也敲不开，他用漠视竖起的那道门。

人都说，孩子是婚姻的纽带。有了孩子，再冷漠的婚姻，也会泛出水花来。

张幼仪盼着他们能有个孩子。

在婚后第三年，她如愿以偿，为徐家诞下一男婴。举家欢庆。

徐志摩是顶喜欢小孩的，那些日子，他脸上有了笑纹。对自己这个儿子，每每有些贪恋地看着，给他取小名阿欢。

阿欢周岁那天，徐家自是一番隆重庆贺。根据风俗，小孩子过周要"抓阄"，家人便在小阿欢面前摆了量尺、小算盘、铜钱和一支毛笔。小阿欢一把抓起父亲用过的毛笔。祖父一见，乐不可支，连连道，我们家孙子将来要用铁笔！遂给孙子取名叫积锴，希望他将来能走从政入仕之路。

这时的徐志摩，已远涉重洋，到美国留学去了。与家人也常有书信往来，念及阿欢种种，对其母却只字不提。

张幼仪那颗想靠近的心，又被拒在他漠视的门外，山重水复。她在徐志摩面前，越发的沉默寡言，生怕说错了话，惹他不开心。

1920年夏，徐志摩为要投到偶像罗素门下读书，弃唾手可得的博士衔，一意孤行地跑到英国去了。

他的举动，让父亲徐申如十分震惊，坐立不安。原指望他学成归来，能借助张家的势力，走上仕途，有一番作为。现在，这个儿子却如脱缰的野马，追着罗素去了。徐申如始觉得，他已无法掌控这个儿子了，儿大不由爹。

在这种情形下，送媳妇出国伴读，成了上上策。有媳妇在儿子身边，儿子的行为举止有个牵绊，不至于胡来。而且媳妇是能干的，说不定能拉回他这匹脱缰的野马。且徐申如也想让儿子尽尽为人夫的义务，好使他快点成熟起来。

张家人自然十分赞同徐家的想法，小夫妻长期分居，会感情疏离，这对张家女儿来说，不是好事。于是，由张幼仪的二哥张君劢写信给徐志摩。

徐志摩是十分尊重张君劢的，接信后，他极度不情愿地同意张幼仪来英。

这年秋天，一直有着众多佣人伺候着的张家小姐、徐家少奶奶张幼仪，只身带着行李，来到了除丈夫外举目无亲的英国，从此，事无巨细，她要用柔弱的肩扛起。在她，竟是无惧的，久别胜新婚，她满怀着一腔的思念和期盼。

迎接她的，却是徐志摩的厌烦和冷漠。这兜头兜脸的一瓢冷水，让她从头凉到脚。晚年的她回忆起当时这个场面，还忍不住唏嘘：

我斜倚着尾甲板，不耐烦地等着上岸，然后看到徐志摩站在东张西望的人群里。就在这时候，我的心凉了一大截。他穿着一件瘦长的黑色毛大衣，脖子上围了条白丝巾。虽然我从没看过他穿西装的样子。可是我晓得那是他。他的态度我一眼就看得出来，不会搞错的，因为他是那堆接船的人当中唯一露出不想到那儿表情的人。

早年间看过一部电影，片名和情节全忘了，唯记得里面一个女人，泪湿衫巾，边哭边说，他纵使是一块石头，这么多年，我也该焐热他了。

那时应该是同情她的。即便铁石心肠，在一叠温柔面前，也应融化成水。事实上，这只是人们的一厢情愿，心都不在那上面了，再多的温柔相待，又有什么用？

徐志摩接来张幼仪，在英国的乡下沙士镇租了两室一厅安顿下来。

两人的身体距离近了，心的距离，却还遥遥。徐志摩虽一日三餐在家吃，却极少说话，对饭菜的好坏，从不作任何评价。让一旁的张幼仪，心伤了又伤。要知道，为使饭菜合口，她想尽办法，尝试过多遍，却得不到丈夫一句表扬，哪怕是批评也好啊。

她无法把自己的想法告诉徐志摩，她一开口，他必说她，你懂什么？你能说什么？他的鄙视，让她极度自卑，她多想也多读点书、学点英文，成为一个饱学的人。

夫妻五六年，在她记忆里留存的温暖片刻，仅有那么可怜的两次：

一次，他带她去康桥看赛舟。河里百舟争流，徐志摩和一些外国洋女人甩着帽子尖叫，她却无端地脸红了，只拘谨地看着。

一次，他带她去看范伦铁诺的电影。她回忆：

> 本来我们打算去看一部卓别林的电影，可是在半路上遇到徐志摩一个朋友，他说他觉得范伦铁诺的电影比较好看，徐志摩就说，哦，好吧！于是我们掉头往反方向走。徐志摩一向是这么快活又随和，他是个文人兼梦想家，而我却完全相反。我们本来要去看卓别林电影，结果去了别的地方，这件事，让我并不舒服。当范伦铁诺出现在银幕上的时候，徐志摩和他朋友都跟着观众一起鼓掌，而我只是把手搁在大腿上坐在漆黑之中。

这样的一同外出，并没有使他们距离拉近，反而更衬出他们性格的差异。他是一抹向阳的光，活活泼泼。她却是一杯安静的水，沉稳得近乎木讷。

家里的气氛始终沉闷。无数次的清晨，她倚着客厅那扇大大的落地窗，望着屋旁一条灰沙的小路。天边是雾茫茫的，风中传来教堂晓钟和缓的清音，当，当，当，把人的心都敲碎了。女人的直觉告诉她，她的丈夫，这么一早匆匆出去，一定在外面有了人，他将要娶个二太太了。

她不断安慰自己：我替他生了儿子，又服侍过他父母，我永远都是原配夫人。

她已经作好接纳二太太的准备。

事情发展的结果，远比张幼仪预料的可怕，徐志摩真的有了心上爱，且坚决地提出离婚。

古有休妻之说。但大张旗鼓提出离婚的，绝无仅有。

张幼仪一下子傻了，惊慌失措得无以复加。当时，她已有两个月身孕，徐志摩并不怜惜，反而一句，把孩子打掉。张幼仪害怕，说，我听说因为有人打胎死掉的。徐志摩冷漠地接口道，还有人因为火车事故死掉的呢，难道人家就不坐火车了吗？

之后便是长时间的冷战。对张幼仪来说，那些天，无疑是在烈火中煎熬。她找不到一个可以哭诉的人，心整天被吊在半空中，不知底下的深渊，到底有多深。

一星期后，徐志摩不辞而别，把张幼仪一个人扔在沙士镇。张幼仪成了一把"秋天的扇子"，被遗忘在密封的匣子里。

1922 年 2 月，张幼仪在德国生下次子彼得。她与徐志摩的婚姻，也走到了终点。徐志摩不顾父母的强烈反对，写信给她，正式提出离婚：

故转夜为日，转地狱为天堂，直指股间事矣……真生命必自奋斗自求得来，真幸福亦必自奋斗自求得来，真恋爱亦必自奋斗自求得来！彼此前途无限……彼此有改良社会之心，彼此有造福人类之心，其先自做榜样，勇决智断，彼此尊重人格，自由离婚，止绝痛苦，始兆幸福，皆在此矣。

他不爱她，他爱的是"西服"，是西式和现代。说到底，是性灵自由的解放。如他心中的女神林徽因。她却仍爱他，迈着他以为的"小脚"，守着她的传统。离婚在他是挣脱，在她是放手。

我有点邪恶地作这样的揣想：若张幼仪也能作河东狮吼，对徐志摩据理力争，如江冬秀之于胡适，泼辣勇猛，纳小都不允许，何况离婚。那么，结局会如何？徐志摩怕是很难做到全身而退，毫发未伤。又或者，经此一折腾，我们大诗人的性灵里，冒出这样的念头，原来身边妻是这等可爱的女人。他舍不得放手了，他开始爱了。

然张幼仪就是张幼仪，表面看似懦弱，骨子里却自尊自强。

现在，提心吊胆的日子终于到了头，她反倒什么也不怕了。三月，德国柏林，由吴金熊、金岳霖等人公证，张幼仪在离婚协议书上签上了自己的名字。

三个月后，徐志摩写了首《笑解烦恼结——送幼仪》的诗，和他的离婚通告一起刊出，在整个社会上引起哗然，他勇猛迎上，纵使肝脑涂地，亦在所不惜。在他，终向封建包办响亮地说了声，不！激情何等洋溢，此后山高水远，他自会如一只自由的鸟儿，去奋飞：

这烦恼结，是谁家扭得水尖儿难透？
这千缕万缕烦恼结，是谁家忍心机织？

这结里多少泪痕血迹，应化沉碧！
忠孝节义——
咳，忠孝节义谢你维系
四千年史髅不绝，
却不过把人道灵魂磨成粉屑，
黄海不潮，昆仑叹息，
四万万生灵，心死神灭，中原鬼泣！
咳，忠孝节义！

东方晓，到底明复出，

如今这盘糊涂账，

如何清结？

莫焦急，万事在人为，只消耐心，

共解烦恼结。

虽严密，是结，总有丝缕可觅，

莫怨手指儿酸，眼珠儿倦，

可不是抬头已见，快努力！

如何！毕竟解散，烦恼难结，烦恼苦结。

来，如今放开容颜喜笑，握手相劳；

此去清风白日，自由道风景好，

听身后一片声欢，争道解散了结儿，

消除了烦恼！

他又说，解除辱没人格的婚姻，是逃灵魂的命。

他跟了他的性灵走，却没有顾及到把一个弱女子抛下，她背着被丈夫遗弃的名，还要独自抚养幼子，该如何承受？

1931 年 12 月，林徽因在《悼志摩》中，对她眼中的徐志摩作了一番深情追忆：

志摩是个很古怪的人，浪漫固然，但他人格里最

精华的却是他对人的同情、和蔼，和优容；没有一个
人他对他不和蔼，没有一种人，他不能优容，没有一
种的情感，他绝对地不能表同情。

　　林徽因其实错了，她说漏了一个人，这个人便是被她间接
伤害过的张幼仪。徐志摩的同情、和蔼与优容，独独没有对张
幼仪。他对她始终冷漠，最后决绝到近乎残忍，这是他人性的
欠缺。纵是才子，也有普通人的弱点，对近在咫尺的爱和好，
视而不见。亦或许，在不知不觉中，他已把张幼仪当作家人中
的一个，家人是用来伤害的，外人才是用来尊重和爱的。

　　林徽因是心知肚明的，不管她有多么无辜，徐志摩是因她
的出现，才动了离婚的念头。当然，没有她，或许还有李徽因
王徽因的出现，就像后来出现的陆小曼。徐志摩也许还会提出
离婚，但结局会大不相同。

　　林徽因背负着这份歉疚，无处安放。在徐志摩死后近二十
年，她约见了张幼仪。张幼仪带着儿子和孙子跑去，那时，她
躺在医院的病床上，生命的灯盏，已极微弱。

　　那是两个女人今生唯一一次见面，她们相对着，都没说话。
事后张幼仪说，我不晓得她想看什么，也许是看我人长得丑又
不会笑。

　　我以为这是张幼仪说的气话，她怎么会不懂她？她是一眼
就看穿林徽因内心的挣扎与苦楚。一生一世，在林徽因灵魂

的高处，一直站着徐志摩，无人可替代，他们是心灵相好的两个。

当一个人被逼到走投无路时，只有两个选择，一是自我毁灭，一是重新来过。

张幼仪初听到徐志摩尖叫着对她说，他要离婚。她的眼前一片黑，夜晚冰凉的风，仿佛涌进了她的肺。她想到了死，一头撞死在阳台上，或是栽进池塘里淹死，或是关上所有窗户，扭开瓦斯。但后来她记起《孝经》上的第一个孝道基本守则：身体发肤，受之父母，不敢毁伤，孝之始也。她打消了死的念头。

深渊到底有多深，也是望得见的了，最坏的结局，不过是离婚。她反倒坦然起来，一个人带了孩子彼得，在德国生活，努力学习德文，并进了裴斯塔洛齐学院，专攻幼儿教育，开始了一个全新的自己。

隔了距离，徐志摩对她反而敬重起来，他们常有书信往来，谈论小彼得的种种，譬如他对音乐的热衷，几乎是从襁褓里起。

1925 年，他们可爱的小彼得，却死于腹膜炎。一周后，徐志摩赶到，那是他们离婚后第一次见面，相对无言，泪眼婆娑。后来，张幼仪领他一一看彼得的遗物，睡的床铺，喜欢的小提琴，日常把弄的小车、小马、小鹅、小琴、小书等玩具，穿过的衣、褂、鞋、帽。徐志摩发了痴般地看，心痉挛成一团。对被他抛弃的妻，又多了一层敬重和理解——没有他的日子，她把孩子照料得如此的好。

他后来在《我的彼得》中这般写道：

> 彼得，可爱的小彼得，我"算是"你的父亲，但想起我做父亲的往迹，我心头便涌起了不少的感想；我的话你是永远听不着了，但我想借这悼念你的机会，稍稍疏泄我的积愫，在这不自然的世界上，与我境遇相似或更不如的当不在少数，因此我想说的话或许还有人听，或许有人同情。就是你妈，彼得，她也何尝有一天接近过快乐与幸福，但她在她同样不幸的境遇中证明她的智断、她的忍耐，尤其是她的勇敢与胆量；所以至少她，我敢相信，可以懂得我话里意味的深浅，也只有她，我敢说，最有资格指证或诠释——在她有机会时——我的情感的真际。

其时，名媛陆小曼，占领了他的整个心田，他陷进又一场爱恋中，天翻地覆。饶是如此，他给陆小曼写信，还是忍不住赞叹他的前妻：

> C（张幼仪）是个有志气有胆量的女子……她现在

真是"什么都不怕"。

要想真正赢得他人的尊重，只有自己的自立自强。道理虽很浅显，但现实世界里，在黯然消退后，又华丽再现的能有几人？

破茧方能成蝶。张幼仪做到了。她做德文老师；她经营云裳服装公司，担任总经理；她接办女子商业储蓄银行，成为副总裁。她从低眉顺眼的小媳妇，蜕变成有主见、有主张且相当主动的"三主"女强人，在男人涉足的金融界，她做得有声有色，大获成功。与张幼仪照过面的梁实秋，如此评价她：

> 她是极有风度的一位少妇，朴实而干练，给人极
> 好的印象。

和徐志摩的离婚，使她脱胎换骨。晚年她回忆自己的一生，说出这样的感想：

> 在去德国之前，我什么都怕，在德国之后，我无
> 所畏惧。

徐志摩对她的"残忍"，从另一个层面上来讲，或许是慈悲。他不爱她，却没有像林长民一样，另娶新人进门，让她穿着婚

姻的外衣，守在被遗弃的"冷宫"里，日日看着他和新人欢笑恩爱。这好比凌迟，刀刀见血。

他无情地推她出门，外面天也高、地也阔，她别无牵绊，有她的人生路好走。她成了后来的女强人张幼仪，从狭小的天空，走到外面的广阔天地里，都是托他的福。

他飞机失事，她着儿子阿欢去山东给他收尸，有条不紊地为他操办了整个丧事。她提笔书写的挽联是：

万里快鹏飞，独憾翳云遂失路；一朝惊鹤化，我怜弱息去招魂。

爱，或者恨，都不重要了。生，她不能守在身边，死了，却可以去招回他的魂。他终究，还是回到她身边。

她后来帮着徐家打理产业，为"公公"养老送终，接济潦倒的陆小曼，让人敬仰。53岁那年，她遇到了属于自己的另一半，忐忑地写信给儿子阿欢，征求儿子的意见。儿子如此回复：

母职已尽，母心宜慰，谁慰母氏？谁伴母氏？母如得人，儿请父事。

她于是有了自己的避风港。

晚年，面对晚辈的一再追问，她说出令人心疼的一段话：

你总是问我，我爱不爱徐志摩。你晓得，我没办法回答这个问题。我对这问题很迷惑，因为每个人总是告诉我，我为徐志摩做了这么多事，我一定是爱他的。可是，我没办法说什么叫爱，我这辈子从没跟什么人说过"我爱你"。如果照顾徐志摩和他家人叫作爱的话，那我大概爱他吧。在他一生当中遇到的几个女人里面，说不定我最爱他。

尘缘相误，流年偷换，谁是谁的劫？——这也不重要了。重要的是，她没有成怨妇，一辈子活在仇恨和抱怨里，暗无天日。她选择放下，用宽容和爱，重新铺写自己的碧海蓝天。她不但成全了徐志摩，也成全了她自己，幸幸福福活到88岁，无疾而终。

第五辑
昨日重现

有一刻，总有那么一刻，
我们的心，别无所求，纯
净得如同婴儿。

花香缠绕的日子

花映着孩子们的脸，孩子们的脸映着花，让人好生羡慕那样的时光，青春无可匹敌。

要集体搬去新校区了。

大家齐聚老校区，热热闹闹地拍照留念。我悄悄一个人，在校园里各处走了走。我走得很慢很慢，每一步里，都有着从前的影子。

12 年，整整 12 年，我在那里。

在那里，我结识最多的，是花。春天，图书楼西侧的榆叶梅开得噼里啪啦。围着墙角一圈儿的葱兰，慢慢儿的，也都开花了。最初看到那一朵一朵小小的白，低到尘埃，不声不响地开着，我真的很意外。想它们才是花中君子，守得住清贫孤寂。

办公楼前面是草坪。草坪的四周，都被花环抱了。鸢尾的

185

花，是浅紫的，像大翅膀的蝴蝶。一度，我误以为它是蝴蝶兰。虞美人的花，是踮着脚尖开的，婷婷着，花瓣儿薄绸子一样的。我喜欢采几瓣，夹在书里面。我在教室里讲课，讲着讲着，翻开一页，看到那瓣"薄绸子"，会会心地笑上一笑。打碗花是野生的吧？浅粉的小喇叭，一朵朵，跟精致的小酒盅似的，盛着日光的酒。月季的花，丰腴而妖娆，极有贵妃派头。我从那里经过，敌不过它的诱惑，凑过鼻子去，闻上一闻，满衣袖都沾着它的香。

通往教学楼道路的两侧，更是花们的天下。二三月份，水仙花开得茂密。我是第一次看见水仙花长在土里面，又朴实又活泼，有种娇俏在里头。四五月份，红花酢浆草开花了。粉红的小花朵，不过指甲大小，却层出不穷，一开一大片，像铺着花地毯，特别招惹小白蝶。小白蝶们成群结队飞过来，好似又开出些白的花来。

茑萝开花了。花朵镶在细细的藤蔓上，跟小星星似的，文气得很。看到它，我总要想到《诗经》中的句子"茑为女萝，施于松柏"。当然，此花非彼花。但还是有着渊源的，因形态的相像，它把茑与萝的名字合二为一。

不得不说一下教学楼一侧的紫藤花廊。四月里，紫藤花开。那一条花廊，美得像吴冠中的画。画廊下，常有孩子们的身影在晃动。花映着孩子们的脸，孩子们的脸映着花，让人好生羡慕那样的时光，青春无可匹敌。

教学楼的东侧，有河，南北走向。河边树木森森。春天，一两树桃花，傍河而开。一枝枝艳粉的花，探到水里面。我会在那里流连忘返，想着醉倚桃红，亦是人间一大乐事。

　　紧接着，樱桃花该开了。结香该开了。凌霄花该开了。荷花玉兰该开了。七里香该开了。翠竹浓荫，我在楼上上课，稍一低头，便会闻到一阵一阵的花香。是荷花玉兰，或是七里香的。我和孩子们在花香里读书，书上的每个字，都是香的了。

　　秋天的校园，也是好看的。沿河的法国梧桐，叶片儿慢慢染上淡黄、金黄、褐黄，斑驳得像油画。花坛里的小雏菊们，争先恐后挤挤挨挨地开了花，粉紫、深红、橘黄、莹白，颜色缤纷，总要开到初冬才作罢。

　　艺术楼墙上的爬山虎，叶片儿也渐渐变红了。在白的瓷砖上，尤为耀眼。一面墙上镶着那样的一两棵，美好得像宋词。

　　桂花隆重登场了。这花甫一盛开，就是满校园沸腾。香哪，香得四处乱窜。那些日子，我们走路都是一步一香的。上课也是。看书也是。我每在黑板上写一个字，每翻一页书，每说一句话，都有香气缠绕不休。

　　冬天，有蜡梅花开。那一年大雪，我在教室里上课，腊梅花的香钻进鼻子里来，逗引得人心旌摇荡。哪里还上得下去课呢！我对孩子们说，不上课了，我们去雪地里玩吧。我就真的领着他们去雪地里玩了。我一边找寻着雪中的蜡梅，一边看孩子们在雪地里奔跑，他们欢笑的样子，像雪，散发出晶莹的光芒。

写到这里，一个词突然漫上心头，那个词，叫怀念。

是啊，真怀念啊。

老学生

他说，一定要给老师送上一袋子他亲手种的大米。

四十五年前，他新婚。乡下草棚两间，傍河而搭。屋旁一棵刺槐树，粗壮高大。那是祖上留给他的财产，伴过好几代人了。

他在树下置石桌石凳。人多时凳子不够，就拿几张苇席摊地上，众人席地而坐。

那时，他家里的人真是多。大锅煮粥，满满一大锅，一圈下来，就见底了。他新婚的妻子手忙脚乱，刷锅烧火，再重新煮上一大锅。

业余时间，他挖空心思，尽想着怎么弄到吃的。门口的自留地里，都种上了蔬菜。巴掌大一点地方，也舍不得浪费。青菜都长到屋檐下、门槛前了。他后来还发明，在屋顶上长菜。一把种子撒上去，过几日，那茅屋顶上，居然也是嫩绿一

189

片。——青菜也可顶粮食，好度饥荒。

其时，他三十出头，任代课教师。乡下贫穷，十二三岁的孩子，是要当劳力帮家里干活的，哪里有闲工夫上学？再说，也没那个闲钱。他一家一家去游说，说到最后，他拍胸脯保证，不要学费，一日三餐他包了。

冲着那口吃的，不少孩子奔了去，跟着他识字念书。一到饭时，浩荡着去他家吃饭。这么吃着，再大的家业也抵不住啊，何况，他也不富裕。他变卖了家里能变卖的东西，最后，连父亲留给他的一块珍贵的怀表，也给卖了。

好在乡下人实诚，看着他那么撑着，心里感动，偷偷相帮。早上开门，他常在家门口发现一袋子山芋，或是一篮子蔬菜。有时，甚至还会有小半袋子的大米。

一个叫永的男孩子，长得精瘦，体弱。记忆力却惊人，又好学。他诵过一两遍的东西，这孩子就能一字不差地给吟诵出来。他偏爱这孩子，给他开小灶，熬大米粥喝。那会儿，他的妻子正有孕在身，这对他来说，不容易。三十大几的人，终于能抱上孩子了。家里特地养了两只生蛋的鸡，本是要给妻子加点营养的，可最后，鸡蛋却多半进了永的肚子了。

我是在四十五年后，遇见他的。彼时，一二十个老学生，正把更老的他，簇拥在中间。——他们在隆重聚会。当一个老学生，扛着一袋子东北大米到达时，聚会被推向高潮。

扛大米的老学生自我介绍，老师，我是永啊。他打量老学生半天，"哦"一声，是你啊，都长变样了，变得这么壮实。

　　四十五年前，他只是出于自然本心，害怕知识被荒废，害怕那些乡下孩子被荒废。过后，也没大记心上。可在老学生那里，却一直难以忘怀他的好。恢复高考制度后，这些老学生，是第一批考上大学的。永更是其中的佼佼者，名校毕业后，经一番打拼，现在已拥有一家几千人的大公司。

　　一年前，永得知这次聚会，立即放下手头繁杂事务，跑去乡下，辟了一块地，留着种水稻。从下种子，到插秧，到灌溉，到除草，都是他亲自上。他说，一定要给老师送上一袋子他亲手种的大米。

　　老学生们激动地叫嚷，今天沾老师的光，我们就吃这新大米煮的饭。

　　饭很快煮出来，粒粒圆润透亮，似白珍珠。他吃了满满一大碗米饭，笑着说，这是他吃过的最好吃的大米饭。笑着笑着，眼睛湿了。

我与青春再见时

青春原是一场花开，欢乐或疼痛，都是岁月的赠予。

十六七岁的年纪，是迫不及待要远走高飞的。像一朵花苞苞，就要开了，就要开了，却总也不见开。光阴是缓慢的，缓慢得像教学楼后矮冬青树下，一只慢爬的蜗牛。早上走过时，看它在爬。中午去看，它还在爬，总也爬不到树枝上去。

心是忧伤的。对着一枚叶，看着看着，也会落下泪来。清晨醒来，宿舍还是那个宿舍，教室还是那个教室，操场还是那个操场。教学楼前，一排法国梧桐树，撑着肥圆的叶，不知疲倦地绿着。校园的围墙上，爬满小朵的红，和黄，是些野喇叭花，无比寂静地开着。围墙外，传来敲铁皮的声音。那是不远处的一家小店铺，专卖各种铁桶。赤膊的中年男人成日举着铁锤，敲啊敲，声音单调又寂寥。

我时常望着教室的窗外，发呆，天上飘着淡的蓝，或淡的白。风吹得若有似无。我希望着人生这惨淡的一页，能速速翻过去。是的，惨淡。那个时候，我进城念高中，穿着母亲纳的布鞋，背着母亲用格子头巾缝的书包，皮肤黝黑，沉默寡言，跟野地里的茇茇草似的，又卑微又渺小。城里的孩子多么不同，他们住黛瓦粉墙的四合院。他们穿时髦鲜艳的衣，从青石板铺就的小巷子里，呼啸而出。他们漂亮白净、神采飞扬，不识四时农作物，叫我们乡下来的孩子：泥腿子。

我的神经时时绷着、敏感着，怕被伤了，偏偏时时被伤着。他们一个不屑的眼神、一句轻视的话语，都足以让我手脚冰凉。我变得越发的沉默，低着头走路，低着头做事，恨不得能把头埋到泥地里去。

也总是要上他的课。彼时，他四五十岁，挺拔壮实。肤黑，黑得跟漆刷过似的。据说曾去西藏支教过几年。记得他初来上课时，刚一张口，全班都愣住了，他的声音与他的外表，实在不相称，他的声音尖，且细，跟女人似的。几秒钟后，全班哄堂大笑。城里的孩子尤其笑得厉害，他们兴奋地拍着桌子，哗啦啦，哗啦啦。他在前面怒，眼睛逡巡一遍教室，揪出后排一个张嘴在笑的男生，厉声道，你们这些乡下来的，太没教养了！

虽然他不是针对我，但这句话，却刺一样的，扎进我的心里面，再难拔去。再上他的课，我从不抬头听讲，兀自做自己的事。他上了一些课后，也终于发现我的"另类"，在课堂上

193

当众点名批评，说出的话，如同蹦出的石子儿似的，咯得人生疼。我越发的不喜欢他了。

他后来不再过问我，甚至连作业都不批改我的。一次，他在班上闲话考大学的事，大家踊跃说着理想中的职业。有城里同学看我一眼，大笑着说，她将来适合去做厨师。一帮同学附和着笑。我看到他的眼光不经意地掠过我，又越过去，什么话也没说，一任课堂上笑声泛滥。

是从那一刻起，我在心里发着誓，我一定要考上，给看不起我的人狠狠一击，特别是他。凌晨三四点，我一个人就悄悄起了床，到教室里点灯读书。如此的日复一日，结果，高考时我考了高分，他任教的一门，我考了年级第一名。

多年后，高中同学聚会，请来当年的老师，其中有他。他早已不复当年的挺拔，身子佝偻，双鬓染霜，苍老得厉害。这让我意外，想来他也不过六十来岁，何以会如此衰老？他在一帮同学的簇拥下，站到我跟前。同学让他猜，老师，她是哪个？他看定我，笑着摇摇头。同学提醒他，老师，她是当年我们班作文写得最好的那个，叫丁立梅啊。他看着我，还是抱歉地摇摇头，眼神天真。

有同学悄悄对我耳语，老师失忆了。我一惊，突然想落泪。多年来，我极少回顾青春，以为那是我人生里的一道暗疮。可现在，我却多么愿意走回去，他还在讲台上挺拔着，我还在讲台下稚嫩着。教学楼前的梧桐树上，还有雀儿在跳得欢。

青春原是一场花开，欢乐或疼痛，都是岁月的赠予。因为经历了，我们才得以成熟，所以，感谢。我上前挽起他，我说，老师，我们合个影吧。相机上，我的笑容，映着他的笑容，当年的天空，铺排在身后。

水烟袋里的流年

那样的时光，真是静和悠长。

每次回老家，我都要翻箱倒柜一通，寻些旧物件。

从前穿过的小衣裳小鞋子，习过字的练习本，画过画的纸，翻到了，我都如获至宝。——我曾穿着这些小衣裳小鞋子，在村庄的矮墙边跳绳；或在宛如水蛇般的田埂道上，追着鸟雀奔跑；我曾趴在小屋的煤油灯下，一笔一画，学写自己的姓名；我曾照着土墙上贴的仕女图，画古代女子，步摇乱插……生命的轨迹，清清楚楚地，都印在这些旧物件上的。唏嘘之余，只剩感恩，这些时光，我都曾一一走过。人生真正的拥有，是经历。

这一次，我翻到了水烟袋。

是的，一管水烟袋。白铜的，沉甸甸的。盛水斗的一面镂刻着梅花，一面镂刻着菊花。历经经年，上面的梅和菊，依然盛开盈盈。烟管上，竟也盘着些枝蔓和小花，很有雅趣。这是祖父的水烟袋。祖父是个风雅之人，一生不事农活，花鸟虫鱼倒是养了不少。

水烟袋被搁在了旧橱柜里，上面叠着一床旧棉被。我捧它在手，陈年的烟叶气味，扑鼻而来。那里面混杂着祖父的气味，父亲的气味，村人张木匠、王大个、李会计等人的气味。

一场突如其来的雨，让在我家附近地里劳作的村人，都跑进我家避雨。他们赤着脚，裤腿卷得高高的，一二三四五，或坐或蹲，很快把我家小屋挤满了。祖父或父亲，会装上水烟袋，招待他们。水烟袋从这个人手里，递到那个人手里。他们话语很少，只埋头咕噜咕噜吸食，半眯着眼。一圈递下来，那雨，竟是止了。他们拍拍手，站起身来，笑一笑，心满意足地走了。

或是夏夜纳凉，他们三三两两地来，坐在我家屋门口。水烟袋照例从这个人手里，递到那个人手里。暗影里，有一星点红，在他们的鼻翼处跳跃。烟草的味道，弥漫开来，咕噜咕噜的声音，绵长得很。他们劳累的筋骨，疲乏了的身子，又泛起活力来，他们开始谈笑起来，笑声很大。

我二姨奶奶也好吸水烟。二姨奶奶在离我家三十里外的另一个村庄。二姨爹早早故去，她膝下无子，一个人住两间草棚。这样的人，被叫作"缺后代"。听闻缺后代的人，脾气都古怪，性子要强，爱骂人。这个二姨奶奶，也被这样传说着，弄得我们小孩都怕她。虽她百般亲近我们，我们还是怕她。

她常来我家走亲戚。她来，祖母就捧了水烟袋递给她。她坐在我家桃树底下，咕噜咕噜吸。有时，花开满树。有时，有青果闪烁在青青的叶间。有时，是一树光秃秃的枝丫。那是冬天了，太阳光从树枝上筛下来，覆盖在她的身上，闪闪发光。她瘦小的身子，坐在一圈光里面，吸溜吸溜，脸色温润。旁边坐着我祖母，姊妹二人话些家常，说些她们的过去，那些我们小孩所不知道的人和事。

那样的时光，真是静和悠长。烟草叶的味道，在空中久久飘散着，闻上去，竟很香的，有野草的香气。叫人安心。

这个姨奶奶晚年光景有些凄凉，一个人悄没声息地在床上过去了。床旁边，搁着她的水烟袋，里面还装着未抽完的烟丝。

我跟父亲要了这管水烟袋。我把它带回城里，摆在我的书架上。它与我的书架，竟十分慰帖，很古朴悠远。

闲花落地听无声

细雨湿衣看不见，闲花落地听无声。有多少的青春，就这样，悄悄过去了。

黄昏。桐花在教室外静静开着，像顶着一树紫色的小花伞。偶有风吹过，花落下，悄无声息。几个女生，伏在走廊外的栏杆上，目光似乎漫不经心，看天，看地，看桐花。其实，哪里是在看别的，都在看郑如萍。

教学楼前的空地上，郑如萍和一帮男生在打羽毛球。夕照的金粉，落她一身。她穿着绿衣裳，系着绿丝巾，是粉绿的一个人。她不停地跳着、叫着、笑着，像朵盛开的绿蘑菇。

美，是公认的美。走到哪里，都牵动着大家的目光。女生们假装不屑，却忍不住偷偷打量她，看她的装扮，也悄悄买了绿丝巾来系。男生们毫不掩饰他们的喜欢，曾有别班男生，结伴到我们教室门口，大叫："郑如萍，郑如萍！"郑如萍抬头冲他们笑，眉毛弯弯，嘴唇边，现出两个深深的酒窝。

"贱。"女生们莫名其妙地恨着她，在嘴里悄骂一声。她听到了，转过头来看看，依然笑着，很不在意的样子。

却不爱学习。物理课上，她把书竖起来，小圆镜子放在书里面。镜子里晃动着她的脸，一朵水粉的花。她对着镜子里的自己笑。物理老师终于忍无可忍，摔了她的镜子。隔天，她又带一面小圆镜子来。

也折纸船玩。折纸船的纸，都是男生们写给她的情书。她收到的情书，成扎。她一一叠成纸船，收藏了。对追求她的男生，不说好，也不说不好。常有男生因她打架，她知道了，笑笑，不发一言。

老师们对她很不喜欢。全校大会上，校长拿她当反面教材，说某些学生早恋，再这样下去，学校要严肃处理的。大家偷眼看她，她面上全无羞愧之色，仰着脸听，微微笑着。放学后，照例和男生们打成一片，一起打羽毛球，一起骑着单车，穿过整条街道。风吹起她的长发，吹起她的衣袂，她看上去，像只扑着翅奋飞的小鸟。

高三时，终于有一个男生，因她打了一架，受伤住院。这事闹得全校沸沸扬扬。她的父母被找了来。当着围观的众多师生的面，她人高马大的父亲，狠狠掴了她两巴掌，骂她丢人现眼。她仰着头争辩："我没叫他们打！我根本不知道他们打架！"她的母亲听了这话，撇了撇薄薄的嘴唇，脸上现出嘲弄之色，说："苍蝇不叮无缝的蛋，你整天打扮得像个妖精似的，招人呢。"

我们听了都有些诧异，这哪里是一个母亲说的话。有知情的同学小声说："她不是她的亲妈，是后妈。"

这消息令我们震惊。再看郑如萍，只见她低着头，轻咬着嘴唇，眼泪一滴一滴滚下来。阳光下，她的眼泪，那么晶莹，水晶一样的，晃得人疼。这是我们第一次看见她哭。却没有人去安慰她，潜意识里，都觉得她是咎由自取。

郑如萍被留校察看。班主任把她的位子，调到教室最后排的角落里，与其他同学，隔着两张学桌的距离，一座孤岛似的。她被孤立了。有时，我们的眼光无意间扫过去，看见她沉默地看着窗外。窗外的桐树上，聚集着许多的小麻雀，叽叽喳喳欢叫着，总是很快乐的样子。天空碧蓝碧蓝的，阳光一泻千里。

季节转过一个秋，转过一个冬，春天来了，满世界的花红柳绿，我们却无暇顾及。高考进入倒计时，我们的头，整天埋在一堆练习里，像鸵鸟把头埋进沙堆里。郑如萍有时来上课，有时不来，大家都不在意。

某一天，突然传出一个震惊的消息：郑如萍跟一个流浪歌手私奔了。班主任撤掉了郑如萍的课桌，这个消息，得到证实。

我们这才惊觉，真的好长时间没有看到郑如萍了。再抬头，教室外的桐花，不知什么时候开过，又落了，满树撑着手掌大的绿叶子，蓬蓬勃勃。教学楼前的空地上，再没有了绿蘑菇似的郑如萍，没有了她飞扬的笑。我们的心，莫名地有些失落。空气很沉闷，在沉闷中，我们迎来了高考。

十来年后，我们这一届天各一方的高中同学，回母校聚会。我们在校园里四处走，寻找当年的足迹。有老同学在操场边的一棵法国梧桐树上，找到他当年刻上去的字，刻着的竟是：郑如萍，我喜欢你。我们一齐哄笑起来，"呀，没想到，当年那么老实的你，也爱过郑如萍呀。"笑过后，我们长久地沉默下来。

"其实，当年我们都不懂郑如萍，她的青春，很寂寞。"一个同学突然说。

我们抬头看天，天空仿佛还是当年的样子，碧蓝碧蓝的，阳光一泻千里。但到底不同了，我们的眉梢间，已爬上岁月的皱纹。细雨湿衣看不见，闲花落地听无声。有多少的青春，就这样，悄悄过去了。

我曾如此纯美地开过花

我望见了我柔软的青春，不后悔，不遗憾，因为我曾如此纯美地开过花，对岁月，我充满感恩。

那年，我高考失利，托了关系，辗转到邻县一所中学去复读。那所中学在城里。乡下孩子，脚上穿着母亲纳的粗布鞋，身上穿着母亲缝的粗布衣，走进城里，心里是藏着很多自卑的。我除了用功读书外，再没有什么可依托的，总是独来独往。

学校周围，住一些人家。小门小院，家家门前长花长草，还长一些泡桐树。树高大得很，枝叶儿密密地掩了人家的房。四五月的时候，泡桐树开花，看不见叶，只有一枝一枝淡紫的花，环绕在房子上方，像给房子戴上了花冠。我喜欢在清晨，捧了书，跑到那些树下读。那个时候，我也成了大自然中的一个，忘了乡下孩子的自卑，我变得很快乐。

那一天，我照例捧了书去读，突然遇见那个男孩。我起初并没有看到他，我正埋首在我的书里面，是他差点撞到了我。我抬头，尴尬地"啊"了声。他吃一惊，转过脸来，我看到霞光在他脸上，镀一层橘色光芒，他望上去，真是花朵一般清洁着的一个人。

他不好意思冲我笑了，点点头，又继续他的运动。一袭白衣，黑发飞扬。

这以后，我在清晨读书时，总会遇见他，一袭白衣，迎着朝阳跑过来，身上有泡桐花的影子在晃。他跑过我身边，会放慢脚步，对我微笑着点点头。我装作不在意地回他一个笑，心里头，却有头小鹿在跳。

后来在学校，人群里相遇，他显然认出了我。隔着一些人，他递给我一个笑，温润的，熟稔的，有某种默许似的。我的脸，无端地红了，也还他一个笑。却自始至终，我们都不曾说过一句话。

我的梦里，开始晃动着一个影子。很多的时候，看不真切，像远远开着的一树花，一团的白。我开始嫌自己不够漂亮，对着镜子，把清汤挂面样的头发，拨弄了又拨弄。母亲纳的布鞋，母亲缝的布衣，多么让我难堪！我变得很忧伤很忧伤。那些捉不住的忧伤，雾霭般的，渐渐飘满了我的日子。

泡桐花快落尽的时候，我得回我的家乡参加高考。走的那天清晨，我依然捧本书，跑去那些泡桐树下读。那个男孩，也依然来晨跑。他跑过我身边时，一如既往地放慢脚步，冲我微笑着点点头，复又渐渐加速跑远。时光仿佛永远就是那样的，浸着花香，散发着橘色的光芒。但我又清楚地知道，它不是的，它就要变成没有了。我的疼痛，一瞬间击中我。那个清晨，我流泪了。我很想很想对他说一声再见，但最终什么也没说。

我不知道那个男孩的名字，甚至都没仔细看清过他的长相，但他那一袭白衣，隔了再远的岁月，我都还记得。每年，泡桐花盛开的时候，我自然而然会想起他。我会痴痴发上一会儿愣，而后微笑起来。我望见了我柔软的青春，不后悔，不遗憾，因为我曾如此纯美地开过花，对岁月，我充满感恩。

一个电话，十个春天

我们都不可避免会陷入孤独，但只要人世间有爱在、有善良在、有朋友在，就会有春暖花开。

我是先认识他的文字，再认识他的人的。他的文字，都是有关草原有关风雪的。读他的文字，我不可抑制地在脑中勾勒这样的景象：黄昏。风。无垠的旷野。一棵树——就那么一棵树，孤零零的。风吹动它的每一片叶子，每一片叶子，都在骨头里作响。天高路远，是永不能抵达的模样……

后来通过一个朋友，我们真正相识了。也仅仅是在电话里。电话隔了万水千山，他的声音挟裹着风雪，挟裹着草原的莽莽苍苍，撞进我的耳里来，如暗夜里的坝。他说，谢谢你。我在电话这头就笑了，我说谢我什么呢？有什么好谢的？我只不过倾听了一下，倾听了一下而已。

故事谈不上有多曲折，是一个男人为了生计而奋斗的经历。他早先开过茶馆，在一个小城里混得有型有款的。但商海浮沉，人不过是其中的一叶扁舟，一个浪头打过来，也许就招架不住了。他不幸被浪击沉，被迫远走他乡，到了几千里外一个叫江仓的草原。那里，春天总是来得很晚很晚，冰凌好像永远也不会融化。一天到晚，唯有风吹过耳际，几百里了无人烟，风就那样无遮无挡地吹啊吹，吹得人的骨头里都浸满瑟瑟的孤独。

是的，是孤独。他说。无数的黑夜，他躺在帐篷里，听风吹，心里空空如荒野，苦难是深不见底的一口井，幸福离得很遥远。眼泪，不知不觉滑下来，在脸颊两侧凝结成冰。都说柔情似水，水这时却失了水的温柔。那种伤怀，是蚂蚁啃骨头般的。

那不是我的泪，他强调，真的，那不是我的，那是黑夜的眼泪，它根本不受我的控制，它落下来。说到这儿，他笑起来，苦涩地。

我静静听，我听见孤独，像一只流浪的小狗，呜咽着。人世间，最让人不能消受的，不是巨大的伤痛，而是孤独。

好在他并不颓废。他坚持写文字，白天做工，晚上写作。他至今还不会电脑，不会上网。所有的文字，都是一笔一画在纸上写成。那时，他把蜡烛插在泡沫板上，泡沫板放在他弓起的膝上。夜深，世界孤寂成一顶帐篷。蜡烛在流泪，一滴一滴，溅落到他的字上，凝固成冰冷的花朵。红的，白的，如敛翅的蝴蝶。

　　一个寻常的夜晚，我突然想起他来，想起他就拨了一个电话过去，在我，这是很轻而易举的事。他那边的反应却很强烈，是感动复感动了，连声对我道谢。他说，有朋友牵挂着，真幸福。电话搁下后不久，他发来一个信息，信息里只有八个字：一个电话，十个春天。

　　这下轮到我感动了，我不知道我轻易的一个举动，竟能送他十个春天。我立即找出电话簿，把久未通音讯的朋友，一个一个问候到了。朋友们很意外，高兴非常，我也很高兴，我们有着千言万语。空气中弥漫满了温馨，百合花一样地，幽幽吐芳。是的，一个电话，十个春天。滚滚红尘之中，我们都不可避免会陷入孤独，但只要人世间有爱在、有善良在、有朋友在，就会有春暖花开。

从未走远

有时的沧海桑田，也不过是几十年的事情，但终究，还是得到安慰。

我跟我爸说，我打算去从前的小学看一看。

那会儿，我和我爸，正坐在老家的屋门前聊天。不远处，丝瓜花趴在一垛草堆上窃笑，南瓜藤攀爬到一棵桐树上。

我爸听着一愣，笑了，你怎么突然想去看这个的？那地方，早就没啦。

我明白我爸说的"没啦"是什么意思。离家数十载，这样的"没啦"，在我的乡村，时时上演着——别离，乃至消失，人渐稀少，物已全非，都不是昔日模样了。

但我还是决定前去。

记忆里，从家到学校，是要经过两条河的。两座褐色木桥，架在其上。河岸边，人家的房，一幢挨着一幢，都是茅草屋。岸边长芦苇、垂柳，和各色各样的野花。也有一两棵野桃树，夹杂在其间。春天，野桃树撑一树粉粉的花，惹得蜂飞蝶舞。我们上学放学，总是一路走、一路玩，捉捉蝴蝶，摘摘野花，日影儿长着呢。

有时会半路遇雨。不怕。随便哪家的屋檐，都可以避雨。那家人会问，你是谁家的伢呀？我答，志煜家的。那家人就笑了，哦，原来是四队志煜家的二丫头呀。随手递过一只水萝卜来，给我吃。——乡里乡亲的，真没一个不熟悉的。

学校没有围墙，从任何一个方向，都可以畅通无阻地进入。两排青砖红瓦房，一前一后，坐北朝南，是当时村子里最气派的建筑了。周围是村庄和农田。人家养的鸡，常大模大样的，到学校的操场上来散步。猪也跟着来，羊也跟着来。猫和狗，那就更不用说了，它们时不时地，会溜进教室里听课。听得不耐烦了，尾巴一甩，走啦。

一二年级时，老师教识字的方式很有趣。上识字课，一般是不大待在教室里的。老师会领着我们去隔壁人家，拿起挂在墙上的镰刀，教我们读写"镰刀"。拿起靠在墙角落的锄头，教我们读写"锄头"。一转身，望见大门口搁着的扁担，又教我们读写"扁担"。也常把我们带去地里，读写麦子、玉米、棉花、水稻、黄豆、向日葵，如此等等。我们最初认识的字，是先从农具和庄稼开始的。

教我们的老师，也都是本村人。放学了，他们就是一地道的农民。田间地头，常常会遇见他们，担着一担的粪，裤腿卷得高高的，与旁的村人，并无两样。但因是老师，我们还是有些惧怕的，遇见了，会远远躲开去。

我们的同学，也都是打小就一起玩着的，熟悉得很。也有兄弟姐妹在一个班级读书的，也有叔叔和侄儿在一个班级读书的。那叔叔竟比侄儿还小，被侄儿欺负了，躺在地上大哭。老师见着了，训他，没羞，你还是个做叔叔的呢！

教室门前，长一棵苦楝树。春天有紫粉的小碎花，飘落一地。花落后，结累累一树果实。果实小，圆溜溜的，味苦，麻雀们饿极了也不去啄食。男孩子的口袋里却装满它，用弹弓射着玩，互相追逐着打闹。果子打在人身上挺疼的，由此常引发吵架，甚至打架事件。吵完了打完了，他们继续捡这些小果子，一起用弹弓射着玩。——年少的所谓恨，是不过夜的。

我顺着记忆，走到那里。正如我爸所言，小学的一丁点影子，都没有了。那里，已变成一片庄稼地。地里有劳作的农人，远远问我，你是来寻小学的吧？

我惊讶，问，你怎知？

哦，常有人来寻的。前几天，还有夫妻两个，带了孩子来，一家三口，站在这田边上拍了好几张照片呢。

是吗？我微笑。心里漫上一种说不清的情绪。有时的沧海桑田，也不过是几十年的事情，但终究，还是得到安慰。因为，记忆的一角，会永远留着它们的位置，让灵魂的回归，有迹可循。

一方水土养一方人

　　一方水土养一方人，诚然如斯。

酥儿饼

　　我的家乡富安人说话，带着好听的儿话音。譬如说花，我们不说"花"，而是说"花儿"。说草，我们不说"草"，而是说"草儿"。舌尖轻轻一卷，那个"儿"字，像带了尾音的哨声似的，轻轻吐出。生硬的地方方言，立马变得柔软起来。

　　外地人初听，不懂。譬如说酥儿饼，他们会问，哪个"酥"？哪个"儿"？其实，这饼的叫法，直白得不能再直白了，因为层层起酥，所以叫"酥饼"。但富安人说话都带着儿话音呀，酥饼就成"酥儿饼"了。

　　酥儿饼是富安人的传统茶点。相传，当年乾隆皇帝下江南，路过此地，品尝到这一茶点，赞不绝口。酥儿饼的名声，从此传播开去，成为富安人的骄傲。

说来也奇，这种小饼，只富安人做得，外乡人明里暗里学着做，却鲜有成功的。有的做出来形似，但味道，比起正宗的富安酥儿饼，可就差远了。所以很多外地人，想吃正宗的富安酥儿饼了，都会不远百里千里，专程跑到富安老街去。

酥儿饼并不是一年到头都有得吃的，它的供应，集中在每年春节前后，可持续到清明。就像花有花期一样，只有等到花期，你才有花可赏。这叫念想。酥儿饼也有饼期的。我想，勤劳朴实的富安人，在这小小的饼里面，一定也寄托了这样的念想。人生有所等待、有所期盼，才有意思的吧。

酥儿饼的做法，貌似不复杂，主料是面粉，揉成团后包馅。馅有咸、甜两种，咸的馅由鲜肉、葱花、盐和味精调制而成。甜的馅由赤豆沙、桂花和蔗糖调制而成。包好的面团，放到油锅里煎。煎成后的酥儿饼，像一朵朵微开的金菊，花瓣羞涩地舒展，欲开不开。从里到外，层层起酥，入口酥松香脆。

功夫是在手底下的，这揉面，这做馅料，这油温，哪一样都要拿捏到位。做饼的老师傅，揉着手上的一团面粉，抬起花白的头，冲我微微一笑。他做酥儿饼已 46 年。他祖上的祖上，就是做这个的。

粉皮汤

几乎每个老富安人,都会摊粉皮。

我小时候的印象里,祖母最拿手的菜,就是做粉皮汤。每到饭时,祖母会在一个瓷钵子里,放上一点山芋粉,用清水调匀。饭锅里的水刚好烧沸,祖母把瓷钵子放到沸水里,用手快速转动瓷钵子,转呀转呀转,山芋粉便均匀地在钵底钵沿摊开、凝固。眨眼工夫,粉皮成了。揭下来,放在案板上晾一晾。薄薄的一层,光滑、透明,照得见人影儿。祖母总是很得意地说,我摊的粉皮,像仿纸。

晾好的粉皮,被切成一片一片,和了蚕豆瓣一起煮汤。或随便抓一把咸菜放里面。烧出来的汤,白而黏稠,鲜美无比,打嘴不丢。富安人有句话来形容它,富安的粉皮赛鱼皮。一顿饭,别的菜不用做,只做这一样,就可以让你多吃上两碗饭。

成年后,我很少再回家。祖母也故去了,粉皮汤终成了记忆。有一次,我想得厉害,就买来山芋粉,自己尝试着做,循着记忆中祖母的做法。居然摊成了。薄薄的一层,光滑、透明,照得见人影儿。我想起一些旧时光来:午时的阳光,照着门前的一丛大丽花。祖母把摊好的粉皮,对着光亮处照一照,祖母的脸,在里面晃。祖母得意地说,我摊的粉皮,像仿纸。

人生中，有些影响，是根深蒂固的，是烙在骨子里的。无论你走多远、走多久，也不会丢失。

鱼汤面

鱼汤面常见，好多地方都有。但富安的鱼汤面，称得上一绝。

"绝"，首先绝在熬汤的鱼上。鱼是取的野河里的小鲫鱼。富安人认为的野河，是指少有人到过的河，它只管自在地流来流去，少喧闹，少污染，恬恬然。这样的河里，生长的鱼，也是恬恬然的，肉质格外鲜嫩。

有心的饭店老板，傍晚去野河里下网捕鱼，清水养着。凌晨三四点，起床取鱼，剖肚洗净，用猪油下锅，沸至八成。陆续放鱼入锅炸爆，起酥捞起。将炸过的鱼，连同猪骨头，加入河水慢慢熬，熬出稠汤，葱酒去腥，再用细筛过滤清汤。放入虾米少许。撒入切碎的香菜，奶油样的面汤上，便浮起一点点翠绿，格外好看。面用的是上等细面，下至八九分熟，捞起，浇上滚烫的鱼汤。这样的鱼汤面，鲜美、香醇，吃上一口，唇齿留香。食客们早就候着了，有人为吃上第一锅鱼汤面，五点多就起床来排队。

有富安人在外地，想把富安的鱼汤面，推广到外地去。他按家乡的做法做了，熬汤的鱼，也是选的野鲫鱼，却做不出家乡的味道来。后来，他托人从富安带去一桶河水，这鱼汤，才算做成了。原来，离了富安的水，那鱼汤就不是富安的鱼汤了。

一方水土养一方人，诚然如斯。

昨日重现

　　昨日的美好，都曾有过啊，于是人生完满起来。

　　第一次听到卡伦·卡朋特演唱的《昨日重现》时，我在读高中。年轻的英语老师说，给你们放首英文歌听吧。于是，我听到了卡伦·卡朋特的声音，在碎碎的夕阳里，慢慢地铺开来。如一袭华美的毯子，上面罩满高贵的忧伤。

　　这是一种逼人的气质。虽然彼时彼地，我根本不知道卡伦·卡朋特是何许人，根本听不懂她唱的是什么，但那声音，却势不可挡地直抵我的灵魂，光芒四射。

　　重听这首歌，已相隔了十来年。所谓弹指一挥间，也不过是听一首歌的距离。十来年的时间，她的声音还飘荡在那优美的旋律里，一遍一遍地唱道："听到爱情之歌，我会随之吟唱，诵记歌中的每字每句……"而听的人，却已经老了。

　　她的声音里有我们熟悉的味道，亲切、柔软，是小时吃过的年糕，是居家时枕惯的一方棉布枕巾。我们在红尘中走倦的心，渐渐地在那声音里安静下来，"当我还小的时候，我爱听收音机，等着那些我喜欢的歌。当它们响起，我会跟着一起唱……"你有过这样的好时光么？自然有过，所以，你把她当知己。

舒缓的曲子，醇厚的声音，又像一块方糖融入咖啡，泛起甜蜜的忧伤。幸福的感觉，大抵都有些忧伤的吧。窗外的阳光，羽毛一般，轻轻落下。一盆吊兰，在阳光下舒展。鸟的影子，掠过窗前。时光是这样的安详，所谓的地久天长就是这个样子吧？此生此世，我都在这里。此生此世，爱都守在这里。

曾看过一部老片子。片子中的男女主人公，年轻的时候相遇、热恋。他们一起去野外游玩，野菊花开满山坡。他们坐在山坡上，坐在花丛里，像花儿对着花儿。他们一起去看海，海风把她的发丝，吹扬到他的脸上，他低头凝视她，一眼的对望里，有着山盟海誓。他们一起在风中大声歌唱。一起迎着夕阳奔跑。一起弯腰逗过街角的一条狗。一起数望过满天星斗。

然而，战争爆发了，他去了前线，她留在后方，他们被迫分离。再相逢，都已是白发苍苍。背景是从前的野外，野菊花仍是满山坡地开着。他们四目相对，有泪，慢慢盈满眼眶，却都笑着。许久之后，男主人公忽然一指那些野菊花，对女主人公说："你看，野菊花们开得还是那么好。"女主人公轻轻答一声："是啊。"

远方，蓝天，野菊花……故事至此，戛然而止。我以为，再没有什么结局比这更温馨的了。所有的颠沛流离又算得了什么？你看，一切都还没变，野菊花们还在开着，还是昨日的样子，这才叫人感激不已！

陪一个老太太聊天。老太太在阳光下晒太阳，说起她年轻时的事，她核桃般褶皱的脸上，笑出一朵花来。她说："你不知道呀，我年轻时，手可巧呢，会绣花，在鞋面上绣，在衣裳上绣，在枕头被面上绣，把花都给绣活了。"她浑浊的眼睛，凝望着远方，那里面，渐渐现出绵长的光芒来。

我们不再说话，一任阳光静静地飘落。"所有美好的回忆，再现我的脑海，如此地清晰，使我伤心落泪，犹如昨日重现。"有些惆怅，惆怅得心满意足。昨日的美好，都曾有过啊，于是人生完满起来。

有一刻，总有那么一刻，我们的心，别无所求，纯净得如同婴儿。

那些远去的农具

黄昏，弯弯曲曲的田埂上，走着几个孩子，他们挎着竹篮，扛着草耙，小小的身子上，驮着夕阳的影子。

石磨

石磨，石制工具。由两扇圆石组成，一上一下放置，中有铁轴相连。在两扇圆石的接触之处，都凿有槽痕，用以磨碎谷物。

过去大户人家，有专门的磨坊，使了驴子拉磨。驴子被蒙上双眼，套在石磨上，活动半径只有石磨那么大。可怜的驴子绕着石磨转啊转啊，一天天，一年年，直至老死。最后，能把磨坊的地，给塌陷下去尺把深。

我没见过驴子。到我有记忆时，村里家家都穷，都是人拉磨。我们家也是。

晚上，刚喝过稀饭，我和姐姐浑身是劲，握了石磨的拉杆，拼命牵拉，石磨跟在后面快速转动，咯吱咯吱，咯吱咯吱。负责添料的祖母，一边手忙脚乱地给石磨添料，一边说，伢儿啊，悠着点，远路无轻担啊。

祖母的话，很快得到应验，一二十圈下来，我们已精疲力竭，牵拉的速度慢下来。稀饭不顶饿，饥饿跟着来了。夜深人静，也瞌睡。石磨"跑"不动了。

祖母给我们长精神，祖母说，磨完这桶玉米，明天给你们烙玉米饼吃。

那时，口粮实在紧，到第二天，未必真的有玉米饼吃。但我们还是被玉米饼刺激得睁大眼睛，强打起精神，又把石磨拉得飞快。

风从门缝里挤进来。桌上，煤油灯的灯芯，像一根绒草，晃啊晃的。人的影子，便在土墙上不停地跳着舞。石磨一圈复一圈地转动着，咯吱咯吱。祖母的声音，隔得遥远，祖母说，再磨两圈，明天给你们烙玉米饼吃。我们模糊地答，哦。

草耙

耙是农家必备的农具之一，用于翻地。收获地底下结果的作物，如山芋、胡萝卜等，也离不开耙。兵器中也有耙，像《西游记》中猪八戒整日里扛着的，就是耙。铁器家伙，耙齿都锃亮锃亮的，看上去就蛮吓人。

草耙温和多了。由竹制作而成，柄是竹子的，耙齿亦是竹子的。它是专门用来搂草的。

那个时候，不单粮食匮乏，草也匮乏。家家都是土灶，一口大锅，既煮人吃的，也煮猪吃的。草不够烧，便扛了草耙，到处去拾草。这活儿不重，基本上都交给孩子做。

村子里，整天便晃动着一群孩子，五六岁到十来岁不等，人人肘挎竹篮、肩扛草耙，在沟边渠边转悠，两眼紧盯着地上。地上可真叫干净，草屑儿几乎落不下一粒，全被草耙子给搂走了。我们也曾因抢一捧草而打起来，拿草耙跟草耙格斗。还好，草耙到底是温和的，再格斗，也伤不到哪儿去。

多年后，我的脑海中挥之不去的，是这样的景象：黄昏，弯弯曲曲的田埂上，走着几个孩子，他们挎着竹篮、扛着草耙，小小的身子上，驮着夕阳的影子。

碌碡

每家都有这么一个碌碡，石头的，圆柱形，粗粗的，笨笨的。两头套上套索，牛拉，后面男人挥着鞭子赶，在铺满小麦或水稻的场地上，一圈一圈走。碌碡碾过的地方，麦粒或稻粒脱落下来。

村里男人比力气，打赌，谁能把碌碡举过头顶，就赢20个馒头。结果，一个叫王二愣子的光棍汉，双手捧起碌碡，在一片惊叹声中，举过头顶去。他赢了20个馒头，当场一个一个吃下去，惊呆了一场的人。好长时间，村人们的谈论里，都离不开王二愣子和20个馒头。大家都把他当作了不起的人。

六月天，队场那头老黄牛，拉着碌碡，在铺满小麦的晒场上，昏头昏脑地走。无风，阳光白花花，四野寂静，只有碌碡的声音，吱吱呀呀碾过。赶牛的鳏夫胡二，寂寞了，扯开嗓子大声吆喝老黄牛，喝！喝！阳光被他吆喝得四下飞溅，四野越发寂静。

这么些年过去，赶牛的胡二，早已故去。队场的碌碡，不知去了何处。我回老家，看到我家的碌碡，被弃于屋后，上面爬满绿苔。它的身下，却探出几朵粉红的凤仙花，在岁月的微风里，笑盈盈。

左手月饼，右手莲藕

普天下的母亲，一生的付出，等待的，不过是这一刻的回报——儿女还把她记在心上。

儿子不喜欢吃月饼，从他会吃饭起，一应的食品，五彩纷呈，哪里有月饼的位置？跟他讲我小时对月饼的向往，好不容易诱他吃一口，他无比艰难地咀嚼，而后一句："妈妈，这月饼真难吃。"我望着精心选购的月饼，有草莓馅的，有桂花馅的，有肉松馅的……只只都精致得很，家人却不爱。其实——我也不爱吃了。

小时的记忆，却刀削斧刻般的。渴盼月饼的心，到了中秋，就成了一只振翅飞翔的鸟，满世界里飞。再穷的人家，也要买几只月饼应应节的。月饼摊在桌上的一张牛皮纸上，金黄的，层层起酥，上面点缀着五仁和桂花。一二三四五，六七八九十，我们把这个数字数了又数，希望多出一两只来。但是没有，每年都是这么多，六只月饼送外婆，四只月饼留给我们兄妹几个分了吃。

母亲把送外婆的月饼，也是数了又数，然后用牛皮纸包好。牛皮纸外面，渗出诱人的油渍，香得缠人。我们守在一边，巴巴地等着母亲一声令下："给外婆送去。"这简直是天籁啊，我们争先恐后的，提着母亲包好的月饼，还有几节莲藕，一溜烟向外婆家跑去。

这其中的好处，我们兄妹几个都心知肚明的，虽然母亲在身后追着叫："不要吃外婆的月饼啊。"嘴里答应着："哦。"心里想的却是，外婆哪会吃月饼呢，外婆说她不喜欢吃的。

矮矮的外婆，每次接了月饼，都笑眯眯挨个摸我们的头，然后闻闻月饼，给我们一人一只。我们起初佯装不肯要，但小手早已伸出去了，可爱的月饼，就躺到了我们的掌上，泛着好看的光泽。哪里能抵挡得了它的甜蜜？轻轻咬一口，再咬一口，满嘴生甜。吃得小心而奢侈。吃完，外婆再三叮嘱我们："不要告诉妈妈呀，就说外婆全收下了。"我们齐齐答应："好。"那一刻，我们爱极了矮矮的外婆。

但还是被母亲知道了，因为我们嘴上有消不去的月饼的味道。母亲说："又吃外婆的月饼了？"我们吓得不吭声。母亲沉下脸，伸出手来，要打我们，但不知怎么又在半途缩回去。她叹口气，摇摇头，"外婆老了，你们以后的日子还长着呢，会有好多的月饼吃啊。"

这话让我记了很多年，有些事情可以等，有些则不可以，比如月饼。我现在有钱了，可以成盒成盒地买，而我的外婆，却永远吃不到了。成家以后，我也给母亲送月饼，在中秋的时候。母亲或许也不爱吃月饼了，但当我左手月饼、右手莲藕归家的时候，我的母亲总会开心得像个孩子，她屋里屋外穿梭着，手忙脚乱地给我们张罗吃的，神情里，都是满足和开心，像我当年渴盼月饼时一样。想普天下的母亲，一生的付出，等待的，不过是这一刻的回报——儿女还把她记在心上。

　　你还记着她，这对一个母亲来说，就是大幸福了。

心上有蜻蜓翩跹

她的心上，有蜻蜓舞翩跹。夕照的金粉，铺得漫山遍野……

初冬的天，雨总是突然地落，绵绵无止境。

她在教室里望外面的天，漫天漫地的雨，远远近近地覆在眼里、覆在心上。那条通向学校的小土路，一定又是泥泞不堪了吧？她在想，放学时怎么回家。

教室门口，陆陆续续聚集了一些人，是她同学的父亲或母亲，他们擎着笨笨的油纸伞，候在教室外，探头探脑着，一边闲闲地说着话，等着接他们的孩子回家。教室里的一颗颗心，早就坐不住了，扑着翅要飞出去。老师这时大抵是宽容的，说一声，散学吧。孩子们便提前下了课。

她总是磨蹭到最后一个走。她是做过这样的梦的，梦见父亲也来接她，穿着挺括的中山装（那是他出客时穿的衣裳），擎着油纸伞，在这样的下雨天。他高大的身影出现在教室窗前，灰蒙蒙的天空也会变亮。穷孩子有什么可显摆的呢？除了爱。她希望被父亲宠着爱着，希望能伏在父亲宽宽的背上，走过那条泥泞小路，走过全班同学羡慕的眼。

然而，没有，父亲从未出现在她的窗前。那个时候，父亲与母亲的关系有些僵，常年不在家。父亲去了很远很远的工程队，和一帮民工一起挑河。

她脱下布鞋，孤零零的一个人，赤着脚冒雨回家。脚底的冰凉，在经年之后回忆起来，依然钻心入骨。

父亲不得志，在他年少的时候。

算得上英俊少年郎，在学校，成绩好得全校闻名。又，吹拉弹唱，无所不会。以为定有好前程，却因家庭成分不好，所有的憧憬，都落了空。父亲被迫返回乡下，在他十六岁那年。

有过相爱的女子，那女子在方格子纸上，用铅笔一字一字写下：我喜欢你。好多年后，发黄的笔记本里，夹着这张发黄的纸片。那是父亲的笔记本。

父亲对此，缄口不提。

与母亲的婚姻，是典型的父母包办。那时，父亲已二十三岁，在当时的农村，这个年龄，已很尴尬。家穷，又加上成分不好，女孩子们总是望而却步，所以父亲一直单身着。

长相平平的母亲，愿意嫁给父亲。愿意嫁的理由只有一个，父亲识字。没念过书的母亲，对识字的人，是敬畏且崇拜着的。祖父祖母自是欢天喜地，他们倾其所有，下了聘礼，不顾父亲的反抗，强行地让父亲娶了母亲。

婚后不久，母亲有了她。而父亲亦开始了他的漂泊生涯，有家不归。

雪落得最密的那年冬天，她生一场大病。

父亲跟了一帮人去南方，做生意。他们滞留在无锡，等那边的信到，信一到，人就走远了。

雪，整日整夜地下，白了田野，白了树木，白了房屋。她躺在床上，浑身滚烫，人烧得迷糊，一个劲地叫，爸爸，爸爸。

母亲求人捎了口信去，说她病得很重，让父亲快回家。

父亲没有回。

母亲吓得抱着她痛哭，一边骂，死人哪，你怎么还不回来，孩子想你啊。印象里，母亲是个沉默温良的人，很少如此失态。

离家三十里外的集镇上，才有医院。当再没有人可等可盼时，瘦弱的母亲背起她，在雪地里艰难跋涉。大雪封路，路上几无行人。母亲深一脚浅一脚地走，一边带着哭腔不时回头叫她，小蕊，小蕊，你千万不要吓唬妈妈啊。

漫天的大雪，把母亲和她，塑成一大一小两个雪人。泪落，雪融。莹莹的一行溪流。她竭尽全力地答应着母亲，妈妈，小蕊在呢。她小小的心里，充满末世的悲凉。

医院里，点着酒精灯暖手的医生，看到她们母女两个雪人，大惊失色。他们给她检查一通后，说她患的是急性肺炎，若再晚一天，可能就没治了。

她退烧后，父亲才回来。母亲不给他开门。父亲叩着纸窗，轻轻叫她的名字，小蕊，小蕊。

父亲的声音里，有她渴盼的温暖，一声一声，像翩跹的蜻蜓，落在她的心上。是的，她总是想到蜻蜓，那个夏日黄昏，她三岁，或四岁。父亲在家，抱她坐到田埂上，拨弄着她的头发，笑望着她叫，小蕊，小蕊。蜻蜓在低空中飞着，绿翅膀绿眼睛，那么多的蜻蜓啊。父亲给她捉一只，放她小手心里，她很快乐。夕照的金粉，铺得漫山遍野……

父亲仍在轻轻叫她，小蕊，小蕊。父亲的手，轻叩着纸窗，她能想象出父亲修长手指下的温度。母亲望着窗户流泪，她看看母亲，再看看窗户，到底忍住了，没有回应父亲。

父亲在窗外，停留了很久很久。当父亲的脚步声，迟缓而滞重地离开时，她开门出去，发现窗口，放着两只橘，通体黄灿灿的。

她读初中时，父亲结束了他的漂泊生涯，回了家。

从小的疏远，让她对父亲，一直亲近不起来。她不肯叫他爸，即使要说话，也是隔着几米远的距离，喊他一声"哎"。"哎，吃饭了。""哎，老师让签字。"她这样叫。

也一直替母亲委屈着，这么多年，母亲一人支撑着一个家，任劳任怨，却没得到他半点疼爱。

母亲却是心满意足的。她与父亲，几无言语对话，却渐渐有了默契。一个做饭，一个必烧火。一个挑水，一个必浇园。是祥和的男耕女织图。

母亲在她面前替父亲说好话。母亲说起那年那场大雪，父亲原是准备坐轮船去上海的，却得到她患病的口信，他连夜往家赶。路上，用他最钟爱的口琴，换了两只橘带给她。大雪漫天，没有可搭乘的车辆，他就一路跑着。过了江，好不容易拦下一辆装煤的卡车，求了人家司机，才得允他坐到车后的煤炭上……

你爸是爱你的呀，母亲这样总结。

可她心里却一直有个结，为什么那么多年，他不归家？这个结，让她面对父亲时，充满莫名的怨恨。

父亲试图化解这怨恨，他吹笛子给她听，跟她讲他上学时的趣事儿。有事没事，他也爱搬张小凳子，坐她旁边，看她做作业，她写多久，他就看多久，还不时地夸，小蕊，你写的字真不错。他的呼吸，热热地环过她的颈。她拒绝这样的亲昵，或者不是拒绝，而是不习惯。一次，她在做作业，额前的一绺发，掉下来遮住眉，父亲很自然地伸手替她捋。当父亲的手指，碰到她的额时，父亲手指的清凉，便像小虫子似的，在她的心尖上游。她本能地挥手挡开，惊叫一声，你做什么！

父亲的手，吓得缩回去。他愣愣地看着她，脸上的表情，渐渐变得很沉很沉，像望不到头的星空。

从此，他们不再有亲昵。

父亲很客气地叫她秦晨蕊，隔着几米远的距离。

她青春恋爱时，一向温良的母亲，却反对得很厉害。因为她恋爱的对象，是个军人，千里迢遥，他们让相思，穿透无数的山、无数的水。

母亲却不能接受这样的爱。母亲对她说，你是要妈妈，还是要那个人，你只能选一个。

她要母亲，也要那个人。那些日子，她和母亲，都是在煎熬中度过，她们瘦得很厉害。

从不下厨的父亲，下了厨，变着法子给她们母女做好吃的，劝这个吃，劝那个吃。

月夜如洗，父亲在月下问她，秦晨蕊，你真的喜欢那个人？

她答，是。

父亲沉默良久，轻轻叹口气，说，真的喜欢一个人，就要好好地待他。复又替母亲说话，你妈也是好意，怕你将来结婚了，两地分居，过日子受苦。

她没有回话。她终于明白了母亲，那些年母亲一个人带着她，是如何把痛苦，深埋于心，不与外人说。

不知那晚父亲对母亲说了什么，母亲的态度变了，她最终，嫁了她喜欢的人。但她与父亲的关系，并没有因此而亲近。她还是隔着几米远的距离叫他"哎"，他亦是隔着几米远的距离，叫她秦晨蕊。

母亲中风，很突然地。

具体的情形，被父亲讲述得充满乐趣，父亲对她说，你妈在烧火做饭时，就赖在凳子上不起来了。事实是，母亲那一坐，从此再没站起来。

母亲的脾气变得空前烦躁，母亲扔了手边能扔的东西后，号啕大哭。父亲捡了被母亲扔掉的东西，重又递到母亲手边，他轻柔地唤着母亲的名字，素芬。

来，咱们再来扔，咱们手劲儿大着呢，父亲说。他像哄小孩子似的，渐渐哄得母亲安静下来。他给母亲讲故事，给母亲吹口琴。买了轮椅，推着母亲出门散步。一日一日有他相伴，母亲渐渐接受了半身不遂的事实，变得开朗。

她去看母亲。父亲正在锅上煨一锅汤，他轻轻对她"嘘"了声，说，你妈刚刚睡着了。他们轻手轻脚地绕过房间，到屋外。父亲领她去看他的菜园子，看他种的瓜果蔬菜，其时，丝瓜花黄瓜花开得灿烂，梨树上的梨子也挂果了。青皮的香瓜，一个挨一个地结在藤上……

秦晨蕊，你不要担心没有新鲜的瓜果蔬菜吃，你妈不能种了，我还能种，我会给你种着，等你回家吃。隔着几米远的距离，父亲望着一园子的瓜果蔬菜对她说。

你也不要担心你妈，有我呢，我会好好照顾她的。

初夏的风，吹得温柔。那些雨天的记忆，雪天的记忆，在岁月底处，如云雾中的山峰，隐约着，波浪起伏着。她想，那些年的父亲，心里的疼痛，是无人知悉的吧？日子更替，花开花谢，无论曾经是爱还是不爱，如今，他和母亲，已成了相濡以沫的两个。他也早已不复当年的俊朗，身上镀上另一层慈祥的光芒，让人看着柔软。

她在父亲身后轻轻唤了声，爸。父亲惊诧地回头，看着她，眼里渐渐漫上水雾。她迎着那水雾，说，爸，叫我小蕊吧。

多年前的黄昏重现眼前：父亲抱她坐在膝上，拨弄着她的头发，唤她，小蕊，小蕊。她的心上，有蜻蜓舞翩跹。夕照的金粉，铺得漫山遍野……

第六辑
你在，就心安

亲爱的人，你必得在我眼
睛看到的地方，在我耳朵
听到的地方，在我手能抚
到的地方，好好存活着。

野菊花开满河两岸

一河两岸的野菊花，开得如火如荼，薄凉的香气，浮游在村庄上空。

琪米是在野菊花开满河两岸的时候，嫁到我们村庄来的。

却不像一般人家办喜事，鼓乐齐鸣，鞭炮轰天。琪米的婚礼，冷冷清清，除了窗户上贴着一幅大红的喜字外，别无办喜事的迹象。琪米没穿大红袄，新郎官孙大年也没笑嘻嘻地给村人们发喜糖，而是沉着脸，"啪"的一下，把门关上。

看热闹的人们，无趣地正要转身离去，却听到从新房里传出琪米的哭声，嘤嘤，嘤嘤，如深秋虫鸣，凄凄切切。紧接着，"乒乓"一声，是什么东西摔地上了，伴着孙大年的大吼声，住嘴！再号丧你就给我滚回去！

人们愣怔在那里，望着他们家大红喜字的窗户，不明白这大喜的日子里，怎么就摔盘子摔碗的？

天也就黑了，人们摇摇头，各回各的家，关起门来睡大觉。横贯村庄的一条河，这个时候也安静了，清波不泛，河两岸的野菊花们，黄黄白白，兀自渲染。白天可不是这样，白天这条河喧闹得如同集市，一村人的吃喝洗涮，都在这条河里。男人们在河里摸鱼摸虾摸螺蛳。女人们在河里淘米洗菜汰衣裳。孩子们在河边的野菊花丛中捉蚂蚱，采菊花，在头上东一朵西一朵乱插。每年夏天，河里都要淹死一两个贪水的小孩。即便如此，人们对这条河还是深爱着的，从来不在河里乱丢垃圾，河水便总是清涟涟的，望得见水草在里面招摇。人们的房都傍河而居，河南岸与河北岸，一条木桥连着。琪米嫁过来的孙大年家，就在河南岸住，低门矮户，屋后的槐树，遮天蔽地。

这日深夜，一切都安睡了，只剩下野菊花的香气，在村庄上空浮游，还有琪米嘤嘤的哭泣。那哭声如小蛇蜿蜒，凉凉的，爬上村庄的心头。人们被搅得彻夜难眠，打定了主意，等天明了一定要去问问孙大年，这究竟是咋回事。

次日一早，新娘子琪米，已伏在屋后的河边洗衣裳，黄菊花白菊花开满她身后。人们收住脚步，站在木桥上打量她，她头发乌黑，身段苗条，面皮白净，竟是少有的标致。人们在心里替她惋惜，这么漂亮一个姑娘，怎么就嫁给了不知好歹的孙大年？

人们是不大喜欢孙大年的。人长得跟瘦猴似的不说，又不正正经经干农活，成天搬弄一堆破蜂箱，说是去放蜂，也没见他赚大钱回来。一个人守着祖上留下的三间破屋，不事庄稼，常喝闷酒，像个二流子。门前的空地上，长满荒草。

琪米的到来，让一个破破败败的家，焕然一新。人们很快发现，孙大年家屋门前的草不见了，被一行行补上绿绿的青菜秧。屋子也变亮堂了，每隔几日，就见琪米拿块抹布，里里外外在擦洗。孙大年的破衣裳也整洁了，补丁上的针脚，整整齐齐。

这样一个勤劳贤惠的好媳妇，却三天两头遭孙大年的打。人们起初都同情琪米，跑过去相劝。传闻却在这时风传开来，说琪米在家做姑娘时，有个相好的，并被搞大了肚子，好面子的父母急了，赶紧托人相亲，这才把她嫁给了无父无母的孙大年。

众人上当受骗般地"啊"一声，看向琪米的眼神，就有了轻视和不屑，她再挨打，也没人上门去劝了。四五个月后，琪米果真诞下一个足月的男婴，人们窃窃私语。那几日，孙大年的脾气大得惊人，蜂箱也不碰了，成天黑着一张脸。他不许琪米给这个孩子喂奶，他要活活饿死这个小野种。琪米哭求，换来的是一顿拳打脚踢。孩子被饿得奄奄一息，最后，邻居老太太看不过去，找了一对无儿无女的夫妻来，抱走了这个孩子。

几年后，琪米给孙大年生育了两个男孩，却没有因此改变她的处境，她还是隔三岔五的，就被孙大年找了由头痛打。村庄偏僻，整日太平，琪米的存在，无疑给安静的村庄，增添了一些小浪花。村里的女人们在河边汰洗衣裳，一边隔河笑谈，哎呀，琪米又挨孙大年打了，这次是被剥光了衣裳打的。在野菊花丛中玩耍的孩子们，听到这里会怔一怔，眼前光影斑驳，野菊花们开得星星点点。风吹着他们的小脸蛋，像吹过嫩嫩的叶片儿，温软轻柔，哪里懂得人世间还有一种东西叫疼痛？他们撒开两腿，就往琪米家跑，跑去看热闹。看到的场景往往是这样的：孙大年手执鞭子，在一旁喘着粗气。琪米则在地上蜷缩成一团，哭声嘤嘤，白得晃眼的肌肤上，有崭新的鞭痕。

琪米也曾偷偷跑去看过几回被抱走的那个孩子。孩子已长到七八岁，大概听说过一些事情，看见她，朝她轻蔑地吐着唾沫。她哭着回来，被孙大年知道了，又挨一顿打。疮痍遍布的日子里，琪米就这样早早老了，乌黑的发，染上霜花。白净的脸上，有了深刻的皱纹。她遇到人总是微低了头，话少，语调轻轻的。

这么囫囵地过了一些年，孙大年得癌症死了，琪米的两个儿子业已长大，各自成了家。却因打小受父亲的影响，对琪米这个母亲，从没正眼瞧过。

琪米剩下了一个人。剩下一个人的琪米，给自己裁剪了一件大红袄，把自己收拾得很鲜艳。她去找当年相好的那一个，年轻时的那场情事，扎根在她心里，枝叶葱茏，从来没有凋零过。

他们相见了。男人仍单身着，却不是为等她，他已另有心上好。她落泪了，告诉他，他们有个儿子，早已长大成人。

男人震惊不已，提了礼物去见儿子。儿子爽快地认了他这个爹，却不认琪米这个娘。这么多年来，儿子一直记恨着琪米的"遗弃"。很快，男人搬来和儿子一起住，父子团聚。琪米还是一个人。

琪米穿着她的大红袄，在一个深夜里投了屋后的河。那会儿，一河两岸的野菊花，开得如火如荼，薄凉的香气，浮游在村庄上空。男人得知消息，慌忙赶过来，他跪在琪米的遗体前，大哭，当年那段情事，他也一直没有忘怀，只是他无法原谅她当年的"背叛"，她怎么就嫁给了别人。

男人亲自给琪米收了殓，送了葬。嘱咐儿子，等他归后，他要和她葬一起。

绿袖子

　　最痛的爱情，莫过于纵使相逢不相识，尘满面，鬓如霜。

　　《绿袖子》是一首地道的英国民谣，流传时间甚广，在伊丽莎白女王时代就被人传唱。后传说在英王亨利八世时，被重新填词，成为英国民歌的瑰宝。

　　我初见《绿袖子》，不是被它的旋律吸引，而是被它的名字吸引。其时，它正躺在一张 CD 上，不显山不露水的。但我还是一眼就喜欢上了，我想起一句宋词来，"玉窗掣锁香云涨，唤绿袖，低敲方响。"有无限娇俏的春光在里头。

　　几百年来，《绿袖子》的演绎版本多不胜数，无论用何种乐器演奏，都遮盖不了它本身逼人的气质。就像一个天生丽质的女子，穿什么，都一样光彩照人。但我，还是有偏爱的，我喜欢排箫演奏的。箫是一种有灵魂的乐器，它演奏的《绿袖子》里，飘满茉莉花香般的忧伤，像穿堂入室的风，从你的袖口里潜入，在你的每块肌肤上游走。又如绿茵如毯的原野上，徘徊着一个绿蘑菇一样的姑娘，风吹着她的绿袖，她的眼里，蓄着黄昏落日。天地是那么广阔，广阔得没有尽头，何处才是她的家？——这都是让人忧伤得不能自已的事。

音乐背后的故事，更让人惆怅。一说是一个民间水手的爱情。水手和一个喜欢穿绿袖衣裳的姑娘相爱了，每次见面，姑娘都穿着她喜欢的绿袖衣裳，像一只美丽的绿云雀。后来战争爆发，水手参战去了，姑娘日日穿着绿袖衣裳，站路口等待心上人归来，最后悲伤而死。多年的战争终于结束，满身沧桑的水手归来，却再寻不着他心爱的姑娘，他于是一遍一遍凄凄地唱："啊再见，绿袖，永别了，我向天祈祷，赐福你，因为我一生真爱你。求你再来，爱我一次。"乐曲委婉纤细，是不堪重负的荒野小草，风能读懂它心中的爱吗？最痛的爱情，莫过于纵使相逢不相识，尘满面，鬓如霜。

又一说，是国王亨利八世的爱情。这个在传说中相当暴戾的男人，却真心爱上一个民间女子，那女子穿一身绿衣裳。某天的郊外，阳光灿烂。他骑在马上，英俊威武。她披着金色长发，太阳光洒在她飘飘的绿袖上，美丽动人。只一个偶然照面，他们眼里，就烙下了对方的影。但她是知道他的，深宫大院，隔着蓬山几万重，她如何能够超越？唯有选择逃离。而他，阅尽美人无数，从没有一个女子，能像她一样，绿袖长舞，在一瞬间，住进他的心房，让他念念不忘。但斯人如梦，再也寻不到。思念迢迢复迢迢，日思夜想不得，他只得命令宫廷里的所有人都穿上绿衣裳，好解他的相思。他寂寞地低吟："唉，我的爱，你心何忍？将我无情地抛去。而我一直在深爱你，在你身边我心欢喜。绿袖子就是我的欢乐，绿袖子就是我的欣喜，绿袖子就是我金子的心，我的绿袖女郎孰能比？"曲调缠绵低沉。终其一生，他不曾得到她，一瞬的相遇，从此成了永恒。

或许，这才是最好的结局。有时的长相厮守，未必见得幸福。更永恒的爱情，是相见不如怀念。一曲《绿袖子》，因此生生世世，经典在一颗又一颗，易于感动的心上。

红木梳妆台

天地间，溢满淡淡的清香，有种明媚的好。

她与他相识，不知是哪一年哪一月的事了。仿佛生来就熟识，生来就是骨子里亲近的那一个人。她坐屋前做女红，他挑着泔水桶，走过院子里的一棵皂角树。五月了，皂角树上开满乳黄的小花儿，天地间，溢满淡淡的清香，有种明媚的好。她抬眉。他含笑，叫一声："小姐。"那个时候，她十四五岁的年龄吧。

也不过是小户人家的女儿，家里光景算不得好，她与寡母一起做女红度日。他亦是贫家少年，人却长得臂粗腰圆，很有虎相。他挨家挨户收泔水，卖给乡下人家养猪。收到她家门上，他总是尊称她一声"小姐"，彬彬有礼。

这样地，过了一天又一天。皂角花开过，又落了。落过，又开了。应该是又一年了吧，她还在屋前做女红，眉眼举止，盈盈又妩媚。是朵开放得正饱满的花。他亦是长大了，从皂角树下过，皂角树的花枝，都敲到他的头了。他远远看见她，挑泔水桶的脚步，会错乱得毫无步骤。却装作若无其事，依然彬彬有礼叫她一声："小姐。"她笑着点一下头，心跳如鼓。

某一日，他挑着泔水桶走，她倚门望，突然叫住他，她叫他："哎——"他立即止了脚步，回过身来，已是满身的惊喜。"小姐有事吗？"他小心地问。

她用手指缠绕着辫梢笑。她的辫子很长，漆黑油亮。那油亮的辫子，是他梦里的依托。他的脸无端地红了，却听到她轻声说："以后不要小姐小姐地叫我，我的名字叫翠英。"

他就是在那时，发现他头顶的一树皂角花，开得真好啊。

这便有了默契。再来，他远远地笑，她远远地迎。他起初"翠英"两字叫得不顺口，羞涩的小鸟似的，不肯挪出窝。后来，很顺溜了，他叫她，翠英。几乎是从胸腔里飞奔出来。多么青翠欲滴的两个字啊，仿佛满嘴含翠。他叫完，左右仓促地环顾一下，笑。她也笑。于是，空气都是甜蜜的了。

有人来向她提亲，是一富家子弟。他听说了，辗转一夜未眠。再来挑泔水，从皂角树下低头过，自始至终不肯抬头看她。她叫住他："哎——"他不回头，恢复到先前的彬彬有礼，低低问："小姐有事吗？"

她说："我没答应。"

这句话无头无尾，但他听懂了，只觉得热血一下子涌上来，心口口上就开了朵叫作幸福的花。他点点头，说："谢谢你翠英。"且说且走，一路健步如飞。他跑到一处无人的地方，站在那里，对着天空傻笑。

这夜，月色姣好，银装素裹。他在月下吹笛，笛声悠悠。她应声而出。两个人隔着轻浅的月色，对望。他说："嫁给我吧。"她没有犹豫，答应："好。但我，想要一张梳妆台。"这是她从小女孩起就有的梦。对门张太太家，有张梳妆台，紫檀木的，桌上有暗屉，拉开一个，可以放簪子。再拉开一个，可以放胭脂水粉。立在上头的镜子，锃亮。照着人影儿，水样地在里面晃。

他承诺："好，我娶你时，一定给你一张漂亮的梳妆台。"

他去了南方苦钱。走前对她说："等我三年，三年后，我带着漂亮的梳妆台回来娶你。"

三年不是飞花过，是更深漏长。这期间，媒人不断上门，统统被她回绝。寡母为此气得一病不起，她跪在母亲面前哀求："妈，我有喜欢的人。"

三年倚门望，却没望回他的身影。院子里的皂角花开了落，落了开……不知又过去了几个三年，她水嫩的容颜，渐渐望得枯竭。

有消息辗转传来，他被抓去做壮丁。他死于战乱。她是那么的悔啊，悔不该问他要梳妆台，悔不该放手让他去南方。从此青灯孤影，她把自己没入无尽的思念与悔恨中。

又是几年轮转，她住的院落，被一家医院征去，那里，很快盖起一幢医院大楼。她搬离到几条街道外。伴了多年的皂角树，从此成了梦中影。如同他。

60岁那年，她在巷口晒太阳，却听到一声轻唤："翠英。"她全身因这声唤而颤抖。这名字，从她母亲逝去后，就再没听到有人叫过她。她以为听错，侧耳再听，却是明明白白一声"翠英"。

那日的阳光花花的，她的人，亦是花花的，无数的光影摇移，哪里看得真切？可是，握手上的手，是真的。灌进耳里的声音，是真的。缠绕着她的呼吸，是真的。他回来了，隔了四十多年，他回来了，带着承诺给她的梳妆台。

那年，他出门不久，就遇上抓壮丁的。他被抓去，战场上无数次鬼门关前来来回回，他嘴里叫的，都是她的名字，那个青翠欲滴的名字啊。他幸运地活下来，后来糊里糊涂被塞上一条船。等他头脑清醒过来，人已在台湾。

在台湾，他拼命做事，积攒了一些钱，成了不大不小的老板。身边的女子走马灯似的，都欲与他共结秦晋之好，他一概婉拒，梦里只有皂角花开。

等待的心，只能迂回，他先是移民美国。大陆还是乱，"文革"了，他断断回不得的。他挑了上好的红木，给她做梳妆台。每日里刨刨凿凿，好度时光。

她早已听得泪雨纷飞。她手抚着红木梳妆台，拉开一个暗

248

屉，里面有银簪。再拉开一个暗屉，里面有胭脂水粉。是她多年前想要的样子啊。

　　她坐在梳妆台前，很认真地在脸上搽胭脂，搽得东一块西一块的。因为年轻时的过多穿针引线，还有，漫长日子里的泪水不断，她的眼睛，早瞎了。

　　"哎，好看吗？"她转头问立在身后的他。他一迭声说："好看好看，这世上，没有哪个女人，比你更好看。"她开心地笑了。他悄悄转身，抹去脸上两行泪。外面的阳光，真是灿烂，像多年前的皂角花开。

你在，就心安

人世间的爱情，莫不如此。就是亲爱的人，你必得在我眼睛看到的地方，在我耳朵听到的地方，在我手能抚到的地方，好好存活着。

祖母86岁的时候，耳还不背，眼也不花，还可以在屋内眯缝着眼做针线。大她两岁的祖父却不行，一步已挪不了两寸了。他总是安静地坐在院门口晒太阳，一坐就是大半天。

两个人，不过隔着一屋远的距离，祖母却每隔十来分钟，就要大声唤一声祖父。"老头子！"祖母这样唤。有时祖父听见了，会应一声"哎"。祖母笑，仍旧低了头，做她的针线活。有时祖父不应，祖母就着急，会迈着细碎的步子，走出门去看。看到祖父好好的，正坐在太阳下打着盹呢，祖母就孩子般地笑嗔："这个老头子，人家喊了也不睬。"

我笑她："你也不怕烦，老这么喊来喊去做什么？"祖母抬头看我一眼，宽容地笑，说："伢儿呀，你不懂的，知道他好好地在着呢，才心安的。"

心，在那一刻，被濡湿了，是花蕊中的一滴露。原来，幸福不过是这样的，你在，就心安。粗茶淡饭有什么要紧？年华老去有什么要紧？只要你在，幸福就在。

我想起三毛和荷西来，那对爱情神话中的人儿，曾有过让人羡慕的家居生活。那时，她在灯下写字，他在一边看书，两个人有一搭没一搭地说着话。是不是偶尔，她一抬头，叫一声："荷西。"亲爱的那个人，会缓缓回过头来，看她一眼。也没有多话，他们只温暖地交换一下眼神。然后，她继续快乐地写字，他继续迷醉地看书。但却有厚实的东西，渐渐填满了他们的心。你在，就心安的，这是人世间最最温馨的相伴。后来荷西走了，她在灯下，再也唤不回他回眸的温暖了。尘世间再美的风景，也与她无关。她的心，是空的。十年后的某天，她终追了他去。

亦曾听一个女人，讲过这样一件事，说她老公在夜里睡觉时喜欢打呼噜，那真正是地动山摇的。旁的人奇怪，那么响的呼噜，她怎么会睡得着。然她却安之若素，每夜都枕着他的呼噜声入睡，睡得安稳踏实。偶尔她老公夜里睡觉不打呼噜，她反倒不习惯了，必三番五次醒来，伸出手去摸他，摸到他正均匀地呼吸着呢，她这才放下心来，继续睡。

初听时，以为笑话。其实，不是。人世间的爱情，莫不如此。就是亲爱的人，你必得在我眼睛看到的地方，在我耳朵听到的地方，在我手能抚到的地方，好好存活着。你在，就心安的。只要你在，整个世界，就在。

桃花芳菲时

　　她仪态端庄，面容安详。院子里，一院的桃花，开得正芳菲。

　　正月十五闹花灯，年轻的三奶奶在街市上看花灯，相遇到英俊的三爹。电光火石般的，两颗年轻的心，爱了。不多久，三爹托了媒人上门。

　　三奶奶是三爹用大红花轿红盖头迎进门的，那时，满世界的桃花开得妖娆，三奶奶的婆婆——我们那未曾谋面过的老太，站在小院里，正仰望着一树桃花。帮佣的端着一盆莲子走过来，老太咧着嘴乐，说，好兆头，多子多孙。但三奶奶婚后，却无一子半嗣。

　　过年的时候，我们几个小孩子，被祖母一径领着，走上六七里的路，去给三奶奶拜年。这已是若干年后的事了。我们的老太，也早已作了古。祖母再三关照，看见三奶奶不要乱说乱动，要祝三奶奶健康长寿。

房间里的光线总是暗，有一股水烟味。黄铜的水烟台，立在床头柜上，形销骨立的样子。三奶奶盘腿坐在床上，倚着红绸缎的花被子。她是个瘦小的女人，脸隐在一圈淡淡的光里面，看不清。她朝着我们说，好孩子，谢谢你们来看奶奶。然后递过红包来，那是给我们的压岁钱。我们敛了气地候着，祖母却客气地相挡，哪能要你的钱呢？

我们被祖母轰出房去，只留她们两个说话。我们乐得出去玩，门前有河，河上结冰，冰上散落着燃尽的爆竹屑。远远看去，像散落的花瓣。我们捡了泥块打冰漂。玩得肚子饿了，才想起已到饭时，回头去找祖母，只听得三奶奶幽幽说，我可是他大红花轿红盖头娶进门来的。后面是长长久久的静穆，有叹息声，落花似的。我们倚了门，呆一呆，那大红花轿红盖头的场面，该是何等的热闹？而三奶奶，定也是个水灵灵的人吧。

从没见过三爹，他人远在上海。兵荒马乱年代，祖父的弟兄，都跑到上海去苦生活。三爹也去了，先是在上海轮船码头做苦力，后来拉黄包车，再后来，去戏园子做看门人。在那里，三爹遭逢到他生命里的一场艳遇。

爱上三爹的女人，是经常去戏园子看戏的。英俊的三爹，穿着镶白边的红礼服，站在戏园子门口迎客，惹得路过的女人，频频相望。那个女人，在数次相望后，再路过三爹身边，她把她外面穿着的大衣脱下，塞到三爹手上。给我拿着，她用不容置疑的口吻说。三爹愕然，她回眸一笑。如此三两次，便熟识了。

后来，这个女人，成了三爹在上海的太太。三爹托人捎口信给三奶奶，说，我对不起你，你另择好人家，再嫁吧。三奶奶大哭一场，却不肯离去，她把话捎去上海，我可是你大红花轿红盖头娶回家的。三爹听后，长叹一声，再无话。

家里有人去上海，回来说起三爹，多半摇头。三太太，家里人这样称三爹在上海的女人。三太太不是个善类啊，三爹在家做不了主的，大人们在一起谈论时，如是说。

三太太不喜欢这边的人过去，在小阁楼里摔盆子。三奶奶给三爹做的布鞋，也被三太太给退了回来，三太太说，侬自己穿好了。那个时候，三爹已和三太太生了两儿两女，儿女们都大了。三爹拉着去看他的家里人的手，背地里淌眼泪，说，见一回少一回哪。

也问起三奶奶，记忆里多半模糊。三爹说，她也老了吧？然后叹，我对不起她。一次，三爹瞒着三太太，塞了些钱给去看他的人，说，让她多买点吃的吧，告诉她，死了后，我一定葬在那边的。

回来的人，把三爹的话，说给三奶奶听，三奶奶抚被大恸，哭得撕心裂肺。大家都吓坏了，团团围住她，不知怎样相劝才好。三奶奶抽抽噎噎着停下来，却说，孩子们，我这是高兴哪。

三爹在 86 岁高龄上，突患一场大病，医治无效。弥留之际，家里人去看他，他问，她还好吧？再三恳求，他死了，一定要带着他的骨灰回去。平时冷面冷脸的三太太，也老了，这时仿佛看开许多，她知道，她守了一辈子的男人，只守住了他的身，却没守住他的心。她松口了，说，就依了他吧，想回去，就回去吧。

三爹的骨灰，被接回老家。三奶奶一早就梳洗打扮好了，稀疏的白发，捋得纹丝不乱。大红对襟袄穿着，竟是出嫁时穿的那件红衣裳。她不顾大家的劝阻，踩着碎步，跑了很远的路去迎。她抱着三爹的骨灰盒，多皱的脸上，慢慢洇上笑，笑成桃花瓣。她喃喃说，你这狠心的老头子，我可是你大红花轿红盖头娶进门来的，你却抛下我这么些年，今天，你终于回来啦。站旁边的人，无不泪落。

两天后，三奶奶去世了。她安静地死在床上，身上穿着那件红嫁衣，枕旁放着三爹的骨灰盒。她仪态端庄，面容安详。院子里，一院的桃花，开得正芳菲。

会说话的藏刀

她把她的情和暖，也磨进刀里面。

导游洛桑，是个迷人的康巴汉子，浓眉大眼，身材魁梧，说一口流利的普通话。他是我们游香格里拉的地陪。一上车，他就给我们来了一个九十度的大鞠躬，浑身是笑，"欢迎大家来我们香格里拉做客！你看，天多蓝，云多白！我爱我的家乡！扎西德勒！"

我们很快喜欢上这个年轻率真的康巴汉子。一路上，他一直滔滔不绝着，说当地的风土人情，讲茶马古道的故事，学藏獒叫，唱藏族小曲。他喉咙一展开，我们立即吓了一大跳，那声音简直是金属的，金光灿烂，亮闪闪一片。我们说，若是他去做歌星，保管走红，原生态嘛，现在都热衷这个。洛桑听了，很认真地回答："不，我爱我的家乡，我就愿待在这儿，哪也不去。"

我们听不懂他唱的藏语，他就用汉语字正腔圆一句一句翻译，当翻译到一句"草原上的姑娘卓玛"时，我们中有人笑，"洛桑呀，你有没有你的好姑娘？"

洛桑哈哈乐了，眼睛瞪大，一本正经答："有啊，我的好姑娘，是世上最漂亮的姑娘。"他告诉我们，他的好姑娘，也是个导游。他们带不同的旅游团，在同一片天空下转着，却难得相见。洛桑说这些时，嘴边一直飞着笑，表情柔和且安静，让人感动。我们于是都在想象他的卓玛，梳很多小辫子垂挂着，穿镶花边系绣花腰带的藏袍，有漆黑得如深潭的眸。问洛桑，"是这样吗？"洛桑频频点头，"是的是的。"

停车吃饭，一眨眼不见了洛桑。出门，却发现他蹲在人家水池边，就着一块磨刀石，正专注地磨着他佩的藏刀。问他："带藏刀干吗呢？"他解释："这是藏人服饰中的一块，藏人着装，是要佩了藏刀，才算着好装了。这是流传下来的习俗，藏人最初是用它来防身和切肉吃的。"我们要他示范一下他的刀快不快。洛桑就找了一根铁钉，削了下去。铁钉当即被削断。

即便是这样的锋利，洛桑一有空闲，还是取下他的藏刀磨。这让我们大大不解。洛桑轻轻插刀进鞘，说："我这刀是有灵气的，我把我手上的温度，磨进刀里去，它就会说话。"我们知道他是开玩笑，都跟着一乐。

车过一峡谷，洛桑看着窗外，突然变得很兴奋，洛桑问我们："可以停一下车吗？就五分钟。"我们都伸头往窗外看去，就看到与我们相向的一辆旅游车，停在路边，一些游客散在路旁，正对着峡谷拍照。大家好像明白了什么，都一齐说："我们也下去拍照吧。"洛桑一弯腰，冲我们感激地说："谢谢大家了，扎西德勒！"

洛桑是第一个跳下车的，他刚跳下车，我们就见到一个藏族姑娘，从那边车旁奔过来，黑黑的脸庞，胖乎乎的身材，穿着红底子碎花的藏袍，没系绣花腰带。这应该是洛桑的卓玛了，很一般的样子。我们一行人，都有些失望。

接下来看到的，却让我们感动无言。洛桑和姑娘面对面站着，对着傻笑。后来，她取下她的藏刀，他取下他的藏刀，他们互相交换了藏刀，伸手按按对方的刀鞘，仿佛在看，那刀是不是在对方的刀鞘里安妥了。她理理他的衣领，他拍拍她的肩，然后回头，招呼各自的游客上车。

车上，洛桑说："那是我的姑娘。"我们点头，"知道。"洛桑就笑了，问："我的姑娘漂亮吧？"我们说："是，漂亮极了。"洛桑听了，非常高兴。他告诉我们，两人长期在外带团，见面少，他们就想了这个法子，每次遇到，就交换一下藏刀，因为对方的温度，会留在刀上。

想来，她在一有空时，也一定取出藏刀，不停地磨啊磨。她把她的情和暖，也磨进刀里面。

布达拉宫里的爱情绝唱

多少人事，都被历史的风尘，淹没得严严实实，再无痕迹可寻。

1697 年的秋天，对于 14 岁的门巴族少年仓央嘉措来说，真是一个肃杀的秋天。这个秋天，他将远离他的门隅，远离他青梅竹马的仁增旺姆，到千山万水外的布达拉宫去。自从 3 岁那年，他被定为五世达赖喇嘛的转世灵童，冥冥中，他的命运，已不掌控在他的手里了。他要去走佛的路，成为西藏最高精神领袖六世达赖喇嘛。

秋叶簌簌落，像他纷乱的心。前路看不见，而身边真实的那个人，他就要与她永别了。他在树梢上，为她挂上祈求平安与福祉的经幡，他把他的魂，系在上面了。一步一回头，别了，我亲爱的山。别了，我亲爱的水。别了，我亲爱的人。美丽的姑娘仁增旺姆，眼睁睁看着她的少年一步一步走远，她多想拽住他的衣襟不放手，今生也不放手。她不要他变成佛，她不要，她要她的仓央嘉措！泪水长流中，她铭记了他临行前的一句承诺："等着我，我们会相见的。"

一年，又一年。星空下，布达拉宫红宫的屋顶平台上，已是普惠罗桑仁钦的仓央嘉措，眼光越过一座座灵塔金顶，眺望着他遥远的门隅，心中千呼万唤的，是他心爱的姑娘，"山上的草坝黄了，山下的树叶落了。杜鹃若是燕子，飞向门隅多好！"他望瘦了风，望瘦了月，望瘦了人。而隔着千重山万重水的门隅，仁增旺姆亦是日夜思念着他，她天天跑去那挂着经幡的树下，眺望着天边的布达拉宫，高山望断。求婚的接踵而至，父母威逼，舆论谴责，她统统不顾的，她要等着她的仓央嘉措，他们一定会相见的。

终于等来了仓央嘉措的召唤，那是三年后的一天，无法抑制思念之情的仓央嘉措，偷偷派亲信来到门隅，暗中约见了仁增旺姆，捎来他的口信。仁增旺姆一刻也不曾停留，行囊未来得及收拾就上路了。风餐露宿，跋山涉水，飞到她的爱人身边。

他们在布达拉宫重逢了！他是高高在上的活佛，她是万千膜拜信徒中的一个。穿过那些膜拜的头顶，他们纠缠的眼神，再也无法分离。

仁增旺姆在布达拉宫旁的玛吉阿米酒店住下来。爱情让两个人成了世上最幸福的人，他们热切盼望着夜晚来临，那是他们的天堂。从此，仓央嘉措有了双重身份，白天，他是住在布达拉宫里的活佛六世达赖喇嘛，坐在无畏狮子大法宝座上，威仪天下。夜晚，他还原成俗人，甘愿被爱情灌醉。这期间，他为他的仁增旺姆，写出大量的爱情诗：

　　那一刻，

　　我升起风马不为祈福，

　　只为守候你的到来。

　　那一日，

　　我垒起玛尼堆不为修德，

　　只为投下心湖的石子。

　　那一夜，

　　我听了一宿梵唱不为参悟，

　　只为寻你的一丝气息。

　　那一月，

　　我转动所有的转经筒，

　　不为超度只为触摸你的指尖。

　　那一年，

　　我磕长头匍匐在山路，

　　不为觐见只为贴着你的温暖。

　　那一世，

　　我转山转水转佛塔呀，

不为修来世只为在途中与你相遇。

那一瞬，

我飞升成仙，

不为长生只为佑你平安喜乐。

然他们都清楚着，这样的爱，注定没有指望。自从3岁那年，他被确定为五世达赖喇嘛的转世灵童后，他就失却了作为人的最基本的权利——追求自由和爱情。他们的相爱，无异于赤裸着双脚，在荆棘上跳舞。

风雨也终于来了。当时西藏的形势相当错综复杂，宗教的、政治的、军事的、经济的，各方面权力纷争，反对派虎视眈眈盯着他身下的无畏狮子大法宝座。掌控了他，就等于掌控了整个西藏。他过度的"放浪形骸"，无疑是授人以柄，铺天盖地的流言，汹涌而来。这对苦命的恋人，已感到乌云压顶的沉重，已嗅到不远处的血腥味。她躺在他的怀里，他搂紧她的人，不知什么时候一松手，就再见不着了。他问她："愿否永作伴侣？"她毫不犹豫地答："除非死别，决不生离！"

好了，还有什么比恋人的这句承诺，更能穿心入肺的呢？佛亦不能够。他脱下身上的僧衣，毫不可惜地扔到辅他走上佛路的第巴桑结嘉措的脚下。他决心放弃他的达赖喇嘛的权位，放弃布达拉宫的辉煌，他不要做佛，他要做人，他要和他的仁增旺姆，一起回他们的门隅，结婚，生子，过寻常的日子。

他天真了！这个时候，做不做活佛，已由不得他了。一天，他再去约会，玛吉阿米酒店里，再看不见他的仁增旺姆了。他疯了似的，对着远处的群山叫喊，他豆花似的爱人，却再没有回来。

他的心，滴着血。身边的权力之争，这时，却越演越烈。一直护着他的第巴桑结嘉措，在一次纷争中被杀。1706 年，在权力之争中获胜的拉藏汗，把仓央嘉措从无畏狮子大法宝座上拉下来。康熙帝一纸诏书：执献京师。他踏上了被押解去北京的路。

1707 年的冬天，仓央嘉措在青海湖畔神秘失踪。这一年，他年仅 25 岁。

三百多年过去了，布达拉宫门前的转经筒，转过一世再一世。多少人事，都被历史的风尘，淹没得严严实实，再无痕迹可寻。然而，仓央嘉措和他的爱情，却如漫山遍野的格桑花，世世代代，盛开在青藏高原上，盛开在人们的心里面。

浮生一梦

　　人生有时真的不过浮梦一场，终归于寂寂与寥寥。

　　看电视里的民国少爷，穿质地精良的长衫，手执一把折扇，逗鸟看戏四处游玩，后面还跟着几个小跟班的，优哉游哉着，我总忍不住想，那是不是我爷爷少年时。

　　我爷爷生于民国七年，在苏北一个叫丁家庄的地方。据我爸讲，当年的丁家庄，有一半田地，都是我爷爷家的。合家百十口人，住的房屋都是青砖小瓦房，有前后院落，几进几出。彼时，我祖上花开灼灼，人丁兴旺，好一个人间繁庶地。

　　我爷爷上有三个哥哥、四个姐姐，他是家里最小的孩子，排行老四，人称四少爷。我那未曾谋面的太奶奶，家风甚严，规矩极大，唯独对我爷爷这个老幺，宠溺得不行，请了私塾先生专门教我爷爷习字读书。我爷爷不爱，正经的书读不了几行，只管把那些野趣传闻的偷拿来读。我还记得小时他讲包青

265

天，讲隋炀帝下扬州，讲小方青会姑母，讲岳飞，讲杨家将，故事好听得很，总吸引一批孩子围着他。我爷爷也是斗蟋蟀玩纸牌扎风筝的头把好手，我奶奶说，跟她拜堂成亲那天，我爷爷还在跟人玩斗蟋蟀，家里着人找了半天，才把他找回家。我奶奶怀头胎，就要生了，我爷爷却领着一帮侄子侄女在放风筝。他扎了一架几丈长的巨型风筝，飘飘摇摇上了天，底下有成百人观看。值此时，好风好水，繁花满枝头，乱世浮沉，世事维艰，与我爷爷一点关系也没有的。

　　我太奶奶过世，一个大家族立马四分五散。我爷爷分得一些房屋田产，吃饭度日原是足够了，然因他太贪玩，不懂生计，很快把些房屋田产都变卖光了。他带我奶奶举家迁去荒田时，全部家产只剩下三间小瓦房。我家住了多年的茅草屋，屋上的椽子、大梁、门和木格窗，都是这三间瓦房上的。上祖留下的东西，也就这么多了。

　　生活变得辛苦，我爷爷跑去上海投奔他的二哥和大姐。二哥和大姐，早年在上海做事，也都把家安在上海。这个小弟弟到了，做哥的做姐的自然照顾有加，鼎力相助。二哥很快帮他谋得一轻松差事，坐办公室的，专管一支黄包车队。还给他弄到了一间房，带小阁楼的，上面住人，下面可以烧饭。我爷爷在上海安顿下来，乐不思蜀，他偶尔去办公室装模作样坐一会儿，也没什么事可做。然后就去泡戏园，他追过梅兰芳的戏，几乎场场必到。

我奶奶在家望眼欲穿，盼着他能寄点钱回家。哪里有！他自个儿玩还不够的。无奈，我奶奶带着我爸，怀里还抱着一个吃奶的幼儿，决心去上海找我爷爷。娘仁才走到半路上，路上却发生枪战，是八路军与国民党在交手。娘仁随逃难的人跑，急急慌慌中，我奶奶把抱在手里的幼儿也给弄丢了。她和我爸趴到一条渠沟里，趴了一夜，只听见子弹从耳边"嗖嗖"飞过，如爆豆子似的。好不容易枪声停了，却传来消息，去往上海的路被封了，她和我爸只得打转回来。

丢了的孩子，被好心人捡了，辗转交到我奶奶手上。只是这孩子注定命不长，回来后不久，得了天花，死了。若活着，一切顺当，如今也六七十岁了，我该叫她三娘娘。

我爸孤身一人去上海投奔我爷爷时，7岁。我爸去投奔的目的只有一个，他想念书。

我爷爷遂了我爸的愿，把我爸送进学堂。

然我爷爷一个人逍遥惯了，完全没有做父亲的意识，他有了钱，还是想去泡戏园，就去泡戏园，一泡就是一整天，全然想不到，家里还有一个小孩在等着他。我爸中午放学回来，常常锅灶是冷的，家里无一粒米，可怜的孩子饿着肚子又去上学。走过弄堂口，那里有做油饼的山东人，认得我爸，有时会好心地送我爸一只油饼吃。

我爸拖欠学校的学费。问我爷爷要钱，我爷爷总是说："等下次吧，下次发了工钱，我就给你。"然下次真的发了工钱，他首先是听戏去了，泡茶楼去了，学费依然拖欠着。每日去学校，老师见到我爸的第一桩事就是问："丁志煜，你今天学费带了吗？"我爸羞愧地摇头。老师就没好气地说："咴，站到后面去。"我爸就站到教室后面去，堂堂课都站着。

　　饥饿和罚站，终于把一个孩子压垮了，刚好有苏北乡下的人来上海，我爸要跟着那人回去。我爷爷不阻拦，去弄堂口买了十只油饼，让我爸揣着，就把我爸给打发走了。

　　我爸的学业就此中断，他在上海，只读了两年半的书。

　　我爸对我爷爷一直有着抱怨。"糊涂虫，糊涂了一辈子。"我爸如此评价我爷爷。

　　摊上这样一个诸事不问、只管玩乐的父亲，做孩子的自然很辛苦。我爸是家里长子，上面虽有两个姐姐，可作为家里最大的男丁，他六七岁就能去老街上的典当行当东西，换回大米。大凡家里跑腿的事，也都归这个六七岁的孩子管。

　　我爸生得聪明伶俐，他看典当行的老板，躺在摇榻上翻一本古书，心生羡慕，萌生出要读书的念头，长大了也要当典当行的老板。他怀抱着这个梦想，奔向我爷爷去，我爷爷却对他的梦想无甚兴趣，对他的读书，也无甚兴趣。因拖欠学费，我爸不得不离开上海，我爷爷也是一点愧疚也没有的。台上的红粉水绿，咿咿呀呀，那才是他全部的喜乐。

隔两年，我爷爷也回到苏北乡下来。是因为上海发生动乱，还是因为他又混不下去了，不知。上海的那个小阁楼他不要了，他身无分文地回到我奶奶身边。家里的穷困，似乎落不到他眼里一点点，他一天三顿喝着野菜稀饭，也还有闲心扎风筝，还在门口种花，种牡丹和芍药，开出一大片碗口大的红艳艳的花。

我爸十六七岁时，吾乡学校招人，我爸又去读书，是半工半读。多是二十岁上下的青年人，他们学写小楷，学珠算，学诗词音律。

我爸写得一手好小楷，中楷、大楷也都来得。从我有记忆起，腊月脚下，我家就天天人爆满，热闹得像赶集的，人人腋下夹一张红纸，来托我爸写对联。我们兄妹帮着裁纸，忙得不亦乐乎，家里成了红海洋。

我爸打起算盘来，也是双手飞快，噼里啪啦。队里年终分粮，都是我爸拿了算盘，在一旁帮着算账，分毫不差。

我爸还会很多乐器，笛子，手风琴，口琴，二胡。吾村好多年里，都有新年文艺会演，有挑花担的，二十出头的姑娘，化着浓妆，胭脂口红，都是艳到极点的，看着美。她在二胡的伴奏下，唱着杨柳叶子青啊啦，扭着小蛮腰，一步三晃，从这个生产队，晃到那个生产队，如仙女衣袂飘飘。一群人也就跟着，从这个生产队，跟到那个生产队，追在后面看。我那时也追着，除了喜欢看挑花担的姑娘，也喜欢花担上的绢花，红红黄黄紫紫，艳得不行。我趁人不备，偷偷扯下一枝来，回家插酒瓶子里。过年的快乐里，这是独占一份的。

新年文艺演出，我爸是总策划、总导演，兼总乐师、总指挥。从节目的编排，到曲子的成谱，到歌词的敲定，到演奏，都是我爸一手包办。我爸人又生得像《望春风》里唱的，果然标致面肉白。放到今天，那是很文艺范儿的，很得一些女人赏识。有女人织了毛衣送我爸，我妈傻乎乎的，感激得不得了。我姐那时初谙人事，跟我妈说："我爸一定是跟这个女人好。"我妈也还不信，毛衣却再不曾见我爸穿过，下落不明了。

我爸在半工半读时，成绩优异，又吹拉弹唱，无所不能，一时成了风云人物，还当上学生会主席。

这样的风光，却不敌现实的残酷。我爷爷我奶奶无钱再供我爸上学，我爸勉强念完小学，本想去学医的，我爷爷我奶奶却不同意，迫切要他回家，扛上家庭的重担。我爸妥协了，这一妥协，他的人生路，从此彻底改变。

我爸后来的发展路径，印证了这样一个简单道理：有什么样的选择，就有什么样的人生。和我爸同学的那一帮青年，都成了各界精英，最差的也混了个小学教师，只我爸一辈子困于乡野。一个人再要强，有时，也犟不过命。所谓时运不济、生不逢时，我爸算一个。

和我爸探讨过这样一个问题，假如，我这么假如了一下，假如他当年真的学了医，进了某家大医院，"文革"时，像他这破落地主家庭出生的人，能侥幸逃脱么？命能不能保下，都有另一说了。淹没于荒野，到底受冲击小了许多，扎根的土壤也要牢固许多。

我爸思索良久，点头称是。

冲着这一点，我爸倒应该感谢我爷爷的糊涂。祸兮福之所倚，福兮祸之所伏，老子他老人家真是伟大。

我姐 19 岁那年，因小时的烫伤，脚要做皮植手术，是我陪我姐去的医院。

是南京的一家医院。医院里的外科主任，是我爸的小学同学。我爸写了一张纸条，让我们带去，很自信地说："他见了纸条，会接待你们的。"

我们没费什么劲，就打听到那个外科主任。他本来架子端端的，可一见到纸条，立即对我们热情得不得了，安排我姐住院，且由他亲自开刀。他询问了我爸许多近况，盯着我们看了又看，说我和我姐的眼睛跟我爸长得一模一样。"他那双眼睛很有特色。"外科主任说，又道："你爸绝对是个很有才华的人。"

我爸还有同学在做校长。我上小学时，小学里的校长是。我上中学时，中学里的校长也是。我爸去我学校，平日里严肃端正的校长，竟满面春风迎我爸到办公室坐，他们面前搁一杯茶，聊到高兴处，都发出爽朗的笑声。我得意，装作不经意地，从校长室门口走过，却还是忍不住告诉同学："看，那是我爸。"

我爷爷的糊涂愚昧，耽搁了我爸一生，我爸立志等他做了父亲，要做出一个崭新的来。有了我们兄妹四个，我爸倾尽全力培养。他把读书，当作我家头等大事，一遇读书，诸般事情都要让步，即便砸锅卖铁，也在所不惜。一字不识的我妈，对我们的读书，也持相当宽容的态度，地里活儿再忙，只要我们假模假样捧一本书在读，她是决计不会叫上我们的。

我们兄妹四个，都是书读到吃不进去了，我爸才认输。我姐初中没毕业，就回了家，是她自己不想念了的，相比较读书，她更喜欢田野的自由。我大弟是聪明的，只是太贪玩，他初中考高中，复读两年才考上。高中毕业，又复读两年。可惜他的心思只花在恋爱上，没用在读书上，他自觉无趣，不再读了，去学了电工。我小弟初中复读两年，是想考小中专的，后来还是念了高中。高中毕业，复读一年，小弟灰了心，不准备再读书了。村里人家请了和尚来做道场，我小弟去看热闹，瞧见那些小和尚，敲敲木鱼念念经的，活得蛮轻松，就想跟在后面做和尚去。我爸把他的书本及被褥捆扎好，驮到车架上，让我小弟坐上面，把我小弟直接给押送到学校去了。我小弟后来考上警官学校，成了吃公家饭的人。我爸是这么来形容他的高兴心情的，他说，虽是广种薄收，也总有收成的。

我的读书，算是兄妹四个中最好的，但我爸也没少操心过。小学时，为我转学的事，我爸跟小学校长差点打起来。初中时，因某地教学质量好，我爸想尽办法，把我塞进去。高中时，因与老师起了冲突，我闹着要转校。我爸听信了我的话，骑上他那辆破自行车，四处奔走，托人找关系，天黑了，他还在外头奔波。

我因严重偏科，英语成绩羞涩得可怜，一百分的总分，我考了三十多分。高考之后，也复读一年，这才考上一所大专院校。拿到录取通知书，我是失望的，我是想读新闻专业的，最后却不得不读了师范。在我爸，已是满足得不能再满足了，他广为传播，在家大摆宴席，亲朋好友，一一被请了来，甚至平时走动极少的远房本家，也一一被请来席上坐。

彼时，方圆几个村，我是唯一的女大学生。

有几个温馨的小记忆，我想记下来，关于我和我爸的。

我4岁，或是5岁。月亮的天，我爸，我妈，和我，一起走在月亮下面。我妈那么温柔，我爸那么温柔，他骑着一辆借来的自行车，车后驮着我妈，车前杠上坐着我。我们沿着月光的小路，一路向前。田野里的麦香，和蚕豆花香，浮游在夜风中。他们喁喁说着什么，笑声也轻。那时那刻，世上所有的好，仿佛都聚集到一辆自行车上了。我不知道怎么表达我的快乐才好，我就啦啦啦、啦啦啦地唱。我爸低头，用胡茬扎我的脸，说："我家小丫头还喜欢唱歌的。"

也是这个年纪，我躺在队里晒场牛屋的床上。半夜里，发现身边睡的不是我爷爷，而是我爸。我爸什么时候来的，我一点不知。我爸见我醒了，笑了，捉住我的小胳膊，轻咬一口，说："你怎么这么瘦啊小丫头。"

上小学，我从学校捡回红的白的粉笔头，伏在小凳子上，照着墙上相框里的照片画人像。那相框里有我大弟的照片，有我爸的照片，那是我爸带我大弟去上海看病，在城隍庙照的。照片带回来，好多人挤在我家里传看，那会儿，乡下人能见着照片的，极少。大家都说拍得好，跟真人一模一样。戴木匠的女人，还特意要走一张我大弟的照片。

我正专注地画着，耳朵画成红的，都画到脖子上去了。我爸不知什么时候，弯腰在我身后，他握住我的手，教我："耳朵应该这样画，衣裳应该这样画，衣裳上还有扣子的对不对？对了，这么画。"小矮凳上，一个笑微微的"爸爸"，出现在我跟前。后来好长一段日子，我迷上了画画。

是这年夏天吧，我爸去老街上有事，给我买了一双塑料凉鞋带回来，白色的。那天，刚好隔壁村放电影，我穿着这双凉鞋，牵着我爸的手，去看电影。我每走一步，都把脚抬得高高的，我是恨不得全世界的人都知道，我穿了一双新凉鞋。黑天里什么也看不见，那双凉鞋的白，却极其耀眼。

我八九岁时，出水痘，我爸在他处带民工挖河。那时，吾乡一到冬天农闲，就要组织民工，四处去疏浚河流。这里的民工去往那里，那里的民工调到这里来。我家里曾住过他村的民工，他们在我家堂屋里打地铺，我奶奶捧了厚厚的稻草给铺了，那样的"床"，散发出极浓郁的稻草香。晚上，民工们凑在一起打牌，我们兄妹几个在旁边观看，看到夜深，还意犹未尽。家里住着这么多的人，真让我们兴奋，我妈得一个一个把我们捉上床才行。灯熄，堂屋里的鼾声此起彼伏，我们的房门没关，听得清清楚楚，一个夜，竟安静幸福得不得了。

那时候，谁会防着谁呢？——谁也不用防着谁的。所有的微笑，都是发自内心。所有的相待，都是拿出本心。也还跟洪荒年代似的，在自然界最初的法则里，人与人，只有拧成一股绳，才能更好地生存。

我爸负责一支工程队，带了上百个民工，吃住都在工地，十天半月都难得回一趟家。我出水痘的消息，我爸听到，他连夜赶回，顶着一头的霜雪。我看到我爸，高兴得病也似乎好了，我对他说："爸爸不要走。"我爸弯腰在我床头，很温柔地答应："好的，爸爸不走。"

十几岁时，我爸陪我去商店扯布，做过年的衣裳。商店里也有来挑布的，是几个女人，她们看着我，说："这孩子长得多好看啊，像昨天晚上电视上看到的。"

我爸本来已挑好一块布，却突然改变主意，重新挑了一块较贵的料子，淡蓝的底子，碎粉的花。他跟我提到两个在我那时听来，很新颖的词，一个是素淡，一个是优雅。他说："女孩子要穿得素淡一点，才显得优雅。"

这两个词，从此被我收藏。

我爸一直试图改变命运。

吾乡招考农技员，我爸报名了，是年，他50岁。

一同报名的，还有我小娘娘——我爸最小的妹妹，我爸是把她当孩子来养的。

他们躲进村里一户人家的小阁楼上复习，如同过去小姐坐闺房，足不出户了，饭都是我妈送了去。一个月后，我爸考上了，我小娘娘却落了榜。我爸做了村里的农技员，有正式任命的证书。

我爸跨入到村干部的行列，这让他扬眉吐气。他走起官步来，双手背在身后，腰杆笔直，走在田埂上，视察农田，像古代帝王视察他的疆土。他还不时地在广播里讲讲话，对着全村的村民，什么时候棉花该播种了，什么时候水稻该泼浇了。他指挥着村民种庄稼，像指挥着千军万马上战场。我笑他虚荣，我爸很正式地说道，他的证书，是千真万确的，是有技术含量的。

我爸做到65岁上，才从这个岗位上退下来。家里还不时有

276

村民上门来找，他们只认他这个老农技员的。

我爸奋发图强的时候，我爷爷通常已骑上他那辆二八自行车，去了老街。他一大早出门，到晚上才回来，什么也没买，他只是看街景去了。

郑板桥写，难得糊涂。郑先生写这四个大字时，是很纠结的吧，他一辈子也没真正糊涂过，仕途不顺，穷困潦倒，卖画为生，世态炎凉皆落他眼底。他向往糊涂，做人若做到糊涂的分上，是境界，是福分。我爷爷比郑先生幸运，他根本无须修炼，自然天成。他诸事不问，怎么着都是好的，倒保留了内心最初的澄明清静。又省了麻烦，别人是懒得跟一个糊涂人计较的。我妈那么火爆的脾气，与我爷爷却连口角也不曾有过一回。

我考上大学，在外地。我爷爷去看我，我把他安排进男生宿生，跟一个男生睡在一起，他居然能一待就是半个月。我上课，没空陪他，他就自己去街上转，回来，告诉我，那么多的车啊。那么多的人啊。那么多的高楼啊。

我结婚成家，最初是在一个小镇，离老家也就三四十里地。我爷爷三天两头骑了车去我那里，有时在我家住上一宿，有时不。四处转转看看，他就很高兴了。只有一回，他拉着我的手说："伢儿，我是走一回少一回啊。"那是他说的唯一的伤感的话。那会儿，他七十好几了。

十年后，我搬离那个小镇，一去上百里，我爷爷再没到过我家。每次我回老家，我都说要接他来城里玩，我爷爷很高兴地等着，然因这样那样的原因，最后都没能成行。

我爷爷到 86 岁了，也还能骑着自行车，去老街上看街景。后来骑不动了，他就拄着拐，挪去村部小商店那里。那里人多，他撑在那儿听人闲聊，一撑就是大半天。

我爷爷活到 92 岁，寿终正寝。面容如活着时一样，笑眯眯的，像个老顽童。

我爸总结："你爷爷玩乐了一世。"

一屋的亲朋都笑了，人声喧喧。活到我爷爷这般年纪老去，丧事是当作喜事来做的。

我很想在我爷爷的墓碑上刻上这样一行字：

这里躺着一个可爱的好玩的老头

但按吾乡风俗，刻碑这件事，怎么着也轮不上我这个小孙女的。我咽了咽唾液，终没把这个想法提出来。

我姐告诉我一件事，说我考大学那两年，爷爷天天早起焚香，祈祷我能高中。

这件事，爷爷一直没对我说过。

春日暖阳，老家屋后，红旗河边的柳，已堆积成烟，我

278

爷爷下了葬，埋在老家的桑树地里。那些桑树，曾养过许多的蚕。

我去送葬。看着那方装了他骨灰的小盒子，慢慢地，一点一点，被土掩了。

起风了。亲人们站着望一会儿，也都散了。

唐代李咸用的《早秋游山寺》中，有这么几句："至理无言了，浮生一梦劳。清风朝复暮，四海自波涛。"人生有时真的不过浮梦一场，终归于寂寂与寥寥。

盛夏的果实

我情愿这样想，有些人的诞生，是为了永恒。

乡村的盛夏，有着最为饱满的繁华，花开得欢，瓜果结得实。那些瓜果不是一只只，而是一篮篮，是必须用篮子装的。每家地里，都牵着绕着无数的藤蔓，上面挂满果实，丝瓜、黄瓜、香瓜、扁豆……哪里能数得清？

我回乡下看父母，住在父母的老房子里。房前是一排一排的玉米，我望着玉米笑，想起小时偷集体地里玉米棒的事来。那时，提着篮子在玉米地里割猪草，割着割着，趁人不注意，掰下一颗嫩玉米棒，就往怀里藏。走路上，像只胖胖的小熊，自以为没人看见。其实，大人们都心知肚明着，知道这孩子怀里藏着什么。他们只是笑笑，不说。他们宽容着我这点私密的拥有和快乐。等回到家，我立即迫不及待把玉米棒放到灶膛里，烤。灶膛的火，映红一张兴奋的小脸。只半盏茶的工夫，玉米粒的香味就四溢开来，真浓烈啊，会香一整个晚上。现在城里的饭店里，有用嫩玉米粒做菜的，和着虾仁炒，油水淹着，是乡下女子化了浓妆，失了她的本真。我还是喜欢烤着吃或煮着吃，一咬一大口，香味隽永。

院子里的梨树，是我上大学那年栽的，二十来年过去了，它依然长势良好。年年夏天都会挂很多的梨，树枝因此笑弯了腰。我坐在窗前望它们，心里有甜蜜的汁液淌过。时光温存，我和一树的梨子对望。一排风吹过来，再吹过去，风中满是草的香味瓜果的香味，青翠明艳。我以为，乡村的味道，是染了颜色的，是黄黄的香、绿绿的香。

黄的是花，是密集的丝瓜花黄瓜花。有的齐聚在屋顶上，有的攀爬到一棵树上，在半空中笑清风。还有大朵大朵的南瓜花，开在地上。南瓜小时是吃怕了的，上顿下顿都是它。它比其他农作物好长，一粒种子下去，很快，会长出一大蓬来。牵牵绕绕中，花一朵一朵开了，繁荣昌盛得不得了。不几日，花谢，南瓜争先恐后地结出果来。这个时候，它们开始奔跑起来，活像野地里的孩子，见风长，不出十天半月，就长成一个一个的胖娃娃，淘气地卧在肥阔的叶子中间。现在城里人的饭桌上，南瓜被当作宝贝，切成一片一片的，放了糖蒸，用雕花的白瓷盘装着，特别诱人食欲。

母亲问："记得不，那个捧着大南瓜笑着的丫头？"我的思绪轻轻绕了个弯，隔着遥遥的岁月望过去，有淡淡的哀痛浮上来。当年那个小丫头，和我同桌，10 岁，有一张圆圆的脸。那年，她家里南瓜丰收，她捧着一只大南瓜，站在风里笑。不久之后，她大病，夜里起床喝凉水，受了风寒，竟死去。

现在，无数个夏天过去了，她永远是 10 岁的那一个，在记忆深处笑着、灿烂着，捧着一只大南瓜。

这，大概就是永恒了。

我情愿这样想，有些人的诞生，是为了永恒。就像 10 岁的那个小丫头。我情愿相信天堂之说，觉得好人都去了那里。那里，一定也有大片的南瓜花开。在盛夏，也有瓜果成篮地装。

我们只不过隔了一段距离，在各自的世界里安好。

第七辑
风知道

没有谁的记忆，比风的记
忆更长久。我们以为许多
的经过，经过就经过了，
了无痕迹。其实，风都给
细细收着呢。

风知道

　　万物生长，都离不开风的。

一

　　长得好好的文竹，一些日子后，竟莫名其妙枯死。

　　我试过一盆，又试过一盆。无一例外。

　　百思不解。我去请教花农。

　　花农扫一眼我枯死的文竹，说，它不是缺水，不是缺肥，它是缺风了。

　　缺风？

　　我怔怔。这新鲜的提法，我是第一次听到。

　　花农解释，你一定是把它放在室内，很少通风，它是被闷死的。

哦。我看到他的小屋门前，一盆盆凤仙花，在风中，盛开着，精神抖擞，喜笑颜开。

万物生长，都离不开风的。这个常识，却被我们天长日久地忽略着。

二

我站在一座桥上，等风。

夏天的夜晚，风捎来太多的好意。草木的清香，露珠的清凉，虫子们的欢唱，还有，幽深幽深的静谧。

多年前，我还是个小小女孩时，住在乡下。每个夏天的夜晚，我们早早搬出纳凉的凳子，坐在外面，等风来。

我们在门口的晒场上等风。晒场边上，长南瓜长丝瓜长向日葵，还长青椒和茄子。不远处，稻田里的水稻们，已沸沸扬扬开着碎粉的花。蛙们齐齐演奏，如吹萨克斯。

风来，步子迈得碎碎的。摇落一些花朵、露珠，和虫子的叫声，轻且温柔的。

乡人们手把蒲扇，眼望着繁星密布的夜空，有一搭没一搭地摇着，聊着天。风拂过他们黝黑的脸庞、胳膊和腿，他们很感激地轻叹一声，多好的风啊。白天再多的劳累和不堪，也被那样的风抚平了。人与人之间，即便有过芥蒂，也都能原谅

286

的了。

夜过半，他们满足地拍拍被风吹凉的身子，道声别，各回各的家去睡。一片风，也跟着他们走进屋子去。

真怀念那样的夏夜，风自在，人安好，岁月不惊。

三

我把从海南带回的一只贝壳风铃，挂在屋门口。

一阵风来，风铃发出欢快的鸣唱。

我出门时，它在欢唱。我进门时，它在欢唱。

风不停，它的歌声就不会停。

我走过它身边，自觉不自觉地会抬头看看它，看着看着，就微笑起来。那日的沙滩、海浪、椰子道，和邂逅到的陌生人，一一涌现。

没有谁的记忆，比风的记忆更长久。我们以为许多的经过，经过就经过了，了无痕迹。其实，风都给细细收着呢。

受伤了，不妨去风里走走。

风知道一个人的疼痛，有多深。

眼泪掉进风里面。

风默默接纳、倾听，并一一替你拭干。

哦，只要天不塌下来，就没什么大不了的。在风里静静待一会儿吧，哭一哭，就好了。

风同样知道一座山、一块石头、一堵墙、一幢老房子的秘密。

我们说，是时间削平了所有。我们在"消失"面前，惆怅，悲伤，不能自已。

这个时候，风躲在一旁窃笑。哦，这世上，哪里有真正的消失呢？所有的秘密，都悉数被它带走了。

风最后也会把我们带走。

我们从风里来，最终，都将回到风里去。

四

季节的秘密，瞒不过风。

春天，哪棵小草先发芽，风知道。秋天，哪片树叶要凋落，风知道。

风唤来雪花的时候，是很冷的冬天了。

风送走最后一朵蔷薇的时候，夏天的蛙和蝉，开始断续地叫起来。

风知道一座山的前身是什么。风知道一条河流，为什么瘦了。

风知道什么样的鸟，会唱什么样的歌。

风知道天空中的哪弯彩虹，藏在了雨的后面。

风把一粒种子从一个地方，带到另一个地方。风把岁月，从远古的洪荒年代，带到今天，且带向无限去。

岁月再久，哪里久得过风？

世界再大，哪里大得过风？

在遥远的莫尔道嘎，我对着一丛马铃兰发愣。山坡上放牛的妇人笑着对我说，只等南风一吹，这马铃兰就全开了，可好看呢。

在人迹罕至的荒野的河畔，我相遇到故乡的苇和蒲，还有枸杞和刺儿草。几千里之外，它们惹得我的眼睛，一阵阵发热。

风轻轻走过它们身边，不动声色。

惊 蛰

生命的春天，就这么欣欣向荣起来。

3月5~7日，桃始华、鸧鹒鸣、鹰化为鸠。花信三候：一候桃花，二候杏花，三候蔷薇。

惊蛰是有着大动静的。

惊蛰当然有着大动静。

万物还都懒洋洋地在做着梦呢，完全的没有提防，平地突然一声雷动，震耳欲聋，真正是吓了一大惊的！

沉睡的土地，被惊醒了。

沉睡的山川，被惊醒了。

沉睡的草木，被惊醒了。

虫子们最不经吓，一声巨响，把它们惊得从梦中一跃而起。

农谚有："惊蛰节到闻雷声，震醒蛰伏越冬虫。"说的就是这么回事。那场景稍想一想，就让人忍俊不禁：是你踩着了我的脚，我撞着了你的头，挤挤挨挨，仓皇奔走。惊呼声四起，是哪里的巨响？发生什么事了？

总有一两只胆大的虫子，率先破穴而出。探头一看，土地松软，小草吐芽，花朵含苞，空气湿润甜蜜。

哎呀呀，原来是春天回来了呀。

于是乎，万虫欢呼雀跃，奔走相告，春天来了！春天来了！

一个世界，跟着鼎沸喧腾起来，冬天的沉重，一掀而去。"惊蛰过，暖和和，蛤蟆老角唱山歌。"——瞧瞧，日子多好，开始要唱着过了。

农夫们休息了一冬的锄头，也痒痒得很了。春播秋收，这是每个农夫都懂的道理，也是每把锄头都懂的道理。"过了惊蛰节，锄头不能歇"，啊，它们早就候着呢。

诗人写惊蛰，更像拍摄的纪录片，有声有色：

促春遘时雨，始雷发东隅。众蛰各潜骇，草木纵横舒。

生命的春天，就这么欣欣向荣起来。

惊蛰这天，民间照例要举行一些仪式，比如，"打小人"。说的是惊蛰这天，虫子出来了，小人也出来了。各家都要跑去庙里寺里去，鞭打泥塑的小人，以保一家老小平安。

还有一风俗，委实有趣得很，名曰"炒虫"。惊蛰雷动，百虫"惊而出走"。人们面对虫子兴盛之场景，不无忧虑地想着，任其发展下去可不得了哇，这家园还不成虫子的家园了？他们想出法子来对付。这法子就是，把"虫子"给炒熟了，吃下肚子去。多干脆利落！

　　其实，哪里是拿真虫子来炒呢，不过是用豆子或玉米粒代替了，吓唬吓唬虫子们。"虫子"炒熟后，盛在浅口的筐筐中，全家人团团围坐在一起，你抓一把，我抓一把，边吃边欢叫："吃炒虫子喽！吃炒虫子喽！"有时，乡邻之间，还展开比赛，看谁吃得多、吃得快、嚼得最响。大家都要来祝贺获胜的那个人，祝他为消灭害虫立了功。

　　人到底是善良的，也不是动真格的，真的就要灭绝了虫子们。他们所使的招数，纯粹是找个乐子，为春耕助把兴的。

春 分

真个是花俏她也俏，盛年锦华。

3 月 20~21 日，玄鸟至、雷乃发声、始电。花信三候：一候海棠，二候梨花，三候木兰。

到春分，春天已很春天了，华衣锦服，环佩叮当，山花插满头。

真个是花俏她也俏，盛年锦华。

其实，她更像个古怪精灵的小丫头，被大人管束得厉害，在人前，也假装端着淑女的架子。一俟转身，剩她一个人了，她本性暴露，完完全全放开手脚，撒开脚丫子就奔跑起来。一路跑，一路泼洒着她早就积攒好的颜料，或红，或白，或粉，或黄，或紫。泼洒到哪里，哪里就开出花来。桃花、杏花、梨花，再不开，就来不及了呀。你走过它们身边，仿佛就听到这样的话语。生命总要激情燃烧一回，才不枉活过一场。

菜花，还有南挪北移来的樱花、海棠和紫荆，再加上一些小野花。哪一朵，不是在不要命地开着？哪一朵，不是极尽好颜色？又哪一朵，不是富足华丽的？

这个时候，哪一处都是美的，哪一处都入得了景。人差的就是眼睛了，多想再多生出几双眼睛来，把这美景都看遍。不，不，还是最好变成鸟吧，大声鸣唱着才行。在花树间唱。在绿草地上唱。在河边的柳树上唱。在冰雪消融的山头上唱。

一千多年前的书法家徐铉的春分，逢着雨了。他写："天将小雨交春半，谁见枝头花历乱。纵目天涯，浅黛春山处处纱。"读着，恍惚，仿佛时光从未曾走远过。它一直还停留在那样的春光里，一样的枝头花开灼灼，一样的山抹青翠。

连惆怅，也是一样的。"焦人不过轻寒恼，问卜怕听情未了。许是今生，误把前生草踏青。"美到极致的景致，总容易让人忧伤。是轻轻一拨动，就响彻心房的那个"情"字，前世今生，几多相逢，又几多错过。生生叫人剪不断，理还乱！

乡下的春分，却一点也不惆怅，春耕大忙着呢。农谚有："春分麦起身，肥水要紧跟。"古诗里也云："夜半饭牛呼妇起，明朝种树是春分。"到处是一片繁忙景象，哪有闲工夫去触景伤情。

我去乡下看菜花。我妈整个人，淹在一片菜花地里。她在给里面的蚕豆追肥。菜花的花粉，扑她一身，她是黄灿灿的一个人了。我为那美，惊得说不出话来。我妈直起身，她身前身后的菜花，立即摇动起来，花粉乱溅。她看着我笑，说："再过些日子，你就有青蚕豆吃了，到时，你要家来吃啊。"完全不应景的一句话。在她，日日与菜花相伴，早已融入其中，妥妥帖帖。儿女才是她永远的关注和牵挂。

我跟着我妈回家。一路走，一路触碰着那些花。春天沾在我的衣袖上了。我妈背影里，更是驮着春天。我看着，心波流转，一时间，竟不能自已。

晚上，我读到一个孩子写来的信：

我有一个梦想，希望全世界的花都好好地开。

种点什么吧，在春天

　　有等待的人生，多么丰盈富足。等着等着，花就开了。

一

　　种点什么吧，在春天。

　　就种几朵小花吧。就种两棵小树吧。就种一盆小草吧。或种瓜种豆。种葱种韭。

　　种等待。

　　有等待的人生，多么丰盈富足。等着等着，花就开了。等着等着，叶就葱茏茂密起来。小草成茵。瓜果累累。葱绿韭肥。季节里，还要怎样的好？

　　实在没什么可种，我们还可以种几片阳光、一点善心。

　　携着阳光前行，不漠视他人的苦痛。不嘲弄他人的缺陷和失误。心怀感恩与怜悯，在能伸手相助的时候，尽量伸出你的手。那么，这个世界，将会长出多少绚烂的美好。

二

海边无人，空旷辽远。

几朵野菊花，在将绿未绿的茅草丛中，欢颜轻绽，清香暗播。

风来，它笑。云走，它笑。鸟叫声在远处啁啾，它笑。泥土在它身下喧腾，它笑。三五点艳黄，就把一个春天驮在身上。

你不知道它，有什么要紧呢？它在，便是满满一个世界。

向一株植物学习吧，在该绿的时候，拼命绿。在该盛放的时候，拼命盛放。你看见，或者没看见，它都在那里。天晴时绿着，开着花。天阴时，还在绿着，开着花。只要心中有晴天，便日日晴着。

三

下班回家，偶抬头，被一个浑圆的春天的落日吓住。

隔着一些房屋，隔着一些树木，隔着一些河流，隔着一些山和溪谷，它像朵大红的木棉花，开在天边。

艳。惊艳。人一时半会儿动弹不了，只呆呆站立着，望着那朵"花"。眼见着它一点一点小下去、小下去，小成核桃。最后，像块糖似的，慢慢化了，天边绯红成海洋。

我的心里一边欢喜，一边疼痛。我不知道我为什么要疼痛。天地间有些美，真叫人承受不住，你没有办法的，你只能被它俘虏、融化。我想象着那种甜，似蔗糖，如奶油，浸得每一丝云彩，都变得黏稠。

黛色从四周涌上来，潮水一般的。而月亮已迫不及待出来了，一枚鹅毛在飘。又像宣纸上，描上了半朵白莲花。这时，天地间被一种奇异的色彩笼罩着。红也不是。黄也不是。青也不是。蓝也不是。却是炫目的，金碧辉煌。

白天和黑夜的交接，原是如此的隆重与华丽，妙不可言。

四

晚上散步，路过一个小亭子，我走进去。

空气是暖的。树的影子，在地上晃。风浅淡得若有似无。透过树梢，我看到天上一个鱼丸子一样的月亮。音乐和人的声音，响在不远处，那是跳舞健身的人们。草的清香，树上嫩芽的清香，把一切衬得无比幽静，又无比甜蜜。

这个时候，我只觉得样样都是好的。春天是好的。树是好的。草是好的。月亮是好的。音乐是好的。跳舞的人们是好的。我也是好的。

因为我在这里，因为我没有错过，我感动得想落泪。

五

柳该堆烟了吧？桃花快开了吧？乡下的麦子，已浩荡成绿波浪了吧？

母亲说，今年燕子又到家里来做窝了。

是吗！我高兴地说。微笑间，春天已盛装而来。

那么，许自己一段闲暇吧，在这个春天，去捡拾一些久违的小欢喜。蘸几声鸟鸣。拌几滴雨声。采几点新绿。喝一杯下午茶。或者，轻枕春风，听听花开草长的声音。看白云悠悠，荡过万里晴空。或者，就着黄昏，读一段童话。

是的，不管季节走多远，我也一定相信童话相信美好，不让心在纷繁芜杂中走丢。

醉太阳

　　春天，在阳光里拔节而长。

　　天阴了好些日子，下了好几场雨，甚至还罕见地，飘了一点雪。春天，姗姗来迟。楼旁的花坛边，几棵野生的婆婆纳，却顺着雨势，率先开了花。粉蓝粉蓝的，泛出隐隐的白，像彩笔轻点的一小朵。谁会留意它呢？少有人的。况且，婆婆纳算花么？十有八九的人，都要愣一愣。婆婆纳可不管这些，兀自开得欢天喜地。生命是它的，它做主。

　　雨止。阳光哗啦啦来了。我总觉得，这个时候的阳光，浑身像装上了铃铛，一路走，一路摇着，活泼的，又是俏皮的。于是，沉睡的草醒了，沉睡的河流醒了，沉睡的树木醒了……昨天看着还光秃秃的柳枝上，今日相见，那上面已爬满嫩绿的芽。水泡泡似的，仿佛吹弹即破。

　　春天，在阳光里拔节而长。

300

天气暖起来。有趣的是路上的行人，走着走着，那外套扣子就不知不觉松开了——好暖和啊。爱美的女孩子，早已迫不及待换上了裙装。老人们见着了，是要杞人忧天一番的，他们会唠叨："春要焐，春要焐。"这是老经验，春天最让人麻痹大意，以为暖和着呢，却在不知不觉中受了寒。

一个老妇人，站在一堵院墙外，仰着头，不动，全身呈倾听姿势。院墙内，一排的玉兰树，上面的花苞苞，撑得快破了，像雏鸡就要拱出蛋壳。分别了一冬的鸟儿们，重逢了，从四面八方。它们在那排玉兰树上，快乐地跳来跳去，翅膀上驮着阳光，叽叽喳喳，叽叽喳喳。积蓄了一冬的话，有得说呢。

老妇人见有人在打量她，不好意思地笑了，先自说开了，"听鸟叫呢，叫得真好听。"说完，也不管我答不答话，继续走她的路。我也继续走我的路。却因这春天的偶遇，独自微笑了很久。

一个年轻的母亲，带了小女儿，沿着河边的草坪，一路走一路在寻找。阳光在她们的衣上、发上跳着舞。我好奇了，问："找什么呢？"

"我们在找小虫子呢。"小女孩抢先答。她的母亲在一边，微笑着认可了她的话。"小虫子？"我有些惊讶了。"我们老师布置的作业，让我们寻找春天的小虫子！"小女孩见我一脸迷惑，她有些得意了，响亮地告诉我。

哦，这真有意思。我心动了，忍不住也在草丛里寻开了。

小蜜蜂出来了没？小瓢虫出来了没？甲壳虫出来了没？小蚂蚁算不算呢？

想那个老师真有颗美好的心，我替这个孩子感到幸运和幸福。

在河边摆地摊的男人，不知从哪儿弄来一些银饰，摆了一地。阳光照在那些银饰上，流影飞溅。他蹲坐着，头稍稍向前倾着，不时地啄上一啄——他在打盹。听到动静，他睁开眼，坐直了身子。我拿起一只银镯问他："这个，可是真的？"他答："当然是真的。"言之凿凿。

我笑笑，放下。走不远，回头，见他泡在一方暖阳里，头渐渐弯下去、弯下去，不时地啄上一啄，像喝醉了酒似的。他继续在打他的盹。春天的太阳，惹人醉。

夏 至

天地绵长，哪一日不如同恩赐？

6 月 21~22 日，鹿角解、蜩始鸣、半夏生。

下了一天一夜的雨后，天放晴，气温一下子窜上去十来度，蝉鸣蛙叫的，夏天便很夏天了。

楼下人家长的豇豆开花了，淡紫。丝瓜也开花了，艳黄。还有南瓜，还有黄豆，都开花了。一朵一朵，登高爬低的，欢笑喜悦。

还有荷。城郊有塘，里面植荷数棵。我前日去看，也都含苞了。想这两天，有的，该绽放了吧。"绿筠尚含粉，圆荷始散芳"，天地绵长，哪一日不如同恩赐？

夏至了。

我觉得这个节气的叫法，委实直白。像随随便便招呼一个人，哦，你来啦。那边也是随随便便地应一声，是的，我来啦。轻浅的，骨子里却是亲热熟稔的。

先人用土圭测日影，首先确定的就是夏至这个节气，"日北至，日长之至，日影短至，故曰夏至。至者，极也。"我在山西灵石县的王家大院，见过这样的土圭，用来测时辰的。人的聪慧，真是深不可测。

民间在夏至日这天，照例有些老风俗。有的地方有吃夏至面的传统，"吃过夏至面，一天短一线。"有的地方则是吃馄饨，"夏至馄饨冬至团，四季安康人团圆。"新麦飘香，其实，人们也就是找个由头，尝个新，合家美美吃上一顿。

我的家乡，却只把这天当寻常过，面也不吃，馄饨也不吃。口福却不浅，地里的瓜果，渐渐熟了。黄瓜、香瓜、西瓜，一个赛一个欢实。甚至还有早熟的桃。还有枇杷。随便摘着吃吧。孩子们去地里摘瓜，捧上一只，洗都不用洗。倚着一棵树，小拳头对着瓜，"啪"一下，瓜就砸开了。啃吧，像小猪一样地啃着。管饱。

我也就想到"16桩"了。

"16桩"是间瓜棚的名字。有公路穿过乡村，瓜农们在公路边搭棚设摊卖瓜。便都依了公路边的路桩叫开来，有叫5桩的，有叫8桩的。我第一次在16桩那儿买瓜，那瓜棚的主人对我说，记住啊，我是16桩。我保管你回去吃了，会觉得，你再也没有吃过16桩这么好的瓜了，你会再来买的。

五六年了，每到夏至，我会很自然地想起，他的瓜该熟了。然后，驱车近百里，跑去问他买瓜。

他的瓜棚总在候着，一堆的瓜，堆在瓜棚前。四五十岁的中年男人，黑且瘦着，喜听昆曲，也会哼唱不少段落。还喜翻古书。翻些四书五经类的，叫人吃惊和刮目。他最大的爱好，就是研究瓜的品种，西瓜、甜瓜和香瓜。黄皮的、白皮的、青皮的。他卖的瓜，比别的瓜摊要贵很多。他不肯降价一点点，你买再多，他也不肯降。他说，我长的瓜，就是比别人的更甜、更香，纯天然的，就值这个价。

我吃不出来。但我喜欢他的自信和笃定，那是种由内至外散发出来的傲气。他维护着，他的尊严，和瓜的尊严。这点很重要。

我再跑去问他买瓜，他未必记得我了。我不在意，我记住他就行了，还有他的瓜。一样的有骨有傲气，让人觉得，活着，还是一件很带劲的事。

小 暑

那些日子，我们都是好看的，都是一朵盛开的石竹花。

7月6~8日，温风至、蟋蟀居辟、鹰乃学习。

一进入小暑，也就进入伏天了。

我的乡下，伏天有晒伏之习俗。家家加了锁的箱笼，都打开了，里面散发出樟脑丸特别的气味。

屋门口开始壮观起来，花花绿绿的衣物，晾了一场。小孩子不顾炎热，在那些衣物间穿行，像穿行于一条又一条色彩明艳的河。觉得满足，觉得富有。

母亲也总会取出她的嫁衣——那是当年她新婚之日穿的，也是父亲送她的唯一"彩礼"。那是件淡绿的底子上，撒满小红点的中长大衣，在我和我姐的眼里，那件衣，简直堪称华丽。却从未见母亲穿过，即便她穿着补丁缀补丁的衣，也未曾动过穿它的念头。我和我姐，也曾一度渴望能穿上那件衣，母亲不让。母亲说，等你们长大了，自然也会有的。

母亲晒嫁衣的神情，既庄重，又温柔，与平日雷厉风行的母亲，大大不同。她单单牵出一根晾衣绳来，专门晒这件嫁衣。太阳热辣得晃眼，母亲却全然感觉不到似的，她在大太阳下站着，轻轻抖开嫁衣，像抖开一匹云锦。她微微侧了脸，久久凝视着嫁衣，让手从它上面，一遍一遍滑过。黑瘦的脸上，漾着笑。阳光照射着她额角的汗粒，那些汗粒，跟珍珠儿似的。母亲看上去，很有些动人了。

我们仰头看着，莫名的高兴，想唱歌。

这个时候，屋檐下的凤仙花，多半已开得沸沸的了。乡下的花，从来不需要特地栽种。它就跟鸟儿似的，就跟虫子似的，轮到它现身的时候，很自然的，它就出现了，一开一大片。红红白白黄黄，像飞来一群彩蝶。

我们看到凤仙花开，心里欢喜，啊，又可以染红指甲了。也没有谁特意教过，每个乡下的女孩子，都会用凤仙花染红指甲。还会用它编项链和耳坠。女孩子遇见，总会比试，看谁的指甲染得更红。看谁脖子上的项链，编得更长。看谁的耳坠晃动得更漂亮。美是不可湮没的，即便活在低处，它的光芒，也无处不在。

石竹花也紧着开了。这种花开得最用心不过了，每一朵，都像谁精心裁剪过似的，然后一针一线，缝制成小裙子。它真

307

的太像小裙子了，那些粉色的，镶了花边的，裙摆张开，迎风摇曳，是一堆小姑娘在舞蹈。我们也不懂珍惜，大把大把地采摘它，胡乱插满头。那些日子，我们都是好看的，都是一朵盛开的石竹花。

一些年后，我读到唐人独孤及写它的诗："殷疑曙霞染，巧类匣刀裁。不怕南风热，能迎小暑开。"真的是如遇知音。

秋未央

不相忘，便是人世间最深的情、最真的好。

秋来了，谁先知道？是乡下的稻谷。是果园里的果树。是河畔的苇和蒲。是屋旁的银杏。我在阳台上晾衣裳，稍一探头，就与那棵银杏打了个照面，满树的叶虽还青绿着，但脉络间已描上秋的金黄的影。

秋未央。这个时候季节的丰盈，无可比拟。所有的果实都开始丰满，连雨水也是，风也是。还有白天的云彩，晚上的月亮和星星，无一不是丰衣足食的好模样。我以为，一年最好的时光不是春归处，而是橙黄橘绿时。

人很有口福了。桃不喜吃了，就吃梨。梨不喜吃了，就吃葡萄。葡萄不喜吃了，就吃苹果。瓜果们排着队，等着采摘的手来垂爱，每一只都是饱满的、浑圆的，裹着香，藏着甜。人爱用"瓜果飘香"来形容这个季节的好，这真是再贴切不过，光念念，就唇齿绕香。

狗尾巴草站在路旁傻笑，缀满全身的籽再也撑不住，"噗"一声，掉下几粒来。来年，它的脚下必是一地繁茂，它踌躇满志意气风发。想想吧，谁有它足迹宽广儿孙满堂？凡是有泥土的地方，都能见到它。它在屋角下的一只破瓦盆里。它在人家屋顶上的瓦楞间。它在高高的纳木错湖畔。它在巍峨的泰山脚下。这世上，没有它到不了的地方。古人赞，野火烧不尽，春风吹又生。那里面，断断少不了它。

这个时候，一定还有很多种子，悄悄躲入地里，埋下来年的希望和葱茏。像风潜入池塘。像雾霭潜入黑夜。春天里一页花红，一页柳绿，再一页草长莺飞，哪一页不是它早就描摹出的模样？

花已开到深深处。菊是不消说的，浓妆艳抹，华丽殷实。学校教学楼旁的凌霄花，攀在一棵树上，登高望远，举着一蓬的橘红，恨不得把花一朵一朵插到云里去。紫薇开得有些急不可耐。你要它一朵一朵地轻濡慢染？不，不，那太慢了。它干脆提了颜料桶，这里浇上一勺，那里泼上一瓢，于是乎，这里一大团粉红，那里一大团蓝紫，再来一大团象牙白。簇簇的，惊心动魄。

木槿则开得比较文静，不疾不徐。我上班的路上，经过一条河，河边植有两株木槿。我从那里来来去去无数趟，见到的都是满枝的绿叶中间，静静立着几朵粉紫的花，骨骼清秀，天荒地老的样子。我查过资料，知这种花朝开暮落，今日眼中所见之花，已非昨日之花。但它却有层出不穷的本事，这朵息了，那朵接着开，从六七月的盛夏，一直开到秋深。《诗经》里有"颜如舜华"之句，把一女子比作木槿。我想，好女子当如木槿吧，不单相貌俊美，而且遇事能够温柔地坚持。

电话响，接起，那头劈头盖脸就问，你们说过要到我家来吃石榴的，什么时候来啊？

怔怔半晌，方想起那头是谁。还是春天的时候，和几个朋友去乡下采风，进一户农家，院子里有石榴树，红灯笼似的小花朵，挂满枝枝丫丫。我们几个兴奋地围着拍照，末了，跟那家的女主人说，等石榴熟了，我们来吃。女主人相当高兴，记下我的手机号，说，到时你们一定要来啊。

我早已把这个约定忘记，她却郑重地记着，隔了百十里的路，给我打来电话，说，入秋了，我家院子里的石榴红了。

为这一句，我感动得半天无言。你对我说过的话，我都记着。我对你说过的话，也望你能记着。不相忘，便是人世间最深的情、最真的好。

白　露

这个时候，心思澄清，唯有静静观赏、静静喜悦才能消受。

9 月 7~9 日，鸿雁来、玄鸟归、群鸟养羞。

到白露，秋的模样，已渐渐明朗，眉目清晰，身段端然。

这就好比一个女孩子，幼时见她，模样并不很分明，眉眼儿混沌未开，是万千普通中的一个，你根本未曾留意。待她初长成，突然遇见，她已然出落得亭亭玉立，眉目楚楚。你委实吃惊了，感叹着，时光真像个魔术师。

秋天就是这样的。你清早起来，瞥见院子里一盆波斯菊上，息着露珠几颗。圆润的，晶莹的，染着霜色。小方砖铺的地面上，横七竖八躺着一些从院墙外飘来的银杏叶，都镶着金色的边儿，像黄花瓣。你一惊，啊，真的入秋了。

可不是。翻日历，白露已至。

真是爱煞这个词。白露，白露，你轻轻念着它的时候，唇边有点清冷，有点孤艳。纯洁无瑕，烟尘隔绝，只有好女子才配它。是在《诗经》里独立水边的那一个："蒹葭苍苍，白露为霜。所谓伊人，在水一方。"我以为，整部《诗经》，意境最美的，莫过于这首《蒹葭》了。然单单有"蒹葭苍苍"，来衬后面的伊人，还嫌单薄了，也不过一寻常画面，没有什么叫人可念可想的。一配上"白露为霜"，一旁的伊人，立马变得超凡脱俗起来。天空是那样的苍茫寥廓。秋盛开在秋里。水安放在水中。芦苇的身上，轻沾着霜一样的白露。——一首《蒹葭》，只因这"白露"在，就成了无法超越的经典。

从此，白露成了秋的形象大使，它在，秋才有秋的样子。历来的文人墨客，也多有着墨于它的。像杜甫，就是钟爱白露的吧，他在一首题为《白露》的诗中写道：

> 白露团甘子，清晨散马蹄。
>
> 圃开连石树，船渡入江溪。
>
> 凭几看鱼乐，回鞭急鸟栖。
>
> 渐知秋实美，幽径恐多蹊。

你瞧，白露只需在柑树的枝头上稍一露脸，秋的美好，就如同画卷一样的，徐徐展开。流连于秋色中的人，听鸟雀喧闹着归巢，方惊觉天色已晚，恋恋不舍地打马而归。他知道，明日，再明日，那些赏秋的人，将会循着白露的影子，陆续到来。那幽径之中，不知又会因此多踩出多少条的小路呢。

杜甫之后，一个叫羊士谔的文人，也极钟情于白露。他笔下的白露，更有一番清欢：

登临何事见琼枝，白露黄花自绕篱。

唯有楼中好山色，稻畦残水入秋池。

是白露催开了菊花么？一丛丛秋菊，就那样自在地，沾着白露，环绕着人家的篱笆，怒放了。黄灿灿的。登高而望，山色空蒙，秋色一点点描上。这个时候，心思澄清，唯有静静观赏、静静喜悦才能消受。

我在这样的节气里，走过一小块草地。草地的边上，有建筑正一幢连一幢地拔地而起。秋不管的，它兀自让小野菊们，黄一朵白一朵的，插满了草地。清晨的空气，薄凉得恰到好处，白露在每一朵小野菊上停留、闪亮。我止住脚步，怔怔看那些小野菊，猜想着它们是从哪里迁徙而来。又或者，这里本来就是它们的家园，只是被贪婪的我们，一日一日给侵占了。

我不知道它们在这里，还能待多久。但我知道，只要存在一天，它们就不会放弃盛开。我看见它们，就像看见故交。也没有什么别的好说的，只在心里默默地招呼一声：

嗨，你也在这里，真叫我欢喜。

霜　降

只有孩子的心，才有着霜般那样的单纯和洁净吧，相信所有，从不怀疑。

10 月 23~24 日，豺乃祭兽、草木黄落、蛰虫咸俯。

霜降时节，苏北，里下河地区，这里呈现的，是一片晚秋的景致。什么都浓烈到不能再浓烈了，颜色是。阳光是。风是。

大把的金黄。大把的阳光。大把的风。

菊花已开到很泛滥的地步。

古人多于此节气呼朋唤友，浩浩荡荡去赏菊。古籍上有描述："霜降之时，唯此草盛茂。"那时，人们把菊视为"候时之草"，自然要隆重一番，也因此留下了大量的咏菊篇章。我偏爱白居易的《咏菊》：

一夜新霜著瓦轻，芭蕉新折败荷倾。

耐寒唯有东篱菊，金粟初开晓更清。

　　小小院落，有荷塘有芭蕉，还有菊，还有霜。衰落与新生，交接得如此完美。而促成这场完美交接的，是霜。

　　我喜欢霜。

　　它是一滴雨和另一滴雨相逢。

　　一滴雨找到另一滴雨，是不是也像一个人，找到另一个人，需历经前世今生？大千世界，莽莽苍苍之中，众里相寻千百度，它们能够相逢，多不易！

　　当一夜好睡，清晨，打开门，有沁凉猛扑过来。抬眼，你看见人家的瓦片上，轻着着一层新霜。像黑夜遗留下来的一个洁白的梦。整个世界，都洁净得叫人欢喜。你脑子里飞快地想到的是，赶紧去菜场买青菜去。霜后的青菜，吸足了霜的精神魂儿，又肥又嫩，有着醉人的甜香，真正是吃了打嘴不丢。你想着要清炒着吃，或烧了豆腐吃。或做青菜饼子吃。

　　你亦想到从前，那些有霜的月夜。你和小伙伴们，赶远路去看晒场电影，奔跑在月下的田埂上。霜落在地上，像月亮的肌肤，像白糖。有阴影半遮的地方，又像圆圆的硬币。或一方帕子。总逗引得你们中有孩子，弯腰去摸——以为地上真的敷着白糖。或掉着一枚硬币什么的。也只有孩子的心，才有着霜般那样的单纯和洁净吧，相信所有，从不怀疑。

霜太洁净了。洁净的东西，给人的感觉，有些冷。像白瓷。像雪。像高山雪莲。它不媚不俗，它只做着它自己。

人说，冷若冰霜。是不是有妒忌和不甘在里头？因为，他达不到那种境界，他做不到从身体到灵魂，都一尘不染。

霜的热，在它心里头，你看不到。你吃着霜后的青菜、白菜，和霜后的萝卜，你就知道了，"蔬菜苦菜生山田及泽中，得霜甜脆而美"——经霜的蔬菜，真是好吃。

"霜降杀百草"——其实，真的是误解了霜了！明明是冰冻杀了百草，却要摊到无辜的霜的头上。霜也不去争辩。有什么可辩解的呢！不是也有人写诗赞美它么：

山明水净夜来霜，数树深红出浅黄。

它悄然而来，又悄然而去。它在这个世界之中，它又在这个世界之外。

立 冬

我不知道，这是不是爱情的一种。

11 月 7~8 日，水始冰、地始冻、雉入大水为蜃。

季节尚还在秋着，而立冬，又真真切切地站到跟前。

时间的脚步是一点也不等人的。常常，你这边丝毫未曾觉察，它那边，早已跑过十万八千里去了。人生多的不是不如意，而是对光阴的无奈，也才生出"白驹过隙"的感叹。更多的时候，你只有，被动地接受。在这被动里，倘若能寻出一些活的趣味来——这大概，就是做人的好了。

古时民间，是把立冬日当作节日来过的。想想，又哪一个节气，他们不是当作节日来过？他们心思单纯，日日都是好日子。我在写这些节气的时候，常不免要发些呆，真想穿越过去，做一回古人。

古书上曰："立，建始也。""冬，终也，万物收藏也！"热情也终有期，人类如此，自然界亦如此。一春的繁华，一夏的茂密，一秋的斑斓，这承载万物的大地，也该歇歇了。立冬日一早，天子出郊迎冬，赐群臣冬衣，抚恤在战争中失去亲人的孤寡。民间百姓则展开一系列送秋迎冬的活动，如祭祖、饮宴、卜岁。

这是从前的立冬。现在的立冬，早已丢失掉这些热闹了。

但风景，却一如从前：

> 吟行不惮遥，风景尽堪抄。
>
> 天水清相入，秋冬气始交。
>
> 饮虹消海曲，宿雁下塘坳。
>
> 归去须乘月，松门许夜敲。

诗人的玩性真大，一直玩到月上树梢头。他眼里的秋冬之交，风景是那样独特——尽堪抄的，难怪会绊惹了他的脚步。隔了七八百年的烟雨风尘，自然所呈现的，似乎从未曾改变过。我眼前的海边滩涂，盐蒿已遍身红透，红花朵一样的，一直红到天涯去了。茅草们抽出白的花絮，像拂尘似的，迎风摆着。一些顽强的小野花，还撑着或黄或白的小脸蛋，在将枯未枯的草丛里，无心无肺地笑着。大地真像件织染的裙。

我来这里，是为看最后的秋。我相遇到成片的林子，杉树林，银杏林，杨树林，竹林。上千亩，上万亩，莽莽苍苍。有老牛或站或卧在林子里，相当安详地啃着草。草还有些青色，而落叶已铺成软软的黄毯子。

守林人的小屋，搭在竹林的边上。两间小棚屋，茅草盖顶，渔网遮窗。屋上牵着扁豆藤和丝瓜藤。扁豆还有零星的花在开。丝瓜的曾经，应该很繁盛，那么多丝瓜老了，就那么在藤上悬着挂着，懒散疏离，却又有种说不出的安然。画家若看见，肯定会激动死了，这画面，堪称一绝。

守林人七十有五，在这里守林十四年了。他养一条狗、几只鸡。狗也上了年岁吧，看见我去，没吠，很友好地打量了我几眼，趴一边闭目养神去了。鸡看见我，咯咯叫着跑过来，讨吃的。

守林人在棚屋前忙活，见有外人突然撞入，他也不好奇，也不惊讶，抬眼看我一下，复又低头。他手里正用土坯在做泥罐之类的东西。他说是他刚学会的，他要用它来长葱。

我看一眼他的小棚屋，屋前屋后的空地不少，哪里都能长葱的。

他说，不一样的。

也是，这怎么能一样呢？小屋的门前，摆上几罐青葱，当花赏得，当蔬菜吃得，粗糙的生活，会变得不一样的。

何况，这是他亲手做的泥罐。

他却说，这是给他老伴做的，他老伴比他小四岁，在城里，帮他们的小儿子带小孙子。小孙子才两岁不到哇，离不了人的，他告诉我。

等葱长好了，我就给老太婆送去，他说。

老太婆会喜欢的。他满意地打量着手上的泥罐，笑出一脸的波浪来。

我听得怔怔的，内心温热。我不知道，这是不是爱情的一种。

大 雪

等待的心，简直就要蹦出来了。

12 月 6~8 日，鹖旦不鸣、虎始交、荔挺生。

我一直搞不懂，我到底算是南方人，还是北方人。

我去北方时，北方人称曰，你们南方人怎样怎样。我到南
方时，南方人称曰，你们北方人怎样怎样。

海离我的小城不远，是黄海。江离我的小城不远，是长江。
不过，我在江北。

我爱南方的温润和柔媚。一场雨后，那青石板铺就的老巷子
里，有兰花的香气在游走。隔江相望，我的骨子里或许也浸染了
一二。于是常带给人假象，陌生人首次见面，会询问我，你是江
南人吧？然我又极爱面食和北方菜，山东煎饼、馒头和东北乱炖，
我都吃得欢欢的。比小白兔吃萝卜还欢。日日吃着，都不嫌腻。

节气的抵达，怕也如我这般疑惑，不知它算是北方的呢，还是南方的。它到达我这里，总会慢上半拍，比北方要晚，比南方要早。

像这大雪日的到来。

古语云："大者，盛也，至此而雪盛也。"朋友威在哈尔滨，这个节气里，她那里已下过好几场雪了，雪厚得能堵门。我这里，却是连绵的阴雨，阴得钻人骨头。冷，又冷得不干不脆的，让人焦急。

焦急着等一场雪。

雪终于姗姗而来。虽是蜻蜓点水的那么几枚，可足以让我们兴奋的。

——看，下雪了。街上多的是这种惊喜的声音。

那会儿，我正站在一棵掉光叶的梧桐树下，等那人停车。我说，要庆祝下雪。

两个傻瓜一拍即合，我们决定在外用餐。

午时的天空，阴，一片混浊。然因那几枚雪，竟也点缀出童话的色彩。

我伸手接雪。用围巾接雪。用帽子接雪。谁能忽视它的到来？它的纯洁和晶莹，总能在瞬间，碰疼人心底的柔软。

我们都是柔软的。

一闪念，忽然想起康海这个人来。明代大才子，少年时就显露出非凡的才华，人见之，预言，必中状元。后果真大魁天下。他为人刚正不阿，这样的人，在官场中势必要遭到怨恨与陷害。他后来被削职为民，再不过问仕途，一心只创作乐曲歌辞，自比为乐舞谐戏的艺人，为他家乡的秦腔，做出卓越的贡献。后人给予评价：官场不幸秦腔幸。

这样的人，有着雪的风骨，是要瞻仰着才是。他的诗文，亦是骨骼奇秀的。他写过一首《冬》的诗，很应我眼前的景：

云冻欲雪未雪，梅瘦将花未花。

流水小桥山寺，竹篱茅舍人家。

三笔两画，一幅乡村冬日图，就活灵活现着了。初读，以为是静止的。像佛乐《云水禅心》，古筝叮咚，乐曲突然地滑翔下去，那种空灵，无有尽头。我总觉得，佛乐是有颜色的，青色，或者银灰，最配。空旷，迷离，如这冬日一场大雪前。

然分明又是驿动的。无论是云，还是梅，还是流水，还是小桥，还是山寺，还有竹篱和茅屋，它们都在翘首以待一场雪。等待的心，简直就要蹦出来了。

也许只是一盏茶的工夫，这场雪，就会沸沸扬扬而下。它们将在梅枝上雕刻花朵。将在流水上裙摆轻扬。将在小桥上铺设雪毯。它们调皮地打着滚儿，在山寺的屋顶上，在人家的篱笆墙上。

这个时候，最好能约上三五知己，围炉取暖。喝点小酒，唱点小曲，读点闲书，说点闲话。门外，雪和夜色，慢慢倾城。

走着走着，
花就开了

丁立梅 著

作家出版社

图书在版编目（CIP）数据

走着走着，花就开了 / 丁立梅著 . —北京：作家出版社，
2019.6（2023.8 重印）

ISBN 978-7-5063-9983-8

Ⅰ.①走…　Ⅱ.①丁…　Ⅲ.①散文集－中国－当代

Ⅳ.① I267

中国版本图书馆 CIP 数据核字（2019）第 090153 号

走着走着，花就开了

作　　者：丁立梅
责任编辑：省登宇
助理编辑：周李立
装帧设计：张亚群
出版发行：作家出版社有限公司
社　　址：北京农展馆南里 10 号　　邮　　编：100125
电话传真：86-10-65067186（发行中心及邮购部）
　　　　　86-10-65004079（总编室）
E-mail:zuojia @ zuojia.net.cn
http://www.zuojiachubanshe.com
印　　刷：北京盛通印刷股份有限公司
成品尺寸：142×210
字　　数：180 千
印　　张：10
版　　次：2019 年 6 月第 1 版
印　　次：2023 年 8 月第 6 次印刷
ISBN 978-7-5063-9983-8
定　　价：35.00 元

目录

序 / 001

第一辑　送自己一朵微笑

尘世里，总有些什么，让我们不自觉地微笑，使我们的坚硬，在一瞬间变得柔软。

偶遇 / 003

白云生处 / 006

五月花事 / 011

草在笑 / 016

送自己一朵微笑 / 020

宝盖草 / 023

香诱 / 026

一雨成秋 / 029

秋色 / 032

秋露 / 035

猫叹气 / 038

看雪 / 041

第二辑　捡拾幸福

我望见了这个尘世间最朴质的相守，无关山盟，无关海誓，无关富贵荣华，只要稍稍转过头来，你就能望见我，我就能望见你。

每一天醒来，都是恩赐 / 047

老古董 / 052

我愿做　只陶罐 / 055

数点梅花天地心 / 059

捡拾幸福 / 063

云踪 / 066

荷花 / 069

人与花心各自香 / 073

心中有光，无问西东 / 076

桃花流水窅然去 / 080

栀子花，白花瓣 / 085

裙子、围巾和窗帘 / 090

第三辑　十亩间

这是生活在社会最底层的一些人，他们寻常得常常被我们忽略，可是这个世界，却因他们身上散发出的善和暖，一点一点美好起来。

那些温暖的……/ 101

感激一杯温开水 / 104

两个瓦工师傅 / 107

老烧饼 / 110

九枝百合花 / 113

十亩间 / 117

麦浪滚滚 / 120

流年小恙 / 123

一袋野山菌 / 126

一碗水的字 / 128

第四辑　岁月平凡，日子发亮

总要等到一些年后，你才明白，一些旧物件里，藏着你的念想。
旧日回不去的光阴——无论欢喜，无论疼痛，都是好的，因为，
那是你曾经努力活过的印迹。

回家 / 133

最美的语言 / 136

命运 / 140

那些疼我的人 / 145

人生大赢家 / 148

在艾香里吃粽子 / 151

一盒月饼 / 154

母亲的生日 / 157

那些旧物件里的念想 / 160

白山芋，红山芋 / 165

不要对那个人叫嚷 / 168

岁月平凡，日子发亮 / 171

第五辑　锦鲤时光

我一生中最美的时光，当属于那一段锦鲤时光吧，虽然贫穷，
虽然卑微，却单纯，色彩明艳，无限阔大。

那年，那次远行 / 177

童年 / 180

老街 / 184

老手艺 / 189

乡村戏台 / 192

写春联 / 195

正月半 / 198

锦鲤时光 / 201

月光下 / 205

旧时月色 / 209

青春纪·离殇 / 214

第六辑　桃花红

所谓人间仙境婉转清扬，莫不是那样的了，有艳阳照着，有桃花开着，有人在走着。

若香 / 219

我要为你吹一世的横笛 / 224

青春底版上开过玉兰花 / 228

一件红毛衣 / 232

刘半仙 / 237

金婚 / 245

小恋情 / 249

冬葵 / 253

寻找王桂兰 / 257

桃花红 / 261

第七辑　跟着一只蝴蝶走

生活的热爱，应该是它们共同的语言和灵魂的密码，只消一个眼神，便能成为相知，又哪里会有疏离和隔膜？

枫泾虫鸣 / 269

山趣 / 273

那棵金桂 / 276

桃花时光 / 279

美丽的"情郎" / 283

李哥的桃花源 / 288

茶卡 / 295

婺源的水 / 298

印度人的笑 / 301

跟着一只蝴蝶走 / 305

天上的云朵，地上的草湖 / 308

序

我很少思索，我为什么要写作。

生命中，最经不起推敲最无解的，就是为什么。

比如，人为什么要活着呀。人为什么要爱呀。人为什么要走
这条路，而不是走那条路呀……

想那么多为什么，是太费力气的事。我不愿意。

对我来说，夯实每一个正在经过的日子，远比端坐着苦思冥
想要来得重要，来得愉快。我不执着于过去，也不幻想于未来，
我只管走好脚下的路，走着走着，花就开了。

我绣十字绣，一针一线，慢慢绣。一朵花，我总要花上一个
多星期才能绣成。不要问我为什么要绣。若你实在要问，我只能
告诉你，不为什么，只因我喜欢。

我低头绣几针，然后抬头看看窗外的天。有时会看到几朵
云从窗前遛过，像鱼一样的。像蜻蜓一样的。像花瓣一样的。有
时，只有一块空空的天悬着，像块干净的棉手帕。我觉得这样的
时光，很好，无限好。我觉得身心皆舒服，且相当愉悦。

我吃橙子或柚子，不舍得直接劈开它，而只是切去上端一

点儿，然后用小勺，一勺一勺慢慢挖。最后留下一个相当完整的"壳"，我在那"壳"上作画，画微笑的眼睛，画月亮，画太阳，画盛开的小花儿，把它放太阳下晾干。我拿它们当花器，装干花好，装瓜子好，我还用它装我的橡皮和卷笔刀。最了不得的是，我拿它长了颗胡萝卜头，一天一天过去了，胡萝卜头绿莹莹的茎和叶，慢慢从那"壳"里爬出来，葳蕤成一片，真是相当好啊。我的书桌上，摆满了这样的"器物"。我就这样，把大量的时光，浪费在它们身上。

不要问我为什么。有些时光是用来享受的，不是吗？我做这些，就是在享受时光。像花草沐浴着阳光。

你也完全能做到。你只需思想简单一些，活法简单一些，欲求清澈一些，也就可以了。

世界多大啊，山有山的雄伟，海有海的壮阔，可谁说那些小丘陵小溪流不也是活色生香的一种？

我做不成山，做不成海，哪怕连小丘陵和小溪流也做不成，我就做一棵草好了。

安心地做棵小草，也可以把四季唤来同住。

第一辑
送自己一朵微笑

尘世里，总有些什么，让
我们不自觉地微笑，使我
们的坚硬，在一瞬间变得
柔软。

偶　遇

在时间无垠的荒野里，我们都是跋涉的旅人，却因这偶然
的相遇和眷顾，布下温暖的种子。

小城有家卖饰品的小店，店名叫得极有意思，叫"偶遇
吧"。小店开在一条古旧的街道上。店里卖的都是小饰品：精美
的钥匙扣，拙朴的香水瓶，会唱歌的玻璃小人，五颜六色的发
圈……每一样，都是精致小巧的。一间再普通不过的小屋，被
装点得像童话。让人颇感意外的是，店主是个六十开外的老
妇人，穿大红的衫，戴贝壳串成的手链，笑容灿烂，举手投足
间，自有一些风情。年轻时，她迷恋小饰物，一直没有机会开
这样的店。退休了，她重拾旧梦，天天守着一堆"宝贝"，把日
子过得如花似玉。

也是这样的偶遇，在武汉。当地文友拉我去逛光谷步行
街。天桥之上，我被一朵一朵怒放的玫瑰花牵住了脚步。确切

地说，那不是花，那是一堆橡皮泥。可它分明又是花，瓣瓣舒展，鲜艳欲滴。

捏橡皮泥的，是个矮个子男人。眼睛细小，皮肤黝黑，满脸沧桑。沧桑中，却有种淡定的平和。他在眨眼之间，把一小坨橡皮泥，捏成一朵盛开的玫瑰。我蹲下去，看他捏。他十指扭曲，严重残疾，却灵活。手像被施了魔法似的，在橡皮泥上轻轻一按，一瓣花开了。再轻轻一按，一朵花开了。

我挑起一枝，紫色，典雅大方。想买。他说：这个不卖，人家预定好了的，你要买，我再给你捏。我惊讶了，我说：你可以重捏一个给预定的人啊。他却坚持不卖，说他答应过给人家留着的，就一定得留着。一会儿之后，他给我捏出另一朵来，撒上荧光粉。他关照：你回去对着灯光照上十来分钟，它会发光的。

从武汉回来，别的东西没带，我只带了那个花回来。看见它，我总要想一想花后的那个人，生活对他或许有诸多不公，他却能够做到心境澄清，让花常开不败。

还是这样的偶遇，在云南。夜晚的广场上，一群人围着篝火在跳舞。不断有人加入进去，天南地北，并不熟识。不要紧的，笑容是一样的，快乐是一样的，心灵因一团篝火，在瞬间洞开。我站在圈外看，有人跟我招手：来呀，一起来跳啊。我笑着摇摇头。手突然被一女子牵了，她不由分说把我牵进那群欢乐的人中。灯光暗影里，她脸上的笑容明明灭灭，如星星闪烁。她说：跳吧，一起跳吧，很好玩的呀。她很快踩上音乐的节奏，身体像条灵活的鱼，看得我眼热，跟着她后面跳起来。那是我平生第一次跳舞，完全不得章法，欢乐却像燃着的篝火，把人整个地点燃。曲终，转身寻她，不见。满场的欢声笑语，经久不散。

人生还有多少这样的偶遇？在时间无垠的荒野里，我们都是跋涉的旅人，却因这偶然的相遇和眷顾，布下温暖的种子。日后，于某一时刻，不经意地想起，那些温暖的种子，早已在记忆深处，生根发芽，抽枝长叶，人生因此变得丰盈。

白云生处

我一会儿看看天空，一会儿看看大地。我所要的好世界，就是这个样子的吧。

一

好好的，突然刮起了一阵风。

风真大。似猛兽发了狂，一路狂奔着。晾在外面的衣，挂不住了，我收进来。一抬头，看到天空。怔住，不自觉"啊"了声。

那些云，那些雪白雪白的云，被风赶着，慌不择路地跑着。跑着跑着，就滚到了一起，滚成一个一个的大雪球。天蓝得深沉又深情，跟湖泊似的。那些"雪球"，又似浮在水面上的大白鹅。这一群"白鹅"，是谁放牧的呢？

不可思。

我也就不去思了。只做着一个闲观"白鹅"凫游的人，觉得幸福。

晚上七八点的天空，又是另一番样子。风止了，云朵稀了，它们变成莲花瓣了，簇拥着一个大而皎洁的月亮。这个时候的月亮，有王者之气，有金属的光芒。

花树扛着一树的花，浸着月光，朵朵都是蜜饯。青草地上的青草，浸着月光，柔嫩清润得似乎都能摘下来，直接塞嘴里吃。月下有跑步的人，他们泡在月光里，有瓷器之美。

我一会儿看看天空，一会儿看看大地。我所要的好世界，就是这个样子的吧。

二

五月。我在合肥。

下午三四点的光景。天空很干净，有蓝玉之光。这样的天空，惹得我频频抬头。后来，我索性停在路边，一心一意地看。

无数的白云朵，突然冒了出来。像一场雨后，蘑菇们唰啦啦从土里钻出来。

这很神奇。我想，天上一定有谁在种着这些"白蘑菇"。

这些"白蘑菇"密密地聚在一起，又嘭嘭嘭地开起花来。你根本来不及细看，那些花朵，便都开好了。像秀气的玉兰花。

一天空的玉兰花呀。一朵挨着一朵，一朵挤着一朵，仿佛就有香气流淌下来。

我恨不得飞上天去，摘下它们来，提着篮子去叫卖，让花香染遍一条一条悠远的深巷。

晚上，跟当地朋友说起这个。他挺意外，"啊"一声，笑了，说：是吗，有吗？我们这里也有这么好的天空？

我突然心疼得不知所措。

不远处，五月的蔷薇，攀爬在一户人家的铁栅栏上，默默地开。

三

杜牧写"白云生处有人家"，这一笔真是聪明，漂亮，大气磅礴！

没有多余的修饰，甚至不带一点比喻和夸张，他近乎大白话地，把眼睛里看到的，给实打实地描绘出来。秋色弥漫，草木斑斓，有石径弯曲其上，直往那云端里去了。鸡舍房屋，隐隐约约。山居寻常，却如此动人心魂。

他用的那个"生"字，令我着迷。是"生活"的"生"。是"活生生"的"生"。是"生龙活虎"的"生"。是"生生不息"

的"生"。

我们来这尘世走一遭，原都是为了这个"生"。白云朵，亦不例外。

每一朵白云，原也是有根有家的。

这样的云朵，鲜活，亲切，有烟火气。

贾岛的"云深不知处"也好。却显得渺茫，心绪无着落。

四

我说我养了几朵云。

唔，是真的。

我把它们养在窗子外头，养在我小屋的上空。

我在屋子里做事，我一扭头，就看到它们。小白鸽一样的，隔着窗，朝我张望。

每天有它们在，天空多晴朗啊。

它们都是爱学习的好孩子，每一个都学得一身会变魔术的好本领。有时，它们会变成小鸡小狗，小羊小兔子，甚至小老虎，逗我玩。有时，它们又变成小溪流，哗啦啦流。或是变成沙滩。或是变成山峰、丘陵和峡谷。

我在看书的时候，它们也一本正经在看书。我在给花浇水的时候，它们就自己变成一朵花。

它们也会跟我屋前长着的几棵树玩。把影子一朵一朵，投射到树的上面。一只鸟，蹲在它们的影子里唱歌。一只猫，走过树下面。它抬头看看树，有些好奇，它一定看见了白云朵藏在里面。

　　它们偶尔的，也会离开几天，去巡游外面的世界。它们一离开，天就阴了，下雨了，或是下雪了。我不急，也不埋怨，我耐心等着，我知道它们很快就会回来。

　　果真的，我一觉醒来，雨停了。雪止了。它们正蹲我的小屋旁，一脸明媚地看着我。

　　如果有一天，我说我要送一朵云给你，那你一定被我当成了知音。

五月花事

这个五月，我注定要为蔷薇花消去许多时光。这些时光，都是香的。

一

五月，我的城，是蔷薇的天下。

谁知那些蔷薇是怎么冒出来的？我也只不过才离家三四天，再回来，一个城，就都被蔷薇花占领了。河两岸，都是。小区的栅栏上，爬满了。人家的屋檐下，也趴着那么一大丛。花以粉红居多，间或有一两丛白。每一朵都是娇滴滴的。又都喷着香，也是娇滴滴的香。香得相当的小儿女，怎么闻也不会嫌腻。

"尽道春光已归去，清香犹有野蔷薇。"——春去了有什么要紧？还有蔷薇开着呢。

我在家是铁定坐不住的，每到傍晚，定会梳洗一番，出门，我要看蔷薇去。

远远望见了，它们都好好开着呢。一丛，一丛，再一丛。背景是绿。深深浅浅的绿，柔情蜜意的绿，波光潋滟的绿，配了粉粉的花朵。是郎情妾意，每一寸时光，都堪称良辰了。

我总是迫不及待奔过去，心里的欢喜，泛着小泡泡。虽说昨天才见过，可在我，每一次相见，都如初见，都有着巨大的惊喜。

这个五月，我注定要为蔷薇花消去许多时光。这些时光，都是香的。

我愿意。

二

一年蓬从不曾被当作花待过吧？

我小时，在乡下，提了篮子，一捧一捧割了，给猪吃，给羊吃。

可是，它的花，实在美。素淡的白，或是微微泛着浅紫的粉。花瓣儿细如丝线，裁剪成长短相当的，密密地扎成了一圈儿，中间顶着个饱实的黄花蕊，是实实在在的一颗心。一枝上会缀着三五朵，或七八朵不等，参差着，秀气着，似耍杂技的小女儿。

路边的草丛中，随处可见到它的影。一棵，或几棵，就那么独开独舞。素面朝天，自然天成。

我每每遇见，都要在心里面惊叹，真是美啊。

然后，某天，我就遇见了一大片的。对。一大片的。像谁特意栽种的。

谁呢？

是鸟吗？是风吗？鸟在不远处的几棵海棠树间啁啾。风吹着天上的云在跑。

它们，开成了沸沸的海洋，那么多。那么多的小女儿，在载歌载舞。

我望见了乡下的原野。我望见了山涧的小溪。我望见了清澈、纯净和静美。

我不能够走开。不能够。

我跳进花海里。

原谅我，我采了一束。不远几十里把它带回来，插在一只玻璃瓶里。什么时候望过去，它都能瞬间让我的心融化。我的嘴角边，不自觉地，浮上一抹笑来。

我跟那人说傻话，我说：假如，我也化成这花中的一朵，你会认得我吗？

他答：会的。

我穷追不舍：你凭什么认得呢？

他答：凭感觉。你是不一样的一朵。

我很满意他这么答。

那么，那些小粉蝶，也都是凭感觉，寻到属于它们的那一朵的么？

我看到一只小粉蝶，向一朵花俯下小小的身子去。

我的心，就那么感动起来。

三

虞美人扛着美人的名头，似乎极高贵。

其实才不，人家很草根的。

去年丢下几颗种子，今年就能窜出一大片。也无须特别管理，它就那么开呀开开呀，开出一捧一捧的花。红的白的，薄绸子似的。有单瓣的，有复瓣的。讲究点儿的，还自己给自己绣了彩边儿。

直接摘一朵，都可以当小女孩的喇叭裙来穿。

虞美人个个都是时装高手呢。

四

芍药开得生猛。

我不知道这么形容芍药它会不会不高兴。

它看上去，真的很生猛。

人家的门前，一边一丛。玫粉色。碗口那么大的花。

花不惊人誓不休。

我们的车，从它们跟前掠过去。

惊起了一地的颜色。我回过头去，心瞬间被一朵一朵玫粉淹没。

再难忘。

五

那人说，月季花该叫"贵妃花"。

也是。

怎么开出那么大的花来？吓人一跳。

又颜色拼着命地往艳里面艳去。每一朵，都是涂脂抹粉的富贵相。

我看它，像看一个可爱的傻姑娘。傻姑娘心无蒂芥，无忧无虑，整天蹦着跳着瞎开心，反倒活得心宽体胖，丰腴富足。

这样，多好。

人一辈子追求的，莫若率真而活。

草在笑

天空和大地，到处布满微笑的眼睛，只是我们视而不见。

一

陪一个四五岁的孩子在草地上玩。天气晴好，熏风送暖。

孩子突然说：草在笑呀。

我一愣，低头看向那些草，细眉细眼的，果真像是在笑。

那么，花也在笑。树也在笑。风也在笑。云也在笑……为什么不呢！

天空和大地，到处布满微笑的眼睛，只是我们视而不见。

二

功成名就的朋友不断对我诉苦，他是多么忙多么累，整天身不由己，家里家外，事无巨细。

我建议，告假几日，关掉手机，去一处有山有水的陌生地，住下。那几日，只关乎自然山水，不关乎世间名利得失，看看怎样。

事实上，太阳会照旧升起，地球会照旧在转。你不在的日子，花依旧在开，大家的饭照常在吃。

亲爱的，你真的没有你想的那么重要。所以，不必背负太多的包裹，不妨学会放下。

三

一老者拿着自制的豪笔，蘸水在公园的一面墙上写字，一会儿行书，一会儿草书。风一吹，墙上的字迹很快没影儿了。

围观者众，大家探究地看着老人挥笔，频频相问：这是做什么呢？是要参加书法比赛吗？

老人起初不答，只一心一意写他的字，脸上的神情，惬意而满足。后来，实在架不住众人围观，老人停下笔，淡淡说：没什么，只是闲着无事，写着玩。

众人惊奇地"啊"一声，继而笑了。这个答案太出乎他们意料了，却是唯一的最完美的，无关身外事，只遵从内心，简单，透明，纯粹。

四

突遇家庭变故的孩子，瘫痪在床，生活维艰，天空黑暗。

经媒体报道，这个孩子得到社会各方面的捐助。

后来，有媒体上门采访，问这孩子，最令他感动和难忘的事是什么。

孩子沉默了一会儿，从贴身的口袋里，掏出一封信。信来自一个女人之手，信中写道：

孩子，无意中看到你的遭遇，心疼你。我也刚经过一场不幸，现在在外打工，还没有钱可以捐给你，但我，可以把微笑送给你。孩子，每天要记得笑一笑啊，明天会更好！

孩子说，每天，他都会掏出这封信来看一看，笑一笑，心就暖了。

媒体为之震惊。

慈善不等于非得捐钱捐物不可，有时，心怀怜悯，能够送人微笑和温暖，也是慈善的一种。

五

和一个刚参加工作不久的女孩聊天，她曾是我的学生。

女孩在一家大型企业里做事。同事欺生，常指使她做跑腿的活，每日里负责帮他们叫外卖，帮他们送信件，帮他们去超市里买这买那。甚至，帮他们擦桌子，倒茶水。她忧伤且有些激愤地说，社会真复杂，她无法做到强大。

我告诉她：真正的强大，是内心的强大。现在你做这些跑腿的活，就当是在锻炼自己的意志，和耐性，为你的强大做准备。

又，生命短暂到用指头数几数，也就没了。一生中，你有多少时间可以相守？所以，珍惜，别浪费。而抱怨、生气、烦恼、仇恨等，无疑是在浪费生命，浪费自己。学会宽容，宽容地对待这个社会，对待自己，你就会无往而不胜。

送自己一朵微笑

熟悉的东西无有改变，也是一种恩赐。都还在着呢，便是安慰。

有些事情，其实我们很容易就能做到。

比如，送自己一朵微笑。

一朵，刚刚好。就像一枝带露的玫瑰，散发出清晨特有的清香和甜蜜。又像春天枝头刚爆出的一朵新芽，柔软且纯真。

美好的一天，是从清晨开始的。第一缕晨雾。第一片阳光。第一声鸟鸣。第一袭花香。——这一些，无不是崭新的。而你，从黑夜里泅渡过来，沐浴着新的生命的光泽，便也是一个全新的你了。多么值得庆幸，你又迎来光明的一天。

为什么不送自己一朵微笑呢？

来，对着镜子。

若是没有镜子，就对着一面窗玻璃吧。

若是没有窗玻璃，哪怕对着空气也行。眉毛弯弯，嘴角上扬，一朵微笑的花，就开在你的脸上了。你的心田里，会充溢着一种芬芳。

享受这种芬芳吧。你会发现，门前掠过的车声人语，要比往日的动听。家里长着的那盆植物，要比往日的葱茏。简单的早餐吃在嘴里，也比往日的滋味绵长。普通的衣穿在身上，也比往日的合体熨帖。而你，真的有些不一样了呢，你容光焕发，身体轻盈，眼中所见到的，都仿佛镶着一对会笑的眼。你跃跃着，想对这个世界打声招呼："嗨，你好早晨。"

扣上门，上班去。你的嘴角，还是上扬的。看树，树在笑。看草，草在笑。陌生人相遇，也都是友善的。谁会对一个微笑着的人施以颜色呢？不会的。你从来没有觉得，这个世界，原来是这样的温和可亲。

每天必走的路，是厌倦过的。可是，今天却大不相同了。车窗外掠过的房屋、街道和行人，肩上都落着晨曦的光芒，看上去又温暖又美好。一些熟悉的街景，也有着说不出的温馨。一棵法国梧桐，站在一家卖小饰物的小店门口，树又高大又茂密，像撑着把绿色大伞。小店的名字这回你看清了，叫"转角微笑"。你为这个名字暗暗叫好。想象着起这个名字的主人，一定总是嘴角含笑，满面春风。卖早点的摊子前，坐着三五个客人，馄饨或是面条上面，荡着一层晨雾般的热气。还有那个烧饼炉子，守着它的，竟是一个长相不错的女人。烧饼出炉了，买烧饼的人排成了队。你想象着那种香。每日里能与这种香相亲相爱，也是福分。修鞋的师傅开始出摊了，他把摊子摆在一棵合欢的下面，暂无生意，他坐在矮凳上，双手拢起，笑嘻嘻地看街景。那棵合欢，夏天连着秋天，都在开着花。一树的粉艳，把俗世的寻常，映得天晴日暖。你第一次充满感激，熟悉的东西无有改变，也是一种恩赐。都还在着呢，便是安慰。

　　你就这样一路走，一路看着、想着，有再相逢的喜悦。以前觉得漫长无趣的上班路，变得短暂又好玩了。你带着这样的心情，开始你一天的工作。你意外地发现，你的一颗心里，不再有抱怨，只有欢喜，鸟鸣雀叫，繁花似锦。寻常的每一天，原都是好日子。

宝盖草

身边的事物，被我们漠视掉多少？

宝盖草为什么叫宝盖草呢？好奇怪的。

我小时就对此百思不得其解着。它喜欢长在地沟旁，或是田埂边。我坐在田埂上，伸出小指头，对着它的一点红，点下去。它弹跳一下，又挺直身子，顶着那一点红，不动声色看着我。我再点下去，它再弹跳起来。我们就这么玩着，不厌其烦的，能玩上大半天。

它的样子好看。一枝茎撑着，叶片子一圈儿一圈儿地缀着，每一圈都有八九片叶子到十几片不等，参差着。一圈与一圈之间，隔着一定的距离。它就这样一层一层地，一圈一圈地码上去，每一圈叶子都呈花开状。有些像宝塔。对，我觉得叫它"宝塔草"，似乎更形象。

春天刚苏醒，我们到地里去，就看到它了。它好像比春天醒得更早。

这个时候，它的叶片子早已长成，是一棵完整的植物的模样。它从那一圈一圈的叶子中间，探出点点红来。那红，比桃红要深一些，比紫红要浅一些。像小星星，也像田鼠的小眼睛。它在向春天宣告，它要开花了！粗心的人见到，不以为那是花苞苞，以为是叶子本身就长那个样子呢。

它是个占有欲很强的孩子，春天的席位才刚铺开，它就早早抢得个好座儿。咋咋呼呼地说：我要拔得头筹。接下来，它却不急了。桃花开了，它还没开。梨花开了，它还没开。菜花开了，它还没开。它就那么顶着那些颗"小星星"，懈怠懒散地闲待着。总要等到荠菜花开烂了，它才慢悠悠地，撑开那些颗"小星星"，一点一点地，往外拖着好颜色。

开好的宝盖花，很特别。有人形容它，"像一只从洞穴里探出头来的小兽"。这只小兽粉粉的，有着长长的小脖子。俏皮着。

我们小时是等不得它开花的，就采了它，给猪吃。成篮子成篮子地采。那时的猪也幸福，吃的全是纯天然。猪不知，此草还是很宝贝的药草，若用它泡酒，可养筋活血。不过，我从没见大人们拿它泡酒。穷日子里，饭都难得到嘴，哪还有酒可喝！

现在难得见到宝盖草了，得去寻。小城的紫荆花开得沸沸的时候，我去看紫荆花。在紫荆花旁的一条水沟边，看到好些株的宝盖草，花也都开好了。真是意外。

去一所新建的学校做讲座。一进门就看到有个圆形的花坛，上面栽一棵松。松树的下面，野花野草们相处和睦。还有一两棵油菜花，也在那里凑热闹。我真替它们庆幸呀，没有人拿它们当杂草除掉。

我蹲下去，一一招呼它们，就看到了几株宝盖草。它的花还未盛开，绿叶子中间，冒出点点的红。像谁不经意用蜡笔轻点了一下。我想起它另有个好听的名字，叫"珍珠莲"。细看，还真像镶着一颗颗红色的小珍珠。

旁边走过一些孩子，他们好奇地看看我，又走开去了。后来，我在讲座时，提及花坛里的宝盖草。台下立即议论纷纷：哦，还有这种草？

身边的事物，被我们漠视掉多少？我相信，在我的讲座之后，会有一些孩子，跑去花坛那里，寻找宝盖草的。

对于宝盖草来说，尽管那是迟来的相认和问候，它应该，也很高兴了。

香诱

唯有一些好闻的气息，能经久在我们的记忆里，让我们反反复复咂摸，隔再久，那气息似还在我们的鼻翼间停着。

每年桂花开，我都忍不住要为它唱唱赞歌。它配。

别的花想尽办法"色诱"，拼命往艳里头艳去，千娇百媚姹紫嫣红着。它呢，只素朴着一张小脸，不惹人注目地隐居一隅，默默积蓄着力量，不声不响地放着香。这一香就了不得了，把一个天地都给惊着了。香啊，太香了！香得无法无天，香得众生倾倒。细想想，它的手段才真叫高明呢，以无形胜有形，不争不喧，不露不显，却让人小觑不得牵肠挂肚。它是"香诱"。

多好，香诱！人闻香而至，多了盘旋，多了惊喜，多了寻觅的趣味。人甘愿沦为它的俘虏。

再多的人面娇花相映照，在时间的长河里，也会慢慢被汰洗得浅淡了，模糊了，唯有一些好闻的气息，能经久在我们的记忆里，让我们反反复复咂摸，隔再久，那气息似还在我们的鼻翼间停着。就像一个品质极好的人，分别一些年后，你早已淡忘了他的容颜，可你仍清晰地记得他的品质，你给他下定义，称他是"好人"，你很怀念他。一个人的品质，是一个人的气息，是一个人特有的味道和格调。花亦如此。

桂花是有格调的花。

每年，我们掐准着时辰，盼着它来。风里带了凉，雨里带了寒，知秋已至，心里便开始欢喜起来。桂花快开了吧？我们心心念念着。

这个时候，我也总是心神不宁着。我看书时，心是游离着的。我做事时，心是游离着的。哪怕我在吃着饭呢，心也是游离着。——桂花的香，在勾我的魂。直到我换衣换鞋走出家门，我的心，才算有了着落。我的脸上，有了灿烂，我独自微笑着走过小区里的几棵桂花树旁。碎米粒一样的桂花，藏在叶间，香味不负我望地，洒播得四下里皆是。人高马大的门卫，也被吸引过来，在它旁边转悠，他掐一枝，搁门房桌上，看见我，他笑得糯糯的，说：香呢。我赞同地点头称：是，是，香呢。

出小区，左拐，走不多远，就走上一条桂花道，道旁全是桂花树。我在那条路上，来回晃啊晃啊，从东晃到西，再折回来，从西晃到东。我不在乎路边凳子上坐着的人的目光，他盯着我看好久了。我旁若无人地微笑着，我相信，我的笑容里，一定有桂花香在飘。我继续我的晃荡，心里面感激着，栽了这一丛桂花树的人。直到一颗甜果子似的夕阳，融化在桂花香里。

　　暮色四起。暮色真是暧昧得很哪，有什么东西在发酵着。空气也是暧昧着的，是涂了脂抹了粉的。风也是暧昧着的，它吹着吹着，就软了骨头，香甜得有些妖娆了。满世界都浩荡着香诱。这个时候，真适合谈一场婉约的恋爱。或是，怀想一个温柔的人。

一雨成秋

这世上，总有些好，让你无由地喜欢。

晨起，有雨。穿着短袖嫌凉了，我折回屋，翻出一件开衫套着。

邻人相遇，脸上有喜容，站定雨中，报喜似的笑着说：下雨了呢，天凉了。

是啊，下雨了，天凉了。

这个夏天，真叫难挨，天地间像着了火，从南燃到北，一路燃过去。人们每日里望着天上的大太阳，发愁着，不知这样的炎热，什么时候才能过去，对秋的渴盼，比哪一年都来得强烈。

秋终于跟着这场雨来了。与夏日的凌厉和咄咄逼人不同，这时的雨，多了温柔意。它不紧不慢，不慌不忙，像绣娘在绣花，以天地为布，横几行，竖几行，行行复行行，密密的。秋的模样，便在"绣布"上逐渐显现——

苞谷熟了。稻子黄了。红薯该挖了。葵花籽该收了。枣树上的枣，红得像女孩的唇。石榴树上的石榴，跟一群胖娃娃似的，咧开了嘴在傻乐着。柿子树最入景了，一树一树的柿子，像镶着无数的红宝石，令人驻足了又驻足。

　　楼下人家长的那架扁豆，一个夏天只顾长藤长叶，偶尔冒出几朵花来，也是开得漫不经心的。这样的一场雨后，它忽然开了窍，懂了事，扬起理想的帆，花一嘟噜一嘟噜地开，荚一嘟噜一嘟噜地结。从前的好时光都轻慢了，它要好好把握住当下。于是乎，人乐了，天天可以摘扁豆吃。母亲说，用芋头烧扁豆，比烧肉还好吃。母亲在老家屋后长了一大片芋头，绿叶蓬勃，碧波荡漾。那些芋头，有一大半将被输送到我这里，一日一日，暖香我的胃。

　　这个时候，一些叶子也开始好看起来。譬如银杏树的叶。它们一点一点染黄，远观去，黄花朵一样的。满树缀着这样的黄花朵，灿烂了半边天，你只能用"惊艳"来形容它们了。梧桐树的叶，则像怀旧的纸张，焦黄焦黄的，适合在上面写相思。有人开始计划着要去看枫叶了。"小枫一夜偷天酒，却情孤松掩醉客。"诗人杨万里的比喻委实可爱，秋天的枫叶，可不就像少年偷喝了酒，纵情地醉上一醉。

　　栾树最大方了，它捧出一捧又一捧鲜艳的果，与天地共享。我从汉中平原乘车一路过去，往秦岭深深处去，路边飞掠过一些树，满满地擎着一簇一簇的红，艳透，于满目的苍翠之中，实在突兀极了。心想着，什么花，这么张扬！趁着车速减慢，我盯着细看，突然惊觉，那是栾树啊。也只有它有这等本事，把果实整得比鲜花还艳丽。

紫薇开得更是热闹，有点人生得意须尽欢的意思。它攒着无数桶的红粉蓝紫，这个枝头刷上几刷子，那个枝头刷上几刷子，快乐得不成样子。像心无芥蒂的小姑娘，你待她好，她开心。你不待她好，她仍是开心。她的灿烂，与你无关。我所在的校园里长着几棵这样的紫薇，我去教室给学生上课时，看见，笑一下。下课时回头，还看见，再笑一下。心头漫过一片粉。

这世上，总有些好，让你无由地喜欢。它在那里，它就在那里。因了它，简单的日子变得充实，也变得让人有了念想和留恋。

秋 色

那个光阴，那个遇见，对我，如同馈赠。

四季皆各有各的色彩，春有春的，夏有夏的，冬有冬的，然唯"秋色"最适合轻声念出。秋——色——你轻轻念出这两个字的时候，真是温柔到极点，又斑斓到极点了。

秋色到底是种什么颜色呢？站在一片秋色中，你会惶恐，你会心慌，你会意乱情迷，然又是那么怡悦，怡悦到无可无不可。

你真的回答不了秋色到底是种什么颜色。说它是五颜六色五彩缤纷，都显得轻浮了。可是，真的很缤纷呵，即便随便一片草叶上，也描着万紫千红。

秋色就是这样的，随便从它家门里，走出的哪怕是一个微不足道的小丫头，也是通身气派。就像大观园里的平儿，农妇刘姥姥初见她，慌得纳头便拜，口呼"姑奶奶"。她把她当贵族少妇王熙凤了。

栾树一边开花，一边结果。开花是热烈的，结果也是热烈的。花是黄灿灿一片黄，果是红彤彤一片红。每回见着，我都要被它的气势给震住。太浩荡了！对，就是浩荡，一出手就是一片大好河山。我站在我的楼上望过去，目光所极之处，都是它，高低起伏，绿底子上，是大桶的颜料泼洒，红红黄黄，如峰如峦，如沟如壑。我这样望着，爱死了我居住的地方，它小，人口不过百十万。可是它又大得不得了，能容得下一个秋天，能捧出最好的秋色。

其他的树木上，也是秋色肆意。桂花把秋色扛在肩上，到处广告。那香，也是秋色的一种。你一见，就欢喜得不得了，知道秋已灼灼。最炫目的，要算枫和黄栌了。秋风也不过吹了两场，秋雨也不过降了几滴，它们就开始描眉画唇地打扮起来。起初你也未在意，不过是这里描一点红，那里描一点黄。可是，是哪天的哪天，你突然看到它们，把家底儿全给掏出来了，盛妆着，盛装着，华丽逼人。你差不多不敢直视那种美，它们美得太咄咄逼人了！

还有银杏。银杏绝对是大户人家出身的，它一旦秋起来，那通身的富贵气，绝对耀眼璀璨，你假装看不见也不行。它就是那么雍容那么不可一世，你还能怎么样呢，你只能惊叹。我在一个从前的私家园林里，看到一地的银杏叶，铺成黄金毯。我站着看，只觉得好，好得不能再好。那个光阴，那个遇见，对我，如同馈赠。看管园林的老人说：这叶子，我们不扫，留着看呢。我不由得多看了老人两眼，老人瘦瘦小小的，两颊凹陷，唇旁有个蚕豆大的紫斑。这样的老人，在大街上的人群中走着，大约是没人愿意留意的。可他在一地的秋色旁站着，就有了明艳和亲切，浑身散发出满满的好意。留着看呢——他说。这话让我激动，多好！把秋色就这样挽留着，能留多久，就留多久。

还有梧桐。每一片梧桐叶，都像是帆，鼓胀着秋色，就要远航去了。我在一个学校讲座，完了，一孩子气喘吁吁跑来，手里拿着一片刚捡到的梧桐叶、褐色焦黄的，看去，很像一张牛皮纸。孩子请我在上面签名。我高兴地一边签，一边问那孩子：为什么想到捡片梧桐叶来给我签名呢？孩子答：我觉得它很美。我抬头看那孩子，红扑扑一张脸，有着鼓鼓的额，像只饱满的橘，我心情大悦。至今想来，这是我遇到的最好的秋色了。

在秋天里，我还要劝你，多去小河边走走吧，最好是乡下的。你多半能遇到苇和茅，它们都顶着绝美的秋色，一头褐黄，一头雪白。如果是成片连在一起的，那绝对像看大片一样过瘾。千军万马跃过，也不过如此。你会又惊喜又感动，纵使行至暮色沉沉，那骨架子也不倒，这是尊严。植物也如人一样的，是有尊严的。

果实上的秋色，我就不一一细说了吧。"最是橙黄橘绿时"，说的是这样的秋色。"香稻既收八月白"，说的是这样的秋色。范仲淹有句"秋色连波，波上寒烟翠"，在秋天里念念，最是动心。再不用多说了，就这一句，足以告慰整个秋天了。

秋　露

　　尘世里，总有些什么，让我们不自觉地微笑，使我们的坚硬，在一瞬间变得柔软。

　　秋露降了。

　　这是不知不觉中的事。微凉的清晨，出得门来，空气中都是秋露的味道，不由得人不深呼吸一下，发出会心的微笑，哦，秋露呢。

　　尘世里，总有些什么，让我们不自觉地微笑，使我们的坚硬，在一瞬间变得柔软。婴儿的梦呓，幼童的稚语，夕阳下，相互搀扶的老人……这些生动的，偶然撞进眼里来，便像有小手轻轻在心门上敲了一下，只为问一句：有人吗？哦，我来了。

　　人与人，物与物，人与物，总有相通的地方。那种秘密通道，未必可知，却在某一日某一时刻，赫然相逢，就那么轻轻一叩，便是相知。

就像遇到秋露。

那是菜叶儿上的，花朵儿上的，草尖儿上的，人的眉睫上的……秋还未深得那么很，天气也未凉得那么透，一切还都有着碧绿的欢喜。秋露降了，莹莹复盈盈，在草尖上滚动，在成熟的稻谷上湿润，在花朵里安睡……母亲从地里归来，眉毛上沾着秋露，衣袖上沾着秋露，笑容里，也是秋露。母亲说：外面露水大呢。一边把一篮子羊草，倒进羊圈里，那里有羊三只，它们有着洁白的身子，温顺的眼睛。

秋露降落的那个清晨，在多年后我的记忆里反复出现，我温暖地想着母亲，想着故土。我很庆幸，我是个有根的人。

"绝顶新秋生夜凉，鹤翻松露滴衣裳。"这是写秋露的，诗里的秋露，有些像调皮的孩子，在松树上捉迷藏呢，却被更调皮的鹤，打落树下。有人从松树下过，那露，就滴到人的衣上。我很爱这句诗，读着，心里有欢喜。秋露浸润的清晨，我从一排树下过，仰头，也希望有露滴落下来，湿了我的衣裳。

又一个秋露浸润的清晨，我相遇一妇人，其时她拖着一拖车的蔬菜，走在路上。那些蔬菜，全是碧绿澄清的，叶上沾着露，水灵灵的，让人不忍移了眼。妇人是要去菜场赶早市的，妇人冲我笑，说：刚下过露的菜好吃呢。我点头，停下买。妇人高兴地给我装袋，称秤，我惊讶地发现，她一只手上，断了三根手指。心里有同情暗生，妇人的脸上，却水波不兴，她一边给我装袋，一边跟我唠叨，说：往后的蔬菜，会更好吃的，下过霜下过雪的。

　　突然释然，无论过去有过什么不幸，日子里，却充满期待的美好。秋露过后，会下霜。霜过后，会下雪。雪过后，春天也就不远了。

猫叹气

那些散落民间的，曾与人们的日子息息相关的，如今，已难寻踪迹。

猫叹气是一种物件，具体地讲，是一种竹篮子，大肚子、长颈、带盖儿。过去贫穷年代，人们好不容易省下点咸肉、咸鱼啥的，就装在这样的篮子里。猫儿闻见腥，围着篮子转圈儿，却因篮子颈长，又盖了盖儿，猫儿急得抓耳挠腮，也吃不着里面的东西，只得对着篮子叹气。

知道这物件，缘于我的一个读者。读者在盱眙，离我的小城有五六百里。某天，她去菜场买菜，看到一个老人，坐在一堆竹篮子中间编篮子，猫叹气赫然立在一边，稚朴，充满古趣。因我在文字里常写些旧人旧事，她一下子想到我。她想，我一定喜欢这样的猫叹气。

何止是喜欢？我简直激动了。她描绘的场景首先打动了我，想想吧，菜场边人来人往，一个老人，气定神闲地坐在一堆篮子中间，他手里的竹篾子上下翻舞，这动作，如今还有几人会？快成绝版了。

我也心心念念于那种篮子，居然叫猫叹气，生生勾了人的魂。可爱的读者善解人意地说：你若喜欢，我买了寄你，不贵，才18块。——等不及的，我立即上街，在小城的大街小巷寻开了。

转一大圈，在一条不怎么热闹的街边，杂七杂八的地摊中间，我终于看到也有卖竹篮子的。守着的，也是老人。谁买呢？现在纸袋布袋多的是，谁还会提着笨拙的竹篮子晃来晃去？老人的生意清淡，他看着大街，脸上也无风雨也无晴，是随遇而安吧。

我蹲到那些篮子跟前问："有猫叹气卖吗？"

老人的眼睛，被我这一句问话点亮，他备是惊奇地看着我："你知道猫叹气？"

"嗯，我想买一个。"我说。

老人左右打量我，居然没再问什么，爽快地答应："你要的话，我给你做，你明天来取。"

隔天，我如愿以偿得到猫叹气。

篮子是簇新的，散发出成熟竹子的味道，上面还留有老人的余温，做工相当精致。我拎着它回家，心里面潮湿起来，我想起遥远的一些称呼：草匠，鞋匠，锁匠，铜匠，铁匠，篾匠……那些散落民间的，曾与人们的日子息息相关的，如今，已难寻踪迹。

　　猫亦早已不用叹气了，它们养尊处优着。那些称呼，和载着那些称呼的人，都已老去。我在这个长颈的竹篮里，放了些干花之类的小零碎，用以怀念和挽留。

看 雪

　　俗世里，我们本来所求不多，只要这样的一场雪，只要这样一场平凡的相守和温暖。

　　今年的冬天，雪来得勤。三五朋友，得闲了便相邀："赏雪去？"我说："不，是看雪去。"我以为，"赏"太隆重了，是大观园内，宝玉和一群贵族小姐们，披了大红猩猩毡与羽毛缎斗篷，聚在雪地里拥炉作诗，旁边的美女耸肩瓶里，一枝红梅开得艳艳。这场景，绮丽得有些过分了，最终落得曲终人散两不见。寻常人，还是看雪的好，抬眼是看，低头亦是看，路边可看，桥头亦可看，随意又自在。

　　曾听过一首与雪有关的曲子，叫《踏雪寻梅》的。邓丽君唱过，但我还是喜欢听一群孩子合唱的。童稚的声音，晶莹得雪花儿似的，充满情趣。"雪霁天晴朗／蜡梅处处香／骑驴把桥过／铃儿响叮当／好花才得瓶供养／伴我书声琴韵／共度好时光"，真是一幅绝妙的雪景图，却又是鲜活的。一场大雪后，天放晴了，积雪在阳光下，闪着钻石一样的光芒。一人骑驴看雪，何等悠闲！他遇桥而过，桥那边的雪地里，有梅可折。一路的铃铛声，惊醒了睡着的雪了。

刘长卿有首写雪的诗，则适合慢慢念。念着念着，俗世里的温情，就洇满唇齿间。"日暮苍山远，天寒白屋贫。柴门闻犬吠，风雪夜归人。"一场大雪，搓棉扯絮般地飘着，已飘了一整天了，白了苍山白了小屋。小屋的男主人，一早就狩猎去了，到晚上，他才顶着风雪归来。肩上扛着的长矛上，挑着一两只野兔，他今年丰收了。他咯吱咯吱踩着积雪，放眼处，都是雪啊，一片白茫茫。却在那白茫茫里，有一豆灯光，如暗夜里的一颗星星，远远地迎向他。那是他的女人，在倚门等他归呢，锅里一定炖着热腾腾的汤。想到这里，他的心不由得一暖，脚步加快。

近了，近了，褐色的柴门，映在白雪地里，暖乎乎的一团。卧在草垛里的大黄狗，听到主人的脚步声，欢叫着迎上来。这时，柴门"吱哑"一声开了，屋内的人儿，已站到门口，笑吟吟道："回来了？"然后接过他的长矛和猎物去，一边帮他拍打着身上的积雪。一个世界的冰寒，被搅动出一团的温馨来。

俗世里，我们本来所求不多，只要这样的一场雪，只要这样一场平凡的相守和温暖。

我想起乡下的母亲，雪落得紧的那会儿，她一定也站在家门口看雪的。家门口长一棵枣树，还是我们小时在家栽的，很有些年纪了。每年秋季都挂枣，枣儿成熟了，母亲会拣大的，留着，等我们回家吃。这时节，枣树的叶应该全落光了，繁密的枝条上，却有千朵万朵雪花开。母亲看的不是这个，母亲看的是不远处的田野，那里，洁白的雪，白砂糖似的，覆着一些植物，麦子呀油菜啊，来年可就大丰收了。瑞雪兆丰年啊。

第二辑
捡拾幸福

我望见了这个尘世间最朴质的相守，无关山盟，无关海誓，无关富贵荣华，只要稍稍转过头来，你就能望见我，我就能望见你。

每一天醒来，都是恩赐

我的心，因自然变得更柔软。因柔软，生出更深的热爱。

新年的第一天，我在日记里写下这行字：

新的一年，我要喷喷香香地过。

现在，我回望站在旧年门槛上的那个我，真是很喜欢她呀，我想去拥抱她。——真可爱，那颗想要喷喷香香过日子的心。

我做到了吗？我暗问自己。

——我大体做到了，我这么回答自己。

这个时候，我正在我的小区后面散步。那里有东西横亘的一条小河，河边有厚厚的绿化带。虽是冬天，可是常绿的植物，比如桂花，比如广玉兰，比如女贞和樟树，比如竹子，也还绿着，只是颜色往深沉里去了，静穆庄严起来。时有鸟啼声，从树丛的深深处飞溅出来，婉转的一两声，就那么很突兀地溅湿了耳朵。似乎是谁忍不住这静穆，拿石子投入水心，溅起一两朵调皮的浪花。静穆的时光，就有了活泼的动感。

我喜欢这样的时光，喜欢得不得了，又清简，又宁静，好像专为我一人所设。虽然，天阴着。然心里有芬芳，这世界，也就是芬芳的。

果真有芬芳在迎我，是蜡梅。几十棵蜡梅聚在一起，很有点苑的意思了。我且叫它"蜡梅苑"。我踏进这"苑"中，一股甜香雀跃地扑过来。我一愣神，蜡梅开了！——我是惊呼出声的。请原谅我的惊呼，我常常要这么大惊小怪着。虽说每年都会见到蜡梅开，但再次见到，我还是要且惊且喜着，一如初见。有人说，有一种幸福，叫重复。确实如此。好多时候，我们重复着走着同样的路，遇着同样的景，说着同样的话，惊着同样的喜，一切都没有变，一切都安好着，还有什么比这更好的事呢！

是的，这一年，我还是一如既往地爱着大自然，爱着日月星辰花花草草。只要一得空闲，我就跑到自然里去。梅花、桃花、海棠、樱花、菜花、牡丹、蔷薇、荷花、凌霄、三角梅、桂花、菊花……甚至是茅花，我就这么一路看过来，每一次与它们相见，我都当作隆重节日来过。心情再低落再消沉，看看花，也就好了。因为，没有一朵花不是灿烂的。

我的心，因自然变得更柔软。因柔软，生出更深的热爱。

热爱，才是人生的真正追求。一日三餐，虽是寻常，但因为有热爱，滋味就变得不一样了，有了嚼劲，有了绵长。身边的人和事，虽是日日相见，但因为有热爱，你总能在点滴细微中，发现不一样的好，你想温柔地说话，温柔地微笑，想与之偕老。

还是喜欢阅读。

我在我的每一本书里，夹着些我捡来的花瓣、落叶，每日晨读，翻开一页纸，看到那些花瓣，那些落叶，心里会腾跳出欢喜来，我会记起一些往事，一些旖旎，冬日亦不觉清冷荒凉。

我把天光读亮，和早起的鸟儿一起迎接阳光，这是我每日的功课。看浓浓的黑，在窗外渐渐融化了，像雪一样地融化了，天边露出蟹青色，继而变成绯红，天光大亮了。——这真叫我无限欢喜。我热爱每一个清晨，我喜欢它像初生的婴儿般的。

我也继续写写画画。不在意谁会喜欢，谁会不喜欢。我早已过了要去讨好谁的年纪，我只遵从自己内心的意愿，想怎么写，就怎么写，想怎么画，就怎么画。

这一年，我脸上添了些皱纹，和一些斑点，但还是满满一颗少女心。容颜也老，那是必然规律。我不跟岁月抗衡，没必要，也抗不过。我要把握的，就是当下，就是此刻。所谓生活，所谓幸福，它其实不关乎昨天，也不关乎明天，它关乎的，只是现在。该来的，总会来。该走的，总会走。顺应天命也就是了。

这一年，我亲历过几次死亡。朋友顾，同学朱，还有小朋友珺珺。

顾曾是我老公的同事，与我家往来亲密。他住城郊，有农田几亩，种些时蔬。蚕豆上市，他送蚕豆给我。玉米上市，他送玉米给我。家里做年糕，他提着一方便袋的年糕送我。胖乎乎的脸上，眼睛常眯成一条缝，见到我，很尊敬地叫：丁老师。啊，我也曾是个文艺青年哎，他这么说。每回总得我几声嗤笑：就你？我这么笑他，他一点不恼。他实在是个好脾气的人。然就是这么个好脾气的人，却在六月初的一天，突然走了，说是胸口疼，去医院，再也没能自己走出来。

同学朱，我高中时，班上的团委书记。别的同学我印象模糊，但他我记得，因为，成绩好，人老实，不爱说话。我对老实人总另眼相看，因为我也不爱说话。这个同学后来进了警校，回东台做了警察。我老公是警察，我弟弟是警察，他们与他常常碰到，我便也有机会见上一两次。他也还是老实，笑笑的，话语不多。却在一年前查出，得了癌。然后治疗，然后休养。五月里高中同学聚会，我因在外地，没有去。听说他去了，精神很好，还和大家一起玩牌了。然两个星期后，却传出噩耗来，他走了。

小朋友珺珺，和我儿子青梅竹马。是真正的青梅竹马。她比我儿子略大一点儿。那时，在派出所大院子里住着，两个孩子成天在一起玩。我儿子不肯上幼儿园，非得她陪着，才肯去上。然后的然后，这孩子花儿般成长起来，考进南大，毕业后进了华为。然不久，被查出患了急性白血病。

我去看她，是她化疗之后。经过九死一生，她已瘦得皮包骨了，两只眼睛特别大。我抱抱她，想哭。她却很平静，跟我说些病中的事。对前途，也是乐观的，说遇到一个好医生。这时候，别的东西再不奢求，所奢求的，就是活下来。

然而，她没能活下来。再次化疗，她不作挣扎了，她放手了。

我只能如此解释，人与这尘世，缘分有深有浅。深的呢，在这尘世逗留的时间会长一些，浅的呢，只是走来看看，看看也就好了。

我的路上，还将面临多少这样的生生死死？也没别的办法好想，来一个，我接受一个。我能把握的，也只是我的心，不过于悲伤，不过于哀切，因为，那都无济于事。我更懂珍惜，活着不易，每一天醒来，都是恩赐。

老古董

我伸手轻轻抚，我抚到那个叫岁月的东西，它还青嫩着，
还是充满好奇和幻想，在暗夜里，把一朵花，想象成天堂。

我家原是很有几件老古董的。我奶奶的铜镜，和冬天焐脚
用的炭炉子，纯铜的。还有我爷爷的水烟台，亦是纯铜的，吸
管上都镂着花。我爷爷在八十来岁上，有些老糊涂了，把这些
老古董，都卖给一个收荒货的了。他举着得来的二十块钱，像
赚到一大笔似的，笑呵呵地冲我爸说：卖了这么多钱啊。

还有张一滴水的床。为什么称"一滴水"呢？不知。现在，
我查阅了很多资料，也没找到满意的答案。问我爸，老爷子根
本没想过这事，他也犯迷糊了，说：大家都这么叫着的，这种
有踏板，有一道檐的床，就称"一滴水"。

好吧，我就当它是生命中的一滴水。这么想着，倒也贴切，
睡觉是人生大事件之一，床是睡觉不可或缺的，如水之于生命。

那床，少说也有二三百年的历史了。我奶奶的奶奶曾睡过。全檀木的，上面精雕细镂着许多花卉，如牡丹、梅花、菊花、兰花等。小时我躺在上面，临睡之前，必做的功课是，睁着眼，把那些花啊朵的，数望数遍，且伸出小手指头去抠，想抠下一朵花来。

床至今我爸妈仍睡着。上面的花朵，有些褪色了，却还是一眼就能辨认出，哪是牡丹，哪是梅花，哪是菊花，哪是兰花。我伸手轻轻抚，我抚到那个叫岁月的东西，它还青嫩着，还是充满好奇和幻想，在暗夜里，把一朵花，想象成天堂。只是一个一个与它相关的人，却老了去。

我家还有件老古董——茶凳。昔时，是大家人家所有之物。我爷爷奶奶都出生大家，前几件古董，都是我奶奶的陪嫁物，独这一件，是我爷爷家传。这张茶凳长约一米，宽约两尺，外表是深茶色的，光滑，光亮，挺沉的。我们小孩单个儿是搬不动它的，遂得两个大些的孩子，一人搀一头，把它搀出去。

夏夜，屋子里是待不了的，我们都到屋外去乘凉，茶凳是必搬出去的。再热的天，那茶凳摸上去，也是冰凉冰凉的，从每一丝木纹里，都透出凉意来，如玉。邻里有人过来乘凉，我奶奶必让出茶凳给他们坐，几个大人坐在上面，一边摇着蒲扇，一边闲闲地说着话。

大多数时候，茶凳归我们孩子所有。我们追萤火虫追累了，轮流在上面躺上一躺。我们数着头顶上的星星，怎么也数不完。门口稻田里的蛙们，鼓着腮帮子，使劲儿唱着歌。虫子们在弹琴。南瓜花掉了，啪一声，打翻了一滴露珠。晚饭花的香气，若有似无袭过来。一个天地，陷入一种妙不可言中。

有什么可说的呢？什么也不要说呢。大人们也都微笑地静穆着，眼睛看着什么，或什么也没看，他们轻摇着蒲扇，等到露珠打湿眉毛，也就一个个站起来，打着呵欠，踱回屋里去睡了。

那张茶凳，后来不知所踪。是被我爷爷卖了，还是被谁顺走了？不得而知。但我想，它一定还在这个世上，被谁拥有着。那个拥有它的人，会不会在它上面触摸到，从前的夏夜，那些多如萤火虫一样的星星，那些风吹花落的时光？

我愿做一只陶罐

这世上不缺少快乐，缺少的是一颗，寻找快乐的心。

一

我每天早起的第一件事，就是问候一下我的花草们。一夜好睡，它们的心情看上去都不错。也有在梦中悄然绽放的，它怕是自己也不知。想它早起，猛然一转身，看到自己头上顶着一朵花，肯定要大吃一惊了，咦，我什么时候开花了？——这么想着一棵植物，我笑起来。我会为它的盛开鼓掌。

也有光长叶不开的。我也为那些叶子们欢喜。能做一片叶子，也是好的。有什么不好呢？宇宙之大，各有各的存在和轨迹。相对于存在本身来说，无所谓伟大和渺小。我祝愿开花的好好开花，长叶的好好长叶。

我祝愿一切生命，长成它自己想要的样子。

二

有阳光的时候，我让一朵或几朵阳光，爬上我的身体，从眉毛，到嘴唇，再到心脏。

我也就成为一个发光体了，光芒万丈。

我会对同样在阳光下的那个人说，我爱。

为什么不说呢？有这么好的阳光，有这么好的世界，而我们，是多么好的两个人。

不辜负这份好。那么，就在还能清晰地表达爱意的时候，多说几声，我爱，我爱！

三

吃柚子的时候，我把柚子肉细细掏尽，壳晾在窗台上。一些天后，它就成了很好的器物。

装花，是再好不过了。

前些日从南通带回的一篮子花，搁家里很久了。是一个小女孩送的。她读我写的书，喜欢得很，用花来表达她的喜欢。

小女孩长着一张百合花似的脸，字也写得极其秀气，我看到花时，就很自然地想到她。想她长大后的样子，灼灼其华，谁才配得上她呢？

这么久了，一篮子的花，自动风干成干花。

我修修剪剪，把它们装到柚子花器中。退一步看，好看。进一步看，还是好看。左看右看，上看下看，就是好看。好看得要命。

一个上午，我因这一柚子的花，开心不已。

这世上不缺少快乐，缺少的是一颗，寻找快乐的心。

四

读书。越读书越觉得自己的浅薄。

我从不否认，我的能力很有限，才华也很有限。

谁能做到登峰造极呢？谁也不能。我们一辈子，最虔诚的生活态度是，永远做个小学生。学无止境。

五

我们人，就好比各式各样的容器，或大或小，或精致或粗陋。大有大的用途，小有小的用途。比方说，青花瓷里插一枝梅花，或一枝荷，当十分优美。瓦罐里养上一蓬铜钱草，会很是生机勃勃。关键是，你要让你这个"容器"里，有相应的内容好装。

如果让我选择，我愿做一只陶罐，上面开满小雏菊。

世上的美，是多方位的，多层次的。而你我，都是美的一种。

数点梅花天地心

　　对于读书人来说，书是阳光。是空气。是水。是粮食。是衣裳。是挡雨的屋檐。是灵魂深处，住着的另一个自己。

　　先说一件跟书有关的往事吧。那个时候，我七八岁，刚认识了一堆汉字，觉得神奇。家里清贫，无书可读，父亲有记账本，被我拿来当书读。这样的"求知欲"，终于打动父亲，一天归来，他带给我一件礼物——一本小人书，《三毛流浪记》。那是父亲用他的口琴，跟别人换的。为这事儿，母亲埋怨地唠叨了他好几天。

　　那本小人书，对我来说，比布娃娃、比漂亮的衣裳、比好吃的糖果糕点，更加让我幸福，它胜过世上一切事物对我的吸引。我怀抱着它，一遍一遍看，甚至睡觉了，也把它放枕边。那些日子，世界单纯得，只剩下我和我的小人书。

　　可是有一天，我的小人书丢了。是弟弟趁我不注意，偷偷拿出去，跟一帮小伙伴炫耀，后来他们一起钻草堆，玩捉迷藏，玩着玩着，就把小人书给忘了。回头再找，哪里找得着？弟弟回来，哭丧着脸。我一听说小人书没了，立即号啕大哭，直哭得死去活来，天昏地暗。父亲母亲放下手里活计，帮着去找，他们几乎把全村的草堆都给掀翻了，也没找到我的小人书。结果是，我伤心得两顿没吃饭，而弟弟挨了一顿毒打，屁股肿得几天都没能落凳子。成年后，弟弟拿这事当笑话说，他说：姐啊，为你的小人书，我这辈子就挨了那一次打。我不说话，轻轻拥抱了弟弟，觉得很对不住他。

那时，村里有户人家，男人在一所中学做代课老师，家里订有一些报刊，我蹭饭似的蹭过去，借得一本两本来看。那户人家的儿子和我一般大，女主人每次拿书给我，都意味深长地说一句：读了我家的书，就要做我家的媳妇啊。我竟不介意，还认真地点头答应道：好。在那时小小的我的心里，只要有书可读，让我做什么都可以的。

我坐在田埂边读，割猪草的篮子放在一边。太阳渐渐沉下去，暮霭四起。我还舍不得合上书，就着天光看，随书里的人物，或悲，或喜，或微笑，或落泪，痴痴傻傻，竟不知要把猪草篮子装满了回家。有村人路过，自语：这丫头呆掉了。他们哪里知道，我盛着一篮子的快乐和好。清苦的童年，因有书的相伴，每一个日子，都有花在哗啦啦地开。

我就这样零零散散地读着，还备了摘抄本，遇到心仪的句子，会摘抄下来。也没深究为什么要读书，只觉得读书是件幸福的事。直到进入大学，大学里，有专门的图书楼，里面一列一列的书架上，满满当当的，全是书。我像在黑暗里摸索了许久的人，眼前突然洞开，外面的阳光和清风，一下子都灌进来。我激动得想哭，原来，世界是这么的大！我一头坠进去。我在《诗经》里畅游，几千年前的歌谣，一下一下地，撞击着我的心扉。人类的厚重，让我仰视和敬重。我在唐诗、宋词中漫步，千年前的烟雨，拂过我的衣襟。我如一株植物，沐浴着这样的烟雨，日益葱茏。窗外的蔷薇开过，谢了。窗外的玉兰花开过，谢了。窗外的梧桐叶青了，又黄了。这些，我都顾不上的。一季一季，因有书为伴，亦不觉得生活的单调。

等工作了，成家了，我做的第一件事，就是辟一间大大的书房，满壁皆书橱。我把每月的花费，大多数用在买书上。我还爱上逛地摊，在那里，总会淘到意外的惊喜。我曾在地摊上淘过一本徐志摩的传记，还淘过一本汉族风情史。没事的时候，我就那么逛着。每逢遇到一本好书，我就像遇到知己：哦，原来你在这里。那相遇的欢喜，无法言表。赶紧捧它回家，在薄暮的黄昏读，在静谧的深夜读，直读得唇齿留香，心满意足。

现在，我可以回答书是什么了。对于读书人来说，书是阳光。是空气。是水。是粮食。是衣裳。是挡雨的屋檐。是灵魂深处，住着的另一个自己。当你失意的时候，从书中能找到安慰。当你困顿的时候，从书中能找到力量。当你萧落的时候，书中的春天，永远在。这些，还都不是顶重要的，重要的是，一本好书，总能引起我们的共鸣，是那种从灵魂到灵魂的震颤，让我们即使身处浑浊之中，亦能保持欢喜与纯真，引领我们，向着那发着光的前路去。

南宋翁森在《四时读书乐》中写道："读书之乐何处寻，数点梅花天地心。"他是真正的读书人。冬日萧条又何妨？一书在手，读到兴致处，眼里的萧条都不见了，一个俗世也不见了，天地之间，只剩下数点梅花，艳艳地红。想来读书，也是艳事一桩呢，那是读书人与书的约会。

捡拾幸福

我望见了这个尘世间最朴质的相守，无关山盟，无关海誓，无关富贵荣华，只要稍稍转过头来，你就能望见我，我就能望见你。

我上下班，常要从一条小巷过。有时骑车。有时乘车。也偶尔，会步行。

小巷很有些年岁了，两边的房都泛着灰。大多数是老式平房，有天井纵深。朝向巷道的一面，开着小店，卖些杂七杂八的日常生活用品。还有蛋糕店、馒头店、卤菜店、理发店、水果店、裁缝店，和一家报亭等。一些小摊见缝插针摆在路边，是些乡下农人来卖时令果蔬的。蚕豆上市了卖蚕豆。草莓上市了卖草莓。青菜上市了卖青菜。来自山东卖炒货的一对老夫妇，在一幢房的边上，搭了棚屋住，一住就是二十多年。炒货一袋袋，香喷喷，摆在棚屋门口卖。那里的空气中，便常拌着炒货的香。

巷道边上，长着成年的海桐、合欢、荷花玉兰和栾树，绿荫如顶。人是有福的，大多数时候，抬头就能见花。白，或红，大团的，或大朵的，总是不知疲倦地开。只是日日相见，我们多的是熟视无睹。步履匆匆，花白花红，不落一点到心里。

那日，我又经过小巷，照例行色匆匆。我走过一家小店，又一家小店，无意中一瞥，看见卖炒货的那对老夫妇，正守着他们的炒货摊，在合吃一只橘。午后三四点，风轻云淡，客少人稀，这清闲的一段时光，是属于他们的。他们肩并肩坐在那儿，你一瓣橘，我一瓣橘，吃得幸福满满的，脸上是闲花落尽后的安然。

我被他们手中的一只橘子击中，傻傻地看他们，看得眼睛微湿。我望见了这个尘世间最朴质的相守，无关山盟，无关海誓，无关富贵荣华，只要稍稍转过头来，你就能望见我，我就能望见你。

再看眼前的寻常，突然变得样样生动。那些旧的房，是生动的。一缕阳光斜斜地打在上面，波光粼粼，如小鱼在跳舞；守着小摊卖水果的女人，是生动的。唇上一抹红，印在她黝黑的脸上，分外夺目。显然，她是抹过口红的；有孩子的笑声，从幽深的天井里传出来，清脆丁零，是生动的。他在玩什么游戏呢？童年时光，寸寸金色；乡下来卖果蔬的老农，是生动的。他半蹲着，笑眯眯看街景，脚跟边，堆一堆新鲜的芋头。我买几只，想回家做芋头羹吃。他帮我挑拣大个的，殷殷说：全是地里长的呢。为他这一句，我笑了半天。

还有那些树，亦是生动的。我稍一仰头，就与一捧一捧的红蒴果相逢。那是栾树的果，望过去，像纸叠的红灯笼。它把生命的明艳，一丝不苟地写在秋的册页上。

迎面走过来的女孩，亦是生动的。她手捧一盆新买的玉簪，且走且乐，脚步轻盈，眉目飞扬。

我不再急着赶路，而是慢慢走，微笑着看。看天，看地，看树，看花，看人。我像踩着一朵云在走，心里充盈着说不出的美好。这个寻常的秋日午后，我捡拾到了大捧的幸福，那是一只橘子的幸福。一缕阳光的幸福。一抹口红的幸福。一朵笑声的幸福。几只芋头的幸福。一捧红蒴果的幸福。一盆玉簪的幸福。是这个恋恋红尘中活着的幸福。

云　踪

他年若是有幸，我将择一乡间小屋而居，门前长花，屋顶上养云。

一直喜欢听陈悦演绎的音乐作品。近些年来，她越发历练成精了，只要是她演奏的曲子，我不用看说明介绍，一听，就知是她的。一管箫或笛子在手，世间的悲欢离合恩爱情仇，便都在她的音符里飞。青衫素花，道阻且长，上下求索，人世间种种的追寻、探问、相聚和别离，九曲回肠，直逼你心灵最隐蔽处。所以，听她的曲子，容易中毒，又极安魂。

比如，她的《云踪》。笛子演奏的，钢琴作了底子。

曲子一开首的一段钢琴铺垫，就不同寻常。如天光开启。如山泉溢出。如小鸟轻振羽翼。随后，陈悦的笛声响起，几乎没有丝毫犹豫的，一下子就是风起云涌，波涛澎湃。很突兀。我记得我初听到，是在回家的路上。那是一个冬日，天边的云霞们在道着晚安，暮色四起了。这首曲子，从路边的一家卖水果的小店里飘出。水果店胖胖的老板娘，裹在一圈橘色的暮光里。当陈悦抚笛而歌，再看那老板娘，与往日竟有着大大的不同，似乎举手抬足间，都有着云的影子在飘荡。我当即怔在那里，有些发懵，不知道哪里被狠狠撞了一下，有些莫名的感觉。觉得忧伤，又有着疼痛的欢娱。

云有踪吗？当然有。世事万物，都各有其来处和去处，只不过我们身处其中，常觉茫然。——到底人过于渺小，这世界，太大了。

乐曲似一只大鸟在飞。它飞过连绵的山，飞过辽阔的草原，飞过茫茫的戈壁滩，前尘过往，皆无影踪，不可追了。它却执着地要寻，要问，生有何欢，死有何惧？四周寂寞，无有回应。只有天上的云，投射下照拂的一抹淡的影。

是宋代刘镇笔下的那个不知名姓的女子，独立于冷水桥畔，于疏风淡月中，备尝相思。"白头空负雪边春，着意问春春不语"，——一年春色又起，她却相思白了头。情意虚掷，"流水行云无觅处"，怎不叫人伤感！自古多情总被无情误，情路之上，有多少人能善始善终？云聚云散，原都有定数。然却前赴后继，义无反顾。或许，这就是人世间的爱情吧。虽是粉身碎骨白头空负，但我愿意！

又似白发的老人，独坐太阳底下，不争不恼，不怒不悲，如老僧禅定。他脸上的皱纹里，息着阳光的碎影。一生奔波，浮浮沉沉，喜怒欢悲，都悉数收起了，他终能淡定地坐看云起时。岁月最终教会我们的，是自己跟自己握手言欢。

朋友小巫，年轻时因迷恋音乐，学业未满，就一个人跑去深圳，抱着一把破吉他，四处去兜售他的音乐。最徘徊无助的时候，他的口袋里只剩下几枚硬币，吃饭睡觉都成问题。他用最后一枚硬币，换了一个馒头吃。然后，跟着天上的一片云走，云走到哪里，他就走到哪里。最后，云把他带到一个建筑工地上，他在那里搬了两个月的砖，晒脱掉一层皮。他后来事业有成，回忆起这段经历，他说：真感谢那片云。有时命运如岩缝里的草，你没有退路，你必须挣脱出来，才能看到天光云影，迎来日朗风轻。

他的经历，让我渐渐养成了个习惯，喜欢不时抬头看天，看看天上的云，又走到哪里了。有一个夜晚，我又抬头看天，却没有看到一丝云。那些云，跑去哪里了？我犯了倔脾气，我非要等到它们出来不可，我就站着傻等。后来，月亮升起来，云突然全都跑出来，簇拥在月亮身旁，做了月亮的温床。

那一晚，我待在露天里，很久。直到月亮，被云朵抱回家去。这样的记忆，每次回味起来，都很有意思。他年若是有幸，我将择一乡间小屋而居，门前长花，屋顶上养云。

荷　花

　　我每年也必去看荷。只是单纯地觉得，这水生之物的好看。且与我少时的记忆，有着关联。

　　我小时很少见到荷花。家里的土灶上，倒是画着一幅鱼戏荷花图。那时的乡下，家家户户的土灶上都画着这么一幅。砌灶的瓦匠，是个中年男人，他最拿手的，也就这么一幅了。叫他画别的，他画不来。灶砌成，刷上白水泥，他在白水泥上画。红颜料画荷花，画鱼。绿颜料画荷叶，画茎。三笔两画，也就大功告成了。花开得喜气洋洋的，鱼摇头摆尾的。大家围着看，都说：真像，像活的。我们小孩也满心高兴，对着那幅鱼戏荷叶图看了又看，觉得那花朵的好，觉得鱼的好。

　　但愣是没见过荷花的实物。我们那里不长。

　　为什么不长呢？颇思量。按说荷是地球上的老寿星，生命的"活化石"，它的果实——莲子与藕，曾是人类祖先的果腹之物，养活了人类，没道理不长它啊。

然后的某天，有一小伙伴儿，神神秘秘告诉我们大伙儿，她在"狐狸"家的屋后，看见了魔鬼花。那一定是鬼变的，她很肯定地说。

"狐狸"家是下放到乡下来的。与乡下人家有着大大的不同，他们一家人，都长得白净，也好看，身上的衣着永远的整洁有型。偏偏身上有狐臭。夏天，他们很少出门，都窝在屋子里看书。村里人悄悄语，他们是怕被人闻到他们身上的狐臭呢。

因长得好看，又有狐臭，就有人打趣说：他们家的人，都是狐狸变的。我们小孩信以为真，也就称他们家为"狐狸家"，平常单个人，是不大敢接近他们家的。

我们结伴去看"魔鬼花"。花开在他们家屋后的小池塘里。也就三五朵，撑在水面上。花朵儿有粗瓷大碗那么大，在青绿的水面上，艳得惊心。我们远远站着看，一个个敛声禁气的。有小伙伴眼尖，说：那是我们家灶台上的花。就有人打断：不对，灶台上的花没这么大。一时争论不休，争不出个所以然来。直到他们家有人到屋后来洗东西，我们吓得转身就跑，四散开去。但那几朵"魔鬼花"，是忘不掉的了。直到有一天，我小姑姑得知，她笑话我们：什么"魔鬼花"，那是荷花！

原来，它就是荷花！我对"魔鬼花"的惧怕放下了，转而对小姑姑充满崇拜，她居然知道真的荷花哎，她又是怎么知道的？

过几年，我上学，路过隔壁村，看到人家地里，大片大片长着荷。叶肥厚浑圆，花丰腴富丽。开红花。开白花。没有人稀奇那些荷花。

他们也不叫它"荷花"，他们叫它"藕花"。

藕花谢了结莲蓬。莲蓬真漂亮，像绿色的蜂窝房，里面住着一粒粒绿色的小宝贝——莲子（剥开后呈白色）。花下面还结出藕，藕段儿胖胖的，像奶水充足的小孩的胳膊。看着，就很水灵好吃的样子。那时的愿望是，能弄到一节藕当水果吃，是顶顶幸福的。然贫寒的家里，是不会去买藕的，这个愿望，一直到我上高中才实现了。

上高中，我有同学，家里长了好几亩地的荷。她带我去她家，地里的荷花都谢了，起藕正当时。我吃到了她母亲做的莲藕炒肉丝，和冰糖糯米藕。同学在帮厨时，拣一节最嫩的，切下递给我。我接过，咬下第一口，听到清脆的咔嚓声，在我的牙齿间响起，我的眼里，涌上了泪。

荷花当食用蔬菜，据说从西周初期就开始了，《峪经》中有"腮有荷华"之句，说的就是嘴里面吃的，已有荷花。《周书》记载得更为明确："薮泽已竭，既莲掘藕。"可见得，莲子与藕，已成为当时普遍的食用之物。

历来的文人墨客，关注的却不是荷的果实，而是它的花。

他们把更多的浪漫情怀，付诸于荷花身上，写下大量的诗文，画出大量的画作，我就不一一累赘了。

我每年也必去看荷。只是单纯地觉得，这水生之物的好看。且与我少时的记忆，有着关联。

人与花心各自香

桂花把空气染成了一罐蜜，人在其中，也成了一个香甜的人了。

是在突然间，闻见桂花香的，在微雨的黄昏。

那香味儿，起初若有似无，羞羞怯怯的。正疑心着，驻足四处张望，忽然一阵风来，吸进鼻子的，就是大把大把的香甜了。

有路人自言自语着：呀，桂花开了。一脸兴奋地笑。是乍见之下的惊喜。

心，跟着香香甜甜地一转，真的，桂花开了。那熟稔的香甜味儿，率真，浓烈，让人欢喜。

眼前恍恍惚惚的，有一树花开，细细碎碎的，是一树丹桂，在小院中。皓月当空，花香雾般缥缈。只需一棵树，就染香了一整个村庄。祖母的视线被小院中的桂花树牵着，目光柔和，充满慈祥。她望着窗外的树说：过些日子，就给你们做桂花汤圆吃。

我们很快乐。桂花汤圆好吃，一口一个呀，那是穷日子里，我们最奢侈的向往。我们望向窗外，对那一树细密的花儿，充满感激。

也听祖母讲过月里桂花树的故事。说一个叫吴刚的仙人，犯了错，被玉帝罚到月宫里，砍伐桂花树。那桂花树好奇怪的，他一斧子下去，桂花树又迅速长出新枝来。他一日不伐，树就疯长得恨不得能撑破月亮，所以吴刚只好日夜不停地，在桂花树下砍啊砍的。

人不能做错事啊，祖母这样叹。祖母是同情吴刚的。而我们，却在心里欢喜地暗想着，倘若那棵桂花树真的撑破了月亮，会怎样呢？那一树的桂花，可以做多少的桂花汤圆吃啊。这样的暗想，真是甜蜜。

喜欢过一部老电影里的旁白：桂花开了，十里八里都能闻到。故事发生在战争年代，一对毫无血缘关系的孤儿——六岁的男孩、四岁的女孩，被一农妇收养。在种着桂花树的小院里，他们长大，他们相爱。后来，解放了，男孩当了大官的亲生父母找上门来，把男孩接到城里。距离之外，一切仿佛都变了，包括男孩女孩青梅竹马的爱情。但每年，小院子里的桂花，却如约而开，十里八里都能闻得到。男孩的梦里，飘满这样的桂花香，他终抵不住思念，回到乡下女孩身边。

这是桂花的爱情，爱就爱了，只管把她的浓情蜜意一路洒开来，缕缕不绝，让人欲罢不能，魂牵梦萦。

现在，桂花树不单单乡村有，城里也种上了。秋天时节，在某条街道上随意闲逛，就有桂花香撞过来。如果这个时候刚好飘过一场雨，雨不大，是漫不经心飘着的那一种，花香便被濡湿得很有质感，随手一拂，满指皆是。桂花把空气染成了一罐蜜，人在其中，也成了一个香甜的人了。不由自主想起宋代词人朱淑真写的诗来："一枝淡贮书窗下，人与花心各自香。"这样的时光，非常的幸福，非常的暖。这样的时光，很容易想起一些人，想念他们的好，怀着感恩的心。

心中有光，无问西东

心中有光，才无愧于生命。

一

冬日，截取午后一段时光最好。若是雾天，这个时候，雾也差不多散去了。温度即便很低，但因为太阳出来了，寒冷便会自动退避一旁，宜出去走走。

一出楼道口，也就看见蜡梅了，在一楼人家的北窗外。我挺羡慕这户人家的，春天，在他们家的南窗口，有一树桃花，天天绽放。夏天，他们家北窗下有一簇簇凤仙花，红红白白开着，什么时候见着，都是明眸皓齿的好模样。秋天，在他们家的东窗口，紧挨着一棵桂花树，花香细雨点般洒落，香得人一愣一愣的。眼下，蜡梅花如新孵出的雏鸡，挤挤攘攘，融融冶冶。而且不是一棵，是两棵。清冷的冬日里，它们是耀眼的生动和明媚。

遇见过女主人两次，我进电梯口，她正开家门，她跟我点头招呼：回来了？我笑：哦。她有两个孩子，男孩，大的初中念完了吧，稚气中有着沉静。小的刚上幼儿园。是个不算年老的妇人在带着这个小小孩。听说是她的姑姑。姑姑面容和善。小孩子活泼，我碰到过几回，他总是如雀般闹腾欢跃。

一次，我晒楼上的衣服，飘落楼下，我是到晚间才发现的。我奔至楼下去找，一出电梯口，就看到他们家紧闭的门外，搁了张椅子，椅子上垫了条围巾，围巾上，我的衣，叠得方方正正。

我们还是很少遇见。

我沿着屋后的一条道走。

有河，河水虽不甚清澈，但好在也无过多污染，岸边的树木房屋，便都能在水里描出好看的影子。

河岸边有茅有草，落叶满地，很是借了点野外况味的意思。

我踩着厚厚的落叶，一边听脚下落叶哗哗唱歌，一边低头寻找。我也不知寻什么，碰到什么是什么吧。比如，我碰到荠菜了。我挺开心的，我认为它是从我的乡下跑来的。像我一样，时间久了，也把这里当家了，安安静静居住下来。我还碰到两棵苦荬菜，从枯黄的草堆里，探出细细的茎来，茎上，托两朵秀气的小黄花。花的一侧，还缀着几个花苞苞，饱胀着，也很快要开花了。它竟无视这数九寒冬，想开花，也就开花了。

遵循自己内心的呼唤，面对内心的真实，这才是生命中最了不得的事吧。

我赞许地对它点点头。它是我今日散步的一大收获了。我喜欢它这么开着花，内心有光，无问西东，照亮的首先是自己。

如果每个生命都能做到内心有光，那么，这世上，又有多少灰暗寒冷不能逾越？

河里有人撒下渔网，不见人，只见网。不捕鱼时，那网子高高张着，在水上。像吊吊床。太阳大概趁人一不注意，就溜到上面去晃上几晃。夜晚，月亮也一定在上面躺过。如果下雪，雪也会躺到上面去吧。不过，网眼有些大了，雪怕是不大躺得住的。

二

去看了电影《无问西东》。

晚六点的场次。

影院空荡。我和那人进去时，只有我们两个。后来来一对情侣。再后来，陆续来了三五个人。小城还是太小了些，人不多。又正是晚饭时分，难为商家还肯放映。

片子起初是缓缓地放着，细雨点敲屋檐般的，有些乱，有些迷茫。后起了巨浪，浪卷着浪，不是一路向前，而是向后，向后。我们被那浪翻卷着，不由得跟着倒退，倒退，那求知的一群青年，那激昂的青春，那暴雨倾盆的喧哗，那镇定自若的心灵。再慌张不堪的乱世，只要心里有真实、正义、无畏，同情这些人性之光，这世上也就有亮。

我听到那人隐隐的啜泣。他是个柔软得不得了的人，有时看个新闻也会流泪。何况，那空中一炸，阳光的青年，瞬间成烟。

所幸没有被辜负。那个青年，以及那个时代那样的一群人，他们的光，照亮了这个世界的阴郁和寒冷。岁月翻过一页又一页，那光亮，始终在。在陈鹏的身上。在王敏佳身上。在曾一度自私过的李想身上。在张果果父母的身上。在张果果身上。在四支饱含感恩之情的胎毛笔上。

那四支胎毛笔，比任何金银财宝更珍贵。善良的种子，终开出美丽的花朵，它让这个尘埃遍布的人世间，光亮起来，美好起来。

"投我以木瓜，报之以琼琚。"我想起这首古老的歌谣。

人类从来不曾断连过。人类从来都是被光哺育大的。

心中有光，才无愧于生命。

桃花流水窅然去

我不找谁，我只找桃花。

我相信，总有些青春，是这样走过来的……

——题记

小桥。流水。凉亭。一排的垂柳，沿河岸长着。树干粗壮，上面布满褐色的皱纹，一看就是上了年纪的。桥这边一排平房，青砖黛瓦木头窗。桥那边一排平房，同样的青砖黛瓦木头窗。门一律的漆成枣红色。房前都有长长的走廊，圆拱门连着，敞开的隧道似的。还有长着法国梧桐的大院落，梧桐棵棵都壮硕得很，绿顶如盖。老人们说，当年这地方，是一个姓戴的地主家的大宅院。土改后，收归公家所有，几经周转，最后，改成了学校。周围六七个庄子的孩子，升上初中了，都集中到这儿来读书。门牌简单朴实，黑漆字写在白板子上——戴庄中学。

我念初中的时候，每日里走上六七里地，到这个中学来读书。都是十三四岁的孩子，今儿见着，还瘦小着呢，明儿再见，那个子已蹿长得跟棵小白杨似的。我也在不断地长着个头。母亲翻出旧年的衣衫给我穿，袖子嫌短了，衣摆不够长了。母亲在衣袖上接上一块，在下摆处，也接上一块。用灰的布条，或蓝的布条。我穿着这样的衣裳，走在一群齐整的同学中间，内心自卑得如同倒伏在地的小草。

有女生，父亲是教师，家境优越。做教师的父亲帮她买漂亮的裙子，还有围巾。春天了，小河两岸的垂柳，绿得人心里发痒。我们的心，也跟着长出绿苞苞来，欣喜有，疼痛有，都是莫名的。课间休息，那个女生，从小桥那头走过来，脖上系一条玫瑰红的围巾，风吹拂着她的围巾，飘成空中美丽的虹。她的头顶上方，垂下无数根绿丝绦。红的色彩，绿的色彩，把她衬托得像画中人。我确信，那会儿，全校同学的眼光，都落在她的身上。我渴盼也有条那样的红围巾，玫瑰红，花瓣儿般的柔软。然以我家当时的经济条件，那是遥不可及的梦想。我变得忧伤。

我的身体亦开始出现了一些变化，开始长胖，开始来潮。第一次见到凳子上的殷红，我大惊失色。同桌女生悄声叫我不要动，让我等全班同学走光了再走。她后来告诉我：女生长大了，每个月都要见血的。她帮我洗净了凳子，我羞愧得哭泣不已，觉得自己丑。

我变得不爱说话。即使被老师喊出来回答问题，声音也小得跟蚊子似的。班上男生女生打闹成一片，唯独我是孤独的。男生们帮女生取绰号，他们嘻嘻哈哈地叫，女生们嘻嘻哈哈地应。但他们愣是没帮我取绰号，让我时刻提着一颗心，担心他们在背地里取笑我。一天，同桌突然告诉我：你也有绰号的呀，你的绰号叫"小胖"。我的心，在那一刻黑沉沉地往下掉，掉到看不见的地方去了。

地理课上，教地理的老人家，在讲台前讲得眉飞色舞。底下的学生，却兀自说着话。老人家管不了，生气地摔了书本。我前排的男生学着他摔书本，不小心带动桌上的墨水瓶，墨水瓶飞起来，不偏不倚，洒了我一身。如果换了一个人，或许我不会那么难过，可偏偏洒我墨水的男生，是我一直暗暗喜欢的。他长得帅气，成绩好，歌唱得也好，还会吹笛子。虽然他一再道歉，在我，却是莫大的伤害，我坚定地认为，他是故意的。从此看见他，跟仇人似的。心却痛得无处安放。

上美术课了，同学们一阵雀跃。老师在黑板上画了一株桃花，让我们仿画。一缕春风从敞开的窗户吹进来，吹动我们的书本。有燕子在窗外呢喃。我的心，在那一刻想逃走，逃得远远的。我想起跟父亲去老街时，看见老街附近，有一片桃园，那时，桃正蜜甜在树上。若是千朵万朵桃花一齐怒放，会是什么样子？——我想知道。

我突然就坐不住了，春风里仿佛伸出无数双手，把我使劲往校园外拽。我不要再见到男生的怪模样，女生的怪模样。不要再见到玫瑰红的围巾，别人有，而我没有。不要再见到前排的那个男生，他总是嬉皮笑脸着，露出一口洁白的牙。不要再见到秃顶的英语老师，眼光从镜片后射出来，严厉地盯着我问："'今天天气如何'怎么翻译？"

　　我要去看那些桃花，——这想法让我兴奋。我努力按捺住跳动的心，把下午两节课挨下来。两节课后，是活动课，大多数同学，都到操场上玩去了，我溜出校门。满眼是碧绿的麦子，金黄的菜花。人家的房，淹在排山倒海的绿里面黄里面。风吹得人想飞。我一路狂奔，向着那片桃花地。

　　半路上，遇到一只小狗，有着麦秸黄的毛，有着琥珀似的眼睛。它蹲在路边看我，我也看它，我们的信任，几乎是在一瞬间达成。我行，它也行，起初它离我有几尺远的距离，后来，干脆绕到我的脚边。我临时给它起了个名副其实的名字：小狗。我叫："小狗。"它就朝我摇摇尾巴，好像很满意我这叫法。我们一路相伴着走，一人，一狗，阳光照着，很暖和。

　　当大片的桃花，映入我的眼帘时，天已暮。一树一树的桃花，铺成一树一树粉粉的红，仿佛流淌的小河，静静地，朝着夜幕深深处流去。看得我，想哭。有归家的农人，从桃园边过，他们不看桃花，他们看着我，奇怪地问："孩子，你找谁？"

　　我摇着头，走开。我在心里说，我不找谁，我只找桃花。

那一晚，我一直在桃园边游荡，陪着我的，是那条半路相遇的小狗。走累了，我们钻进桃园，倚着一棵桃睡了，并不觉得害怕。

第二天清早，我原路返回，小狗一直跟着我。在校门口，我蹲下身子，抱住它的头，不得不跟它说再见。我后来进校园，回头，看到它蹲在校门口看我，眼睛里充满不舍，还有忧伤。

学校里早就闹翻了天，因为我的离校出走。母亲一夜未睡，在外面无头无绪地找了大半宿，一屁股跌坐到教室外的台阶上，哭。当看到我出现时，母亲又惊又怒。所有人都来追问我，到底去哪里了，为什么要离校出走？他们问，我就哭，直哭得上气不接下气，哭得他们反过来劝我不要哭了。其实我那时，根本不知道自己在哭什么，觉得像做了一场梦。但哭过后，我的心平静了，我安静地坐在教室里，读书，做作业。倒是我的同桌，想探听秘密似的，问我去了哪里。我不说。她眼光幽幽地看着窗外，向往地说："你去的地方，一定很好玩吧。"

成年后，跟母亲笑谈我年少时的种种，我问母亲："记不记得那一次我逃课？"

母亲问："哪一次？"

我说："去看桃花的那一次。"

母亲"啊"一声，笑："你一直很乖的，哪里逃过课？"

栀子花，白花瓣

好好爱自己，等着青春开花。

在我们那所植满栀子的中学校园里，张丹绝对是个风云人物：上课经常迟到，作业从来不交，和社会上一帮小青年鬼混，有男生为争她大打出手，玩世不恭等等等等。我的同事朱说起她来，是切齿着的。那日，她去他们班上课，课上到中途，张丹突然在底下，敲起课桌肚来，笃笃笃，笃笃笃，一声声，极有节奏的。寂静的教室，仿若平静的湖水，被突然扔进了一块石子，腾起一圈圈浪花。朱当时气得拿眼瞪她，她倒好，镇静自若地继续敲击，嘴角边还浮起轻蔑的笑。等她敲得索然无趣了，她竟不紧不慢地拿话噎她的老师："你看什么看，我长得比你好看！"貌相差强人意，本是同事朱的心病，被她这么一刺激，我的同事朱再不肯去他们班上课了。

张丹的家庭背景也不一般，父亲是小有名气的公司老总，在张丹读初中时，与她母亲离婚，重娶一年轻女人。那女人，比张丹大不了几岁。母亲离婚后，远走他乡，从此，音信杳无。张丹跟了父亲，却被单独地扔在一幢大房子里，由父亲找来的保姆照应着。

我接他们班时，她高二。第一天上课，张丹姗姗来迟。她半倚着门，斜睨着我，嘴唇红艳，紫色的眼影，抹得浓厚。吊带衫，牛仔短裤，脚上一双凉拖，十个脚趾，全涂上蔻丹。很风尘的样子。

我看着她，点点头，说："进来吧。"她可能没料到我会是这种态度，愣一愣，一摇三摆地进了教室。课上，她不时地做些小动作，譬如掏出小圆镜子照，把书本拿上拿下的，她在观察我的反应。我面带微笑地上着我的课，偶尔让眼光掠过她，也还是微笑着的。她到底沉不住气了，用手指敲起课桌来，笃笃笃，笃笃笃。全班同学紧张地看着我，以为我要发火了。我却笑眯眯看着她："张丹，你的节奏感真强，你的歌一定唱得不错。"

张丹完全蒙住了，她呆呆望着我，一时不知怎么办才好。我提议："我们现在就请张丹同学唱一首，大家说好不好？"学生们自然高兴，齐声叫："好！"掌声响得哗啦啦。张丹的脸，在那一刻红了。我暗地想，她原来，也会羞涩的，她不过是个小女生。

那天，她唱了刘若英的《后来》。她唱得很投入，声音甜美，感情真挚。厚厚的脂粉下，掩映的原是一张天真的脸。她唱完，教室里爆出经久的掌声。我由衷地叹："张丹，你唱得真好，你把人们回忆青春时的疼痛，给唱出来了。栀子花，白花瓣，落在我蓝色百褶裙上，——多单纯的时光，像现在的你一样呢。"

张丹仰着头看我，我看见她的眼里，慢慢渗出泪。她拼命忍，终没忍住，那泪，掉下来，大颗大颗的。课后有学生跑来找我，说张丹伏在桌上哭了很久，哭得号啕，把班上的同学都吓坏了。我对那个学生说："没事的，让她哭一会儿吧。"

再去上课，张丹端坐着听，少有的安静。课间作业时，我路过她身边，看到她在一张纸上乱涂：爱，不爱。爱，不爱。就这几个字，涂了满满一大张。我弯腰过去，她赶紧用手捂住纸，手指甲上，桃红的指甲油，欲滴。我悄声与她耳语："张丹，你若不化妆，会更好看的。"她吃惊地看着我，我又补充一句："像栀子花一样的好看，真的。"说完我走开，回头，看见她愣愣地，盯着我看。

这之后，突然好几天不见她。其他老师说："这太正常了，她上课都是三天打鱼两天晒网的，反正她又不愁以后没饭吃，她老子有的是钱。"我电话过去，她的保姆接的，保姆说，病了。我去看她，路过一家花店，我挑了一束姜花带过去。洁白的姜花，有点类似于栀子花，淡黄的蕊，白的花瓣儿，栖落在墨绿的枝叶间，看上去很洁净。

张丹看到我带去的姜花，良久没说话。她把姜花抱在怀里，哭了。她将起袖子，让我看她胳膊上的刺青，上面是一个"爱"字。14岁时就恋上一个人，一帮青年中的一个，染黄头发，穿奇装异服，把摩托车开得如放箭。那时父母离婚，她正满世界寻找温暖，遇见他，他把她抱坐到摩托车后面，迎着风开。猎猎的风，吹扬起她的发，她的衣，她的心。刹那间，她忘记了所有的不快乐，父亲，母亲，父亲的那个女人，都被风吹散了，无影无踪了。从此，她跟定了他，她为他涂脂抹粉，为他忍着疼痛，在胳膊上刻下"爱"。她以为，他会永远对她好的。可是有一天，他突然变了模样，头发重染回黑色，穿得正正规规地来见她，对她说，他要结婚了，从此不能再陪她玩了。

张丹哭得无助，张丹说："老师，我不想失去他，我要爱。"

我揽过她的肩，轻轻拍。她的小身子，在我的怀里瑟瑟。我说："宝贝，你还是个孩子呢，你的青春，还没开花呢。等你真的长大了，你会遇到更好的人的。现在你要做的是，好好爱自己，等着青春开花。"

张丹抱着姜花，不语。姜花朵朵，散发出清幽的香。

隔天，张丹来上课，她变得很安静。她坐在座位上，手撑着头，大半天也不动一下，眼睛仿佛越过了千万重山水，——她在想心事。我走过她身边，看到她摊在桌上的课本上，有她重重的笔迹，写着我对她说的话：好好爱自己，等着青春开花。我朝她笑了笑，她回我一个笑。我陡然发现，她没有化妆，很素净，像邻家的小女孩。

几天后，张丹忽然来办退学手续。她说，她掉下的功课太多了，再怎么用功，也不能赶上去。何况她对这些功课，也没多大兴趣。她准备去学园艺设计，已跟外地一家技校联系好了，学成后，她要开家大花店。

这个愿望真芳香！我祝福了她。我想，并不是所有的孩子，都适合走高考那条路的。换个环境，或许更有利于她的成长。

来年六月，突然收到张丹从外地寄来的信。信里面夹着她的近照，一树粉白的栀子花下，她一袭天蓝色的裙子，素面朝天，笑得很像朵栀子花，眉间阳光点点。

裙子、围巾和窗帘

寻常岁月，就这样旖旎生动起来。

一

南京的辉姐到我家来时，穿一袭白底子小红圆点的连衣裙。

我只觉得，眼前霞光一闪，如仙人踩云端。

辉姐是我三姨奶奶的孙女。三姨奶奶跟着儿子进了省城，对老姊妹却是无限思念的，就派了辉姐来看望我奶奶和二姨奶奶。

辉姐的到来，在吾村引起小轰动。吾村人是第一次见到从省城来的人，男女老少围在我家门口看，对辉姐的穿着打扮，对辉姐的举手投足，一律充满好奇。辉姐落落大方对着吾村的乡亲们笑，还抓了糖给小孩吃，赢得好口碑："这城里的女伢儿好，一点也不搭架子。"

我跟前跟后着，一方面是骄傲，辉姐是我家的辉姐。另一方面，我着实羡慕辉姐的裙子，那是我第一次近距离地看到一袭裙子。我跟着，时不时伸手摸摸她的裙子。

我奶奶挖空心思，给做出一桌好菜。小鱼滚了蛋黄和面粉，炸得酥酥的。山芋切成片，里面塞上韭菜粉丝馅，放油锅里煎。还做了芋头羹、葱油饼。我们很少动筷子，都谦让着让辉姐吃。

辉姐只在我家待了一天，就回去了。她的乡下之行，让我对裙子陷入魔障。

我要穿裙子，我要穿裙子——我日日念着这句话，念得我妈烦不胜烦了，但也终于松了口，她从箱子底，翻出布票来，数出几张。又揭开一方包了千层万层的手绢，数出几张票子，让我姐领我去扯上几尺布，做条裙子去。

我和我姐在供销合作社的柜台前，把所有的布，比较了又比较，最后挑了件绿底子碎花的。回来的路上，我姐对我说："你多好啊，能穿裙子。"我热烈地对我姐说："等我以后长大了，也给你买裙子穿。"我姐黯然。我是没想到，我姐是不能穿裙子的，一辈子也穿不了的。她的一条腿因小时烫伤，已完全变形。

布买回来后，是要送给裁缝去做的。吾村的裁缝，只有一个，是三队岁金家的女将，人喊她"刘裁缝"，是个瘸子。当年有个奇怪的现象，像鞋匠啊裁缝啊这些人，不是瘫子就是瘸子。吾村的冯鞋匠，就是个瘫子。但他的手却灵巧得很，全村人的鞋，都是他给绱上去的。

刘裁缝带着几个女徒弟，女徒弟的腿，也都是残疾的。她们整天待在屋子里，面皮儿焐得白白的，像城里人。村里人的衣裳都是她们给做，大家都很尊敬她们。过年时，岁金家挤满了等着拿衣服的人，这个叫“刘裁缝”，那个叫“刘裁缝”的，刘裁缝和几个女徒弟忙得饭都顾不上吃一口。

我拿着布，在岁金家门口转，却怕进去。我突然不好意思起来，因为在吾村，还从来没有一个女孩子穿过裙子，甚至见都很少见过，我算是开了先河。

刘裁缝在屋子里看我好一会儿了，终于忍不住冲我说话：“这不是志煜家的二丫头吗？是来做衣裳的吧，那快进来啊。”

我这才走进去，把布摆到裁衣板上。刘裁缝抖开布料子，笑着问我：“是做件褂子吧。”我红了脸，低声说：“不是，是做条裙子。”

刘裁缝很意外，她盯着布料子犯了难，裙子她没做过啊。她的女徒弟们也都犯了难。后来，她们凑一块儿，叽叽咕咕。有徒弟拿了粉饼在裁衣板上画，这个添一笔，那个减一笔的，画出一条裙子的模样，说：“不就是两片儿布缝起来吗，好办。”我裙子的样式，就这样给设计出来了。

“一个星期后来拿。”刘裁缝跟我约定。

一个星期的时间，真漫长啊。我总不由自主地跑去刘裁缝家门口，看看裙子好了没。或许她提前给做好了呢。但每次她都说，还没到时间呢小丫头。真失望。我夜里做梦，也都穿着裙子，像朵绿蘑菇似的，在田埂上飞跑，快跑到云端里去了。

终于有一天，我再到刘裁缝家门口去，她冲我招手，说裙子好了，叫我进去拿。

裙子是条半身裙。像现在的筒裙，真的就是两片儿缝了一下，在腰上加上松紧带。长，拖到脚踝。因没开衩，走路很受束缚，只能迈着碎步走。饶是如此，我还是满心欢喜。刘裁缝和她的徒弟们都说好，我也觉得好。

我穿着这样的裙子回家，一路上收获到不少惊异的目光。女孩子们尤其羡慕，她们站定了，冲着我看，我走好远回头，她们还在冲着我看。

我妈看到裙子，笑了："不就是个直筒吗？像裹着个麻袋。"

我不乐意她这样说。我穿着它去我二叔家，有显摆的意思。二叔当时在家开了个修自行车的铺子，家里横七竖八的，躺着几辆自行车。堂弟拖出一辆来，跟我一起出去遛车玩。我当时刚学会骑车，对骑车的热情度高。我一脚跨上去，我可怜的裙子，"哗"的一下，就被卷进车轮的钢丝里去了。同时卷进去的，还有我的脚。

那日，我摔倒在路旁的渠沟里，样子狼狈。脚夹在钢丝里，动弹不得。堂弟回去喊了我二叔来，拿了老虎钳子，敲开钢丝，才把我给救了出来。

我的脚肿了好些日子。我妈一气之下，把我的裙子拿去刘裁缝家，给改成一件衬衫。那件绿底子碎花的衬衫，一直穿到我念初中。

二

戴庄学校原是地主家的大宅院。

那是真正的江南园林风格建筑。花园凉亭，小桥流水，应有尽有。房子都是黛瓦粉墙的，有廊棚相连。月洞门就有好些个，几进几出，曲径通幽。更有花木扶疏，鸟雀争鸣。

成立了学校后，大宅院的整体风格，基本上被保留了下来。也只是多砌了三五幢连排平房做教室，青砖红瓦，点缀在绿树中，也是好看的。

那个时候，我念初二了。教室在一条南北向小河的左侧。我们去操场，或是去老师办公室，都要过河去。小河上有石拱桥连着，桥墩上雕花，是牡丹或是芍药，不大看得出来。小河边植有一排垂柳。有棵柳树，呈倾倒姿势，柳枝儿有一大半都挂在桥上。人从小桥那头走过来，柳枝拂肩，那情形，美极了。

我最喜欢看亚芬从桥那头走过来。

亚芬是我同学。她家境不错，父母亲都是小学老师，很有艺术情怀。尤其她父亲，会画画。会织毛线衣。会裁剪衣裳。

亚芬和她妹妹的衣裳，都是她父亲亲手给缝制的。她父亲还讲究衣着的搭配，舍得在这方面打扮他的两个女儿。亚芬的穿着，就非一般的乡下孩子可比了。

话说那天，亚芬来学校上学，她的脖子上，多了条玫红长围巾。她从石桥的那一头走过来，柳枝轻拂，红围巾跳跃，映着她的粉嫩白皙，是杜牧诗里的女孩儿：

娉娉袅袅十三余，豆蔻梢头二月初。

那幅画面，定格在我的脑海中，不时回放。然后的然后，我就入了长围巾的魔障了。多想拥有一条长围巾啊。我却不可能有。我还穿打着补丁的衣裳。我的脖子上，顶多围条我妈的格子三角巾。

机缘却突然来了，我小娘娘定亲了。我小姑爸给我小娘娘送来一条围巾，粉色的，像用桃花染成的。

小娘娘那时对爱情已灰了心，对这条漂亮的围巾，她连正眼也没瞧上一眼，就对我说："送给你围吧。"我大喜过望。

我围着这条围巾上学去，眼里的一切，都变得不一样了。天是可爱的，地是可爱的，人是可爱的。样样式式，都变得清丽华美。围巾太长，老往下挂，我不得不时时动手把它往上甩。这也是亚芬常做的动作，她轻甩围巾，那样子真美。我也这么甩着，觉得自己很美。

后面走着几个高年级的男生，我更频繁地甩围巾，也只是想引起他们的关注和赞美。我就听到一个男生跟另一个男生说："前面的那个小女生真妖。""妖"是骂人的话，再没比这一句更狠了。我当即心往下沉，只觉得脖子上的围巾，变得火一样的烫人。几个男生都哄笑起来，一齐说着"妖"啊"妖"的，从我旁边走过去。我再没有勇气把那条围巾围在脖子上了。

我把围巾还给了小娘娘。晚上临睡前，我妈责备我："那是人家送她的定亲礼，你围了做什么？"我什么也没回，眼睛潮潮的，想哭，又想不出哭的理由。

三

也是这一年，我遇到一位刚从师范学院毕业的语文老师。这老师年轻自不必说，人又长得帅气，还说得一口流利的普通话，很得学生们热爱。

老师推荐我们读课外书。也是从他那里，我才知道《红楼梦》《水浒传》等名著。他用班费给我们买下一套《红楼梦》的连环画。我看了不过瘾，他又借书给我看。我痴迷地读着，几乎把自己读成红楼中的女孩子了。

书中第四十回，有个场景，我反复阅读，沉溺其中。只因为，它里面提到"软烟罗"。单单这个名字，就叫人浮想联翩了。

它的颜色又各各艳丽着，一样雨过天晴，一样秋香色，一样松绿的，一样银红。那银红的，贾母命人给黛玉做窗纱。

我不知道，若是拿这样的软烟罗，给我家的窗子糊上，人睡在里面，会是什么样的好滋味。

我家的窗，从来不糊窗纱的。窗帘也没有。冬天冷了，只拿一把稻草塞塞完事。其他的月份，也只用塑料纸蒙着。风一吹，哗啦啦作响。有同学不经我允许，跑去我家找我，我生气得很，又是羞耻的。我羞耻着让他望见了我家的贫寒，窗子竟是用稻草塞着的。

去老街上，我最流连的，是那些有着粉色窗帘的窗。清晨，穿着碎花睡衣的小街女子，蓬松着头，从有着那样窗帘的房子里走出来，去上公共厕所，我亦是觉得美好的。因有了那一挂窗帘，她们做的梦，也该是轻逸的。一个女孩子的期盼，从来不是很多的，裙子、围巾和窗帘，那会儿，就是她全部的美丽。

我软磨硬泡着我奶奶，给我们的房间挂上一幅窗帘吧。我奶奶想起来，当年新房上梁时，有用剩下的红绿布，红布给我做了件褂子，绿布一直收着。她翻箱倒柜把绿布给找出来，用几股棉线穿住一边，也就给我挂上了。

晚上躺在床上，我望着这幅绿窗帘，迟迟不肯睡。看灯光在它身上描出橘色的影子，它真是又神秘又高雅。

再去学校，我有了足够的资本邀请我的同学去我家玩。我说："就是有绿色窗帘的那一家啊。"

一些年后，我读袁宏道的《横塘渡》：

横塘渡，临水步。

郎西来，妾东去。

妾非倡家女，红楼大姓妇。

吹花误唾郎，感郎千金顾。

妾家住虹桥，朱门十字路。

认取辛夷花，莫过杨梅树。

我读着读着，就笑起来。诗里的女孩子实在是俏皮有趣的，还兼着有些显摆。"红楼大姓妇"，——那是很有点钱的呀。门口栽的花树也极显地位，是芳香优雅的紫玉兰。她约人去找她，把她的骄傲给端出来，她说，我家就是门口栽着紫玉兰的那一家啊，你不要走错呀。

寻常岁月，就这样旖旎生动起来。

第三辑
十亩间

这是生活在社会最底层的
一些人，他们寻常得常常
被我们忽略，可是这个世
界，却因他们身上散发出
的善和暖，一点一点美好
起来。

那些温暖的······

这是生活在社会最底层的一些人，他们寻常得常常被我们忽略，可是这个世界，却因他们身上散发出的善和暖，一点一点美好起来。

邻家女人，上街买菜，"捡"回一老妇人。老妇人衣着整洁，不像久经流浪，或无家可归的。却神情呆滞。在街上见到邻家女人，就一直跟她后面叫"小毛"。小毛是谁？无人知晓。揣测，或许，是老妇人的女儿。

邻家女人本想一走了之，篮子里一蓬菜蔬，提醒她快快回家做饭去。回头，却瞅见一张饱经风霜的脸，那脸上，毫不设防地，写着对他人的依恋。她的心当下软了软，想，要是她不管，老妇人不定流落到什么地方去呢。于是，她把老妇人领回家。

老妇人这一待，就待了半个多月。这期间，邻家女人像对自家老人一样，好茶好饭待她，还带她去浴室洗澡。一边满世

101

界留心着，哪里有寻人的。老妇人除了说"小毛""小毛"外，不记得任何的人和事。有人跟邻家女人开玩笑：你还要为她养老送终啊？邻家女人说：真的那样，也无所谓啊，不过是煮饭时，多放一碗水。不久的一天，老妇人的女儿终于找来，对邻家女人千恩万谢。邻家女人不在意地笑，说：匀出一口饭，就能救活一条命哪。

去国贸大厦旁的广场散步，在晚上。总看到一群快乐的人，随着音乐在空地起舞。每天的每天，都是如此。音乐的来源，原是一台旧收音机。后来换了，换成簇新的 DVD 机。一辆自行车架着。观察过几次，发现自行车的主人，是一对老夫妇。

跳舞的人，是不定数的。谁高兴了，都可以进去跳两圈。不断有人加进去。起初也只是一些老年人，后来一些年轻人也参与进去了。快乐在音乐中沸腾，单纯的飞扬的。

某天，我在一边看着，终忍不住，走过去问那对老夫妇：是免费来这儿放音乐的吗？他们说：是啊，每晚七点准时到。

瞧，这都是我们新买的碟片，买的新华书店的，正版的，效果很好呢。老妇人举着新买的碟片让我看，我看到碟片上印着飘飞的裙裾，是些慢三或慢四，全是舞曲。

我倾听，效果果真很好，音乐似泉水潺潺流。我开玩笑说：可以适当收点费的呀。老妇人笑了：收什么费呀，自己找乐子呗，看着大家高兴，我们也高兴。

原来，这世上，只要匀出自己的一份快乐，就会快乐另一些人，甚至，一个世界。

　　小城里，蹬三轮车的人，多。满大街随便走着，就有车夫跟后面殷殷问：要车啵？我曾烦过这个，觉得他们特缠人。近日却偶听来一个真实的故事，故事说的就是这样一群三轮车夫，他们不富裕，有的甚至很贫穷，却能自发地，去照顾一个不幸的老人。老人有过幸福的过往，两个儿子，都成家立业了。一次车祸，却让一个幸福的家，瞬息间支离破碎，老人的两个儿子，双双遇难。所得赔偿金，老人分文未要，全给媳妇了。家产也悉数分光。孑然一身的老人，混在一群三轮车夫里，蹬三轮车谋生。但因人老体衰，再加上三天两头生病，养活自己，也是难的。好在有其他三轮车夫帮衬着，不断送吃的送用的。

　　这是生活在社会最底层的一些人，他们寻常得常常被我们忽略，可是这个世界，却因他们身上散发出的善和暖，一点一点美好起来。现在走在大街上，我的眼睛，总是有意无意停在一些三轮车夫身上，是他，还是另一个他，在默默匀出自己的温暖，送给他人？他们的脸上，没有答案。他们一如以往，为生存奔波着，路过你身边时，还会殷殷问：要车啵？眨眼间，他们的身影，没入人群里。再走进人群，我的身前身后，总像流淌着一条温暖的河。

感激一杯温开水

仅仅一杯温开水，就温暖了一个人一生的记忆，甚至产生连锁反应。世界的美好，因此而摇曳在一杯温开水之中。

这是朋友讲的故事。

十多年前，他还在深圳打工，整天帮人家掏下水道，走哪儿，身上都一股下水道的异味，很让人侧目。所以，他一般不到热闹中去。那个城市的繁华和优雅是那个城市的，装不进他兜里一点点，他住工棚，倚墙角吃冷馒头。

一日，天下雨，是深秋的雨。虽说是在深圳，那雨，也带了寒意。他当时已掏好一家酒楼的下水道，雨大，回不了，就倚在酒楼的檐下躲雨，一边掏了怀里的冷馒头吃。

冷。他抱臂，转过脸，隔了酒楼玻璃的窗，望里面蒸腾的热气和温暖。一些人悠闲地在吃饭，他想，若是有一杯热热的茶喝，多好。呵呵，他在心里面，自嘲地笑着对自己摇头，怎么可以有那样的奢望呢？他看天，只等雨歇，好回他的工棚去。

这时，酒楼的门忽然开了，一位服务员径直走到他跟前，彬彬有礼地对他说："先生，您请进。"他愣住了，结巴着说："我，我，不是来吃饭的，我，只是躲会儿雨。"服务员微笑，说："进来吧，外面雨大。"朋友拒绝不了那样的微笑，鬼使神差地跟进去了。进去时，他暗地里想，想宰我？没门！我除了身上的破衣裳，什么也没有的。

他被引到一张椅子上坐定，脑子还没来得及想什么呢，另一个服务员就端来一杯温开水。"先生，请喝水。"同样的彬彬有礼。朋友不知道她们葫芦里卖的什么药，想，既来之，则安之。遂毫不客气地端起茶杯，把一杯水喝得干干净净，且把怀里的另一个冷馒头掏出来吃了。服务员又帮他续上温开水，他则接着喝，喝得身上暖暖的，额上渗了细密的汗，舒坦极了。

后来，雨停了，他以为那些服务员会来收钱的，但是没有。他坐等一会儿，还是没有一个人来问他。刚才喊他进来的服务员正站在大门口送客，他忍不住走过去问："白开水不收钱吗？"服务员微笑："先生，我们这儿的白开水是免费的。"

那一杯白开水的温暖，从此烙在了朋友的记忆里，每每谈到深圳人，朋友的眼里都会升起一片感激的雾来。

朋友后来从深圳回来发展，也开一家酒楼。他定下一条规矩：凡是雨天在他檐前躲雨的人，都要请到店里来坐，并且要给人家倒上一杯温开水。

他酒楼的名声因此而打响，那是朋友没想到的。许多人提到他时都会说："那个老板人好啊，下雨天，不管大人小孩，不管城里人乡下人，只要在他屋前躲雨，他都会请到屋里去坐的，并且提供免费的汤水。"

仅仅一杯温开水，就温暖了一个人一生的记忆，甚至产生连锁反应。世界的美好，因此而摇曳在一杯温开水之中。

两个瓦工师傅

人生是用来忙碌的，也是用来享用的。世事淡然，适可而止。

两个瓦工师傅，一个姓尹，一个姓朱。两个人搭档着，专贴瓷砖，在这一行当，一做十多年。

我家新房装修，听人介绍他们手艺好，遂托了人去请。那边说：排队等着吧。我们急：得等多久？回：也就三四个月吧。语气浅淡。复又递了话过来，说：若是等不及，可以不等的，另请别的瓦工做吧。

这态度近乎傲慢了。因他们这等傲慢，我们倒愿意等了，傲慢是要有底气的，想来他们的手艺真的不错。

几个月后，终于等来他们。尹师傅瘦，朱师傅胖，两个人一动一静，如清风拂着流水。朱师傅几乎不说话，得空了，只闷头抽烟。我们对他说：吸太多烟不好呀。他抬头笑一笑，不作声，复低头吸。尹师傅却是个话痨子，一杯浓茶在手，一双灵活的小眼睛，眨啊眨的。他说，刚忙完一小老板的别墅，好家伙，那幢别墅所有的墙壁全贴的瓷砖，单单买瓷砖就花了三四十万呢。在他们之前，小老板曾找过七八拨瓦匠，都不满意，直到找到他们。

是吧？他得意之情横溢，扭头问朱师傅。朱师傅不开口，只抿了嘴笑，把一面瓷砖拿在手上敲敲，又放在耳边听听，再对着墙上比画着。比画半天，搁下，重拿一块，再如此动作一番。半个时辰过去了，一面砖还没贴上墙。

我们贴的质量你们绝对放心，尹师傅看着发愣的我们，说。他亦拿起一块瓷砖，敲敲，放耳边听听，再对着墙上比画着。这架势，不像在贴瓷砖，倒像在镂刻。我们暗喜，这两个师傅算是找对了，慢工出细活的。

隔三岔五地，我们会去新房子那里看看。常碰到两个师傅在休息，一个喝茶，一个吸烟。一旁的随身听里，放着热闹的相声。尹师傅看到我们，赶紧麻利地起身，关了随身听，热络地跟我们打招呼，介绍他们的进度。朱师傅仍稳稳坐着，兀自吸着他的烟，脸上挂一抹淡淡的笑。偶尔我们下午去，难得见到他们的人影，一屋的装潢材料凌乱着。打电话去问，一个答，正在牌桌上和几个牌友打小牌玩。一个说，他跟人去海边看涨潮了。

装潢的进度自然极慢，有不少等在后面的主顾，三天两头来追。他们一律慢悠悠地答：这活，快不了的，如果等不及，你们另请别人吧。他们接下的活计，已经排到来年。这才是初夏，他们却一点不急，依旧不慌不忙地，一面砖一面砖地推敲，贴上墙去，天衣无缝。一到下午，他们必早早撂下活计，换掉工作服，骑上电动车，一溜烟走了。他们要去打牌，要去会友，要去泡澡，要去广场上跳舞。总之，是要去享受生活的。

我一面欣赏着他们精湛的手艺，一面为他们惋惜着，要是紧着赶工，一个月怕是要多出好几万的收入吧。他们不为所动，理直气壮地说：那我们也就没有时间玩了。

人这一辈子，最多也就百十年，不要那么急着赶路的。一直极少开口的朱师傅，淡淡笑着，突然冒出这么一句。

我陡地愣住，人生的确有太多的欲求可追可赶，永远也追不完赶不完。这两个瓦工师傅却早已明了，人生是用来忙碌的，也是用来享用的。世事淡然，适可而止。

老烧饼

这世上，千奇百怪的事，原本就多着的。

老街上，做老烧饼的有好几家，家家客满。每天买烧饼的，都要老早去排队，要等。

名声也就响了几条街，又从几条街传向四面八方去。想打捞记忆中老烧饼的人，哪怕离得再远，都找着机会奔了去，尝一口儿时的味道。

儿时，早起，家里给上两分钱，去烧饼炉子那里，买上一只新出炉的烧饼，一边吃，一边往学校去。那是一天中最幸福的时光了。乡下孩子没这个福气，要吃上烧饼，得碰运气。当爹的进城有事，孩子缠着，跟了来。烧饼炉子的香诱人哪，孩子盯着炉子上热乎乎的烧饼，眼珠子都不转了。当爹的看在眼里，狠狠心，掏出两分钱，给孩子买上一只。那孩子就用黑黑的小手小心托着，小口吃着。最后，手上落下的芝麻粒，悉数被孩子的小舌头舔光。这孩子长大，吃过无数的山珍海味，但记忆里最香的一页，是留给老烧饼的。

做老烧饼的人，换了一茬又一茬，但老烧饼的味道却一点儿也没变，继往开来，天衣无缝。炭炉子。老酵面团。白芝麻。馅有甜的，有咸的，也有甜咸皆有的，定不缺这一味料——猪油熬出的油渣儿。甜咸皆有的烧饼取名"龙虎斗"，最受欢迎。这名字威武霸气，龙也来了，虎也来了，好，热闹！老百姓过日子讲究的，就是热闹，喜气腾腾的。

吃老烧饼有讲究，不会吃的人，是吃不出真味的。真味是什么？这个还真不好说，那是一口一口，和着老时光，拌着老故事，慢慢品出的滋味，只可意会，不可言传。得有那样的旧茶桌旧茶椅配着，还有旧人在。房亦是旧的，木格窗都被烟火熏黑了。新出炉的老烧饼，用一方牛皮纸托了，施施然走进隔壁的这家茶店来，坐下，要上一壶茶，慢条斯理地撕着吃。总有几个老人，天天来此聚，他们一边吃茶，一边讲些老典故，都是关于老街的从前。

从前，远到什么时候呢？远到隋炀帝还没登基呢。那时，这里往东全是海，摸不着边子的海。脚下的这片地，原先也是海呢。海一步一步往后退，泥沙堆积，这才成了陆地。有了陆地，就有了人来居住。人越来越多，就有了街市了。

战乱不断啊，打来打去，小老百姓可不管这个，谁坐江山还不是一样地坐？老百姓要的是太平啊，现世里找不到，只好求佛祖保佑了。老街上也就建了很多的寺庙，一座连着一座，多的时候，有七十二座呢。

还有尼姑庵。尼姑庵里的尼姑，自己种地，自己织染衣裳。也不知老尼姑是打哪儿来的，她带着几个小尼姑，面皮儿白白的，言语不多，待人和气，她们念经的声音很好听。老尼姑坐缸是盛事，好多人都跑去看。缸好大啊，刷洗得干干净净，下面有个洞，堆满柴火。老尼姑知道自己要圆寂了，几天前就不吃不喝。这天，她梳洗完毕，衣衫整洁，自己走进缸中，盘腿坐下。不多久，也就圆寂了。

缸下的柴火点燃了，老尼姑坐在缸中，渐渐被烧着了，火是从脚到头，慢慢爬上去的。火堆里的老尼姑，像一尊佛，头顶上冒着光。眼见着，她化成灰了，从那骨灰里，竟飘出奇香来，钻入鼻孔，里三层外三层围着的人都闻到了。

——老典故说到这儿，也差不多说完了。听的人，一只烧饼也慢慢进肚子了，唇齿留香。站起来，掸掸身子，口福耳福都有了，真正心满意足得很。

现在，在老街上做老烧饼最出名的一家，是外地人。一家三口，本是来此卖炒货的。吃了这里的老烧饼后，丢不开了，就弄了一个炭炉子，摊起老烧饼来，味道正宗得不得了，一炮而红。到他们家去买老烧饼的，要提前一两天预约。外地人竟比本地人做得还地道，这也是奇了。这世上，千奇百怪的事，原本就多着的。

九枝百合花

明天，他们的生活，又将有些不一样了。

女人回家，总要路过一间花房，花房有个很好记的名字——最美。

女人的脚步匆匆，但眼睛，每次都要在花房门前的花花草草上，停上一停。

打理花草的是个女孩子，二十四五岁的样子。女孩子弯腰打理花草时，嘴里总哼着歌，愉悦得跟一只雀儿似的。

女孩子微胖，五官寻常。这样的女孩子倘若走在大街上，一点儿也不引人注目。然因有了花花草草的陪衬，女孩子在女人的眼里，就有了不一般。女人的眼光每次扫过那些花花草草后，都要顺便看一眼那个女孩子，在心里面叹一声：好美啊。

女人也曾有过这样的柔美时光，但生活的辛劳，让她老早就粗糙起来，渐渐的，女人被俗世的日子所淹没。然心里总有一块地方，空落落的，有时一阵轻风，也能碰疼它。何况，这么多的花！

女人是喜欢花的，尤其喜欢百合花，粉色的，白色的，插在"最美"花房门前的水桶里，一大捧，又一大捧。花瓣儿大得怕人，扯下几瓣来，恨不得就能缝条小围裙。

女人在一家餐馆里做切菜工，日日系着围裙，围裙是靛蓝色的。换一条，还是靛蓝色的。暮色沉沉。

要是拥有一捧百合花，会怎么样呢？每次这个念头刚冒出来，就被女人自己给掐灭了。多么可笑的想法！百合花又不顶吃又不顶用的，买了做什么呢？女人节俭得很，一个钱恨不得要分成两瓣来使，她不允许自己这么做。她的男人也不会赞同她这么做。——想到男人，女人苦笑地摇了摇头。

男人在一家单位做门卫，每个月只拿一点固定的死工资。女人和男人日常里的对话，几乎都是围绕着钱的。孩子念大学了，开支越来越大。将来孩子买房啊结婚啊什么的，需要大笔的钱。两家的老人也渐渐老了，身体常出状况，不是这个头疼，就是那个脑热的，一旦哪个倒下来，没钱是解决不了问题的。——中年人的生活，就是一地鸡毛。女人不敢想以后的生活，稍想想，头就疼得要裂开来。

这日，女人又经过"最美"花房门前。女孩子刚进了鲜艳的百合花回来，一大捧一大捧的，竟全是黄百合。女孩子把它们插在水桶里，摆在花房门前。女人的眼光扫过去，只觉得天地间好似没有了别的色彩，只剩下那明艳的黄。女人有些发痴了，她实在爱极了那些黄百合。女孩子见到女人在看花，忙忙招呼：阿姨，这黄百合能开好多天呢，今天刚到货的，您买几枝吧。

女人鬼使神差地点点头。她停下来，挑了三枝开好的，又挑了三枝半开半合的，再挑了三枝打花苞苞的。女孩子给她细细包扎好，并在里面插上一束满天星。满天星的白，点缀着黄百合的黄，映照得女人的眼睛水波潋滟起来。

阿姨，这满天星不要钱，是送给您的。女孩子把花束递给她，笑出两弯好看的月牙。

阿姨，您看上去好美。爱花的人，都是最美的，您说是吧阿姨？女孩子说。

女人点点头，羞涩起来。好些年好些年了吧，她似乎与美绝缘了。

她捧着那束花回家，脚像踩在云端里。等她走到家门口，才惊醒过来，看着怀里的花，后悔了。她懊恼地想，五十块钱呢，我平白无故花掉了五十块钱呢。

男人正把一盘炒好的青菜往桌上端，他看到捧着百合花的女人，愣住，拿眼瞪着。女人很心虚，她想撒个谎，说这花是饭店里顾客不要的。但她说不出口，一时间脸憋得通红。

花挺好看的。男人忽然开了口，笑了：你捧着花的样子，也好看。

那天晚上，女人和男人，就着一盘子炒青菜，一盘子炒鸡蛋，喝了一点小酒。在女人的眼里，她的男人很男人呢。在男人的眼里，他的女人很女人呢。一旁的百合花，幽幽地放着香。女人和男人都知道，明天，他们的生活还将继续。明天，他们的生活，又将有些不一样了。

十亩间

有时，少言的人，却自带光辉，就像植物们从不说话，但在植物们跟前，你自然而然会敛神静气，心灵也跟着洁净起来。

我喜欢去逛小蓟的花店。

小蓟的花店，不大，却有个耐人寻味的名字：十亩间。这三个字，用白漆书写在一块褐色的原木上，挂在花店门前的墙旁，上面攀爬着绿的藤蔓。我每每总要为之驻目，我想起《诗经》里的句子：十亩之间兮，桑者闲闲兮，行与子还兮。——十亩桑田青青，采桑的姑娘多么悠闲轻盈，晚霞照拂着炊烟，她们采好桑叶，相伴着一起回家。那景象，我以为是人间烟火里最美的。

不知小蓟的店名，是不是取自这里。问他，这个大男孩笑了笑，没说是，也没说不是。他白白的牙齿上，晃动着阳光的影子。

他店里的花草品种也不是很多，常见的不过是些草花，桔梗、石竹、波斯菊、太阳花之类的。他还极喜欢侍弄些野花来长。用他亲自烧制的瓦罐长一年蓬。用他亲自设计的陶罐长三叶草和蒲公英。瓷盆子里，他长红蓼和紫花地丁。那些野花，经他的手一拨弄一摆放，立即光彩起来，雅致起来。是灰姑娘穿上水晶鞋了。

小蓟是学美工的。据说他在这行的学业很突出，曾有大公司开高薪聘他，小蓟没去。有人替他可惜，说：小蓟你傻啊，放着那么好的机会不去，开个小花店能赚几个钱啊，还这么辛苦。小蓟只是笑笑，回：我愿意。

小蓟把他长的那些野花，在店门口排成一排，也是沸沸扬扬的花世界了。大家见了，盯着左瞧右看，终恍然大悟，叫起来：小蓟，这不是野花吗？野花也可以这么长？

小蓟笑笑的，不解释。那些花与花器的完美搭配，却叫人无法挪步，最后都忍不住捧上一盆两盆回去，野花也当家花来养了。

我在小蓟的"十亩间"来来去去多了，有时会跟小蓟开玩笑，我说：小蓟，你话怎么这么少呢，话多了才会赢得更多的客人呀。

小蓟就笑，白白的牙齿上，晃动着阳光的影子。小蓟说：要说那么多话做什么呢，做好自己就是了。

我怔住，看着小蓟。他穿过他的那些花花草草去，竟也似其中的一棵或一朵了。

　　小蓟的"十亩间"，一直在那儿，在一条普通的小巷子里。不大的一间屋，花的品种也还是那些个。但隔些日子不去，我会很想念，便又跑去了。小蓟还是那个样，微笑着，不多言说，只拨弄着他的那些花花草草盆盆罐罐，却让人觉得无比的安心和舒适。看着他，总让我觉得惭愧，想想我们日常说了多少的废话，淹没掉多少好光阴。有时，少言的人，却自带光辉，就像植物们从不说话，但在植物们跟前，你自然而然会敛神静气，心灵也跟着洁净起来。

麦浪滚滚

风吹，麦浪翻滚，一波一波，像黄绸缎铺开来，淹没了小小的人，觉得自己也成一株金色的麦穗了。

五月布谷鸟叫，布谷布谷——像短笛吹奏，清脆的一两声，绕着城市上空，一路向着城外去了。

这"笛声"牵人，人的脑子里立即现出一幅欢乐丰收图来：一望无际的农田里，麦浪滚滚，像滚着一堆又一堆的碎金子。阳光锡箔儿似的，在麦浪上跳。

乡下孩子，从小就亲近这样的图画。每闻布谷鸟叫，田里的麦子们，仿佛在一夜之间，全都被镶上了金，乡下村姑成皇贵妃了，华丽且雍容。农人们忙得脚不沾地，麦子要收割了，棉花要播种了。收割前夕，孩子们便有了一大任务，在麦田边看护麦子，追逐来偷食的雀。这任务孩子们乐意，持了长长的竹竿，很神气地在麦田边奔跑。风吹，麦浪翻滚，一波一波，像黄绸缎铺开来，淹没了小小的人，觉得自己也成一株金色的麦穗了。那景象，镌刻在记忆里，再难忘去。

我们去寻从前的麦浪。一行人，跟着布谷鸟，一路向着城外去。走过一个村庄，再一个，却难见到成片的麦浪了，有的只是零星的。村庄不长麦子了，麦子忙人，村庄的人，却越来越少。村庄只好长别的植物，或干脆长草。

好不容易逮着一个村子，眼睛里跳出一整片的麦地来，大家几乎要欢呼了，立即冲下车去。

小河横亘。有人家在河边居住，三间老平房，屋门落锁。一只狗蹲在家门口，很尽职地守着家。看到我们这群陌生人，狗兴奋地大呼小叫起来，寂静的村庄，一下子有了喧闹的感觉。

我们站在小河的石桥上，打眼四下望。桥下水浅，已看不出水的颜色，全被浮萍遮住。河边有几棵树，歪着长，很有些年纪的样子，倒是蓬勃出一汪生命的绿。树下杂草丛生。杂草丛中，一簇的胡萝卜花，开得恣意，上面蜂蝶忙碌。这是记忆里的村庄，熟悉，又陌生着。

有妇人经过，好奇问：做什么呢？我们答：来看麦子的呢。

哦，今年的麦子不好，她说。脸上的表情，也无风雨也无晴。

我们心里倒是一怔，赶忙跑下桥去看麦子。几块麦地里，麦子倒伏许多，像遭了劫。突然联想到前几日刮的那场大风，横扫天地的架势，麦子们如何能承载。

一老农跟过来，看我们倚着麦地作背景拍照。他慷慨地拨

121

一把麦穗，让我们拿在手上，做拍照的道具用。他说：今年的麦粒也不饱呢。我们低头看，的确是，麦穗轻轻。有点忧心，村庄若是都不长麦子了，城里的面包从哪里来？

太阳打在一片麦子上，闪烁着金色的光芒。一阵风来，麦浪推着麦浪，向着不远处的田边去了。不远处，村人们的房子，像积木搭成的城堡，安静在五月的天空下。天上飘动着一朵朵白，一朵朵蓝，像从前。身旁的老农，弯腰把那把麦穗捡了，拿回去喂鸡。

我们回头，经过小桥。河边人家的那只狗，不再吠了。它蹲在家门口，眼光越过河边的杂草丛，安静且温柔地望着我们，一步一步走近。狗也是寂寞的，大概已把我们当作熟人了，眼睛里有了挽留的意思。

流年小恙

　　苦日子里，善良是石缝里开出的花，美得纯粹。

　　没有任何征兆的，早上起来，一只眼睛竟红肿得不能睁开。那人瞅我一眼，乐了：你害红眼病了。

　　对着镜子，用另一只眼打量这只眼，果真是害红眼。难怪他要乐，连我自己，也忍不住乐了。红眼病，多么稀罕，那是属于小时候的。

　　那时，患这种病的人多，在村子里随便走着走着，就会碰到一个，两眼红肿得如红桃子。这种无伤筋骨的眼疾，传染却极迅速，往往是一个害上了，周围的人会一个一个跟着害上。祖母的土方法是，泡上一盆盐水，让我们早也洗，晚也洗，洗着洗着，就好了。

　　小时还特爱生疮，头上，身上。有一年身上害疮，脓包连着脓包，背后竟无一块完整的好皮肤。每晚临睡前，母亲要费很大的劲，才把粘在我皮肤上的衣服剥开，涂上一种气味难闻的黄霉素。睡觉时不能仰面睡，只能伏着，耳朵便尖着，门外风吹过草屑的声音，我也听得分明。半夜里醒来，羊的梦呓，在空气中洇化开来，露一样清凉着。身边环绕着亲人们的呼吸，心静且安。

我的玩伴萍，爱在头上生疮。一年四季，她的头上都淌着脓水。萍还在极小的时候，父母离异，母亲远嫁他乡，她跟了父亲。父亲懒且好酒，常喝得醉醺醺的。这个时候，萍就遭殃了，稍稍做错点什么，便会招来父亲一顿痛打。许是被打多了，萍总是木愣愣的，沉默寡言。她的头发被剪得秃秃的，身上整日穿一件破棉袄，赃得看不见布料颜色。午饭时，她吮着手指，撑在我家门口，看我们吃饭。祖母叹一口气，起身，给她添一只碗。饭后，打一盆温水，给她清洗头上的脓疮，再细细抹上药粉。

萍现在已是两个孩子的母亲，日子过得挺红火的。我回老家，遇到她，结实红润的一个人。提到我故去的祖母，她掉泪：四奶奶是个好人啊，我那时头上生疮，她舍不得我，回回都要帮我清洗。我动容。苦日子里，善良是石缝里开出的花，美得纯粹。

那时，我们还爱患腮腺炎，乡人们叫它"害蛤蟆"。某日早起，下巴被一个肿块牵着，生疼。摸去，竟有圆圆的瘤子，遂大惊失色叫起来。大人们看一眼，不慌不忙，说：哦，害蛤蟆了。然后牵着我们的小手，送去村里的土郎中家。土郎中取出毛笔和墨汁，在我们肿起的部位周围，煞有介事地画一个圈，再给我们配点药吃，说：过几天就好了。大人们便笑起来：哦，没事了，"蛤蟆"掉进"井"里了。这带着极浓烈迷信色彩的办法，很是宽慰了一些贫瘠的心。不几日，炎症自然消了，——这当然不是墨汁画圈的功劳，但乡人们却坚定不移地相信着。

出痧子则是每个孩子必经的事。民国才女林徽因，提及小时出痧子，有段极美好的回忆。她的家乡人称痧子作"水珠"，这名字的美好，让小小的她，忘了它是一种病，竟觉着一种神秘的骄傲。整个病中，她都奢侈地愉悦着，欢喜着，阳光泄泄融融。我对出痧子的回忆，也是美好得如诗如画的，倒不是因"痧子"这个名，而是出痧子时享受的特殊待遇。出痧子时不能见风，做母亲的必做一顶小红帽给孩子戴上，红帽子后拖着长长的红布条。人一见这样的装扮，便知，这孩子出痧子了。但还是要相问一句：丫头出痧子了？做母亲的笑答：是啊。于是小小的心里，涌出神圣感来，觉得这件事的了不得。

痧子要褪掉时，极痒。母亲叮嘱，千万不能伸手挠，不然，长大了会变成麻子的。村子里有个麻子伯伯，成天顶着一脸的大麻子，极不好看。我们怕成为麻子伯伯那样的人，再痒，也忍着不用手去挠。人生中的许多痛和痒，就这样的，忍一忍，也就过来了。

一袋野山菌

袋子里，散出淡淡的香，经久在我的日子里。

一溜排开的小摊子，在山脚下，女人们守着，脸庞一律的红黑。是些卖山货的，篾篮里装着野蘑菇野山菌野核桃之类的。

这是北方，天空明净得如同水洗过。女人们的笑，也如水洗过的天空一样明净，她们热情招呼每一个走过她们摊前的游客：买点山货带回家呀。

我吃过野山菌炖鸡，味道实在好。我站到一个卖野山菌的摊前，看那些野山菌。女人抬脸冲我笑，伸手抓一把野山菌递给我：你尝尝，香呢。我惊讶：可以生吃的？女人乐了：山上长出来的，有什么不能生吃的？这是大山人的骄傲。

舌尖上盘旋着野山菌的香，我放下20元钱，我说我买20元野山菌。女人高兴地答应一声：好咧。麻利地装袋称秤，秤杆翘得高高，20元钱居然可以买一大袋。导游小姐这时突然找了来，说：大家都在等你呢，要上山了哦。我有些歉疚，袋子未拿，我冲女人说：先放你这里，我回头来取。赶紧跟着导游小姐走了。

两小时后，我们回头，一溜的摊子里，却再也找不到那个女人了。同行中有人知道这事，笑我的傻，说我被骗了。我表面上笑着，心里却疙瘩着，20元钱事小，却让我信任他人的一颗心，受了伤。

回来，说起北方，有明净的蓝天和云朵，有好吃的水果和菜肴，却有一处，生生被我绕过去，仿佛纯白的衣上，沾了一块油斑。

日子一天一天滑过，北方的野山菌，渐渐被我淡忘。却于一日午后，突然收到一个包裹，包裹里，装着晒干的野山菌。随包裹寄来的是一封信，信是我在北方游玩时跟的那个团的导游小姐写来的，信中说，那个女人，当时她的母亲出了事，未来得及等我，就回去了。几天后，女人的母亲过世，等女人处理好一切再到山脚下，已等不到我了。女人便天天守那儿等，风雨无阻。看见有导游带团过去，就追上前去问人家：你们有没有客人搁了野山菌在我这儿？直到有一天，她再次带团进山，碰到那个女人，一下子想起我的野山菌。

我珍藏了这袋野山菌。袋子里，散出淡淡的香，经久在我的日子里。

一碗水的字

世上之事，哪一样不是如此积累，方才拥有蓊郁葱茏？

我把一只吃剩的红薯，埋到花盆里。花盆里原先长着仙客来，满满一盆红花，很是繁茂了一阵子。花萎了，花盆便空落下来。现在，一只红薯住进去了。

红薯很是欢快地在里面生长起来。它每天很认真地爆出几枚新芽，像个勤快的农夫，管着他的一亩二分地，兢兢业业。紫色的茎，渐渐成形。描着紫色血管的小叶片，亦渐渐成形。我每日里去看它，都看到它的变化：茎长高了，长粗了；叶片儿伸展开来，变圆润了。——生命的生长，原是这样一点一点积攒着的，每天生长一点儿，每天都不懈怠。终有一天，它将捧出一盆的青绿。

世上之事，哪一样不是如此积累，方才拥有蓊郁葱茏？

认识一个老书法家，八十多岁了，样子看上去，一点也不

128

像八十多岁的老人。他家住六楼，六层的楼梯，他能一口气爬上去，不带气喘的。他每天这么锻炼着，上上下下，来来回回十几趟。他对我伸伸胳膊，晃一晃，孩童般地淘气着，说：我这劲道可大着呢，你跟我掰手腕，可不一定掰得过我哟。说话的声音中气十足，洪亮得像镶着金属片。眼神儿亦没有丝毫混浊，而是亮亮的，精神饱满得让年轻人也自愧弗如。

　　我是在一个文艺作品颁奖会上遇到他的。他的书法作品，获得唯一一个特等奖。他书写的是王勃的绝句"落霞与孤鹜齐飞，秋水共长天一色"，尺幅之间，笔墨有着喷涌之势，遒劲力道，又疏朗俊逸，给人山长水阔之感。即便我这个外行看着，也觉得好。以为他定是从小就练这个的。谁知他哈哈一笑，掰着手指头让我猜。我猜了几次，全是错的。他狡黠地冲我眨眨眼睛，说：我是七十岁以后，才重做小学生的。

　　七十岁之前，他的人生都是一笔糊涂账，随波逐流，得过且过，平平静静，无有起落。跨过七十岁的门槛，他恍然而惊，不行啊，我这样子活着，什么也没留下，到死也闭不上眼睛啊。又因老来无所事事，时光变得空空荡荡。他不想再这样下去，他怕自己会患上老年痴呆症。他要找点事做，于是，他想到练字。

　　起初，听说他要练字，儿女们只当是笑话，劝他：您都七老八十的人了，瞎折腾什么呢，您就负责吃吃喝喝玩玩，不是很好么？他听了，越发顶真起来，他可不想被他们当作"老废物"。

从开始决定练字，到字在纸上成型，他用了五年的时间。那五年里，他每天必做的一件事，就是写满一碗水。他用笔蘸水，在水写布上写，一横一竖一点一撇一捺，慢慢练着。一碗水的字写完了，这一天对他来说，才算完满。

我是从一碗水起步的，他哈哈笑起来。现在，他每天必临摹一百个大字。"日成一事，厚积薄发。"老人家欣然挥毫，在我递给他的宣纸上，写下了这八个字赠我。

第四辑
岁月平凡，日子发亮

总要等到一些年后，你才明白，一些旧物件里，藏着你的念想。旧日回不去的光阴——无论欢喜，无论疼痛，都是好的，因为，那是你曾经努力活过的印迹。

回　家

从前的日子，我疏忽父母太多。好在还有当下的日子，我可以弥补。

父亲生日，我记着，买了蛋糕和礼物，回家。父亲很有些意外了，他根本没想到我能记着他的生日。他高兴得手足无措，在家门口转来转去，一会儿弯腰扶扶倚在墙边的扫帚，一会儿挥手去赶来凑热闹的鸡。我把买给他的礼物——一件外套拿出来，让他穿上试试，他不好意思起来，装作不在意地说：不就是个闲生日嘛，买什么衣裳。

我说：爸，闲生日也要过，以后每年我都会替你过。心下却黯然，父亲都七十有一了，又有几个生日好过？父亲却满足得"嗬嗬"笑起来，我看到他浑浊的眼里，有亮亮的东西闪现，我的举手之劳，一定在他心里掀起了万顷波澜。我和母亲在厨房里做饭，就听到他在外面大着嗓门，不厌其烦地告诉邻居

133

二爹，我家二丫头特地请假回来给我过生日。不就是个闲生日嘛，还给我又买衣裳又买蛋糕的，他补充道。

母亲不屑，母亲说：你爸就爱吹牛。母亲的脸上，却荡满笑意——母亲也是欢喜的。饭桌上，不胜酒力的父亲喝多了，他重三倒四地叨叨：我真幸福啊。我笑看可爱的老父亲，心里惭愧，从前的日子，我疏忽父母太多。好在还有当下的日子，我可以弥补。

出门去，阳光荻絮似的，淡淡轻拂。午后的村庄，安静得很像一捧流水，只剩下老人和孩子了——其实，孩子也没见着几个。只有几只狗，主人似的，满村庄溜达，不时吠上一两声。我以为，它们是寂寞了。

我去田间转悠。这里，那里，都曾留有我少年光阴。我在地里挑过猪草羊草。我在地里掰过玉米，拾过棉花。我熟悉很多植物：车前子、牛耳朵、婆婆纳、野蒿、黄花菜、苜蓿、菖蒲和苦艾。一蓬一蓬的苇花，在风中起舞，它们让我的目光，在上面逗留了又逗留。

一妇人趴在沟边锄草，身子都快躬到地上去了。她头上花头巾的一角被风撩起，露出里面灰白的发来——竟是那么的老！记忆里，她辫一根乌黑的长辫子，健壮结实，挑着担子也能健步如飞。我站定看她，她也看我，许久，她哎呀一声，这不是梅吗？是我，姨。这么一答，我觉得鼻子有点酸。不知为何。

我看着她笑，在心里找着话。说点什么好呢？我没找着。

她大概也找不着要说的话，就从地里拔一棵白萝卜给我，说：没有空心呢。我接过，摘了路边的蚕豆叶子擦擦，"咔嚓"咬了两口——小时，我都是这么干的。我们一村的人，也都是这么干的。

她呵呵笑起来，很开心的样子。

你真孝顺啊。她终于又说一句。

我赧颜，又有些伤感。我听说过她的两个儿子，一个远去云南，做了人家的上门女婿。一个常年在外打工，极少回家。地里的荠菜花开得星星点点，奔放灿烂是春天的事。麦苗儿却绿滴滴的，让人忍不住想揪了一把吃。

望见麦田中的坟。这儿一座，那儿一座，那里住着我熟悉的村人。我祖父祖母的坟也在。隔着不远的距离，我在心里向他们致敬。

有他们在，村庄便永远在。

最美的语言

这世上最美的语言，我怕是叫一声少一声了。但眼下我还能叫着，我很感激了。

回了趟老家。

这次回老家，我没像往常一样，预先给我爸我妈发布通知。我爸我妈毫无准备，他们真实的日常，便真实地袒露在我跟前。

上午十点钟的光景。村庄安静得像一座空城，轻微的风吹，也能听得见回响。地里的麦子熟了，有些已收割，有些还没收割。大地缄默不语。

有小白狗不识我，远远冲我吠，扯着喉咙跳上跳下，兴奋得不得了。村庄里来的陌生人也少，它一定当我是陌生人了。我苦笑，我何尝不是一个陌生人？

爸妈没有应声走出来。家门半掩着，门前的场地上，晾晒着麦子。场地边上，是我前年种下的花，两三年的工夫，它们已蔓延成一大片了。是些大丽花、波斯菊，还有小野菊，它们正颜色绚烂，热情高涨地开着。花丛中没见到一根杂草，说明我妈肯定给它们除过草了。我关照过她的，一定要养好我的花。我妈记着了。

打我爸电话。我爸正在村部卫生所输液，他身体有炎症，又查出身体内长了个肌瘤。

村部挪了地方。我向一个人打听怎么走，那人很热心地把我送出好远。

村部大院子里没见到一个人。卫生所的一间屋子里，人却满满的，都是些老人，都在输液，我爸在其中。看见我，他很激动，别的老人都没有儿女去看望的，只他有。他一个劲儿地傻笑，嘴里重复地说的只有一句：乖乖呀，乖乖呀。儿女是他最好的药，能止他一时的痛，让他忘了疾病。

妈原来在家，在蚕房里忙着。妈很像一片草叶子了，缩在哪个角落里，很容易被人遗忘掉。我责怪妈：不是让你不要再养蚕的吗！

妈很委屈，她说：我家的桑叶长得那么好，那么好。妈的逻辑是，既然长得那么好，不养蚕就对不起桑叶了。妈又喃喃：家里的活计我不做，谁做？你爸又不能做。他得了这个倒霉的病，总是尿裤子，一天到晚我要帮他洗十几条裤子。

爸听见妈的话，很抱歉地笑，沮丧地跟我说：我有时都觉得没活头了。

我安慰他：爸，咱活着一天就赚了一天。你虽有病，可比起那些中风躺在床上不能动的人，不是好很多了吗？

爸点点头，说：是啊，我还能吃还能睡，还能走还能动的。

咱有病就治病，积极地去应对，万事不要怕，有我呢，我会帮你安排得好好的。我继续宽慰我爸，并塞给他一些钱。

妈这时跑过来告状，说上次爸说带她上街玩，结果去逛了一天，什么也没舍得买，吃饭是买的盒饭，就蹲在冷风口吃下去了。妈本是笑着说的，说着说着，就抹起眼泪。妈的眼泪，近年来特别多。

爸只好干笑，说：你这人，你这人，也是你同意买盒饭的，那天我们不也吃得挺饱吗？

我实在不知说他们什么才好。想到风里头，两个老人蹲在一起吃盒饭，我鼻子就发酸。

爸手头也不是没有钱。我姐说，他存着好几万呢。但爸一辈子穷怕了，节俭得近乎吝啬，近乎抠。爸有他的理由，万一呢，万一出个什么事要用钱呢，到时没钱，那不是让子女受累了？

爸是在为他和我妈的后事做准备，我心里明白，我只不说，假装天还长着，地还久着，岁月还未老。

我拉他们一起站在门前的花旁拍照，我妈为此特地换了身新衣裳，笑得像个小女生。我爸也很认真地把翘起来的衣角理平，又换一顶新帽子戴头上。我一手搂一个，叫一声爸，再叫一声妈。这世上最美的语言，我怕是叫一声少一声了。但眼下我还能叫着，我很感激了。

命 运

　　我想，我们最终，也都会顺着命运的纹路走，不作任何抵抗。

　　爸病了。

　　一场小小的感冒，就轻易击垮他了。

　　他已经衰老得不堪一击。

　　他动弹不得。他不能穿衣，不能坐起，不想吃饭。额上有汗，他自己也擦不了了，喝口水也得有人喂。

　　小弟像呵护一个小小婴儿般的，给他穿衣，给他擦汗，喂他喝水。他自己干着急，说：我现在怎么变得这么无用！

　　我很无奈。我像看见一支蜡烛，就那么燃着燃着，就要燃到头了。

　　这个时候，窗外正飘着一场漫天大雪。我爸的一生中，飘过无数次这样的雪吧，童年的，少年的，青年的，中年的。那

140

些雪的味道，都是些什么呢？

我们说：外面好大的雪啊。

我爸也只是"哦"了一声。他已不关心这个世界了。

烧退了后，我爸精神恢复不少。虽然还不能行走自如。

我们可以和他说说笑笑了。

我爸说：这是命中注定。他信命，算命的说过，他在七八十岁上，会有个坎。这个坎若是跨过去了，他还能幸福几年。

我和小弟对他的这种说法，颇为不屑，我们用鼻孔里的"哼"声回答了他。当"哼"声一出，我突然怔住，我们的样子，多像当年的他啊。当年，他也是这么不信鬼神不信命的，意气风发，敢作敢当，果敢坚决得一往无前。

我爸没留意我的神态，他继续半痴半迷地说：算命的算得真准，说我晚年幸福。我现在，果真很幸福。

我爸用了"幸福"这个词。

他说这个词时，我和小弟，正一左一右，围在他床边。我们一个扶他坐稳，一个给他喂橙子。我爸一脸沉迷，那神情好似沐浴刚毕，正舒服地在躺椅上躺下，享受一杯香茗。事实上，他整个的人，一点也不舒服。他半躺在病床上，他的身侧，挂着个导尿袋。他被前列腺炎折磨已有好几年了，看遍大小医院，医生的诊断，惊人的一致，说：是功能性衰退，除非体外排尿。医生建议，挂个尿袋吧。那时我爸意志坚决，他

141

说：不挂，不挂！他情愿动手术，也不肯挂的。

但现在，我爸挂上了。他不得不一步一步，向命运妥协。他说：这是命。他说的时候，还笑了笑，似乎并不在意了。

我想，我们最终，也都会顺着命运的纹路走，不作任何抵抗。

因为，你已无退路可走，你只能面对。

我爸现在想得最多的，是小时候的事。

他问我：是不是人老了都爱回忆了？

我不能回答。

他也无需我回答，他陷在他的往昔里。

往昔有多远呢？远到1940年。我爸出生，跟着他的二姨娘，长到五六岁。二姨娘膝下无子，拿他当眼珠子。她把米糕蒸烂了喂他。她炒了花生，用小碗盛着，让他坐在踏板上剥着吃。夏天，她给他摇扇子，摇得手酸麻得不能端碗了。地里长着好大的萝卜啊，人家拔了送他，他拖着大萝卜走，一路走，一路叫着二姨娘。二姨娘闻声而出，一把抱住他，我的乖乖，你好有本事，拖这么个大萝卜回家。

二姨夫是个了不得的人，那时任区长，上万人的大会，二姨夫站在台上讲话。二姨娘也去参加大会，把他抱在怀里。他长得漂亮，惹人喜爱，见到的人争相抱他。他认生，哭，二姨娘就拿糖果哄他。台上二姨夫在讲话，台下掌声雷动。

那么多的人啊，人山人海。

哦，我记得那个人的，我是说二姨爹。我插话。

长得相当英俊，文人气质，偏偏剑眉星目。那是我从一张黑白照上读到的。他留给我的真实记忆，是我三四岁的时候，他躺在堂屋的地上，一屋子的人，轻声轻语，神情肃穆。

那是他死了，我爸说，他得了癌，最后吐血吐死的。

他有个兄弟，也有个妹子，我在他们家时，他兄弟和妹子都争着抱我，每晚他们都变着花样哄我玩，想我跟他们一起睡。他兄弟和妹子人都非常好。后来，他兄弟不见了。我长到八九岁，他兄弟突然回家来，腰里束着副皮带，别着把驳壳枪。那一次，他兄弟在家吃了一顿饭，就走了，从此再也没回来过。后来有一天，他们的妈妈，看见一个人站在家门口，冲着她笑，腰里别着把驳壳枪。她心想，这不是我的小儿子吗！等她揉揉眼，想再细细看时，哪知那个人已不见了。全家人这才认定他兄弟死了，帮他兄弟立了个牌位，每年给他兄弟烧些纸钱。公家后来追认他兄弟为烈士。二姨爹死后，你二姨奶奶就成了一个人了。

你二姨奶奶当初很想我去他们家的，继承他们的家业，你奶奶不让。

你二姨奶奶后来就把家产都变卖掉了，只给自己砌了两间小茅屋容身，她说一个人不用住那么大。

你二姨奶奶这个人命苦啊，最后自己烧死在床上。

我爸絮絮叨叨地说。说着说着，说累了，他要睡一会儿了。

我只觉得哪里的一扇窗，"啪"的一声，被关上了。谁也进不去。

我想起一句话来：我所经历的一切，只对我自身有意义。

当一生完结，所有的一切，都将交还给自然。

那些疼我的人

世间的美好，原是这样的爱写成的。

三月天，蜜蜂从土墙的洞里钻出来，嗡嗡闹着。柳树绿了，桃花开了，油菜花更是开得惊心动魄，铺展出一望无际的黄。上个世纪七十年代的乡下，这个时候，正是青黄不接。有什么可吃的呢？没有的。

我去爬屋后的小木桥。小木桥搭在小河上方，桥下终年河水潺潺。湍急的水流，在幼小的我的眼里，很可怕，我害怕从桥缝里掉下去。那样的害怕，最终会被一种向往所抵消。爬过木桥，就可以去几里外的外婆家，外婆会给我一只煮鸡蛋，或是一捧炒蚕豆。这是极香的诱惑！

我很幸运，每次都能安全地爬过木桥去。矮矮的外婆见到我，眼睛笑眯成一条缝。她手里正补着衣服，或是纳着鞋底，她会立即放下手里的活儿，她的手会抚过我的脸，是沙子吹过的感觉，很糙，却极暖。然后去灶边生火。一瓢清水倒进锅里，腾起一股热浪来，我知道，我可以有煮鸡蛋吃了。一脸威严的外公埋怨她："那是换盐的鸡蛋啊，家里快没盐了。"外婆挡着，说："小点儿声，别吓着孩子。"他们在屋里嘈嘈切切地吵。我不管那些的，有外婆护着，有香香的煮鸡蛋可以吃，便觉得自己是世上最幸福的孩子。

我有过几次大难不死的经历。母亲说："有一年，全村83个孩子都出天花了，你是最严重的一个，高烧昏迷，不省人事。医生说，没治了，让准备后事。我抱着你，七天七夜没合眼。你呀……"母亲没有继续这个"你呀"，她笑着说起另外的事，关心我现在是不是还常常熬夜。"不要熬夜呀，人吃不消的。你要好好的呀！"母亲这样说。我却在她那一句未完的"你呀"后面浮想联翩，想我是这么一个难缠难养的孩子，母亲的心，不知碎过多少回。大雪天，我又突然生病，母亲顶着风雪去找医生。医生来了，说，不行，得赶紧送街上的医院。街离村子有几十里路，父亲又不在家，风大雪大的，母亲却决定一个人用拖车拖我去医院。母亲就真的上路了，用被子把我里三层外三层地裹好。一路上，母亲不知跌了多少跟头，我却安然无恙。到了医院，医生看着雪人一样的母亲，感动了，立即给我检查，是急性肺炎，晚一会儿，就难治了。我的病好了，母亲的额上，却留着指头长的一道疤，像一条卧着的小蚕。我抚摸着母亲的那块疤，问母亲后不后悔生我。母亲嗔怪地打掉

146

我的手，说一句："你呀……"

结婚了，遇到的那个人，不是貌若潘安，才似柳永，却会在我生病的时候，守在身边，给我削梨子；会在我磕疼的时候，一边给我揉瘀血的膝盖，一边嗔怪："怎么这么不小心？"他会买我爱吃的鸡蛋卷回来，还有我喜欢的花花草草，摆一阳台，我还是不满足，说还要，他答应一声："好。"有时我也会明知故问："你宝贝我吗？"他笑着答："我不宝贝你，还能宝贝谁呢？"时光刹那停住，天荒地老。

现在，我在织一件毛衣。入冬了，儿子的毛衣短了。我挑橘黄的颜色，选一种小熊猫的图案，这样织出来，一定非常漂亮，儿子穿上，会极帅气的。儿子在一边看着，问："妈妈，是给我织的吗？"我答："不给你织，给谁织呢？""那么，妈妈，你是宝贝我的吗？"我答："我不宝贝你，还能宝贝谁呢？"思绪就在那一刻拐了弯，生命中那些疼我的人，一一浮现出来。我痴痴地想，上帝送他们来，就是为了来疼我的，就像我疼我的儿子一样。世间的美好，原是这样的爱写成的。

如今，我的外婆已去世了。值得安慰的是，她走时，我在她身边。她看着我，最后疼爱的光亮，像淡淡的紫薇花瓣落下，落在我的脸上，留在这个世上。

人生大赢家

生命中得到的，永远比失去的多。

我爸最近爱说一句口头禅：我赚了。

别以为老爷子发了什么意外横财。一个七十多岁的老农，守在家里的三分地上，种点蔬菜粮食，能发财到哪里去？我清楚地知道，我爸的口袋里，从来不会超过二百块。

我爸却满足得很，走哪里都乐呵呵的，说：我赚了。按我爸的说法是，过去没柴烧，现在有了。过去没饭吃，现在就恨肚子装不下。过去没衣裳穿，现在多得穿不了了。过去住茅草屋，现在住上砖瓦房了。——这，当然是赚了。

我们兄妹几个一起归家，我爸最开心。他去地里拔了青菜，又拔萝卜。他一手举青菜，一手举萝卜，得意地对我们说：我种的。瞧，长得多好！我赚了啊！

青菜烧豆腐。萝卜烧肉。一家人坐下来，平日极少沾酒的

148

我爸，这时，必满上一杯，轻酌慢饮。酒未醉人人自醉，我爸笑眯眯地看看这个孩子，望望那个孩子，醉眼蒙眬，感叹道：这日子多幸福啊，我真是赚了。

我们懂他的意思，四个儿女，个个健全安康。虽没有大富大贵，却都善良本分，能把寻常的小日子，过得有声有色。对我爸来说，这就是他最大的收成。

他跟我们聊起村子里的人和事。记得福立吗？比我还小几岁呢，前些天得病走了，走的时候，床边没一个人，我爸摇头叹。福立真是苦了一辈子啊，招了个上门女婿，平日里对他非打即骂，他一辈子没吃过好的没穿过好的，就这么走了。世事无常，我爸陷入到一层深深的忧伤里。但随后他又开心起来，他呷一口酒，看看我们这个，望望我们那个，幸福满满地说：比起福立来说，我赚多了，我的儿女个个孝顺。

又聊到朝平。朝平跟我爸是同龄人，膝下只有一个儿子。朝平的儿子出息了，如今定居在美国。但我一点都不羡慕朝平，我爸说，他不如我幸福，有个头疼脑热的，身边也没个人照应。哪像我这么有福，逢年过节，我的儿女都能回来看我。——这么一算账，我爸的确又赚了。

聊到和我们从小一起长大的邻居四小，我们都感慨不已。四小从小聪明，有生意头脑。成年后，南下广州做生意，一度辉煌闪耀，回到村子里，翻盖了三层楼房，很是鹤立鸡群。但他竟不走正道，偷偷贩毒，被抓了，判了个无期。我爸说：四

149

小出了这档事，他的爹娘在村子里再抬不起头来了。你们都好好的，我就赚了，我爸最后总结道。

带我爸去北京。一路之上，他一直念念叨叨，说他赚大了。你想啊，村子里那么多人，谁能像我这样，又是坐火车又是坐飞机的，还看天安门爬长城？他们一辈子都不知道，天安门的门是朝南还是朝北呢。我赚大了，死了也闭眼睛了，我爸逢人便告。

现在，老爷子的身子骨还很硬朗，能骑着电瓶车载着我妈，到几十里外的老街上吃了早点再回家。我爸觉得，他赚了，他是人生的大赢家。一生的艰难困苦，那都可以忽略不计的。我爸憧憬道：日子还会越来越好。

看看我爸，再想想我们，有坚固的屋檐庇佑风雨。有稳妥的工作滋养日子。有明亮的眼睛可以抬头看天，低头见花。有健康的双腿可以健步如飞，四处游走。生命中得到的，永远比失去的多。这么一想，我们其实都是人生大赢家。

在艾香里吃粽子

有时，想念也需要一种氛围。

满街飘着粽子香，我才惊觉，又到端午了。

母亲很关心我有没有粽子吃，她包了许多粽子，红豆的，红枣的，瘦肉的，花生的，咸蛋黄的……母亲在粽子上，穷尽花样，为的只是我喜欢。

母亲托人带粽子到城里来。来人提着沉甸甸的袋子，袋子里全是母亲裹的粽子，十天半月也吃不完。来人说：你妈忙了好几天了，连夜煮好的呀。想对母亲说，街上有卖的啊。却没说。这是母亲独有的一份乐，如果不让她裹粽子，想必，她会生出许多的寂寞和失落。所以，我从没告诉过母亲，我其实，早已不喜欢吃粽子了。

是从什么时候起，我对粽子丧失了兴趣的？这是没法考究的事了。日子的轮转，让曾经许多的喜欢，都成为记忆。天还是那么蓝，云还是那么白，人却不是那个人了，不是那个因有粽子可吃，就欢天喜地笑逐颜开的小丫头了。

这世上，少有一种喜欢是天长地久的。很多的喜欢，都是此一时彼一时的事情，所以有"时过境迁"之说。

但，节却是要过的，年年如此。邻家女人，买了糯米和苇叶，她遇见我，笑嘻嘻说：我自己裹粽子呀，一会儿你到我家来吃啊。我在她那个"裹"字上打转。多么生动形象的一个字！是给米穿上绿蓑衣呢，像裹着一个白嫩的小娃娃。那架势，有烟火的闹腾，有过日子的隆重。生活如此这般，真是美好。

我笑着谢了她，我说我妈给我带了许多的。回家，我开始吃母亲带给我的粽子，那么多粽子，只只都带着母亲的温度，扔了是罪过，所以我努力吃。吃时，我突然想起一种叫艾蒿的草，叶片灰绿中泛白，茎亦是灰绿中泛白，笔直笔直的，香气从茎叶间散发出来。这种香气很奇特，香得苦苦的，醇醇的，却让人闻着很受用。

那时，每逢端午节，我们都要跑去沟边河畔，割上几捧艾蒿回来。家里随便乱插，大门上、窗台上、家神柜上，都插上。甚至蚊帐里，也要挂上一小把，家里处处弥漫着艾蒿苦苦的香。祖母说艾草避邪。我们不去管它避不避邪，只是单纯喜欢着这样的忙乱，这样的张罗，这代表着过节呢，代表着我们有粽子可吃。我们在艾香里吃粽子，无忧也无虑。

街上有卖艾蒿的，一小把一小把地捆扎着，插在塑料桶里，跟苇叶一起叫卖。买苇叶时，若你要艾蒿，卖的人会送你一小把，不要钱。川流的人群里，也便看到有人的自行车的车把上，插一把艾蒿。你正待细看那人，一阵艾香过，人已去远了。

我笑笑，也去买两把艾蒿回家，准备插到花瓶里，让我的屋子也充满艾香。那么，我就可以在艾香里吃粽子，想想小时候。有时，想念也需要一种氛围。

一盒月饼

不喜欢吃甜的母亲，把弟弟送的月饼，一只一只吃下去。

一盒月饼，包装极简单。是最常见的那种硬纸盒，盒面上印着几只豆沙月饼，挤挤挨挨着，很甜蜜的样子。

月饼是弟弟托人捎给母亲的。母亲乐得什么似的，逢人便说，她儿子给她送月饼了。

在母亲的几个孩子里，最聪明的要数弟弟。读书时数学特别好，也没见他怎么认真啊，竟回回都能考第一。只是他玩心太重，把读书当业余，结果与大学失之交臂。劝他复读，他回答三个字：不高兴。任性地要独自出去闯天下，不顾母亲一把鼻涕一把眼泪的。

一个人就随了南下的大军走天涯去了，到广州，到珠海，到深圳。可怜的母亲，不时拿了这样的话去问别人：广州是个什么地方啊？珠海那地方冷不冷啊？深圳那地方吃不吃大米饭？

很长时间没电话至，母亲就在家里坐卧不安，念叨着他冷了热了饥了渴了。一日弟弟突来一电话，说身上没钱了，不得不去工地上帮人搬砖头赚饭钱。母亲当即眼泪"唰"就下来了，在电话里头对弟弟哭：乖乖你回来吧，家里还有二亩地，妈还能养活你。

弟弟却执拗着不肯回，一定要在外面混出个人样来。那些日子，对母亲来说，实在是煎熬，她睁眼闭眼都是弟弟在外挨饿的样子，以至于她一端到饭碗，就忍不住痛哭失声。

弟弟后来在一电子厂找到活儿干，无师自通学会设计，竟被聘为工程师，专门搞图纸设计，工资待遇相当好。弟弟再打电话回家，就底气十足的了，话语里，不无得意。这让母亲好生担忧，担忧别人眼红他，一个劲儿叮嘱弟弟要稳稳做人。弟弟不耐烦听，抢白她两句就搁了电话。母亲一个人发好长时间呆，说她的眼皮跳得很厉害。

弟弟果真遭人暗算，设计好的图纸被人篡改了，导致生产出的产品一件也不合格。弟弟的工资全部被扣除，人也被扫地出门。屋漏偏逢下大雨，跟他热恋两年的女朋友，这时竟投入另一个人的怀抱中。母亲知道了，一夜之间，嘴上急出小水泡，就要一个人跑到深圳去。后在父亲力劝下，才打消跑去的念头，把家里能凑到的钱全寄了去，一颗母亲的心也随之寄去，是含泪的恳求：乖乖，你待不下去就回家来，家里的水土最养人。

弟弟从深圳回家，两手空空。老大不小的人了，母亲开始愁着帮他成家。他却没事人似的，整天晃东晃西。母亲说他两句，他跟母亲顶嘴，母亲急得夜夜难眠，半夜里坐床上叹气。

后来弟弟终于看上一女孩，也终于一路顺畅地成了家。母亲以为可以松一口气了，哪知小两口却整日吵吵闹闹，为了钱。吵得厉害时，竟闹起离婚来。母亲只得拼命干活赚钱，人瘦得仿佛风一吹，就会倒下。

待得弟弟有孩子了，弟弟方才醒悟过来，一个男人肩上应有的担子。他跟了别人学装潢，手巧，一学就会，很快出师。就随了工程队，到上海混生活去了。不久来电话告诉母亲，一天里，总有一二百块收入的。母亲的心，才渐渐安定下来。

中秋前，弟弟从上海托人给母亲捎了月饼来，只一盒，就把母亲的幸福装得满满的了。不喜欢吃甜的母亲，把弟弟送的月饼，一只一只吃下去。吃时，母亲的眼睛里，一直闪着笑的波，晶亮晶亮的。

母亲的生日

曾经年轻的母亲，已是白发多于黑发，却没有一个孩子能记得住她的生日。

母亲生日的时候，棉花地里的棉花正大朵大朵地开。母亲闲不住，到棉花地里去拾棉花。一朵一朵的雪白入了母亲的怀，母亲搂抱着棉花，在微风里笑，母亲笑得很年轻，很好看，——这是记忆中的母亲。那天，拾完棉花回家的母亲，把一朵一朵的棉花，摊在院门前晒。我们像讨食的小鸡般的，围着母亲转，母亲会给我们下面条吃，还会额外做两道菜——炒鸡蛋和鸡蛋卷。鸡蛋是家里现成的，再到地里挑些菜，做成鸡蛋卷吃。母亲极少吃，只笑眯眯看着我们吃，我们吃得很香。

母亲问我们：长大了，会不会记得妈妈的生日？我们都抢着说：记得的。并许诺说，我们会买好多好吃的给她吃。母亲听了很开心，满脸璀璨。

一晃多年过去，曾经年轻的母亲，已是白发多于黑发，却没有一个孩子能记得住她的生日。我们像羽翼丰满的鸟儿，次第飞了，在别的枝头筑了窝。也只在每年年底的时候，才猛然发现，又错过母亲的生日了。

母亲却不介意，笑着说：哪天不是过日子呀。但我知道，母亲在生日那天一定是极失落的。棉花地里的棉花还在大朵大朵开啊，母亲的背却驼了，怀抱棉花的母亲，动作已不怎么利索了。她还会把棉花摊到院门前晒，然后给自己下碗面条吃。但桌子跟前，却少了几只抢食的"鸡"，母亲很孤单。

这样想着，很内疚，跟姐姐商量，要帮母亲好好过一回生日。姐姐就去问母亲，具体生日在哪天。母亲吃惊于我们突然问起这个来，一时竟很慌张，手足无措地笑，她说：过什么生日呀，我的生日早就过了。

再三追问，母亲这才有些委屈地说：生日那天，我打电话给你们的，你们都忙呢。原来，母亲过 63 岁生日。民间有说法，老人生日逢"三"是道坎，要做女儿的带回家吃顿饭，才能顺利跨过那道坎的。

母亲没文化，是极迷信的，自然相信这种说法。所以在过63 岁生日那天，她几经犹豫，还是鼓足勇气给姐姐和我分别打电话了。姐姐那天刚好有事出远门，母亲便把希望寄托在我身上。母亲问我忙不忙。我以为是寻常电话，就回她说：忙啊。事实上，我每天都在瞎忙乎，白天工作，晚间写作，昏天黑地的。母亲讷讷半天，把想说的话硬生生憋进肚里去，只一再叮嘱我，一定要早睡，一定要注意身体。

我搁了电话，生活如常。不知道那一日，棉花已大朵大朵开。不知道我的母亲，原是极想到我家来过生日的。

我和姐得知真相，真是惭愧得不行，齐齐说：妈，我们给你补过生日吧。母亲推托一番后，答应了，说：也好，就不去你们家麻烦你们了，你们买点东西回家就成。

我忙问母亲想要什么。母亲笑，有些不好意思了，说：就买盒生日蛋糕吧。我这才想起，母亲活了大半辈子，竟从未收到过生日蛋糕的。我的心，痉挛般的一紧，我对母亲说：妈，这次，我一定给你定做一只最大最好看的蛋糕，并且，在上面写上你的名字。母亲无比开心，她咧开嘴傻乐，孩子气地问：真的吗，我的名字也能写到蛋糕上去？

我说：是的，是的，那是属于你的蛋糕，只属于你一个人的。

母亲就笑，笑得异常满足。

我要母亲定个日子补过生日，我好请了假赶回去。母亲想都没想，脱口道：就放到正月初四吧，以后每年都放在这天过生日，热闹呢，一家人都在的。

再无言。正月初四，是我们每年回家拜年的日子。

那些旧物件里的念想

旧日回不去的光阴——无论欢喜，无论疼痛，都是好的，因为，那是你曾经努力活过的印迹。

父亲有本记账本，跟随了父亲大半辈子，被父亲悉心保存着。红色的硬皮面套着，纸张发黄，上面的笔迹，好些已模糊不清，小蝌蚪一般的，团在一起。——难怪，有它的时候，我们兄妹几个，都还未出世的。

账本里夹着一张小纸条，小纸条宽约两寸，长约二十厘米。上面写的话，早就印在我们脑子里了。那句话，像花朵微微吐蕊，是羞涩的一点点："煜，我喜欢你。"落款：毛小妹。铅笔字，字迹齐齐地朝着一边倾斜，草芽儿似的，似不堪承载夜露的沉。

煜是父亲的名。那个时候，父亲十八九岁。据讲，是面皮白净一后生，断文识字，且会吹拉弹唱。这样一青春少年郎，在一群大字不识一个的乡亲中间，很有点鹤立鸡群的意思了。虽说当时我父亲家里的成分不好，但乡亲们还是推举他做上会计，管几百户人家的账目往来。

年轻的父亲满怀激动，特地跑去几十里外的老街上，很奢侈地买回一本硬塑料本，专门用来记账。田间地头，父亲埋头写字的样子，一定像极一棵饱满的植物，蓬勃蓊郁，吸人眼球。毛小妹就是在这个时候，暗暗喜欢上我父亲的吧？年轻的姑娘怀了极大的决心，写了纸条，落笔是轻浅的几个字，却又是情深意长的："我喜欢你。"她把它偷偷塞进父亲的记账本里，也把它塞进了父亲的心里面。

父亲最终并没有娶毛小妹，而娶了我母亲。其中变故，父亲缄默不提，我们便无从知晓。但晚年的父亲，有这么一件青春的物件在，是颇得安慰的。他偶尔翻翻，会微微笑起来，那里面，他的青春正葱茏。

母亲也有件旧物件，是一件嫁衣。据说是母亲出嫁时，父亲送她的唯一彩礼。淡绿的底子上，散落着一些小红点，不过是件纯棉的袄子，母亲却珍爱得非比寻常。印象里，那件嫁衣一直躺在一只深红的樟木箱子底，里面散发出浓烈的樟脑丸的味道，箱子上，挂一把铜锁。我和姐姐对那只箱子，曾生出过无限向往，觉得那里面装着的，都是神秘和美。

每年梅雨前，母亲会"咔嚓"一下，打开那把小铜锁，搬出嫁衣，在大太阳底下晒一晒。母亲的手，轻轻抚过嫁衣，一寸一寸的阳光，便在她手底下蹦跳着，花朵一样的。我们站在不远处看，看呆了，黑瘦的母亲，衬着阳光的花朵，看上去多么动人。

这件嫁衣，母亲一直没舍得穿，即使在最困难的年代。嫁衣便一直簇新簇新的，淡绿的底子上，缀着一些小红点。母亲还会在梅雨前，把它搬出来，搁在大太阳底下晒。她青筋盘结的手，抚过嫁衣，抚过那些小红点，沟壑纵横的脸上，现出极端温柔的神色。岁月的河流，在她手底下哗哗流过，那是一个女人一生中，最为完美的绽放。

突然想起曾看过的一部老电影，一个女人，历经磨难，经历战乱，饥荒，一场又一场的斗争，身边的亲人，一个一个离她而去，只剩她侥幸地活了下来。余生也短，她独守在一幢旧房子里，抱着一只木匣子，坐在窗前，慢慢翻。木匣子里，有她年轻时的照片、年少时用过的几方手帕，还有从前的恋人写给她的信。她的手指，一下一下划过那些旧物件，苍老的脸上，缓缓浮上了天真的笑。窗前花树的影子，飘落在窗台上，堆得满满的，都是时光曾走过的样子。再孤寂惆怅的日子，有了这份念想，到底能像余炭似的，把她的心，暖一暖，再暖一暖。

岁月渐深，我对一些旧物件，也特别地眷念起来。我翻找出当年中学时的日记本，在老家墙角积满灰尘的纸箱子里。那一刻，我的心竟狂跳不已，如同尘世里的再相逢。嗨，你还在这里吗？——哦，是的，我在，我在呢。

日记一共有五本，普通的记事本，有本封面上印着个撑伞的女孩，雨巷深深。有本封面上是一树的花开，树下跳着放风筝的孩子。有本是一扇窗，风吹着挂在窗下的风铃。——符合当年我的心境，纯净，柔软，敏感，爱做梦。我翻开一篇，上面写道：

今日晴，心情却不晴，数学考得很糟糕。

再翻一篇，上面咬牙切齿着：

某某，你等着，我不会让你小瞧我的！我一定会证明给你看的！

再一篇，上面只有一行字：

人生的意义，在于不断拼搏。

有时用圆珠笔写，有时用钢笔写，字不好看，笔画瘦长，远不似我今日的圆润。但我心里，却漫过一波一波的浪，感谢它们还在，让我不至于迷失了来时的路。

也问母亲找来我小时穿过的鞋。只巴掌大，鞋头上绣着黄瓜花，那是我外婆的手艺。我望着鞋，惊奇于自己曾经那么的小。外婆的身影，穿云破雾而来。矮小的女人，一生活得贫瘠悲苦，却少听到她抱怨什么，脸上总是笑微微的。她一个人住，在草屋前，搭了竹架子长黄瓜，花开时节，自然形成花廊。远观去，黄的花，大朵大朵，密密的，攀缘而上，攀缘而下，艳到极致，又淡到极致。外婆就坐在这样的花廊下做针线，安详得让人忘了时间流转。这世上，所谓的消失，原只是相对的。总有些旧物件，让走远的一切，重又一一走回。

有高中同学不远千里来，只为取回我手里的照片。她说她找不着她的曾经了，与过去有关的物件，全在辗转之中遗失。当她得知我还留有她当年的照片，竟为之兴奋得失眠。那是她贴在我的毕业留言簿上的，黑白的一寸照，上面一张稚嫩的娃娃脸，青涩着，素面朝天。多年之后的我们，站在车站的广场上对望，彼此早已不复当年的青嫩。"你看你看，这是那时的你啊。"我们这么望着留言簿上的照片笑，笑着笑着，就笑出了两眶泪。风轻轻拂过，身旁人潮汹涌。

总要等到一些年后，你才明白，一些旧物件里，藏着你的念想。旧日回不去的光阴——无论欢喜，无论疼痛，都是好的，因为，那是你曾经努力活过的印迹。

白山芋，红山芋

　　我的乡人们都会变着花样吃山芋，他们把贫困的日子，过得香甜而充满期待。

　　家乡产两种山芋，一种是白山芋，表皮紫红，肉乳白，粉多，蒸熟了吃，会层层掉粉。乡人们叫它"栗子山芋"。一种是黄山芋，皮和肉，都是黄灿灿的。汁水多，甜，这种山芋生吃最好，我们小时当它是水果。因个大，像娃娃头，乡人们叫它"黄大头"。

　　乡间多的是一片又一片的山芋地。口粮紧张的年代，它是活命的寄托，叶炒了吃煮了吃，山芋蒸了吃打成糊糊吃。集体的大田，山芋收尽后，各家的小孩，纷纷提了篮子，扑到田里，如一群抢食的雀。用小锹挖，用手刨，眼睛盯着泥地里，希望逢着一只两只漏网的山芋，——这种捡山芋的活，我做过。大半天下来，若能捡个小半篮子山芋，会兴奋得小脸儿发红。

我跟儿子忆苦思甜，儿子不明所以，问我：你干吗要那么辛苦地去捡掉下的呢，街上不是有卖烤山芋的吗？笑，我的年代，儿子哪里能懂。但同时又庆幸，儿子不用再受饥寒的苦。虽说贫困能锻炼人，但饥寒到底是一件屈辱的事。

我的母亲会变着花样吃山芋。事实上，我的乡人们都会变着花样吃山芋，他们把贫困的日子，过得香甜而充满期待。他们除了蒸着吃煮着吃打成糊糊吃，还做了山芋饼，做了山芋糖，也有把它切成薄片，做成山芋丁的。秋深时，叶黄了枯了，阳光却灿烂得如钻石，切好的"黄大头"，摊在簸席上，摊在阳光下，晒。无遮无挡的阳光，无遮无挡的风，山芋片泡在阳光里，泡在风里面。不久，山芋干"酿"成，小孩子拿它当零食，口袋里揣着，不时拿一片出来咬咬，阳光的味道，风的味道，便满嘴里乱窜。是香的，是甜的，是快乐的。现在超市里也有地瓜干卖，包装精美，像灰姑娘穿上七彩衣。我买过，却吃不到小时的阳光和风的味道了。

打山芋粉，是腊月里家家必做的事。用作打粉的山芋，一定要挑栗子山芋，粉多。洗净，和着水打碎，用纱布三滤两滤，就会积下厚厚的粉，白米面似的。晒干这些粉，吃时，只需取一点点，放在瓷钵子里，加水兑好了。锅里的水，早烧得沸沸的，把瓷钵子放到沸水里，快速转圈儿，好了，一张粉皮摊成了。那样的粉皮，薄而透明，滑滑的，能照得见太阳的影子。切成小片烧汤，或用大蒜韭菜炒着吃，都相当好吃。

现在城里饭店里有道菜，叫"拔丝地瓜"。我母亲有次进城来，吃到，愣是没猜出那是山芋。这很像贾府里吃的那道茄鲞，弄十来只鸡配它，哪里还有茄子的味道。难怪庄户人刘姥姥不识它。

最地道的山芋味道，还是烤着吃。看钱钟书的《围城》，对李梅亭在大街上面壁偷吃烤山芋那一章节，印象特别深。烫手的山芋不能一口囫囵吞下，他急，怕被人发现，躲墙角吃去。那样子又滑稽又好笑，还有点，可爱。再可恶的人，原也有可爱的一面的。

入秋，街上烤山芋的摊子多，香味盖过桂花香。寒冷的街头，一只烤山芋在手，心也跟着热乎起来。这时，你可以想想几个温暖的人，想想久别的故乡。

不要对那个人叫嚷

他们或许贫穷，或许丑陋，或许木讷，或许笨拙，可是，他们的爱，一样醇厚，一样珍贵，因为，那是血浓于水。

周末，是乡下家长来学校看孩子日，每逢这时，学校门口拥满人。那些家长们，无一不是手提肩背的，里面塞满父母对儿女的牵挂和怜爱。

有一幕，总遇见：驼背的母亲，无比艰难地在人群中挪着步。那背，可真叫驼，已弯曲成一把弓。她的头，努力朝上昂着，伸向前去，一步一匍匐。那走路的姿势便很奇怪，像只鸭子似的。即便这样的母亲，亦是要在背上，背上一个大包裹。里面塞着她儿子爱吃的小菜，和换洗的衣裳。

做儿子的，与母亲恰恰相反，生得高大挺拔玉树临风。他在人群里，早已看到母亲了，并不叫唤，而是一阵风似的冲出校门，路过母亲身边时，用胳膊肘捅捅母亲，算作招呼。表面上却装作不认识，脚步匆匆，继续前行。

母亲见到儿子，焦急的神情，立即换上欢喜，笑容绽放，脸上的每一条纹路里，都仿佛游弋着一条欢乐的鱼。她一迭声唤着儿子的小名，踩着碎步，艰难地跟在儿子后面跑。

她的叫声，以及她奇怪的走姿，引来一些人张望。儿子急，在人少的地方停下来，回头，眉头紧蹙，对母亲踩脚。等母亲气喘吁吁赶到他跟前，他俯视着母亲，低声呵斥："你叫什么叫，生怕别人听不见哪？！你不嫌丢人呀！"伸手一把拽过母亲背上的包裹，恨恨道："跟你说过多少回了，不要来，不要来，你为什么还要来？"

母亲不恼，仰着头看着儿子，小白杨一样的儿子，多么让她骄傲。她轻言慢语说："我不来，谁给你送吃的穿的啊？"

"我会自己请假回去拿的。"儿子的眼睛，不看母亲，他扫视周围的人，那眼神，明显有些躲闪。

母亲还是宽容地笑："你这来来回回的，多浪费时间哪，我给你送来，省得你来回跑。"

儿子一听，恼了，踩脚叫："谁要你送！"话说完，提了东西要走。母亲赶紧拉住儿子，细细叮嘱，包里面煮的鸡蛋要趁早吃掉，不然会坏掉的；鱼吃好了不要把装它的瓶子扔掉，下次好再装了带来；被子要时常捧出来晒……

儿子哪里耐烦听？他打断她的话："好了好了，你少啰唆，下次你不要再来了！"他挣脱母亲的手，甩开大步，往学校跑去，一路之上，头也没回。做母亲的站定在原地，目送着儿子，直到儿子的背影消失。她又站了很久，这才恋恋不舍地转身，一步一匍伏地走了。

在校园里，我亦曾碰见过一个女学生，对着前来看她的父亲发火。是嫌父亲给她买的外套不好，女学生冲着父亲叫嚷："谁让你买的？乱做主！这颜色难看死了，我不穿！"做父亲的捧着那件外套，讪讪笑着，束手无策地站在一边。

女学生我教过，平日里，是个温文尔雅的孩了，却在父亲面前，全然失了礼貌。当她看见我，很尴尬，低声叫了声："老师好。"我摸摸那件衣，我说："挺好看的呀。"做父亲的如同得了"天书"："你看，你们老师都说好看的。"女学生瞅了父亲一眼，红着脸，不情不愿地接下了父亲买的衣。

我很想告诉这些孩子，请不要对那个人大声叫嚷。他们或许贫穷，或许丑陋，或许木讷，或许笨拙，可是，他们的爱，一样醇厚，一样珍贵，因为，那是血浓于水。你的叫嚷，是对他们最大的伤害和对他们爱的践踏。

岁月平凡，日子发亮

——写在结婚纪念日

岁月虽然平凡，但我们可以选择让日子发亮。

N多年前，我在一偏僻乡村中学教书，吃住都在一间简陋的宿舍里。宿舍是刚建的，尚未安装玻璃窗，风进得来，雨也进得来。我最喜欢的是月光进来。有星星溜进来，我当然更高兴。

那个时候，我脚底像装着弹簧，走路是一蹦三跳的。我顶着张娃娃脸，剪学生头，站在一群学生里，绝对分辨不出我是老师。

一日黄昏，我回宿舍，见宿舍门框边，斜倚着一个人，上身穿件黑色夹克，样子黑黑的，瘦瘦的。他手插在夹克口袋里，有点落拓不羁，他冲着我笑。我看了又看，不认识，随口问：你是哪个学生的家长？

这个人，却只是冲我笑，冲我笑，并不回答我。

我以为遇到怪人，却不害怕，我说没事的话，请你走开哦，这里是私人宿舍。不再理他，自顾自开门，进屋。他居然跟我进屋，在后面说：你是不是某某某啊？我就是特地来找你玩的。

　　那之后，这个人不经我允许，三天两头跑过来。他给我安装好玻璃窗。他写好多好多的信给我。他买了白朗宁夫人的诗集送我。他煮了小鱼，用陶罐装好送我。他偷掐人家的桃花，举着它，走过两二里的路，送我。他掷地有声说：谁敢欺负你，我跟他没完！

　　好吧，这个人，在半年后，成了我的那个人。当时，单身的他，利用职务之便（他是警察），翻派出所的户籍簿，把我给翻出来了。那时，我刚落户到那个乡镇，婚姻栏内，填着"未婚"。旁边贴一张小照：碎花的衣，短发，娃娃脸，脸的一侧，有个浅浅的小酒窝。

　　这天，我穿着厚厚的羽绒服，那人也穿着厚厚的羽绒服，我们像两只胖胖的小熊，一起布置冬藏的小窝。这天，小镇的天空，飘着小小的雨，并不寒冷。街上的年味好重，春联年画的摊子，排了有二三里长。我们手牵手地走，时而相视地笑上一笑。看着街上的每一个人，都觉得亲切。看着街上的每一样东西，都觉得新奇。我们挑了大红的"福"字，还挑了几幅山水画，小窝的白墙上，立即明艳了许多。

　　那是他单位的宿舍。平房。矮矮的。本来只有一间，后来费经周折，打通隔壁的一间，合二为一，我们有了个像样的卧室。

屋后长一些杉树，遮挡得房间的光线很暗。没关系，年轻的眼里，根本没有黑暗。我开始学着做饭。烧的是那种老灶，没有柴火，就到乡下去拉了一拖拉机的棉秆和麦秸，在屋后码成草堆。我在那老灶上学会了煮鱼、烧肉，及各种小炒。我站在门口水池旁洗衣，然后，晾满一绳。每当看到阳光抚在我洗好的飘着肥皂香的衣上，我都感到幸福。

那时，真是简陋啊，没有卫生间，没有淋浴，洗澡得用澡桶。夜里，老鼠会在我们头顶上开音乐会，热闹得不得了。即便白天，也时常听到老鼠们训练跑步的声音，咚咚咚，咚咚咚，如闷雷滚过。

那时，夏夜纳凉，是在院子里。我们一起数星星。一二三四五，一二三四五。他教过我认北斗星。至今，我还是不认识。我觉得每颗星星长相都差不多。但那段时光，我们都觉得美好。

我们一起回顾那些年的事，在早餐桌上。

好快，一下子就走了这么多年。那么多的路，那么多的山，那么多的树和花，那么多的街道和人，我们都经过了。多好啊。

我们还会继续走下去，无论贫穷，无论富裕。

他说，要送花给我。想想，太俗了。家里花草都快挤破屋子了。他又想带我出去，玩上一天，然后吃饭买衣服。想想，又俗了。这年脚下，街上全是人，我们何必再去添拥堵。最好的去处，就是家里。爱的形式是什么，并不重要，重要的是，在一起。

我们也便守在家里，我在我的书房看书，他在他的房间练书法。后来，我突然听到手机"叮"的一声，打开，是他发来的书法小品：

不忘初心

永沐爱河

我快快乐乐收下了这份礼物，有满满的幸福感。

岁月虽然平凡，但我们可以选择让日子发亮。

第五辑
锦鲤时光

我一生中最美的时光，当属
于那一段锦鲤时光吧，虽然
贫穷，虽然卑微，却单纯，
色彩明艳，无限阔大。

那年，那次远行

它就那样载着一个小女孩，走呀走呀，走向无穷里去。

冬夜，正睡得朦胧，被人轻轻推醒。国英姨娘的脸，在我的眼前晃，她说：乖乖，要起来了，要去接新娘子了。

我一下子清醒过来，我是被当作小伴娘，接到她家住的。

能被选作小伴娘，是很荣耀的一件事。全村有那么多女孩子，不是长相不讨喜，就是属相不好，犯冲。我有着一副圆脸蛋，望之团圆可爱。且属相又合适，国英姨娘权衡再三，最终选定了我。

做伴娘的好处多多，能一连好几天，吃上好吃的，这是其一。能讨得许多喜糖，装满两只小衣兜，好些天里，嘴里都是甜的，这是其二。又突然从不起眼的小角色，变成了众星捧月的那一个，每个人见着我都会笑，说上一句：啊，梅你要去带新娘子啊。言语里，颇多羡慕。我觉得自己很重要很重要了。我还有个更大的私密的快乐，那就是，我可以，出远门了！——我将被一辆自行车载着，到一个陌生的别样的地方去。对于生活在偏僻乡下的 10 岁女孩子来说，他方，是极具诱惑力的。尽管，那是夜里面去。

那些年，按吾乡风俗，接新娘子，都是在夜里进行的。冬天的夜，真是深，像屋后的大河一样深。天上的星星，却亮得很，像灶膛里的火星子。接新娘子的自行车，被新郎官推出来了，上面缠着红绸布。载我的自行车上，也缠着红绸布，是新郎官的一个表兄骑的。国英姨娘给我口袋里塞几块糖，叮嘱我：乖，你要坐稳了啊。我点点头，跳上车后座，觉得自己像跨上了骏马，真神气。可惜，是夜里，少有人看见。

新娘子家在另一个镇，有三十多里地的路。我只记得拐过了很多弯，路过了很多桥。四周的田野，人家的房子，像一座座山峦，酣睡着，充满神秘。天冷，泥路又多颠簸，很快我的腿脚就麻木了，身子也麻木了。可心窝里，却像揣着一团火，说不清的，就那么热烈地燃着。夜很静，静得天上星星呵气的声音，似乎都听得到。新郎官和他表哥都不说话，他们只顾埋头踩着车。我也不说话，只听得见自行车的车轮子，在坑坑洼洼的泥地里，发出嚓嚓嚓的声响，一声连着一声。那么旷远，像一支永远也弹不完的歌，它就那样载着一个小女孩，走呀走呀，走向无穷里去。

半路上，我摔过一个跟头，从自行车的后座上被颠下来。

那一跤，跌得不算重，但因我的腿脚麻木了，愣是坐在地上半天起不来。新郎官和他的表兄吓坏了，他们搓着双手，围着我说：妹妹，这怎么才好？我暗暗给自己鼓劲，终于，一瘸一拐上了车。他们都长舒一口气，剥一块糖塞我嘴里，叮嘱我：妹妹啊，你千万别对人说你摔过跟头的呀。

一晃好多年了，我回老家，遇到当年的新娘子，她都做奶奶了。她搀着她的小孙孙，在路边的一棵女贞树下玩耍。我说：你可记得当年，是我坐着自行车去接你的呢。她眨巴着一双皱纹密布的小眼睛，愣愣看着我，旋即笑了：可不是。想当年……

想当年什么呢？门前的路，早已换成水泥路，平坦宽广，公交车几乎驶到家门口。看着车来车往，我们微笑着，都没有再说话。

童 年

我们在"冲锋陷阵"中，挥霍着那个叫"童年"的东西。

小时，家穷，住茅草屋，喝菜煮的稀饭，能照得见人影的那种。喝时，看见自己扎着红头绳的羊角辫，在碗里晃。用筷子搅搅，羊角辫不见了，碗里呈缤纷色彩。很满意这种玩法，总是一而再再而三地进行着，一颗小小的心，掉在碗里。不觉日月之苦，只觉鱼翔水底，鸟飞低空，处处都自有乐趣。

小伙伴总是很多，比现在的孩子多得多，往往是饭碗还没搁下，门口已站着几个等着的了。一律的拖着鼻涕，脏污着衣袖，晒得黑黑的脸庞，看上去，都像亲兄妹。一个个的眼睛，却贼亮贼亮的，装得下所有皓日长空，清风明月。也总是一呼百应，一领一大群，呼啸着穿村过巷，越沟跃渠，像一群撒欢的小马驹。

玩具？广阔天地里多的是，取之不尽，随取随玩。不消说那些植物，苇、茅、狗尾巴草、卷耳、车前子、野豌豆，哪一片叶子哪一粒果子不能成为我们的玩具？我们用苇叶做笛子，吹得呜啦呜啦的。我们用茅草搓跳绳，比赛着跳。车前子的叶子，被我们做成帆船，让它们扬帆而去。野豌豆的豆荚，我们摘来当蚂蚁的温床，捉来蚂蚁睡在里面。我们用狗尾巴草编草蚂蚱，捉来真的蚂蚱，让它们"狭路相逢"。蜗螺壳、玻璃瓶底、火柴盒、香烟盒，哪一样不被我们玩出花样来？几个孩子撅着屁股拍火花，弹蜗螺壳，能把天给玩黑了。

最爱玩的，还是泥土。它能在我们手里，变出各种事物来，只要我们能想象得出。车马牛羊，我们想要什么，就能变出什么。我们还能变出房子、瓜果时蔬，及各种好吃的菜肴点心来。玩打仗时，它是"手榴弹"，它是"冲锋枪"，它是"地雷"，我们在"冲锋陷阵"中，挥霍着那个叫"童年"的东西。

天也就又黑了。

村庄上空交织着各家大人们拉长的嗓音：三——子——快家来！二——小——你死哪去了？快回家吃饭！我妈的训斥声，往往也在这时响起来，又尖又脆："你看看你们，浑身弄得像个泥狗！明天再这么晚回家，打断你们的腿！"可是，真的到明天了，我和我姐准把她的威胁又给忘了，又是昏天黑地玩，玩得泥狗似的回家。

那时，冬天总是很漫长，冰凌在草屋檐下，兀自长长地挂着，远望去，像一挂挂水晶帘子。我们的茅草屋，有这样的水晶帘子垂着，真好看，跟水晶宫殿一般。我们快乐得很，跳着蹦着，伸出冻得红萝卜似的小手，够一根冰凌在手，当棒冰吃。

更多的冬天，总飘着雪花。梨花瓣般的雪花，整日整夜地下，没完没了。天空和大地，一片白茫茫。村庄闲适下来，猫狗都很少外出了，家家的小屋里，挤着一团的暖。我妈拿了鞋底，开始纳。知道那是给我们做过年穿的新鞋呢，我不时跑过去看，想象着新鞋穿在脚上，是何等新亮阔气，心里止不住乐。

奶奶搬出她的陪嫁物———一只小铜炉。小铜炉的炉身上，錾着缠枝莲（可惜了的，那该是件老古董，现而今，不知流失到何方去了），澄黄澄黄的。我爱用手抠那朵莲，奶奶也不会骂。奶奶到灶膛里铲些带火星的柴火灰，放到炉子里，再盖上盖子，我们就围了小铜炉团团坐，轮番着把脚搁到铜炉盖上取暖。柴火灰热热的气流，穿透铜炉盖，穿透我们的布鞋底，直抵我们的脚掌心，痒唆唆的暖，瞬即流遍全身。

小茅屋外，雪花在飞啊飞，拉棉扯絮般的，天地间只有一个色彩，恍不知何年何月，无有止境。我们唱开了歌谣：

雪花飘飘，馒头烧烧。吃吃困困，两头香喷喷。

唱了一遍又一遍，我们向往着歌谣里的白面馒头，向往着那热腾腾的香。姐姐说，长大了，她要蒸一箱子的馒头，她要早上吃，晚上也吃，夜里醒了还吃。我们听了，都一齐叫起来：这么多啊，顿顿吃呀。仿佛很快就能拥有那一箱子馒头了，真开心啊。

奶奶看着我们的馋样子，不忍。她转身去抓一把蚕豆和一把玉米粒来，在我们"噢噢"的欢呼声中，把它们埋进炉灰里。不多久，就听得"嘭嘭"之声炸响，蚕豆开了"花"了。玉米粒开了"花"了。我们的幸福，随之被炸开，满屋子乱窜。等响声停止，我们拨开炉灰，一粒一粒寻着吃。日子里，满是香。

奶奶的故事，这时候上场，讲的是老掉牙的。从前啊，奶奶总是如此开头。她一说从前啊，我们就知道，是讲恶媳妇变成癞蛤蟆的故事，或是讲田螺变成漂亮姑娘的故事。我们不喜欢癞蛤蟆，就一齐叫起来：要听田螺姑娘的。

从此呀，田螺姑娘和小伙子一起过上了幸福的生活，奶奶这么结尾。这个结尾真叫我们欢喜，我们满意得不行，齐齐问奶奶：他们会生好多好多孩子吗？奶奶说：当然，他们会生好多好多孩子的。

人还是要做好人啊，好人是有好报的，那田螺姑娘，是来报小伙子的恩的呢，奶奶说。她望着窗外的飞雪，双眼迷离。

而我，则长长久久地陷入冥想中，那田螺姑娘的孩子，会变成小田螺吗？

老 街

　　每个人的记忆里，都有这样一个老街吧，那里，熙来攘往，红尘滚滚，藏着我们最初的纯真和向往。

　　看到一帧老照片：黛瓦的屋顶上，日光倾斜。纹路纵横的木板门，半开半掩。纸糊的木格窗，在天光里静穆。悠长的青石板路，如一条小溪流似的，延伸至远方。

　　这似曾相识的画面，让我的记忆，一下子跌进老街中。

　　老街离家二三十里地，小时候的感觉里，那是天地漫远路途遥遥的。我们兄妹几个，难得去上一趟，也只在过年时，大人们兴致来了，相约着去老街上看热闹，——去看踩高跷呀。去看挑花担呀。去看打腰鼓呀。去看舞龙灯呀。一呼百应。连平日极其严肃的邻居家高老头，这时，也会背了双手，在路上滋味无限地走，脸上现出枣核般的笑意，看见我，会问：二丫头，你去不去老街看热闹？

当然去。心早就在雀跃，只等母亲一声令下：去吧。我们兄妹几个得令，拔脚就跑。路总是比我们的身影长，仿佛没有尽头，人人却都是兴高采烈的，脚上走得生了水泡，也没人叫一声疼。

　　终于，老街近了。有好一刻，我们噤了声，站定，傻了般地呆呆看。老街看上去，多像刚出锅的蒸笼啊，热气扑腾得厉害。彼时，日头已移到午后去，阳光细软，银粉似的，均匀地洒在那些古朴朴的房屋上、街道上，一切看上去，喜悦美好。我们好像坠入了万花筒，随意一扭转，就是一片斑斓。

　　热闹是要追着去看的，看挑花担的，看舞龙灯的，看演皮影戏的。人群里挤着钻着，笑着闹着。街道两旁的小店里，各色糖果糕点喷着香。小人书的摊子前，围满了孩子，一分钱可借一本看。唉，那么多的好东西，哪里看得了哇。心里一边幸福着，一边叹息着。做糖人的，草把上插满亮晶晶的糖人，太阳的影子，披着琥珀衣，在里面晃，各路"英豪"来相会。真想全部拥有，口袋里的钱却决定了只能挑一样，反复比较，反复割舍，最后，挑上女将"穆桂英"，她在一根竹签上，英姿飒爽。

　　也一条巷道一条巷道地走，好奇地四处张望。白墙黛瓦，木板门对着木板门，里面笑语喧喧。剃头匠站在门口，和一个路过的老人打招呼。老虎灶前，三三两两的老街人，提着暖水瓶，一边闲话，一边等水开。还有一家照相馆，大大的玻璃橱窗里，摆着大幅的女孩照，黑发，明眸，深酒窝。经过的人，总要盯着看半天。大过年的，来照相的人很多，都是乡下赶来老街看热闹的。镜头前，那些黝黑的脸庞，笑得拘谨而小心。照相的中年男人，面皮白，手指修长，他在黑色的机子后，对着那些黝黑的脸说：笑一个，笑一个。那些黝黑的脸越发紧张了，笑得又僵硬又欢喜，真是不知怎么办才好。我们一样一样看过去，时光在此打住，仿佛从很久的从前，这画面就是这样的，鲜活着，没有褪色一点点。

从老街返回，我们往往要走到夜黑。平时走夜路是顶怕的，那会儿，却一点不觉害怕。路上络绎不绝着返家的人，笑语声前后相接，波浪连着波浪似的，汇成一条快乐的河。回到家，我们多半睡不着，热议着在老街上看到的种种。带回的糖人，多少天都舍不得吃掉，不时举手上，对着太阳照，太阳穿着琥珀的衣，在里头晃。我们便又有了下次向往，什么时候再去老街。这样的向往，让童年清瘦的日子，充满幸福的期待。

我考上老街上的中学去念书，是很令我兴奋了一段日子的。没课的时候，我爱一个人在那些曲里拐弯的巷道里转悠。老街烟火日日家家门口，似都蹲着个择菜的妇人，长相也大抵差不多，都是丰满敦厚的。一旁的炭炉上，煨着浓汤。脚下青石板的缝隙里，冒出点点青绿。也有花开其间，黄的，小得可怜，却拼命撑着一张笑脸。也有花探过身子，伸到巷道上空来，是开得好好的蔷薇，或是，九重葛。青春年少，有着种种的自卑。我看着，发上一阵子呆，也不知想些什么，只是那么惊异

186

着，又暗暗忧伤着。

教我的语文老师，家住老街上。那个时候，他已年过六旬，却气质非凡，才识渊博。我是仰慕他的吧，下了晚课，一街寂静。我轻轻走过一口老井，走过一棵上百岁的银杏树，走过糕饼店，走过老虎灶，走到他家门口，伏在他家的木格子窗前，偷看他的书房。看他戴着老花眼镜，在灯下临摹字帖。或是，轻声朗读着什么。一豆灯光，古朴的，芬芳的。我多想成为他，可以住在这样的老街上，可以住在这样的老房子里。

也对老街上一个男生，心生过好感。他家做豆腐花卖。他母亲在雪白的豆腐花上，撒上葱花点点。五分钱一碗，——我也是买不起的。他偶尔会帮衬母亲做事，总是笑着，又干净又美好。我跟他从未说过话，也仅仅是，隔着一段距离，望着他的背影，渐行渐远，在巷道的拐角处，消失。

后来，我考上大学。再后来，我工作，成家，再也没去过老街了。

今年春天，几个文友约了去老街采风。我有些吃惊，多年不见，老街早已面目全非。陪同我们的老街人，一边走一边介绍，呶，这里，曾是一家糕饼店。呶，那里，有烧水的老虎灶。呶，这里，曾有一口井。呶，那里，曾长着一棵银杏树，好几百年了。

我掉过头去，不让泪落。这里，那里，我知道，都知道的。那个自卑的乡下女孩，她独自走过那些街道，在心里发着誓说，总有一天，她要生活在这里，在开满蔷薇花的院墙内。薄暮的黄昏，她要穿着高跟鞋，笃笃笃地走过青石板的巷道，去买上一碗豆腐花吃。

每个人的记忆里，都有这样一个老街吧，那里，熙来攘往，红尘滚滚，藏着我们最初的纯真和向往。江湖还年轻，而原有的那一拨人，那一拨事，早已老去。

老手艺

那些已融入生命里的每一粒光阴，无论疼痛，无论欢乐，都是真实的经过。

集市上，遇到一个老人在编竹篮子。

他的脚跟边已摆满许多编好的篮子了，大大小小，憨态可掬，散发出竹子特有的清香。

人们走过他的小摊前，看看，走开。或者不看，就一径走了。他不在意，他只埋头编着他的。

总有人来买的，——他有这个信心。

比如我。

我蹲到他的摊子前，兴味十足的，一只篮子一只篮子看过去。

我喜欢这些手工制作的物什，看到，总会买上一两件。也不知拿它们做什么用，就是想带它们回家。

它们身上有我熟悉的味道，那是属于从前的。当时并不觉得有多美好，然在回忆的时候，却一再让我沉迷。人们的经历大抵如此，当时只道寻常，追忆时却倍觉留恋，那些已融入生命里的每一粒光阴，无论疼痛，无论欢乐，都是真实的经过。

那时，冬闲了，像眼前这个老人一般的老手艺人，就开始穿村走户了。这些老手艺人或弹棉花，或编织篮子，或补锅补碗，或磨菜刀剪刀。他们一来，一个村庄就热闹得很了，人们三五成群聚拢了去，打听外面的一些奇闻趣事。封闭的村庄，就这么被捅开了一道道口子，外面的光亮涌进来，人人脸上都被照得红润亮堂。

那时，我们所用的日常之物，皆留有这些老手艺人的体温。我们睡觉铺的草席子或苇席子，是他们织的；我们盖的棉被，是他们絮的；我们的竹桌竹椅竹凳子，是他们制作的；我们割草用的篮子，装物用的篓子，装粮食用的筐子匾子，是他们编的。

我们舀水用的水瓢，取自于一种叫"乌子"的植物。它开着和丝瓜花一样的黄花朵，结出像葫芦一般的乌子来。等它成熟了，摘下它，一劈两半，掏干里面的囊，就是很好用的瓢了。我们孩子拿它装零食。摘下老了的丝瓜，敲敲打打，就成了极好用的"抹布"了，我们叫它"丝瓜筋"，洗碗洗锅抹桌子都用它。我们夏天扇风有蒲扇，冬天取暖有茅窝（一种用茅花编织的鞋），人人都是天生的手艺人，人人都能就地取材，为我所用。

我还会搓草绳。草绳的用途在乡村大得很，捆麦穗捆稻穗捆玉米秸秆全是它，还用它加固房子。我好像也没跟谁特意学过，耳濡目染就会了。也从来没有人惊奇于你会这个，生在乡下，连这个都不会那才叫奇怪呢。我还会用麦秸编草帽，村子里的女孩子都会。

我大弟会用竹篾子编畚箕，编得有模有样的，让全家人惊奇不已。天知道他怎么学会的，或许是家里请了篾匠来编篮子畚箕什么的，他在边上看见了。他那时才七八岁，就显露出不一般的聪慧来，什么东西一看就会。只是念书时不好好念，后来，他靠他的手艺吃饭，做电工，做水工，自己设计房子，自己装修，什么都玩得，倒也把小日子过得红红火火。

麦子收割后，麦粒进仓。稻子收割后，稻谷进仓。装它们的，是笆斗。草编的，或麦秸编的。自然与自然重逢了，那么安稳，那么妥帖，我们望着心里高兴。茅屋檐下，我们躺在稻草铺得高高的床上，枕着手工编织的蒲枕，听着窗外树叶哗哗作响，不知不觉睡过去了，一觉睡到大天亮。

乡村戏台

只觉得那灯光之处，有着永生永世。

那是一年一度的乡里人的集会，是农忙过后的片刻放松和欢愉，搭了戏台，请了人来唱戏。

戏台子一般搭在集体的晒场上。这个时候，村民们空前的齐心合力一团和睦起来，有人挑来泥土，垒上个土墩子。有人扛来一大捆竹子，四周围搭上。有人送来一大捆草绳，在竹子上缠缠绕绕。集体再去扯块大油布，做了顶，一只汽油灯悬着，简易的戏台子，也就搭成了。

离开戏还有好几天呢，村民们都已进入看戏状态。有事没事，爱遛着弯往戏台子那儿去。每每饭时，不耐烦坐桌边吃了，必端了碗，走一些路，扎堆儿的，蹲在戏台子底下吃。他们一边稀里哗啦喝着稀饭，一边闲拉着家长里短，眼睛却一直瞟着戏台子，仿佛戏已开场。

我们小孩子本就人来疯，像不安分的小鱼，没事也能搅出浪花来，何况大人们搞出这么大动静来？我们成日价没个魂灵守在家里了，都在戏台子那儿扎着根呢，我们当戏台子是炮台，从它上面俯冲而下，一次又一次，乐此不疲。我们有自己的戏要演。

我妈那些日子像变了个人，脸上的凌厉和锋利不见了，有了笑容，有了温柔，更难得的是，有了耐心。对我们小孩子的小错小误，她不再动辄责骂了。我们探得她这一点两点温柔，就大胆地得寸进尺起来，卖货郎担的来，我们伸手问她讨要破布头换糖吃，她略略一踌躇，竟也许了。——我妈，是极爱听戏的，大字不识一个的她，甚至能哼几句戏文。

戏开场了。我妈必是坐在最前排，那位置她早早占好了。我妈坐得端正极了，双手交叠着，搁在拢靠一起的膝上，脸上挂着陶醉的笑，淡而绵长的。高悬的汽油灯，把戏台子照得亮铮铮的。唱戏的人，在一圈光亮中坐定，一男一女，也不化妆，只穿着家常衣裳。女的先拉开喉咙，唱一段自编的乡间小曲，插科打诨类的，用的是地方俚语，那声音清滴滴的，有点类似于夏夜屋檐下滴落的雨声。村民们低声交语：喏，这女的喉咙真不错。听到有趣处，台下一齐哄笑起来，一片嚷嚷声。

正文开始，台下鸦雀无声。唱的戏文是秦香莲和陈世美的故事。听到悲处，有叹息声起起落落。不时地，有村民跑到戏台边去，递上一两只生鸡蛋给唱戏的，他们暂停下来，动作娴熟地磕破蛋壳，把蛋清吸下喉去。有人轻声在底下说：生鸡蛋润嗓子，他们要唱一夜的戏呢。

我们小孩子起初也是很安静地听的，只觉得那灯光之处，有着永生永世。然听着听着，到底不耐烦了，在人群外追逐打闹。后来，疲惫了，随便就着一草垛子，睡着了。

一觉睡醒，人已在床上。自己是很不明白，明明在听戏的，怎么会躺到自家床上了？这时，听得门响，我妈回来了，身上带着露珠的清凉气。我爸从床上欠起身，略带责备说：你看看，天都快亮了。我妈便很有些歉意，声音低低的，轻轻的，带着我从未见过的俏皮，说：戏才刚刚唱完嘛。我爸就问：你都听了些什么了？我妈笑得如水波轻晃，私语般地说：也不晓得唱些什么呢，就是好听。

然后听到她洗漱的声音，听到她满足地叹口气，躺进被窝的声音，我们都正迷糊着又要睡过去，却听得我妈兴奋的声音，如哼戏文似的传过来，我妈说：隔壁通榆村，今晚也要唱戏的。

写春联

在当时不识字或识不了几个字的村人们眼里，他写的字，就是天下最好看的字。

我爸一到腊月脚下，就会变得格外吃香。村人们看见他，都一副巴结的模样。有烟的，忙着掏烟。没烟的，则一脸堆笑地拉他到屋里喝口浓茶。

我爸很受用。他一直是个好面子的人，受人尊重，那是无上荣光的事。他不客气地，这家的烟也抽了，那家的茶也喝了，然后，背着双手，轻声哼着《拔根芦柴花》的小调，踱着方步回家来。我们就知道，该忙乎开了。

忙什么呢？忙着收拾他的作场啊。堂屋里杂七杂八的东西，统统被我们塞到别处去了。地清扫干净了，一粒多余的尘也没有。桌子抹干净了，在堂屋中央摆开来。剪刀、小刀备齐。一年里也用不了几次的毛笔，被请了出来，清水泡着。搁在柜脚底下的墨汁瓶，被小心翼翼捧出来，上面落满蜘蛛灰。我们用抹布擦拭干净，拿瓶盖子或是破碗，倒了墨汁出来。

一切准备就绪。我爸方满意地走过来，在桌边站定，他深吸一口气，运笔在手，拿废弃的牛皮纸，先试着写几个字。写完，他对着那几个字，左端详，右端详，微笑。我们在一边看着，觉得我爸很了不得，能文能写。现在想着，有些失笑，我爸也仅仅读了个初中，他也未曾练过书法，写的字也谈不上什么笔锋。可是，在当时不识字或识不了几个字的村人们眼里，他写的字，就是天下最好看的字。

村人们络绎不绝上门来，腋下都夹着一张红纸。他们或站着，或蹲着，说着些家长里短，把我家的小屋挤得满满当当热气腾腾。我们兄妹几个，按我爸的吩咐，伏在地上帮着裁纸。大门上的，二门上的，房门上的，院门上的，厨房门上的，粮囤子上的。余下的边角料儿，也不废掉，我爸会大笔一挥，在上面写个"六畜兴旺"，给贴到羊圈猪圈鸡窝上去。

那时不甚明了，怎么是六畜呢？村子里日常所见的，明明只有鸡鸭猪羊，有牛的人家也甚少，这加起来也才五畜。也是到后来，我念书了，懂得查阅资料了，方才把心中的疑团给解了。六畜，原是指马、牛、羊、鸡、狗、猪。它们是被我们远古祖先最先驯化的牲畜，渐渐演变成了家畜。《三字经·训诂》中，对"六畜"有着精辟的评述：牛能耕田。马能负重致远。羊能供备祭器。鸡能司晨报晓。犬能守夜防患。猪能宴飨

196

速宾。

我的村人们当然不懂这个。他们也不管这个，只道那是牲畜兴旺，吉利吉祥。他们拿着那张"六畜兴旺"，高兴得不得了，眼睛眯着，笑嘻嘻地盯着看，似乎上面正跑着大肥猪和大肥羊。

一个村子的对联，很让我爸费脑子，他不想太重复，每家每户写的都不一样。他有时会停下手中笔，若有所思地问蹲着的一个人：你家大门上你想写什么呢？那人嘿嘿笑两声，回他：我哪晓得写什么啊，你写什么都好。我爸就写：金鸡报晓，红梅报春。又或是，春满人间福满园之类的。

有一年，我爸给我家大门上写的是"吃大肥肉，穿花洋布"，直白明了，清爽好记。村人们看到，都说这个好，都要求写这个。结果，那一年，全村人家，几乎家家门上都贴着这副对联。正月里在村子里走着，一个村子除了喜气洋洋外，又另添着一份跃动，满满的幸福的气流，在四处蹿着，似乎人人都穿上了新衣裳，人人都有大肥肉吃。真富裕！

正月半

我们才不会去深究缘由的，只是快乐，单纯地快乐。

年一过到正月半，我注定是要惆怅的。

怎么能不惆怅呢？那些撒开脚丫子，走东家窜西家的欢腾；那些人人遇见，都一团和气说着吉利话的温馨模样；那些喷着香的馒头年糕还有糖果糕点；那些门上的对联、窗上的窗花，都渐渐褪去鲜亮、成了过往了。我的好衣裳，也要脱下来，被母亲压到箱底去。日子又复归到清汤寡水里，叫人想想，就急得想哭。

那时，我还不知道正月半有个更文雅的叫法：元宵节。那是上学识了字后，在书本上才读到的。它的历史长达两千多年，自秦朝，人们就开始有了吃元宵赏花灯的习俗，——我亦是不知的。

我尚小，能看到的世界，也只是眼前的那个村庄。村人们

198

只叫它，正月半。

有童谣念：

正月半，炸麻团，爹爹炸了奶奶看。

这童谣唱得有道理吗？没有的。我没见过麻团，我的小伙伴们也没见过。我们也只在歌谣里咂摸着，它应该是火烤油炸的，很香很香的。

我们没有麻团吃，没有元宵吃，但我们有火把可燃。爷爷如果那天心情特别好，他会坐在门前的桃树底下，给我们兄妹几个扎火把。所用材料，是稻草和竹枝。竹枝好啊，经烧，一边燃着，一边能发出噼哩啪啦的响声，像放小鞭炮。奶奶是不大舍得我们用这个去烧的，那是上等的柴火啊。爷爷却经不住我们苦求，往往会偷偷在稻草里包上些竹枝。爷爷扎出的火把，又大又结实，我们举着它，真是神气得不得了。

也就等着天黑。天一黑，各家的孩子，都举着火把出动了。田埂边，像飞舞着一群一群的流星。我们唱着"正月半，炸麻团，爹爹炸了奶奶看"，绕着田埂奔跑，这边呼，那边应，一个村庄的黑暗，都被火把和孩子的歌声，燃亮了。

也有在沟边河边，放野火的习俗。那是不用等到天黑的，河边的茅草，就被点燃了，火苗儿欢快地跳跃着，呼啦啦烧去一大片。像燃烧着一个大大的夕阳。我们站在边上，兴奋莫名地观看，并不知为什么要放野火。驱虫和祈求庄稼丰收，那是大人们的事。在我们看来，过年了，就要新鞋新袜地穿着，就要贴红对联和年画。过正月半了，就要放野火。这都是该派的。我们才不会去深究缘由的，只是快乐，单纯地快乐。

有一年正月半，我姐领着我和弟弟去放野火。屋后就是河，河边杂草丛生，是放野火的最佳地。我姐点燃了一堆杂草，火苗一下子蹿得老高，呼哧呼哧，像条巨龙翻滚腾跃。我们站在边上，高兴得又唱又跳。母亲不知打哪里，突然一阵风似的跑了来，揪住我姐，二话不说，就是一顿痛打。

所有的欢乐，戛然而止。那个正月半的晚上，我们没有举火把去奔跑，囫囵地吃了点什么，就上床睡觉了。半夜里，我听到我姐的哭声，很轻很轻，像秋虫在鸣。我的一颗心，恻恻的。年，真的过去了。一切的甜和好，也似乎都跟着走远了。

也是到一些年后，说起往事，我姐搂着母亲，开玩笑地问：那年的正月半，你为什么要打我？母亲赧然半天，轻轻叹口气，喃喃道：都是因为穷，穷人气多啊。

锦鲤时光

我一生中最美的时光，当属于那一段锦鲤时光吧，虽然贫穷，虽然卑微，却单纯，色彩明艳，无限阔大。

去秦岭深处的一个小村庄。

村庄里有老树。有古井。房屋多以平房为主，黄泥黑瓦，门楣低矮。草垛子搁在屋角头，鸡和狗在草垛子旁无所事事，见着来人，挺好奇，一齐抬头注目。碎石子铺成的巷道两旁，长满了芨芨草、野蒿子和鹅肠草。有一两枝桃花，从人家的院墙内探出头来，红粉乱溅。

我应邀走进一户人家。那户人家，女人患了软骨症，男人二十年如一日，不离不弃守护着。

男人得知我去，早早在院门口等着。憨厚的中年男人，脸上的笑容淡定而平和，不见被命运折腾的愁苦。女人被收拾得很干净，她整个的身体，除了头稍稍能转动之外，其余的，都软似面团。她半躺在院中的一树桃花底下，脸上的笑容，也是淡定而平和的。

我坐到女人身边，听男人讲他们的故事。多少年的守护，她已与他的生命血肉相连。没有她就没有我，没有我也就没有她。这辈子，我就把她当婴儿照料，我愿意。男人说得慢条斯理，一边伸手拂拂女人的额发。

说到婴儿，两个人都笑出声来。我们有个儿子呢，很出息的。一直没开口说话的女人，这时突然插话道。

我被领进他们的小居室。两间平房，一间做了卧室，一间做了起居间。墙上全被花花绿绿的年画贴满了，一幅胖娃娃抱锦鲤的年画尤其显目。男人说：儿子喜欢这幅画。小时候他照着上面画，画得可像哩。

说起儿子，男人的语气里全是骄傲。他取来儿子的照片给我看，二十岁的小伙子，眉目飞扬。目前，正在北京念大学。

我一时间恍惚，仿佛走回从前去。从前，也是这样的房，家里的土墙上，也贴满年画，花花绿绿的。年画里，少不了一幅胖娃娃抱锦鲤。胖娃娃穿着红肚兜，圆鼓鼓的脸蛋上，欢笑飞溅。他骑坐在锦鲤身上，一手抱着锦鲤的头，一手擎着一朵荷花。他身下的锦鲤，亦是胖乎乎的，笑哈哈的，尾巴高高翘起，好似小马驹要腾飞。小时的我，很爱盯着这幅年画看。有时盯着盯着，老疑心那孩子那鱼，会走下来。

那时，村子里家家户户的土墙上，都少不了这样一幅年

202

画，既喜庆，又满含着美好的祈愿，祈愿日子就像鲤鱼跳龙门一样。当时不懂，这鲤鱼为什么要跳龙门呢，跳过之后又怎样呢？村人们怕是也没有深究过这些问题，他们只笑嘻嘻说：就是鲤鱼跳龙门呀。眸子里，有星子在闪亮。

家里的土灶上，也断断少不了一幅锦鲤戏荷图。砌灶的师傅真是很不简单，灶砌好后，他在一面灶墙上，拿红漆绿漆涂涂抹抹，三笔两画，他的手底下，就有了荷花在开着，锦鲤在活泼地游弋着。我在一边，往往看得呆过去。世间神奇，我以为那算得上是一种。

一日，我在厨房里写作业，奶奶在烧饭。锅上热气蒸腾，我看到灶墙上那条锦鲤，在雾气里忽隐忽现，上下凫游。正发着呆，一个远亲来访，我称他"大大"。大大是个人物，那时，他在杭州城住，面皮白净，气质儒雅。听我爸说，他读书很多，写得一手好字。他当时见到在做作业的我，脱口说了句：这孩子将来肯定有出息，她握笔的姿势很不一般。

那日，我们全家因大大这句预言，着着实实高兴了一番。我爸说：我家的鲤鱼，将来也要跳龙门喽。我似懂非懂。但因被我爸比作鲤鱼，还是很是开心很得意的。后来，我坐在堂屋里读书，眼光常不自觉地溜到墙上那幅年画上去，笑嘻嘻的胖娃娃，一手抱着锦鲤的头，一手擎着一朵荷花。他身下的锦鲤，胖乎乎的，甩着尾巴，如一匹将欲腾飞的小马驹。门外的鸟叫声，密集如小雨点。我小小的心里，有着莫名的激动。

现在回过头去看，我一生中最美的时光，当属于那一段锦鲤时光吧，虽然贫穷，虽然卑微，却单纯，色彩明艳，无限阔大。且心怀梦想和向往，相信奇迹，并充满热爱。

月光下

那洁白的激励，伴我度过贫瘠又丰盈的少年时光。

乡村的夜晚，是分外宁静的。除了偶尔的狗吠和虫鸣。

月光降临的声音，便显得特别清晰。滴滴答答，如同雨落檐沟。又似乎不是，它该是小溪流在奔腾，哗啦哗啦。

月亮自然是大而圆的，悬在天上。天与地，都是阔大无边的。村庄掩映在一片月光中，破旧的木门，低矮的山墙，草垛子，南瓜花，人家晒场边上搁着的绿磅，花喜鹊居住的老槐树……这白天熟悉着的一切，此刻，都像被抹上了一层奶油，散发出甜美的气息，美得让我诧异。

我踩着长长短短的月光的影子，一个人走在乡村的路上。我其实是顶怕走夜路的，我怕遇见鬼。

乡下孩子，是听着鬼故事长大的。那时我的乡亲，少有识文断字的，却装着一肚子的鬼故事。有些是上代流传下来的，有些是他们自己编的，多是含冤而死到人间来复仇的鬼。我们怕听，又爱听。夏夜纳凉时，多半是在这些鬼故事里，又惊又怕又欢喜地入睡的。乡亲们自有他们做人的道理，不做亏心事，不怕鬼敲门。也是在那时我就懂了，做人要讲良心。

我一路走，一路检点着自己，有没有做过坏事情。偷过人家树上的梨算不算？打过人家的狗算不算？摘过人家篱笆边的大丽花算不算？心里面忏悔着。抬头，月亮不动声色地看着我。我旋即又高兴起来，想着路的前头，有个巨大的诱惑在，我的脚步，不由得变得轻盈起来。我忘了害怕。

我去借书。离我家五六里远的地方，住着我的语文老师，亦是我的班主任，他家里有两大纸箱子的藏书。纸箱子搁在他家的床底下。在当时的我的眼里，那是宝藏一样的东西，是闪着光芒的。

老师家有男孩，和我年龄相仿，在一个班读书。却调皮，不爱读书。我去借书，老师就当场教育他的孩子：你看看人家，没有书读，拼命想读，你却躺在书堆里不知珍惜。搞得那小子特别恨我，背地里警告我，再敢登他家的门借书，就要对我不客气了。后来，我的书包里跳出青蛙，我的课桌肚里，盘着小蛇，都拜他所赐。但书的诱惑，是高过一切的。等一本书看完了，我又想看另一本，便又忘了一切，跑去借了。

班主任的爱人起初看见我去借书，是老大不高兴的。她磨磨蹭蹭，不肯借给我。我就手脚勤快地帮她干活，她洗涮，我

206

帮着洗涮。她烧火，我帮着烧。我再去借书，她的态度竟是十分的友好，笑眯眯的。

又是一个月亮夜，我跑去班主任家借书。班主任一家，正围着桌子吃晚饭，他们热情拉我入席。班主任的爱人还亲自趴到床底下去，拖出装书的纸箱子来，掏出一本书又一本书。她一边掏，一边意味深长对我说：这些书，你好好看，好好保管，你看了，我的孙子将来也是要看的。我不懂她的话，却还是很郑重地冲她点头，答应道：好。那一天，她极其大方地往我怀里塞书，直到我捧满怀。

我觉得心口里，有朵花，"叭"一下，盛开了。那满怀的幸福感，有些让我喘不过气来。我捧着满怀的书，像捧着一座金矿，跳进外面的月光里。一地的月光，波光粼粼，我是满载而归的一条鱼。班主任送我出来，在他家的屋角后，他站住，低下头，看我。他的眼睛里，有莹莹的月光在跳。他突然轻叹一口气，伸手抚了抚我的额头，说：你真是个好孩子。

一些日子后，我听到传闻，说是我跟班主任的儿子，是订了娃娃亲的，我将来长大了，是要嫁给他们家做媳妇的。听到这样的传闻，我没有难过，反而，暗暗有些高兴，想着，若是能做他们家的媳妇，也真不错的，那两大纸箱子的书，就都归我了，我想看哪本就看哪本，想怎么看就怎么看，多好！

班主任却什么也没有对我说过。只是这之后，他不再让我一个人走夜路去他家借书，而是每隔一些日子，他会把我想看的书，直接送到我手里，直到我初中毕业。

我再也没有见过，比那夜的月光，更明亮更醇厚的了。月光下，老师的眼睛，很亮。他说：你真是个好孩子。那洁白的激励，伴我度过贫瘠又丰盈的少年时光。

旧时月色

年少的记忆，是浸泡在月色中的。

四时的月色，是各有千秋的。

春天的月色，清澈透明，拌着草芽儿和花的清香，吸上一口，有微醉的感觉。夏天的月色，轻歌曼舞，轻盈若羽，如梦似幻。秋天的月色，浓酽黏稠，像冰得化不开的奶油。冬天的月色，如盐胜雪，洁白闪亮。

在城里很难得见到这样的月色了。即便有月亮的晚上，你发了心，一定要看看月亮。然后，你站到阳台上，等了好久，等着月亮爬上来。隔着许多的高楼，隔着许多的灯光，你寻过去，夜色浑浊不清。没有星星，天上的那枚月，很像宣纸上滴落的一颗泪，模糊着，看得你心疼了。

你轻轻叹息，也只能，去记忆里寻。

年少的记忆，是浸泡在月色中的。

六七岁的年纪，是不大敢单独到月下晃的，怕鬼。大人们的故事里，鬼故事居多。特别是一个叫陈广凤的女人，爱讲这样的鬼故事。

陈广凤家住一个土墩上，两间低矮的草房子，周围芦苇丛生。偶尔听大人们闲谈，说她是个可怜的人。她脸颊上长一大块暗红色的胎记，几乎遮住她的半边脸，使她看上去，极丑。那个时候，她四五十岁的样子，丧夫独居，一个人寂寞，常骗了我们小孩子去，帮她拣沙子里的黄豆，她给我们讲鬼故事听。说月亮满满的夜，鬼变成漂亮的大姑娘出来了，身上穿着白绸缎的衣裳，披着长头发。看见有人走过来，就丢下一只绣花鞋，哄着人去捡。我们听得毛骨悚然，怕着，却又着急着下文：后来，后来鬼把人怎么样了？

她却不肯说下文，诱骗着我们第二天再去。我们惦念着故事的结局，第二天早早地去了，绕过杂乱的芦苇丛。她站在草房子前，笑吟吟地迎，手里还是那捧沙子，沙子里面混杂着一些黄豆。我们有一颗没一颗地拣着，她的鬼姑娘便又上场了。今天的鬼姑娘换了件衣裳，穿的是一袭红丝绒的裙子。红得像什么呢？就像她家草房子前开着的鸡冠花。

我们一边害怕着，一边着迷地听着。我们拣了一个秋天的黄豆，最后她到底讲了结局没有，不记得了。只记得再遇月夜，我早早地蜷进被窝，把头埋进被子里，不敢看窗外。半夜里睡醒，惊讶着满世界的银光闪闪，我们仿佛睡在一只银碗里。四周寂静，虫鸣声若有似无，只听见月光落地的声音，噗，噗，轻微的，像雪花飘落，一下，一下。

然后，我看见月光探了身子，跑到屋内来，跑到母亲的梳妆台上，那上面放着梳子、镜奁、一瓶百雀羚、剪刀，和母亲晚上新栽的鞋面子。月光均匀地吻过每一样物件，吐出一朵一朵银白的花。蒙了一层纱的窗，亦描着银边，那么的亮。满世界仿佛都藏着秘密。我忘了害怕，只是奇异地望着，望着，不敢动，我怕动一动，这月光就飞了。多年后，我知道，那是自然的大美，任一个小孩，也为之动容。

冬天的月夜，陪着母亲去担水。母亲白天要忙农活，家里的吃喝用水，都是晚上去一公里外的河里挑。有母亲在，是没有害怕的。天上空空荡荡，只一个明晃晃的月亮，把我和母亲的影子，拉得忽而短，忽而长。近处远处的田野，都铺上一层白霜似的月光。小路上，则像敷上了一层厚厚的白糖，让人忍不住想弯腰下去舀上一勺。

我们踩着这样的月光路，到河边。冰面上，敷着同样一层厚厚的白糖。河边的树和芦苇，浴一身月光，再看不出萧条和枯萎，有的，只是温情脉脉。母亲用扁担砸破冰块，清幽幽的水里，立即掉进一个大而白胖的月亮。这个月亮很快被母亲装进水桶里。母亲挑着装着月亮的担子，晃晃悠悠地走。我开始唱歌了。那样的月色，唯有唱歌，才能消化。母亲也唱歌了。母亲不识字，唱的是她自己编的歌谣。我们的歌声，消融在月色里，变成了月光，四处飞溅。

转眼是春。春天的月色，浸满花香。这边是桃花。那边是梨花。胡萝卜开的花也是好的，像头顶着一个一个的胖蘑菇。菜花就更不用说了，一开一大片，满地滚金。我们几个孩子约了去放风筝。所谓的风筝，是用破塑料纸做的，或是包东西剩下的牛皮纸做的。风筝线是偷的母亲的纳鞋线。我们牵着这样的风筝，在乡村土路上快乐地叫着跑着。风筝被月光托在半空中，像只展翅奋飞的鸟儿。眼前的各色花们草们，被月光洇染，像瓷雕的。我们一时惊诧，齐齐仰了头看天上的月亮，觉得它也像一朵盛开的花，梨花，或是胡萝卜花。

最喜欢的，是夏天的月夜，孩子们不会待在屋里。大人们也不会待在屋里，他们要趁着好月色，去社场上剥玉米。

母亲是剥玉米的能手，一晚上能剥上百斤，可以换到十来只脆饼。那个时候，脆饼是我们有限的见识里，最好吃的点心。我们都自告奋勇地跟着母亲去，帮着剥玉米。一路之上，月光曼舞，风中飘来阵阵稻花香。青蛙们的合唱此起彼伏。萤火虫多得像撒落的星星。社场那边，早已人声鼎沸，玉米棒子堆成了一座金黄的小山。

我们加入进去。月光被搅动得四处流溢，又迅速合拢，如船划过一道道水波。终于，所有人各就各位，迅速剥起玉米来。大人们喁喁闲谈，偶尔有轻笑的一两声。月光也安静下来，趴在人们的头发上、肩上、膝盖上，淌进每粒玉米里。我们几个孩子剥一会儿，手就火烧火燎地疼，也不大坐得住，心早野了，母亲叹一口气，宽容地说一声：玩去吧。

我们如得了特赦令，立即飞跑开去，追逐嬉闹，如快乐的小鱼，在月光里游弋。玩到大半夜，困了，回家睡去。却不知母亲什么时候回家来，第二天，枕边有脆饼的香，扑鼻。而母亲，早去地里忙活了。

那个时候，从没见母亲吃过脆饼。我们以为，那是属于小孩子吃的，所以，吃得理所当然。多年后，母亲也回忆起那样的月夜，她剥玉米的事。她总是要剥到月亮西斜，手掌通红，火辣辣的。孩子多，她要多挣些脆饼。看着你们吃，我就很满足了，母亲说。一片月光倾泻下来，淹没了我的心。我追问：妈，你当时想没想过要吃？母亲笑了：傻丫头，那么好吃的东西，怎么会不想？

青春纪·离殇

青春的心，原是那等的敏感又脆弱，害怕光芒。哪怕拂过轻微的风，怕也随不住。

十六七岁的年纪，我在老街上的中学读书。

两层的教学楼，红砖，红瓦。教学楼前长泡桐树。春天来的时候，泡桐树先开花，后长叶。一树紫色的小花，纯粹，单一，像悬着一树紫色的铃铛。风吹，铃铛无声。年少的眼看过去，却发出千万声的回响，叮叮，当当。碰撞得心，像沾了露的草尖，疼疼的，莫名的忧伤。

隔壁班有女生姓绿。这姓很特别，偌大的校园里，绝对独一无二。她喜穿绿衣裳，爱系绿丝巾。人又漂亮又活泼，爱笑，走到哪里，都像一只闪闪发光的绿蝴蝶在飞。

我常看到她，走过我们窗前，绿影子轻盈地一闪，留下一阵青绿的风。光影飘摇，日头也暖，我假装没看见，只埋头念

214

自己的书。心里头却生出许多双眼睛来，对着她的背影，看了又看。我想有她的绿衣裳。我想系她的绿丝巾。我更想能如她一样，漂亮，活泼，意气风发。

彼时，我家境清贫，我背着我妈用头巾缝的花格子书包，穿着我妈纳的土布鞋。也无好容貌，肤黑，胖着，夹杂在城里一大堆光鲜人儿之中，是野草误入花圃。笑也黯淡。只能一日一日，让自己像刺猬似的，时时竖起尖尖的刺，只为护住内心的卑微与怯弱。

是暗暗羡慕她的。她家只她一个独生女儿，父母小有钱财，倾尽心力栽培她。她会弹钢琴，会唱歌跳舞，画的画也好。学校宣传栏里的画，就是她的杰作。成绩也不错。好像全世界的好，都让她一个人占了。

人缘亦是好的。她的身边，总有几个要好的女伴，和她一起咬着冰糖葫芦，从校门口一路谈笑风生地走过来。男生们更是喜欢她，一下课，总有男生跑到她的教室门口，去叫她。她脆脆地应，连蹦带跳地下楼去，在楼前空地上和那些男生打羽毛球。阳光总是好的，天空瓦蓝，云朵雪白。她迎着阳光跑，风一样的，绿身影律动着，像舞动着的一只绿蝴蝶。

我和她在校园里遇见过几次。她冲我点头微笑，很友好的样子。我漠然地掉过头去，无端地有些恼她，仿佛她侵犯了我的自尊。而事实上，她什么也没做。青春的心，原是那等的敏感又脆弱，害怕光芒。哪怕拂过轻微的风，怕也随不住。

某天，她突然一言不发，离校出走了，整个校园哗然。那几天，大家都在谈论她，猜测种种，有说她恋爱失败的。也有说她家庭出了变故，她的父母离异了。

她漂亮的母亲来学校，坐在校长室里哭。头发稀疏的老校长，急得团团转，派了很多老师出去找。我走过一旁，表面上漠然着，心里却是又吃惊又害怕，觉得她只是贪玩了，她会回来的。

她却没有回来。清风日暖，一切如旧，我们教室的窗前，少了她轻盈闪过的绿影子。楼前的空地上，也仍有同学在上面奔跑、跳跃，却荒野空谷般的，寂静得叫人发慌。

她最终没有回来。一些天后，有同学传言，她死了。自杀。

没有人相信。我们走过楼前，总不自觉地会往空地上看看，是不是她在那里奔腾跳跃。有绿影子闪过，我们也总怀疑，那会不会是她。

多年后，我在我的文字里，遇到她，她叫郑如萍。也叫米心。也叫绿。

她的真实名字，其实叫青春。

第六辑
桃花红

所谓人间仙境婉转清扬，
莫不是那样的了，有艳阳
照着，有桃花开着，有人
在走着。

若 香

恍惚间，我看见当年的阳光，飘了过来，银箔儿一样的，像雨点一样的。

桃红柳绿的春天，我们几个孩子在河边玩耍，河上搭着简易的石桥。河岸边，一棵歪脖子垂柳树，像大伞一样罩下来，柳条儿拂着石桥的栏杆。若香系着一条玫红色围巾，从小石桥的那端走过来。阳光揉碎了柳枝的细芽儿，把柔嫩的鲜绿，洒落在她的脸上、肩上。她水波潋滟地走着，像一条小小的美人鱼。那是我今生见过的最美的画面。

所有的孩子都停下来，怔怔地看她。我们被美惊着了，我们都没有说话。

若香径直走了，看也没看我们一眼。我们并不生气，她不看我们是理应该的。她跟我们多么不同，她的名字里，隐含着一股清雅高贵之气。我们人小，说不上那种感觉，但就是觉得，她与村庄的篱笆墙、庄稼、狗尾巴草格格不入。村庄对她，真是怠慢了，怠慢得我们都跟着觉得亏欠了她的。

我们玩游戏，跳皮筋，踢毽子，跳房子，这些，若香都不屑于玩的。我们远远看着她，她坐在小茅屋前看书，一只腿搁在另一只腿上。她还支起画架画画，调着各种颜料。她周遭的风，和阳光，还有小茅屋，都干净得像水洗过的。

她是不属于村庄的。

她还有个不属于村庄的爹。她爹与遥远的大城市，有着千丝万缕的联系。她爹的哥哥，也就是她的伯伯，是在城里做事的，据说是个当官的，身居要职。她爹也在城里多年，后来，不知为何回到乡下来，在村小学里做了一名老师。

她爹常穿一件白绸子衬衫，手持一卷书，从田间地头走过，翩翩然。广袤的田野，都成了她爹的陪衬。村人们见着她爹，都停下来观望，那眼神里很是敬重。

我们小孩子都羡慕若香有这么一个爹，不单单因为她爹是我们的老师。还因为，她爹会的东西实在多，吹拉弹唱之外，还会画画，还会裁剪缝纫。若香身上的衣，都是她爹亲手设计缝制的。若香脖子上的那条玫红色围巾，也是她爹买的。她爹还给若香买画笔画纸，教若香诵读我们都听不懂的古诗词。

若香真的和我们不一样。

还是桃红柳绿的春天。那个时候，若香和我，走得很近了。偶尔的，她会和我一起玩。我教若香丢沙包（一种从前小孩子玩的游戏），若香很快就玩得比我好了。她两眼闪闪发光，光洁的额头上，沁出细密的汗珠。这个时候的若香，看上去很活泼，跟村庄浑然一体。

我一心一意巴结着若香。我存着一个更大的目的，我想看若香家的书。若香拥有两抽屉的小人书，哪一本都让我垂涎不已。我偷爬到人家的枣树上摘枣，枣树上满是刺，但我顾不上。我胆战心惊防了人家的狗叫，又要防了有人发现我，最后偷得枣来，一个也舍不得吃，全给若香了。

沟渠边的野蔷薇开了，我跑去采花。野蔷薇的刺，刺得我满手皆是，我妈拿缝衣针给我挑半天，一边挑一边骂我野。我心里却是高兴的，因为，我看到若香捧着蔷薇花的时候笑了。若香低头嗅花的样子真好看，若香说：我们做朋友吧。

我和若香并排坐在一棵桃树底下，合看一本小人书。看完了，我发了一回呆。我说：若香，长大了，我要做个摆书摊的人，我要买好多好多的小人书。

若香笑了一下，若香说：长大了，我是要去城里的。

我惊了一惊，又觉得理所当然。若香是不属于村庄的，她该去她的大城市。只是，若香去做什么呢？当商场的营业员吗？或者是，坐在电影院的售票窗口，做售票员？在我仅有的见识里，那是最风光的城里女孩子。她们穿着碎花裙子，面皮白净，走起路来，如弱柳扶风。

若香却说：不，我去读书。

我转过身，看她，我狠狠地把我的羡慕和吃惊压下去了。城里，多么遥远美好，像天边的云那么遥远和美好，她居然要去那里读书！我看到桃花的影子，在她的小脸蛋上晃啊晃的。她的脸蛋，饱满得像颗水蜜桃。不远处，菜花一地黄。村人们的身子没在菜花地里。蜜蜂们成群成群地飞。小麻雀们站在茅屋顶上叫得欢。银箔儿一样的阳光，像雨点一样落下来，看得人恍惚。

很奇怪的是，那之后的许多光阴，在我的脑海中，竟大多数是空白。我和若香或许在一起，或许没在一起，印象都不深了。我小学毕业后，没有悬念地进了一所乡村中学念书。若香真的去了城里，奔着她的伯伯去了。

我们再难得碰面了。偶尔的一次，若香回来，她的面貌已发生了很大变化，个子高挑，明眸皓齿着。我站在家门口，看着她走过。我觉得有一条鸿沟，横亘在我们跟前。她许是看见我了，许是没看见。我们没有说话。

一些年后，我也把书读到城里，若香却回乡下了。有关她的事，在村庄很是沸腾了一阵子。她在一场惊世骇俗的恋爱中受了伤，断送了学业，人变得半痴。我大学毕业那年，若香早早嫁人了。据说嫁的是一个木匠，木匠有个缺陷，耳朵半失聪。我回老家，听人谈起若香，人皆摇头，说：这娃子可惜了。

若香的事，对若香的爹打击最大。从前那个着白绸衫翩翩然的男人不见了，取而代之的，是个邋遢的老头儿。他玩的那些乐器和画笔，蒙了尘。一次酒多，他失足跌入屋后的河里，再没活转过来。若香回来给她爹收尸，神情木然着，看不出哀悲。

若香来找我，是隔了好些年后的事了。这个时候，她已拥有好几家农庄酒店，生意如火如荼。她站在我面前，丰腴而富丽地笑着，我猛然间竟没认出她来。她说：梅，我是若香啊。一只手就亲热地来揽我的肩，笑声朗朗：啊，梅你还是从前的样子啊，一点都没变。

她是为她女儿大学填报志愿的事来找我的。她想女儿报北京的大学，女儿却更喜欢南方。她一时拿不定主意，就跑来找我了。你走南闯北多，见识广，我想听听你的意见，她说。说完，她扭头冲门外喊：进来嘛，你梅姨又不是外人。

我看到一个女孩子，略带羞涩地走了进来，个子高挑，明眸皓齿，分明是当年的若香。

我这辈子没混出个啥名堂来，不过，我这个女儿还是不错的，钢琴过了十级，美术作品拿过全国大奖，哈哈哈。若香拉过女儿来，笑得咯嘣嘣。恍惚间，我看见当年的阳光，飘了过来，银箔儿一样的，像雨点一样的。

我要为你吹一世的横笛

两个人的灯下，他为她吹了一夜的笛。

她走近他的时候，正是他人生最不堪的时候，先是父亲被批斗致死，接着母亲疯了，失足坠楼而亡，他亦被下放到一个偏远的小山村。新婚妻子敌不过这样的变故，跟他划清界限，远他而去。原本热热闹闹的一个家，顷刻间，没了。

雪落。他一个人，爬到白雪覆盖的小山坡上，想悲惨人生，想到痛处，忍不住放声大哭。突然身后有人唤他："哎——"他回头，看见她鼻尖冻得通红，肩上落满雪花。

"你不要哭，真的，不要哭。"她有些语无伦次，"我相信，你不是坏人。"她眼睛亮亮地看着他。

他冻僵的心，突然回暖，漫天漫地的雪花，有了温度。

他知道了她叫英子，19岁，家里有兄妹五个，她排行老二，没念过书。她知道了他原是大学里的音乐老师，遂有些得意地说:"我就说嘛,你不是坏人。"他笑了,反问她:"怎么不是?"她脸红了,低了头吃吃笑,说:"看上去不像嘛。"

隔两天,她跑来找他,脑后粗黑的长辫子不见了,代之的,是一头碎发。她脸红扑扑地对他说:"我要送你一件礼物。"他还在发愣,一支绛色的笛子,已举到他跟前。她说:"你是音乐老师,你一定会吹笛子的,一个人的时候,吹吹,解解闷。"

原来,她跑集镇上去,卖掉她的长辫子,换来一支笛子。他问:"为什么要这样做?"她答:"我喜欢读书人呀。"他黯然,说:"傻姑娘,我会连累你的。"她说:"不怕,你不是坏人。"

他们相爱了。流言蜚语顿起,都说是他勾引她的。村里召开批判大会,把他押到台上。她出人意料地跳上台,憋着一张通红的小脸,对底下激愤的人群说:"我喜欢他,我要嫁给他!"

这不啻一磅重弹,炸得人们一愣一愣的。震惊与阻挠,一时间汹涌澎湃。那时候,小山村人们的思想观念还相当落后,男婚女嫁,都讲究父母之命媒妁之言,哪里有大姑娘自个儿追男人的?有人骂:不要脸,真不要脸。后来许多人骂:不要脸,真不要脸。她亦是不在意的,昂着头,像个勇士。

她的父母,迫于外界压力,速速替她寻了一山里汉子,要她嫁过去。她拿一把菜刀架到自己脖子上,说:"除非我死!"

如此的千辛万苦,他们终于生活到一起。结婚那天,没有鞭炮齐鸣,甚至连一句祝福的话也没有的。母亲偷偷塞给她五块钱,抹着眼泪说:"丫头,以后过好过孬都不要怪娘。"

她却是满足的、幸福的，两个人的灯下，他为她吹了一夜的笛。

八年后，落实政策，他平反，回城，重返校园。她在村人们羡慕的眼光里，跟着他进了城，却与一个城格格不入。她不会说普通话，冒出的土疙瘩语，常让城里人侧目。他们家里，进进出出的，也都是些衣着鲜亮的人，他们谈论什么贝多芬、肖邦，神采飞扬。这时候，她只有发呆的份儿。和他一起走在大学校园里，她是那样卑微的一个，脸上一直挂着谦卑的笑，别人却还不待见。她终于待不住了，闹着要回去，回到她的小山村。

她真的回去了。这期间，他的事业如日中天，他被许多大学请去开音乐讲座，身边不乏优秀女子的追逐。要好的朋友劝他，还是跟乡下的那个分手吧，她不配你的。他不是没有过动摇，且她又不愿到城里来，两个人如此分居着，终不是个长久。再回去，他试着跟她说：“我可能，回不来了。”她心里不是不明白，却说：“随便你，你怎么说，我都听你的。”却在他临走时，找出那支笛子给他，关照：“一个人的时候，吹吹，解解闷。”

意外是在她送他回城的路上发生的，一辆刹车失灵的大卡车，突然冲向他们，她眼疾手快，迅速把他往外一推，自己却被撞飞，当场昏死过去。

七天七夜后，她醒过来，人却变得痴呆。医生说，她的脑子受了重创，要恢复，难。

他没有再回城，因为他知道，她喜欢的是乡下，在乡下，她才能活得舒展。他陪伴着她，叫她英子。乡村的风，吹得漫漫的，门前的空地上，长着她喜欢的大丽花。太阳好的时候，他把她抱到太阳底下，给她吹笛子。他说："英子，当年，你真勇敢啊，你跳上台，对着那些人说，你喜欢我，你要嫁给我。"说到这里，他笑出泪来，而她的眼角，似乎也有泪流。

他再不曾离开她。和他们同在的，还有当年的那支笛子。

青春底版上开过玉兰花

她的心里，突然就落下千朵万朵阳光，玉兰花般开放。

夏意儿念中学的时候，家离学校远，住宿。

每日黄昏，放学了，大多数同学都回家了，校园便变得空旷而宁静。她会抓一本书，去操场边。黄昏温柔，金粉一样的光线，落在一棵一棵的树上。是些荷花玉兰，五月开花，能一直开到九月，这朵息了，那朵开，碗口大的花，白而稠。就那样开得烈烈的，又是悄悄的。她会倚了树，背书，心淹没在那些金粉里，安静而美好。

一日，她的安静，突然被操场上一阵一阵的欢叫声给打断了。那是一些男老师，在操场上打篮球。在那些男老师中，她一眼看到他们年轻的语文老师，正迎着夕阳的方向跑。夕阳的剪影里，他看上去，像骑着一匹金色骏马的王子，英俊极了。她只听见自己的一颗心，"嘭"的一下，开了花。

228

自那以后，她开始留意他。他的声音好听。他走路的姿势好看。他抬手的动作潇洒。他笑起来的样子真可爱。他离她，那么近，又那么远。她的心，开始了忧伤。学习却格外努力起来，尤其是他教的语文，每次考试，她的成绩，都在全年级遥遥领先，让他的眼睛里，有了骄傲。他跟别班的语文老师说：我们班的夏意儿，语文好得没话说。她站在他边上，听着这话，微低了头笑，心快乐得要飞。他转身看她一眼，点点阳光洒过来，他说：要继续保持啊夏意儿。她认真地点头，把这当作是她对他的承诺。

端午节，她特地跑回家，央母亲包多多的粽子。母亲问：要那么多吃得下吗？她说：带给同学吃呢。母亲包粽子时，她在一边相帮，挑又大又红的枣，一颗一颗洗净了，和在糯米里。母亲笑话她，这么小的丫头，就知道吃了。她不言语，只是笑。第二日，天微微亮，她就赶到学校。他的宿舍门紧闭着，想他还在睡吧。她把精心挑出的一袋粽子，轻轻放在他宿舍门口的台阶上。

后来他在班上，笑问全班同学：哪个同学给我送粽子了？同学们愕然，继而都望向他笑着摇头。她也在其中，笑着摇头。他的目光，落向她又掠过她，他说：粽子我吃了，非常好吃，谢谢你们啦。

课后，同学们很是热烈地讨论了一回，到底谁给老师送粽子了？谁呢？她静静坐在一边，耳畔只响着他的声音他的笑。

他吃了我送的粽子呢，她想。她因此，而幸福。

元旦的时候，却传出他结婚的消息，教室里一下子沸腾起来，每个同学看上去都兴兴奋奋的。女生们争着打听他的新娘漂不漂亮，男生们则商量着给他买礼物。她一个人，跑去操场边，莫名其妙大哭一场。

再见到他，是几天后。许是新婚，他的脸上，流溢着遮不住的甜蜜。学生们冲他大呼小叫：老师老师，要吃喜糖要吃喜糖喔。他笑着答应：好，好，都有。下课了，他站在教室门口叫：夏意儿，你过来帮我拿一下糖。她坐在位子上没动，回他：我肚子痛呢。他稍稍愣了一愣，走到她跟前，关切地问：没关系吧？要不要去看医生？她慌乱地一摇头：没事的。脸红红的，想哭。她果真伏在桌上，悄悄淌泪。

他后来叫了另一个同学去，捧来一大堆花花绿绿的喜糖，她把发到手的喜糖，转手给了同桌，说：我从不喜欢吃糖的。同桌信以为真，很高兴地接了去。

她的语文成绩，自此一落千丈。

他很着急，找她谈话。她站他跟前，什么话也不说，只默默低着头。她听到他轻轻叹了一口气，听到他的声音，空谷足音般地响起，他说：夏意儿，你知道吗？你是我任教的学生里，最聪明灵秀的一个，我希望我能有幸送你走进重点大学，那里，有属于你的金色年华。她的心里，突然就落下千朵万朵阳光，玉兰花般开放。

一颗爱的心，就此，轻轻放下。后来夏意儿顺利考进重点大学，遇到了一个爱她的，亦是她爱的人。真的如他所说，她有了属于她的金色年华。

一件红毛衣

时光像橹摇的一只小船，缓缓地，缓缓地摇过去，吱吱哑哑，留一地轻歌曼唱。

他走进那条铺着碎砖的小巷的时候，脚步有些犹疑。今天他本不打算来的，他有点头晕，想赖在家里歇歇。又想着，来与不来，有时区别也不大，顶多是陪她坐一会儿，之间也没什么话。但最终，他还是来了。都五六年了，这成了习惯，每天傍晚，他必到她这边来，看看她，稍坐一会儿，回去觉才睡得踏实。

春天了，巷道两边的玉兰花，满枝丫地怒放着，每一朵都鼓鼓的，像少年鼓鼓的额。这是花的好年华，青春年少，无可匹敌。他愣愣地看着那些花，心底袭上一丝悲凉，他老了，她更老了。

有人过世了，那户人家门上挂着白布。他先是一惊，在心

232

里揣测着，是谁呢？是不是整天坐在玉兰树下的那个老人？老人又聋又瞎了，却偏要守在那里，像根枯了的老藤，等着远方的儿子归来。儿子有一年出门做生意，再也没回来。老人望眼欲穿，一年又一年。

他几乎扛不住那份悲凉，加紧了脚步，他要快点见到她。第一次有这么强烈的感觉，他真怕失去她。

早些年，她一直不肯来城里，固守着一个人的老家，直到她再也无力照顾自己。媳妇不待见她，嫌她衰老，和脏。她其实是个顶顶干净的人，穷苦年代，他身上的衣裳虽旧，但都被她拾掇得清香整洁。三间茅草房，也总是被她收拾得一尘不染。现在她老了，还是爱干净，衣服熨帖得有棱有角。头上稀疏的白发，抿得纹丝不乱。但媳妇就是容不下她，她喝过的水杯，媳妇当着她的面，扔到垃圾桶里。她吃过的碗筷，媳妇让她搁到一边去。她讪讪的，坐也不是，站也不是，背过媳妇，她求他：儿啊，让妈搬出去住吧。

他寻寻觅觅，终于觅到这条小巷，在城乡接合处，远离喧闹，视野开阔。他给她租下一居室。她屋前屋后看，笑着说：好啊，我又有个家了。这句话，让他的泪差点掉下来，——老家早就拆除了，她回不去了。

她在租住房里种菜，种在碗里，种在脸盆里。有葱有韭，还有青菜和芫荽。不过十天半月，她的门前屋后，就成了蔬菜们的天下。他来，她给他做韭菜炒鸡蛋，给他烙葱饼，给他拌芫荽，——这些，都是他从小就爱吃的。他的舌尖上，满满的，便都是故土和从前的味道。他的记忆，开始汹涌澎湃。

父亲过世那年，他正念小学五年级。他看着空落落的家，和单薄瘦弱的她，几乎在一夜间长大，执意要退学，回家陪她。她少见地发火了，一路拖着他去学校，在教室门口，她一字一顿对他说：你只要念好你的书就行了！那个时候，她还年轻着，头发乌黑，唇红齿白，再嫁的机会多，然她一一回绝。她说，这辈子她只想和他在一起。她一个人撑着穷家，在二亩地里摸爬滚打，供他念书，一路念到大学，并在城里安了家。

现在，她老了，头上稀疏的发，再也找不着一根黑的了。牙也掉得差不多了，说话不关风，看到他，总是欢天喜地叫他乳名：小豆豆。蹒跚着给他做韭菜炒鸡蛋吃。她做的菜已大不如前，不是淡了，便是咸了。他装着很乐意吃的样子，大口大口地吃。她便心满意足得很，他喜欢吃，就是她最大的幸福。

她的记忆越来越不行了。他起初并未在意，人老了，记忆总是要衰退的。然而有一天，他来，她竟不认识他了。他盯着她混浊的眼睛说：妈，我是小豆豆啊。她恍然大悟，脸上立即笑出许多快乐的波浪来，拉着他的手，高兴地说：小豆豆，你放学啦？妈这就给你做饭去。

她变得爱藏东西，水果糕点，无一不藏。甚至饭桌上吃的菜，她也趁保姆不注意，把它全倒在衣兜里，藏到床底下。他某天亲眼见她忙着把一袋饼干，从柜子里，移到枕头下。又从枕头下，移到一个纸箱子里。他不解地问：妈，你这是做什么呢？她只神秘地笑，不答。等把纸箱子在角落里终于藏好，她才悄声告诉他：我怕有人偷吃，这是留给我家小豆豆的。

这会儿，他终于走到她这里。屋子里的景象把他吓了一跳，只见床上地上，到处都撒落着旧衣裳。她正趴在一堆旧衣裳里翻找，一边焦急地说：怎么不见了？保姆生气地上前告状，说：老太太翻箱倒柜在找一件红毛衣，我怎么拦也拦不住。

他蹲下身去，温柔地问她：妈，你找红毛衣做什么呢？她喃喃说：我要拆掉织了给小豆豆穿呀，小豆豆明儿个要去县上领奖呢。

他的心，像被一把小锤猛地锤了一下，疼得慌。那年，他念初中二年级，参加县里作文竞赛，得了一等奖。他被告知，要去县上参加颁奖大会。他看着自己的一身破衣裳，犯了愁。她得知，安慰他：别急，妈有办法，妈会把你打扮得漂漂亮亮的。她翻出压在箱底的一件红毛衣，那是她的嫁衣，她一直舍不得穿。她轻轻抚着那件红毛衣，脸上的表情，柔和生动。——她一定想起属于她的最美时光，和最深的眷恋，那是多年后，他才意识到的。

她很快把红毛衣拆了，不眠不休，给他赶制出一件新毛衣。他穿着她织的红毛衣，登上了领奖台，把一个少年的自信，和最璀璨的笑容，映在台下无数双眼睛里。

他咽下要喷涌而出的泪，转身出门，买来一件红毛衣。她摸着红毛衣，哎呀一声，欢喜不迭地说：原来你在这里啊。她在保姆的协助下，拆了毛衣，开始一针一针织。她的手指早已不复当年的灵活，而变得粗糙僵硬，每织一针，都要费很大的劲，她却锲而不舍，神情专注安详。许久，她才发现一直在看着她的他，抬头好奇地问：你是哪个？他哽咽着答：妈，我是小豆豆。她笑了：哦，小豆豆啊，你别急，妈妈马上就能织好了。他答：哦，好的，妈妈。

62 岁的他，坐在 86 岁的她的身边，心安且静。时光像橹摇的一只小船，缓缓地，缓缓地摇过去，吱吱哑哑，留一地轻歌曼唱。岁月已无情地掠夺走她的年轻、美丽和健康，唯一夺不走的，是一个母亲，深沉的爱。

刘半仙

生命之外，总有些敬畏存在的。

是不是每个村子里，都住着一个瞎子，这个瞎子必是会算命的呢？反正我所知道的村子里都有。

我们村子的瞎子姓刘，人又称他"刘半仙"。他的家，离村小学不远。他家的房子，也是茅草的，却用瓦片做了房檐。那黑瓦围成的一圈房檐，就像一件普通的棉布褂子，给滚了一圈丝边似的，显得很不一般起来。吾村人把那样的房子，叫作"瓦道檐"。那代表家境比较殷实。

刘半仙家当然是殷实的，因为有刘半仙。

我上学放学，都要从刘半仙家门口过，沿着一条叫"三中沟"的小河。小河沿岸住着人家，人家会下到小河里洗汰，下到小河里担水摸鱼，这是见惯的景象。我不大搭理这个，我关注的是，河边草丛里的麻雀窝，还有那些新冒出来的小野花。小野花真是多，数不清，一年四季都在开着。即使是隆冬岁月，万物都枯了，也还能见到那枯败的草窝里，有着一丛两丛鲜艳的花。

那时我尚不明白"生命的顽强"这类的人生含义，我只是无条件地喜欢着那些花，放学的路上，我总是一边走，一边掐。编出花环来，戴在头上。编出手链来，套在腕上。有时，什么也不编，就捧着那一捧的小野花，兴冲冲跑回家去，找个玻璃瓶装了。一室的简陋，因有了这一玻璃瓶的小野花，变得富丽起来。大人们对我的这种行为，多半持包容态度，地里的活计那么多，他们也顾不上去管孩子什么事，由着孩子去做孩子的事。这倒很让我得了部分自由，如野地里的野蒿子般的，就那么欣欣向荣地生长起来。

我每天都要采些野花带回家。我家的茅草屋里，也便每天都能分享到一玻璃瓶的绚烂。我是不是给穷困劳累中的大人们，带去过一丝小安慰呢？我想，应该有的。天黑了，我妈进得门来，她的眼光掠过家神柜上那一瓶子的野花，本是愁累密布的脸上，有不易察觉的笑意，一滑而过。

刘半仙家门口的花，偏偏又开得特别好。他家还长鸡冠花、凤仙花、大丽花、蜀葵啥的，红红粉粉一大片。我走到他家屋角那里，往往要停顿好久，傻呆呆看他家门口的花。但他家的花我不敢摘，我怕刘半仙看见。

刘半仙明明是看不见的。他整天坐在西厢房的一圈半明半暗的光线里，眯缝着没有一丝光亮的眼睛，掐着手指，帮人算命。瞎子都会算命，——这是那时的我得出的结论。隔壁村的李半仙也是个瞎子，这真是件顶奇怪的事。明眼人看不到的，他们能看到。

吾村人但凡家里有事，大到婚丧嫁娶，小到小孩子头疼脑热的，都会很自然地说一句：去找瞎子算算命。也就跑到刘半仙家了。刘半仙坐在他那圈半明半暗的光线里，伸出柴火般的手指头，闭着眼睛（事实上他的眼睛从未睁开过），嘴里念念有词：子丑寅卯辰巳午未申酉戌亥……这么三念两念，村人们婚丧嫁娶的时辰日子就出来了。小孩子惹病的源头也找到了，是撞了什么神或是撞了什么鬼了。没人对此有异议，村人们按着他给的那时辰日子，婚丧嫁娶。按着他的指令，符一道，纸钱一叠，烧了。不几日，那病快快的小孩，又活蹦乱跳的了。

有时，也有不灵验的。送了神送了鬼，那小孩子的病仍不见好，村人们这才去就医。但对刘半仙却无半点微词，下次小孩子病了，还是照旧先去找他算命。

8 岁那年，我大病过一场。

是出痧子。

那些年，每个孩子都要出痧子的。这是孩子成长的必经之路，少不得的。吾村人对此，早已习以为常，认为那是该派的。就像刮风下雨一样正常。

然又是极其慎重对待的。一家有了出痧子的孩子，家家都知道。因为，那孩子头上会戴一顶妈妈缝的小红布帽子（有辟邪的意思）。帽子后面，拖一根长长的红布条子，像条小辫子似的。随着那孩子的走动，红布条子会在脑后一甩一甩的。路过的人见了，会笑着问：你家伢儿出痧子啦？家里人笑着应答：是的啊，出痧子了。伸手把那孩子探出的头，给按回去，一边假装呵斥，你不要命了啊！快待屋里去，出痧子吹不得风。

出痧子容易传染。这个出痧子的孩子，就被特别地保护起来，吃饭他有专门的碗，洗脸洗脚他有专门的毛巾，睡觉有专属于他的被子。又食物必须清淡，不能吃咸的东西，家里人就另给他开小灶，买了脆饼馓子泡给他吃，并挖上两勺红糖放在里面。又每日两只养油蛋，给他增加营养。

吾村人招待贵宾，最拿得出手的，就数做一碗养油蛋了。家里来了贵客，或遇到访亲那样的大场合，主妇必在锅灶上，忙着打养油蛋。吾村人嘴里会这么说：没什么招待您的，就吃一碗养油蛋吧。说得很谦虚，似乎那是寻常物。事实上，那时的鸡蛋，是一个农家最金贵的东西，可以用它换来日常所需的油盐酱醋针头线脑。养油蛋的做法简单快捷，锅里放清水，烧开了，鸡蛋整个地打到滚水里，煮上一煮，那鸡蛋煮得胖胖的，白白的，上面似乎汪层油，这时候，连汤水捞起，在汤水里加糖，一碗养油蛋就做成了。

那样的被优待，是很让我羡慕的。我对出痧子，竟十分十分向往起来。我想着，等我出痧子了，我要顿顿吃荞油蛋，也要顿顿吃红糖泡馓子和泡脆饼。我也要戴着那顶艳艳的红布帽子。若有人路过我家门口，我就假装着要出去，探出头来，好让那人看见我头上戴的那顶红布帽子。然后，听那人笑着问我妈：啊，你家梅丫头出痧子啦？

这样的场景，我想想就很激动。

我也真的出痧子了，然却连续的高烧不退。我躺在床上，浑身滚烫，迷迷糊糊。我爸请了赤脚医生来，赤脚医生量量我的体温，把把我的脉，说：这倒是奇怪了，没有哪个孩子出痧子会发这么高的烧的，你们怕是要送她到镇上去看看。

赤脚医生给我打了一针，开了些药。临走时，他还是建议，若再不退烧，就要送镇上去了。我爸答应了，去外面借拖车，准备把我拖去镇上。我妈和我奶奶，却在一旁嘀咕开了，她们说我的病生得蹊跷。一定是撞上什么东西了，我奶奶肯定地说。我妈附和道：一定是。两个素日不合的人，竟难得的亲善和睦起来。我奶奶说：去找瞎子掐掐命吧。我妈立即表示赞同，说：走吧。

当夜，她们结伴着走夜路，敲开刘半仙家的门，给我算了命。

从刘半仙家回来后，我妈和我奶奶的脸上，都有了笑容。她们告诉我爸：我们就说梅丫头肯定是撞上什么东西了，果然不假，她在三中沟，撞上一个讨债鬼了。我爸是个文化人，自然不肯信这个。但他犟不过两个女人，只得由她们折腾。我奶奶把一道符，塞在我枕下。我妈叠了不少纸钱，跑去三中沟边烧了。她们做完这些，天也就大亮了，我的烧，竟慢慢退了。

我爸说是打了针吃了药的缘故。但我妈和我奶奶都坚持，是瞎子算命灵验。

那天夜里，刘半仙还对我妈和我奶奶说了什么呢？我不得而知。这促使我后来一直想揭开这个谜底，我想知道我的命到底是怎样的。

我和一马姓、一戴姓小女生，结伴着去找刘半仙算命。

之前我们商量了好些回，我们都想知道自己的命是怎样的。

算一个命要一毛钱。那时的一毛钱可以买到五只烧饼吃。我们积攒了好些日子，才积攒到这一毛巨款。

放学了，我们三个磨磨蹭蹭，留到最后走。我也没心思采花了，三个人走走停停，停停走走，走老半天，才走到刘半仙家门口。却害羞了，也有些害怕，像做贼似的，说不上的。我们假装去看他家的花，蹲在一丛鸡冠花跟前，眼睛却瞟着他家的大门。他的孙子，一个猴精猴精的小男孩，突然从外面玩耍归来，滚了一身的泥，他眨巴着两只大眼睛看看我们，抬头冲着屋内就叫：爷爷，有人找你算命来了。

我们完全没提防，吓一跳，正不知所措着，只听得屋内咳嗽一声，刘半仙沙哑的声音响起来：进来吧，这会儿不忙哩。

刘半仙还坐在他那圈半明半暗的光线里，瘦小干瘪。他脸朝着窗户，眼睛眯成一条缝，努力想看清什么似的。他让我们一一报上生辰后，就开始掐着他那柴火般的手指头，嘴里念着子丑寅卯辰巳午未申酉戌亥……给我们算起命来。我们都敛了呼吸，静静看着他的嘴唇。他的嘴唇有些泛黑，微微颤动，那声音就从那颤动之中，传了出来，喁喁的，听不分明。

那日时光漫长，黄昏的橘粉，趴在刘半仙家西厢房的窗台上，迟迟没有动身。刘半仙具体说了些什么，我不大记得清了，只记得他说我们都生了一副好命，将来不愁吃不愁穿。说马姓女生将来的婆家会很远。戴姓女生将来会很有钱。至于我，他说：你将来会金榜题名的。

从刘半仙家出来后，我和戴姓女生都很高兴，只有马姓女生愁着，愁她将来会嫁得很远。我和戴姓女生忙安慰她，到时，我们去看你。

三个小女生的未来，就这么繁花锦绣起来。

到我念五年级的时候，戴姓女生却因生了一场肺炎，意外离开人世。成年后，马姓女生嫁得并不远，就嫁在本村。倒是我，常常走南闯北的，离家越来越远。

这年，刘半仙的家出了些变故，先是夏天的时候，他那个猴精猴精的小孙子，在门口的三中沟里，溺水身亡。冬天的时候，他家又失了场大火，三间瓦道檐，烧得只剩下黑黑的砖和瓦了。

吾村人你家捐点财物，我家捐点财物，很快又帮他家搭建了三间屋子。刘半仙也还操着他的老本行，给村人们算命。吾村人对他，也还是相信着。

　　生命之外，总有些敬畏存在的。

金　婚

四个儿女，个个出息，她吃再多的苦，也甘之如饴。

好多天前，他就兴致勃勃地和她谋划着，怎么度过属于他们的金婚。"我们要好好庆祝庆祝。"他建议。她点头同意。婚姻五十年，多不容易。

她不懂什么金婚不金婚。他说到金，她来了精神，她说："你还没买过金的东西给我呢。"他豪爽地应："买，买，到那天，我一定买。"她便小女孩般地撒娇："那我要金戒指。我还要金手镯。我还要金耳环。"这些，是她企盼了一辈子的，村里的女人都有，就她没有。他统统答应："好。"她便笑了，脸上的皱纹，花瓣一样盛开着。

日子其实一直紧紧乎乎结结巴巴。他的家底薄，兄妹多，爹娘又过世得早，都是他这个长兄带大弟妹的。长嫂如母，她跟着他，真是一天好日子都没享过。

"好在我们的儿女争气。"他说。这是她的开心果，他一说到这个，她脸上的笑，就藏也藏不住地满溢出来。四个儿女，个个出息，她吃再多的苦，也甘之如饴。

"你是我们家的功臣啊。"他握着她青筋盘结的手，由衷地说。岁月的风，早已吸干她曾经的水灵饱满，她像块干涸的河床，裸露出苍白的筋骨。他看着她，有些哽咽。这么些年，要不是她的吃苦耐劳，勤劳坚韧，他们这个穷家，哪里撑得下来。他更感激她的是，她虽大字不识一个，却深明大义，硬是把子女一个一个培养成了大学生。

"你看，这一晃，你都73了。"他怜惜地拂去沾在她头发上的草屑。如果真有来世，下辈子他真想再娶到她。——他为自己的孩子气，笑了。

她打掉他的手，恼道："哪有73，才72好不好。"离过年尚有好几天，她离73便还远着。他赶紧称："是是是，才72的，咱不老。"

金婚的日子终于到了，他们这天没去地里干活，而是并排坐到屋檐下，商量着怎么庆祝。他们养的小黑狗很黏他们，绕着他们的脚跟转。他伸手驱赶："去去去，别在这儿添乱。"她拦住："来，五小，别听他的。"小黑狗高兴地跳起来舔她的手。她说："坐下。"小黑狗便听话地坐下了，仰着头，孩子一样地看着她。她摸摸小黑狗的头，叹道："还是五小好啊。"小黑狗是顺着儿女们排的，排行老五，叫"五小"，她给取的名。孩子

246

们大了，一个一个鸟一样地飞了，一年里难得见上几回面。她想他们。

"要不，让孩子们都回来，一家子热热闹闹的。"他说。

她想了想，拒绝："孩子们都忙，不要麻烦他们。"神情里，却是恋恋的，若是孩子们都能回来，那该多好啊。

他看出她的心思，当即拨通大女儿的电话。大女儿在镇上上班，离家最近。电话接通了，还没等他说话，大女儿就在电话里叫起苦来："爸，我这几天忙死了，轮到我上夜班，天天捞不到觉睡。"他把要到嘴边的话硬生生咽了回去，忙说："那你忙吧。"

他又拨通大儿子的电话。大儿子离得最远，在北方一所大学里教书。不过现在交通发达，坐高铁回家，也就两三个小时。这回他先说话了，他问大儿子："能不能回家一趟？"大儿子不解地说："爸，没几天就过年了，到时我一定回家的。"他坚持："要回你现在就回吧。"大儿子笑了："爸，你怎么跟个孩子似的，我现在哪里走得开，这几天都有会议要参加的。"他听着，默默扣了电话。

现在剩下二女儿和小儿子了。二女儿是记者，整天奔东走西，没个闲时，电话根本不用打。小儿子在县城，工作倒是轻松。他一个电话打过去，这回，他直奔主题，说："今天是我和你妈的金婚纪念日，你能不能回家？"

小儿子开始没回过神来，等明白过来，小儿子在电话那头哈哈乐了："爸，你这浪漫的，还金婚呢！我今天没空回去，要送小子去学英语的，你和妈就自己做点好吃的吧。"

小儿子嘴里的"小子"，是他们的小孙子虎子，小家伙念小学四年级了，聪明伶俐，成绩好得很。小儿子一提到小孙子，他和她赶紧说："孩子的学习要紧。"

搁下电话，他看看她，她看看他，无比的寂静寥落。他说："还是我带你出去逛逛吧。"他们一起坐公交车去县城，在路边的小吃食店里，他们各下了一碗肉酱面，庆祝金婚。吃完，他领她去逛商场。在金首饰柜台前，她痴痴看了半天，从金戒指看到金镯子。他豁出去了，掏钱准备给她买一只。她不肯，一只要好几千的，那是给孙儿们准备的压岁钱呢。

她后来在地摊上看到一款玛瑙戒指，才五块钱。他给她买下，戴上。她晃晃手指，他和她的脸，就在戒指里晃，模糊着，温暖着。

小恋情

这场小恋情，就像轻风拂过花蕊。然后，风有风的路要走，花有花的事要做，各自安好。

他是突然间喜欢上她的。

那日黄昏，放学了，天色已暗，他下楼，她也下楼，一群花枝招展的女生之中，她素朴得像一棵狗尾巴草。她不穿高跟鞋，不穿紧身裤，不佩戴挂件，头发拢在脑后，随意挽成一束，笑容轻浅。他的眼前，仿佛有小溪流过。

这是高二，被称为高考的跳跃阶段。学校的电喇叭里，天天强调，高一是起点，高二是奔跑，高三是冲刺。也三令五申说，中学生不许谈恋爱。

可是，春风来拂，谁能挡得住小草钻出地面、杨柳爆出新芽？他找着各种理由，接近那个小女生。他们相熟起来，互递着小纸条，说些生活中发生的小趣事，或小烦恼。各各取了一个奇奇怪怪的英文名，彼此称呼着。

他的日子，开始充满期待。每天一睁开眼，他就恨不得飞到学校去。他开始在乎起自己的外表来，每天停在镜子前的时间，明显变长。他不满意自己冒出的青春痘，期望能意外获得奇药，喝下去立马让他的皮肤变得光滑。他也不满意自己的身材，太瘦了。从前不喜吃的鸡蛋，他现在每天吃两只。从前不喜喝的牛奶，他现在每天都要喝上两大杯。他要养得壮壮的，好让小女生有安全感。

他一分一分积攒着零花钱，给小女生买巧克力吃。巧克力偷偷塞在小女生的桌肚里，当他看着她掏啊掏啊，掏出一脸的惊喜。他笑了，假装埋头读书。他也悄悄去车棚，把小女生骑的那辆粉色自行车，擦得锃亮。他还在她的车篓里，放上一朵丰腴的月季花。那是校园花坛里开得最好的花，为摘它，他被月季花的刺，刺得倒抽口凉气，然心里却乐开了花。

她生病，有几天便缺着课。他一下课就伏到教室外走廊的栏杆上，往校门口看，他想把她望来。她不在的那几日，他心神不宁，坐立不安，却抽空儿帮她整理好落下的听课笔记，一字一字，笔道刚劲，是从未有过的认真。

她说，喜欢成绩好的男生。他有一段日子，就非常非常地用功起来，成绩扶摇直上，搞得教他的老师都很惊讶，当众表扬他，要全班同学向他学习。他在心里偷偷笑，只有他知道，这都是为了她。

250

他约她看过一场电影。请她吃过一碗豆腐花。在教学楼的天台上，他们一起吹过风。甚至谈论过将来，将来，也是要在一起的，他不会变心，她也不会变心。

　　他们的交往，很隐蔽，像春风潜入花圃，像细雨丝飘落湖心。然到底还是让大人们给发现了，先是班主任找他和她严肃谈话，然后是各自的家长如临大敌，对他们严加看管起来。

　　他们明里答应，断了关系。暗地里，却写着小纸条联络。每天都要写上若干的纸条，写到最后无话时，他就画上一个"心"，或是"笑脸"，他想，她是懂的。在班主任和家长的眼皮子底下做这样的事，又紧张又刺激，他们简直有些迷恋这种感觉了。

　　随后，就进入高三了。换了班主任，家长也不那么看管他们了，他们的关系，却莫名其妙地冷淡下来。他们传递纸条的频率，越来越少，有时竟一个星期也不写一张了。

　　课后，他和一帮男生，呼啸着去打球，打完球跑回来，一头一身的汗。她和一帮女生，跑去小卖部买烤肠吃，吃得满嘴皆是油。楼梯口，他们相遇，他们有些诧异地看着对方，觉着很是陌生。他再看她，真的是个很一般的女生。她再看他，真的是个很一般的男生。

　　晚上，他们分别收到对方的纸条，上面竟写着同样的话："以后我们不要再传纸条了，我们还是学习吧，一心一意迎高考。"他笑了，把她曾经写的那些小纸条，用一个纸盒子装了，塞到床底下。她也笑了，做了同样的事。

这场小恋情，就像轻风拂过花蕊。然后，风有风的路要走，花有花的事要做，各自安好。

冬 葵

核桃般褶皱的脸上，漾着令人心动的温柔。

冬葵到药房当学徒的时候，时年 12 岁。

也是因为家穷，唯一的男丁，被父母硬生生送了来。什么活都做，掌柜一家人的衣服要洗。尿壶要倒。水要挑。柴要劈。饭要煮。还不时要去山上采草药，一个人顶着烈日，攀爬在悬崖峭壁上，忍受蛇虫侵扰。

冬天，窗上结着冰花，一朵朵，丰腴着。掌柜一家人还躺在温暖的被窝里，冬葵却要早早起来，院前院后打扫，伸了冻疮密布的手，擦冰花。动作慢了，掌柜会生气。肥头大耳的掌柜一个巴掌掴过来，会让冬葵眼冒金星，半天站不稳。

冬葵怕，度日如年。好不容易找了机会回一趟家，对着父母哭，说：哪怕饿死，也不要把我送去。父母反过来对着他哭，说：在家是等死啊娃。没有学徒不是这样的，熬出头来就好了。

娃啊，熬着吧。

　　父母的眼泪，把冬葵吓着了，他后来再没对父母哭过。他在药房里安下身，渐渐爱上那个地方。一天的忙碌过去，他有了属于自己的片刻安宁。虫鸣声若有似无地响在夜空里，铺盖卷静静倚在药房的柜台旁，他举着烛台，在一圈柠檬黄的光里面，踮起脚尖，偷偷打开红木柜子上一个一个暗红的抽屉。各种草木花朵好闻的气息，汹涌而出，很快将他淹没。

　　冬葵着了魔地喜欢上那些中草药，每一种，都有一个好听的名字。仙茅，白薇，连翘，沉香，茯苓，紫苏，——冬葵一一在嘴里念，念得心动。一天，他发现"冬葵"居然也是一味中草药，他实在太高兴了，抓了一小把冬葵子藏在身上，手不时悄悄触摸它，心底有隐秘的快乐在飞。

　　女孩红花的出现，让冬葵的世界春暖花开起来。这个时候，冬葵已在药房里当了五年差，长成一个瘦瘦高高的少年。他能准确地报出任何一味中草药的名字，抓药时全凭手感，几钱几两，分毫不差。

　　红花是来买药的。16岁的女孩，父母早亡，跟了哥嫂。哥嫂贪财，收了人家钱财，强行塞她进花轿，给一病重的老头冲喜。冬葵在她脸上读到深刻的忧伤，如夜色堆积般的。他的心，无端地弹跳起来，疼。他抓一把药，再抓一把药，包好，左右看看，飞快地对红花说：拿走吧，不要钱的。

　　红花看着他，"扑哧"一声笑了，两只细长的眼睛，弯成小

254

月亮。她说：我带了钱呢。然后，在柜台上搁下一把银圆。冬葵的脸"腾"的红了，心却是愉悦的，因为，他看见她的笑。那一天，他看天，天美。看地，地好。肥头大耳的掌柜看过去，也没那么可憎了。

两个少年就这样相识了。一些夜晚，红花会趁老头睡熟了，偷偷跑出来，轻轻敲冬葵的窗。冬葵的心，立即欢喜得开了花。他举着烛台，领着红花，一一去辨认那些中草药。贫穷的两个少年，没什么可相赠，却有草药。他送她"冬葵子"，她赠他"红花"，彼此是贴近的两个。他说，将来有一天，他要开家药房，房前屋后都种上草红花和冬葵。她听着，眼睛亮起来，又黯淡下去。她的日子一片黑，她不知道会走向哪里。他安慰她：没事的，有我呢。

重病的老头终撒手而去，那家人要把红花卖了。红花惊慌失措跑来找冬葵。冬葵只觉得一股热血直冲大脑，他一把牵住红花的手，说：我们逃吧，我带你走。

半路上却被捉回。冬葵被打折了腿，整整一个冬天没能挪步。等到窗外的冰雪终于消融，枝条上缀满雀跃的小绒毛，冬葵却再也找不到红花了。那时恰逢兵荒马乱，一个人的消失，如同一粒尘的消失，无声无息。

掌柜后来暴死，冬葵成了药房的主人。他养成了爱种草红花和冬葵的习惯，日子里，总有红花白花不息地开。这一习惯到他成为爹，没有改。到他成为爷爷，没有改。晚年，他患上老年痴呆症，忘记了很多人很多事，甚至连他最疼爱的孙子站他跟前，他也不认得了，却喜欢种下一棵一棵的草红花和冬葵。在花盆里种。在院门前的花池里种。在他看到的所有的土里面种。人问他：老人家，你这是在种什么呀？他口齿清晰地答：草红花和冬葵呀。核桃般褶皱的脸上，漾着令人心动的温柔。一圈圈，如水波。

寻找王桂兰

沧海桑田，有时也不过是一二十年的事。

当年，我在老街上读高中，和王桂兰，还有另一个女生，关系最要好，几乎形影不离，有好吃的一起吃，有好穿的换了穿。其实，哪里有什么好吃的，无非是家里炒了几把蚕豆，或是祖母烧了一罐的咸菜。王桂兰的母亲会做酱，好吃的豆瓣酱，还有炒年糕，让我念念不忘。

"还有韭菜炒莴苣，我第一次在她家吃，好吃得要命。"另一个女生说。

我们同时笑了。味蕾的记忆是深刻的，长久的，没有一点欺骗性。

王桂兰的家在另一个乡镇，要路过许多的桥，许多的农田，还要在一个渡口守渡船。我们骑了很远的路去她家，把自行车架到渡船上，看一河的水，晃出许多碧绿的影子来。向晚的风，吹得漫漫的。

知道我们周末来，她妹妹撑了船过来接我们，她母亲早已在家里的锅台上忙乎开了。三间简易的平房里，飘荡着饭菜香。我们扑过去，也不管吃相，把她的母亲，当自家母亲，吃了再添，直吃得肚子撑圆了。

王桂兰比我们年长几岁，高中未念完，就辍学回家了。一说是因家里穷，一说是因要嫁人。那时，我正埋首在迎高考的复习中，关于她离开的细节，竟模糊成一团影，怎么努力去看，也看不清了。

我们在老同学中间发起一场寻人运动，寻找王桂兰。有在公安局工作的同学，利用职务便利，在公安内部网上查找，输入"王桂兰"，一下子跳出成千上万个。即使缩小了范围，缩小到她曾经生活过的乡镇，也有上百个。一一核对，不能确定。二十多年的面貌变化之大，有时是超出想象的。况且，二十多年的时间，什么样的状况都会发生。沧海桑田，有时也不过是一二十年的事。

这日深夜，我正把一篇写好的文档保存，就要关电脑去睡了。另一个女生的信息在QQ里突然跳出来，语无伦次的，她说："我找到啦！我找到了！"我打过去一个问号，她干脆拨来电话："我找到王桂兰了！"

原来，王桂兰并未远离，她嫁到了另一个村。

我们去寻她。车子一路往乡下开过去，满田满坡的油菜花已开过，残留着一小撮一小撮的黄。像小孩子作的画，颜料涂得歪歪扭扭，这里一块，那里一块，天真随意，却又是极美的。麦子抽穗，蚕豆结荚，丰收在望的样子。想着王桂兰在这样美丽的乡村住着，你耕田来我织布，也是好的吧。

一路不断寻问，终到达她所在的村。午后，家家闭门关户，门上落一把大锁。有的竟不落锁，随便一推，门就开了。屋旁种着蔬菜，肥绿水灵。羊在羊圈里，探出半个头来，好奇地打量我们。

村人们都在地里忙活，我们好不容易逮着一骑车路过的老人，向他寻问。老人警惕地看着我们，问："你们是什么人？找她做什么？"我们一时答不上来，只愣愣看着老人笑。老人大概觉得我们不像坏人，他松一口气，伸手一指，说："王桂兰离家十多年了，她婆婆在那块地里干活，你们可以去问问看。"

哪里呢？我们放眼望去，满眼的，都是葱茏。我们绕河绕沟，寻到地里。在忙活着的，都是些老人，警惕性却高得很，偏不肯告诉我们，谁是王桂兰的婆婆，他们说："现在外面的骗子多。"我又好气又好笑，拿了身份证告诉她们，我们不是骗子。

老人们哄一声笑开了，齐齐指着一个臂弯里挎草篮的老妇人，说："她就是王桂兰的婆婆。"婆婆起初还是有点不信我们，反复问："你们找她做什么？"我们一再回忆当年上学的情景，说起去王桂兰家要乘渡船，说起王桂兰家的炒年糕和莴苣炒韭菜。有人在一旁说："哎呀，看来真的是她同学，这么多年了还来找她做什么呀？”婆婆帮腔：“同学就好比亲姊妹的。”

　　愣住，原来，我们这么兴兴地来找她，是为找当年丢失的一个姊妹啊。我们得知，当年王桂兰退学归家，的确是为完婚，好给贫穷的家里，减轻负担。所幸所嫁之人，相当勤恳，木工手艺精湛，待她也好。他们育有一儿一女，在东北开一家门市，生意做得很兴隆。

　　我留下电话。当晚，就接到王桂兰的来电，电话里反反复复只一句："这么多年，我不住地在想你们啊，你们去了哪里啊。"我的泪差点掉下来。

桃花红

所谓人间仙境婉转清扬，莫不是那样的了，有艳阳照着，有桃花开着，有人在走着。

我家为什么不长桃树呢？这个简单的问题，几乎困扰了我的整个童年。

家前屋后，地方宽敞得很，栽一两棵桃树，完全是游刃有余的事，却偏偏没有。问过我爸，我爸说：那时，饭都不得到嘴了，哪有那闲心情栽桃树。

说的也是。穷家里，整日里为温饱奔波，桃犹如仙盘中的物，是沾不了人间烟火，当不了饭吃的。

却有人家长着桃树的。院前，或是屋后。最惹眼的是春暖花开时，一树的桃花，红粉艳丽，像仙女舞霓裳。衬得树下走着的人，如在画中走着。寻常茅舍，也全变成画里的了。村庄安稳，世事静好。所谓人间仙境婉转清扬，莫不是那样的了，有艳阳照着，有桃花开着，有人在走着。

桃树挂果时，逗引得我们小孩子肚子里的馋虫，不舍昼夜地爬着。我们日日仰头望向那棵桃树，粒粒青果，在我们的仰望中，渐渐长大了，饱满了，欢实了。但到底是人家的树，再怎么望，也只能是"望梅止渴"。

我姐领着我偷过一两回桃。那种惊险，是不消说的，惹得狗叫人追的。好不容易偷摘到一只，我姐和我，一人一口，分着吃了。那是我吃过的最甜的桃。此后的数年间，我吃过无数的桃，有人曾带给我无锡惠山的水蜜桃，个大，绿皮红嘴，水灵灵的，却都不及我小时吃过的那只桃甜。

我和我姐坐在田埂上，桃子的汁液，仍留在唇齿间，甜甜蜜蜜的。晚霞布满了村庄上空，鸟雀喧闹着从头顶上飞过，我姐望着西边天说：长大了，我一定要嫁给长桃树的人家。

我深以为然，拼命点头，跟着她后面向往。

黑辫子家也长有一棵桃树的。

就让我叫她"黑辫子"吧，我是不知道她的名字的。

吾村下设八个生产队，各生产队之间，往来不多，虽是同村，见面未必相识。我家在四队，黑辫子家在二队，且她比我大很多，不是同代人。

我上村小学，是要从黑辫子家门前经过的。那里两排房子，一家挨着一家，一律的茅舍，鸡犬相安无事。一条小路，东西横亘，小蛇一样的，从两排房子中间穿过。路旁杂草野花随意生长，有的都跑到路上来了。也长树，槐树或是苦楝树，全无规则地长着。上学的路上，我从不寂寞，踩着花的影子草的影子树的影子，一家一家看过去。

黑辫子是什么时候吸引我注意的，我记不清了。记忆里，是那样水粉艳阳的天，她家门口的桃花，开得轻舞飞扬，云蒸霞蔚。我从那里走过，看着一树的花，很是惊异。美有时是让人惊慌的。怎么可以，怎么可以那样！我虽是小孩，被这样的美突然撞了一下，也是吃惊得很的。

然后，我就看到了黑辫子。我从那里走过无数次，却是头一回看到她。她的人，比桃花更令我惊异。她个子高高的，穿一件红格子外套，脸庞圆润，眼神清亮。应该新洗过头发吧，她长长的黑发如瀑，披散着，手里抓把木梳子，站到一树的桃花下，开始梳头发，一边梳，一边扭头和屋内的人说话。她整个的人，仿佛罩着水粉，是柔风吹皱春水，叫人生生地陷进去，只管傻傻地看着，不知道怎么办才好。

她很快辫好长发，一条粗黑的长辫子搁在胸前，花影飘拂，她好比是万千朵花镶成的一个人。她发现了呆站在那里的我，冲我笑了一下，进屋去了。一地的红粉艳阳，也被她带进屋子里去了。

我变得爱走那条小路，每天四趟。

走到黑辫子家门口时，我总慢慢磨蹭着，对着黑辫子家东张西望，是想看到黑辫子的。黑辫子有时在家，有时不在。我看见过她妈妈，很矮小的一个妇人，上了年纪，我该叫奶奶。她哥哥长得矮壮，跟她完全是两个样子。她嫂子瘦瘦的，高颧骨，面相看上去有些凶。她哥哥有两个小孩，一个女孩，一个男孩。女孩比我略小些，男孩跟我姐差不多大。男孩有次可能犯了什么错，被她哥哥捉住打，哇哇乱叫着。

黑辫子在家时，我偶尔还会见到她梳长头发，站在门口的桃树下。长头发被她编成一条粗黑的长辫子，搁在胸前，或垂在脑后。她的人，是比桃花还艳的。也见她蹲在门口洗衣裳，袖子挽得高高的，露出小麦色的肌肤。我还见她担水归来，两只水桶，在她的身前身后晃晃悠悠，她不像是在挑水，像是在跳舞。我还听见过她教小女孩唱歌，坐在桃树下，一句一句，声音温柔清甜。她还陪小女孩在家门口跳绳玩，笑声金豆子似的，坠落一地。

我羡慕过那个小女孩，她可以天天跟黑辫子在一起。我心里生出愿望，我长大了，要长成黑辫子的样子，梳黑黑的长辫子。把袖子挽得高高的，洗衣裳。我也唱歌，也挑水，让水桶在我的扁担上晃晃悠悠。

我还要栽一棵桃树，让它开一树艳粉的花。

那日放学，我照例走过黑辫子家门口。

远远看到一堆人聚在那儿，乱哄哄的，气氛怪异。还有人在不断地往这边跑，边跑边搭着话："什么时候的事？"

　　"也就刚刚。"

　　"怎么知道的？"

　　"她妈妈去地里挑羊草回来，发现家里的门被从里面反锁了。"

　　"唉。"问的人叹息。

　　"唉。"答的人叹息。

　　我从人缝里挤进去，眼前暗暗沉沉，天光被遮住了似的，一条粗黑的长辫子，却那么显目，从门板上垂下来。门板上躺着的，竟是黑辫子，她紧闭着双眼，一动不动，任周围人声鼎沸。村里的赤脚医生也在，他把粗粗的针头，扎进黑辫子的胳膊里。

　　关于黑辫子上吊自杀的事，很快在村子里风传开来。说她看上了一个青年，两个人私下里要好，她嫂子却硬把她许配给一个做木匠的瘸子，并且收了木匠家的彩礼钱，给自己娘家的兄弟娶老婆。黑辫子不同意，早上起来，跟她嫂子大吵了一架，一时想不开，就上吊了。

　　她那个高颧骨的嫂子，大概听到村里人的风言风语了，叉着腰，在家门口跳着脚骂："哪个瞎嚼舌头的在嚼舌头？不得好死！"

　　那个时候，她家门前的桃花谢得差不多了，一地残红。春已走到尾声了。

黑辫子被救活了。

被救活了的黑辫子，却失掉往日的灵气，变得痴痴呆呆。

我上学，还从她家门口过，每日四趟。也总会看到她，站在门口的桃树下。她不再拿着木梳子梳头发，把长发辫成一条粗黑的长辫子，而是呆呆望着一处虚无，傻傻地笑。有时，她会跑到路口来，拍着手跳着唱歌。

她粗黑的长辫子很快被铰掉了。

她的衣裳，变得又破又脏。

她趿着一双破布鞋，追着人跑，首如飞蓬。

大人们开始叮嘱家里的小孩：不要从二队那个疯子家门口走，疯子是要打人的。我也被大人们这样反复叮嘱。

我很听话，虽有千般好奇万般不舍，再去上学，却也绕路而走。

年年的桃花仍如约而开，还是那般红粉明艳，婉转清扬。一个村庄，被三五棵桃花点缀着，像荡在云霞中。

第七辑
跟着一只蝴蝶走

生活的热爱，应该是它们
共同的语言和灵魂的密码，
只消一个眼神，便能成为
相知，又哪里会有疏离和
隔膜？

枫泾虫鸣

时间会证明给人类看的，江山最后谁也不属于，江山只属于它自己。

江南的古镇，是离不开水的。枫泾古镇也不例外。周围水网密布，河道纵横。窄的地方，两岸树木能握手畅叙。宽的地方，可供十只八只小舟并驾嬉戏。水多，桥必多。说"三步两座桥，一望十条港"有点夸张了，十步一桥，那是差不离的。多，多达52座。或平或拱，或弯或曲，多为石头或青砖垒成，绿苔暗生，树木掩映。它们是古镇的骨架子，把一座古镇千百年的风情，给撑了起来。

市河算是古镇最主要的一条河流，贯穿南北。有人也叫它"枫泾河"。这个名字听起来更有意蕴，枫树成溪成泾，该多美。枫树我倒没见着几棵，或许有。一棵粗大的合欢树，撑在竹行桥的桥头，枝条俯身下来，几乎要匍匐到桥栏杆上去了。

时序已近仲秋，合欢花们还如朝云般的，在枝头欢欢地开着，载歌载舞。

古镇当年的繁华，应聚集在这条河上。两岸人家的房子，和风雨长廊，都傍河而建。有意思的是，它们不是相向而建，而是这岸的人家面河，那岸的人家枕河。随便挑一处长廊坐下，喝点什么，或什么也不喝，就那么闲闲地望着对岸枕河人家。那真正是铺开的水墨画卷呀，仿佛谁在宣纸上，那么漫不经心地勾勒着，淡几笔，粉墙出来了；浓几笔，黛瓦出来了。然后，骑楼、勾栏、重檐、亭阁，一一都出来了。木格窗半开着。有后门可供出入，层层石级下到河沿，散漫中，透出匠心。植物们也都秀眉秀眼着，铜钱草，或是太阳花，或是小朵的海棠，或是绿萝，搁在窗台上，或吊挂在墙上。我想起王勃在《滕王阁序》里的描述："披绣闼，俯雕甍。"觉得应用到这里来，也很贴切。眼前之景，虽没有滕王阁那样的精美华丽，却也是端丽可人的。这样的地方，适合缓缓看，缓缓归。

还是这条河。当年吴、越两国，曾在此河上立界，南归越，北归吴。我穿过界河时，想自己一只脚踩在吴国的领地上，另一只脚已跨到越国的家门口了，我如此轻松地一越，千百年前的人们，不知因此流过多少的血泪呢！人是顶顶奇怪的生物，占有欲极强，总喜欢霸占本不属于自己的东西。比如说，争江山。时间会证明给人类看的，江山最后谁也不属于；江山只属于它自己。

老百姓的日子却是家常着的，风雨不动安如山。小巷连着里弄，木门木窗青石板，抬头仰望，是一线天空。昔日的老房子里，生活还是生活，阿婆们就着一方长桶，剥着新收上来的菱角。做芡实糕的女子，裹在一团香雾中。有妇人手指飞速翻转，她的手边，已垒着一堆包好的粽子。有年轻妈妈抱着牙牙学语的小娃，坐在屋檐下，一遍遍教小娃叫：妈，妈。奶声里，就有了一声声：妈，妈。听得人心里软，继而眼睛湿润。再难懂的方言，一声"妈"，却几无分别。裁缝铺里，忙得很，布料子红红绿绿堆着，老裁缝拿着皮尺，在给人量尺寸。有丝瓜花和扁豆花，攀爬在人家屋檐上，安安静静开着。

　　晚上，在河边坐定，叫上三五个家常菜，慢慢吃。两岸的红灯笼，倒映在河里，一河的水，都变得妩媚起来。风轻轻吹着，耳边有吴侬软语响着。一时间恍惚，我是来看这灯光的吗？是来看这黛瓦粉墙的吗？是来寻访古桥、寺庙和牌坊的吗？都是。然我似乎还在期待着什么。

　　八九点的时候，老街上的灯光，一盏一盏熄了。木板门"咔嗒""咔嗒"上了闩。我走在深巷里，只听见我的脚步声在响，星星们亮在头顶上。突然，有虫鸣的声音，传了过来，从那幽暗的里弄深巷处。起初也只是一两声，瞿瞿，瞿瞿。清脆、空灵。接着声音多起来，唧唧，吱吱，蝈蝈，这里，那里，千万只虫子叫起来，共奏一段小夜曲。我循着虫声找去，它们伏在哪片黛瓦上呢，或是躲在哪块青石板下呢？或者，就在那一丛扁豆花里，在那一蓬丝瓜花中。或者，就在那石槽供养着的铜钱草和晚荷中。

一个古镇，淹没在虫鸣声中。夜，夜得相当纯粹，再无别的声响。

山 趣

人的喜欢，是没道理可讲的，弱水三千，只取一瓢。

清晨五点多醒来，有小雨点轻敲窗棂，晨曦已一点一点泄漏了雨的秘密，用不了多久，天光会大亮。山下的抚仙湖，仍在睡梦中。

与昨日黄昏下的活泼截然两样，此刻的抚仙湖，看上去安宁、安详，豆花般的呼吸。天地一片葱茏。

昨日黄昏，我刚在客栈入住，客栈老板就竭力游说我，快去湖边走走啊，去看看这里的水啊，水清得很，可以直接捧起来喝。

他没有夸大，我确确实实见到了最清澈的湖水，近看透明，远看似玉，水下轻沙粒粒可数，古人称之"琉璃万顷"。在气势上，它却不输大海，浪花前翻后涌，奔着岸边的礁石而来，涛声雄浑。有新娘立在一块礁石上拍婚纱照，她一袭白纱，配了那碧玉般的浩荡的湖水，不像在人间。

湖边有茅草，有芦苇，有木蓝和蒲儿根，还有形象美丽的树，树上结满红果子。问一当地在垂钓的人，这是什么树？那人正独坐一块礁石上，垂钓半天了，也未曾见他钓上什么来。他不急，就那么一会儿看看水，一会儿望望对岸的山，我以为，他在钓湖光山色。那人瞟一眼他身后的树，道：红果子树。我笑了。后来我查询得知，它叫"清香木"。想起垂钓之人说的"红果子树"，我又忍不住微笑了。

山上的小村也还在睡梦中。抚仙湖在这里，描出一个小湾，形似舌头，上面树木蓊郁，烟火粒粒。

那只打鸣的鸡呢？那只兴奋得跳上跳下的狗呢？倒伏的树桩上，坐着两个汉子，他们吸着烟，望着山下，不说话，也十分动人。他们的背后，仙人掌像树一样生长着。

山是自有生趣的。

比如，它想长牵牛花，就长牵牛花。想长灰灰菜，就长灰灰菜。想结野梨野桃子，就结野梨野桃子。想把一些小雨点变成蘑菇，就变成蘑菇。想让石头变得千奇百怪，就让石头变得千奇百怪。一块巨石形似乌龟，蹲伏在山路旁，小湾村的人敬它为神，在它旁边烧香祈福。

每座山上都有神，小湾村的人如是说。

唔，我点头。这个神可能是一棵树。也可能是一块石头。也可能就是山的本身。许多的山，都是寿与天齐的。

274

我跟客栈老板聊这座山。客栈老板不是本地人，他是从四川过来的，租了村民的房，改造成客栈。坐在他家客栈露台上，视线稍稍落下，就能看到下面碧玉一样的抚仙湖。

我问他：怎么想到到这座山上来的？

他笑答：随缘呗。

几年前，他偶然来这里，遇见这山这湖，就喜欢上了。天下名山大川也多，但对他来说，再也没有什么地方，比这里更好了。

人的喜欢，是没道理可讲的，弱水三千，只取一瓢。他把客栈布置得花草喷香，竹影扶疏，用来安放他，也安放一些远来的客人。湖光山色最养人，他说。

我羡慕得很了，独自往山里面去。牵牛花在草丛中，咧开鲜艳的紫色的唇。野杏子树上，结满了野杏子。我摘一颗野杏子吃，想山不会怪罪的，野杏子鸟吃得，人也吃得。还有野梨野桃子野葡萄，还有些小黄花小红花，都是生机盎然的。野韭菜花开得那么好看，铺成一片小花海，简直要拿瓷瓶子供着才好。有坟墓没在那野草野花中，让我驻足许久。什么叫芸芸众生？什么叫生生不息？山给出了最好的答案。

我把一颗野杏子的核，埋进土里。我想，来年它会长出一棵杏树来的。一定的。

那棵金桂

再俗世庸常的日子，有了它，也让人生出无限的惦念和向往。

这会儿，我又想到那棵金桂。

金桂在一条老街上，老街在古镇安丰。

我们一行人去拜谒古镇。看过了保存比较完好的清代建筑鲍氏大楼。看过了照墙、瓦当和雕花的木格窗。看过了一口据说是唐时留下的古井。

然后，我们走上老街古旧的石板路，看两边的房。房有些是翻新的。有些正在整修中。还有些以本来面目存在着，明代的，或清代的，木门木窗都呈炭褐色，仿佛火烤过似的。——老街的确很老了。

可是，它到底有多老呢？倘若你存了疑问，寻问当地人，当地人会这么回答你：我祖上的祖上，就住在这里呀。

他一边答你的话，一边给一盆海棠花浇水。院落深深，似乎千百年来无有改变。靠院墙摆放着众多的花花草草，瓦盆瓷盆，泥缸泥罐，甚至从前的尿壶，都被种上了。一缸的睡莲，撑着肥圆的绿叶子，绿波流转。一朵粉艳的花，躲在叶下面，只露出小半张脸，俏皮着，仿佛在窃笑。惹得我们举起相机，围着它拍了又拍。

有老妇人在老屋檐下剥黄豆。她只是抬头笑笑地看着来人，不惊不诧。久远的岁月走到她这里，已波平浪静。

我们回她一个笑，退出院落去，继续前行。脚步轻轻，听不见声响，可历史千万重回声，分明在脚下汹涌澎湃。一块一块褐黄色的石板，被时光之手，雕琢得仄仄平平，如宋词一阕阕。当年，古镇煮海为盐，傍镇而流的串场河上，舟楫往来，熙攘纷繁。盐商们从这里运盐出去，回时船空，装上石板压船。一次次，竟在这里铺出一条七里长街。

明代哲学家王艮是从这里走出去的。

清代布衣诗人吴嘉纪是从这里走出去的。

他山之石，可以攻玉。——不知怎的，我想起《诗经》中的这一句，对着脚下的黄石板，我发了一会儿呆。再抬头，猛然与一树蓬勃的绿相逢。

那真叫蓬勃，一棵树，独独的一棵，站在荒芜之中。看不见树枝树干，只有叶的绿。绿叠着绿，绿挽着绿，绿抱着绿，神采昂扬。它的前面是一幢老房子，它的身后还是一幢老房子，都破败得很，无人居住。断壁残垣处，野草肆意。想当年那一定是一个四合院，日暖风轻，人丁兴旺。街上整日热闹沸腾，各种叫卖声，不时地穿庭入户，撞进小院来。院内的孩子坐不住了，缠着小脚的老祖母，去买桂花糕。去买糖人。去买麦芽糖，还有五香蚕豆。

那么，这棵绿，又是什么时候栽下的？它在谁的守望中，一天一天长高。又在谁的注视中，早也青绿，晚也青绿。它见证了一些岁月的轮回，几页繁华，又几页凋落，世事终敌不过的，是时间。我们站定，对着它愣愣地看，就听到有当地人在身后笑说：那是棵金桂，好些年了。

心生欢喜，原来是它！花开时节，一簇簇金黄的小花，一定缀满枝丫。整个老街，都溢着它的香吧？出门去，香送出门。进门来，香迎进门。一年又一年。再俗世庸常的日子，有了它，也让人生出无限的惦念和向往。

我唯愿下次再去老街时，它依然还在那里，坚守着它的坚守，蓬勃着它的蓬勃。

桃花时光

> 人生也短，我们不要再错过。

陡然间见到桃花开，我想起多年前的龙冈。

龙冈是盐都下属的一个小镇，有上千亩桃园。春天的暖阳一照，上万株的桃花，齐齐鼓着小嘴儿，怒放了。那景象，端的是一个瑶池仙境落凡尘。我对那人说："我要去龙冈看桃花。"他奇怪："我们这里也有桃花可看啊。"我说："不一样的。"我没告诉他理由，不只因为那里有成片的桃花可看，还因为，我的青春曾在那里停留。

那年，一宿舍十个女生，架不住外面的春光招摇，不知经谁撺掇，相约着去龙冈看桃花。于是乎，呼啦啦都涌了去。也不识路，一任公交车领着我们，一路哐唧哐唧出了城。都是素面朝天着一张脸，却愣是让周围人的眼光，聚焦到我们身上，艳羡地看着我们。那是青春自有的光彩，远着胭脂水粉，天然去雕饰。

有人到底忍不住了，问："孩子们，你们这是去哪啊？"我们齐齐答："去龙冈看桃花呢。"言语之下，是说不出的优越。那个时候，能那么无所事事规模浩大地去看桃花的，怕只有我们了。人们就宽容地笑，微微颔首道："龙冈的桃园多，够你们看的。"

果真的多。我们人还未到近前，铺天盖地的桃粉嫣红，已不由分说扑过来。我们跳进去，人迅捷被花树掩埋。桃园到底有多大？我们踮起脚尖，也没有看到它的边。到处是红粉乱溅，四面漫开去，漫开去，如烟似霭，聚成山，聚成峦，起起伏伏。抬头，低头，侧身，转身，相遇到的，除了花，还是花。累累的，朵朵清纯。我们在桃花丛中跳着叫着，每个人的脸上，都有无数桃花的影子在荡漾，平日见惯了的一张脸，竟变得格外动人。我们相互看着，情不自禁拥抱成一团，信誓旦旦着说："不管将来到了哪里，我们都要永远记住今天的桃花。"

多年后，我们早已天各一方，音讯疏离。年轻时再深刻的誓言，原是当不得真的。可记忆分明清晰地在着，一下一下拨动着心弦。我一刻也坐不住了，和那人立即出发去龙冈。我在车子上放上了水和面包，是打算在那儿好好温故一番的。

天是十分架势的晴，阳光金箔儿似的，镶嵌得到处都是。沿途的颜色十分可人，麦苗绿，菜花黄。若遇水，水边垂柳依依，再傍着一河两岸的菜花，那景，就像谁摊开了巨幅水彩画。还是不识路，只能凭着从前的印象，出了盐城，顺着路开，越开越疑惑，怎么还没到？停车问人，才知，我们早就开过去了。不着急，笑嘻嘻掉转车头，继续开。我两眼盯着窗外，欢喜得很。春天里赏景，其实根本无须目的地，逮哪儿是哪儿，即便再偏僻荒芜的地方，也一样有着叶绿花开。

我们就这么不急不慌的，边走边看，终于寻到龙冈镇。修车的铺子前，几个男人正闲闲地坐着。我们去问路，怕人家听不懂，还特别做着手势形容："就是有很多很多桃花的地方啊。"男人们没有表现出惊奇，淡淡说："哦，是看桃花的啊。"他们伸手一指："呶，你们往那边去就是了。"

我们顺着他们手指的方向，出镇子。途中又问一妇人，她同样没有惊奇，伸手一指："呶，那边。"扭头去看，我有些发怔，哪里还有记忆中的万亩桃园！零星的一抹红，被一道铁丝网圈着，美其名曰：桃花源。已被辟为旅游景区。

我们买了门票进去。园内有河有桥，有曲折的走廊。新植桃树，不过数十棵。稍稍一打眼，也就望遍了。我不死心，一棵树一棵树地数着看。树不是从前的树了，花朵却固守着从前的样子，朵朵清纯，红粉乱溅。我心里悄悄生出一个打算，这次回去，我要一一找到昔日的同学，告诉她们，我去龙冈看过桃花了。人生也短，我们不要再错过。

几个女孩携手而来。她们不嫌花少，倚着一树的花，旁若无人地摆出各种姿态拍照。青春的脸上，飞扬着明媚青嫩的笑，怎么样，都是好看的。我站定看她们，想着，这是她们的桃花时光呢，多年后，忆起时，心头，会缓缓升起莫名的暖意和感动吧。

美丽的"情郎"

我们有太多的话，说不出来。

夜宿林芝。一夜雨敲窗棂。

晨起，雨歇。山上云雾腾起，隐约露出点点绿意。莹莹积雪，已分辨不清，它与云雾交融在一起。或许，云雾就是它变幻出来的，游玩戏耍一阵。它骗了我们的眼睛，它远不是望上去的那么冷艳。

到林芝的人，南伊沟是必去的，它是神秘的藏医药文化的发源地，有"藏地药王谷"之称。沟内动植物资源保存完好，被誉为"地球上最高的绿色秘境"。我和那人五年前曾前往游历过，这次，这一处就忽略了。

也没再去瞻仰南迦巴瓦峰。在途中遇见一些去过的驴友，他们很泄气地告诉我们：唉，被云雾遮了，等了半天，也没看到南迦巴瓦峰的真面容。我暗暗庆幸得意，我可是清清楚楚仰望到过南迦巴瓦峰的，它恰似一个美丽的少女，眉目清秀地端坐在云端里。

我们选择去巴松错。西藏的"错"多，寻常得一如江南的老街、小巷和池塘。哪一个"错"，都美若珍宝。就像江南的哪一条老巷子里，都有青石板路；哪一个池塘里，都掉落着星星和月亮，也都长着菱和藕。

然"错"与"错"，又各有各的风姿风情，有的含蓄内敛，有的奔放豪迈，有的多情，有的多意。巴松错多情，人称之"美丽的情郎"，在藏语中，它的意思是"绿色的水"。

我们一路行去，美丽的尼羊河一直相伴在身侧。河边有小森林、草地、小木屋，不时晃过一片菜花黄。天空不高远了，它就歇在一座山的上头。

进入山谷。林荫道弯弯曲曲上上下下，农庄就在路边，花斑点点的奶牛，散落在青草地上。小黑猪在路上晃晃荡荡，边走边嗅。背着竹篓的妇人，往着云雾飘荡的山里去。

到巴松错景区。几无游人，我们买票进去，坐上景区的车，等半天，才上来三个男人。也不着急，眼睛随便往一处看去，都是美。雪峰顶上的云雾，变轻了，飞上天空，变成白云朵了。太阳出来，光芒万丈，天空又现出明净来。

第一站，直抵湖心岛。岛有个名字叫"扎西"，小巧得很，如一蓬青菜，盛在湛蓝湛蓝的盘子里。岛上有建于唐代末年的错宗工巴寺，两层土木结构，殿内供莲花生大师。进去参观，一次最多能容纳二三十人。我套上鞋套，走进去，屏声静气观望。我喜欢墙上挂的唐卡，色彩艳丽，人物丰满。我站那里凝望良久，我喜欢丰满的事物，给人敦厚慈祥的感觉。寺前一棵连理树，是桃和松，不知哪年哪岁，它们长着长着，就缠绵在一起，再分不开了。关于它们，有古老的传说，我没去打听，我想保留着这份神秘，待日后慢慢回想。

站岛上，可远观雪山。湖水厚棱棱的，像匹上好的蓝绿缎子。风吹着凉，深吸一口，甜的。人的灵魂似乎要出窍了。

乘车去结巴村。那是个掩映在大山深处的自然村落。

车也不知行了多久，树木从窗外唰唰而过，透过树木间隙，可以看到一侧的湖水，似蓝眼睛般的迅速地一闪。我知道，我们一直跟着湖在走。然后，车子开到一个空旷处了，周边全是五彩缤纷的房子，结巴村到了。

村子袖珍得很，从村头，跑到村尾，绝对用不了一杯茶的工夫。"结巴"，在藏语中的意思是"一个未被发现的地方"，那是指它的曾经。现在，旅游业发展起来，这里的藏人，渐渐的，也汇入到这股潮流中来，家家门前都挂起了家庭宾馆的牌子。房子装饰得绚丽多彩，一律以木头盖顶。

有老人走过，手里持着转经筒，不停地转啊转。一老妇与一老翁坐在闭紧的大门口，身旁卧着一头像狗一样的小猪。老翁一手一串念珠，一手握着转经筒。他们并不说话，只默默望着门前的路，望着村子后的神山，或什么也没望，让眼光，就那么放养在一段虚空中，他们静好在他们的岁月里。我们走过，他们便一齐望向我们。

有个小小的当地女孩，迎面而来，她边跑边跳。几头头白尾巴白肚子白而其余皆黑的牛，排着队，从一幢一幢寂静的房子前走过。我跟小女孩打招呼：嗨，你好宝贝！那小姑娘吃了一惊，她止住脚步，愣愣望着我，但很快反应过来，冲我绽放出一朵笑，说：你好。

村子里建有观景台，站观景台上，一个村落，和村子后面的巴松错湖，和湖对面的雪山，就像一幅巨大的画卷，尽收眼底，美不胜收。

我和那人不满足只在观景台上远观，我们穿村而过，绕到村子后面去，翻过一紧锁的小铁门（得到当地人许可），沿着有收割机曾走过的田间小路，向湖边走去。小路旁多刺的植物，不时偷袭我们，脚被划破了，衣服被划破了，顾不得的。也见满地小花，各有各的俏模样，它们就那么开着，开在无人地。小麦尚青，蒲公英星星点点。湖边的巨柏上，缠满经幡。湖边堆满石头，垒起的玛尼堆，一座座。

我就站在湖边了，脚能碰着湖水了。有好一刻，我无法呼吸。我被眼前的大美震慑住灵魂，我不敢动弹，我怕一动弹，这梦境，就碎了。

我见过湖水之蓝，却没见过如此之蓝的，就像是泼了一湖的蓝颜料啊。又是如此清澈，微波不兴，如镜。天空、云朵和雪山，悉数被它兜着，丝毫不走样，在湖里面描出另一个天空、另一些云朵、另一些雪山来。这是午后，天空中的雾气早已散去，白云如丝如缕，缠绕在对面的雪山上头。晶莹的雪峰望上去，像银塔，耸立云端。

没有人，除了我们两个。我们站着，不说话，静静的，对着这面湖，对着那犹如银塔似的雪峰。我们有太多的话，说不出来。想哭。

我也堆了个小小的玛尼堆。我不会诵经文，但我的心意，我想说的话，都融在那一块一块小石头中了。

天色将晚，不得不走。我们慢慢往回走，那人低着头，看着脚下，突然伤感地说：我不敢回头，我怕我舍不得。我轻轻答：我也是。我们硬着心肠，就那样，一步一步往前走，不回头。一回头，我怕我的眼泪会夺眶而出。

李哥的桃花源

　　人生中，有多少的遇见，都不可再来。

　　"波密"在藏语里，是"祖宗"的意思。真霸气！

　　县城所在地，扎木镇。

　　小街上全是宾馆客栈。我们几经挑选，入住到雪山江景大酒店。门前有江，推窗可见雪山。

　　高反没有了，身体感到异常舒适，似乎从来没有这么舒适过，幸福感一下子爆棚。——这是很值得玩味的一件事。寻常日子，我们一直处在这种舒适之中，从不觉得有什么好，然经历过高反的折磨，一旦得以大口呼吸，大声歌唱，流星一般阔步而走，那是何等惬意！我们认定，这是福报，由此心怀感激。世人莫不如此，只有经历过失去，方知拥有的珍贵。

　　去街上溜达。随便站一处，往四周看去，映入眼帘的，都是绝好风景。山上积雪未融（怕是一年到头都不会融的吧），跟少女的肌肤一般的，皓腕凝脂。又时有云雾在其上轻舞飞扬，目光乘着云雾扶摇直上，天上，仿佛也倒映着一个雪山。

帕隆藏布江一路奔腾，涛声不绝。江水在深处是泛着翠绿色的，到了浅处，却白净如奶。沿江漫步，走一圈，恋恋。再走一圈，恋恋。临近子夜了，还是不舍离开。四周的雪山，如同夜明珠，那么晶莹闪亮。月亮又大又圆，浮在雪峰上头。白与白相互辉映，那不是人间，是天堂。

站住，久久傻望。除了傻望，我实在无能为力。

那人说：回去睡觉吧。

哪里舍得！这样的遇见，今生怕只此一次，再无可能。我想把它牢牢刻进我的脑子里。人生中，有多少的遇见，都不可再来。记住它，揣着这份美好，装在人生的行囊中，便算不得辜负吧。

三条夜归的牛，从桥上低头走过，一个接一个，牛蹄子踩在静夜里，牛蹄子上，似乎带着某朵花的哨音。不知这夜里，它们因何游荡。因那轮明月？因那些雪山？它们日日相见，应早已泰然自若了呀。我冲它们打招呼，喂，喂。它们不理，一径走了。

在波密，是不必问景点在哪里的。背上小包，包里装些面包、水果和水就可以了。然后，你只管迈开腿，随便往一处走着去吧，每一步里，都是风景。

我们沿着帕隆藏布江而行，抬头，是蓝天，是白云，是雪山，是云雾。低头，是峡谷，是碧玉般的江水。茂密的森林，在路侧，遮天蔽日。鸟叫声稠密。突然听到水声，从森林里奔涌而下，随后就见到如白练般的瀑布，耍杂技一般的，从高空跃身而下。我们已进入一片原始的崇山峻岭中。

逢村庄。田畴茂盛。菜花闪着流金，麦子已然抽穗，棠梨花儿放着香。黑猪领着它的小猪崽，在路上漫步。见车见人，不避不让，继续着它们的漫步。每粒土它们都用鼻子嗅过。它们才是这块土地的主人。

世外桃源啊。

果有客栈名"桃花源"。三屋楼房，全是木质结构。一排坐北朝南。再一排，坐西朝东。探头去看，厨房里有烟火，听得香油在锅里吱吱作响。快到午时了。一女子听到动静，迎出来，连声招呼：啊，不好意思不好意思，我在做饭，你们是要住宿吗？我们摇头：啊，不住宿，我们已有住处了。她忙说：不住宿也没关系的，你们可以随便看看。要不，我带你们去客房看看吧。她忙忙去关了火，也不等我们应答，就率先走在前面，笑声响若铃铛。

这都是我们李哥自己盖的房子，全是他自己设计的，每个到我们这里来的客人，都喜欢得不得了呢。啊，李哥就是我们老板。她回过头来，冲我们一笑，他这会儿去村子里了，待他回来，你们可以见见，聊聊。我们李哥人很好的，特别有想法的一个人呢，好多客人都成了他的朋友，这里的小孩子也管他叫"李哥"的。

她说了一路的李哥，我们实在插不了嘴。待到上了楼，看到房间，吓一跳，何等精致舒适的小窝啊！室内也不芜杂，就一床一桌一椅一茶凳，可它们搭配起来，那么完美无瑕，又独具匠心。大大的落地窗外，是庄稼地，麦子青菜花黄。花的尽头，江水如带，雪山巍峨。天蓝得透心，云白得透心。一时恍惚，不知身居何处何年。

很想在此居住一晚，听听虫鸣鸟叫，看星星们在雪山顶上聚会。无奈行李全丢在波密县城了，只能抱歉地冲热情的女子笑说：不好意思了，你们的客房真好，只是我们已有了住处。她赶紧说：没关系的呀，我就是领你们看看的，你们就当是参观好了。

知她是安徽人。有老乡在波密打工，她跟着过来了。然后，辗转来到李哥的桃花源。来了，就不想走了，一待四年有余。我很喜欢这里，这里生活简单，想要吃什么嘛，地里种。人也不复杂，大家相处得都很和睦。还有这么好的大自然，这么好的空气，天天可以看见蓝天，看见雪山。她这么说着时，我一直盯着她看，我怀疑她是个诗人。纵使不是诗人，也该是个有艺术情怀的人。然而，她说：不，我只念了个初中，不懂什么诗的。

回到客栈门口，女子口中所说的李哥，正站在门前跟一村民说话。我有点意外，因与之前脑中构想的有些不一样的。之前我想，能跑到这世外之地，开出这么个客栈来，这人，在外貌上，该是有着魏晋文人的气质。至少，也该留着长发，面皮白净，手指修长，颇有艺术范儿。

真正的李哥，却像一介老农。人瘦削，皮肤黑得像紫檀。眼睛倒是十分的明亮，跟小星斗似的。女子冲他叫：李哥，这两个客人来自江苏哎。李哥听闻，脸上灿灿一笑，热情邀我们进去喝茶。无法拒绝，随他进屋喝茶去。

茶室也雅，窗户上映着棠梨花的影子。李哥等水烧开，倒进茶壶，把壶拿手上晃，晃，晃，再慢慢斟进小杯里，递给我们。一时间我们都微笑着沉默，不紧不慢喝着茶，有种很奇怪的感觉，好像跟他认识了多年。我脱口说：李哥，我也想在这里开个客栈，不用大，两间屋子足矣，我来长住。

李哥笑了，说：好啊，这里老百姓的房子都可以出租呢，你稍稍改造一下就成，我可以帮你讨个便宜价呢。

有藏族小伙子进来，如进自家门。小伙子长得虎背熊腰，浓眉大眼，见我们在，小伙子笑对李哥说：李哥，有客啊。李哥赶忙介绍：这是我的藏族朋友洛桑。洛桑双手合掌，对我们道一声：扎西德勒。

小伙子是李哥的电工。小伙子进来转一圈，又晃着手出去了。李哥说：他是来看我的，半天不见我，他想我了。哈，哈。李哥说到这里，自己忍不住笑起来。

说起他到这里来，完全是偶然的一个念头。七八年前，他跟几个朋友一道出来游玩，到达这里，那时，这里还没铺水泥路呢，全是土路，进山的路不好走，全靠徒步。他们徒步进村，只看一眼，他便爱上了这里。这是真正的世外桃源啊！他在心里激动地对自己说。后来回家，他的心怎么也归不了位，他索性筹集了一笔资金，跑到这里，开了这家客栈。有客时，他陪客坐。无客时，他就在村子里走走，看看花，看看草，看看鸡鸭牛羊猪。三岁的娃见到他，都会高叫一声：李哥。这是他最开心的。

客也只在四月桃花开的时候，或七八月草湖的水涨起来的时候，会多些。平时稀稀，他不介意。他开这个客栈，就没有以赚钱为目的。倘若要赚钱，我这么多的投资，投在广东，早该滚成一个钱庄了，李哥说。

人生的账不是这么算的，你得明白自己到底想要什么，每个人心中都有一个桃花源，有的人能顺着自己的心，走到那个桃花源，有的人却不能。

我享受的是这种自然，是远离喧嚣的这种宁静。早晨起来，窗外的雪山上，云雾缥缈。晚上，星星们亮得像葡萄粒，落在雪山上。这里的人也单纯，他们就是种种庄稼，养养猪牛羊。不忙的时候，聚在一起唱唱歌，跳跳舞，喝喝酒。这里的气候也好，夏天从不用开空调，冬天有柴火取暖。我告诉自己，这就是我想过的田园牧歌式的生活。

也许，用不了几年，这里的宁静会被打破。你们看，门前在修路了，地方政府在搞旅游开发了，当车辆多起来，这里的宁静，也就被打破了。李哥一方面忧虑着，一方面又很想得开。发展是必然的，他旋即解开微皱的眉头，笑了，说：我过过这样的好日子，对我来说，一辈子，也无憾了。

我和那人不住点头。我祝福李哥选择了自己想过的理想生活。然这样的理想生活，是需要勇气和底气来支撑的。这里面不单单是舍得舍不得那么简单，还有个最现实的问题，那就是，要有一定的物质基础做保障。说到底，人是活在现实的土壤中，而不是真空里。

李哥从前，是很有一点钱的。

茶 卡

生活不都是甜的，它的内里是咸的，咸到极致，也是一种美。

在藏语里，"茶卡"就是盐池的意思。

细细咂摸，觉得藏人太有意思了，那顶得上十个杭州西湖那么大的盐湖，他们竟平平静静称它：盐池。再多的辽阔壮观，在他们眼里，也是从容得不惊不慌的。慌什么呢？他们日日与这样的辽阔壮观相伴，他们也成了其中一部分。

羡慕他们的淡定。

我却不淡定了，只一照面，就被惊得魂飞魄散，大呼小叫起来：啊，太美了！

那会儿，也只有"美"这个字，最贴切最能表达心意。美是什么？就是眼前这一场盐啊。盐得漫天漫地，盐得素洁耀眼。要命的是，还有水映衬着。茫茫一片，天与地相连，上浮清水，下沉盐粒，一清二楚着，却又你中有我，我中有你。天空，周围的雪山，还有在行走的人，红衣，蓝衣，黄裙，花帽子，哪一样都悉数倒映其上。盐里有着另一个世界，一样的天空，一样的山峦，一样的五彩缤纷的人。有人称它"天空之镜"。果然。

它的诞生，是历了一番劫的。也许，所有美的诞生，都需历一番劫方能够。那还得追溯到上千万年前，这里原是一片汪洋，一场灾难突降——地壳裂变、印度板块挤压，地面渐渐隆起，成"世界屋脊"。海水四散奔流，流到一些低洼地带，形成了大大小小的盐湖，茶卡就是其中之一。对了，这里的"卡"不读 kǎ，读 qiǎ。

我想起一个痴迷古董的女子说的话："一切美丽，最终都会全部消失。我们从中并不能真的获得什么，无非就是有限的今生今世里，这相对的一眼，这刹那的灵犀。"那会儿，我对她的话深表赞同。这美丽的茶卡盐湖，我来看时，它尚在，然百年之后千年之后呢？缥缈的时空里，我们能握住的，也只是当下的这一刻。

我不贪，也只要当下的这一刻。我踩着盐铺的道路，慢慢往盐的更深处走去。有小火车突突鸣叫，往来奔驰。从前是载盐的，现在作为观光与怀旧的景物之一了，载着一火车欢天喜地的游人。

游人看盐，盐也在看游人。天上的云，像用盐给堆砌出来的。远处的山峦上，铺着的雪，也似盐一样，有着咸涩的凉。

置身在这样一个盐的世界里，每一步，都似乎走向那洪荒里去。我们，也是一粒盐，从亘古的海底而来，又将回到那海底中去。

盐湖里搁小白船一只。一对新人跋盐涉水而去，站在船头拍婚纱照。远远看过去，一粒船，两粒人，都秀气得不像真的，像用水粉笔画上去的，极梦幻。岸边围着他们的亲朋好友，都把镜头对准他们，一边喳喳地说着他们的故事。故事很具戏剧性，她是广西人，大病一场，失聪，灰心绝望，千里迢迢来青海，只想最后看一眼这里的油菜花。在这里，她与他相逢，他开着摩托车放牧牛羊，完全一副西部牛仔的形象，让她，不由得驻足，多流连了几眼。她把自己的故事说给这个陌生人听，算是倾诉吧。他耐心地"听"，"听"完，他建议她，去茶卡看看吧，那里，有世界上最美的盐。生活不都是甜的，它的内里是咸的，咸到极致，也是一种美。这是他要告诉她的。

她听从他的建议，到茶卡来，只看一眼，体内的盐，就汹涌而出，融入这满世界的盐里面。她再也没有走，留下来，跟他一起放牧牛羊。

我默默祝福了这个陌生姑娘，愿她拥有的这段盐的爱情，永生永世。

婺源的水

村庄再热闹，他们还是过着他们的烟火人生。

我去婺源时，满世界的菜花都已卸了妆。曾簪着一头黄花的油菜们，那会儿，像极怀孕的妇，笨笨的，相互挤挨着，搀扶着，——菜籽快熟了。当地朋友惋惜地说：你应该在菜花开时来呀。

我当然知道，婺源的菜花是出了名的。但我却很高兴，没有选择菜花黄时去，因为，我撞见了婺源最为本色的样子。

不说江湾，不说晓起，单单看看李坑吧。千年的古村落，周围群山环绕。那些山，手挽手，肩并肩，站成一道青绿的屏风，把李坑，宠溺地抱在怀中。一条小溪，候在村口，像守望的明眸，里面蓄着一往情深。有竹筏停在溪边，撑竹筏的男人，遥遥递过话来：坐竹筏不？我毫不犹豫地摇头回：不。那边不在意，笑笑，又招呼下一个游人。

脚步轻些，再轻些，别惊了那些水啊，别惊了水里的鱼啊，别惊了溪边的野花啊，它们在这里，已安好千百年了。一路的溪水，潺潺，湲湲，把人迎进村子里。

村子不大，微仰了头看过去，一溜的建筑，沿坡而上，黛瓦粉墙，木门木窗，错落有致，——典型的徽式建筑。这算不得奇特。奇特的是，穿村而过的小溪，九曲十弯。看过去，也是沿坡而上的。像游蛇，清清亮亮地，一径向上爬去。

来婺源前，我曾向一个多次带团过来的导游打听，婺源除了菜花，还有什么好看的？她回答得简洁：水。我追问：水是怎样的好看？她答：你就没见过那么清的水。

现在，我就站在这么清的水跟前。我弯腰溪边，掬起一捧，水清冽冽的，从我指缝间，跌落。每一滴，仿佛都带着清甜。这世上，大凡相遇，都是因缘而生，我与婺源的水相遇，也是缘吧。这样想着，心里充满莫名的感动。

这岸与那岸，最狭窄处，不过隔了一胳膊的距离。有当地女子，在我对面汰洗衣裳。红塑料桶里，家常的衣裳，被她一件一件掬出来，放到溪里，不紧不慢地汰洗。我看看她，她看看我，微笑，不说话。

抬头，可望到溪上搁的木桥。之所以用"搁"这个字，是因为，那木桥实在过于简陋，像孩子搭的积木，随便搭上去似的，连扶栏也没有。却有种朴素素的好。有狗跟游人抢道，站在木桥上凝望。不知道它的眼里，望见的是什么样的风景。

不去听导游讲解这个村子多么文风鼎盛、人才辈出,我只沿着溪水走。满村飘着木头香,是樟木。当地多樟树,随便就能相遇到一棵千年的樟树。他们用它制成樟木扇子、樟木梳子,还有,雕刻成各种各样的工艺品。甚至,连加工也不要有的,取木,锯成一块一块的小圆片,就那样出售。一元钱可以买三块。问:有什么用啊?那边奇怪地看过来一眼,说:防虫啊,买回去放衣柜里。我没买那小圆片,我买一把樟木梳子,以溪水作润发油,梳理我的长发。我的发上,很快沾上樟木的香,溪水的甜。

不知不觉,我跟着溪水转到后村,游人渐少,村庄安静。几个农人闲坐在一座石桥上说笑打趣,说着我听不懂的当地话,他们干活用的农具,搁在一边。村庄再热闹,他们还是过着他们的烟火人生。

几个当地小孩,穿着红红白白的衫,拿着水瓢,蹲在家门口的小溪边,逗水玩。他们叽叽喳喳,不时惊叫:捉到了!捉到了!

捉到什么呢?我凑过去看,原来,是小蝌蚪。只见溪水里,无数的小蝌蚪,摆动着豆芽似的小尾巴,欢欢的。

我为那几个孩子感到高兴,他们还有蝌蚪可捉。一泓的清水,倒映着他们的身影,红红白白,像游弋的鱼。我以为,那是婺源最美的景致。

印度人的笑

那种发自内心的欢愉，真诚地发着光，如同神赐的礼物。

二月的印度，地里的麦子已开始抽穗，菜花已绽开花苞。小小的泥瓦房，或是红砂岩的房，掩在树丛中。树都那么高大，看上去很俊美。有开花的，有不开花的。开花的印度人叫它"白花树"。真是省事。它就是开白花的，撑着满满一树白花。不开花的，他们叫它"爱王树"。城堡里也长着。宫殿里也长着。寺庙里也长着。路旁也长着。这名字对树真是普遍适用得很，他们那儿多国王，从前每个城都有自己的国王，那些树，就是护卫国王而长的，自然就叫"爱王树"。

我坐到一只秋千上晃悠，秋千悬在公路边的休息区门口。休息区的周边，就是村庄田舍。太阳的影子，在我的裙摆上晃，像蹦蹦跳跳的鸽子。鸽子真多啊，多得似野外的麻雀。乡下多，城里也多。它们一群群，数目庞大，飞骑在电线上，远

301

远望去，像拖着尾巴的"逗号"。密密的"逗号"，好似天空和大地有着写不完的诗行。它们飞到每家的窗户上，飞到行驶的车辆上，飞到树上、花上，还有田野里。

一条狗，慢悠悠走过来，闲闲地看我两眼，又走开去，它走到屋檐下，懒懒地趴下，闭起眼睛打盹。在这片宗教盛行的土地上，狗多，每一个寺庙里，都晃荡着一些狗。每一个城堡里，也是。每一家店铺前，也都趴着狗。每一条路上，也都走着狗。它们不惊不扰地走着，无比悠闲。它们从来不担心被人宰杀烹煮，它们完全按照上帝的旨意生老病死。同样这么自由自在的动物，还有牛，还有马。在印度的大街小巷闲逛，你会时不时遇到自由漫步着的牛和马，这样的自由自在，对环境的清洁造成困扰。但印度人似乎习以为常，他们的吃食摊子就摆在道路口，上面堆着炸得金黄的饼子，尘土漫天，狗也去光顾，牛也去光顾。我们还看到一群羊，也从摊子前，晃晃悠悠地走过。

印度的小孩，眼睛都如深潭，似乎能在里面养小鱼。在服务区遇见一个，是守厕所的女人的孩子（在印度上公用厕所都要收费，费用也不高，十卢比一人）。女人的眼睛也大，也深，鼻梁高挺，厚嘴唇，脸盘像雕塑，美。小孩子跟她长得极像，头发微卷。他滴溜溜盯着我们一行人看，身子像条小水蛇似的，在他母亲身边扭来扭去。我们都被他迷住，蹲下来逗他玩，他的小身子扭得越发欢了。我们征得女人的同意，想给他拍照，他羞涩起来，把小身子往女人身后藏。却又偷偷探出头来，冲着我们笑，女人也笑起来。那笑容，毫不设防，透亮，明朗，仿佛点亮了万亩油菜花。

这样的笑容，出现在很多印度人的脸上。你在街上走着，迎面过来陌生人，你用目光打量他，他很自然地回你一个这样的笑。你去餐厅吃饭，服务的小哥一手提着茶壶，一手提着咖啡壶，弯腰问你：Coffee or tea？（咖啡还是茶？）他的脸上，一定也是挂着这样的笑。你去商场购物，店员的脸上，也印着这样的笑容。几个孩子共骑一辆儿童车，在路边玩耍，他们摔倒了，闹成一团。你站着看，他们也停下来看你，看着看着，突然，很灿烂地冲你笑了。

在琥珀堡，一个男人拿着花花绿绿的手镯和风铃，追着我，要我买。我拒绝，他锲而不舍，从堡底，一直追到堡上，一会儿给我加一样东西上去，一会儿再加一样，脸上的笑，像过年时窗户上贴着的窗花，他竖着指头告诉我：这么多，只要一百元，一百元人民币。他一定苦练过这几句汉语，说得斩钉截铁的。我站定，对着这个男人看，他有着一张很印度的脸，脸上的笑，一直鲜亮着，明朗着，能催开一树的泡桐花。我被这样的笑容打动，我买下了那堆无用的东西。我想，这个男人晚上回家，定能博他的大眼睛老婆一笑。老婆，我今天卖给一个中国人手镯了，他这么说。我简直能想象得到他脸上窗花般的笑，扑簌簌往下掉。

晚上，我们几个人在餐厅里慢悠悠喝着红茶聊天，讨论着对印度最深刻的感触是什么。大家不约而同说的是，印度人的笑。在印度，无论富人还是穷人，哪怕是街上乞讨的人，他们若笑起来，绝对会让周遭立马灿烂起来。那种发自内心的欢愉，真诚地发着光，如同神赐的礼物。

乡间路上急驶着摩托车，扬起漫天灰尘。我觉得那摩托车看上去，像鱼鹰。这样的"鱼鹰"遍布我们所经过的印度。它们在车流中，在人群里，窜着窜着，就没影了。摩托车是当下印度人最主要的交通工具，它们呼啸而来，呼啸而去。红绿灯口，有警察拦下一辆摩托车，那辆摩托车上载了三个人。我们猜测，肯定是因超载了。一个女孩子跳下车来，她有着金黄色的长发，生动的脸上，盛满笑。警察是个大胡子男人，貌相威严。女孩子缠住大胡子警察说着什么，我注意地看着她脸上的笑，像些调皮的小浪花在跳。她大概在说什么好话，要大胡子警察放他们走。大胡子警察收起威严，也对她笑着，边笑边比画着什么。最后我们走了，他们还在那儿说着笑着比画着。

印度载人的交通工具，三轮车最多，电动的，人力的。电动的有个形象称呼，叫"嘟嘟车"。它鸣响喇叭，确是发出"嘟嘟嘟"的声音，很大很嘈杂。印度的每个景点门口，都挤满这样的车，车身漆成下绿上黄，车厢简陋，放着简单的靠椅。看上去，像蹦跳着的青蛙。计费较便宜，一公里九卢比，相当于人民币一元。我们坐上这样的车，到泰姬陵去，四个人就把车厢给挤满了。司机的笑晃晃荡荡的，掉了一路。

跟着一只蝴蝶走

对生活的热爱，应该是它们共同的语言和灵魂的密码，只消一个眼神，便能成为相知，又哪里会有疏离和隔膜？

在西双版纳，我邂逅到一个蝴蝶园。

园子里植满扶桑、马利筋、如意草和玫瑰，成千上万只蝴蝶，在花叶间嬉戏流连。阳光迷离，花斑斓，蝴蝶也斑斓，让人一时间分不清哪是花，哪是蝴蝶，满眼都是绚丽。

也许，蝴蝶和花朵本就是同宗同族，蝴蝶是活泼的会飞的花朵，花朵是安详的恬静的蝴蝶。

我跟着一只蝴蝶走，那是只带着白色斑点的凤蝶。它披着一件镂空的黑色斗篷，一会儿飞到一朵扶桑上，一会儿又飞到一朵玫瑰上，它在那些花朵间只作短暂逗留，又迅速飞起。似乎它的使命，就是飞翔。它看上去，很像古欧洲战场上的一名骑士，佩剑上马，呼啸于风中，生命的旗帜，猎猎飞扬。

我跟着一只蝴蝶走，那是只福翠凤蝶。它的身上，印着些漂亮的绿色斑点，斑点大小不一，活泼可爱。它飞起，落下，落在一簇马利筋上，就不肯挪窝了。那簇马利筋上，已栖息着三四只蝴蝶。它跟它们，很快扎成堆。想来，它是个热情率真的好姑娘，爱热闹，不喜冷清，喜欢结交朋友，落落大方，愿意把快乐与旁人分享。

　　我跟着一只蝴蝶走，那是只金斑蝶。它贵气十足，黄袍加身，袍边上，还绣着精致的花边，一动一静里，都是光芒。它不紧不慢飞着，这里看看，那里瞅瞅，似乎是在巡视它的王国。最后，它在一朵如意草的花蕾旁停下来，双翅轻敛，用唇轻轻碰碰那朵花蕾，如长者对幼童，满满的，都是慈爱。人称它，"君主斑蝶"。果真很形象，它有王者之风。

　　我跟着一只蝴蝶走，那是只玉斑凤蝶。它有着黑色的肌肤，上面均匀分布着一些银灰色的纹路，像镶着玉带一条条。它在半空中飞着，舞姿优雅，俊美得像一个小王子。很快，它遇见了另一只玉斑凤蝶，那只凤蝶，除了有着黑色的肌肤和银灰色的玉带外，身上还点缀着几朵红斑点，它该是个可爱的公主。王子与公主一见钟情，它们的相知相爱，几乎在一瞬间完成。花丛中，留下它们相偎的情影一对。

　　一只枯叶蝶，真的很像一枚枯去的树叶。它是不是曾遭遇过什么伤害，才把自己的色彩掩藏？然因美好的召唤，它还是选择飞翔。它碰碰这朵花，摸摸那片叶子，最后，小心翼翼地降落在一片如意草的叶子上，它整个的身子，慢慢倾伏过去，浅尝着叶子上浸染的花香。它懂，温柔的日子要小心轻放。

我的眼前，又飞过蓝闪蝶，飞过金斑蝶，飞过大紫霞蝶，飞过小灰蝶，飞过丽蛱蝶……蝴蝶的种类，远比人类的种族要多得多，全世界大约有一万四千多种。我暗想，这些蝴蝶若相遇，它们有没有国籍概念？有没有语言障碍？一朵玫瑰花上，两只金斑蝶和一只灰蝶、一只凤蝶相遇了，它们很快热烈交谈起来。它们爱着同样的花朵，守着同样的秘密，有着同样的飞翔的姿势。对生活的热爱，应该是它们共同的语言和灵魂的密码，只消一个眼神，便能成为相知，又哪里会有疏离和隔膜？

园子的管理员说，这些蝴蝶的寿命都很短，有的寿命只有短短七天。我吃一惊，再看飞舞着的蝴蝶，心里就多了说不清的感喟和敬畏。

天上的云朵，地上的草湖

我们并无遗憾，我们看到了这么多的花。

去草湖。

从一片原始杉木林中穿过。满眼都是树，随便一棵，都上百岁了吧？老了的树，极有尊严地老去，无人砍伐烧烤。而新的树，又在重新茁壮生长。

风起，松涛阵阵，如涨潮之水之声。蝉声被没进去了，鸟声被没进去了，山鸡野鸭的声音被没进去了。山路上，只有我和他。

帕隆藏布江在林子边拐了个大弯，冲积出一大片细软的沙滩。碧玉般的江水，倒映着后面的雪山。云怎么那么白！天怎么那么蓝！寂静无声。

我们穿过林子，跑去沙滩上。大太阳照得沙子滚烫，我不顾那烫，踩进去，跑向江边。这江多像湖啊。天在水底。云在水底。蓝在水底。白在水底。我们，也在水底。

寂静，还是寂静。碧玉一般的寂静。

林子后头有蝉音袅袅。山鸡的叫声，像拉警报似的，总是那么突然地，来上一嗓子。我伏在沙子上写"感谢"二字。此时此刻，唯这两字能表达心意。感谢天，感谢地，感谢父母，感谢那人，感谢相遇到的一切，感谢这自然中的美好，感谢这样的雪山，这样的江水，这样的森林，这样的自己……景正好，我未老。

和那人坐在沙滩上，一人吃了两块面包，算作午餐，继续寻着草湖而去。这期间，他弄丢了他的墨镜，那是他过生日时，我买给他的礼物，价钱不菲。我们在江边寻了好一会儿。又在林子里寻了好一会儿，都没找着。最后确信是找不回的了，也好，算作留给这片土地的一个纪念吧。——这么一想，竟很是快乐了一阵子。

在林子中间左拐右拐，误闯一幢民居。木结构的小屋，独自蹲在林子边的一块空地上。门口长油菜长小麦，也有几棵棠梨树，在开着花。屋主人尚未出现，狗倒警觉地先吠起来，不是一条，而是两条。我是怕狗的，远远站着，不敢动弹。屋主人被惊动了，出门来。一个矮个子男人，后面跟着他的女人和三个娃。他和女人喝住狂吠的狗，叽里咕噜冲我们说了些什么，我是一句没听懂。等他们停下来，我们才得以寻问：不好意思，我们走错路了，请问，草湖在哪儿？男人听了，侧头和女人说了句什么，女人咪咪笑了。三个娃也笑了，争着伸手往右边一指：喏，那儿，那儿，我们的草湖。一家人的手，都这么指着。

我们道一声谢，顺着他们所指的方向而去。走了一段路，我回头，见三个娃还站在门口，冲着我们看，屋顶上有炊烟起。我的心，软了软。为这片烟火，为这片与世无争的宁静。

草湖，顾名思义，是草们齐聚的湖。草也只两种，一种开粉紫的花，一种开金黄的花。我们赶巧了，草湖里的草，正值青春妙龄，个个清韶娇嫩的。它们绚丽得如织毯，把这块小小的峡谷平地，描成画卷。

草湖中间，天然的有着一条水带，不很宽阔，但水深，想跃过去，不大可能。清澈的水，倒映着蓝天白云，和不远处的树林、雪山。水的另一边，紫色小花黄色小花一直铺排到一片林子的脚下。林子背倚着大山，山峰上，白雪盈盈，云朵盈盈。马和牛，在林子边上吃草，吃花，不见人。

我蹲在草湖里数花朵，数着数着，数迷惑了。太多了。我又蹲在水边数水里的云朵，数着数着，也迷惑了。雪与云朵，分不清的。风吹得松林唰啦啦的，如涛如波。可是，分明是静的啊，静得连心跳声也听得见。

来了一家四口，当地人。爷爷奶奶，带着儿媳妇和小孙孙。他们自带了花地毯来。他们把花地毯铺在水边，然后盘腿坐到上面，一边摆上吃喝的东西，是要在这里久待的样子。小孙孙刚学会走路，他们放他在草地上摇摇摆摆，指给他看天，看山，看水，看地上的花。

他们告诉我们，他们一家常来这里。

他们说：若是你们晚些时候来，这里一大片的，全是水，很好看的。

我们并无遗憾，我们看到了这么多的花。问他们：这些花叫什么名字？他们想想，答：草花呗。我们这里的草地上，都开这种花的。

我很满意这个答案，草开的花，自然叫"草花"了。连带着这草湖，我也十分的满意。

去细嗅蔷薇

丁立梅 著

作家出版社

图书在版编目（CIP）数据

去细嗅蔷薇 / 丁立梅著 . -- 北京：作家出版社，2023. 5
（2023. 8 重印）
　　ISBN 978-7-5212-2271-5

　　Ⅰ. ①去…　Ⅱ. ①丁…　Ⅲ. ①散文集－中国－当代
Ⅳ. ① I267

中国国家版本馆 CIP 数据核字（2023）第 061612 号

去细嗅蔷薇

作　　　者：丁立梅
责任编辑：省登宇　周李立
装帧设计：张亚群
出版发行：作家出版社有限公司
社　　　址：北京农展馆南里 10 号　　　邮　　编：100125
电话传真：86-10-65067186（发行中心及邮购部）
　　　　　　86-10-65004079（总编室）
E-mail:zuojia @ zuojia.net.cn
http://www.zuojiachubanshe.com
印　　　刷：唐山嘉德印刷有限公司
成品尺寸：142×210
字　　　数：180 千
印　　　张：10.375
版　　　次：2023 年 5 月第 1 版
印　　　次：2023 年 8 月第 2 次印刷
ISBN 978-7-5212-2271-5
定　　　价：35.00 元

目录

代序 / 001

第一辑　白云朵，开满窗

天空湛蓝，白云朵开满我妈的玻璃窗。

白云朵，开满窗 / 003

人生如棋 / 006

合欢树下 / 009

雀儿奶奶 / 012

瓦子沟的歌声 / 015

母亲的炊烟 / 018

碗中日月 / 021

采采卷耳 / 024

此生所望 / 028

微生病苦随缘了 / 034

开在悬崖上的点地梅 / 037

何满子 / 039

王玉兰 / 042

第二辑　做个好天气一样的人

遇到好天气，我总忍不住要赞美。亮堂堂的太阳。亮堂堂的新绿和鸟鸣。清风温柔，云朵相爱。我要做个好天气一样的人。

做个好天气一样的人 / 057

要快乐啊 / 067

一定要，爱着点什么 / 070

古老的爱情 / 072

通向蜘蛛巢的茑萝 / 075

草草幽欢聊与共 / 079

采桑子 / 082

旅行的意义 / 085

人生的修道场 / 088

秋天咏叹调 / 092

总有一束光，能被我们捉住 / 102

第三辑　美的感知

每天匀出五分钟，抬头看看天空，低头看看大地，你的心境，会慢慢发生变化的。

生活需要艺术　　109

美的感知　　112

文字的节奏 / 115

听云 / 118

一身诗意一年蓬 / 121

闲话读书 / 124

那一地的刨花 / 129

恰好 / 132

神奇的瞬间 / 134

鲜亮 / 138

出发 / 141

夏日漫长 / 144

七月半，吃饺子 / 148

风入松 / 151

秋的盛宴 / 154

年戏 / 157

苏兹达尔 / 160

仙居偶寄 / 163

第四辑　一万个春天在跳舞

每个人的人生，都是自己的人生，只做自己觉得舒服的事情，不
问年纪，不问来处去处，欢喜自在，便好。

一万个春天在跳舞 / 177

草里面的武士 / 183

看花去吧 / 185

低调的苔藓 / 187

满庭春 / 191

拂桐芭 / 195

所谓拥有 / 198

花开在野 / 204

江南小记 / 206

楝花临水苹门开 / 209

南有乔木 / 212

第五辑　沾得人间一捧色

花开正当时，一片浩荡的黄。天上的月亮，也被染成了一个黄月

亮了。

沾得人间一捧色 / 223

春在溪头荠菜花 / 231

踏莎行 / 234

香花呀 / 236

一百 / 240

一棵紫苏 / 243

秋色自此生暖 / 245

数枝红蓼醉清秋 / 248

巴斗的露珠 / 251

清平乐 / 254

折得一两枝蜡梅 / 257

渔家傲 / 260

白茅时光 / 263

第六辑 南方以南

我仿佛走进一段远古时光，遇见一群纯朴的先民。

山中琐记 / 269

曼丢村 / 294

半坡寨 / 299

曼远村 / 302

基诺山见闻录 / 306

南方以南 / 313

代序

去细嗅蔷薇

暮春多好，蔷薇花开。不是一棵一棵地开，而是一墙一墙地开，一河一河地开，一花廊一花廊地开。

我因嘴里动了个小手术，整张脸肿得很卡通，不宜出门，故闷在家里几天。再出门，发现外面已"改朝换代"了，一个城池都被蔷薇花攻占，红的，粉的，白的，千朵万朵亿朵亿万朵，泼天的绮丽气象啊！春天谢幕的一场大戏，蔷薇花几乎全给包干了，朵朵精神着的小花朵，连缀成一首缓缓行走的长诗，为春天唱着最后的颂歌。

这个时候的风是蔷薇风，雨是蔷薇雨，月是蔷薇月，光是蔷薇光，人差不多也是蔷薇人了。

人变得温柔了。

在蔷薇花跟前，你好意思张牙舞爪龇牙咧嘴的？反正我是不好意思的。我连呼吸也要放轻了。

蔷薇花耐看，细皮嫩肉着，又柔弱又天真，是无邪的小女儿。它又是香的,香得很斯文,一缕一缕的香,浅浅浮在你的鼻端,就像一个诱惑,一个陷阱。感官再麻木的人路过蔷薇花,也很难做到熟视无睹置若罔闻。我见到两个老头边走边激烈争论着什么,无意中听了一耳,竟是关于国际大事的,谁打谁,最后谁会赢。一个说服不了另一个。他们争着吵着,就走到一个蔷薇花廊下了,一时间,两人都噤了声,有些吃惊地打量着眼前铺天盖地的蔷薇花。

"这花真好看。"一个老头说。

"这是蔷薇花。"另一个老头说。

"真香。"一个老头说。

"嗯,是很香。"另一个老头同意道。

刚刚的争论抛到脑后去了,他们一起赏起花来。我走一圈过来,两人还站在那儿研究着花。想来再急躁的性子,到了蔷薇花跟前,也没了脾气。在蔷薇花跟前,宜放松。宜轻吐慢纳。宜和解。宜深情。当你深情地凝视着一朵蔷薇花的时候,这朵蔷薇,就开在你心里。

河边的蔷薇更有看头。我家附近有河,南北走向,岸畔全是开得好好的蔷薇。你站在那儿,对着一河两岸的花看,恍惚觉得那些花都是小鱼吐出的泡泡,一吐一大串。河被花占领了,寻常的河,变得波澜壮观起来。河两岸各站着一个男人,一动不动对着河里看。我以为他们是在看花。岸上开多少花,河里就有多少。河里的花比岸上的更具动感,它们是会游动的。然他们告诉我："在看鱼。"唉，真煞风景。可我很快原谅了他们，他们能在那么多斑斓里，寻找到鱼的身影，这本身也是件相当美妙相当有本事的事情。鱼在哪儿？每一朵游动的蔷薇花，都是一条彩色的小鱼。

蔷薇也宜细嗅，它的体香是细水长流般的，轻飘慢拂。路过一丛蔷薇，你不要急着走，你且弯下腰去，凑近花朵，嗅，再嗅，一股细细的甜香，就软软地注入你的心田，让你动弹不得，让你想微笑，想说些温暖的话。生活里再多不好的体验，也都选择原谅选择和解选择遗忘吧。这一刻，风和日丽，有蔷薇花开，便是人间美好。

第一辑
白云朵，开满窗

天空湛蓝，白云朵开满我
妈的玻璃窗。

白云朵，开满窗

我们只有在相爱里，才能体会到活着的真滋味。

春天的时候，小弟兴冲冲扛了两棵桂花树回去，栽在老家屋前。爸当时还能撑着小推车的扶手，在门前站上一小会儿。小弟挖坑栽树，他在一旁指点，诸如再往边上移移、再往中间挪点之类的。两棵桂花树端端正正站在屋门前了，像陡然间家里增添了两个人，自有着一份热闹，哪怕它们只是沉静着的。小弟高兴地说，爸，等秋天桂花开了，可香了。爸一定也是这么想的，他的脸上荡漾着笑。对生活有所期盼有所等待，是我们坚定不移活下来的最大理由。

而在之前的一个春天，我扛回了六棵桃树，一并栽在老家屋后的河边。爸那时虽行走困难，但他还是能够独自走到河边，看他的孩子栽树的。桃树栽好了，我无限诗意地说，爸，等桃树开花了，这里将是一片花海了。然后，你就搬张凳子，坐在树下，一会儿看花，一会儿还是看花，看岸上的花、河里的花。爸识字断文的，当然懂我的话，他呵呵笑得好开心。

转眼一年过去，桃花真的开花了，爸已不能独自走到河边去了。爸大多数时候是半躺半坐在床上的。朝北的一扇窗，对着河边，可以望见其中一两棵桃树的吧？爸的时光被冻结着，那摇曳的树影，是不是给他带去一点点安慰？我等着桃子挂果，然后我们回家摘桃，拣大个儿的给爸吃。

新栽下的桃树，三年才挂果的。爸没有等到它们挂果。而小弟栽下的桂花树，现下已开花了。只是，爸也闻不到了。

我们回家，给独居的我妈做饭吃。桂花在门前放着香。地里的稻子染上金黄。靠路边的两棵柿子树上挂满了橙红的柿子。天空湛蓝，白云朵开满我妈的玻璃窗。村子里的狗都跑到我家来集中，猫也是，因为我给它们吃的。沉寂的房子，霎时间填满了喧闹。妈突然说，要是你爸在，见到你们都回来，他多高兴啊，他就喜欢热闹。

我没有回避这个话题，我说，爸现在也高兴着呢，他在天上看着的。我们早晚都要去跟他再见面的。你看，村子里那么多熟人都在那边，他在那边也不寂寞。

也真的是这样，从村东头，到村西头，我熟悉的那些长辈，所剩无几。甚至我的同龄人，也去了一两个了。妈同意我的说法，她顺了一把柴火到锅膛里，把火烧得旺旺的，锅里的油立即发出"嗞嗞"的声响。眼下做饭才是最要紧的事。

我们都渐渐接受了"爸走了"这个事实，包括我妈。无人能赢得对抗衰老和死亡的战争，那么，我们只有选择妥协。在活着的时候，尽情地好好地活。你看，九月走了，十月来了。十月多好，它是响当当的，是哗啦啦的，是热情奔放的，是铺张奢靡的，满把的金，满把的赤红和橙黄，满把软甜的香，满把的碧云浪荡……把你给淹没了。它把四季的积蓄一股脑儿倾倒出来，再不要细水长流，再不要矜持隐忍。你会原宥它的放荡它的奢靡，因为它做着真实的自己。你也很想像它一样，痛快一回，无论是哭，还是笑。人生只要一刻，哪怕只是一小刻的放飞自我，也是种补偿吧。

　　眼下的桂花正开着，我们就痛痛快快享用这甜香吧；明年的桃会结出来，就让我们在等待里，抹上一层蜜吧。相爱的人，请拥抱得更紧一些。仇恨的人，请放下仇恨，转而去爱花爱草爱天空爱大地爱这个世界。

　　我们只有在相爱里，才能体会到活着的真滋味。活是短暂的，请惜之又惜。

人生如棋

人生如棋，每一个落子都听得见回响。

棋界有术语："本手、妙手、俗手。"又有术语："善弈者，通盘无妙手。"我联想到《红楼梦》里的一个章节了，"慕雅女雅集苦吟诗"。写的是香菱拜林黛玉为师学作诗的事。林黛玉是写诗高手，香菱向她讨教如何作诗，她爽利地答应了，说这个不难，却随手甩给香菱一长列书单：

《王摩诘全集》，且把他的五言律读一百首，并细心揣摩透熟了；

再读一二百首老杜的七言律；

再读李青莲的七言绝句一二百首；

然后再把陶渊明、应玚，谢、阮、庾、鲍等人的一看。

这还仅仅是先给香菱垫个底。可怜的香菱，整个人浸淫到这一堆诗书里面，没日没夜没天没地，几成疯魔。林黛玉这不是在出阴招吗，她干吗不直接教香菱一个写诗秘诀，让她一下子从"本手"，跃到"妙手"？答案是，林黛玉根本没有写诗秘诀。写作和下棋一样，也是从来没有捷径可走的，必须老老实实、一步一踏实地从"本手"做起，多读多练多思考，方能有所成。

读过《红楼梦》的人都知道，林黛玉在里面那是仙草转世，是天资过人的人物，是一等一的灵秀聪明。可纵使她有这样的天资，也是要异常谦虚地学习的。从她列给香菱的书单，我们不难看出，她一定读了很多很多书，练过很多很多诗。我们看到的她，不是手不释卷在吟诵，就是在创作，即便是荷把锄去葬个花，那么悲悲切切，她还不忘作诗，吟出一首《葬花吟》。她能在海棠诗社上一举夺魁，也就成了理所当然的事了。这世上，哪有什么天降奇才和"妙手"？背后都是一点一滴的刻苦。香菱照着她教的法子，几番苦吟揣摩，终出成果，作出一首写月亮的七言诗，中有"一片砧敲千里白，半轮鸡唱五更残"这样新巧的句子。它成就了香菱一生的高光时刻。

认识一个老书法家。老人家今年八十有二了，他从五六岁起，就练书法，每天要临两个碑帖，练完二十张大纸。这习惯，一直保持至今。他曾给我写过两个字：梅趣。笔力雄浑，恰似梅树傲立雪中，与天地斗趣。我把它挂在我的工作室，来我工作室的人见到，无一不欣赏赞叹。他在书法上获奖无数，然还是又谦逊又低调。我问过他，您都自成风格了，干吗还要照着字帖那么苦练啊？他回我一句，我永远是个小学生，我在这些字帖里面捕捉节奏感，每天捕捉一点点。这话，我是琢磨了好些日子才算琢磨得有点明白了，我们的生活，无时无刻不处在节奏里，自然是有节奏的，春夏秋冬轮番更替，急不得。时间是有节奏的，一天二十四小时地过着，快和慢，都是由不得人的。做事是有节奏的，像烧火做饭，急火容易把饭烧煳了，慢火容易煮出夹生饭。对于做饭，如何烧火也是一门基本功。书法当然也是有节奏的，那节奏，在每个笔画的起落间。只有不断琢磨，不断练习，做好"本手"，才能找到自己的节奏。否则，你再有天赋，也只能毫无长进，日益平庸了去，落入"俗手"的巢穴。

人生如棋，每一个落子都听得见回响。我们唯有认真对待脚下的每一步，坚持不懈，一路向前，才能走出属于自己的风景。

合欢树下

一人一狗，成了合欢树下生动的风景。

孑然一身的老人，买下老小区一楼的一套房。只一室一厅，虽简陋，但门口长着棵高大的合欢树。六月的合欢已抽出粉红的花丝，老人看着挺喜欢的。

小区门口有家早餐店，一个中年女人在打理，品种单调，只有面条和包子。老人不挑食，在他，有面条和包子吃就很好了。他从家里出发，绕过合欢树，走上半里路，就到了早餐店门口了。客不多，他挑个靠窗的位子坐着，慢悠悠品尝一碗面条。不像闹市区那么拥挤啊，老人喃喃说。这是老人第一次来小店吃早饭。女人朝他看了看，淡淡道，这里冷清，生意不好做。

一条狗突然窜进来，被女人追着打。女人边追边骂，惹瘟，你怎么又来了？

狗仓皇逃窜出去。女人冲老人抱怨，人不来，这狗倒是天天来，烦死了。

老人搁下筷子，叹息一声，它是饿着了。站起来，问女人买了两个肉包子揣着，出门。狗正蹲在离小店十来米远的地方，朝小店望着。老人走近一步，它害怕地后退一步，两只眼睛水汪汪的，如稚童一般，盯着老人看。

老人举起手里的包子朝它轻声道，别怕，这是给你吃的。狗似乎听懂了，迟疑地不再躲让。那天，狗吃了老人的肉包子，也黏上老人了。老人回家，它一路跟着，怎么赶也不肯走。最后老人无奈地笑了，要不，你就跟着我吧。因狗有四只雪白的爪子，老人便给它取名"小白"。小白，老人唤一声。狗开心地冲老人蹦跳，把尾巴摇得像朵盛开的花。

狗就这么有了一个家。老人常常带它坐在门口的合欢树下，跟它说些从前的事。从前，老人也有过峥嵘岁月，现在人老了，往事都成故事了。狗安静地听着，不时摇摇尾巴，以作回应。毛刷子一般粉粉的合欢花，掉落下来。老人捡起，迷醉地闻闻，也让狗闻闻。一人一狗，成了合欢树下生动的风景。

老人也时常领着狗到早餐店吃早饭，坐在窗口固定的那个位子上，给自己下碗面条，给狗买两个肉包子。女人打趣狗，小白，你是交了狗运了，遇到这么好的老爷子，你掉进福缸里了。狗同意地摇摇尾巴，感激地在老人的裤管上蹭蹭它的头。

老人突然得病，撒手走了。狗不懂死亡，它天天坐在合欢树下等着老人，不吃不喝，任谁叫也不理。女人来了，饿得奄奄一息的狗，眸子曬地亮了起来。小白，跟我走吧，女人唤它。狗听话地跟女人走了。到了早餐店里，女人先下了一碗面，搁在往常老人坐的那个位子上。老爷子，再吃口我家的面吧，女人招呼。狗盯着那碗面看，眼睛蒙上一层水雾。女人又给狗取了两个肉包子，小白，你也吃吧，是你家老爷子让你吃的哦。

狗低头呜咽一声，掉了眼泪，吃下两个肉包子。它冲女人摇摇尾巴，又跑回合欢树下去了。

这之后，狗每天早晨都会到女人的店里来，女人像招呼人一样的招呼它，小白，你来啦。给它取两个肉包子，看着它吃下去。它吃完，冲女人摇摇尾巴后，一溜烟地跑回去，风雨无阻。女人的早餐店渐渐生意兴隆，常常客满为患。

雀儿奶奶

她也是在哭她自己吧。

雀儿奶奶越发见老了，我回老家时，见她在门口站着，像蹲着的一个小草垛子。

她见有人走过，习惯性地手搭凉棚张望，浑浊的眼睛其实并不能看清什么。

我冲她喊："雀儿奶奶，你好啊。"

这称呼挺有趣的。她是雀儿的妈妈，不是奶奶，但我们一直这么称呼她，她也从来没有提出过异议。

她是个小个子的女人，早年守寡，只有雀儿一个儿子。她独自拉扯大儿子，给儿子盖了三间瓦房，娶了媳妇。但儿媳待她不好，把她从瓦房里赶出来，睡在土坯和茅草搭的灶间，还常常对她横挑鼻子竖挑眼的，她总是忍气吞声，默默地去干活儿。儿媳后来得急病走了，她哭得比儿子雀儿还伤心。她哭的是，从此以后，她的雀儿落单了，跟她一样苦命。她也是在哭她自己吧。

我奶奶在世时，她常来找我奶奶玩。她比我奶奶要小十多岁，但看上去，却和我奶奶差不多大的样子。她跟我奶奶诉苦，有时说着说着会抹起眼泪来。我奶奶安静地听着，很少插话，只偶尔给她面前的茶杯续续水，她也就得到了安慰似的，走的时候比来的时候要轻松多了，有时脸上还挂着一抹笑。

我奶奶往生，她来帮忙，那时候她手脚还算麻利，我爸妈不懂的老风俗，她都懂，一一指挥着我爸妈去做，比如怎么点长明灯、怎么烧纸钱、怎么做斋饭，一直忙到我奶奶下葬。我奶奶是88岁去世的，算是高寿，丧事是当作喜事来办的，亲戚朋友都是谈笑风生的，没有人为我奶奶的死亡而痛苦。我只在雀儿奶奶脸上看到戚容，她拉着我的手，絮絮地说："梅啊，以后再也见不着你奶奶了，再也没有人陪我说说话了。"

我奶奶葬到了麦地里。时值暮春，麦子吐穗，零星的油菜花还在喷着黄，送葬的人一个一个都散了，没有一个回头再看看的。雀儿奶奶却提了猪草篮子来割草，她看一眼我奶奶的坟，再看一眼麦子和油菜花，喃喃道："小麦长得这么好，还有菜花在开着，你奶奶睡在这儿不冷清。"因为这个，我对她一直很感激，每次回老家，都会给她带一份小礼物。

雀儿奶奶浑浊的眼睛还在张望着，我加大音量喊她："雀儿奶奶，你好呀！"她循着我的声音，辨了又辨，终于明白是谁回来了，欢喜地叫一声："是梅回来了呀。"

她从她家到我家，不过隔着三十来米，她硬是走了十多分钟。她已 93 岁了，真的老得很了，身子佝偻下去，后背高高隆起，像只背着重重壳的蜗牛。我妈说："你别看她老得不成样子了，她可凶着呢，一个人趴在地里挑荠菜，一天能卖上百块钱，我都挑不过她，她卖荠菜的钱全给雀儿了。"

我们在谈论她的时候，她倚着我家的门框，笑眯眯地听着，脸上的每一道皱纹都舒展开来，微微漾着波，仿佛软风拂过细水。她多半也不大听得清楚，却很享受这个和乐融融的氛围。我搬了凳子请她坐，她不坐，伸了手来摸我的手。我轻轻在她的手背上拍了拍，她感激地笑了，"真的是梅呀。"

"梅你太好了，你跟你奶奶一样，是个好人。"她睁着浑浊的眼睛，仰头看着我说。

我有点惭愧，又有些心酸，我并没有对她格外做些什么，只是出于礼节，和一分同情，给予她一分好颜色。

她的儿子雀儿有了个相好的，三天两头跑去那个相好家里，孙子一家也常年不在家，她实在寂寞。我的村庄也和她一般寂寞着，我在家整整待了一个星期，门前鲜少有人走动。天空很高，风从田野的尽头吹过来，挟裹着泥土和植物的气息，一波一波的。

瓦子沟的歌声

　　你来，或者不来，她都在这里，如一枝野棉花，在这阔大的天地间独自盛放着。

　　那是好几年前的事了。

　　我跟随一帮人到秦岭腹地一个叫"华阳"的古镇去，途经瓦子沟。山里气候冷热不均阴晴不定，我严重感冒了，整个人昏昏沉沉，身边的人声喧喧，听在耳里都是难耐的噪音。我正心烦意乱着，突然听到有歌声，如清纯活泼的小溪奔了过来，每一粒都在闪着光。

　　我的精神为之一振。车上人也都停止了喧哗，大家好奇地循着声音去找。山脚下，田园如图画展开，一田的稻穗将黄未黄，一半金色，一半浅绿，金色和浅绿间，有妇人的红衣裳跳出来，夺目着。

　　妇人正在田埂边割羊草，左割一下，右割一下，野棉花在她身边开得热烈，红红粉粉。妇人一边割草，一边唱着歌。她对着野棉花唱。对着稻穗唱。对着青草唱。对着手里的镰刀唱。对着脚跟边的草篮子唱。我们下到田间，走上田埂道，向她奔过去。她笑盈盈站起身，看着我们，歌声却并未停下。她就那样对着我们唱，把我们当成山谷，当成树，当成稻穗，当成野棉花。歌声时而如裂帛，石破天惊；时而如清泉，清冽冽的，缠绵不休。等她终于唱完一段，我才有机会插话。

妇人胖胖墩墩的，岁月在她脸上犁出些沟壑，里面却不见衰败和愁苦，她就那么笑嘻嘻的，整个人叫人望之可亲，望之喜悦。她说她就出生在瓦子沟，从小就喜欢唱歌，每天都唱，唱了四五十年了。

"只要一唱歌，心情就好了呀，日子就好了呀。"她笑着说。她家里养的鸡呀牛呀猪呀羊呀，都喜欢听她唱歌，只要她一唱歌，它们就竖起耳朵听。她说她不识字儿，她唱的都是自己编的曲子和词儿，心里想什么就唱什么。她刚刚唱的，就是她编的一个故事：

两个年轻人，女的叫阿红，男的叫阿黑，相爱着呢，他们说着天长地久。可是阿红的父母不同意，硬生生拆开他们，把阿红嫁给了他人。阿红出嫁前，对着阿黑发誓，等我死了后，我还是要和你在一起。

妇人讲毕，又亮开嗓子唱起来，旁若无人。她的歌声像长了翅膀的鸟，越过一片稻田，越过溪谷，飞进群山之中去了。金灿灿的阳光铺了一地，我只觉得"嘭"的一下，有泪涌至眼眶，一种活生生的生之力量，蓦然注入心间。你来，或者不来，她都在这里，如一枝野棉花，在这阔大的天地间独自盛放着。

自那以后，每当我在滚滚红尘中走累了的时候，每当有阴霾飘上我头顶的时候，瓦子沟妇人那金光闪闪的歌声，就从我的心底飞上来，使我重又变得快乐起来。

母亲的炊烟

炊烟是村庄的呼吸和心跳，是村庄的温度。

麦收过后，母亲又着人在屋前垒了一个大大的麦秸垛子。母亲很满意有这样的柴火垛子在，它在，她的日子才有了四平八稳。

母亲仍保留着烧土灶的习惯。我们给她安装了煤气灶，但她从来不用。"哪有柴火烧出的饭菜好吃？"80岁的母亲，往灶膛里塞把柴火，抬起头笑着说。灶膛里的火苗，轰的一下跳跃起来，活泼欢腾，映红了母亲的一张脸，母亲脸上的皱纹都不见了，母亲变得年轻了。

锅里的饭菜滋滋作响，冒着热热的香气。一捧捧炊烟，争先恐后地从烟囱里蹿了出去，在半空中缭绕成诗，成画。我跑去屋角看炊烟。我的村庄越来越萧条了，这样的炊烟越来越少见了，它只属于母亲了，是母亲的炊烟。我看着它行只影单，一步三回首地独自迈向寥寥的苍茫去，情绪变得复杂起来。

记忆里的炊烟不是这样的，那是一场一场的狂欢。一到饭时，家家的烟囱里都冒出炊烟，你家的，我家的，他家的，你追我赶的，簇拥着，一径往那高空里去，袅袅复袅袅。最后，化成了天上的云朵和星星。

村庄里的每一个孩子，打小就熟悉并热爱着炊烟，他们能读懂炊烟的每一个表情。炒菜时的炊烟是个急性子，成团成团地从烟囱里翻滚出来，好像有十万火急的事在等着它，它是要去指挥千军万马的，旌旗猎猎马蹄声声啊；熬粥时的炊烟是姿势优雅的，它慢悠悠的，一缕一缕袅娜地飞上半空，它是要成仙去的。我们几个孩子在地里割猪草，一抬头看到村庄上空炊烟起，仿佛得到召令似的，立即欢喜起来，回家吃饭去喽。有孩子眼尖，看到田芳家冒出的炊烟跟我们几家的都不同，她家的是肥阔的，前呼后拥的，那孩子对田芳说："你家今天肯定烧肉了。"田芳眼睛也盯着她家的炊烟看，嘴里面说着怎么可能呢，人却一溜烟儿地跑回家去。后来证实，那天，她家的确吃肉了，盖因她舅舅突然上门来做客。

村子里有一养蜂的人家，夫妻两个正常在外放蜂，平时院门关得紧紧的，很少见到他们家烟囱里冒烟的。有一年他们回家来，才打开院门就吵了起来，吵着吵着竟扭打到一起，你死我活的，蜂箱摔了一院子。村人们去拉架，拉了好久才把两人分开，两人都吵嚷着，不过了，不过了。村人们私下里谈，他们怕是真的过不下去了吧？俄顷，却见他们家的烟囱里，冒出一缕缕炊烟，活泼着，欢腾着。他们后来没再出去放蜂，在炊烟里缠磨着，生了两个儿子。

炊烟是村庄的呼吸和心跳，是村庄的温度。哪一个村庄没有炊烟呢？你从一个村子走到另一个村子，也许你所遇到的房屋不同人不同，但是，屋顶上飘起的炊烟却是无比亲切的，每一粒里，也都能闻到麦子、水稻、黄豆、玉米、茅草和芦苇的清香。它们经过火的淬炼，成了一缕缕精魂，轻盈、飘逸，在风里吟唱着一首古老的生之歌谣，有时激昂，有时婉约，有时闲淡，有时忧伤。它总能让在外的游子热泪盈眶，风尘仆仆的思念，一下子被填得满满。

斜晖脉脉，鸟雀们喧闹着归巢，母亲的炊烟渐渐没入暮色中，成了晚霞中的一分子，四下里一片寂静。母亲在屋里喊我吃饭，说饭菜都做好了。我答应一声，从半空中收回目光，心里面又是欢喜，又是空落落的，母亲的炊烟还能飘荡多久呢？

——哎，还是不要想了。至少这一刻，我还能循着母亲的一缕炊烟回家。我是幸运的。

碗中日月

那些如烟的过往，总在静夜里，响彻我的全身。

我是明朝成化年间的一只碗。

我本是一抔普通的高岭土，经过淘泥、摞泥、拉坯、印坯、修坯、捺水、画坯、上釉等一道道冗长的制作工序，我被投身到一窑火中。我在里面锻造了三天三夜，身上每个细胞都在发生着裂变，似有千朵万朵花呼啸着开了。我疼得眩晕过去，醒来时，火已熄灭，那种强烈包裹着我的灼热感慢慢消散，一切骤然间静了下来。我躺在暗里头，听见自己的心跳，身体里像淌过一条清澈的河。我知道自己不再是一抔高岭土了，我已脱胎换骨，成了一只青瓷碗。

开窑了。我第一眼看见的是外头的大太阳，照得窑口金光闪闪。然后，我看见披着一身金光俯向我的一张脸，那脸上印着日月沧桑。是一个把桩老师傅，他青筋毕现的手托起我，像

021

托着一个新生的婴儿。他对着日光轻轻晃了晃我，半眯起的眼睛里，流下激动的泪水，他喃喃说，冰片如花，色泽清冽，晶莹润透，真是一只好碗啊。

我在他的手上并没有待多久，很快就被装进一只精美的盒子里。他的手，抚摸着装我的盒子，我听到一声落花般的叹息，去吧，多多保重。我被当作贡品，送进了宫。

宫里的贵人们围住我，啧啧称奇，好精美细腻的一只碗啊。皇上把我赏给了他最爱的嫔妃。我被嫔妃用来盛冰糖莲藕。嫔妃有一双如秋水的眸子，她时常对着我发呆，嘴里念着什么"藕碗冰红手"，像是在等什么人。她等来的，往往是寂寞。

嫔妃不久莫名其妙没了。我到了一个贵人手里，贵人在宫中很得势。贵人把我赏给得了赫赫战功的大臣——她娘家的兄弟。我跟着大臣，从宫里，来到民间。

大臣的家里真是繁华之极，精美之物比比皆是，我夹在其中，实在算不上什么。但因我是贵人所赐，被这一家的当家主母老太君收了去。从此，我跟着她品尽人间好滋味。

都说富贵人家多纨绔子弟。此话真正不假，这家的子孙个个不学无术，荒淫颓废，百年的家业，最后被挥霍一空，我被送进了典当行。

典当行的老板识货，他表面上装着不在意，呀，一只破碗呀。给了典当我的人几两碎银子，那家伙千恩万谢走了。他立即把我托在掌上，细细端详，点头道，真是剔透如玉啊，好碗，好碗啊。我进了典当行老板的储藏室，那里面已收着不少好宝贝。

我真不愿待在储藏室里，我是只碗，碗要有碗的价值，空置着对我是种伤害。一日，我正暗自神伤着呢，突然听到外面杀声四起，一伙盗贼冲进了典当行。典当行的老板当场被杀，我被人掳走。

我几经转卖，辗转去了好些人家。有的人家清雅高贵，有的人家丑陋不堪。我被人供奉起来过，也被人不当回事地用来装狗食。这期间，我经历了无数的兵荒马乱，无数的生离死别，我享过富贵，尝过贫穷。明朝嘉靖年间，我到得一深闺女子手里，女子很是珍惜我，用我养过栀子花，还用我养过一弯明月。女子后因爱失意而死，我做了她的陪葬品，重又回到泥土里。

又不知过了几世几年，我被考古学家挖掘出来，当成珍贵文物，收进博物馆，放到了展架上。现在，每天都有无数的目光，在我身上逡巡，它们或惊叹，或好奇，或探究，或迷恋……我只沉默地看着。千年的日月，沉淀在我身上的每一丝纹理里，那些如烟的过往，总在静夜里，响彻我的全身。

采采卷耳

这世上，从不缺聪明人，缺的是，一以贯之的热爱。

阿圆发来她的泥塑新作《采采卷耳》的视频，我甫一打开，就被震撼到了。

作品还原了《诗经》年代一个大型的劳动场面：广袤的野外，女人们挽篮提兜，在草地上采摘苓耳。她们服饰不一、神态各异，活活泼泼。她们一边采摘，一边相互调笑，长长的发丝，被春风撩起。她们战果不错，篮子里和兜里都快装满了。只有一个年轻的女人显得特别，她落在那群女人身后，紧挨在大路旁，潦草地挽着头发，眼望着大路的尽头，眉眼里结着深深的忧愁，采摘苓耳的手，停在半空中，脚跟边的篮子里，只有见底的几棵苓耳——她显然是满怀心思心不在焉的。"采采卷耳，不盈顷筐，嗟我怀人，置彼周行"，我仿佛听到有歌谣响起，沾着四月的露水，清清冷冷的。她原来，在思念她远行在外迟迟未归的男人。

整组作品生活气息浓郁，活灵活现，把人拽进那亘古荒野之中，和那群女人同悲欢，忘了面对的，本是一堆泥土。

阿圆生活在皖南的一个小镇。几年前，我路过小镇，偶然踏进她的工作间，见到她的一系列泥塑作品，当下惊叹不已。之前我在别的地方也见过不少泥塑作品，那些作品给我的感觉是，塑得真像啊。塑出只猫，就像只猫。塑出朵花，就像朵花。但总觉得还少了点什么，却一直想不出到底少了什么。直到我看到阿圆的作品，我一下子找到答案了，那些作品，少的是灵动的气息。

阿圆的作品多以乡村题材为主，这是她熟悉的领域。她从小在乡下长大，对乡村物事再清楚不过了，丢种子的、割麦子的、扬场的、犁田的……无一不灵动之极，好像你熟悉的乡亲迎面走了过来，你赶紧扬起脸，堆起笑，要跟他们打声招呼。

五十多岁的阿圆，有一双男人的手，大，有力。她在泥塑的路上已走了半辈子了，她的爷爷爱捏泥人，可惜爷爷死得早，过世那年她才八岁。她把爷爷的手艺接过来，乡村天地广阔，落在眼里的事物，她都能用泥巴让它们重又活过来。就这样，从小捏到大。嫁作人妇后，依然不改这一喜好，一得空闲，便四处寻找合适的泥巴，挖来堆在院子里，日夜鼓捣。丈夫认为她不务正业，跟她离了婚。

日子有过艰难，最困窘的时候，兜里只剩五毛钱，她没钱买菜，三顿都是咸菜配稀饭。有人劝她放下，随便找个工打打，也比整天玩泥巴强啊。可她没办法放下，一看到泥巴，两眼就发光。她问我，你信不信，泥巴也会说话？她告诉我，她有时抚摸着泥巴，就听到那些泥巴在叫，捏我呀，捏我呀，我就是那个扬场的李大伯啊，我就是那个挠痒痒的戴爹爹和戴奶奶呀。直到她真的把它们捏出来，才心安。

近年来，小镇上多了好些泥塑店，卖千篇一律的泥塑，都是机器成批量生产出来的。阿圆不跟风，她坚持纯手工制作，从制膜，到打膜，到描膜，到成品，一步不落，全靠一双手慢慢盘活。她在作品中掺入自己的生活经验，又不断读书钻研，为她的创作，添了一份厚重。她说，我要保证在我手底下诞生的每一件作品，都是独一无二的，有温度的。她的名气越来越响，有华人回国来，专程跑来她的工作间，高价购买她的泥塑作品。

为创作《采采卷耳》，阿圆熟读先秦历史，对古人的饮食、服饰、风土人情、社会状况做了一番研究，力求每件物事都能饱满起来，"要让观众看到我的泥塑作品，就像在观看一幕情景剧，几千年前的生活日常，尽在眼前。"阿圆说。

阿圆成功了。她的这组《采采卷耳》在一场重量级的泥塑大赛中，拿下特等奖。阿圆告诉我这个好消息时，我一点儿也没惊讶，笑着对她说，理应如此。

这世上，从不缺聪明人，缺的是，一以贯之的热爱。当阿圆守住她的本心，持久地热爱着泥塑时，她的成功，也就水到渠成了。

此生所望

最后你活成什么样子，在于你终找到了适合你的，并坚持了下来。

每个小孩，在成长途中，都会被大人赋予种种期许。我小时候，我爸特想我长大后，能当个医生。他说，当个医生多吃香啊，吃五谷杂粮的谁不会生病？都要求着医生的。

老街上有医生姓方，白白胖胖的，我爸跟他熟。我爸是怎么跟他熟的我不知，总之呢，家里人生了病，我爸头一个想到的，就是老街上的方医生。他说，去老街上找方医生看看吧。弄得一家老小个个都对方医生很熟了，且无限崇敬着、感激着。但凡地里有了什么时新菜蔬，我奶奶总要想着方医生。给方医生送些去啊，让他尝尝鲜，我奶奶吩咐道。家里新打了粮食，也总会让我爸给方医生送点去。方医生有时也会主动问我家索要点东西，比如，玉米糁。我们天天喝着玉米糁粥，对玉米糁实在热爱不起来，方医生却喜欢得很。方医生一开口，我们全家人备受鼓舞，仿佛得了什么恩惠似的，立即欢天喜地地照办。这等粗粮，能得方医生青睐，何等荣耀。

方医生每回见到我们家的人都很高兴，对我们小孩子也温和客气，给我们抓糖果吃。为我们看病，更是尽心尽力。八九岁的时候，我患肺炎，高烧几日不退，我爸送我去老街上，找方医生。方医生凉凉的手指头，滑过我的额头，轻声慢语对我爸说，放心，小丫头只要退烧了就好了。当夜，我的烧退了。出院时，方医生特地来送我们，塞给我一只撒满芝麻粒的脆饼。我舍不得吃，紧紧攥手上，攥了三十里路到家，手心里汗渍渍的，脆饼上也汗渍渍的。我爸就说，你要好好读书，将来当医生了，脆饼多得吃不掉的。说完，他好像嫌脆饼的诱惑力对我还不够大，又进一步道，方医生天天早上都喝牛奶吃鸡蛋的。

这实在让我心动。那个时候，作为乡下孩子的我，牛倒是见过不少，都是耕田的大黄牛，大黄牛们却不产奶。我从没闻过牛奶的味道，更遑论喝了。鸡蛋家里是有的，我奶奶养着母鸡三五只，下的鸡蛋却都要攒着，家里的油盐酱醋等日常开支，全靠它换取，寻常日子难得碰到我们的牙齿。我就立志要做个医生了，期盼着能天天喝上牛奶吃上鸡蛋。我开足智力，削些竹片，制作了听筒等一系列"医用器材"，捉了我家的黑猫，做些给它听诊、手术和打针的事，弄得黑猫一见到我，就如同见了魔鬼，撒腿狂奔，眨眼间不见影踪。

　　我的这个梦想并没有持续多久，我迅速地转入到另一种热爱中去，我要做个挑货郎。吾乡人把挑货郎称作"挑洋火（洋火也就是火柴，那时，家家掌灯做饭，少不得要用火柴的）担的"。之所以这么叫，是因为挑货郎的担子上，有洋火卖。我不稀罕洋火，我稀罕的是麦芽糖，还有一堆红红绿绿的玻璃球、彩色的发箍和扎头绳。有时还会出现小圆镜子、小风车和万花筒等等的玩意儿。在八九岁的孩子眼里，挑货郎的肩上，挑着的绝对是一座宝藏。

　　挑货郎每次出现，都是伴随着一阵悦耳的铜锣声，当，当，当，一步一步款款而来，把我们小孩的心都敲飞了。我们飞也似的奔回家，藏在旮旮旯旯里的破烂都被翻了出来，拿到货郎担上换麦芽糖吃，换彩色的玻璃球，换扎头绳。当一小块麦芽糖，像小蛾子似的躺在我的手掌心，我很珍惜地伸出舌头舔，甜蜜的滋味，立即满嘴荡漾开来，我就在心里暗暗立下一个誓言：长大了，我也要做个挑货郎，天天挑着一肩的宝贝，晃晃荡荡走在路上，我想吃麦芽糖了，就敲下一大块来吃。

　　后来，村子里来了马戏团。打头走着几头威风凛凛的大马，马头上缠红花，后面跟着带着行头的男男女女，他们一律穿着光鲜的演出服。耍杂技的小女孩走在里面尤其扎眼，脸蛋红扑扑的，着水粉的衫子、水绿的裤子，两只羊角辫朝天竖着。偏僻简陋的村庄因他们的到来，变得绚彩万分。一村的孩子几乎全出来了，跟在后面蹦蹦跳跳，蜿蜒成一条长龙。戏未开场，这浩荡的画面，就很叫人热血沸腾了。

我爱上走钢丝的那个女孩子。她的年龄跟我相仿，脚蹬一双水粉的鞋子，轻盈地跃上钢丝，身上的红绸衣被细风拂得鼓鼓荡荡。她在钢丝上翻筋斗，如一朵水莲花缓缓盛放。惹得村人们叫好声一片，手掌都拍红了。我被那片掌声激荡着，很是敬慕女孩的一身本事，也羡艳着她的绸衣和轻盈。我想进马戏团，做一个耍杂技的，我要在一片掌声中盛放。为此我着魔了好一阵子，有事没事都在家中练倒立，练前滚翻后滚翻。大人们拿我寻开心，天天问我，你什么时候去马戏团呀。

四年级的时候，老师布置了一篇作文，题目是《我的理想》。我的同学都写要当科学家，再不济也是做个老师或医生。我写的是要做个裁缝，被老师狠狠教育了一番，老师说，人要志存高远。我不懂他说的志存高远，我热衷于裁裁剪剪，把一块碎布，拼成帕子，或缝出一只锦囊来。这个时候，我已淡了要进马戏团的梦。

村子里有一裁缝，是一刘姓女人，她腿脚不好，成天在屋子里焐着，脸皮儿白白嫩嫩的，漂亮得很，是我崇拜的对象。我上学放学，都要路过她家门口，她不是在案板前裁剪，就是低头在踩缝纫机，身上仿佛罩着光。我很想拜她为师，一有空就在她家门口瞎转悠，看她拿着粉饼，在布料上比比画画。我便拾根草棍，依样画葫芦地在地上比比画画。我的这等痴迷，惹得刘裁缝稀奇不已，她问我，丫头，你当真要学裁缝？我答得飞快，当真。刘裁缝笑了，那等你把小学上完了，你若还想来，你就来吧。

然未等我小学念完，我就丢掉裁缝梦了，我不再流连于刘裁缝的家门口了，我疯狂迷上读书。我姐不知从哪里带回一本书，因多人传阅，书的封皮早没了，用一张牛皮纸包着，上面歪歪扭扭写着四个字："青春之歌"。我一头坠进去，废寝忘食，林道静、余永泽、卢嘉川、江华、郑瑾等一众人物的悲欢离合，在我眼前挥之不去。那之后，我四处找书读，五觉变得异常灵敏，村子里哪户人家有书，我都知道，想尽办法借了来读。也不管读得懂读不懂，先吞下去再说。实在没书读了，我爷爷的老皇历也被我拿来翻阅，一边翻一边编故事。

老街上有家新华书店，我每回去老街，都直奔那里去。家里穷，没钱买书，过过眼瘾也好啊。新华书店的营业员，成了我仰慕的对象，他们拥有一屋子的书啊。我就有了个秘密的梦想：将来，我一定也要成为新华书店里的营业员。

初中毕业时，我和几个女生一起骑车去老街上有事。路边的农田里，农人们正在移栽玉米，他们一律皮肤黝黑，身子弯得像虾。有个女生看一眼，说，做农民太苦了，我将来是不要待在农村里的。不待在农村里还能去哪儿呢？我们开始了憧憬。一个说，她将来想做幼儿园的老师，领着一帮孩子唱唱歌跳跳舞。一个说，她将来想做护士，穿着白大褂，在有苏打味的走廊里走来走去。又一个说，她将来想做商场的营业员，可以优先买到好东西。她们问我想做什么。我脱口说，我想做作家。说完，我自己都吃了一惊，这个梦，做得太突兀了。然我的同学没感到突兀，她们一齐点头道，你就应该做作家，你的作文写得那么好。

我也就当仁不让地背负起这个"重任"了，在写作这条路上，走了下来。每天都写几行字，已成我的习惯，如同吃饭、喝水一样自然。我也早已不在乎发表或是不发表了，我只当自己是个勤劳的农夫，勤奋地播种，总会有些收成的吧。

人生其实有多种可能性，最后你活成什么样子，在于你终找到了适合你的，并坚持了下来。

微生病苦随缘了

与生命妥协，与自己和解，坦然接受现实，反而能获得解放。

我爸是坚决抵抗在体外挂尿袋的。

那我不成了一个废人了？我爸说。

他被尿频折腾好些日子了。他像个幼儿一样管不住自己，总是尿湿裤子。有时带他在外面走走，好风景正看得心旷神怡呢，他说要尿了，是等不及上厕所的，他便又尿在裤子里了。他难过尴尬。我们也尴尬难过。

我们先是送他到县城里的医院，医生问了他的状况，稍稍检查了一下，就得出结论，你这是前列腺增生引起的功能性衰弱，没有好的治疗方法，最好在体外挂尿袋。我爸不信，他认为小地方医院里的医生水平有限。我们就带他到南京，到上海，几乎把看这种病的大医院都走了一遍，得出的结论一致，是前列腺增生引起的功能性衰弱。

我爸还是不死心。他认为，现代医学一定能帮他解决这个问题。

我跟他解释，这个衰弱就相当于一朵花萎了，没办法再饱满地开了，咱就挂个尿袋吧。

我爸还是不肯听。他寄希望于做一次手术，把增生的前列腺切除掉就好了。

手术是在南京的一家医院做的。我的一个学生在那里，学生亲自研究手术方案，也建议我爸最好体外排尿。学生说这种手术复发率特别高，效果不是很明显。我爸还是侥幸，他说：万一就好了呢？他拒绝挂尿袋。

手术很成功。我爸过了一段安稳的正常的日子，正当我们都长松一口气的时候，接到我妈的电话，我妈在电话里对我哭，说我爸又管不住尿了，一夜换了十几回床单。我们只好买了尿不湿回家，把我爸当婴儿对待了。

我爸还是不肯松口让体外排尿。那我真的成了一个废人了，还谈什么生活质量！我爸无比悲哀地说。他以为他只要再抗一抗，命运就会拐个弯。

情形却越来越糟糕，我爸总是不受控制不分场合地尿在身上，特别是夜里，他难得睡上一个安稳觉。我们反复做他的思想工作：爸，你就挂个尿袋吧。我爸终于无可奈何，长叹一声：人终究抗不过命啊。他不得不向命运缴械投降，收起了从前的意气风发，就这样，又动了一次手术，在体外挂上了尿袋。

我爸能睡一个安稳觉了。我妈脸上也重新有了笑容。每月要换一次导尿管，我爸把那个日子牢牢记着，这成了他生命里最重大的事情。他渐渐适应了挂着个尿袋，蹒跚地走东走西，遇人问起，也能谈笑风生的了。我每每电话回去，他最后都会这样告诉我：乖，我蛮好，吃得好，睡得好，我现在的生活质量蛮高的。

我虽难过，但还是慢慢释怀了，"微生病苦随缘了"。当我们抗不过命的时候，不妨退一步，与生命妥协，与自己和解，坦然接受现实，反而能获得解放。

开在悬崖上的点地梅

只有做到自我强大，即使身处崖端，也能开出花来。

六月里去贵州的梵净山，山上的植被最是葱茏，众鸟喧哗，每一寸空气都是翠绿的、清新的、活泼的，山光明净自不必说，最让我难忘的，是那丛绽放于悬崖之巅的花朵。

那是一大丛点地梅。花朵洁白，远观去，如同撒满了小雪花，又像在崖顶上摊开了一条素白的花头巾。由于悬崖太陡，下临万丈深渊，我近它们身不得，只能把相机镜头尽可能地拉近、再拉近，一朵朵小花簇拥到我的相机屏幕上，它们一律伸着纤细的脖颈，朝着天空，五瓣裂开，黄蕊素颜，微笑宴宴。

我等着，看有没有蝴蝶飞过去，哪怕飞过去一只野蜂也成，好为它们的盛开鼓掌，顺带帮着传播花粉，使它们能够子孙繁盛。我等了很久，却没有见到一只——这么高的山上，蝴蝶不到，野蜂不到。后来我查阅资料得知，点地梅是可以靠自播繁殖的。在它完全孤立无援时，它努力实现自救，牢牢守住身下的一抔土，抓住路过的一缕风，这才有了灿然绽放，这才有了子孙绵延。

我很想深入这丛点地梅的内心。当它不幸降落于悬崖之上，无所依傍，它一定明了，只有靠自身的强大，才能抵御疾风厉雨，才能熬过孤独清冷。它生为弱者并不自悲，不怨天尤人，不自暴自弃，而是默默积蓄力量，努力强身健体，从上一年的八月底，一直到来年的六月，蛰伏隐忍，度过漫长的几个月。这其中遇到狂风肆虐，遇到冰雪侵蚀，但最终，它胜利了，完成了它的重生和盛放。

我想起少年时在乡下，有一户张姓人家，夫妻两个都是矮小瘦弱又笨拙的，干活从来干不过别人。他们的儿子，那时四五岁的年纪，整日里拖着一行鼻涕，浑身脏兮兮的，在一群聪明伶俐的孩子里，如同一只丑小鸭。村里人谁都瞧不上他们一家，认定这孩子，将来也是废物一个。谁知这孩子上学之后，人生竟一路开挂，考上名牌大学，毕业后，好多家大公司争着要他，他最后选择留在上海。原先优越于他的那些孩子，被他远远甩在身后。我爸有次跟我聊到他，说他现在可有本事喽，娘老子都享了他的福，被他接去上海住了。

自然界的万千生物，经过亿万年的优胜劣汰，能够生存下来的，无一不是靠的是自身的强大。对于一丛点地梅来说是如此，对于我们人类来说，亦是如此。只有做到自我强大，即使身处崖端，也能开出花来。

何满子

纵使曾有过深似江河的恩情，也抵不过蜂拥而至的云愁雨怨。

我是见过小脚的人。

我奶奶的。我外婆的。

我奶奶讲过她裹小脚的经历。那时她才六七岁，我的太婆把她按到椅子上，拿一条长长的白布，把她的脚裹得紧紧的。她走不了路了，疼得没日没夜地哭，嗓子都哭哑了。哭得太婆心软，会松一松裹紧她的白布。然而过后，还得裹啊。太婆流着泪对她说，女儿家的撑着双大脚，要被人家笑话死的，将来会嫁不出去的。就这样裹一阵子，松一阵子，持续了好几年，直到成功地把我奶奶的脚，变成了一团肉。

我外婆没跟我讲过她的小脚是怎么来的。但她的小脚真是小得很，尖尖的，小粽子般的。我读大学归来，外婆撑着这双

"小粽子"，站在路口接我的样子，我怎么也忘不了。那个时候，她七十多了吧，她的人，那么瘦小，她头顶上的天空，好高啊。她一辈子吃过很多苦，可惜，我从没好好听她讲过。现在也听不到了。

我在写《何满子》这个词牌的来历时，想到我奶奶和我外婆。我发了好一阵子的呆。从前的女人，哪一个不是被欺凌被侮辱着的？她们生而为人，却从来做不了自己的主，在男权的世界里，她们再聪颖过人，也只能如草芥一样地、卑贱地活着。就像何满子。

何满子，唐朝天宝年间人，因色艺双全，被纳入到大唐梨园里，成了一名伶人。后因遭诬陷获罪，被判了斩刑。临刑之际，她悲愤不已，请求歌一曲。她凄清悲怆的断肠之音，惊动了当时的最高统治者唐玄宗。唐玄宗好音律，梨园就是他一手组建起来的，他被何满子的歌声打动，当即下召赦免了她的死罪。便将她唱的这首曲子，命名为《何满子》。

何满子后来的人生如何了呢？没人知道。但她的这首《何满子》，却被传唱开来。

到了唐武宗时，有一姓孟的才人，因笙歌出色，备得武宗恩宠。武宗病危时，问她，我就要走了，你有什么打算呢？她指着装笙的锦囊说，我就用它来自缢。随后，她请求武宗，要为他歌一曲。她唱的就是《何满子》，歌罢，气绝而亡。

诗人张祜有感于此事，写下一首《何满子》：

故国三千里，深宫二十年。

一声《何满子》，双泪落君前。

　　每次我读到，心都揪揪的，为那些一生的好年华，被白白耽误、践踏和葬送掉的女人。她们生错了时代。

　　五代词人孙光宪，填过一阕《何满子》，延续了这样的悲声：

冠剑不随君去，江河还共恩深。歌袖半遮眉黛惨，

泪珠旋滴衣襟。惆怅云愁雨怨，断魂何处相寻。

　　似乎被动的总是女人。一生的命运，都在等待和找寻中。纵使曾有过深似江河的恩情，也抵不过蜂拥而至的云愁雨怨。一叹。

王玉兰

什么是干净？就是没做过坏事，做人公平、善良、正义。

住在南糯山姑娘寨的王玉兰，邀请我们去她家玩。

三年前的夏天，我和那人到西双版纳，曾跟王玉兰的表姐，一个高大爽利的妇人到南糯山姑娘寨走亲戚，跟王玉兰初次接触，并留在她家吃了一顿饭。表姐是谢哥的亲姐，我们是通过谢哥认识她的。谢哥在景洪市区工作，一次偶然的机缘，谢哥与我们遇见，因我家那人喜酒，谢哥也喜，两人性情相投，一见如故。连带着谢哥的哥哥和姐姐，也都跟我们相熟了。

表姐小时是在姑娘寨长大的，她娘家的亲戚——五个娘舅和三个姨，也还住在姑娘寨。表姐给每个亲戚都带了一份礼物去，是些水果和食用油。拿大麻袋装着，好鼓囊的一大堆。因是搭乘我们的车，她不好意思解释道："我难得回去一趟，带点东西给他们。"

那时进寨子的路不好走，路窄，坑坑洼洼，曲曲弯弯，我们在山里穿行了大半天，才到达寨子里。第一站，就是到王玉兰家。两层小楼，绿瓦白墙，很清爽。门前有口池塘，塘里可望见很多的游鱼。池塘旁长着一棵老茶树，青苍遒劲，枝繁叶茂，好几百岁了。王玉兰很快从楼上下来招呼我们，她身材丰润，皮肤白皙，眼睛明明亮亮，她笑呵呵迎我们到茶室喝茶。她老公和两个儿子都在楼上厨房里忙，知道我们要来做客，一天前他们就着手准备食材了，空气中飘着烤肉的香。表姐悄声对我说："我们哈尼人好客的。"

　　表姐和谢哥一样，血统里一半流着哈尼族人的血，一半流着汉族人的血。不同的是，谢哥的户籍录的是汉族人，而表姐录的是哈尼族人。王玉兰是地地道道的哈尼族人，父亲母亲都是哈尼族。她没有多少客套话，只忙着泡茶给我们喝，一杯接一杯。

　　"我们就喜欢喝茶呀，每天都要喝。"王玉兰说。

　　"我们南糯山好啊，夏天也不热，都不用扇空调的，晚上睡觉还要盖被子。我们这里的人家，都不装空调的。"

　　她没有夸大其词，我们坐在窗口，喝着茶，外面的太阳烈烈的，拂来的自然风，却吹着清凉，非常舒适惬意。

　　王玉兰的茶泡得好，在他们寨子里是数一数二的。每次取多少茶叶，配多少水，她闭上眼睛也知道。她伸手从茶叶包里轻撮出一撮茶叶，这一撮茶叶的分量，刚好泡一壶水，不多也不少。多了，味道浓了。少了，味道淡了。她无须称量，用手指触摸，就能感知分量。她提起水壶，缓缓绕杯子四周一圈，沸水已注入杯中。静候一分钟，端起杯子摇上几摇，眼见着沸水中的茶叶舒展开来，像花苞打开心门。她凑近嗅了嗅，脸上有陶醉色。"香呢。"她说。她把这第一泡水倒去。重复之前的动作，有了第二泡水，仍倒去。她说这是洗茶。第三泡水才开喝。王玉兰在喝茶前，也让我们先闻茶。她的理论是，只有香气入鼻了，才能入喉咙，入五脏肺腑。

"我们有时就这么坐着喝茶，也不说话，一堆人就这么坐着，能从早上喝到晚上。"王玉兰说着说着，自己先笑了。她是个爱笑的人。看她泡茶，让我联想到欧阳修写的《卖油翁》里卖油的老头了，把油从铜钱孔中注入，而铜钱不湿。无他，盖因熟能生巧。这熟能生巧，看似只要有笨拙的坚持，就能做到。其实绝非易事，它也因人而异呢。

那天我们还认识了王玉兰的侄子，一个壮实的哈尼族小伙子。他带我们上山采茶，亲自采了一篓新茶回来，现场给我们表演炒茶。他的手伸进滚烫的锅里，快速翻转着茶叶，持续四十多分钟，茶炒成。我们在一边惊叹连连。王玉兰笑了，说："我小儿子炒茶也炒得好呢，在市里炒茶比赛中，得过第一名的。"

见到她的小儿子，是在吃饭时。那孩子长得真好看，可以用"秀气"二字来形容。他和一个姑娘忙着布筷子和端菜盛饭。

姑娘皮肤黑黑的，眼睛很大，身材苗条，举止文静。王玉兰告诉我们，这是她小儿子的女朋友，是个傣族人。本是他们家雇来采茶的，一来二去的，跟小儿子谈上恋爱了。"我很喜欢这丫头，勤快，懂事，跟我们一家人都相处得很好。"王玉兰又笑，笑得一脸幸福。

姑娘后来坐到桌边来，扒了几口饭，就说饱了。小儿子跟着她离桌了。不一会儿，他们端着一盘切好的菠萝过来，摆在桌上请我们吃。随后，两个人有说有笑地出去了，却在门口回了头，喊王玉兰的大儿子："哥你吃好了没？"我们这才注意看了看王玉兰的大儿子，壮实，憨厚，长得很像王玉兰。他听到门口喊叫，忙搁了碗，腼腆地冲我们一笑，也出去了。很快，客厅里传出他们的笑闹声。

王玉兰看向客厅方向，说："我这大儿子老实，没小儿子活泼，性格像他爸，兄弟两个相差四岁，处得好呢。"

小儿子快满十八岁了，她准备把他送去当兵。"等他当兵回来，我们就帮他把婚事办了。"王玉兰计划着。大儿子也谈了个女朋友，只是女方要大上六七岁呢，他们两口子不大满意，但也不会太阻拦，只要儿子真心喜欢。四十来岁的王玉兰，已像个福佬了。

再来姑娘寨，见到王玉兰的刹那，我暗暗吃了一惊，她变化太大了，虽身材还丰满着，人却老下去不止十岁，眼睛周围布满皱纹，皮肤也不复白皙。

她穿一件大红羊毛衫站在门口迎我们，淡淡笑着。门口的池塘填掉了，平整出一块宽敞的场地。长在池塘边的老茶树不见了踪影。问及，王玉兰轻"哦"一声，说："死掉了。"

依然没有多少寒暄话，她把我们往茶室迎，好像我们是昨天才分别的。她老公和儿子在楼上厨房里忙，我听到油烟腾起的滋滋声。

茶室还是记忆里的样子，一张茶桌临窗摆着，周围一圈茶凳。茶桌后倚墙摆着放茶叶的木架子，上面搁着一些加工好的茶饼。另摆了好几张她小儿子的照片，年轻的小伙子一身哈尼族民族服饰，站在半山坡的茶园里，面朝远方，嘴里衔一枚嫩茶叶，笑嘻嘻的。

我扫视着那些照片，夸道："你这小儿子长得真好看。"

王玉兰笑了，"是啊，他长得像他爸。性格却像我，可活泼了。"

茶室里摆着好几盆杜鹃和蟹爪兰，红花朵密密地开着。我也曾养过盆栽的杜鹃，从没养活过。我由衷地赞："王玉兰，你是个养花高手啊，能把花养得这么好。"

王玉兰正泡着茶，冲、洗、泡，一套动作如行云流水。她先递我一杯，"你喝喝看，这是今年的红茶。"这才看一眼花，说："我喜欢养花。我小儿子也喜欢，若你们过些日子再来，我们家门口会开出一片花来的，什么颜色的都有，是格桑花，可漂亮了，都是我小儿子长的。门口那几棵月季，也是他长的，开的花又大又多。"

"哦，是吗？你小儿子真够细腻温柔的。他当兵回来了吗？"
我随口问。

王玉兰持壶的手，在空中顿了顿，她没有回答，只是低头
烫一只茶碗，烫了一遍又一遍。后她起身，取来白茶，泡给我
们喝。茶室内一下子沉寂下来，我和那人不安地交换了一下
眼神。

"他没去当兵，他走了。"当又一杯茶递过来时，王玉兰这
才幽幽开了口。

我的心，漏跳一拍，没听明白，追问："走了？去哪里了？"

"去天上了。"王玉兰伸手向上指了指。

她的小儿子是患骨癌走的，走了两年了。两年来，她无时
无刻不在想念着他。

两年前的那个下午，小儿子从外面打球回来，一瘸一拐的，
告诉她，他的脚好像扭伤了，很疼。她当时并未过多在意，小
儿子最喜欢的运动就是打球了，家里不忙的时候，他每天都要
跑去寨子里的球场上打上一下午的篮球。打球嘛，扭伤脚也是
常事，她没当回事，只是让小儿子躺下休息，说睡一觉就会好
的。小儿子听话地躺下，第二天早晨，腿却肿了，一直肿到膝
盖。她虽有点紧张，但还是没有往坏处想，打发老公去药店买
了些膏药回来给他贴上。谁承想，到第三天，小儿子的肿非但
没消，还越发肿起来，肿到大腿根了。她和老公这才急了，赶

紧把小儿子送去镇上医院。医生看了，当场就让他们转院到勐海。之后又转院到景洪。再之后，转到昆明。最终无力回天了。

小儿子是过了19岁生日走的。19岁生日这天，他哥特地给他做个大蛋糕，一家人围在他床边陪他过。小儿子那时已不大能吃了，可他还是从病床上挣扎着坐起来，吃了两口蛋糕。他说："妈，等20岁的时候，我要我哥给我做个20层的大蛋糕，每一层都要放上巧克力和鲜花。"

"他20岁的时候，他哥真给他做了个20层的大蛋糕，每一层都放了巧克力和鲜花。他没吃到，寨子里的人都吃到了。"

"前天我买了一头二百多斤的猪杀了，请了南糯山的好多人来吃饭。我们这里家里死了人，都要摆酒席，把全寨子的人都请到，还有家里的那些亲戚也要请到。这两年因为疫情一直没请成，这次是补办的。"

"前天来的人可多了，一百多号人呢，坐了十多桌，场上全摆上桌子了。走的时候，我把余下的肉，都分给来的人带走了。我小儿子知道了一定高兴的，他喜欢热闹。"

小儿子的女朋友前天也来了的。在小儿子走后，姑娘在他们家又住了好些天才走。每逢过节，不管多远，姑娘都会赶过来陪她。姑娘在他们家住的房间，她一直给她留着，姑娘什么时候来，被褥都是干净的。她也劝姑娘忘掉她的小儿子，重新找个人。可姑娘说，忘不掉，等忘掉了再说吧。

"这丫头重情重义呢。她以后若找了人，我会把那个人当儿子待的。"王玉兰说。

我和那人什么话也说不出。我想象不到那么活泼的一个年轻人，就这么没了。他分明正站在茶园里，披一身阳光，口衔一枚嫩茶叶，笑着望向远方。

也不知喝下多少杯茶，从生茶，喝到熟茶。从红茶，喝到白茶。从乔木茶，喝到老树茶。我渐渐品出点茶的妙处来，最喜欢她家白茶的口感，其次是红茶的。王玉兰笑了，"你这嘴还挺刁的，这都是顶好的茶，都是古树茶。"

他们家主要产生红茶和白茶，不大做熟茶。"熟茶要发酵，不太干净。"她说。

"那怎么区分红茶和白茶呢？又怎么区分生茶和熟茶呢？"

"制作的工序不一样呀。生茶是炒熟了就能喝，不经过发酵的。熟茶是炒熟了后，要发酵一段时间。白茶不做加工，自然晾干。特别好的太阳晒着，有个三四天就能晒干。太阳不那么好呢，要七八天才能晾干。还有种茶叫'月光茶'，我们也不大做，除非客户要求。月光茶很难做，它要阴干，不能照太阳，它是完全摊在黑里头，等它自然干的。"

我顿觉嘴里诗意无限，"月光茶？那白茶就是太阳茶吗？"

王玉兰说："你可以这么说。"

"做红茶不能炒，要先萎凋。然后，杀青、揉捻，揉完发酵七到十个小时，拿出来再晒青。"

"什么叫萎凋？"

我的提问难住了王玉兰，她想了想，伸出手来示意，"这样，就是这样啊，把茶叶用手卷起来，卷成捻子，防止后面揉的时候把它揉碎了。"

"每片茶叶都这么做，那得费多少时间啊？"我很惊讶。

"也不是每片茶叶都这么做啦，就是装袋子里，伸手摸摸，哪些要卷的就很清楚啦。总之，我们做惯的人都知道啦。"

我笑了，我又想到欧阳修写的《卖油翁》里那个卖油的老头了。

她的大儿子这时过来，厨房的饭菜做得差不多了。小伙子浓眉大眼，比三年前更显沉稳。王玉兰笑看了大儿子一眼，递过一杯茶去。

"我这大儿子性格有些内向，制茶都是他和我老公在做，我不会的，我只会泡茶。"

大儿子现在已成家里顶梁柱了，去年参加云南璟苑普洱茶加工大赛，获得优秀奖，获奖证书悬在茶室的一面墙上。证书旁，另悬着一面流动卫生红旗。王玉兰说，这旗子整个寨子只有一面，正常挂在她家。她家是寨子里的卫生模范家庭，来寨子里参观的人，都会被领到她家。

大儿子坐到王玉兰旁边，这时插话道："我妈泡的茶很好喝的，只有她泡的茶好喝，我们都泡不出她泡的茶。"

我和那人点头称是。继续喝茶，和他们慢慢聊茶的事。

他们家有茶园百十亩，古树茶就占了十多亩，其余都是乔木茶。王玉兰也不晓得那些古茶树有多少年了，都是祖上传下来的。有的人爱在古树茶上标上树龄八百年或五百年的。哪能呢？那都是瞎编的呢。她不瞎说谎话诓骗人，说了谎话心里会不安的，是什么就是什么。他们家的这些古茶树最多一二百年吧。她从小生活在姑娘寨，是家里老幺，上面有三个哥哥两个姐姐，父母最疼她，出嫁前，她基本没干过什么活。为什么嫁给老公呢？因为他人老实啊，什么事情都会做，又会疼人。她嫁给他的时候，他什么东西也没有，连住的地方也没有。他父母不晓得欠了什么债，把家里茶园都卖了，什么也没留下来。她娘家心疼她，给足了嫁妆，百十亩的茶园，还有十八亩的水稻田。那十多亩的古树茶，也是她父母给的。她嫁给老公不后悔，结婚后，她什么都没操过心，连饭都不用做，都是老公做。

他们家从不种台地茶，虽然台地茶产量高，来钱快。可它不纯天然呀，它要打农药，要施化肥，他们家的乔木茶和古树茶是从不打农药、从不施化肥的，完全放任它们自由吸食天地间的雨露阳光。一亩乔木茶才采十多公斤茶叶，不及台地茶的十分之一，可喝着心里舒坦啊。他们家的茶叶从不贱卖，都在几百块钱一公斤，好的单株茶，要上千元一公斤。它产量小呀，只在一棵古树上长着，口感独一无二啊。有的人来买茶，不懂，说什么什么茶一公斤才八十块钱。那些人哪里懂那是台地茶呀。卖不掉的茶叶怎么办？存着呗。他们家现在还存着八百多公斤陈茶的。愁不愁销路？当然愁啊。可又能怎么办呢？

"别人不识货，可我们不能贱卖呀，要不然，对不起我们家的茶叶的。"

"什么茶最好？当然是谷花茶呀，也就是你们说的谷雨茶。那时候，山上的花也开了，茶叶新冒出来，我们就要雇人回来采茶叶了。采茶工一天一百五十块工钱，六公斤新叶能炒一公斤多的茶。春茶采上一个月不到，六、七月份采夏茶，九、十月份采秋茶。一年四季，冬天最闲，就是在家喝喝茶了。"

他们住的姑娘寨，是从原先山上的老姑娘寨剥离下来的，山上的老姑娘寨还住着不多几户了。剥离下来的姑娘寨，分了三十多个小组，他们这个小组现有五十户人家，都以种茶为生，兼种水稻。

王玉兰的老公终于露面了，瘦瘦高高的男人，脸庞秀气，小儿子真的像极了他。他浅浅冲我们一笑，说饭做好了。因为我们来，他特地烤了肉，做了包烧（用芭蕉叶裹着的吃食）。

他喝苞谷酒，每顿都要喝两杯。姑娘寨的哈尼族人爱喝酒爱抽烟，男男女女都会。节日里大家聚一起，能从早上喝到晚上，从晚上喝到清晨。王玉兰一次喝过一斤的量。"坐在桌上大家都喝，你不喝不好。"王玉兰说。

他们一年也有好几个节要过。最隆重的是元旦，这是他们的新年。那几天，寨子里的人都换上节日盛装，带上新做的粑粑，相互串门，喝酒聚会，唱歌跳舞，通宵达旦，非常热闹。

他们还过水牛节。哪一天过？不确定。得由龙巴头来定。

每个哈尼族人的寨子里，都有自己的龙巴头。龙巴头是怎么来的？是寨子里世代传下来的啊。龙巴头的家族很干净，不干净是不能做龙巴头的。什么是干净？就是没做过坏事，做人公平、善良、正义。老龙巴头走了，由他儿子继承。儿子死了，由孙子继承。龙巴头的权力比族长的还要大，村子里举行宗教活动或有什么庆典，必须先经过龙巴头点头了才行。过水牛节就由龙巴头来定，定好日子了，全寨子的人要集资买一头水牛来杀掉。先割下最好的两块牛肉，送给大龙巴头和小龙巴头，另外送上一包烟和一瓶酒。剩下的牛肉，大家平分。

他们在春天还过鸡蛋节，也叫"彩带节"。寨子里的人一起过，出门在外的人也都赶回家。集体去买一头猪，聚到龙巴头家吃饭。每家都出钱出力，帮着清扫呀，帮着做菜做饭呀。最后每家都会分到一点肉。在哪一天过鸡蛋节呢？也由龙巴头来定。

七月里，他们还过秋千节。秋千节具体哪一天过，不需要龙巴头定日子，而是由村委会决定。

寨子里的婚嫁礼仪也好玩。举行婚礼这天，男方要请一个家庭干净的老人家（也可以请一个自己信得过的人），从女方家背一只鸡回来。这只鸡不能背在背上，得用头扛着。怎么扛？

用布把鸡缠在头上。这个"背"着鸡的人走在前头，新娘和迎亲的队伍跟在后面。鸡背回来后，当场宰了，煮熟，分给大家吃了，一对新人，才算结为夫妻了。

"我曾帮人背过一回鸡呢。就是这样，用布裹着，顶在这里。"王玉兰一边说，一边拿手在额前部位示意了给我们看，眼睛里迸出光彩来。

我说："那你好神气啊，像扛着一面大旗啊，没有你，人家迎亲队伍都不知往哪儿走了。"

王玉兰终于开开心心笑起来，眼部的皱纹，全堆到一起。

我们走时，王玉兰送我们一些单株茶，我们也另买了她一些红茶和白茶。在经过门口场地边的一丛月季花时，她突然轻声说："这是我小儿子长的，这是他最喜欢的花。"

第二辑
做个好天气一样的人

遇到好天气，我总忍不住
要赞美。亮堂堂的太阳。
亮堂堂的新绿和鸟鸣。清
风温柔，云朵相爱。我要
做个好天气一样的人。

做个好天气一样的人

认识自己，拥有自己的节奏，活得安静、丰富而从容。

1

五点多的窗外粉粉的，初初降生的世界，水嫩柔软。我醒来，很高兴，我又拥有一个新的世界，备觉更爱自己。

2

春天做着软软的甜梦，让人一不小心，就绊倒在它的斑斓里。

我迷失在春天的天空下，心甘情愿被春天绑架，想要和它结婚，想要为它生儿育女，开出千朵万朵绚烂的花。

3

突然来的倒春寒，好天气生了满满的皱纹，草木们一阵惊慌之后，很快镇静下来，调整好自己的步伐，该绿的绿着，该盛放的盛放着，每一个都是在历练和修行中。它们知道，活着本身，就是极大的运气。

4

我爱水边的植物。三月里，桃花粉粉地开在水边；五、六月，菖蒲在水边绿绿地招摇；八、九月，水波轻荡，岸边数枝红蓼戏清风；冬月里，乌桕站在水边，一树白白的果子如梅怒放。

水边的植物，都被水里的精灵附了体，有着说不出的迷人，总能惊动你的心灵。

美是惊动心灵的一件事。

5

翻山越岭的云也会累吗？午后，我看到从天边飘来的一垛云，像只跑得气喘吁吁的大白熊，瘫倒在人家的马头墙上。

6

春天躺在草地上，暖洋洋的太阳一晒，我仿佛也要出芽了。

7

想象不出一朵花生病感冒的样子，它也会流鼻涕，也会咳嗽，也会软弱无力吗？

你这样想的时候，花朵笑了。

花朵对每一个生命微笑。它爱男人，也爱女人。爱高贵的，也爱卑微的。爱阳光下的事物，也爱暗夜里的虫子。

在花朵跟前，我们的灵魂，都是残缺的。

8

如果遇到晴天，就摊开自己，多让阳光晒晒吧。多赏赏花草，多吹吹和暖的风，好储蓄些能量，等到阴雨天里，拿出来晾干自己。

9

在黄海边，我看到一朵云，从天上飘落下来，停泊在码头，像只忠心仆仆的大狗蹲在那儿，安安静静等着它远航的主人归来。

10

我爱初夏的新绿，它让每棵树崭新着，每棵草崭新着，每粒水崭新着。

这个时候的风，是草绿色的风，吹得人的心里，长出嫩嫩的水草来。

我吹着这样的风，沿着林荫小道往前走，耳畔边，萦绕着溪水一般的鸟鸣。遇到花，我就停下脚步，看一看。那些小小的端端正正的美，总是叫我的心，忍不住一颤，哎，它们太好了。我轻轻喊出它们的名字。时光一粒一粒，都是清美的。

11

你有没有发现，几乎所有的植物都活得很体面，从不显狼狈。无论是盛开，还是凋零，它们都按照自己的节奏走，不慌不忙，不急不躁。

我们为什么不能向一棵植物学习呢？认识自己，拥有自己的节奏，活得安静、丰富而从容。

12

人生太多无奈，充满无数不定数。美好只在瞬息间，守住一刻是一刻吧。余生我只听从自己的心，走自己的路，吃自己的饭，赏自己的景。

13

颜色的暴风雪，癫狂而下。这是仲秋。

栾树一边开花一边结果，花如黄绸巾飘舞，果如红灯笼高悬。

天地为我专门张灯结彩。除了爱，我别无选择。

14

遇到好天气，我总忍不住要赞美。亮堂堂的太阳。亮堂堂的青绿和鸟鸣。清风温柔，云朵相爱。我要做个好天气一样的人。

15

有没有比一棵植物更诚实的事物？对季节诚实。对天空和大地诚实。对眼睛诚实。诚实地出芽。诚实地抽枝长叶。诚实地绿起来。诚实地开花和结果。诚实地凋零和衰老。

生命一场，要做到像植物一样坦荡和光明磊落，方才活出真滋味啊。

16

"人类是充满欲望并受欲望驱使的动物。"弗洛伊德说。

否定欲望的存在，或是杜绝欲望，彻底的无欲无求，是非常不现实的，也是无趣的。但过分放纵欲望，在欲望中沦陷，将注定是一场毁灭。

尽量使欲念少一些。杂树生花，只取其一两枝，愉愉眼，悦悦心即好。懂得节制，方能获得轻松，更接近理想中的宁静和幸福。

17

如果我们能够提前预知接下来的苦难，我们就不往下走了吗？不，不，我们舍不得。我们贪恋着此刻胸腔中的一口热气，贪恋着此刻眼中所见到的天地间的色彩——那水里的倒影多么梦幻！那空中鸟雀的舞姿多么美妙！

想到今天的后面还有一个明天；想到冬天的后面还有一个春天；想到菊花谢了，梅花该登场了。心里便有了一千个一万个的意愿，我要走下去，我一定要走下去，活得长长久久。

18

夏天最好的礼物，莫过于一场雨。

午后，雨终于来了。是冰河乍破啊，有虎啸龙腾之状。我大开门窗，雨打湿了地板也没关系的。窗外的栾树在雨中兴奋得直摇头晃脑，我也差不多在摇头晃脑的了。

等这场雨，等了好些天了。终于等到了，好像万事皆可休了。

是啊，我越来越耽于眼前的事物——一帘骤雨，一捧凉风，几片绿荫，几树蝉鸣，几盆薄荷，几枝小花……没有什么是永恒的。得到的和失去的，在某种意义上，是没有什么区别的。一转身，都成背影都成往昔了。

19

做人实苦。一生中难免要忍受肉体或精神的疼痛。疼痛是伴随着人的一生的，这是不争的事实。

然而，做人又实在生动快乐。比如我走在夏夜的天空下，头顶上有星星在闪，耳畔有蝉鸣声声。在幽静的林子里，有着更幽静的温柔的呼吸——草木的，虫子的。那些草木，总是忠心耿耿地守着四季，用色彩迎来送往。那些我叫得出名字叫不出名字的虫子，有的生命短暂到只有几天，但它们只要活着一刻，就有一刻的欢喜。我总是要被它们感动，继而为自己庆幸：瞧，我虽然胳膊疼痛，但我的双腿还能健步如飞啊，还能走在这样的夜空下，耳聪目明地，接纳一切的色彩与声响。

活着的每一天，都是福报。

20

手抄司空图的《二十四诗品》。不拿它当诗论读，只当诗歌慢品，也是极有味道的。比如这则《旷达》：

生者百岁，相去几何。欢乐苦短，忧愁实多。何如尊酒，日往烟萝。花覆茅檐，疏雨相过。倒酒既尽，杖藜行歌。孰不有古，南山峨峨。

怨不得苏轼也喜欢司空图，他们的性情是何等相似，都能看透人生无常，不去纠缠，当下尽兴即好。司空图活在唐末多事之秋。72岁时，绝食而亡。应了他写的"泛彼浩劫，窅然空踪"了。

21

　　这世间的慈悲有多种演绎方式，不漠视、不冷漠、不伤害、不嘲笑、不嫉妒、不造谣生事、不以大欺小恃强凌弱、不生恶念、不落井下石、不偏袒徇私，都是。而微笑、倾听、看见、扶持、抚慰、宽容、理解、信任、诚实、陪伴、感恩，更是慈悲。

22

　　在生老病死上，上帝最讲公平公正，他才不管什么富贵与贫贱、美貌与丑陋，一律视为草芥。你做得了主的，只是活着的当下，好好把握，得一刻便是一刻的圆满。

要快乐啊

那样的快乐光芒万丈，一直照耀到我的今天。

我经常被一些小读者索要寄语，他们捧着他们的课本或是练习簿，很急迫地希望我给他们写下两句励志的话，比如"以梦为马，不负韶华""青春稍纵即逝，要抓紧啊"之类的，有时更是明确要求道，老师，你就给我写下"加油"二字。我看着他们稚嫩的脸庞，听到他们血管里的热血超乎寻常地响亮地流着，响亮得让我心惊，我说，不，不，好孩子，我们首要的，还是快乐，每天看着"加油"二字，你会很累的。我提笔写下："要快乐啊。"

我不是不鼓励孩子们要加油，不是不鼓励孩子们要奋发向上，可若把"加油"二字高悬于头顶，生命每一时每一刻都得不到放松，这便很可怕了。人生的弦不能绷得太紧，太紧了会崩断的。我们要留点缝隙，留点余地，让生命得以自由舒展，这样才能弹出细水长流。活着，不要那么拼命和咬牙切齿，而是要多些平和和缓慢，让每一寸光阴，都有着扎扎实实的喜悦。如一方暖阳，缓缓地爬过一丛菊花去，生命呈现出它应有的暖意和美好。

是的，要快乐啊。草长花开，月升星起，风来雨落，烟火飘香……这些，都能成为我们快乐的源。因为快乐，你才更爱这个世界。因为更爱这个世界，你才希望自己变得更好。于是，不懈怠，不抱怨，不愤懑，不灰心，即使不幸身陷低谷，也能找到向上攀爬的勇气。快乐，才是人生最大的原动力。

我希望每一个人都是快乐的，尤其是孩子。他们的人生路还很长很长，如果从小就不懂快乐，只一味沦陷于"加油"之中，让自己形同于一架机器，那他们这一辈子注定是无趣的、苍白的。只有学会快乐，他们才能更好地融入生活，融入学习，身心皆得到健康成长。

要快乐啊我的朋友，人生最大的财富就是快乐。无论你身居庙堂，还是处于市井阡陌之中，你发自内心的快乐，才是这个世界上最明亮的光。

我想起从前在乡下，农闲时节，乡村土路上不时出现收鸡毛鸭毛鹅毛的男人，大多数是中年男人。他们的生活多半是困窘的，面皮黝黑，身材瘦削，衣着灰不拉叽的。然他们的神情却是飞扬的，骑着辆嘎嘎作响的破自行车，把车铃摇得叮当响，一串一串的铃声，白花花地阳光般地，洒落下来。他们唱歌似的吆喝响彻四野，"可有鸡毛鸭毛鹅毛——老——婆卖耶？"每吆喝到"鹅毛"那儿，他们有意把声调扬上去，拖长了音，顿一顿，再慢悠悠吐出"老婆"二字，又诙谐又搞笑。

那份快乐感染着整个村庄，大家哄笑着追着他们叫骂："哟，你还买老婆呀，你买得起吗？"一边提了家里平时积攒的鸡毛鸭毛鹅毛送去。笑声叠着笑声，如浪花四下里飞溅。那样的快乐光芒万丈，一直照耀到我的今天。

一定要，爱着点什么

我把心放出来，是来收藏美的。

我急于要跟你分享，一天空的云。

季节的流转，从不敷衍了事，一立秋，秋的景象，就显现出来，天空很高远，云也很肥硕。

午后，我站在阳台上张望的时候，有个惊人的发现，每家窗户里，原来都养着云。我回头看我家的窗，也发现了一窗的云，我很幸福地笑了。风一吹起，它们就飞奔出去，像小兔子一样的，像小马一样的。天空中翻起白浪了。

傍晚，在路上散步，被天空中奇异的云给牵住脚步了。它们像在天空中舞起了龙灯，穿一身霞光四溢的衣裳，龙头昂扬。

不过眨眼间，它们又四散开去，像些彩色的鱼儿游得欢。

我举起手机拍。有路人也在拍，他们眼眸里有惊喜，叫道，真好看。我在一边默默微笑起来，这"真好看"三个字，就是对今天晚霞最好的赞赏了。够了！

现实太沉重，我们每个人都活得不轻松，有时甚至是压抑的。可生活还得继续，我们要做的，不是逃避，不是沮丧，而是努力重新寻求一种平衡，与这个世界和平共处。一定要，爱着点什么，我们才能找回快乐。

我跑去海边散心。

特喜欢"散心"这个词，心在俗世里拘久了，会很累的，需要像放飞一只鸟儿一样的，让它去自然里散散步。

我一路向东。遇见好看的树，停下来。遇见好看的花，停下来。遇见好看的水，停下来。遇见好看的云，停下来。

我把心放出来，是来收藏美的。没有目的地，遇见谁就是谁，反倒有了好多意外惊喜。

就像遇见一群麋鹿。它们像一堆厚厚的褐色的云，簇拥在海边滩涂上，目测有四五百头之多。中有鹿王头顶青草，很有威严地扫视着四周。还有一只头顶着像破渔网之类的东西，很滑稽的模样，可它偏偏一脸严肃。我猜测半天，不解那是何意。是代表王中之王？

麋鹿见到人也是好奇的，远远张望。间或发出声音，粗壮的。我想到《诗经》里的"呦呦鹿鸣，食野之苹。我有嘉宾，鼓瑟吹笙"的场面，那时，是不是也有这种鹿在草丛里叫呢？

我在那里逗留很久，与那群麋鹿隔着一段距离。我们共享着一片天空，共享着一片大地，互相欣赏，互不侵犯。

古老的爱情

为老实人干杯！为古老的爱情干杯！

我犹豫着要不要把这个爱情故事说给你听。之所以犹豫，是因为它实在平平无奇。然我又忍不住想说给你听，因为每想到它，我的心都会为之一动，泛起一两滴叫作"美好"的小波澜。

这是七八年前的旧事了。我去赴一个宴席，席上人除了一两个我熟悉的，其余皆不认识。那些人之间却是相熟的，他们嘻嘻哈哈说笑着，不知怎么聊到爱情这个话题。一中年男人自告奋勇地说，我给你们讲讲我的爱情故事吧。

那个时候，他二十八九岁，她二十二三岁。是在一乡镇车站偶遇，她一袭蓝裙，脑后挽着一方蓝色帕子，站在站台上，安静地等着车。他照见的第一眼，心就怦的一跳，他暗暗对自己说，我等的人来了。

彼时，他在那个乡镇的中学里做老师，还单身着。也有热心的同事帮忙牵线搭桥，给他介绍对象，但总不成功——他家实在太穷了，母亲早逝，父亲又常年生病，欠下许多医药费。女孩子都是务实的，被他身上的债务吓走了。他也懒得去挽留，因为那些女孩子，没一个让他动心的。一年一年的，也就成了大龄青年，直到遇到她。

他很快了解到，她在镇上一家服装厂上班，乘的车是开往海边小镇的，每天只有一班，傍晚发车。他当即购了一张票，登上了同一辆车。车到终点，她下车，他也下了车。她回家，他不远不近地跟着。她知道后面有人跟着，不敢回头，小跑着往前走。他看着她小鹿似奔跑的身影，心里更是喜欢，远远递过话去，好姑娘，你别害怕，我不是坏人。她不听他的，只管一路往前跑。

终于到了她家门口。她的父母出来接，看到跟在后面的他，狐疑地问她，那个人是谁？她这才回头看一眼，碰上他赤诚的炽热的目光，她把已滚到嘴边的"流氓"二字咽了回去，淡淡说了句，我不认识。跑进屋里去了。

他笑着接口道，我们的确不认识。说完，他掏出他的身份证，拉住她瞠目结舌的父母，做起自我介绍来，他叫什么名字，老家是哪里的，在哪里读的书，在哪里念的大学，毕业后，又进了哪所中学教书。他母亲早逝，有个生病的父亲尚在……诸如此类，一股脑儿的全倒出来了。最关键的一点是，尚未娶妻。他说，他喜欢上他们家姑娘了。他现在的经济状况虽然不算好，但他还年轻呀，还有发展的余地呀，他会很努力的。他也没有不良嗜好，烟酒基本不沾，对吃穿也不讲究，如果他们家姑娘愿意跟他好，他一定会一辈子对她好。

他的父母听傻了，最后竟鬼使神差地、热情地邀请他留下来吃饭。一顿饭吃下来，他们对他满意得很了，悄悄对姑娘说，这个人是个老实人，可以结交。

她却不搭理他。他也不急，每天下午下班后，都跑去车站等她，然后跟她登上同一辆车，送她回家。一个月后，她终于开口问他，你看上我什么了？他说，你整个人都是清爽的，叫我欢喜，我等了很多年，等的就是你。她笑了，说，那好吧，我们结婚吧。

他们就真的结了婚，一直幸福地生活到现在。他现在是一所中学的校长，他们的儿子，念了名牌大学。

我很感激我的老婆，她当年肯嫁我这个穷光蛋，这说明老实人不吃亏嘛，我娶到一个好老婆。中年男人最后总结道。

一桌人听了，久久没有说话。后来不知谁提议道，为老实人干杯！为古老的爱情干杯！于是大家站起来，冲中年男人举起杯。中年男人一口饮尽他的杯中酒，脸上泛起一抹醉人的桃花红。

通向蜘蛛巢的茑萝

　　世界每天都有好玩的事情在发生。

　　第一次见到茑萝，是我刚从乡下调到城里不久。我进了一所中学做老师，那是一个老校区，前身是所师范学校。校长姓崔，他任职期间做的最大贡献，就是在校园里种植了上百种花草，把校园经营得像座大花园。常常我正盯着某种花看，就会有人在旁边作补充说明，哦，这是原来师范学校的崔校长种的。我看榆叶梅时有人这么说。我看海桐时有人这么说。我看凌霄时有人这么说。我看瓜叶菊时，有人这么说。我看茑萝时，还是有人这么说。那人说，啊，这是茑萝啊，是原来师范学校的崔校长种的。我虽未曾与那个崔校长谋过面，却已深深记住了他。这世上，再没有什么记忆，能比得上植物的记忆吧？它会用叶子，用茎，用藤蔓，用花朵，用气息，提醒我们，曾经与它发生过联系的那些人、那些事，让我们重新思考活着，和人生的意义。平凡人的一个行动，其影响力有时也是巨大的。

崔校长种植的茑萝，是和枫树、龙爪槐一起长的。茑萝纤细的藤蔓，如游丝一般，附着在枫树、龙爪槐上。细如松针的叶子，密密的，上面翘着五角星一般的红花朵。整个的气质相当的纤巧、秀美、柔弱，宛如一阕阕婉约的宋词，平平仄仄间，布满袅袅娜娜的韵脚。每念一个，都美得不可言说。因了茑萝，我在心里实在很感激那个崔校长，他种出这么好的花啊。他一定是个比花更好的人。

我还很感激那个最初定下"茑萝"这个名字的人。

多好的名字啊，轻轻念着，就很美好。念着念着，屈原笔下那个美丽的山鬼，仿佛栉风沐雨而来，她"被薜荔兮带女萝"，她"乘赤豹兮从文狸"，折了枝鲜花送给心上人，只为成全她千载的思念。

说起来颇有意思，茑萝竟完完全全是个外来客，它的故乡在热带美洲。然茑和萝，却是中国本土早就有了的蔓生植物。早在《诗经》年代，就有人拿它们打比方。那是在一场宴饮中，有美酒，有佳肴，受人敬仰的主人，和受邀而来的客人欢聚一堂，其乐融融，如松柏之于茑和女萝一般：

　　　　有頍者弁，实维伊何？尔酒既旨，尔肴既嘉。岂伊异人？兄弟匪他。

蔦与女萝，施于松柏。未见君子，忧心奕奕；既见君子，庶几说怿。

戴着华丽帽子的主人，热情招呼着来宾，豪爽旷达。美酒飘香，佳肴轮番呈上。喝着喝着，大家似乎都有些喝高了，就有人对主人唱起颂歌，欢呼声叫好声响彻屋宇。不知为何，这表面的繁华欢乐友爱相亲，却让我读出深切的悲哀和卑微。那个自比是蔦和女萝的人，怕是一生都在仰仗他人鼻息，而彻彻底底丢失了自我。

"新岸暗苍苔，乔木蔽萝蔦"，宋人吕愿中这么写道。这才是我喜欢的植物的样子，顺着自然所赋予的那一副生命的本性活着，无所谓清高与卑微。苍苔暗生，乔木高大，女萝和蔦纤纤弱弱，它们自在生长，相映成趣成美。爱也自然，被爱也自然，不露痕迹，天然天成。

自崔校长的蔦萝后，我在街道边的花坛里，便常常能遇见蔦萝了。它实在好辨认，那独特的五角星般的花朵，那细如松针般的叶片，你只要认识一次后，绝对不会忘记掉。我每回见到它，都会高高兴兴跑去问问它的好。一次午后，在街边，我看到一个七八十岁的老人，微倾着头，朝着花坛，专注着盯着一丛蔦萝在看什么。我悄悄走过去，站他身后，也看蔦萝。一蓬，长得真好，花朵活泼，如星子闪闪亮亮。老人觉察了，他转头，嘿嘿朝我一笑，说，你看你看，这小花儿好玩着呢，它要爬到上面的蜘蛛巢里去。

唔，我探头一看，乐了。在两棵月季之间，一只蜘蛛用银线织好它的巢，晶莹闪烁，阔气得很。下面的茑萝见到，非常好奇，它伸长脖子，爬呀爬，最上面的一朵小花踮着脚，就快够着蜘蛛那银色的巢了。我和老人相视一笑，或许晚上，它就能到达蜘蛛家里做客了。

世界每天都有好玩的事情在发生。那通向蜘蛛巢的茑萝，让我更确信了这一点。

草草幽欢聊与共

活着，就派这个样子的，长自己的叶，开自己的花，住在自己的春天里。

立春过后，大地上渐渐显出富贵气象，劈面而来的，都是好颜色。

然你一定要到这样的地方去，才能尽得春之趣味。那些地方在沟边，在河畔，在断壁残垣处，在远离人烟的野草地和森林里，在深山古刹中。

你拨开杂草，见到几棵紫花地丁藏在里面，蓝紫的花朵，俏模俏样的；

你踏上软泥，遇到几丛趴在那儿的蛇莓，花朵小巧玲珑，丽质天成；

你进入一条山间曲折小径，新冒出的小草，真是大有看头的，每一棵都是嫩绿的、水灵灵的，有着柔软的心肠。你弯下腰去，盯着野草地，一寸一寸往前挪移。你的每一寸目光，都不会落空，那么多蹦跳着的小精灵，纷纷跳进你的眼睛里。比如通泉草，它淡紫糯白的小花朵，如同鸟雀的小眼睛。比如球序卷耳，它的花是细细的白，如撒下一把米粒。你想到《诗经》年代那个采卷耳的女子了，"采采卷耳，不盈顷筐"。你很懂她的，春思春念叫人欲罢不能啊。看到一丛花叶滇苦菜时，你简直要欢跳起来，你就像个淘金者，发现金粒子了。是啊，你是第一次见到这种小草花。它跟蒲公英极相似，黄色的花朵，掺杂了些橙色在里面，比蒲公英更艳丽，好像草地上多出几盏探照灯。

有时，你也会遇到一些开花的野生灌木，比如，蓬蘽。洁白的花朵，酷似梨花。花多，密密的，像积雪般的。你笑微微地看着它们，拼命压抑住内心的激动，你有中大奖的感觉。

这等寻春，其实不独独你有，古人早就深谙其味乐此不疲了，只是今人深陷名利场久了，少了闲情，渐渐忘了它罢了。你想到毛滂的寻春，是昼连着夜的，"拨雪寻春，烧灯续昼"，那等极致的痴迷，才真得寻春之真味呢。苏轼的寻春，是喧闹着的，"紫陌寻春去，红尘拂面来。无人不道看花回"，好自然是好，可到底太过热闹了些，把些花容花色吵闹得都淡了。还是石孝友的寻春最得你心，"寻春误入桃源洞，草草幽欢聊与共"，他被春天牵引着，不知不觉就走远了，就离群了，误入桃源洞中。多好，春天隐居在此，清谧静幽处，长着青青的野草和活泼的野花。

　　这里的春天，呈现出小巧轻盈的样子，草绿着，花开着，又健康又率真。没有多少世俗的规矩要守，也不用为讨好谁而扭曲自己，它们完全不受外界一点点干扰，只跟着四时节气轮转，从从容容过着自己的小日子。它们用行动，向这个世界阐释了一个浅显的道理：活着，就派这个样子的，长自己的叶，开自己的花，住在自己的春天里。

采桑子

这样的清欢，我们一生中倘若能偶遇一次，也是莫大的幸福了。

读《诗经》，里面多劳动场景，虽不乏艰辛困苦，但人们乐天的一面，却活泼泼地展露无遗。他们有事没事，爱围成一堆歌上一曲舞上一曲。春来要跳。秋来要跳。花开了要跳。叶落了要跳。丰收了要跳。祭祀时要跳。求雨时要跳。采个荇苴要跳。采个桑，自然也要跳。

那个时候，蚕事正浓，桑田青青，"十亩之间兮，桑者闲闲兮。行与子还兮"——这是多么撩人的场景：十亩桑田，铺陈如碧波荡漾。一群采桑女，背着采满桑叶的箩筐，打打闹闹，歌着唱着跳着舞着，相伴着归家。

这是顶适合排演一场大型采桑舞的。

到了汉时，有一个采桑女甫一出现，就艳照四方。那是一个名叫罗敷的姑娘。她提着竹笼，于陌上采桑，素朴动人的模样，引得众人围观。路过的使君一见她，立马掉了魂。

这也是顶适合编一支采桑曲，跳一支采桑舞的。

唐教坊兴盛起来后，这支舞曲，终于成形，名叫《杨下采桑》。现在我们可以看到采茶舞，却看不到采桑舞，想来那一定是青春着的、欢快着的、朝气蓬勃着的。

有词人从这支舞曲中，截取了一段填词，取名《采桑子》。因它的底调是明亮的，词人们最初填出的词，也多倾向于明媚的活泼的。比如，五代词人和凝作的一阕《采桑子》，就染着这样鲜活明丽的色彩：

蝤蛴领上诃梨子，绣带双垂。椒户闲时，竞学摴蒲赌荔枝。

丛头鞋子红编细，裙窄金丝。无事颦眉，春思翻教阿母疑。

天真的少女，衣着鲜亮，裙带飘飘。她踩着一双系着红丝线的绣花鞋，在椒房里走来走去。时光真是漫长得有些无聊呢，她学着掷起骰子来，跟人赌荔枝。好似也没有什么忧愁啊，眉头却不知为何，微微皱起。惹得她的母亲不住看她，疑心她是动了春心。可爱的少女到底有没有动了春心呢？少女自己怕也不知。年少时的暗恋，是微风吹过花蕊，隐隐有些疼，却摸不着。

　　一代一代的词人，似乎都偏爱着"采桑子"，哼着唱着，带着它一路走下来。他们给它取了不少昵称，有称它"丑奴儿"的。有称它"罗敷媚"的。有称它"醉梦迷"的……

　　最偏爱"采桑子"的莫过于欧阳修。在晚年，他一口气填写了十三阕《采桑子》。当时，他客居颍州西湖，时常独自一人，在西湖边徜徉。清风明月，曲水鸣蛙，一个天地，仿佛都是他的。他觉得西湖送他的东西实在太多了，无以为报，便"翻旧阕之辞，写以新声之调。敢陈薄伎，聊佐清欢"。

　　我最喜其中的这一阕：

　　　　轻舟短棹西湖好，绿水逶迤。芳草长堤，隐隐笙歌处处随。

　　　　无风水面琉璃滑，不觉船移。微动涟漪，惊起沙禽掠岸飞。

　　芳草绕堤，绿水一路逶迤。笙歌处处，隐隐约约。水鸟忽然一掠而起，风不吹，云不走，天地是那样的久远绵长。坐在舟上的人，似乎什么都想了，又似乎什么都没想，人与景，彻底相融，物我两忘。

　　这样的清欢，我们一生中倘若能偶遇一次，也是莫大的幸福了。

旅行的意义

这些细小的微不足道的遇见，恰恰是我旅行中最大的收获。

我常被人追问这样一件事，你为什么那么喜欢旅行呢，旅行对你来说，到底有什么特别的意义？

我若是回答没有意义，我只是单纯地喜欢旅行，肯定会叫你失望。

真实的情形的确如此，我从来不带任何目的地去旅行，不急着赶路，不忙着去实现什么，遇见什么我就收下什么，无烦无恼，无欲无求，身心皆得解放，这也许就是我的旅行的意义所在吧。

我也曾试图做一些功课。当我知道将要路过一座古庙时，我便提前狠狠地了解了一下这座古庙的前世今生，以及那些优美的传说故事。我以为带着这样的知识储备去看一座古庙，一定会看出不一样的效果。结果，我光想着它的厚重了，反而忽略了它眼前的模样，好似无滋无味地打马而过，留下的记忆成了模糊不清的一块。从此，我再也不做这样的功课了。

我还是喜欢随意的旅行，只忠实于彼时彼刻的遇见。恰巧有一阵怡人的风吹过，有响亮的好天气守着，有好心情相待着，浅浅的喜欢，便如涟漪，一圈一圈，在心里荡漾开来。也没有什么深厚的历史做背景，也没有什么深厚的文化做衬托，普普通通的事物，普普通通的人，却因一时一刻的劈面相遇，而有了温度，有了惊喜。

比如说，在辽宁乡下人家的一堵围墙上，蹲伏着两只胖胖的白猫，暖暖的阳光，照得它们的毛发闪闪亮亮，它们如禅定了一般，面对游人的挑逗和惊呼，丝毫不为所动。事情过去了很多年了，我还能想起那两只白猫的样子。

比如说，我和那人在一片梅林中漫无目的地走着，突然有钟声响起，在丽丽的晴日下悠扬，在浮云一般的梅花上头飘荡。所有的梅花，仿佛在一瞬间都唱起了梵音，粒粒婉转，真叫我恍惚啊。

比如说，在江南的一个小镇，遇见一座古老的桥。桥是石板桥，身上爬满了绿色的藤蔓，看上去非常的玲珑，非常的清秀。桥下一汪绿绿的水，不着痕迹地流着。我在那里流连了很久，没什么，只是觉得那座桥真好看。

比如说，在遥远的莫尔道嘎，夜晚的广场上，一群当地人在扭秧歌。他们热情地借我一对绸扇，拉我进去一起跳。我和他们跳了一曲又一曲，曲终，人散，我们不说再见。我不知道他们的名姓，他们亦不知道我的名姓。可我们心里，分明都是欢喜的。

有一次，我误入贵州的一座大山里，迷了路。也并不着急，因为我看见有人家有烟火。野花丛中，一头黄牛慢悠悠地嚼着草，我和它瞪视良久，彼此都觉得好惊奇。在山坡上的玉米地里，有扎着红头巾的妇人在里面劳动，一丛淡紫的萝卜花开在她身旁。我跑过去跟她打招呼，她开心地停下来跟我说话。她说的是地方方言，又快又多，我是一句也听不懂。我说的是并不标准的普通话，我想她也没听懂多少。但这不妨碍我们两个热烈地交谈，我们说啊说啊，到挥手告别时，都是心满意足的。这次的偶遇，我每每想起，都要快乐很久。

这些细小的微不足道的遇见，恰恰是我旅行中最大的收获。正是它们，让我一次次看见真实的自己，灵魂一次次得到抚慰和升华。

人生的修道场

多多唤醒你的眼睛、耳朵和鼻子，这才能真的做到善待自己。

一

恼人的梅雨下了又下，落了又落。似一张絮叨的嘴，没完没了说些陈芝麻烂谷子的事，听得人早已经不耐烦了啊，心里头忧伤四起，唉，这雨，什么时候是个头哇。

然雨总有下倦的时候。就像再远的路，也总能走到尽头。然后，拐个弯，重新上路。

这个时候，我们比拼的，不是谁更聪明，谁更富有，谁更高贵，而是，谁更有耐心。

扛过风雨，涉过险阻，前面就到艳阳天。那泼洒而下的阳光，照亮每一片叶子，每一瓣花。照亮鸟的羽毛。照亮天空的云朵。照亮地上的溪流。照亮流过泪的眼。你会庆幸，幸好没有放弃，幸好走过来了。

能真真切切拥抱到阳光，能真真切切看到这个亮亮的世界，能闻见栀子的香，能再看到一朵蜀葵是怎么开的，又怎么落了，难道不是活着的最大意义吗？

很喜欢丰子恺说的一段话：

> 既然无处可逃，不如喜悦。既然没有净土，不如静心。既然没有如愿，不如释然。

我想加上几句：既然无可挣脱，不如接纳。既然众生喧哗，不如沉默。既然没有好运当头，不如自我加持。把一切的境遇，都当作是人生的修道场。

认识一个姑娘，在大企业待过，因受疫情影响，公司裁员，她不幸被裁了。闷家里闲来无事，她钻研起化妆。渐渐地，竟也累积下不少心得，鼓捣鼓捣，成立了个工作室，搞起形象设计兼化妆。生意一单一单接着，养活自己不成问题。

还有个男孩子，出国留过学。回来找工作却总是碰壁，高不成低不就的，他干脆自己创业。做什么呢？做美食。做各种的汉堡和披萨，放美团上卖。我买过他做的披萨，挺好吃的。

男孩子有一张明净阳光的脸，看着真叫人喜欢。

生活不会亏待努力付出的人。你若能抡起大锤，就去打铁。你若能拈起绣花针，就去绣绣花。尽心，尽力，就好。当生活不那么和蔼可亲的时候，我们不妨对它笑一笑，不跟它死磕，而是适当退一步，换来的，将是海阔天高。

二

牙疼连带半边头疼，嘴巴肿得张不开来，半张脸肿得有平常两个大。这时，人生所有的愿望都变得小小的，小得只剩下那么一点儿：要是脸消肿了，我能大口呼吸大声歌唱，我就是天底下最幸福的人了。

你看，人生要拥有的，其实没有那么多。眼睛明亮的时候，就多看看吧。合欢花开得多好啊，如一朵一朵绯红的云，落在枝头。广玉兰的花，则像一只只养尊处优的大白鸽，趴在树上。紫薇开始描眉画唇了，它的心事最细碎，一箩筐也装不完，总要说到秋天才作罢。赏荷正当时。最好是微雨后去赏，更有意趣。彼时，叶上滚珠，花朵上含玉，经雨水烹饪出的清香，也会徐徐散发出来。我的脑中会不由自主蹦出苏轼写的"微雨过，小荷翻。榴花开欲然。玉盆纤手弄清泉。琼珠碎却圆"。太玲珑了！雨玲珑，花玲珑，人玲珑，心事玲珑。花若少了人来凑趣，到底是件很寂寞的事。

耳朵清明的时候，就多听听吧。这个世界的声音多丰富啊，比如眼下，有虫鸣，有蛙叫。还有那么多的鸟。鸟是最出色的歌唱家，随便一张口，就是一段曼妙。风呢，最擅长鼓捣乐器了，它也是最讲音律节奏的，不同的物体上，会奏出不同的旋律。听不尽。

嗅觉灵敏的时候，就多闻闻吧。花草的气息，月色与露珠的味道，都堪称绝味……多多唤醒你的眼睛、耳朵和鼻子，这才能真的做到善待自己。也才能真的体味到，每一场日升日落里，都是珍重。

秋天咏叹调

一点小欢，一点小喜，一点小善，一点小美，慢慢积攒着，最后也能成为大的福报吧。

一

秋天太好了。它来敲窗，送我一捧桂花香。

桂花香太好了，醇厚甘美，散发出熟透的水蜜桃的气息。

这些天，我的小城沦陷在这种香里面。大人，小孩，女人，男人，还有那么多的鸟和虫子、猫和狗，都一并分享着。不偏不陂，众生平等。

有人提袋，在桂花树旁转悠，这棵树上摘一些，那棵树上摘一些。他是要回去做桂花羹呢，还是做桂花糕？

这个人一边摘，一边不安地四处张望，有些心虚。窃花嘛，到底不是正大光明的事。我笑笑，移开眼睛，假装没看见，脚步没有停留，一径从他身旁走过去。我原有着这个人的行为，谁让桂花那么香的！你看，香得过分也是原罪一件。

月亮升起来。明晃晃的月亮里，似乎也蒸腾着桂花香。天上人间，交融到一起。

我爱惜地落脚、抬脚。每走一步，都惊起一波的桂花香，心被醺得一颤一颤的。幸福啊，我对自己说。觉得这世上所有的不快，这会儿，皆可以被原谅了。

二

人说，秋天是平和的，宁静的，安详的。

这只是它的一面。它还有另一面，那一面上，写着炽烈、豪迈和洒脱。

它从春天一路走来，什么样的繁华旖旎没见识过？看开了，不争了，不抢了，云淡风轻了。可胸腔里还有一捧热血在啊，是要痛痛快快抛洒掉，才算完满。于是乎，有了最绚烂的燃烧。

这个时候的花草树木，都在拼尽力气燃烧。

比方说，栾树。

怎么说此刻的栾树才好呢？绿叶子，黄花朵，红果实。绿又有着浅绿、碧绿、青绿、深绿、黄绿。黄又有着浅黄、深黄、金黄、赤黄。红又有着淡红、赭红、朱红、褐红。它把这诸般色彩泼墨似的搅拌在一起，仿佛下了一场颜色的暴风雪。"诗万首，酒千觞"，当此际，该豪迈地大碗喝酒，一醉方休。

栾树的落花也是惊人的，一地碎金子在滚啊。我去通榆河畔散步，一段路的两旁，全是披金挂红的栾树。细碎的小花，铺了一地，美得很梦幻。一老者面对落花，持笛而立，很投入地吹起一支曲子。路过的人看见，先是诧异，旋即脸上浮上笑。大家都尽量不去踩踏地上的落花，脚步轻轻地走过去。

我亦是如此。

我很佩服老者的勇气，欣赏得不要不要的。纵使我想做，也不大好意思的。他是个多浪漫人啊。

这样的景，实在该配上这样的人，才不算辜负。

三

一棵高高的楝树上，缀着一撮黄，璀璨耀眼。像簪着一件黄金首饰。

只一撮。

它是率先黄起来的叶子。

我仰头望了良久。后来又去观察了别的树，像梧桐啊银杏啊榆树啊枫树啊等等的，发现它们也都是一部分叶子先黄起来、先红起来。像溪水缓缓，最后，才汇聚成大江大河，赢得圆满的大结局。我终于读懂了秋天的温柔和体贴，它是个渐进的过程，不急急慌慌，不咋咋呼呼，稳笃笃地走好脚下的每一步，给人细水长流之感。

我们的生活也当如此啊。一点小欢，一点小喜，一点小善，一点小美，慢慢积攒着，最后也能成为大的福报吧。

四

静夜里，久久未睡。

这是秋天里最好的夜啊，四周的虫鸣声滴落如雨。

"空山松子落，幽人应未眠"，这两句诗适时跳出来。我虽身处平原，可静夜如山，也就有了身处空山之感。

千年前的韦应物，为什么久久不能入眠？我想他并没有什么难耐的心思吧，只是那样的静夜，纯静得跟一朵花似的，让他舍不得睡去而已。

时光真是纯净啊！

千年后的秋夜，我的窗外，栾树红红的果子掉落下来，发出轻微的嚓嚓声。"静夜栾果落，幽人难成眠"，我篡改着韦应物的诗句，微笑着，倾听着。我也没有什么心思，就这么感受着这份宁静的美好。

庄子说，虚室生白，吉祥止止。只有把心思滤空，大自然里这些美妙的声音，才能住进来。

此刻，除了倾听，我别无所求。

五

我捡一堆栾树的果实，堆在石阶上。

为什么捡呢？是因为我觉得它们太好看了，让人踩在脚下委实可惜。

一只小花猫停在不远处，看着我捡拾。我捡多久，它看了多久。

我把那些小灯笼般的栾树果，摆成心形。我冲小花猫招招手，小猫咪，来，看看，好看吧？

小花猫很意外，它略微顿了一顿，大概觉得自己的鉴赏能力有限，它很不好意思地"喵呜"一声，钻进旁边的冬青树下去了，却又从里面探出头来，偷偷看我。

我笑了起来。

万物稀奇有趣，值得我们一再注目。

平凡的日子因这样的注目，变得生动活泼。

六

晚上散步时，我喜欢借着微弱的天光，仰头看路旁的树。

杨树迈入秋天的脚步最快，它简直有些迫不及待想扯掉身上的叶子，好抖擞它一身好筋骨。

也难怪，人家本就骨骼奇秀。在微弱的天光里看上去，比油画还油画。

我随手拍了一张。

我于是收获到一张上好的油画。

这两天的月亮好极了。

它是《诗经》年代的月亮。是屈原的月亮。是曹操的月亮。是张若虚的月亮。是李白的月亮……

在月下走着，容易恍惚，"古人今人若流水，共看明月皆如此"。古与今，好像和着同一个心跳。

我还想到"山月不知心里事"。人的心事最难猜了，月亮都猜了几千年了，还是没猜透。

七

回老家陪陪爸妈。

爸妈以我看得见的速度，在快速地衰老着。特别是我爸，他已衰弱得无法独立行走了。

我给他买了一辆助步车，让他推着慢慢走。一步一步，他变回学步的娃娃了。

他推着车，缓缓走到门前的稻田边。田里稻穗饱满，丰收在望。这是我爸最后的疆土。他用眼光抚过一地的稻穗，蛮开心地对我说，今年我家的稻子长得好哩。

稻田边上长了些黄豆，豆荚泛着成熟的金黄色。我爸的眼光落在上面，满意地说，你看，我家的黄豆也长得好哩，快收了。

我频频点头。

柿子树上的柿子红了。红薯藤郁郁青青，结出的红薯都有胳膊粗了。南瓜多得吃不掉，堆在厨房的地上。韭菜开着漂亮的白花儿。我妈煮的嫩玉米棒非常的糯和香。她得意地说，一点农药也没打。

活着一天，就要把眼前的事物，深深热爱着。

为什么不呢？我没有悲伤，只有祝福。祝福所有的活着，都能如此深爱。

八

桂花这个小妖精又出来迷人了，作风很是猖狂。

那人开着电瓶车，在路上正好好走着路呢，桂花这个小妖精突然扑向他，浑身像在香粉堆里滚过似的，香得他打了一个喷嚏，差点翻了车。

——这是他的形容。够生动。我大笑不已。

桂花是秋天里的欢喜事。是秋天的咏叹调。它一来，秋天才真正隆重起来。

傍晚，一出家门我就兴奋起来，哎呀，我又要去相会这个"小妖精"了。

有着夜幕打掩护，"小妖精"变得更大胆更肆无忌惮。它漫天漫地游走，逮着谁就缠上谁。绊住你的脚，牵住你的衣，叫你实在走不了了。你索性束手就擒，被它的香甜淹死算了。

我总要在外面待到很晚才回去，直到把自己也熏成一朵桂花。

这个时候抬头看月亮，会惊讶地发现，那是被桂花腌制过的月亮啊，每一缕光辉，都散发出馨香和甜蜜。

这样的人间，好得不能再好了。

九

又经过一片成熟的水稻田。

一地金黄的稻穗积蓄着满腹的话。

它们的每一个字、每一个词都是金光闪闪的，但它们惜言。它们知道，一旦它们开口了，那不得了了，满地都要滚着金子了，容易坏事。

所以，它们只能沉默地低着头，不发一言。

调皮的鸟雀来逗它们说话也不行。

你还是选择夜晚悄悄来吧，或许你会有幸听到它们与星星的对话。

它们和星星聊一碗米饭、一块米糕，和一杯米酒的故事。它们洁白的心，喷着香。星星们入迷地听着，恨不得掉到稻田里了。

十

为乌桕着迷。

小城一条路边，栽了一排。我偶尔走到那里，被吓了一跳，这也太风华绝代了吧！

是的，它撑得起"风华绝代"这个词。一棵树就是一场大戏，"演员们"个个浓妆艳抹，舞姿缤纷，真是好颜色！

想当年杜牧行至深秋的山中，见到枫叶，为之倾倒，留下"霜叶红于二月花"之诗句，倘若他见到这深秋的乌桕，他又该如何？怕是要把那诗句换成"桕叶红于二月花"了。它是比二月花还要艳的!

　　觉得乌桕比枫叶更迷人的不止我,还有陆游,陆游就曾赞过,乌桕赤于枫。

　　乌桕的美,美在它的多姿多彩,丰富丰盈。它不是单薄的,而是深厚的,充满意蕴的。

　　等叶子落尽了,还可欣赏它的果实。它的果实洁白如玉,如点点白梅开在枝头。"偶看乌桕梢头白,疑是江梅小着花",那是冬天要讲的故事了。

总有一束光，能被我们捉住

做人要真，这是第一要紧的事。

一

霜降过后是立冬。立冬过后是小雪。小雪过后，大雪快跟着上来了。

节气守着时令，或曰时令守着节气，在宇宙中我们居住的这一粒小小尘埃上，周而复始。

万物随着周而复始，新生的在新生，死亡的在死亡。

一切自然而然。

二

被一束光迷住。

一晌午，我迷失在那束光里面。

那是一捧阳光穿透茶水投射在我书桌上的一束光。

我向来只喝白开水，清清简简、完完全全水的味道。可这个冬天，阳光一而再再而三地破窗而入，挑逗着我，媚惑着我。我负暄而坐，愉快得不行，总觉得得有点仪式感才好。于是乎，我搬出茶具，翻找出一些茶叶。其中有东方出版社莉莉总编送我的一款，是溧阳产的。装它的小瓷瓶太可爱，又古典又诗意。好，就泡它。

茶叶注入开水，又经小煮，汤水渐渐地由淡至浓。我有滋有味地在一旁观摩，那色泽的变化，就如同爱情的发生。初遇时惊喜，彼此生了好感。相处时，小心脏开始一毫米一毫米沦陷，最后终化成浓烈。好了，入骨相思了。

茶温在炉上，我一边闲读几页书，一边品茶。我极少品茶，也说不出这茶那茶的区别。但觉这茶是好的，入口极香，还带了点糯。然后，我一侧头，望向茶壶时，就看到一奇观，震撼得我的心，有一刻是停止跳动的。

是的，我看到阳光的杰作了。它穿透茶水，在书桌上丢下一个金折扇，送我。那真是金光耀眼，璀璨夺目，该是纯金打造，绝不掺假。

我笑纳了阳光的好意。寻常的日子，因此金碧辉煌起来。

世事瞬息万变，举步维艰，活着非常不易。但总有一束光，能被我们捉住，成为照亮心头的安慰。

三

放慢了读书的节奏。

其实，我读书的节奏，一直以来都很慢。一本书要消化好些时候，也才能消化完。我从不贪多。我知道自己就普通一凡人，脑袋不算大，自然盛不了多少东西。多了，装不住，也是枉然，故我很少装忧装愁装杂七杂八鸡零狗碎。哎，我只一个脑袋，盛点文字盛点天空盛点大地盛点草木鸟鸣，也就再塞不下别的了。

最近读的是孙犁的随笔。是他八十岁以后的作品。越读越喜欢。为什么呢？是因为真，每句话都说到我的心坎上，说得我掩卷大笑，或掩卷沉思，或频频点头称是。人老了，不要讨好谁了，不要在意谁了，全世界都与他无关了。笔下的字，一个一个，便都是从胸腔里掉出来的金粒子。

我太爱惜这些字了。

做人要真，这是第一要紧的事。若是戴上面具做人，久了之后，自己也会不认识自己的，那可真可怜。

我很开心，我的世界，一直清爽着，比较简单。有芜杂进来，我也会把它清理得干干净净。所以呢，一直做着自己。你说我清高也好，你说我狂妄也罢，那都是你的以为，与我何干？

第三辑
美的感知

每天匀出五分钟，抬头看
看天空，低头看看大地，
你的心境，会慢慢发生变
化的。

生活需要艺术

丰富的灵魂，有趣的思想，会让平凡的生活，活成美和艺术。

一到年脚下，我爸就把他的一套笔墨家伙取出来了，他要开始忙了——他要忙着写春联。村子里识字的人不多，一村人家的春联，大多数出自他的手。写的春联无外乎是"一帆风顺吉星到，万事如意福临门"或"春临大地百花艳，节至人间万象新"之类的，基本上是照搬现成的。村人们也不管它，贴在门上，都是喜洋洋一片红。有一年，我爸心血来潮，大笔一挥，给我家门上写了副他独创的对联"吃大肥肉，穿花洋布"。我家那两扇普普通通的木门，一下子与众不同起来，认识俩字的人走过路过，看见，都莞尔。

那年，我有同学来我家，我奶奶打了一碗荷包蛋招待她，还用韭菜炒了一盘子兔肉，那是我们家拿得出手的最好的食物。多年后她忆起，开玩笑说，在你家别的事都不记得了，只记得那门上的对联，一边贴着"吃大肥肉"，一边贴着"穿花洋布"，欢天喜地气势磅礴啊。我笑了，挺有感触的，曾经那些穷苦的日子，我们兄妹几个就是靠着这些富足的向往和激励，快乐地走过来了。

翻一本有关历代文人书房的闲书，被文人们书房的名字给俘虏了，轻轻念念这些名字，嘴角噙香，像念着一阕阕诗：桂坡馆、三葵亭、阅微草堂、瓶水斋、青萝山房、云林秘阁、滴翠轩、人境庐、天春园、立雪斋……或引经据典，或借鉴化用，或随情境独创，每一个名字背后，都是满满当当的生活意趣和文人风骨。也许那些书房只是草房两间茅屋一幢，可自打拥有了这些名字，它们便拥有了新的面孔，往雅里雅去，往静里静去。我们唤着这些名字，从前人们安坐在里面，于灯下读书写字的气息，便穿云破雾而来。那些月光照着虫鸣唧唧的夜晚，清风拂着轩窗，多么饱满。

我也爱逛江南古镇，常为街道两旁店铺的名字着迷，一个一个叫过去，像读一篇优美的小说或散文，比如：初见你的时光、拐角微笑、匆匆那年，三只耳、半遮面、卷珠帘等等。住客栈，我也挑那些名字叫得格外有意思的，比如：千亩田。那是在浙江临安的一家客栈，我住进去，他们家当然没有千亩田，山上却长着上千棵核桃树的。我在他们家点了一道菜也很有意思，叫翠柳啼红。菜未端上来时，我的心里荡漾着如烟的柳，和无数的花红，期待得不得了。结果，只是一道寻常的菠菜炒蘑菇。即便如此，我还是吃得开开心心的。它是菠菜炒蘑菇，它又不是了，我吃进去的是花红柳绿。

我想起《窗边的小豆豆》里的故事，在巴学园，孩子们自带餐盒在学校用午餐。校长和校长夫人怕孩子们吃不饱，也为了给正在长身体的孩子添加营养，另做两道菜，一道煮鱼丸，一道煮山芋，他们称之为"海的味道""山的味道"，一勺一勺添加到孩子们碗里。孩子们高兴坏了，吃一口"海的味道"，再吃一口"山的味道"，普通的食物，变成了珍馐佳肴。

谁说生活是无趣的庸常的？倘或你能以不同的眼光去看，不同的情感去体验，所得到的感受一定是大不相同的。丰富的灵魂，有趣的思想，会让平凡的生活，活成美和艺术。

美的感知

人类需要的，正是这种感知美的能力，使寻常的活着，有了趣味。

秋日的午后，我去医院看望我的老父亲，他身体里好些"机器零件"已完全失灵，出入医院成为家常。我提着带给他的一堆儿东西——面包、水果、八宝粥、卷纸、毛巾，一路慢慢走过去。我没有选择乘车，实在是因为，我太喜欢走路了，它让我可以不时抬头看天，低头见花。我也因此总能有新的发现，新的收获。每一次走路，在我，都是一场美妙的旅行。

紫薇继续在做着绮丽的梦，把些红颜色紫颜色白颜色，一点点涂上身，流光溢彩。我站定，看它们，每回看，都有新的柔软碰触我的心。植物的活法，岂不是人的活法？人类从它们身上，总能学到点什么，比如热情，比如执着，比如慷慨。我又想到那样的诗句"青瓷瓶插紫薇花"，这简朴的清供，实在动人。日子的美好，原在这样的简朴中。

海棠的叶子掉得快，一棵树上，只剩为数不多的叶子，明黄着，褐红着。枝条上却有晚开的几朵花蕾，羞涩地绽放出一点粉，一点红，实在叫我惊喜啊。它们就像开窍晚的孩童，只要你肯付出一点耐心，它们也会走进自己的锦绣光阴里。栾树霸气外泄，跟个武则天似的，一边开花，一边炫耀着它的大丰收，光芒四射。也难怪，它有足够底气，花朵金黄，果实彤红，都是艳丽得不能再艳丽的。我冲它赞许地点点头，内敛也不全是好事情，该炫的时候，还是适当地炫炫吧。不然，这世界该少去多少色彩和生机啊。草地上的彼岸花成群结队，血红血红的，这是故意扮演精灵鬼怪出来吓人哩。我被它们逗乐了，弯腰对它们说，你们这点小把戏，能吓住谁呢？银杏树开始描黄，叶子们在黄绿之间雀跃着。秋渐深，大自然的散学典礼快举行了。它们都是优秀的毕业生。

我又抬头看天，这是我最喜欢做的事。我以为没有什么事物的语言，比天空的语言更生动。这时的天空，带给我的，除了震撼，还是震撼，透明的、干净的，像溪水一般流淌的天幕上，白云朵驾着风马在赛跑。又仿佛有着上千顷的茅花，齐齐盛开，随风飘拂。

有好一会儿，我如禅定了一般，站着，就那么傻傻望着天空。我的心，像一颗小小的贝壳，被巨大的美冲击着、洗刷着，变得圆润晶莹。等我见到我的老父亲时，我一直在笑着，我告诉躺在床上的老父亲："爸，你知道现在外面的天空有多美吗？天蓝得像个蓝瓷瓶哎，而那些白云朵，就像是插在蓝瓷瓶里的白茶花。"

我的老父亲静静躺着，听我描述，听着听着，他脸上浮上笑。是的，我把这个美的天空也带给了他，让他感到，他从未与这个世界脱节，他还活在这样的美好里。

这是美的感知。人类需要的，正是这种感知美的能力，使寻常的活着，有了趣味。当我们拥有这样的能力，我们才会发现，美，无处不在。一枚跳动的叶子，是美的。一只迷路的蜜蜂是美的。风吹过栾树的声音是美的。两个老人相互搀扶的背影是美的……

我把我的所见，分享给我的一个朋友。她时常对我抱怨，说她的生活是多么多么无趣，整天沦陷在俗世的琐事中，无力挣扎，早已忘却快乐是怎么一回事了，心里常无来由地堵得慌。我建议她，每天匀出五分钟，抬头看看天空，低头看看大地，你的心境，会慢慢发生变化的。

我想，再忙的人，每天五分钟的时间总能挤出的吧？五分钟，我们可以等一个月亮升起来。可以听一朵花唱唱歌。可以看夕照染红一条河。可以陪着一只蜘蛛织出半张网。天空和大地的内容，实在太丰富了，丰富得我们的眼睛和心灵，根本装不下，生活又何来的无趣呢？当我们握住这五分钟的空闲，慢慢地，我们迟钝的神经，会复苏。天地间的美，才真正成为我们生活的一部分。

文字的节奏

真正的文字，总是有自己的节奏的。

真正的散文总是有自己的节奏的——这话是康·帕乌斯托夫斯基说的。

我想把它改一下：真正的文字，总是有自己的节奏的。这个节奏，不独独是指散文。诗歌就不消说了，若没有自己的节奏，根本成其不了诗歌。小说呢？若是弄出一堆晦涩难懂、毫无节奏感可言的文字，纵使再有曲折离奇的故事情节来支撑它，也是白搭。

那么，什么是文字的节奏呢？打个比方来说吧，溪水是潺潺而流，瀑布是哗啦啦飞泻，海浪是呼哧呼哧而来，这"潺潺""哗啦啦""呼哧呼哧"，就是节奏。你的文字若是溪水，它必有自己的潺潺之声。若是瀑布，它必发出哗啦啦巨响。若是海浪，必呼啸不断。读者在读你的文字时，会不由自主地，亦步亦趋，跟着你文字的节奏而行。没有节奏的文字，会让读者不知所云，如坠云雾，找不到前行的路。

再比方说，好的音乐，总能在第一时间，让听众把握住音乐的节奏，和着自己的心跳，不自觉地，跟着那些节拍，载跳载欢，沉浸其中。

那年我去平遥古城，满街的房，都是雕梁画栋的，充满异域风情的。各式吃食店充塞其中，又卖着各式古玩挂饰，用琳琅满目五彩缤纷来形容，一点不为夸张。正看得恍惚，不知所往，突然，一阵清越热烈的击鼓声，嘭嘭嘭响起，随之响起的，是一曲民谣。满大街的缤纷遁去，只剩那清越的民谣，还有和着鼓点而响的击鼓之声，我的双脚不由得移过去，手臂不由得跟着那鼓点摆动。也就看到一个女孩，面对大街，笑容晏晏地在击打着手鼓，她修长的手臂，和着音乐的鼓点，一上一下，一上一下，姿势优美。好几年过去了，每当想起平遥，我首先想到的，必是那个女孩，那首民谣，和那清越的鼓声。

这会儿，我之所以回忆到这场相遇，其实，想说的是，文字也有自己的"鼓点"，你若能够营造出属于你的"鼓点"，你的文字，就成熟了。

那么，怎么才能形成自己的文字节奏呢？康·帕乌斯托夫斯基说，首先要求作者在行文时，每个句子都要写得流畅好懂，使读者一目了然。这个理解起来并不难，也就是说，你每写下一句话时，不要拐弯抹角，不要故作高深，不要自设坑坑

116

洼洼，弄出一些似是而非貌似深刻的东西，让人读起来结结巴巴，如同嚼蜡。句子的优美，原不在于优美词语的堆积，而在于它的好记、好懂、能引起共鸣、有画面感。一个句子写下来，能让人明白你所说何事，能让人在一瞬间，眼前展现出一幅画，有生活痕迹，这就有了文字的节奏了。

文字的节奏，还在于你要有能力把握整篇文章的步骤。该详的地方详写，该略的地方略写，做到轻重舒缓有致，既有流水咚咚，也有山鸟啼鸣，不要从头至尾都是一个调调，一个面孔，就像夏日午后的阳光，叫人发倦。

建议你多听一些纯音乐，多温习一些古典诗词，在那些"鼓点"与文字的节奏中，找到你的脉动。久而久之，你会有了自己的文字节奏的。当你写下的句子之间有起伏，有波峰，你的一篇文章，也就变得好看多了。

听 云

世界很大，心事很小，小到只想靠近你，慢慢地靠近，不要远离。

我小时，家里人一度对我忧心忡忡，以为这个孩子的脑袋不太灵光，会不会傻掉。因为，我总爱一个人发呆。我姐说，我一个人坐在田埂上，能一坐就是一个下午，什么事也不干，净坐在那里发呆了。

我也很少哭闹，很少和别的孩子一起疯玩。家里人带我出门，把我放在一个地方，我就安静地待在那个地方，直到他们办完事过来，把我领走。

一个小孩太安静了，是件可怕的事情。

我妈为此，还专门跑去找一个算命瞎子给我掐命。据说那个瞎子掐的命非常准。算命瞎子给我掐出什么样的命来，我妈没说。我也从来没问过。小时我不懂这些，对自己的命运毫不关心。长大了我又不信这些，命好如何，命坏又如何？顺其自然就是了。

然我的印象里，我小时的日子里，尽是些声音和色彩，丰富得不得了，全然不是家里人形容给我听的那种孤单和孤寂。

我记得四野里虫子的声音，鸟叫的声音，庄稼拔节的声音，草籽摇落的声音。有时，这些声音混合在一起。有时，是单个儿的。而背景色，永远是红红黄黄绿绿青青的。

天空呢，则是承载我目光最多的地方，也是我想象随意驰骋的地方。我看到天上也有村庄和田野，白云朵像些调皮的孩子，它们在跑在笑，它们随意去敲人家的门。我常会很耐心地等着它们跑到地上来。它们变成一棵玉米了。变成一只甜瓜了。也可能变成虫子，变成鸟，变成我家小羊身上的毛。我在啃着一根玉米棒时，我在吃着一只甜瓜时，会很高兴，我吃出云朵的味道。再瞧我家的羊，我怀疑它们身上，披着云朵的衣裳。

几十年后，当我听到古琴演奏家杨青演奏的《听云》时，我真是喜欢，是终于找到知己的感觉。原来，有人也和我做过同样的梦，发过同样的呆，听过同样的云。

随着几粒鸟语声落下，古琴声缓缓而出，似水流潺潺湲湲，泠泠淙淙，上面流淌着一个天空。万千朵白云，似山花漫山遍野开。又似群鸥振翅飞翔。它们心里有个桃花源吧，它们驾着风的马车，撑着风的小舟，一路前行。

我听到它们走过平原上空的声音。走过河流上空的声音。走过一些斑斓的草木上空的声音。它们手捻一串串白，说着天空的语言，关于太阳的，关于月亮的，关于星星的，关于雨雪的。

　　风摇落它们的笑声，它们的笑声多么洁白。它们赞美大地、花朵和河流。它们赞美落叶、果实和村庄。它们赞美爱人、思念和活着。

　　它们跳到水里，和鱼谈起了恋爱。我站在一座桥上，望水里面的云，我听到它们的情话，唛唛的，在水面上荡起了清波。

　　世界很大，心事很小，小到只想靠近你，慢慢地靠近，不要远离。只想就这么静静地，静静地，听时光，和着血液，缓缓地流经我们的好年华。

一身诗意一年蓬

身边的喧闹遁去了，你如同置身于旷野之中，眼前只剩无尽的柔美和宁静。

一年蓬在草地上零零星星地开了，原本平淡无奇的草地，便开始诗意起来。这个时候，该配上布衣布裙的女子，提着篮子在草地上缓缓行的。

还该配上小调，七弦琴弹着，咿咿呀呀唱着。一年蓬是要配着小调开的。

这小调最好是一曲零露漙漙的《诗经》，或是一阕情深义重的唐诗，或是一支清丽温婉的宋词。

然《诗经》年代它不在这里。唐诗年代它不在这里。宋词年代它也不在这里。

那些年代，所有飞蓬家族的成员，还都生活在北美洲，一年蓬当然也不例外。一直到清朝末年，它才远涉重洋而来。它竟很快适应了这异乡的日子，很快地兴旺发达起来，不过百十年的时间，它已完全与这片土地融合在一起。倘你不追溯它的过往，是一点儿也不晓得它是外来的。就像我，长期以来，一直以为它是土生土长的呢。这也怨不得我，因为打我有记忆起，它就在这片土地上繁荣昌盛着。荒野中，森林里，沟旁塘边，处处都能遇到它。吾乡人跟唤马兰一样的，也唤它"野菊花"。

我很喜欢它，素淡静美的样子。特别是一丛丛长在一起，总让我无可抑制地联想到《诗经》年代的画面：蔓草萋萋，战乱不止，恩爱的夫妻被迫分离，他执戟执殳去往前线，她在家里思念成灾。小小的白花蓝花开满荒野，她无心欣赏，"自伯之东，首如飞蓬。岂无膏沐，谁适为容"。哎，他不在家，她连头发都懒得打理了的，任由它们乱成一窝乱糟糟的"蓬草"。真希望她的人能早点回家，采一捧一年蓬一样的野花带给她，替她重新梳妆，使她重展欢颜。

它是最容易邂逅到的一种野花。野外山川河谷处，都可见到它的身影。家境不好，甚至算得上是清贫的，可却有一双巧手，把自己拾掇得清新明媚，虽是布衣荆钗，却掩不住通身的玲珑剔透之美。

它的花是丝状的，一丝一丝，素白的。也有淡蓝色的；花蕊是小颗粒状的，一粒一粒，缀在一起，淡黄色，底子上衬着一点浅绿。整张小脸蛋干干净净，素素淡淡的，别致清雅。植物学家们说，那花朵看上去是一朵，实际上是由无数朵组成的，丝丝花瓣和粒粒花蕊都是些小花朵。哎，我们还是不要这么复杂吧，我们看到的一朵，就是饱满欢实的一朵。直立的茎上，修长的叶子飘逸着，托出三五朵或是八九朵不等，也有多达一二十朵的，眉目楚楚着。很朴素的小家碧玉，叫人看着就心生欢愉。

　　近些年，小城的绿化带中，也有了专属于一年蓬的领地了，那是特地拨给它住的。它也不客气，既来之，则安之，勤勤恳恳地打理着它的新家，安安稳稳地过着它的小日子。二、三月出小苗，嫩绿的一片片，稚稚的可爱。四、五月开花，不疾不徐。花一直开一直开，能开到八、九月。无数朵素白的小花，缓缓舒展，迎风摇曳出无限的诗情画意。你路过，会不自觉地停下来看一看。这时候，身边的喧闹遁去了，你如同置身于旷野之中，眼前只剩无尽的柔美和宁静。

闲话读书

　　真正的生活，永远没有那么高深，不过是细水长流地数着日子。

　　　　　　　　　　一

　　一个年轻的姑娘，跟着熟人来我家做客。看到我的书房，她惊异，你家怎么有这么多书？

　　姑娘并没有想要我的回答，她惊异完之后，转而去看别的东西，看我养的花，看我房间的布置。看完了，她开始玩手机。我很想她走近我的书柜，认真地浏览一下，并对其中的某本书发生兴趣，那么，我会很高兴地送给她阅读。我以为，再没有比书更好的礼物了。

然她自始至终，再没提书的事。我从熟人那里得知，这个姑娘，正在读大三。

我几乎望见她未来的模样，单薄、无趣、庸常。我有些心疼她。

真正热爱读书的人越来越少了。

城里现在建有不少"24小时读书吧"，几乎遍布城市的每个角落。但那只是城市文明建设的摆设，我从那里经过若干次，没见到里面有人在读书。外面倒是车如流水马如龙的，酒店门前更是人来人往。

想起年少时，我一个人摸黑跑上几公里路去借书，只因一个故事没读完而牵肠挂肚。街上守着小人书摊的中年男人，是我最羡慕的对象，每回上街，我必在他的摊头徘徊不去，恨不得跟他回家，做他的女儿，那么他家的书，便都是我的书了。

现在年少的孩子，有几个是真正对书痴迷的？为了考试，为了升学，他们把读书这一纯粹的人生乐趣，给弄丢了。一日一日，人生苍白地过着，而不自知。

二

中年以后，我读书的节奏放慢了，一本书能反复阅读多日。也不给自己制定读书计划，也不再迷信所谓的名著，只挑适合自己性情和脾胃的书来读。

从前名人书中被我膜拜的那些高深的道理，我已不喜。我更爱普通作者那些平实的文字、和缓的文字，它们细腻、体贴，像夏夜的萤火虫，有着一闪一闪的小光亮，把生活里的褶皱一一抚平，给我欢愉和力量。

真正的生活，永远没有那么高深，不过是细水长流地数着日子。我要的就是这些小欢小喜，这些可触可摸的寻常。"岩上无心云相逐"，这样的自然状态，多好！

三

有时，在路边看到一个极好的树荫，树荫下，摆着一张造型独特的白色长椅。我想，捧一本书坐那儿读，是很适合的。但我一直没有这么做。

读书还是宜静。

这个时候，世界只剩下你和书。

书中世界，便是你的整个世界。比如读《红楼梦》，你什么时候走进去，都有一幕活生生的戏在等着。最后，大厦倾倒，留下白茫茫一片。再旖旎的人生，也不过是匆匆一过客。当我们从书中走出来，我们急迫地要做的一件事就是，与自己和解。

四

去河边散步，偶遇一中年男人，捧本书在那儿读，边读还边伏在一旁的长凳上记着些什么。

我放轻脚步，从他身边走过。走过去之后，又忍不住回头张望。

那里长一排海棠，正开着粉粉的密密的花。海棠花照着，中年男人读书的样子，朦胧着一层美。

后来，我再去河边散步，没有看到读书的中年男人。

直到海棠花谢了，我也没有再看到他。我却忘不了他读书的样子，朦胧着一层美。

五

我工作室楼下有个小商铺，年后搬来一对卖猪肉的小夫妇，带一上小学的女儿。

夫妇两个上午卖肉，下午多半没事，他们常常一个坐在店内，一个坐在店外，翻看着手机玩。有时为什么琐事拌拌嘴，半天的时光也就过去了。

他们的女儿放学回来，女人会问，作业做了没？女儿答，在学校就做好了。女人就说，好的，那去玩吧。

女儿一个人玩，很无聊，常闹些小情绪，比如吵着要某样东西，吵着要玩手机。夫妻两个就大着喉咙叫骂，有时还打两下。那小女儿就直着喉咙哭，能哭上小半天。

我真想跑下楼去，喊那小姑娘上来，挑些书给她，让她好打发时光。

有一天，我在楼下碰到在玩的小姑娘，揪住她问，小朋友，你喜欢读书吗？

她朝我翻了个白眼，跑开去了。她妈妈出来张望了一下，又进店内去了，继续玩她的手机。

我也慢慢走开去了，莫名其妙地有些伤感。

那一地的刨花

那味道真是好闻啊，有日月的味道，有风雨的味道，有喜鹊呢喃的味道，有梦想的味道，热火朝天，喜乐安康。

刨花是花吗？当然，它是木头开的花。

我熟悉那根木头。更确切地说，在木头还没有变成木头之前，在它还是一棵树的时候，我就熟悉它。

它是一棵刺槐树，长在我家的屋门前。早在我还未出生之前，它就扎根在那儿了。很粗，很高，还是小孩子的我，须得仰起头，才能看到搭在它上面的喜鹊窝。是的，它的枝丫间，总是托着一个大大的喜鹊窝，像只粗糙的小水缸，搞不清有多少喜鹊住在里面。只要在村子里看到喜鹊，我都认为，它是住在我家那棵刺槐树上的。有时，我也很想住到上面去。

我攀爬过一次，它身上尖锐的刺，毫不留情地划破了我的衣裳，在我的小腿和肚皮上留下了一道道红印子。但我成功地骑到它的头顶上，登高望远，挺神奇的，我似乎能看到远处的海和山峦，一个村庄，都匍匐在我的脚底下。可是不凑巧，突然刮过来一阵狂风，一场雷阵雨泼天而下，劈头盖脸，我无法从树上下来，吓得抱紧树，哇哇大哭。那阵雨不过下了十来分钟，在我，好像有一个世纪那么长。事后，我被大人们一通嘲笑，看你下次还敢不敢爬树了！

我再没爬过它。虽然看到喜鹊仍站在它的枝头喳喳欢叫着。它的头顶上，还系着远方的海洋和山峦。四五月的时候，从它密密的绿叶间，窜出一撮撮花来，又白又甜，我还是没有动过再爬它的心思。

它被放倒，是秋天的事。那天的天空特别湛蓝，云朵肥肥白白，好像棉花地里等着人去采摘的大团棉花。父亲约了邻家男人来帮忙，父亲给邻家男人剃过去一支烟，他们在树底下抽起来，眼睛上上下下打量着树。

这是棵好树。邻家男人说。

嗯，可以给孩子们打张床，多余的木料还可以打几张板凳。父亲说。

我在一边听得眉开眼笑，真好真好，我们就要有新床睡了！

在那之前，我和我姐一直挤在盛粮的柜子上睡觉。我当时开心得都忘了关心一下住在上面的喜鹊，它们的窝被端了，它们将住到哪里去呢？

被放倒的刺槐树，很快变成了一根粗壮的木头，浸泡在我

130

家屋后的小河里。我不时跑去看看，生怕它会被一群鱼拖走。冬天农闲了，它被捞上来，村子里手艺最好的戴木匠，也就被请进我家。木头很快被劈成一块一块的木料，戴木匠的刨子，开始在那些木料上，嚓嚓嚓地欢唱起来，刨花跟着一朵一朵地冒了出来，它们蹦着跳着，很快，在地上簇成一堆，糯白的，蓬蓬松松，散发着木头的清香。

祖母拿了畚箕来装。刨花引火最好了。祖母笑嘻嘻地说。家里难得地割了肉，招待戴木匠。刨花在锅膛里，迅速地被点燃，"轰"的一下，再"轰"的一下，开出一团一团红艳艳的火花。这令我觉得不可思议，刨花那糯白蓬松的身体里，居然藏着一团团火？锅里的油"嗞嗞"地响着，空气中，弥漫着诱人的肉香味。

我快乐地进进出出，一会儿跑去厨房，凑近锅膛，看刨花在火里面翻滚。一会儿跑去堂屋，看戴木匠埋首在木料上，一下一下推着他的刨子，一朵一朵糯白的刨花，就从刨子眼里冒出来，仿佛泉水从泉眼里冒出来，无穷无尽的样子。地上铺得厚厚的，戴木匠的腿脚没在刨花里，像驾着一垛垛祥云。那味道真是好闻啊，有日月的味道，有风雨的味道，有喜鹊呢喃的味道，有梦想的味道，热火朝天，喜乐安康。

这年冬天，我和我姐终于睡上了真正的床，簇新簇新的，散发出木头好闻的气息。我躺在上面，觉得自己是躺在一垛一垛的祥云上。

恰 好

这样的天，这样的地，这样的水，这样的树，这样的人，于我而言，都是恰恰好。

黄昏时，去沿河风光带散步，一边看着夕阳落，一边看着星星起。

河里有船只突突而过，惹得水浪哐哐作响。这个时候，我总忍不住要冲着那远行的船只喊："船长，带我走——"打小的印象，去远方是要坐着船去的。

有人骑车过来，车上放着钓具，这人拨开树丛，走向水边。他是准备夜钓的。据说鱼在夜里会变得很蠢，糊里糊涂就上了钓钩。

河岸边柳树上的叶子，不少已染上黄了，在绿里头黄着。一旁的林子里，枫树、栾树和银杏，还有榆树，都开始浓妆艳抹起来，秋的舞台早已搭好，它们就要登台做最后的告别演出了。风似乎有些惆怅，它慢慢吹啊吹，气息好长，吹落一片叶子，又吹落一片叶子。木芙蓉还在开花，好像这一切它都不放在心上，它只尽心尽力做着自己的事情。

秋蝉在哪棵树上，突然"吱——"的一声，吓我一跳。我站着听，它的叫声到底怯弱了许多，惶惶的。虽是惶惶着，然还在竭力歌唱。时光的流沙，在它的每一声里隐着——与其伤感，不如歌唱吧。

一老者持一管笛子，坐在海棠树下的石凳上吹。吹的是首《草原之夜》，吹得断断续续的，不算好听。可是又怎样，老者沉醉于他的吹奏。他头顶上海棠的叶子掉得快，都快掉光了。但一树一人一石凳，这样的画面，还是叫我心动了又心动。

我心里又漫涌出一个字来，爱。是啊，我爱。有没有比这更好的景致？有没有比这更好的人？我信，有。但我要的，是这个恰好。在合适的地点、合适的时间里遇见，没有别的选项了，只有这一个。这样的天，这样的地，这样的水，这样的树，这样的人，于我而言，都是恰恰好。

人世间为什么会有那么多纠缠、不甘和失落？只是因为，总在固执地寻找更好，而不知道自己拥有的，是恰恰好啊。

神奇的瞬间

　　它们让平凡的我，日日葆有惊喜，活在有趣和生动里，远离着麻木和尖刻。

　　如果不是有事耽搁，每天黄昏，我铁定是要去通榆河畔散会儿步的。

　　从我家走到通榆河畔，有三四里路。这一路之上，可看可玩的东西实在太多了。四时的景致各有不同，单单拿一个春天来说，就叫人赏玩不尽。

　　我有时会被草地上新冒出的几粒绿吸引住，我总要认清它们是谁才肯作罢。我也会被一捧花骨朵牵住目光。一切幼小的事物都十分的相似，相当的"萌"，天真、柔软、懵懂、有趣。无论是迎春花、梅花、结香、玉兰，还是桃花、海棠、紫荆、红叶李、碧桃，它们的花骨朵，都是这样的。跟刚钻出来的小虫子似的，迷蒙着一双眼。如果遇到柳了，我也会仔细瞧瞧上

134

头的小芽苞，哎，太像可爱的小眼睛了。

有一丛结香，从它开始打花苞苞起，我每回路过，都要跑去问候一下，嗨，你好呀。我弯腰凑近它。它的花如同巧手缝制的香囊，里面装满了它酿的香。它的性格又豪爽得很，谁路过，它都恨不得倾囊相送。我每回都要被它的香熏得打上几个喷嚏。咦，它哪里来的那么多香？不可思议。

凌霄的枝条还呈僵死状，蓬头垢面地卧在一座桥的两头。我摸摸它，冲它说，伙计，该醒醒了。我从不敢小看它，人家胸膛里的那颗心热着呢。我似乎听到它血管里的血汩汩流动的声音。再几场春风吹吹，它将一跃而起，跑得比谁都快——几天不见，枝条上就插满了浓密的叶子。

一张蜘蛛网也是迷人的。它架在一棵月季和另一棵月季之间，两棵月季相距足足有一米多长。我就是想不通，小小的蜘蛛哪有那么大的能耐，能在隔着那么远的两棵月季中间牵线搭桥？大概是空气和风帮了它的忙。当然，它自身也是有本领的，它是能飞檐走壁的，一身的江湖气。

我也会傻傻地看几只野蜂在花树上忙碌。它们不争不抢，各忙各的。它们比人的欲望要低得多，人有贪念，总希望占有得越多越好，哪怕是自己用不着的东西，也要霸着。而它们呢，够吃了就好了，能有点余粮就好了。它们会把蜜藏在哪里呢？这是我很想知道的事。

有时我驻足，听一些鸟的喧哗。它们聚集在一起，在一些

135

红叶李上跳上跳下，在一些银杏树上跳上跳下，在一些梧桐树上跳上跳下，热议着什么。我觉得它们是在讨论婚嫁的事。春天宜嫁娶嘛，鸟也不例外。

等我终于走到通榆河畔，我就更不得闲了。我太喜欢河里的倒影了，能盯着看上小半天。天空在河里，树木在河里，一些房屋在河里。树木便似长在天上。房屋便似砌在天上。眉眼儿盈盈，太神奇了！如果这个时候有颗夕阳掉在里面，好了，天空、树木和房屋的上面，就游着无数条彩色的鱼了。

我是常常能遇到夕阳的。它的壮观我形容不好，反正每回我都惊诧得很，它怎么可以那么壮观呢？把半天空的云都着上色了。它家里得开多大的染坊才成啊？我有要摘下它来尝尝的冲动。它有时像颗熟透的柿子。有时像只红彤彤的番茄。有时又像个大石榴。有时则像粒大红枣。当它熟得不能再熟了时，饱满的汁液就滴淌下来，泅红了地上的树木、房屋、鸟雀、行人、河流，空气中充溢着甜蜜的芳香。

河里的行船也让我兴趣盎然。船上都有谁？他们要去往哪里？晚上他们停泊在何处？夜里，星星们砸到他们船上，会吓他们一跳吧？"笃笃笃"，船只敲响了水，一路往前驶去，一河的水很没出息地跟着摇荡着。我默送他们远去，那船上承载了我的目光，是不是多了些重量呢？好吧，祝你们好运。我"嘿嘿"笑出声来。

到这时，我的这一天算是比较完满了。我满足地叹口气往回走，如果能遇到月亮就更好了。月亮没有，有星星也不赖。我把这一路上之所见，都称为神奇的瞬间。它们让平凡的我，日日葆有惊喜，活在有趣和生动里，远离着麻木和尖刻。

我为什么要告诉你这些呢？哎，我只是想让你知道，这些神奇的瞬间，你也可以毫不费力地拥有。

鲜 亮

我很热爱这样的场景，带着俗世的鲜亮。

夏天的雨后出门，天地都是鲜亮的，仿佛脱胎换骨了一般。

风吹过来，带着雨的清甜之气。在这样的风中不管走多久，也是件快乐事。

一枝粉紫的紫薇沾着雨水，慢悠悠地开着。

木槿的花朵里，有两只小虫子在玩过家家——我想，它们定是两小无猜时。

凌霄的花，趴在桥头，一脸痴迷地吹着凉风。一只小蜂过去，踩翻了一粒雨珠。

一只蜘蛛，把窝搭在两棵月季之间。那两棵月季，隔了足有两张方桌之远。蜘蛛真是好本事。

有白鹭飞过林子上空。那片林子里，有栾树，有刺槐，有海棠，有银杏，有紫荆。它们身上，藏着颜色和味道的宝藏。

这是城里，居然有林子，有白鹭，怎么想，都觉得能居住在这个叫东台的小城，是件无比幸运的事。

绿树上的绿，更青翠了。我想到"青翠欲滴"这个词。这真是个好词，用来形容夏天的树，再妥帖不过了。虫子们啃食这样的叶子，是很值得原谅的。这么美味的叶子，连人都难抵诱惑，何况虫子们！

我跳起来，摘一片樟树的叶子，握在掌里慢慢揉，我便又闻到那好闻的味道，类似于薄荷。心里一片清凉。

蝉叫声也是鲜亮的。它们一迭声涌来，如细浪逐着细浪。站着听，能听上大半天。有蝉擂鼓助威的夏天，是叫人爱的。

通榆河上，捕鱼人的小船，天天黄昏时都在。一人，一舟，披着夕照的霞光，在河面上荡出了古意。我走到这里时，总要停下来观望一阵。

今天巧了，刚好碰到捕鱼人上岸。这才看清楚了他，四十多岁的男人，脸上镶着一双带笑的眼睛。他提在手上的塑料桶里，蹦跳着几条大花鱼。

一圈人把他围住，大家看鱼，一边跟他说说笑笑，似乎跟他都很熟。

"今天你运气好呀，捕到好几条大鱼呀。"

"这鱼，少说也有七八斤一条吧。你今天丰收啦。"

"卖我一条呗。"

"我也要一条。"

他嘿嘿笑，算是作答。

我站在他们的圈子外，看着，满心欢喜。我很热爱这样的场景，带着俗世的鲜亮。是的，我每天黄昏时的步行，就是为了遇见它们。

出　发

　　人的一生，其实都是在不断地出发中，一个目的地到了，马上奔向下一个目的地。

　　我喜欢出发。

　　有时并没有明确的目的地，只是走着。

　　我很爱那种漫无目的，沿途的所有，都是未知的、充满期待和想象的。谁知道下一个路口，等着我的是什么呢？因为未知，人生多出许多探求的曼妙之趣。

　　在早晨出发，光明驱散黑暗，万物吐露清新。我会迎来朝霞和日出，迎来含着晨露的鸟鸣和清风。遇到早起的陌生人，我不由自主地微笑致意。昨日诸多烦忧，经一夜好睡，已彻底放空。今日是个新的日子，路上的一切也都是新的、有着蓬勃生机的。我喜欢这种蓬勃生机。

　　在黄昏出发，常常会遇见一个石榴红的夕阳。天边云彩铺陈，山峦叠嶂，又是另一番景象。群鸟归巢，行人匆匆，静默的窗口，有灯光次第亮起。每一扇窗户，都有守候的人。尘世如此温暖，星星们在天空中跳起了舞。这时，我会祝福每一个善良人，愿他们都拥有一个好梦。

在春天出发，会遇见很多草的故事花的故事蜜蜂的故事蝴蝶的故事。生命的欣欣然，会从每一个毛孔里钻出来，感觉自己仿佛新生。有一年春天，我迷失在贵州一个大山里，遇见在草丛里嚼着花的一条牛，它从一丛金黄的蒲儿根里抬起头，看我很久。我也看它很久，隔着那些欢实的小花。后来，我时常回味那一幕，不自觉地笑起来，好像我的出发和迷失，就是为了那一刹那的遇见。

在夏天出发，我会有幸走回陆游的家乡去，"水满有时观下鹭，草深无处不鸣蛙"。也会时时可遇"接天莲叶无穷碧，映日荷花别样红"。还会遇见许多的蝉，它们说着不同的方言。南方的蝉叫声锵锵激越，如大鼓在擂。北方的蝉叫声撕裂怒号，还稍带个闷哼的尾音，似有冤屈未解。在陌生的村口歇脚，我正听着树上的蝉叫呢，辨别着它是南音还是北音，一村民提了一篮子桃出来，问我，买吗？我家树上长的。我定睛看去，个个都饱满似王母娘娘寿宴上的蟠桃。我说，仙桃呀。村民接口道，对呀，仙桃呢，吃了长寿呢。我们相视大笑。后来他非请我吃桃不可。现在，每到夏天我都会想起他，我祝他年年夏天快乐。

142

在秋天出发，层林渐染，天地间流溢着斑斓的色彩。无论你走到哪里，都有红的黄的色彩来迎。又秋声旖旎，虫鸣如雨，落霞孤鹜，秋水长天。这个时候，宜往深山里去，不定是哪座山，随便一座山吧，都会让你领略到"霜叶红于二月花"之景趣。你还可以遇到一些果实，想采了吃，就采了吃吧。去年，我在仙居的一座山里，遇到成片的高粱泡，我采了一把又一把。酸酸又甜甜的滋味，让我至今回味不已。

在冬天出发，天地间删繁就简了，树木都赤诚来见。所有的生命，都变得心思单纯。多好啊，遇到太阳时，就和路边的猫一起晒晒太阳吧。遇到蜡梅开了，就和鸟儿们一起，闻闻蜡梅香吧。遇到下雪了，就停下来看看雪吧。白茫茫大地真干净啊。那个时候，身体和灵魂，都是洁净的，无所牵扯的。

人的一生，其实都是在不断地出发中，一个目的地到了，马上奔向下一个目的地。从童年，到少年，到青年，到中年，到老年，哪一段路上，不是风光无限？

那么，出发吧，别停留，一路上的风景，你且慢慢走，慢慢看。

夏日漫长

夏日漫长，我且慢慢走，缓缓归。

夏日漫长。

我在歇夏。

从前我不是很喜欢夏天的。

夏天的日头最是叫人吃不消。我顶着毒日头，被我妈赶进地里去掰玉米棒，身上的血仿佛全涌到脸上了，滚烫滚烫。用我奶奶的话说，脸上晒得倒得下血来。那时好盼望有一点阴凉啊，哪怕一片乌云飘过，投下一抹阴影，也叫我心头欢喜一阵。

那时，全家挤在三间草屋里。夏天真叫密不透风呢，每个孩子身上都生了一身的痱子。温度一高，全身的痱子都尖起来，痒得直往心头钻。

夏天也总有溺水而走的孩子。半夜里被惨哭声惊醒，在寂静的村庄上空，那惨哭声如裂帛撕裂，哧啦哧啦的。心咚咚咚地直跳，惊恐又茫然，那孩子一天前还活蹦乱跳着呢，还和我们一起玩耍着呢。跟我同岁的表弟，就是这么没了的。他走后好长一段时期，我到他家去，都会不自觉地喊他，二小，二小，二小。他在家里排行老二，我也是。

夏天地里还有很多活计要干，趁着早凉去捉棉铃虫。日头上来了就锄草，还要种黄豆……这些活，我都干过。我最怕去秧田里拔草，秧田里有蚂蟥。我最怕的虫子就是它。它不声不响钻进人的肌肤里喝血，喝得胖胖的，人却不知。我现在一看到大唱田园生活的诗或是文章，就会想起小时的那些章节。采菊东篱下好不好？好。戴月荷锄归浪漫不浪漫？浪漫。可是，背后的艰辛，只有身在其中的人自知。

夏天也有喜欢的，那是太阳落山了，一天的暑气慢慢消去，门口的晒场上，已被井水浸过，透着凉意。门板卸下，在场上搭出临时的睡床。家人陆陆续续归来，天完全黑了。晚饭吃过，澡洗过，邻居们也来串门了，人人一把蒲扇，在手里摇着，大家围着门板床坐下，东一句西一句地拉着呱。小孩子们捉捉萤火虫，捉捉蝉，捉捉蛐蛐儿，玩累了，往门板床上一躺，开始数天上的星星。星星太多太挤了，针也插不进，像炉火里的火星子，一刻不停地跳呀闪呀。我总害怕它们掉下来，把晒场边的草堆子给点燃了。

想想这些快乐的，很容易就把不快乐的事给丢开了。

人到中年，却一点一点喜欢上夏天。

绿在大地上疯长，一层一层加厚。绿树绿草绿水自不必说，风也是绿的，鸟叫声也是绿的，蛙鼓蝉鸣，都是绿的。养眼，养耳，养心。

地里的瓜果多多，丝瓜、豇豆、木瓜轮着吃，还有黄瓜、香瓜、西瓜，还有桃子和梨。

野花们沾着露水开。一年蓬是奇怪的，从春开到夏，还要开到秋天去。它从一捧绿里跳出来，总要让我惊异，咦，是你啊！它让一方天地变得素净而纯美，是绿底子上绣白花。

合欢花播着香。凌霄花无比卓越。对了，还有荷花。我在昆山的花桥镇小住，常于傍晚跑去吴淞江畔看荷花。荷在一方塘里密集着，却并不显得有多拥挤，旁边有苇和蒲陪着。在我，有种跑去与仙人相会的喜悦。它们随便一个姿势，都是美的，含苞的，半开的，怒放的，凋谢的……花谢了没事，结莲子呢。莲子摘了没事，泥里还有藕呢。荷的一生和一身，全是真本事啊。

花桥周边古镇多，我想去了就跑去。千灯和锦溪，是我最喜欢去的。去了，也就四处随便走走，随便看看。天热，就坐到水边的一棵柳树下，等着瘦瘦的水里，划过来一只小船。那时，感觉有一条细凉的波，划到了心里。船上摇船的船娘唱着小调，我问她，唱的什么？她回我，丝竹小调。一问一答间，桨声已慢慢划远了。

后来我想，我为什么喜欢到这些地方去呢？大约是因为，它古老的缓慢，与我的心性很投契。在那里，我把自己交给流水，交给鸣蝉，交给那些斑驳的房，和幽长的巷道。我与世无争。

我不知道更好的生活是什么。这一时一刻，就叫我十分欢喜。

夏日漫长，我且慢慢走，缓缓归。

七月半，吃饺子

一场连着一场的期盼，好比浪潮滚滚，一浪高过一浪，最后汇聚到过年那场盛大欢庆的高潮中去了。

清晨，我很早就醒了，静静躺着，听鸟们闲言碎语。

鸟在清晨话特别多，它们会说天气如何如何；会关心露水、花朵和果实的多少；会商量当天出门行程的远近……

眼下它们说得最多的，该是秋天的事情。比如，秋风有了几层凉意；比如，栖居的栾树顶上，新冒出了几撮小黄花。比如，海棠树又掉落一些叶子。一叶动秋声，这该动了多少秋声啊。它们知道今天人间有个节气叫"中元节"吗？倘若知道，它们也要怀念谁的吧？我的脑中，闪过几个人，我奶奶，我爷爷，我的朋友大船和宗崇茂。我祝愿他们在那边过得快乐。

中元节，我们这里称"七月半"。乡下的地里，有了丰收景象。地宫大开门扉，大鬼小鬼出来游荡了，想讨点丰收的果实带回去。

这一天，家家也都慷慨大方，大门敞着，供品摆了一桌，纸元宝叠了若干，烧呀烧呀，给祖先们送财送物，顺便也分发点给那些孤魂野鬼。

这一天，鬼影子晃荡人间，人与鬼和睦得一塌糊涂。我们小孩子吧，平时提到鬼是怕得要命的，乡下的故事里，十个有九个是离不开鬼的，什么水鬼吊死鬼长舌鬼僵尸鬼，月夜里，女鬼丢下绣花鞋，谁捡到谁就惹上大麻烦，反正都是吓死人的。我们怕走夜路，夜里睡觉是不敢对着窗户睡的。

但这一天，不怕鬼了。看着大人们烧纸钱，嘴里念念有词的，纸钱随风旋转，仿佛有鬼飘过来把钱拿走了。也不怕，只是快乐地看着。啊，等一会儿，有饺子吃呢！

包饺子吃，那是好隆重的一件事。各地不同俗，北方过年吃饺子，我们苏北乡下是七月半吃饺子，且是必须的。民间有说法，过了七月半，一般就不作兴吃饺子了。总要等到来年的七月半，再吃饺子的。可算是一年一度，兴师动众。

那时的吃食，非常有限，天天纯天然着，山芋胡萝卜南瓜充当主食，白米白面是稀罕物。我们的追求和向往，也就单一而丰满，就是为了吃上一顿好吃的。这种追求和向往，滋养着我们的精神，充填着我们的内心，每天活得快快乐乐的。不像现在的孩子，什么也不愁了，少了向往，反而空虚，反而抑郁。我们那时不懂抑郁，过了正月半盼端午。过了端午盼六月六（六月六吃焦雪）。过了六月六盼七月半。过了七月半盼中秋。过了中秋，盼冬至（冬至吃汤圆）。过了冬至，好吧，盼过年。一场连着一场的期盼，好比浪潮滚滚，一浪高过一浪，最后汇聚到过年那场盛大欢庆的高潮中去了。

话说七月半这顿饺子的动静，也是异常大的。这天，整个村庄都在为这一顿饺子忙碌，家家都是天不亮就起来，要去割肉呀，要去买茶馓（做馅用）呀，要去买豆腐、坨粉呀。韭菜么，自家地里都有，割上一篮子，我们小孩子被勒令择韭菜。最着急的，是怕买不到饺子皮，那就得自家擀，自家擀的饺子皮太厚，总不如机器轧的好。一个村只一台饺面机，排队候着吧。有人天不亮就去排队候着。

包饺子都是拿大匾子装着的，一排排饺子，像无数只袖珍的小白兔卧着，看着真叫人高兴。我们欢欢快快地去灶台边加柴添火，一大锅的水烧沸了，下饺子喽。然后就是敞开肚皮吃，想吃多少有多少，我们都吃到卡到嗓子眼了，实在吃不下了，才罢手。

晚间，受了点凉，导致腹胀腹疼，上吐下泻。村部那间小小的诊所里，一夜便忙个不停，门前川流不息的，全是吃坏肚子的孩子。

风入松

人世间最难耐的，不是不爱，而是爱过，又生生别离。

初秋，我书房外的一排紫薇，开得嚣张极了，红红白白紫紫的，比朝霞还要绚丽。风来。风入紫薇，吹弹下那些碎碎的红，碎碎的白，碎碎的紫，在地上铺一条颜色的小溪，美得惊心。我戏称这样的风，是紫薇风。我很想对它唱一支歌。

一千六百多年前，那个叫嵇康的人，是不是也如我这般，被一阵风迷住？他的屋子外，长的不是紫薇，而是松树。他看着初秋的风，入了松树，耳畔传来的是沙沙沙的声音，一波覆着一波，如急雨，又如涛音。这个时候，他也很想哼一支曲子了，于是便哼起来，随后用琴弦记下，取名《风入松》。

嵇康，魏晋名士，虽只活了短短的三十九年，却是那个时代神一样的存在。《晋书》上是这么记载他的："康早孤，有奇才，远迈不群。身长七尺八寸，美词气，有风仪，而土木形骸，不自藻饰，人以为龙章凤姿，天质自然。"也有人这么赞美他："肃肃如松下风，高而徐引。"如果简单地给他画个像，我想，他应该是这样的一个美男子：气度不凡。风采俊朗。才气纵横。放浪形骸。

他通晓音律，尤其擅长操琴。著名的音乐理论著作《琴赋》，就出自他手。他作的《风入松》的曲子，是怎样的悦耳动听，自是不消说的。

这支琴曲，之后传到唐。当时的诗僧皎然，特别欣赏此曲，并因此作了一首乐府诗《风入松歌》：

西岭松声落日秋，千枝万叶风飕飕。美人援琴弄成曲，写得松间声断续。声断续，清我魂，流波坏陵安足论。

美人夜坐月明里，含少商兮照清徵。风何凄兮飘飘，搅寒松兮又夜起。夜未央，曲何长，金徽更促声泱泱。何人此时不得意，意苦弦悲闻客堂。

美人指下，风入松林，梵音涛涛，清远绵绵。未尽的夜，未尽的琴音，唤起羁客多少的离愁别绪，这道不尽的月明风声啊。

到北宋，晏几道听到这支琴曲，兴起，为它谱了两阕词，取曲之名《风入松》。他感慨人生总是情深缘浅，别时容易聚时难，虽初心仍在，可眼前只有"两袖晓风花陌，一帘夜月兰堂"了。

一百多年后，南宋词人吴文英填过五阕《风入松》，每阕较之晏几道的，多出两个字，底调清丽婉约，深情纯雅。好似听到一阵一阵的风，吹出松涛之音。比如其中的这一阕：

听风听雨过清明。愁草瘗花铭。楼前绿暗分携路，一丝柳、一寸柔情。料峭春寒中酒，交加晓梦啼莺。

西园日日扫林亭。依旧赏新晴。黄蜂频扑秋千索，有当时、纤手香凝。惆怅双鸳不到，幽阶一夜苔生。

雨来，雨走，都是寂静。眼前熟悉的物事仍在，却少了一个曾经伴在身边的人。他的湘女，那个在一起待了十年的女子，盼不回了，他只能独自一人，对着幽静的台阶上暗生的绿苔发呆痴语。

人世间最难耐的，不是不爱，而是爱过，又生生别离。

秋的盛宴

生命原是如此充实、自信、纯粹和华美。

我所居之地，介于亚热带和暖温带的气候过渡带，季节的脚步走到这里，极少发生偏差，一年之中，春夏秋冬各占三个月，一碗水端得平平的，不偏不倚。

眼下，处在深秋，整个大地，成了叶子们的道场，它们敲锣打鼓，念经诵佛，好生热闹。

这个时候，谁邂逅到它们，谁就得到幸运。它们一律拿你当贵宾，家底儿全都兜出来给你看。它们摆下长长的宴席，一眼望不到头。别客气，你且随便坐吧，尽情享用它们呈上来的大餐，全是免费的。

那真的是大餐啊，无一色彩不是热腾腾的，琳琅满目，红也是艳，黄也是艳，褐也是艳，橙也是艳……即便是枯败的，也还在那叶脉里，看到艳。

"艳"，是它们的标配，那是生命的极致。它们为大地贡献过嫩绿、浅绿、翠绿、碧绿、青绿、深绿、苍绿，那些生命中最有生机的一部分。它们把这个大地深深地爱过，它们是自豪的。

阳光亲自表彰它们，赐它们华服加身。它们是活过一场的英雄。

我从不愿错过这样的"表彰大会"，无论多忙，也要抽时间前去凑一凑热闹。人生中的每个日子都不可再来，这样的华章，错过了太可惜。也不用赶远路，出门就是。往东走，往西走，往南走，往北走，随意着吧。我有时会抬头看看天上的云，听凭一朵云的指引。有时呢，则跟着一缕风去。也会童心大发，追着一只鸟跑。鸟是生命之美的呼唤者，它们所到之处，总有美的事物在闪烁。

结果我当然收获满满。梧桐、银杏，紫薇，乌柏……一个赛一个慷慨大方，把些好颜色泼天泼地挥洒着、抛掷着、赠予着。原谅我的贪婪，我把眼睛装满了，又把心腾空了，统统装上。很轻易地，我就成了天下第一富。这个时候，我非常幸福地发现，我的身体如一片秋叶般张开，皮肤下鲜红的血管，脉络分明，望得见溪水一般的阳光，在里面奔跑。哪里还有什么世事纷扰？生命原是如此充实、自信、纯粹和华美。

遇到两个老人。他们并排坐在路旁的一张长椅上，头顶上罩着一棵槭树巨大的树冠，上面的叶子缤纷得不像话了，红红橙橙黄黄着，有着最动人的斑斓。阳光的波浪簇拥着那些叶子，它们看上去，像极了一些活泼的小彩鱼。老人的身上，便晃着这些"小彩鱼"的影子了。他们双手闲闲地搁在膝上，双方隔着半臂的距离，既不显拥挤，也不显疏远。他们的脸，都朝向大路这一边。他们看来来往往的人。看风吹下落叶。看鸟雀飞过去，又飞过来。或许还看了些别的什么，比如，天边的云。比如，忽然吹过的一阵风。风也是可以看的，它拂动起路边的草叶，草叶儿快乐地跳起了舞。它把一朵云，吹到另一朵的怀里去，两朵云便搂抱在一起了。两个老人就那么看着，神态和表情完全一致，简直跟训练有素似的，宁静、安详、恬淡、和煦。像泊着的两朵阳光。

我停下脚步，看看槭树，再看看他们，看了很久。树与他们，浑然融合在一起，如一幅一气呵成的油画。我看得有些发痴了，挺羡慕也挺向往的。寻常男女，该在俗世的烟火里修炼多少年，神态和表情才能达到如此高度的一致？

我在他们身上，看到了最朴素的爱情。

年　戏

> 日子就在这美好的期盼中，一天一天的，春夏秋冬着。

一进腊月，吾村就着手准备年戏的事，挑选能歌善舞的村民，组成一支文艺宣传队。被选上的村民，大多是年轻的姑娘和小伙子。他们一旦进了文艺宣传队，一两个月是不要下地干活了，每天只负责唱唱跳跳，队里还给记上高工分（那时是凭工分领钱的）。这样的轻巧活儿，人人都羡慕。但也只能羡慕，要有一副好嗓子好身材才行啊。

我们小孩子可有事情干了，天天跑去村部看彩排。文艺宣传队的人明知道我们要去看，有时却故意把外面的院门闩上。我们听到里面鼓乐声声，热闹得不得了，却看不到人影，急得上蹿下跳。胆大的男孩子元宝爬墙进去，被逮住了给扔出来，他笑嘻嘻地说，黑辫子挑着花担在扭腰呢。边说边学着黑辫子扭腰肢的样子，一只腿瘸了也不在乎。

黑辫子是全村最漂亮的姑娘，苹果脸，两腮上现出天然一坨红，杏仁眼晶亮晶亮的。最惹眼的是她辫在脑后的长辫子，又粗又黑地垂挂着。每年的年戏，最重头的戏，就是她挑着花担出场。她上身着缎子红袄，下身着缎子绿棉裤，肩上担着一根缠着红绸子的扁担，扁担两头，各挑着一只花篮，花篮里插满各色绢纸叠的花，在碧青碧青的冬青枝叶衬托下，红花粉花白花黄花，分外耀眼。她迈着小碎步，扭着水蛇腰，甩着粗黑的长辫子，袅袅婷婷，两只花篮一上一下，随她身子的摆动而颠簸着。她轻启红红的嘴唇唱：早晨下田露水多啊，杨柳叶子青啊哪。露水多啊润麦苗啊，杨柳叶子青啊哪……嗓音又清又甜。大家每年追着看年戏，其实是追着看她。

　　看年戏是从大年初一拉开大幕的。黑辫子挑着花担在路头上一出现，老老少少的心，就都被勾了去。看表演去啊——一个村子都在传递着这句热切的话，脚步叠着脚步，都往晒场那边奔。晒场上早就围了一圈人，文娱宣传队的男男女女都化了妆，脸上扑着胭脂，喜气洋洋的，像是要结婚似的。黑辫子旁边围满了孩子，我们仰头看她的装扮，伸手偷偷碰碰她花担里的花，就觉得幸福得不得了。年戏是一个生产队接着一个生产队地演，我们相跟着，一个生产队接着一个生产队地看。这样的欢乐，能持续到正月十五，所有的锣鼓声，才慢慢止息。日子又跌进一潭寂静和贫瘠里去了，却在那寂静和贫瘠里，泛出些水花来，那是对下一个年的到来的期盼。日子就在这美好的期盼中，一天一天的，春夏秋冬着。

　　黑辫子后来嫁去了外村，如今该儿孙满堂了吧。村子里，人渐渐稀落，也已多年不演年戏了。

苏兹达尔

我们语言不通，可音乐是相通的，快乐是相通的。

苏兹达尔在俄罗斯享有"童话城市"的美称。进入小镇，你仿佛走进从前的古城堡，张眼处，是明晃晃的白：白色的建筑，白色的门窗，白色的路边灯柱。冬天这里下着大雪，是分不清哪是建筑哪是雪的，人们盛装前来，在这里载歌载舞，通宵达旦。

木造建筑博物馆是小镇的名片。这所建于上个世纪六十年代的博物馆，由冬天教堂、夏天教堂、民宅及商店组成，一旁还有传统的水井、水车，以及磨面粉用的风车。环绕在四周的草地青青，花朵奔放，几棵花椒树上，挂满红宝石一样的红果子。一切的颜色，都是鲜艳的，又是古老的，它还原了几百年前苏兹达尔人日常生活的场景。

木头教堂很特别，从墙壁，到屋顶，全是木头建成，上面不用一颗钉子。人们居住的木刻楞一幢一幢，泛着古铜色的光。楼下摆着简单的家具，墙上挂着农作物和农具。窄而陡的楼梯上去，就是卧室了，床很小很窄。我在宾馆里看到的床也都是又小又窄的。起初我不大明白，俄罗斯人都长得人高马大的，床弄得那么小而窄，他们怎么睡？在苏兹达尔我找到答案了，俄罗斯冬天漫长，气候严寒，人们睡觉时是要蜷了身子的，这样才会暖和些。所以，床不宜大。

流经小镇的一条河叫"石头河"，河水清清幽幽。对岸的波克隆那亚山丘上，草地连绵起伏，上面开满小黄花小紫花。一头牛独享一片草地，目光温和，黄缎子似的毛发，在阳光下闪闪发光。坐在草地上的俄罗斯大叔，手风琴弹得好，歌也唱得好。路旁摆着一路边摊，只此一家。卖些什么呢？水果有，小饰品有。摆摊的女郎笑嘻嘻的，也不吆喝买卖，只顾看着走过的一行人笑。

我停下来听大叔唱歌，他唱的是俄罗斯民谣，浑厚，浩荡，听得人想跳舞。我听得入神，他快乐地冲我笑着，示意我到他身边去。我们语言不通，可音乐是相通的，快乐是相通的。我和他相处了一支曲子的时间，他弹，我跳，然后说再见。

蓝天上不挂一丝云，干干净净，是那种能淹死人的蓝。我慢慢走向山丘，那里有一座宫殿，被人们称作"小克里姆林宫"。内部建有基督诞生大教堂，十三世纪的老建筑了，有着五个蓝色的洋葱头的顶，上面缀着无数的金星。高耸的钟楼，奶白色的墙体，色彩清雅，造型十分别致，它是苏兹达尔标志性的建筑。

路边的几幢小木屋里，有啤酒卖，是这里的特产——蜂蜜啤酒。下午的阳光照在小木屋上，很像蜂蜜啤酒在流淌。

仙居偶寄

活着——这样的存在状态，就是生命最大的意义了。

一

仙居，神仙眷顾之地。我们一脚直抵它的腹地——白塔镇仙景村王户自然村。村子保存了原始风貌，除了路边新建的几幢楼房外，里面的民居，都有着极深的岁月的痕迹。人家鸡鹅相闻，猫犬相逐，杂树生花，杂草随处生根。

在一家叫"锦瑟时光"的客栈入住。新砌的三层楼房，傍着一条河。室内室外的布置，都以新鲜的花草作为点缀，我一眼就相中了，好像住在花园里。又楼上每个房间都单独挑出一个露台，这也是我喜欢的。我想，可以坐在上面看书，发呆，赏景。阳台对着几棵高大的柏树。柏树的后面就是条小河。水不甚多，也不甚清澈，当地居民洗衣还是喜蹲在河边，在石头上轻轻锤打——老习惯已成了身体的一部分了。坐在露台上，如果把眼光放远一些，就能看到连绵的山峰，有时隐没在云里面，有时又从云里面跑出来，很仙境。

客栈老板娘面目和善。我们说要住一个星期，她立即把房间的价格下调了。她听说我们没有吃午饭，赶紧跑到厨房，给我们下了面条，并且卧了两只鸡蛋。我们吃饱后，睡一觉，醒来对着青青的山发了一会儿呆，想写东西，哪里写得下去，索性换鞋下楼，向山里走去。

谷中有平地，被当地百姓开垦出来，种上蔬菜。一七八十岁的老妪，拄拐提一桶水，蹒跚着往地里去。她的身影没进夕阳的影子里，很快成了一帧红色的剪影。地里的姜、葱、青菜、萝卜，都蓬蓬勃勃。草地上一条黄牛，鼻子里被牵了绳索，它拼命甩，想甩掉。我们看它，它也看我们。在我们面前出丑，它似乎挺不好意思的，挣扎了一会儿，也就放弃了，若无其事地低下头吃草。

我们顺着一条道往山里去，两旁都是山。夕阳跳到山的那头去，挥舞着最后一根颜料棒，在山的头顶上摸了一下。那山头就红了起来，像块红宝石。这是十一月，树叶开始红了、黄了，在夕照里，显得格外丰润。秋天的印章烙得到处都是。

我们无所事事地走着，真静啊，除了偶尔的鸟鸣声。眼前的色彩都是好的，叶子的，花的。山间多野花，野花多藿香蓟，白的，淡紫的，一大片一大片的。这小花儿单看一点儿也不好看，可连成一片了，风情就出来了，如同奔流的小溪般的，仿佛听到潺潺湲湲流淌的声音。

我们一直走到天黑方归，采了两枝野菊花带回。

二

去神仙居。

九点钟进山。山是天姥山，李白梦游的地方。

从北门进，一步一步慢慢地向山顶攀爬。途中少人，很多时候只有我和那人。天色响晴，阳光噼里啪啦落下来，映衬得每座山头都富丽堂皇的。有时我会盯着某棵树的某枚叶子看，阳光把那枚叶子雕刻成一件闪闪发光的首饰，仿佛摘下它来，就可以直接做我的挂坠。

有水伴着，瀑布细小而温柔，弄得溪水也都文文绉绉的，如耳语般的。鸟的声音倒是突兀了许多，它们兴奋得不行，比欢腾的浪花还要欢腾。我替它们操着心，整日里都这么兴奋着，身体可吃得消？

我们不急着赶路，走走停停，等等落在身后的阳光。山间小径之上，阳光汇聚成海洋，我们似有轻功，在阳光的波浪上，步履轻盈。

山头高耸于蓝天下，都是可诗可画的。天是蓝得不能再蓝，一丝云也没有，就那么很深情地蓝着。山上的树木还是青色为主，偶尔有一树红或一树黄，显得很是跳脱，有那么一点特别，有那么一点出格，大山是会原谅它们的。

花还在开，是蒲儿根和紫苑，一片金黄，或一片粉紫。这些山上的老居民们都有自己的打算和规划吧。我俯身盯着一丛生在岩石上的藤蔓想，它拼命地绿着，不为别的，只为活着本身吧？活着——这样的存在状态，就是生命最大的意义了。

这么走着走着，我们也就走到了空中栈道上。俯瞰来时路，山谷纵深不见底，层层叠叠的绿之间，跳出三两撮黄或红来，好像碧波之上，远远有画舫驶来。我有些不大相信，我们就是从那谷底下一步一步走上来的，我们也曾是那"碧波"中的一粒。人世间，有多少的美是不自知的呀。

神仙指、滴翠峰……每一座山峰都是一个传奇，足以让你的想象走上几万里。我被两棵松吸引，它们并列地站在山顶上，朝着幽深的谷底俯下身去，也不知保持那个姿势多少年了。我想，谷顶和谷底，到底谁是谁的风景呢？这也是我们人类为之纠结的问题。

三

早餐有客栈老板娘烙的葱油饼和野菜饼，特别好吃，我吃撑着了。那人说，出去走走，消消食。我同意。

我们原本打算就在村子里走几步，谁知一走便停不下来了。

我们走到老房子那里，一些老房子里还住着人，一些没有人了。有两层的，黄泥墙，黑瓦。几个村民围在一块空地上剥油茶果子，我跑去问他们，剥这个是做什么用的呢？他们七嘴八舌说：

"榨油吃啊。"

"这油好着呢，比菜油好。"

"也贵着呢，好东西当然贵的呀。"

"你们要不要买一点？我们家里有榨好的。"

我笑笑，谢绝了他们。他们不恼，说："好吃呢，好吃呢。"

狗无所事事，这儿趴趴，那儿趴趴。鸡忙着呢，草丛里的虫子多，吃不完。芳草萋萋，屋子周围都是。树皆高大粗壮，中有不少古树，像枫香和香樟都是几百岁的"老人"了，被保护起来。

一棵有着二百五十年树龄的香樟树下，建有一座小寺庙，村子里重大的祭祀活动是要在这里举行的。小寺庙门口竖着一块功德碑，上面刻满了名字。

小寺庙的后面是一小片杂树林。我们钻进杂树林中，有小径诱惑着我们往幽深处去。小径两旁的野草丰富，品种繁多，茅草、芒花、藿香、芒萁、野菊花、蒲儿根……成片的高粱泡最是活跃，白花尚未开完，红红的果实已经秀出来了，一副门庭红火、丰衣足食的模样。我架不住那软软的红红的果实诱惑，摘一把，捂进嘴里，牙齿幸福得直打战。味道酸酸的，甜甜的，真好吃。羡慕这里的鸟，它们想吃多少就吃多少。

遇见一口小池塘，塘里的水，清新碧绿得如同现榨的黄瓜汁。我有舀上一勺喝下去的欲望。塘边长满了植物，红红黄黄绿绿，四季的色彩都齐全了。单单一个小池塘，就够欣赏大半天的了。

越过池塘往山谷里去，有当地人踩出来的小径。山坡上全是芒萁，它的叶片是羽毛状的，又很像一把绿梳子。老去的叶片是银灰色的，卷曲起来，如同花儿般的。

有一石墓赫然出现在眼前，墓旁有松柏相护。墓碑上书：世代永昌。墓前躺着一束塑料花，红艳艳的。从前，墓主人也曾在这片土地上大声欢笑过的吧？我轻轻说，打搅了。从墓旁走过去。

我们很快进入一片开阔地，那该是洪水冲刷出来的，草原一般的，长满了青草，开满了野花。一只蝴蝶飞来，它面对这么一大片花海，晕了头，一会儿停在这朵花上，一会儿飞到那朵花上，很拿不定主意，不知要先爱了谁才好。

鬼针草最可恨，浑身藏满暗器，我的裙子、袜子上全沾上了它的那些暗器，尖尖的芒刺一样的，我摘了半天也没摘干净。想它青春的时候，也是楚楚动人的，秀气的小白花，摇曳出一派柔媚，怎么老了性子就改了呢，好像受了什么打击似的。

山坳处居然有片小湖。我不知别人会不会认为它是湖。它小，只有篮球场那么大。它的水实在是蓝啊，蓝得透透的。我傻傻地望着它，它里面荡着一朵白云，像极了一只白帆船。

我们在湖边流连很久。后来我想沿着陡坡翻越到湖的那边去，陡坡上没有多少行人足迹，但我还是发现了一双沾满泥土的旧鞋，落在草丛里。一棵油茶开了一树洁白的花儿，我手脚并用爬到油茶树旁边，摘了一朵油茶花。有白鹭掠过湖面而去。

我坐到陡坡上，一会儿看湖，一会儿看天空。四周没有一点声响，有亘古万世之感。

四

景星岩，一个以观月见长的小众景点。离我们住的地方不远，一二十分钟的车程就到了。

景星岩整座山体呈南北走向，首尾昂起，形似巨轮，三面悬崖，崖壁陡峭。我以为攀爬起来一定很吃力，实际上它的山路并不崎岖，要爬的台阶并不多，有直达山顶的电梯。

在山顶上行走，如履平地。山间幽静，树影在地上晃动，光波闪闪烁烁。小松鼠无声地快速地钻进树丛中。四下里，所见山谷与山峰皆是美色，一片斑斓之中，可见小块小块的梯田如棋盘，人家的屋舍落在其间，如一颗颗棋子。

山上有古刹叫"净居寺"，历史可追溯到明代。古刹旁有个读书台，一个叫吴时来的明代人，曾在此面壁苦读，三年不曾下山，后高中进士。

望月台自然是为了赏月而建。据说月圆之夜站在望月台上，可见到圆圆的月亮，从东方群山之中缓缓升起，落入一旁的映月池中。彼时，山风轻拂，水波荡漾，月光浮动，那景象当是人间一绝。可惜我没逢着月圆之夜，且晚上也不能留宿在山上，只能幻想一下那样的美景了。

山上还有一口井，叫"龙虎井"，井水清冽丰盈。我绕着井沿转了两圈，没看明白，那水到底是从哪儿来的。它底下有口泉吗？

我们不急着下山，在井旁坐下来。我掏出随身携带的书，低头读上几行，抬头望几眼山峰，近处的，远处的，陡峭的，浑圆的，各有性格。好幽静啊，这才是神仙的居所呢。天上的云与山峰捉着迷藏。

五

公盂村位于海拔六百米的山顶上，被称为"大山里的香格里拉"。

我们早上九点多从客栈出发，半小时后就到了山里头。山脚下有停车场，收费十元，有住宿吃饭的地方。看来到此游玩的人不少。

上山的路崎岖不平，泥土混合着碎石块，有的石块凸出来了，有的石块又凹下去了，坑坑洼洼，非常考验脚力。

弯子多。一圈一圈绕下来，绕得头都晕了。每一道弯口处都有树守着，枫树居多，叶红叶黄，非常灿烂。路边是齐人高的芒草。有时是竹子夹道，各种野花野草混杂其间，多紫苑和高粱泡，紫花簇簇，红果摇摇。张眼处，山峦上都绣着锦绣，披一片红，或一片黄。

天空响亮，云朵煞白。大朵的云从天上俯冲下来，跌进山谷，又从山谷里弹跳出来。脚下的落叶厚厚的，踩上去，嘎巴嘎巴响。山路有时阳光铺洒，有时浓荫匝地，幽深不见底。半山腰有民居一幢，我们进去瞅了瞅，四合院，院中堆着杂物，一应农具和日常生活用品居在，柴垛子码得高高的。屋后有竹林，连绵到山谷里去了。院里院外，杂草长得有一人高，看样子，久无人居住了。

山上有人下来，走得气喘吁吁，是两个男人。他们说，从山顶下来，才走了一半路。他们是昨日上的山，晚上留宿在山上，自个儿搭的帐篷。问他们："山上有什么？"他们想了想，说："山上也没什么，就是体验一下在山上的感觉，很静的。"他们问我们走了多长时间。我们说："走了两个多小时了。"他们笑了，"你们走得好慢啊。"

是的，我们走得好慢。一路上都是好景致，山头是迷人的，山谷是迷人的，人家的屋子是迷人的，小块的梯田是迷人的，树木是迷人的，花草是迷人的……真是看不够的。我恨不得把它们裁剪下来，装订好了，带回家去。

我们就这么不急不慌地走着，走了四个多小时才走到山顶。公盂村不大，只有十来幢老房子，黄泥墙，青瓦，两层结构。有狗趴在石头上，半眯半醒。有猪如狗般卧着。鸡在鸡圈里走动。偶有公鸡打啼。隆隆的机器声从一幢四合院里传出，我们走进去，村子里所有的人气都聚在这里，几个老人热火朝天忙着在做地瓜粉。院子里篾席上，晒满了地瓜干。

见到我们，他们中有人停下来，问："你们哪里人？"我们答："江苏人。"他们笑了，说："江苏好地方呀。"忙拉了个凳子让我们坐。若我们想吃饭，他们会给做地瓜面吃。若我们晚上留宿，老房子里有统铺，可住人，三十元一晚。一个老婆婆热心地领我们去看房，大统铺上，被单都是干净的。老婆婆说好多人来这里，都是自己带着帐篷来，晚上那些人在院子里举行篝火晚会，很好玩的。

172

我们不留宿。老婆婆也没不高兴，她叫我们自己四下里玩，她又忙着去做地瓜粉了。

我们继续往山上爬去，走着走着没有路了，路全被野草给覆盖了。我们拨开野草，一步一探往里走，居然就走到了山顶平台上。那里长着一地的野茼蒿，开着黄黄的花，结着绒绒的果，微风一吹，如雪花纷飘，美得很梦幻。平台的尽头是陡峭的山峰，巨型的屏障，刀削斧砍般的。

回时，我们选择另一条少有人迹的路。路上遇到成片的高粱泡，我们停下来，吃了好一会儿。站在高处望下面的山峦、梯田和老房子，真正是一幅绝美的油画啊。回到村子里，机器还在四合院里轰隆隆响着，老人们还在忙着做地瓜粉。我问老婆婆买地瓜粉。她咚咚咚地领我上楼去。阁楼上，蹲着一袋子一袋子装好的地瓜粉。她说："这地瓜粉好吃呢，可以炒着吃，凉拌着吃，还可以做成汤水吃。"

老婆婆今年七十多岁了，她说她20岁嫁到这里，一辈子就在这里了。娘家离这里五公里。她说村子里原先有九户人家，现在只有三户了，别的人家搬走了，不回来了。她不想走，她喜欢住在这里，这里空气好，夏天也不热，不要用空调。现在比以前好多了，电也有了，水也有了，下山的路也好走多了，一天可以走一个来回，没有什么不方便的。

我们走的时候，她送我一根棍子，说："下山的时候你撑着用。"

我们下山用了两个多小时。下山的路不好走，婆婆送的棍子帮了我的大忙。这根棍子我留作纪念了。不知它是什么木料的，很结实。看到它，我就想到老婆婆那结实又愉悦的身影。

第四辑
一万个春天在跳舞

每个人的人生，都是自己
的人生，只做自己觉得舒
服的事情，不问年纪，不
问来处去处，欢喜自在，
便好。

第四辑

一个个春天在博物

一万个春天在跳舞

　　你必须热爱你手头正做的事，你必须和它坠入爱河，你才能收获到快乐。

一

　　紫藤花开了满满一长廊，太多了，紫色的洪水般的，奔腾咆哮着。

　　我仰头欣赏了大半天，问它借了两串——这不过是它汪洋中的一滴，想来它也不会太介意。

　　它当然不介意，我走远了回头看，它依然披一长廊的紫。如紫色的洪水般的，咆哮着奔腾着。

　　我回家，去茎去叶，只留花儿，拿盐水泡了。一大把紫色的"小蝶儿"，拥挤在我的碗里。

我又用开水焯了。然后，沥干水，切碎了，搅拌进糯米粉里。再揉成团，分成一个一个剂子，压扁了，成紫藤花饼。平底锅抹一层油，起火，趁着油滋啦啦唱起歌的时候，把饼放进去，烙得两面嫩黄，即可起锅。

真香啊。太香了！

做这些时，我一直在哼着歌，心情愉悦得好像有一万个春天在跳舞。

我想起一句话来，你必须热爱你手头正做的事，你必须和它坠入爱河，你才能收获到快乐。此话说得真是十分十分正确啊。

二

下午散步，走到一条小河边，看见一只夜鹭，蹲在水边，胖胖的身子蜷成一团，像块石头似的。它一动不动盯着水面看，偌大的世界，在它眼里，只剩眼前的一汪水了。它专注地看呀看，差不多要把水面盯出个洞来。

我很想知道，它是在看鱼吗？它大概很不明白，鱼为什么能在水里面游呢？

或者，它是在欣赏自己的倒影，为自己英俊的外表所倾倒。

却又想不明白，为什么自己会出现在水里。

又或者，它是在欣赏水里面的天空，惊奇于云朵怎么能在水里面走。

它始终无法想明白，因此多了很多探究的乐趣。正如我始终没有想明白它，因此一个下午，我都快快乐乐地看着它，觉得有趣极了。

三

南方的云太吓人了，像是从天宫里被放出来的魔兽，一个个都无法无天的。它们在天空中翻滚着、追逐着、扑打着、撕咬着，真担心它们会把天给捅出十个八个窟窿来。

那是在深圳，我正走在大街上，偶一抬头，被这大闹天宫的云给吓了一大跳。一旁一扫地的环卫工人见我仰头看天，他也拄帚观看。他的脚边，落了一地的凤凰花，红扑扑的。

我看了许久。

他也看了许久。

我们后来相视一笑，不着痕迹地交换了云的秘密。

四

搬进新居的时候，我在新居进门的一面墙上，挂了一幅十字绣。画面上，绣着个捧陶罐的女人，十分的典雅。这是一朋友绣好送我的，一进门，就能看到。

平时很少打量它。只有客人来，才会看两眼。客人盯着画看，赞叹道，好漂亮的画！这是满格绣呀，得花多少工夫才能绣出来呀。客人说。客人是个懂行的。当他得知这是朋友绣好送来的，便越发感慨起来，你们这个朋友对你们太好了，这画绣得多好啊。

我和那人也只是附和一声，是啊，是啊。顺便看一眼画，心里并没有太大的波动。再漂亮的东西，久了，也就熟视无睹了。

后来我有了工作室。工作室里缺少装饰，我便把这幅画取下来，挂到工作室去了。

再回家，进门时，总觉得有些不习惯了。靠近大门的墙上空了一块，又荒芜，又冷清。最后到底跑去工作室，把那幅画取回来，重又挂上墙，一切这才回归正常——日日待在身边的事物，早已成了不可或缺。

这颇像在婚姻里相处久了的两个人，不再有新鲜感，也不再说爱了，日子似乎乏味着，可一旦失去一个，便会留下巨大的空洞，任什么也填补不了。两个人早已于不知不觉中，渗透进彼此的生命里，你离不开我，我离不开你了。

五

我被一架子花花绿绿的扎头绳吸引住。

我挑拣，购买。

那是在印度德里，一个繁华的商场里。

我身边的同行者，和我年纪相仿的陈女士，相当不理解我的行为。她刚刚买了几万块钱的珠宝。她的口头禅，到我们这个年纪的女人，要好好享受生活。

到了我们这个年纪——这是我听她说得最多的话了。

她问我，你买这个做什么？

我答，扎小辫子用呀。

啊，扎小辫子？她惊讶地瞪大眼，嘟囔道，到了我们这个年纪，还扎什么小辫子，还不如买点珠宝戴戴来得实在。

我笑笑，兀自欢欢喜喜买了一大堆，赤橙黄绿青蓝紫。我要一天换一种颜色扎。

我挑了两根蓝色的扎头绳，扎两只小辫子垂在胸前——这样的发型，在她眼里，很不符合"我们这个年纪"，可是它是多么适合我。

年纪是什么？它只是时间的一个刻度而已。我经过了它，它却主宰不了我的心情和我对待生活的态度。

每个人的人生，都是自己的人生，只做自己觉得舒服的事情，不问年纪，不问来处去处，欢喜自在，便好。

草里面的武士

现在每回见到蓟草，总能唤起我许多的往事，蓟还是少年的蓟，人却不是少年的那一个了。

"蓟"这个字很有意思，是草丛里来了一条挎着大刀的鱼。

蓟也确实挎着"刀"的。无论是大蓟，还是小蓟，叶子上都密布着刺，如小兽的利齿。蓟是草里面的武士。

蓟有两兄弟，大蓟和小蓟。相貌极其相像，看上去像是孪生的。人常混淆它们，把大哥喊成小弟，把小弟叫作大哥。不过熟悉它们的人，还是能一眼分辨出的，大蓟个儿高，茎粗，身子壮实，髓部松，叶皱褶，上面的刺长而尖锐；小蓟个头要小一号，茎细，身子纤弱，髓部小，叶不皱褶，上面的刺短而稍软。这两兄弟一强一弱，相配得当。

蓟是地里常见的野草之一，吾乡人称之"刺艾"或"刺儿菜"。家里养的猪和羊，都爱吃它。在它未开花前，口感似乎很不错，从猪和羊埋头大吃的情景中，可以推测得出来。虽然采这类草，手上有刺刺的感觉，很不舒服，但我们还是兴高采烈地一篮子一篮子采着。那时只晓得猪能吃羊能吃，不知道人也能吃，且是道很不错的野菜。直到一年前的五月里我去东北，那会儿，山上的野菜正新嫩着。当地朋友带我去采，采得最多的，就是蓟。我惊讶得不得了，我说这也能吃？我们那儿都是用来喂猪的呀。朋友听说，连呼可惜。晚餐桌上，我们采来的小蓟洗洗淘淘，被端上了桌，拿面皮儿包了，蘸上熬好的酱汁，塞进嘴里，嚼一口，哇，那滋味，又苦又甘，又清嫩又清香，竟是没办法形容了。

蓟若开花了，就老了，上面的刺坚硬起来，如同浑身长满刺的刺猬。羊也不吃猪也不吃了，我们也不再去碰它。然它的花朵又实在是动人的，别具一格得很，尽显"武士"温柔玲珑的一面，颇令人意外。每一朵花都面朝天空，昂昂地踞在茎上，远观去，很像女人挽的一个髻。近处瞅着，又似毛线扎成的一个绒球球。颜色也是十分明媚的玫紫，女孩子可直接把它拿来挂在包包或帽子上做装饰。

蓟能止血，这是我小时从实践中获知的。小时常跟镰刀为伍，割猪草割羊草的，割破手指便成了家常便饭。眼见着指头上血流如注，也不担心，采一两片蓟的叶子，放嘴里嚼碎了，敷在伤口上，一会儿血就止住了。现在每回见到蓟草，总能唤起我许多的往事，蓟还是少年的蓟，人却不是少年的那一个了。

看花去吧

> 草木的态度一直是明朗的、赤诚的，飓风来考验，雨雪来考验，它们都丝毫不退让。

春分早已过了，温度却持续走低，真正的"倒春寒"。

自然气候变化万端，不按常理出牌才是正常。那么，世事多变，悲欢无常，也皆是再正常不过的事了。我们能做的，要做的，就是接纳。并尝试着，从暗里头，寻找一点光。从寒里头，寻找一点暖。从寂静与荒芜里，寻找一点清明。

比如，看花去吧。

草木的态度一直是明朗的、赤诚的，飓风来考验，雨雪来考验，它们都丝毫不退让。只要春天的口哨一吹响，它们就萌动起来，发自己的芽，开自己的花，不错过生命中任何一个律动的节拍。好像一个严谨的学生，一听到上课的铃声响，哪怕正睡思昏沉，他也会一跃而起，端端正正坐到课堂里去。

185

草动春色。花动春色。

我在每个黄昏出门，刚到电梯口，知道要下楼了，我就开始激动，我又要去相会花们草们了。人说，年年岁岁花草相似。其实哪里是啊，今年的这朵这一棵，远不是去年的那朵那一棵了。一生中又能有多少个春天好相遇？

也只有，珍惜了。

走在春天的大地上，身体里荡漾着嫩草的呼吸。走着走着，眼前的树开起花来，草开起花来，一个宇宙似乎也开起花来。你往往要被吓一大跳，那些小生命所汇聚出的盛大和宏伟，乘风破浪，排山倒海，颠覆众生。

春天干的都是惊天动地的大事啊，为大地接生，为山川换颜。

这个时候，宜花心。宜见异思迁。宜朝秦暮楚。宜放荡。宜大醉三千场……置身于春天的"后宫"之中，佳丽何止三千？且个个都身姿曼妙，能歌善舞，谁能做到无动于衷？亭亭艳，裹裹香，凡心洗净，我且一朵一朵，慢唤出它们的名字：结香、柳、迎春、玉兰、二月蓝、荠菜、婆婆纳、宝盖草、桃、红叶李、早樱、紫花地丁、野豌豆、蒲公英、三叶草……

四野里响着它们金黄的、碧绿的、乳白的、粉红的、蓝紫的回音：哎！我贪婪地谛听着，心甘情愿沦陷于这色彩的旋涡里，重又一毫米、一毫米地，把生活爱上。

低调的苔藓

　　它就像块柔软的补丁，细心地缝补着这个世界的残缺和漏洞，赋予它们以生机，以希望，以美丽。

　　我被苔藓之美俘获，是在云南的罗平。

　　对苔藓，我打小就熟悉。小时在乡下，家家都住茅草屋，黄泥抹的墙的周围，多的是苔藓。屋檐的沟槽里，也爬满苔藓。屋后有条小河，河岸上下，是断断少不了苔藓的影子的。它们热情地去拥抱一截倒伏的树干，好心地去缝补我们扔在那里的一口破缸的豁口，又把我爷爷废弃的一根断头斧柄揽在怀里。下到水边有十多级台阶，上面铺着碎砖，苔藓就从那些碎砖的缝隙里冒出来，一撮一撮，黄黄绿绿。脚走在上面打滑，我们便用草木灰敷在上面，全然不顾惜它的好意。

　　几十年后，当我翻到王昌龄写的诗句"棕榈花满院，苔藓入闲房"时，我正置身于云南罗平的群山之中。我被"苔藓入闲房"一句深深打动，反复默念，此等禅意满满的闲静时光，不就是我小时候的光景吗！那时，微雨湿湿，野花摇曳，苔藓侵阶。那时，我与美离得多近啊，却不自知。我羡慕那时的我了。

我到罗平，原是为看油菜花的。一进三月，罗平的油菜花就早早地敲起锣打起鼓，昼夜不休，震得满世界都是回响。群山为之大开门扉，春天蜂拥而出，让人强烈怀疑，春天是以罗平为圆点，向世界各地散发开去的，而油菜花，就是它们发射的信号弹。

这时的罗平，是铁定要狠狠热闹一阵子的。

四面八方的游客闻讯而至，到处是人影憧憧。不少人家腾出床铺，做起客栈生意。客人到了，如归家，吃住都方便。要吃荤菜，有他们自家养的鸡，自家捕的鱼；要吃素菜，地里现成的，现采现做。

我和那人落脚的客栈，就是一幢翻建过的民宅，室内并无过多装饰，然床铺干净，窗明几净。女主人三十来岁，有一口糯糯的小白牙，和一双大而清澈的眼睛。她推荐我们吃她家养的鸡。其时，鸡们三五一群，在菜花地里觅食。"你们瞧，都是地里散养着的呢。"她说。"其实我们这里的夏天也好，夏天凉爽，空调都不用开，来度假最好了。"她又说。我笑了，答应吃她家的鸡，又答应夏天会再来住两天。她听了很高兴，指着屋旁的一条小径告诉我们："从这里一直往山上走，可以爬到山顶看最美的落日，这个景点只有我们当地人知道。"

　　我们谢了她，在房间稍作休整，就上山了。小径一边傍着山，一边傍着油菜花，满地的油菜花开得热烘烘的，我们一入其中，便也被熏得热烘烘的，身体也似开花了。山上多松树，松林间有条曲折小道，如小蛇般蜿蜒上去，上面落满松针，厚厚的，滑溜溜的。看得出，这里少有人走动，一路之上，除了我们两个沙沙的脚步声外，几乎听不到别的声响。

　　我们一步一滑地走了约莫一个时辰，眼前视野突然开阔，终于靠近山顶了。山顶上，一巨石横卧，做了天然的平台。要爬到那平台上去，须得穿过一个窄窄的山洞，越过一些嶙峋的石头。我做好攀爬的准备，就在这时，我意外看到脚下的岩石上，披着大幅的苔藓，水绿中，染着点点芥末黄，蓬蓬松松，活像巧手织出来的精美的斗篷。抬头看，身旁那些岩石上，也都披着同样精美的"斗篷"。粗糙的岩石因它的装点，散发出浓烈的艺术气息，古朴而优雅。我大惊失色，这是苔藓？它怎么可以这么美？美得简直叫人心慌气短了！

　　我全然忘了上山的目的，彻底被眼前的苔藓勾了魂。"崎岖缘碧涧，苍翠践苔藓"，一千二百多年前的韦应物，在春天的一场雨后，行走于浔阳的山水中，路崎岖，道曲折，他乍见涧边石上的苔藓，也被惊了一惊的吧？眼前薄雾轻拂，石上的苔藓鲜明如茵，苍苍翠翠，直直苍翠到他的心底去了。

　　也是在这时，我对苔藓才有了初步了解，苔藓属低等植物，随游动孢子而生，它没有种子，不会开花，亦结不出果实，家底简单到只有茎和叶，实在是卑微穷困极了。可它没有自怨自艾，而是安安静静完成着生命的嘱托——有一分力，就发一分光。它恰如一个苦行僧，默默修行，自渡的同时，也在他渡，隔绝人烟的深山老林里，它在；泥泞低洼的沼泽处，它在；孤独丑陋的岩石上，它在；人音稀落的老宅里，它在；乡间田垄、沟渠边，它在。它就像块柔软的补丁，细心地缝补着这个世界的残缺和漏洞，赋予它们以生机，以希望，以美丽。

我冲苔藓弯下腰去，谦卑而虔诚。从此，我对大自然多了一份牵念，花开花落间，自有苔藓在默默生长。

满庭春

遇见的瞬间，石破天惊。

认识老吴，缘于一场读书会。

老吴辗转找到我，告诉我他的书店将要举行一场读书会，想邀请我去当嘉宾。"我那个地方小，老师，不知你愿不愿意去参加？"他一边说着，一边局促不安地看着我，一张四方脸上，挂着憨憨的笑。

我以为老吴有点木讷，可熟悉他之后，印象大改，他实在活泼得有些调皮。尤其是跟他聊到书店，他两眼放光，话语滔滔如江河奔流。

老吴的书店名叫"满庭春"，这名字是他取的。"我这名字叫得绝吧？读者一走进我的书店，就是走进满庭院的春天里啊，那心情可不要太好了吧。"老吴得意地说。

满庭春书店已开了四十年了。"你想想，四十年，什么概念？它愣是把我从粉嫩的一个小伙子，熬成满脸写着故事的大爷了。"老吴说着说着，自己先笑起来，笑声爽朗得很。

他清楚地记得，当初他从山里的老家里出来，身上只带着一根扁担和一捆绳子。起初也只能到码头上帮人装货卸货，得了空闲，他就在城里乱逛。那时他可自卑了，因为城里的五光十色，没有一样是属于他的。直到有一天，他的目光被街边一丛三角梅下的一个书摊锁定了，他的命运，从此改变。搬下老吴的原话，遇见的瞬间，石破天惊。

红彤彤的三角梅垂挂在那儿，摆摊人手捧一本书，随意翻看。花影荡在地上，像有无数的蜂在飞蝶在舞，摆摊人却浑然不觉。"哎呀，那样子太迷人了。"老吴说。他立即在心里做出决定，他不要去做挑工了，他也要摆书摊。

他掏出身上所有积蓄，进了一批报纸、杂志回来，他的书摊摆起来了。他没钱租房，就弄个睡袋，睡在书摊旁。他留心不同层次读者的所需所求，分门别类挑选书籍。渐渐地，他的名声做出来了。有个喜欢读文学书籍的姑娘，总能在他的书摊上买到她需要的文学书籍，一来二去的，喜欢上他，参与到他的书摊中来。后来这姑娘成了他的老婆，两个人一个主外，一个主内，在卖书的路上越走越远。他们先是盘下一个小门面开书店，这也是满庭春书店的雏形。后来，小书店变成大书店，大书店又开了十多家分店，遍布整座城。满庭春成了"满城春"了，他也成了赫赫有名的民营书商，找他带货的出版社排成长队。

"谁知道实体书店会趴倒呢？"老吴难得的显出郁闷的神色。由于线上购书等等不可抗拒的因素，实体书店越来越难做了，有时一整天没有一个顾客光顾，好多实体书店选择关门了事。老吴也被迫一个一个，关掉他的分店，只留下满庭春总店。

"即便只剩下一个总店了，也还是天天在亏损，这么大的店面，房租啊水电费啊人员工资啊，一个月要好几十万呢。我现在是拿以往赚到的钱在维护它。别人也劝我改行，我改不了，开了这么多年的书店，有情结在里头。"老吴说。他接着跟我说了一件事，有个老人十几年如一日，天天到他书店来读书，从下午一两点，一直待到六七点才回去。一天，外面下大雨了，店里没有一个顾客，他以为老人不会来了。然只过了一小会儿，老人却来了，整个人被雨淋得湿漉漉的，两条裤腿里，灌满雨水。

"哎呀，看到他那个样子，我的泪差点掉下来。"老吴动情地说，"为了这个老人，我也要把书店开下去。"

"人都有一好，有好酒的，有好赌的，有好收藏的，我就好闻油墨味。看着满屋子的书，我就开心，跟返老还童了似的。一个人活一辈子，只要做成一件事，就很了不起，老师你说是吧？"老吴笑着问我。

我唯剩点头。

老吴的书店在一楼，三百平，门面朴素，上悬着用隶书写的"满庭春"牌匾一块，夹杂在一街五光十色的店铺里，有遗世独立的况味。

拂桐芭

树长在那儿，花开在那儿，由着它们自己生长吧，彼此交融，浑然不觉。

"拂桐芭"三个字摆在一起，真正美极了。它出现在我国最早的一部物候学著作《夏小正》中："三月……拂桐芭。"原意是指桐树开花了。可你分明感受到丝丝春风，正从这三个字中吹拂过来，一簇一簇的桐花，在和煦的春风中缓缓绽开，轻歌曼舞。我常常要惊叹且羡慕古人，他们对自然的那份敏感、懂得和敬畏，是嵌入到生命的每一个缝隙中的，春分候海棠、梨花、木兰，清明候桐花、麦花、柳花，他们让每一个寻常的日子，都充满期待，渗透着草木清香。

桐花美。花开时，几乎照不见一片叶子，满树一嘟噜一嘟噜的全是花，像半空中炸开了一堆烟花，酣畅淋漓，飞流直泻。一般紫色居多，也有白色的。它的树体又高又直，树冠披散，本身就非常俊美。再扛着一头一身紫色的花，是怎样的一种景观？真的叫人惊叹得很的。历来的文人们，对桐花也赋予深情，李商隐曾写过这样的诗句："桐花万里丹山路，雏凤清于老凤声。"万里丹山路上都开着桐花，这等气势，也只有桐花撑得住。陆游的桐花，是他无意中邂逅到的："纤纤女手桑叶绿，漠漠客舍桐花春。"当时，他正滞留在去临川的途中，因春水暴涨，深溪上的桥被冲垮，他过不去了，心情惆怅得很。这时候，却突然瞥见满满盛开的桐花，遮住他入住的客房。他惆怅的心绪，得到一丝抚慰。明代有个叫黄姬水的书法家，对桐花也十分痴迷。有一年，桐花开时，他携了酒进山赏花，与花对饮，不知不觉竟醉卧山石上。等他醒来，哇，太阳已经下山了，一帘月色，正笼罩着一树树桐花：

山中长日卧烟霞，车马无尘静不哗。

石上酒醒天已暮，一帘月色覆桐华。

彼时彼刻，是何等的静美！唯有月色与桐花与他，素心花对素心人。

我原先所在的校园，教学楼后，也有桐树两棵。四月里，我在教室里上课，稍稍一扭头，就能看到窗外累累的桐花，都高过三层楼了。淡紫粉白的花朵，又多又大，如垂挂着的铃铛，紫风拂拂，响声丁零。我望着发愣，笑。孩子们看着我，

196

跟着笑。我停下课，对孩子们说，来，我们一起看看桐花吧。孩子们就都拥到窗口，似乎是第一次看见桐花，他们惊奇地叫，原来泡桐也开花啊。我后来搬离了那个校园，再也没见过那两棵桐树。听说校园经过一番改造，原先的花草树木大多被移走了。很可惜呢，那么多我熟悉的草木，再也无法相见了。

我的乡下，泡桐也是常见的树种。它易长，几年的工夫，就能长得又粗又高了。但它木质疏松，做不得上等木材，吾乡人对它，不大看得上眼的，他们说，哎呀，泡桐嘛，容易裂缝呀，容易变形呀，不好不好。只拿它做做衣橱里的隔板什么的。然不知何故，每家还是会长几棵，在屋前。冬天结花蕾，春天开花，每一场花开它都不懈怠，勤勤恳恳地准备着，轰轰烈烈地盛开着。吾乡人却不在意，树长在那儿，花开在那儿，由着它们自己生长吧，彼此交融，浑然不觉。

桐花落，不是一瓣一瓣飘落，而是大朵大朵，甚至是一撮一撮的，甚是惊人。风吹，地上的落花，泛起紫色的波涛。没人觉得伤感。伤感什么呢，地里的麦穗饱满起来，青蚕豆可以吃了，桑蚕也快结茧了。

所谓拥有

草有草的活法，树有树的活法，它们从不纠结要成为谁谁谁，它们只做着自己就很美好了。

一

我越来越懒了，越来越无所事事，虚度光阴。偏偏的，还独个儿沉于其中，自我感觉挺良好的。

我远离着喧嚣远离着人头攒动，只关心鸟鸣、花开、草长、水流。人迹罕至的地方，有长椅寂静，没人坐上面，草就爬上去玩，并私作主张，在上面开起了花。长椅的脚跟边，也有小草小花绕着，和它促膝谈心。你根本不能够了解，我撞见的刹那，心中涌起多大的震动与欢喜。天地间最有怜悯心的，该是

198

这些草啊，它们尽量让每一个被冷落的事物，都得到安慰。

我每天，把很多的时光，消磨在这些事物上。出门即山水——我这么写，是我夸张了。我的城没有山，可水是真的好，水横着淌，竖着流，要命的是，水边总是不缺花草去照拂。像眼下吧，就有无数的蔷薇花，临水而照。

怎么说蔷薇花好呢？没什么好说的，就是看见它，笑容不由得要浮上脸来，就像遇见一个可以百般怜爱的小儿女。细皮嫩肉着，却不娇贵，墙头上趴得，栅栏上攀得，桥栏上悬得……反正，人家活泼坚韧着呢，非常的亲民。

一个城，是蔷薇花的城，是满铺着新绿的城。我感叹，我们多像住在童话的森林里啊。我是多么爱我脚下的这块土地，每天徜徉其中，恰如一个不经世事的孩童，任由着自己的想象信马由缰。这个时候，我的脑中会铺开一张纸，我提笔唰唰唰在上面写：每一朵花都装着风火轮。是啊，我在写童话，那是我早年的梦想。

我不知道会写出什么来，写到哪儿是哪儿吧。就像我这些年的写作，从没想过要写得怎样惊天动地，要写得怎样字字珠玑，只是随着本性而已。我也从不替自己担忧能走多远或能走多久，走着就是了。亦如大自然中的草木，草有草的活法，树有树的活法，它们从不纠结要成为谁谁谁，它们只做着自己就很美好了。

二

　　牙疼连带半边头疼，嘴巴肿得张不开来，我的半张脸肿得有平常两个大。这时，人生所有的愿望都变得小小的，小得只剩下那么一点儿：要是脸消肿了，我能大口呼吸大声歌唱，我就是天底下最幸福的人了。

　　你看，人生要拥有的，其实没有那么多。眼睛明亮的时候，就多看看吧。

　　合欢花开得多好啊，如一朵一朵绯红的云，落在枝头；

　　广玉兰的花，则像一只只养尊处优的大白鸽，趴在树上；

　　紫薇开始描眉画唇了，它的心事最细碎，一箩筐也装不完，总要说到秋天才作罢；

　　赏荷正当时。最好是微雨后去赏，更有意趣。彼时，叶上滚珠，花朵上含玉，经雨水烹饪出的清香，也会徐徐散发出来。我的脑中会不由自主蹦出苏轼写的"微雨过，小荷翻。榴花开欲然。玉盆纤手弄清泉。琼珠碎却圆"。太玲珑了！雨玲珑，花玲珑，人玲珑，心事玲珑。花若少了人来凑趣，到底是件很寂寞的事。

　　耳朵清明的时候，就多听听吧。这个世界的声音多丰富啊，比如眼下的夏天，有虫鸣，有蛙叫。还有那么多的鸟。鸟是最出色的歌唱家，随便一张口，就是一段曼妙。风呢，最擅长鼓捣乐器了，它也是最讲音律节奏的，不同的物体上，会奏出不

200

同的旋律。听不尽。

嗅觉灵敏的时候，就多闻闻吧。花草的气息，月色与露珠的味道，都堪称绝味……

总之呢，你要多多唤醒你的眼睛、耳朵和鼻子，这才真的做到善待自己。也才能真的体味到，每一场日升日落里，都是珍重。

三

带父母去海边看看。

假期里，海边景区人多为患。我们避开人群，沿海边大道一路走下去，两边的银杏成林，两边的杉树成林，两边的槐树成林，车子行走在林荫大道上，像行走在碧绿的湖水里。

我爸我妈的眼睛一直盯着窗外，惊讶地叹，呀，这么多的树啊，多绿啊。

我爸已彻底不能行走了，每走一步都得靠人搀扶着才行。所幸的是，他头脑清醒，眼睛明亮。

我问他，爸，今天一天过得可好？

他高兴地答，怎么不好？太好了，看到这么多的树啊，真绿啊。

遇到成片的槐树，我们把车停下来，把我爸从车里搀出来，不远处就是无边的大海，可望见渔船行驶在上面。我们让他坐那儿，吹吹海风，看看海，看看槐花。我们几个跑去摘槐花，告诉我爸，要带回家做槐花饼吃。采摘的场景多欢快，足够我爸在以后的日子里回忆一把了。人生最后的时光里，唯剩回忆是最好的支撑，它能瓦解很多寂寞很多不堪。我要争取多给我爸几笔这样的回忆，同时，也是我的回忆。

有进港的船驶进港了，我妈跑去看，像稀奇的孩童，哪儿哪儿她都好奇。她独自看了好久，直到我们叫，要回去啦。她才恋恋不舍、满脸含笑、意犹未尽地走了回来，问她，妈，你看到什么了？她答两个字，好玩。

活到八十，还有颗童心，这是最难能可贵的。我妈今年，刚好八十。

四

胳膊疼得无处安放，去看医生。医生见多不怪，笑曰，这是五十肩，很多人到了这个年纪，都会犯的。

被这个可爱的名字撩到。五十肩？多贴切多饱满啊。这肩，担负了半辈子的酸甜苦辣，也该累了。我不能怪它，它简直疼得理所当然嘛。

我在医生那儿待了前后不过一小时，就见到几拨病人。有手臂动过手术，疼得龇牙咧嘴的；有中风过后，勉强能站立走动了，上臂却动不了，吞咽食物困难的；有坐着轮椅，根本无法站立的……

不进医院，你永远不知道自己有多幸运。痛苦的前头，永远有更大的痛苦。你遭受的，永远不是最大的那个。

花开在野

花草们的世界里，没有谁比谁更高贵，也没有谁比谁更卑微。

我很喜欢到野外去，走着走着，就与花草们相遇了。

我很喜欢那种相遇的感觉，我看着它们，它们也看着我，如同初初相见，满满都是激动的喜悦。

花草们的相处模式，真叫我羡慕。泽漆可以跑到毛茛家里做客。宝盖草会跟蒲公英挤在一张床上。桔梗和野牵牛勾肩搭背，亲密无间。野豌豆罩着阿拉伯婆婆纳——它那么纤细，竟也有着侠义心肠。桃花在桃树枝上开着，油菜花在桃树底下开着，茅草在河岸边扎根，旋覆花跑过来撒欢。

花草们的世界里，没有谁比谁更高贵，也没有谁比谁更卑微。生而平等——人类为此奋斗了几千年，至今还在奋斗着，花草们却轻易就做到了。

我很容易就被一朵花俘虏。比如，一朵紫花地丁。比如，一朵蒲儿根。比如，一朵茑萝或芍药。它们怎么会那么美，美得像一朵被霞光映照着的云。美得像太阳，像月亮，像星星，像一串蹦跳的音符。

我从不敢轻视任何一朵花，它们各有各的本事。"泉瀑涓涓净，山花霭霭飞"，花也是有翅膀的哎，否则，怎么会跑到那深山幽谷里去？怎么会飞上悬崖峭壁？在峭壁的石缝里，它也能活得怡然自得，一派天真。

一块建筑物的废墟上，冒出了无数的野芫荽，淡紫色的小花，盘在一起，盘成一只只精致的花碟子，装得下清风，装得下春雨，装得下日月星辰，装得下任何目光的审视。我端详着那些花，惊叹着生命的神奇和美妙。此生所遇到的人和事，并不比一朵花教会我的更多。一朵花，它隐藏在大地腹部，隐藏在某颗种子里，经历了怎样的黑暗和等待，才拥有这样的颜色、气味和姿态？一朵花的盛开，就像一个传说。

有时，一想到我竟与一朵花相处了一整个下午，它慷慨招待我以好颜色好味道，我就万分感激。我会想到一些美好的事情，云朵安详，清风温柔，从前人的笑脸，似乎到了眼前。我重新捡拾起生命里的天真、喜悦和粲然，人间值得。

江南小记

等一等，熬一熬，好运会来的。

一

到江南，在一个叫花桥的小镇住下来。

站二十一层楼的窗口，视线落下，便可观满眼的青翠葱茏。侧耳，也可听鸟鸣声声。这幢楼的拐角处，有两丛木槿，开紫粉的花。楼前花坛里，有几棵铁树，开金黄的花。还有黄秋英，开艳黄的花。还有紫娇花，开紫色的花。还有波斯菊，开五颜六色的花。此外，有橘子树，有紫薇、玉兰树、樟树、枫树等树木。对我来说，有这些在，够了。

每日散步的路径都有所不同，昨日向东走的，今日就向西走。这方小天地我是初相见，每一份遇见，也便带着很大的意外和惊喜了。遇到我不认识的花或草，遇到猫或狗，遇到清澈的小河和小池塘，我都怀着兴奋，珍重地打声招呼。

林中空地，一个穿红裙的小女孩快乐地惊叫着，蹲下小身子，指着草地上爬着的一只小虫子。这是她发现的，她为这个伟大发现而激动不已。两个小男孩应声跑过去，三只小脑袋凑到一起了，叽叽喳喳对着地上的虫子指指点点。

我也很想凑过去，与他们一同，观看地上那只爬动的虫子。但我瞬即打消了这个念头，那样做，肯定会打搅到他们。还是这样最好，他们看虫子，我看他们，都看得兴趣盎然的。

二

想去古镇看看，抬脚便去。

花桥周边多古镇。周庄看完了，去锦溪。锦溪看完了，去千灯。千灯看完了，准备去南翔。西塘、甪直、朱家角、同里、沙溪等古镇也都离得不远，慢慢走，慢慢看吧。

不带任何目的，不带任何梦想，只是单纯地去走走，去看看。这样的行走，真的轻松愉悦。

有时我会停在一座桥上。偶尔有船只，摇进一蓬碧绿里。那蓬绿，是岸上的树，弯到河面上了。

有时我会停在河边，望对岸的白墙黛瓦。白墙的白水泥斑驳得很了，露出里面的红砖。绿苔密布墙围。屋顶上有野草在谈天说地。我知道，这房子应该有很多年很多年了。但我并不想深究里面的故事，一点也不想。只是那样看着，像欣赏一幅画般地看着，就很好了。

　　我也会痴痴对着弯到水边的一丛红蓼看上半天。它弯向水面的样子，很像浣衣的女子哎。

　　青石板的巷道走一走吧，两边的店铺有的开着，有的关着，因疫情的缘故，萧条得很了。但总有几家是热气腾腾的，芡实糕、桂花糕、红豆糕、芝麻糕，香喷喷的糕啊。江南人真是做糕点的能手呢。

　　我买几只糕点尝尝。不管世事怎么变幻如何艰难，只要还有甜点可吃，日子也就没那么苦了。等一等，熬一熬，好运会来的。

楝花临水荜门开

现在没有荜门了，只有高楼，我隐隐的，竟有些惆怅了。

我十岁那年，我家搬了一次家，搬到一棵高大的苦楝树旁。那是一个土墩子，墩子上只长了一棵苦楝树，是无主的自然生长的那种。村干部当时大手一挥，对我爸说，既然你们家搬来了，这棵树就是你们家的了。我爸竭力忍住溢出嘴角的笑，说，这哪成呢？村干部却不在意地再次挥一挥手，没事没事，反正是棵野树。然后背着手走了。我爷爷在旁边栽上竹子，后来蔚蔚成一片竹园，这棵树便成了我家竹园里的统帅，又高又粗地矗立在那儿。有一回，我偷听到我爸和我妈的谈话，我爸说，这棵楝树至少有三十年了，没想到村里没收钱，白送给了我们，以后留着给两个丫头打嫁妆。

我大大的欢喜起来，这是给我和我姐做嫁妆的树啊。我对它的感情，就非同一般起来。乡下这类的树也是常见，在河边

209

呀,在沟旁呀,在人家屋后呀,都会遇见一两棵。可它们不是我的树。我在树干上刻上我的名字,心里藏着一个秘密了。

我是长大后才知道它的大名叫"苦楝"。吾乡人大概不喜欢那个"苦"字,尤其让一棵树背上"苦"字,怎么也过意不去,所以直接叫它"楝树"。它比槐树好,枝干上没有刺,我们小孩子爬树玩,都拣楝树爬。噌噌噌就上去了,骑坐在高高的树丫间,俯仰一个世界啊,真威风。我跟哪个小伙伴要好,我才会允他来爬我家的这一棵。我家的这一棵比别处长着的都要好,它真是又高大又俊美,蓬蓬勃勃的树冠,像把巨伞,撑开在竹园上空。

暮春时节,一树楝花开,香喷喷的,空气中满是它的味道。那个时候,桃花落了,梨花落了,菜花落了,桐花落了,它却鼎盛起来。淡紫色的小花,像孩子们玩的小风车似的,一撮撮在树上旋转,密集得都看不见它的叶子了。衬着下面那些绿竹子,真是很美很美的。隔一段距离看,树顶上像聚集着一捧捧淡紫的烟雾。却没有多少观众,除了那些好热闹的鸟雀对着它欢呼外,还有我,时不时地仰了头看它。因为它是我的树。

一夜风吹,打落下许多楝花,竹园里的地上全是,碎碎的。我跑去捡,捡了许多许多。我奶奶说,你没事做,捡楝树花做什么呀。我也不知道我捡了做什么,只是喜欢着。那花真是秀气可爱,花瓣其实是白的,晕着浅浅的紫,五瓣儿,裂开。花蕊的紫色却极深,像一条紫色的毛毛虫,从花心里爬出来。

210

秋天，苦楝树的果子掉落一地。结结实实的小圆果子，金黄色，跟弹丸似的，闻起来一股子的苦味，大概这是叫它"苦楝树"的缘故。我们小孩子在口袋里装满了，遇到什么打什么。有时互掷着玩，被结结实实打一下，真是疼。男孩子用它做天然的弹丸，拉起弹弓，对准树上的鸟，"啪"一下射出去，惊得树上的鸟四下飞散。

　　我家的那棵苦楝树，后来被我爸伐了。至于做什么用了，我是说不清的了，反正没给我做嫁妆。我结婚时，早就不用那些老式的嫁妆了。暮春时，我走过老城区，在一条河边，看到了一树楝花，倚在河畔开着。我停在那儿，百转千回地看着，"楝花临水荜门开"，我想到明代文人范沨写的诗句。现在没有荜门了，只有高楼，我隐隐的，竟有些惆怅了。迎面吹来的风，却好得很，是最宜人的楝花风。它再吹上一吹，夏天也就来了。

南有乔木

万物原都是有灵魂有声音的。

我从西双版纳回来后，有好长一段时间都不适应，神思一直恍惚着，耳畔总响着榕树叶子掉落的声音。

那是棵高山榕，就长在我住的屋子的对面。好像是从巨人国里走出来的，身躯健硕，高不可仰。有风时，它掉叶子。无风时，它也掉叶子。整出的动静是大的，有时是哗啦啦的，有时是咔嚓咔嚓的，有时是簌簌簌的。我初入住到山上时，夜里躺床上，老疑心门前有人走动。起床查看，才知是榕树在掉叶子。

辛丑年的冬天，我一为躲避北方的严寒，二为给自己一段清宁，跑到西双版纳的一座山上住下。那里无丝竹之乱耳，无人声之劳神，人自在得如同山上的一棵树、一株草、一朵花、一只鸟、一芥虫子。

午后，我常常坐在阳台上，面朝着这棵高山榕，翻着一本书。书哪里看得进去呢？比脚掌还大的榕树叶子一直在掉落，哗啦啦，咔嚓咔嚓，簌簌簌，有时还会换成沙沙沙，天然谱成的乐曲啊。我想着，若时光的移动也有声音的话，差不多也是这样的声音吧。我浸泡在这样的声音里，身体和情绪都是懒懒的，有时能听上一下午，耳朵都听醉了。

在山上，我有幸启开了我的听觉之门，无意中走进声音的旷野和浩瀚中，相遇到朵朵声音之美，绝不亚于你的眼睛所见到的赤橙黄绿姹紫嫣红。

风走过榕树，和风走过鸭掌木、狐尾椰、美丽异木棉、王棕的声音是不一样的；

风走过一朵扶桑，和风走过一丛红粉扑花、几簇蓝花草的声音是不一样的；

风走过旅人蕉，和风走过蝎尾蕉、夜来香、三角梅的声音是不一样的。

在那里，一座山就是一个独立王国，所有的臣民都安居乐业着，歌舞升平。风走到那里，就如同走进一座摆满乐器的宝库里了，随便一弹，都是一首大曲，随即会引来千万声的应和。每一个生命体的身上，都挂满音符，我能在静里头感受到这一点。住在基诺山的基诺族人说，神灵无处不在。他们相信山有山神。水有水神。地有地神。火有火神。太阳有太阳神。月亮有月亮神。每个屋子里，又都住着家神。我深以为然，万物原都是有灵魂有声音的。星夜下，我甚至能听到叶子的呼吸、花朵的呼吸、露水的呼吸、薄雾的呼吸，轻微的、鲜活的。更有那草虫的低吟、小鸟的轻呢、松鼠的私语、蛙的美声唱腔，各有各的趣儿，均是妙不可言的。对的，你没听错，是蛙叫。拐过一个山角，蛙就伏在一蓬怒放的三角梅下，呱咕呱咕地敲着战鼓。在那里，四季是模糊着的，林木、草虫、松鼠和蛙们，好像都没有冬眠的习惯。

斑姬啄木鸟弄出的声响最是生动，笃、笃、笃，笃、笃、笃……像敲着一节竹筒，没完没了地敲，跟小和尚在念经似的。它一敲起来，满山就只闻它的声音了。这个时候，你仿佛听到一座山的心跳，笃、笃、笃，笃、笃、笃，相当有节奏感。这小家伙警惕性高，藏身隐蔽，好隐于高高的树杪间，人往往只闻其声，不见其影。它有时也会跑到我对面的高山榕上，笃、笃、笃，笃、笃、笃，很勤勉地敲击着。据说它每敲击一下，就能捉住一只害虫。它对外部声音极其敏感，一旦发现于它不利的"敌情"，它立即停止敲击，迅速逃离。

一日，我又听到对面的高山榕上传出敲竹筒的声音，赶紧搬出相机，掩藏于窗后，轻轻把窗子拉开一条缝，仰头，把相机镜头拉到最大，对准榕树的树冠，一通搜寻。啊哈，它终于在我的屏幕上现身了！我这才得见它的真容。它可真是只漂亮的小小鸟，不过婴儿拳头大小，头顶缀一撮橙红，跟戴着一顶小帽子似的。背上覆着橄榄绿，两翅是褐色的，翅膀边缘染着黄绿色，尾巴上镶一圈黄白。这打扮真是异类又风情，好像要去参加万圣节。后来，每当这只小可爱降临到我对面那棵高山榕上的时候，我都觉得自己像中了大奖，什么也做不成了，傻乎乎站窗子后面谛听（阳台我是不敢待了，我怕影响到它）。有它在的每一寸时光，都跳动得很欢快。无数日常之中，我们惯于以视觉为主，以眼见之美为美，闭塞了听觉之门，把多少美妙之音关闭在门外啊。我们的耳朵，积满俗世的尘埃，在一浪一浪的灯红酒绿中，迷失掉听觉。世界其实也是被声音管理着统治着的。天地有大美，声音是大美的一部分。

如果逢着下雨，那一座山简直就跟过节一样，到处澎湃着兴奋的欢呼，你终于体会到什么叫"山呼"了。夜里，我被这样的"山呼"惊醒过，听到对面的高山榕上，像架起几十台架子鼓，咣当咣当敲着。又兼着雨打在一棵鸭掌木上、两棵凤凰木上、五棵腊肠树上、几簇蓝花草上，还有屋顶的瓦片上、屋后的一丛佛肚竹、一棵蓝楹树和几棵羊蹄甲上，高音中音低音混合音都有了，热热闹闹一场大型演奏会啊。我睡在暗里头听着，感觉自己是乘坐在一艘船上，绿色的波浪一堆一堆涌过来，拍击着船舷，发出高高低低愉悦的声响。我想到韦庄的"画船听雨眠"了，我这是"枕山听雨眠"啊，人生之幸福事件中，这算得上是上好的一件了。

高山榕头顶上的天空，大多数时候湛蓝得很过分，跟羊卓雍措的湖水一般的蓝。看着这样的天空，我总不免联想到青藏高原上的羊卓雍措，我怀疑就是那里的湖水，奔涌到这里的天上来了。而每一朵飘过来的云，都如同天山上的雪莲一般的白。

真得说说南方的云。那里的云，没有一朵是单薄的、郁郁寡欢的。它们丰满、健康、活泼，总是成群结队的，追逐着，奔跑着，陶然忘机，乐尽天真。我有时在山上散着步，偶一抬头，不得了了，一天空肆意游荡的云，仿佛放养了千万头的羊。山顶上，长着一棵高大的火焰木。云朵们冲着它而去，像驾着一艘白色的帆船，腾起一股白色的细浪。至于火焰木，我也是到了这座山上，才真正结识它的。这话说得其实不太准确，我从红河州一路行来，路边就多此树，长得又高大又健壮，举着一束束火把似的红花朵，站在公路两旁夺人眼球。我迷惑了一路，这到底是啥花呢？恨不得跳下车去问个究竟。入住到山上后，我在山顶上看到它，真是又惊又喜。我终于得知它的名字，火焰木。这名字叫得多体贴，它果真很像火焰，花朵雄踞枝叶顶端，橙红橙红的，恰如一簇簇熊熊燃烧的炉火。像旗帜。像口号。如果它喊口号，会喊什么？我想，它一定会这么喊：燃烧吧，火焰！

冬天山上开花的树不多，除了这棵火焰木，就只有几棵羊蹄甲和柚子树了。它完全能称王称霸了。很快，云朵们驾起的"白色帆船"，到达它的头顶上了。我的眼睛不敢置信地瞪大，再瞪大。我不敢发出声响，我怕惊着了那一幕。那艳艳的红，映着那清清白白的白，两厢都把真心彻底交付，红的更红了，白的更白了，绚美得就像一个绝境。你想着，即便那是深渊，你也无法抗拒要纵身一跃。我真想截下那艘"白色帆船"，再借红花朵一朵两朵，约上三五好友，划着它，往山的更深处去。南北朝的陶虹景中年后看破红尘，隐居山中修道，每日里只与清风和白云为伍，日子过得很是逍遥。当他接到齐高帝邀他出山的诏书后，客客气气写了一诗回复："山中何所有，岭上多白云。只可自怡悦，不堪持赠君。"在他，俗世的功名利禄，远抵不过一朵白云。闲闲淡淡之中，隐着他的富贵气象。那气象，是山中白云所滋养出来的。齐高帝不傻，哪里听不出他的弦外之音？可也只能笑笑，一点埋怨也不能有的。我却实打实地可惜着，山上这么多这么好的白云啊，只能我一人独享了，没办法赠予谁。

当白云朵飘来我对面高山榕上的时候，便如同天降祥瑞。一树深广茂密的绿，变得更绿了。不用说，白云朵在树顶上待多久，我就看多久。看得心软塌塌，想对所有的事物温柔，想对所有的人温柔，哪怕曾用恶语恶行伤害过我的人，我也能原谅他了。

季节在别处已是深冬，在那座山上，是没有冬天的，每天平均气温都在二十度左右。高山榕却为了应和季节，努力摆出一个姿态，做出一点改朝换代的事情，它舍掉一批叶子，再舍掉一批叶子。好奇怪的，它这么拼命地掉着叶子，看上去，依然是广阔蓊郁的，不见一点萧索。答案要在它身上找，它是一边掉叶子，一边长叶子的。四季常绿，这是它的本事。

也不是所有榕树都是四季常绿的。我在山上还遇到别的榕树，有我知道名字的，像木瓜榕和黄葛榕。也有我苦寻不到名字的。问当地人，他们肯定地说，这是榕树。当然是榕树，它具备着榕树最显著的特征，气生根。它从树冠上垂下好多条气根，这些气根相互勾结，重又缠上树干，使得树干看上去遒劲苍然，古意森森。它长在接近山顶的一条路旁，我散步，每每从它身边走过，总要多看它两眼。有时，我也会特地跑去看它。我看见过比小鸟大不了多少的小松鼠，在它的枝头蹦跳。我也看见比蝴蝶大不了多少的小鸟，站在它的树顶上啁啾。月夜里，我出门看月亮，突然想看看它在月下的样子。然后远远地，我就看到一个很奇幻的景象，黛青色的夜幕下，它苍劲拙朴的枝条，宛如手臂，把一个大月亮抱在怀里。

它的叶子掉落得很快，前后不足一星期，满树的叶子，就掉得光光的。新叶的萌生也很快，许是在它决定掉叶子的时候，它生长的接力棒，就已交给新叶了。也只两三天的工夫，它便又萌生出一树的新芽。嫩叶芽稍稍卷着，像刚钻出土的小竹笋，泛着溪水般的浅绿和浅褐。

上午的阳光照耀着它，它的每片嫩叶芽，都呈透明状态，里面游走着一丝丝金线。仿佛它的血液是金色的。我望着那些发光的"小金片"，陷入沉思，原来，每片叶子的身体里，都藏着金子的。光，是一个发现者。那么，我们每一个人的身体里，是否也藏着金子呢？当光照着他，穿透他，他的灵魂，也会闪闪发光的吧。

几个当地傣族人簇在树下，朝树上仰着头，热切地说着话。树丫上已攀爬着一瘦小的妇人，肩挎一布包，忙着采摘嫩叶芽。她手脚灵活，蹲高爬低的，很是敏捷，看来她这一生中，没少上过树。那些高高的椰子树上，结着的椰子要采。那些粗壮的菠萝蜜树上，结着的累累的菠萝蜜要采。那些木瓜榕上，结着的木瓜榕要采。她还要采酸角，采腊肠果，采杨桃，采莲雾，哪一样不要爬上树去？她还要采了酸苞菜的嫩芽煲汤，采了羊蹄甲的花入馔。滇石梓的花是绝不能放过的呀，树那么高，一树香花黄澄澄地在树上招摇。泼水节的美食毫糯索里，是不能少了它的。加了它的毫糯索，不单色泽诱人香气扑鼻，高温下，还能存放好多天不坏。他们叫它"香花树"。一树开花，百家争着来采。

这日，我得知了这种榕树叶芽的吃法，可以炒着吃，可以凉拌着吃，也可以煨汤吃。他们送我一枚嫩叶芽，让我放嘴里嚼嚼看。能生吃的呀。他们说。我真的放嘴里了，味道有点苦，有点酸。他们见我皱着眉头，一齐哈哈笑了，有点苦吧？就是吃的这苦味呀，好吃！我知他们说的都是真的。我曾到过傣族人家做客，桌上有一半菜肴都是山上挖的野菜、树上采的嫩叶，主人家洗洗就端上桌了。吃的时候，蘸上他们自制的"喃咪"（相当于汉族人的酱。有酸的，有辣的）就好了。我吃不来，可傣族人却甘之如饴。特殊的气候和地理环境，加上山地多耕地少，使得他们熟知身边每样自然草木的习性，哪种可以解饥，哪种可以治病，哪种有毒，哪种甘甜，他们门儿清，以此度过悠悠岁月。

他们知道的自然秘密，远比别的人要多得多。

第五辑
沾得人间一捧色

花开正当时，一片浩荡的
黄。天上的月亮，也被染
成了一个黄月亮了。

沾得人间一捧色

万物理应相亲相爱，这才是世界本来的样子。

水　仙

　　买水仙，我不喜欢买培育好了的，而喜欢买下它的种球。这个时候，根本看不出它天赋异禀什么的，它就是一寻常的球根，扔到一堆石蒜里面，绝对找不着。故有花贩拿石蒜来冒充它，我上过一次当。

　　把买来的水仙种球扔在水里吧，再给它一点光，它就着手盘算起未来的事，所列计划有条不紊：什么时候出芽，什么时候抽茎，什么时候长叶，什么时候打花苞，什么时候开花……它都安排得好好的，用不着你操一点点心。你要做的，就是不时跑过去欣赏欣赏。

它的生长，像极了胎儿成功地着陆于母亲的子宫中。一天天，你眼见着它的头长成，腿长成，手长成……终于，成完整人形。这是生命的趣处，从无到有，每一步都是神奇。

我欣赏着这个神奇，对我自己这条完整的生命，格外敬重起来。对我以外的生命，格外敬重起来。每一个生命的出现，都要历经这样的艰难跋涉，不容易。

它冒出小小的芽来。

它抽长出绿绿的茎和叶子来。

它亭亭起来，有了一棵植物的样子。

它开始有了小心思了，并且把小心思偷偷地藏起来，藏在一个小小的翡翠色的嫩苞苞里。

我像极一个眼看着自己的小女儿长大成人的老母亲，密切关注着它的一举一动，欣喜着，激动着，骄傲着。

终于，我的水仙恋爱了，它拼命积攒着它的热情，一刻不停地酿造着它的甜它的香。它要为爱奋不顾身。它要为爱勇往直前。

一个深夜，它把它的全部拥有都奉献出来，包括一颗爱的心——我的水仙花，盛开了。银台金盏，翠袖飘摇，空气喷香。

世界，因为一朵水仙花的盛开而有些不一样了。

结　香

晚上散步，我对那人说，多拐些路，我们去看结香吧。

二月里，春寒料峭，幸得有结香开。它在，湿冷的空气，才一寸一寸暖和起来。

你不用担心它不在家。不用担心会被它拒绝。不用担心不被它热情接待。它守在小城的通榆河畔，随时随地都在等着客人上门。不论你是贫贱的，还是富贵的。不论你是得意的，还是失意的，你若愿意叩响它的门扉，它必捧着大捧的浓香，跑着碎步来迎你。

它让你如贵宾，得到尊重和礼遇。

那人沉迷于它的香，露出他天真的孩子气的一面，他把头深深埋进一丛花里面，像一只贪婪的蜂。他很快抬起头，响亮地打了个喷嚏，说，啊呀，不能深吸，这香味太像烈酒了，受不了了。

我大笑。很喜欢这个时候的他。

我只能淡淡地浅嗅一下——结香花的味道，委实太浓烈了。它的手感也好，摸上去又细腻又柔软，太像质地精良的绒布了。

花的模样也可圈可点，远观，一团一团的金黄，如在金水里打过滚，耀眼夺目。近瞅，吓一跳，一朵大花上，竟缀着无数朵小花，跟些小酒盅似的。我去数，一朵上，竟数出六十三个"小酒盅"。这么多的"小酒盅"里，都盛着香，如何不醉人？

我挺高兴有人为它驻足的。我静等着人好奇地发问，这是什么花？我便忙忙答，这是结香呀，"打结"的"结"，"香味"的"香"。这么说了还意犹未尽，我又进一步解释，它的枝条很柔软，可打结许愿的。你看，我边说边示范，拉过它的一根枝条来，松松垮垮挽上一个结，瞧，就是这样的。我很愿意替它这么宣传看。

人听得又惊又喜，他们看结香的眼光如同恋爱。这偶遇的快乐，将成为他们平淡生活里，跳动的浪花吧。

六棵桃树

嫁接好的桃树，一棵，一棵，又一棵，站在屋旁的一块菜地里，像待售的幼崽。苗木的主人——一个中年男人信誓旦旦地说，我嫁接的果树，没有一棵不结果子的，全都是又大又甜的果子。

我信他，因为他眉宇间的憨厚和朴素。他种地为生，闲时培育一些果树卖，为人口碑不错，在附近几个村子里很有名。我回我妈家，看到屋后有块极大的空地，动了要栽上几棵桃树的心思。邻人知道，热心指点我，你到某村找谁谁谁，他家有

226

嫁接好了的桃树,好得很。

他卖的桃树苗也不贵,一棵十块钱,随便我挑。

我高高兴兴地挑了六棵,在我妈的屋后栽上。那儿傍河,河边还有柳树,还有燕子和小麻雀,不远处的油菜花也已经开始开了。我的思绪里荡过一片绯红,六棵桃树灼灼其华的样子,仿佛就在眼前了。

我给它们分别起了名字,按个子大小,叫"一桃""二桃""三桃"……一直叫到"六桃"。我跟我妈说,妈,瞧你多了六个女儿了,你得帮我好好照顾好它们。

这几年,我爸近乎瘫痪,我妈一个人门里门外照应着,着实辛苦,她少有开颜的时候。听了我的话,她脸上终于露出了笑容,绯红的,恰如桃花映在脸上。她看着六棵桃树,目光温柔,闪着希冀的光,她说,明年你们回家来,家里的桃子,肯定多得吃不掉了。

月下的油菜花

四月的一个夜晚,我投宿扬州江都。同行者有我家那人、诗人吴,以及他的夫人。

等我们在酒店放下行李收拾妥当,已是晚上八九点了。我见天上的月亮好得很,圆圆的一轮,明晃晃的,晃得人心旌摇荡，遂提议，看会儿月亮去？得到一致同意。

几个人出了酒店，才走不远，意外发现酒店旁边，竟是一块油菜花地。众人皆大喜过望，直扑过去。

花开正当时，一片浩荡的黄。天上的月亮，也被染成了一个黄月亮了。我们钻进油菜花丛中，油菜花的气息，满满地淹没了我们，感觉胸腔里，仿佛流淌着一条金色的河流，金色的鳞片熠熠闪耀，映得我们血管里的血，也成金色的闪亮的。每个人的身上，也都披上一件月光和菜花织染的袍子，朦朦胧胧，神奇得不像话。

我们一时都没有什么话要说，只静静站着。一片片油菜花，像是一匹匹黄色烈马，四蹄扬起，黄沙漫漫。我们的耳边，响着马蹄声声。夜却是格外的静了，世界沦陷在一片温柔的热烈里。

诗人是不能看到这种景象的。我扭头看向诗人吴，他正伸手抹眼睛。唉，太美了，叫人吃不消了，他叹息。

千朵万朵的油菜花似乎跟着叹息，唉。太美了。

一个世界，也跟着这样叹息。我们沦陷在巨大的美的忧伤中。

后来我每每想起那晚月下的油菜花，总要惊心动魄一回，为那样的美。继而，对这个人世间，又无比留恋起来。

薄　荷

初夏，我入手了几盆食用薄荷。

水养的。盆上有两根棉线系下，到盆里汲水。薄荷的根系跟着慢慢探入水中，一日一日，竟盘成鸟巢一样的一团，安居在水中。上面薄荷的茎叶翠绿清明，如果由着它长，它会出乎你意料地，长出妖娆之姿——茎有藤蔓之质，率性而为，曲曲弯弯，而翠绿的叶子上，自带皱纹线理。清风徐来，翩翩起舞，煞是可爱。

它的味道也实在是好，形容不出的好。我把它搁在窗口，一阵风来，满满薄荷的清凉，弥漫满了整个屋子。我称这风为"薄荷风"。

吹着薄荷风，实在忍不住馋，就掐下冒尖的几枚叶子，扔在正喝着的白开水里，一杯普普通通的白开水，立马有了雅致的成分，又养眼又养心。喝到嘴里，更是养舌养喉。

冰粉里也丢下几枚，冰粉的滋味就变得更可口了。用小勺挖一勺冰粉入口，若有似无的薄荷清凉，满嘴乱窜，你会油然生起一股爱的情绪，哦，太爱太爱这个夏天了！

薄荷不怕采摘，你越采摘，它长得越旺盛。掐去头的薄荷，很快又会冒出新的茎叶来。它不断地冒，你不断地掐，一整个夏天，你都有薄荷可吃。

吊兰和兰花

一张银色的"吊床",搭在我的吊兰和兰花之间。制作出这张"吊床"的主人——蜘蛛,已不知所终。它是位蜘蛛小姐,还是会蜘蛛先生呢?不知。它在我完全不知情的情况下,送我这份大礼,让我意外且惊喜。

我的吊兰生长旺盛。我的兰花生长得也旺盛。它们本是互不相干,各长各的叶,各开各的花。蜘蛛见了,私下里觉得可惜,两个美好的事物,不应该这么冷漠呀。于是,它跑来,热心地给它们牵线搭桥,一张银色的"吊床",成功地把吊兰和兰花的家连接起来了。

阳光从窗户外飘进来,在蜘蛛网上铺上薄软的一层。蜘蛛网看上去更像一张漂亮的吊床了。兰花在上面躺躺。吊兰在上面躺躺。它们有时候会并排躺着说说悄悄话的吧?这是个秘密,蜘蛛是知道的。它开开心心地,又跑到别处去,充当"红娘"或"和平大使"了。万物理应相亲相爱,这才是世界本来的样子。

春在溪头荠菜花

它在溪头，把春天一粒一粒收进囊中，再一粒一粒慢慢释放出来，那份细碎之美，无可替代。

我妈在屋门前摊了一地的绿蔬在晒。可能是晒得变了形了，又因我眼神不太好，真没看清是啥。我爸说，荠菜啊。你妈种得太多了，有些来不及挑去卖就老了，开了花了，你妈就晒了留给家里的羊吃。你不晓得，羊特别喜欢吃它。

我"扑哧"乐了，我说羊当然喜欢吃它。人都爱吃，羊怎么会不喜欢？

我替羊感到幸福，它们现在这小日子过的，都吃荠菜当饱了！我小时能吃上一回荠菜，是要欢呼雀跃的呢。那会儿，荠菜是绝对的野菜，从来都是野生野长的。沟旁的草窝里，它在。河畔的茅草丛中，它在。胡桑地里，它在。麦田里，它趴在地上，和麦子靠在一起取暖，得眼尖的孩子才会发现它。早春二月，别的草们还在做着冬梦呢，荠菜已萋萋。我们提着篮子到地里去寻它，那真是初春的一大景致呀，我们穿着红棉袄蓝棉裤子，好像花儿开在地里面。每回寻到一篮半篮荠菜，心里会乐得直冒泡泡。回家去，就有荠菜丸子吃了，就有荠菜烧豆腐尝了，就有荠菜羹喝了。讲究一些的人家，还会用它做馅包春卷，春天的好滋味，都在那一卷之中了。

荠菜一旦开花，立马失去它的价值，也没谁再为遇见它而心神激荡了。麦地里发现开了花的荠菜，是要当作野草清除掉的。沟旁的，河边的，碍不着庄稼的那一些，也就任它们在那里开着花。那些细碎的小花儿，很像白白的米粉撒落。单棵看去，并不显目，但若群居在一起，就很有些规模了。其时，菜花正燃烧着，麦苗正拔节着，它在菜花的鹅黄和麦苗的青绿反衬下，白如蔷雪。

早在《诗经》年代，人们就知荠菜好吃，"谁谓荼苦，其甘如荠"，他们如是说。人生好滋味，"甘"是排在第一位的。他们用"甘"字来说荠菜，可见得是把荠菜当无上美味的。后来的人们，延续着这种喜欢，甚至渐渐流传出"三月三，荠菜当灵丹"之说，把美食的价值，提升到药用价值上去了。食疗是一种最为甜蜜幸福的疗养方法，又食得美味，同时又能把身子调理好了，谁不愿意呢？史上不乏有为荠菜狂的文人佳话传下来，譬如苏东坡，春天的阡陌上一出现荠菜的影子，他就返老还童了，"时绕麦田求野荠"。譬如陆游，"日日思归饱蕨薇，春

232

来荠美忽忘归"，荠菜之美味，让他在春天里掉了魂了。

　　我颇羡慕那时候人的情怀，那是真的精细与浪漫。那时有节日叫"上巳日"，也就是三月三。这天，男男女女老老少少，都要出门踏青赏春，青年男女常借此互掷野花示爱，荠菜花成了其中使用频率最高的花。发展到宋朝时，男男女女头上皆时兴戴荠菜花了，"三春戴荠花，桃李羞繁华"，这怕是荠菜自己都没想到的事，它怎么就把桃李给比下去了呢？人们还采了荠菜花回家，搁在灯架上，防蚊虫飞蛾。李时珍称荠菜为"护生草"，自那以后，荠菜更是受到人们的追捧。只是那么多年，人们为什么一直没有对它进行驯化，把它变成家常的菜蔬呢？这恐怕得用"情怀"二字才能解释，人们情愿护住它的野性，以便在春天，借着寻它的由头，走进大自然里，做一回天真的自己。

　　这个春天，我到城外去看油菜花，邂逅到无数的野荠菜，它们站在小河边田埂旁，挺着颀长的身子，摇着雪粉儿似的花，在风中频频点头。这景象多像八九百年前辛弃疾眼中的啊，他走在广漠的野外，溪水边一捧捧荠菜花，盛开如雪，他发出由衷一声叹，"春在溪头荠菜花"。这一句直白的赞叹，胜过千言万语。你也可以换成别的花在溪头，比如油菜花，比如野菊花，可是都没有这荠菜花当主角来得动人。它在溪头，把春天一粒一粒收进囊中，再一粒一粒慢慢释放出来，那份细碎之美，无可替代。

踏莎行

天上有云朵在飘。地上有花草在摇。四野的风，吹着青绿。

每次看到这个词牌名，我总会莫名地生出欢喜，好似看到了春天，陌上花开，且缓缓归吧。

"缓缓"，是个极美极闲情的动作，生活的沉重暂不去管了，是情深还是情浅且不去问了。这个时候，所有的情绪，都让位于春天，只一心一意跟眼前事物缠绵：天上有云朵在飘。地上有花草在摇。四野的风，吹着青绿。

小径上，莎草繁茂，每走一步，都落在清新嫩绿的莎草上。脚底的温柔，如同有小手指在抚。就这样缓缓地、缓缓地走着，不定走向哪里，这个时候，只做着自己。像一棵自由生长的莎草。像一朵高兴开成什么样子，就开成什么样子的小野花。

这样的踏莎行，是轻松的，愉悦的。唐代诗人陈羽写过一首《过栎阳山溪》：

众草穿沙芳色齐，踏莎行草过春溪。

闲云相引上山去，人到山头云却低。

诗中的他，就是这么轻松愉悦地踏莎而行的。我每回读到，都心动得不行，恨不得穿越过去，陪他踏莎而行，一路上什么话也不要说，只静静地跟着一朵云走，走上山吧。

日月晃了几晃，再晃了几晃，一百六十多个春天过去了，历史已翻过一页，翻到大宋。宰相寇准于春天的溪边，和一群人赏春饮酒，吟诗唱和，眼前青青的莎草，让他想到了陈羽的"踏莎行草过春溪"，心里好像有块地方，被温柔的手指，碰触了一下，他当即挥毫写下一阕词：

春色将阑，莺声渐老，红英落尽青梅小。画堂人静雨蒙蒙，屏山半掩余香袅。

密约沉沉，离情杳杳，菱花尘满慵将照。倚楼无语欲销魂，长空黯淡连芳草。

词是相当应景的，伤春怀旧的美人呼之欲出，自然赢得叫好声一片。寇准乘兴为这首词谱了曲，命乐工弹奏。乐工问其曲名是什么。寇准脱口而出，《踏莎行》。

后来的词家，都爱拿这曲调来填词，或伤景，或伤情，多了不少的感伤与感怀，与原先的轻松愉悦，渐行渐远。

香花呀

我看不清花朵的模样，只见到两树的橙黄。

两个傣族姑娘在草地上捡着什么，顶着下午三四点的大太阳。这事儿发生在西双版纳傣族南药园内。

她们的近旁有两棵树。树很高大，枝条上看不见一枚叶子，却密缀着一些花朵。因离得稍远，且树又十分的高，我看不清花朵的模样，只见到两树的橙黄。风若有似无，忽儿轻轻一拂，树上掉下几朵花来，摔在草地上，轻不可闻地"哎哟"了一声。两个姑娘追着去捡。我这下看明白了，她们是在捡落花。

"请问，你们捡这些花是做什么用的？"我好奇地跑过去，问。

"做粑粑吃啊。"她们答。一边仰头等风来。风一来，树上就会落下几朵花。

她们已捡了不少，带来的布袋子装一半了。花朵呈二唇裂，

236

上唇两浅裂，橙黄打底，边缘染着菜花黄。下唇三裂，左右裂片跟上唇色泽一样，中间裂片长而大，遍布菜花黄。花萼钟状。整朵花看上去挺秀气挺别致的。

"这个真能吃？"我问。

"真能吃啊，我们从小就吃。我们做粑粑都要用它的。"

"它叫什么名字？"

"香花呀。"她们脱口而出。为了证实她们所说不虚，她们拿一朵花递给我，"你闻，很香的。"

我凑近了闻，果真有一股清幽幽的香气。

"那么，这两棵树是不是就叫'香花树'？"我仰头看树。

"是啊，我们都这么叫。"

"它有没有别的名字？"

"不知道，我们只知道它叫'香花'。我们村子里的人都这么叫它。我们傣族人泼水节做粑粑都要用它。"

"好吧，它叫'香花'。那怎么用它做粑粑呢？"

"这个呀，可麻烦了，我们不会做，我们捡了带回去给家里老人做。"一个姑娘说。

"要先把它洗干净了，晒干了，再磨成粉。然后，把它掺进糯米粉里，糯米粉会变得黄黄的，好看着呢。再用蕉叶包，不是普通的蕉叶啦，是我们那儿产的蕉叶，必须用我们那儿产的才行。把掺好的糯米粉，用蕉叶包好。这个包可麻烦了，有时好几个人要包上一整天呢。包好的粑粑放在锅上蒸熟了，就能吃了。这种粑粑好吃，香，还经放，能放好些天不坏。我们傣族人叫它'毫糯索'。"另一个姑娘说。

"我们还用另一种黄花做粑粑的，那种黄花我们叫它'养饭花'，也一样的好吃。"先前的一个姑娘接上话。

"这种毫糯索街上可有得卖？"

"有啊，街上都有毫糯索卖，可是里面没有香花的，不正宗。哪里有这么多的香花呢！我们村子里才长着几棵香花树的。原来有长了几百年的，死掉了，现在只有几棵小的，一开花，大家都去捡，不够捡。我们还是听朋友说，这里有两棵香花树的，所以这两天都过来捡。这花宝贝着呢。也有汉族人过来捡，他们捡回家炒着吃。我们可从来不舍得炒着吃的，都要收起来，留着做粑粑用。"

"哦，是这样啊。"我还是好奇得很，"你们怎么知道这花做粑粑好吃的？"

"从小就知道呀，一代一代传下来的呀。"

两个傣族姑娘争相回答着我的问题，眼睛却紧紧盯着草地，这边落下一朵，她们追到这边。那边落下一朵，她们追到那边。她们的战果不错，袋子快装不下了。我也帮着捡了十多朵，她们很是感激我。我走时，她们送我两朵花。"拿着，香着呢。"她们说。

我持着这两朵香花，到处找人寻问："请问，这是什么植物的花？"回答我的不是"香花"，就是"糯索花"。

238

我没有气馁，又一通上下求索，最终揭开了蒙在它脸上的神秘面纱。原来，它叫"云南石梓花"。傣族人离不了它，每年的泼水节期间，必要用它来制作毫糯索。加了它的毫糯索，不单色泽诱人香气扑鼻，高温下，还能存放好几天不坏。这种树被砍开后，树皮会散发出浓烈的酸味，故又名"酸树"。

一百

我们百分百地做好这一家店，就很圆满了。

我买烧饼，只去一家叫"一百"的烧饼店买。

小城烧饼店也多，几乎每条街道都有一两家。但唯有他们家，至今还是用炭炉烤着，跟几十年前的做法一模一样。每只烧饼出炉，都有炭火细细吻过的痕迹——金黄、酸软、喷香，趁热咬上一口，美妙的滋味，沿喉而下，直抵脏腑。

做烧饼的是一对夫妻，四十来岁的年纪。两人颇有夫妻相，一样的一张圆鼓鼓的脸，身材一样的壮实，性情一样的憨厚。他们见人一脸笑，"来啦？"这是他们问候每个人的问候语，好像每个顾客，都是他们家的老熟人。

每天清晨四点半，夫妻两个同时起床，女人揪面团（面是头天晚上和好的，放那儿发酵了一夜），切面剂。男人一百负责生火，调拌馅料。烧饼好不好吃，除了要把握好炭火的节奏

240

外，还取决于馅料的好坏。男人一百对他调拌的馅料相当自信，他说，我这可是祖传的配方，百分百的好吃，全城找不到第二家。

他这么说还真没有吹牛，吃过他家烧饼的人，无一不念念不忘，回味无穷。他也不像别家，弄出几十种口味，什么咸的、甜的、辣的、酸的……五花八门，反倒没了特色。他只拌一种馅，把它做到极致，所涉食材有葱花、生姜末、胡萝卜丝、水晶粉、芹菜、肉末子。我曾研究过这馅料，也学着做，用它来包饺子，结果好吃是好吃，却吃不出他家烧饼里的那种特别滋味。改天告诉一百，他哈哈乐了，说，我这是独门配方哎。

对，他叫"一百"。这个名字总惹得好奇的人问东问西，人先是惊奇于他家的招牌，"呀，一百？这名字叫得好特别。为什么这么叫？"他似乎挺乐意别人这么问的，早就抬头等着回答了。"我们家这烧饼，太完美了，可以打一百分，所以叫'一百'啊。"他先是开玩笑。他这么说着话时，一旁的妻子手脚不停，继续麻利地做着烧饼，脸上，浮着笑意。

听的人还没回过神来，他已换成一本正经的口吻了，"因为我的名字就叫'一百'，我开的店，自然就叫'一百'喽。"人起初不信，哪有人名字叫"一百"的？他就滔滔讲起，他父亲原也是个做烧饼的，他出生那天，父亲收摊回家，正好卖出一百个烧饼，接生婆喜滋滋向父亲报，生了个胖小子。父亲一

241

乐，说，就叫"一百"吧。父亲后来告诉他，"一百"这个名字，代表一种圆满，父亲希望他的日子能一直圆圆满满。

好些年了，一百的烧饼都是两块钱一个。猪肉涨价了，面粉涨价了，别家的烧饼都跟着涨了，他们家依然是两块钱一个。"都是熟人，我们少赚点没啥关系的。"一百笑呵呵地说。每次去一百那里买烧饼，都要提前预约，否则，很难买到——买的人太多了。有人给一百出主意，一百呀，你们可以多招几个帮手，多开儿家分店。夫妻俩一齐摇头，不要，不要，我们百分百地做好这一家店，就很圆满了。

一棵紫苏

虽然我不认识他，但我，真真切切地有些难过。

四楼的一个男人，没了。

听说是脑梗，走得很突然。

年纪也才五十岁出头，上有老下有小。

我对他没有印象，怎么想，也想不起他的样子。

我住七楼，若在家，每日黄昏必下楼一趟，漫步两小时后回来。回来时手上常不空着，路边的野花，随便掐上几朵持着。乘电梯时，电梯里的人看到我手上的花，目光会变得温柔。偶尔的，我们会相视一笑，尽管我们还是陌生的。

这个男人对着我手上的花笑过吗？我找不到一点印象。

他停灵在家不过一天。楼下临时搭着一个小敞篷，存放着前来吊唁的宾客送的纸钱和花圈，他的老母亲一脸戚容地守在旁边。地上铺着好多的落叶。

很快，哀乐声送出门。他化成一缕烟了。

地上的落叶，不久被清扫得干干净净。

我走过一丛桂花树旁，忍不住想，他也每天走过的呀，桂花的香气，也曾充盈着他的鼻翼。我乘电梯上楼时，想，他每天也曾乘着这电梯上上下下的呀，手上或许还提着一把青菜几棵香葱。

这个人，再也不见了。像一滴露被风吹干。

天空还在。大地还在。小区的生活，继续活色生香着。扫地的季姐说，佐料草煮鱼，去腥味呀。那佐料草，是一棵紫苏，不知谁种在绿化带里的，开紫色的麦穗子一样的花。我路过，诧异地盯着花看，我是第一次知道那里长着一棵紫苏。季姐热心地让我掐点回去，她说，这小区里好些人都来掐它呢。

那个死去的男人来掐过吗？他再也看不到这棵紫苏了。虽然我不认识他，但我，真真切切地有些难过。想到他的女儿没有了爸爸，想到他的妈妈没有了儿子，想到他的妻子没有了丈夫，顿生人生虚无之感。

我到底架不住季姐的劝，掐了几枚紫苏的叶子带回，留着煮鱼时用。电梯口，遇到男人的老母亲，她的手上，也拿着几枚紫苏的叶子。

秋色自此生暖

　　哪怕他已成漏风漏雨的小屋，也是我在这个世上，最温暖的归处。

　　白露到了。

　　喜欢"白露"这两个字的组合，白也是洁净，露也是洁净，两者一组合，特别特别干净，还极其水灵和安宁。

　　从今日起，大地开始隐匿些秘密了，群鸟养羞，都是往静里头去的。

　　秋色自此生暖，月亮慢慢清明。

　　节气里藏着的好，叫人如何享用得了？你还有什么不满足的呢？跟着季节走吧，如果你是一棵草，就做一棵草的事。如果你是一棵树，就做一棵树的事。各安天命，会活得比较愉快。

　　我跑到楼下去看，看有没有残留下来的白的露。

我去蜡梅树上看看，蜡梅的叶子开始落了。我知道，它们在为花苞苞腾窝儿呢；我去桂花树上看看，桂花的花芽芽已冒出，不知是不是心理因素作怪，我似乎闻到一阵一阵的桂花香了；我仰头望栾树，望得失笑起来。栾树每年都要疯上一个秋天的。真是疯子，开个花么，偏要插得满头都是，黄爽爽的，如旌旗招摇。然后结个果呢，也偏要敲锣打鼓红灯笼高悬，生怕别人不知道。好嘛，我乐得它如此疯狂，我的眼睛可有福了，天天看它演大戏。

紫薇和凌霄的全盛期过去了，花朵稀落，然又一轮的华丽登场，叶子们悄悄织染着耀眼的彩衣。

木芙蓉是白露天里最耀眼的花，只要一丝丝阳光，就能让它陶醉，一张俏脸由粉转红——草木比人的欲望少多了，只要那一点点光亮就好了。

修剪草坪的机子嘎嘎响啊响的，我听得欢喜不已。一夏疯长的草，都给理了个清清爽爽，空气中弥漫着厚厚的草香味。我猛吸几口，再猛吸几口，嗯，草香味是世界上最好闻的味道。

我爸这时给我打电话。每隔几天，我们都要通一番电话。有时我这边才拿起电话，拨他的号，他那边也刚好在拨我的号，我们会同时惊喜地说，哎呀，我才想着给你打电话，你就打来了。

我的问话千篇一律，爸，你今日觉得怎么样啊？

他的回答很雷同，我今天蛮好啊，除了不能跑。

我的心会一沉，这是我无法解决的问题。他不能走路已成事实，不接受也得接受。我有种眼看着一支烛火，慢慢燃啊燃啊就要到尽头的感觉。疼，替代不了。衰老，替代不了。只能多叫几声，爸。爸。爸。

　　我们聊家里的羊，聊地里的水稻，聊我妈在种荠菜等等的事情，也聊姐姐和弟弟的事情。我爸的世界，只剩下这些了。最后，他会这么收尾，乖乖，我和你妈都很好，你放心，你忙你的，不要记挂我。

　　一声"乖乖"，催我泪下。但愿我能永远做我爸的"乖乖"，哪怕他已成漏风漏雨的小屋，也是我在这个世上，最温暖的归处。

数枝红蓼醉清秋

我们观花，也是在观照我们自己的人生。

小时也是见多了红蓼的。

当然，那时不知它有这么个好听的名字。吾乡人是怎么称呼它的，我实在回忆不起来了，大约是唤它"野花"的吧。那时，谁站在野地里唤一声"野花"，怕是有千朵百朵花来应的。天高地阔，那些花们就那么野生野长着，染遍颜色无人管，挺自由的。

印象中，红蓼总是与杂草们混在一起，爱在低洼处扎堆儿。它初初生长的样子，跟棵野麻差不多。夏秋时节开花了，一穗穗，低垂着脑袋，虽也有好颜色加持，却被杂草遮掩掉不少，显得凌乱，不修边幅。我们也只是草草望一眼，知道那里有花开了，从不曾想着去亲近。比它扎眼的野花多着呢，比如马兰头，紫雾弥漫着一般，路旁、溪边都有，随便就能采上一

248

大把。

一些年后，我在《诗经》里遇见它，就很惊奇了，从前的人，居然那么欣赏它，欣赏得近乎崇拜，他们给它取名——"游龙"：

　　　山有乔松，隰有游龙。不见子充，乃见狡童。

山上长着高大的松树，洼地里开着红蓼花，这景象是姑娘用作约会的背景的。约会的结局似乎并不令姑娘满意，该来的人没有人，不该来的人来了。一旁的红蓼却不动声色，继续开着它的花，放纵疏阔，好似游动的蛟龙一般。

老子说，"天地不仁，以万物为刍狗。"这"不仁"里，自然也包括了树木花草，包括了这"游龙"一般的红蓼花。树木花草最是无情，也最是有情，它们对谁都一视同仁着，不偏不倚，叶落花开，都是深情厚谊。那颗受伤的心，红蓼可治愈的吧？当那个约会失败的姑娘，看着满地的红蓼花开，心情慢慢也就好了。

在我常去散步的西园，湖边多红蓼，我得以细细观赏它，看久了，渐渐看出它独特的美来。它开花的样子很斯文，一朵一朵，慢慢来。那些花，细细小小的，如炸开的米粒般的，有淡紫的，有玫红的。它一颗一颗，细数着这些"小米粒"，把它们聚集成一穗。每一穗都有一个纤长的花柄，花穗便常作低头状，平添了几分婉约。像嵌着些淡紫珠子或玫红珠子的宝钿，在风中轻轻摇着、摇着，直接上得了美人头。连带着一旁的水，也有了别样的动人。白居易写"秋波红蓼水，夕照青芜岸"，他是真正读懂了红蓼之美的一个人。那样一个寻常的黄昏，因了一丛红蓼花，就明艳宛转起来。水也不是寻常的水了，是红蓼水。风也不是寻常的风了吧，该是红蓼风的。

红蓼的花始放于初夏，浓盛于仲秋。故它身上，染着强烈的秋天色彩。这色彩里，有离别，有寥落，也有众声喧哗逐渐隐退后的恬淡。它的世界，因此变得异常丰富，住得下所有悲欢离合。"河堤往往人相送，一曲晴川隔蓼花"，它见证着一个一个的别离；"犹念悲秋更分赐，夹溪红蓼映风蒲"，它接纳着如水漫过的失落和悲伤；"翩翩水鸟自沉浮，红蓼黄芦两岸秋"，它在犬吠声声中，迎回唱晚的渔舟。我们观花，也是在观照我们自己的人生。

秋天，我去江南的一些古镇走了走。江南的古镇看上去都差不多，水多，桥多，老巷道多，从前的故事也多。这些，自然是好的。但最终，牵住我目光的，却是锦溪水边的一丛红蓼。我在对岸，看着那玫红的一枝枝花穗，弯向水面，像极了浣衣的女子。它的背后，是一堵斑驳的粉墙。风徐徐吹着，水面上不时泛起玫红的细波。一时间，我竟有些走神了。我想起爱花的陆游，一生追赏过无数的名花，到最后，迷恋的，却是水边那数枝红蓼的疏朗开阔，晚景的冷清里，被抹上一抹鲜亮，他欣慰地写道："老作渔翁犹喜事，数枝红蓼醉清秋。"我这一路几百里地奔来，原是为了这数枝"醉清秋"啊。

巴斗的露珠

每一滴露珠，都是对清晨最好的祝福。

巴斗是个小渔村。地如其名，不过笆斗一般大，从村东头走到村西头，十分钟时间足够了。

巴斗得名于"笆斗"。笆斗为何物？现在的年轻人怕是不知。它是用竹子、藤条或是柳条编制而成的器物。昔年乡下人家家家都有，用以盛粮盛物。二百年前的巴斗，还是黄海岸边的一个浅水湾子，下海捕鱼的人在此歇脚。后有人搭棚居住，居室简陋，无桌无椅，藤编的笆斗却是不可少的。吃饭时，人把笆斗倒扣地上当饭桌。久而久之，这地方便被唤作"笆斗"了。形成书面文字时，简化成"巴斗"。

我决心去巴斗住两天，缘于家里那人。他跟朋友去过，回来说，那里的生态环境太好了，螃蟹都爬到人家屋檐底下了。又说那里的人也好，你家地里的青菜，他家地里的萝卜，是可以随便采来吃的。一个村子，统共才百十户人家，平时留守在村子里的，也就几十口人，好比一大家子，不分你我的。

村子初初落入我的眼里，很使我吃惊，我想到"风情"二字。人家的房，都是精致而漂亮的，墙上所绘图案，无一不与海有关，帆船、贝壳、鱼虾、海鸟、海浪……满满的海洋风味。解甲归田的渔船，搁置在路边，成了风景。老船长的老房子里，装着许多从前的有关海的故事。我没有看到螃蟹在人家的屋檐下爬，但是看到了洁白的海鸟，像家养的似的，在人家的屋顶上散步。秋天的海风吹着斑斓，晚上，夜空的星星大如葡萄。

几乎家家都设客栈，随便一家都可以入住。村子太安静了，夜里反而睡不着，我在凌晨四点多就醒了，听鸟在窗外叽叽喳喳，好像有成千上万只。天麻麻亮时，我起床到滩涂上去等日出，天却不给力，雾蒙蒙的，等到七点多，才依稀见到云破处的一点红黄，如蛋黄被打碎了。

低头，却见到一地的"珍珠"在滚，莹莹润润，烁烁闪闪。夜里，普天而降一场露珠，把阔大的滩涂，装点得无比璀璨。芒草、海米草、碱苑的身上，都缀满钻石一样的露珠，晶晶亮亮，无比光华。嵌满露珠的狗尾巴草尤其动人，就像精心打造的银步摇，一支支直接上得了仕女的头。苦苣草的种球上，雕琢着细密的露珠，像一颗颗闪闪发光的水晶球。我想到《诗经》年代的"野有蔓草，零露漙兮"了，那样一场盛大的露珠，成就了一场一见钟情的爱情。每一滴露珠，都是对清晨最好的祝福。几千年来，未曾改变。

　　远远有一人逆着光而来，那是早早赶海归来的人。他的身上披着露水，仿佛是晶莹的一个人。走到近前，我才发现，他的身后，跟着一只橘色的大肥猫。这真叫稀奇。"天天跟着呢，跟习惯了。"他黝黑清瘦的脸上，绽出笑容。他是个老渔民，在海上作业四十多年了，现在上岸了，却还是忍不住每天去海里转转，也不走远，就在近处捞捞鱼吧。今天他的收获不错，捞到了一网兜的鱼。我夸他的猫养得真肥，他瞟一眼猫，像看一个孩子一样地说："它天天吃鱼呢。"我们说话时，猫在一边专心听着，圆溜溜的眼睛里，汪着晶莹的露珠。

清平乐

　　清静平和的日子，无波，亦无浪，心底却跳动着一股子的天真和热情。

　　挺偏爱这个词牌名的，满溢着平安喜乐的气息。

　　是在那样的乡村：架在沟渠上的水车，吱呀吱呀响着。池塘边的苇和茅，高过人头，有水鸟扑扑扑在里面欢腾。母鸡跳到草垛上，咯咯咯地叫唤。狗无所事事，终日甩着尾巴，在村子里闲遛。小麻雀如一些逗号，布满空中，它们永远有着说不完的话，喳喳喳，喳喳喳。炊烟袅袅地升上屋后的树顶了。刚断奶的小羊，跳着来迎接归家的主人。

　　场院边乘凉，天上的星星密如枣子。东家的与西家的拉着家常，话语呢喃如虫鸣。不远处，爬到草垛上的南瓜花，怕是做了一个噩梦，啪的一声，掉落，惊起了正在发呆的小猫，它迅速冲过去。萤火虫多得像灶膛里的火星子，明明灭灭。大人

254

们教小孩子认天上的星，哪颗是牵牛，哪颗是织女。星星们都长得一模一样，孩子哪里认得？他们嘴里嗯嗯啊啊着，心思已飘到别的地方去了——草丛里的蟋蟀叫得真是响亮，去捉。

清静平和的日子，无波，亦无浪，心底却跳动着一股子的天真和热情。天也长着，日也久着，人永远都在，一个不少。

真正《清平乐》词牌名的由来，却让我有点小失望，它是唐教坊曲，取自于汉乐府里的"清乐""平乐"两个乐调，后成词牌名。这里的"乐"，是音乐的"乐"，而不是快乐的"乐"。

也有学者提出异议，认为它的最早出处，应该是在东汉班固的《两都赋》中：

> 臣窃见海内清平，朝廷无事，京师修宫室，浚城
> 隍，起苑囿，以备制度。

东汉迁都洛阳，至明帝时，都城规模初成，有了暂时的稳定和平，彼时倒是宜弹一曲《清平乐》的。

我却愿意作这样的臆想，是在唐代，在那段四海升平的繁茂时期，有那么一个乐师，一次，他偶然途经一个村庄，就像闯进了陶渊明笔下的桃花源。只见屋舍齐整，良田平展，阡陌纵横，鸡犬相闻，男女老少皆自得其乐。乐师大受震动，回京师后，作一曲《清平乐》，交教坊演习，渐渐盛行开来。后来的词人据此调填词，填着填着，就离原先的快乐远了，而变得忧

伤，是"鸿雁在云鱼在水"，此情再也无处可寄。

南宋词人辛弃疾却是个例外，我不知他是有意还是无意，他在他的《清平乐·村居》中，让清平之乐，真正地乐了起来：

茅檐低小，溪上青青草。醉里吴音相媚好，白发谁家翁媪？大儿锄豆溪东，中儿正织鸡笼。最喜小儿无赖，溪头卧剥莲蓬。

真想走回去，走回去，走到那茅檐底下，逗弄一下小猫小狗。走到那小溪旁边，弯腰捞起一捧莲蓬，躺到青青的草地上，边剥边吃，嘴里浸润着的，全是莲子清甜柔嫩的滋味。彼时，天空瓦蓝瓦蓝的，永远一副长生不老的样子。

折得一两枝蜡梅

新的一年，就这么丰厚地开启了。

一到年关脚下，一个村庄都欣欣然的，家家置办年货，户户蒸馒头蒸年糕；杀猪宰羊，捞鱼摸虾，村庄上空炊烟不绝，袅袅复袅袅，整日整夜的。

小孩子们也忙得很，要清扫屋子，要擦洗柜子桌子椅子，连同屋内所有物件。还要给墙上贴上年画，给门上贴上对联，给窗户贴上窗花和喜钱。一切忙碌就绪，看看干净整洁的家，总觉得还少了什么。是了，差两瓶花呢。遂跑出去找，天寒地冻里，折得一两枝蜡梅，或是寻得几朵顽强的小野菊，那是顶顶叫人快乐的。我们高举着花蹦跳着回来，找两只玻璃瓶插了，摆在家神柜上，一个家，刹那间变得绚丽起来。家里的小猫小狗也跟着忙乱，跳进跳出的。小鸡小羊也跟着忙乱，咯咯咯咩咩地叫唤，兴奋得不得了。

除夕也就到了。年夜饭的丰盛是不必说的，桌上必有几道菜，鱼不可少，年年有余。炒猪血不可少，吃了会气血旺盛。芋头羹是必须有的，出门会遇好人。

一夜的鞭炮响个不停，这里，那里，仿佛一个世界都处在狂欢中。我们囫囵睡一觉，醒来，天才蒙蒙亮，精神却处于高度亢奋中，一点儿也不感到疲惫，我们侧耳倾听着外面的鞭炮声，只盼着天光大亮。

天光也终于大亮了，家里的主心骨——我爸起床了。女人们这天清晨是可以懒惰一会儿的，由男人去开门做饭。待听到大门吱呀开了，门口的爆竹跟着噼噼啪啪响起来，我们兄妹就像得到指令似的，赶紧起床，一边拿起昨晚就搁在枕边的云片糕，塞一片到嘴里，这才可以开口说话。兄妹间互道"新年好"，说些祝福的话。给长辈拜年，说些"恭喜发财""恭喜长寿"之类的吉祥话。大人们之间也互相客气敬重起来，老老实实恭贺新年。

一通祝福完毕，我们兄妹几个飞跑出门，速速去草堆上抱柴火，喻为"涨火"。有旺旺的柴火，以后的日子才能红红火火。那时，家家为柴火所愁，捡柴草是我们孩子的日常功课。夕阳下，背着草篓草耙的孩子，像一只只鸵鸟，走在田埂上，成为当时村庄固定的一景。

我们又速速去河里提上一桶水来，倒入家里的水缸中，喻为"涨水"。水是生命之源，我的乡人们对水的敬畏、尊重和热爱，发自肺腑。

好了，火备得足足的，水备得足足的，年糕在锅上蒸着，汤圆在锅里煮着，唱道情的舞龙灯的快到家门口了。新的一年，就这么丰厚地开启了。

渔家傲

浮生若梦，人间万事，无论浅欢，还是深醉，最终都化作绿水悠悠。

它起初应该是一支渔民号子。

这样的号子我不陌生。小城临海，有小渔镇名弶港，那里世代居民，都以出海打鱼为生。他们在长期耕海牧鱼的生涯中，有了自己的渔家歌谣，比如《起重号子》《扯篷号子》《测水号子》等等。渔民们在作业时，一齐哼唱起来，声音浑厚热烈，旋律舒缓激昂，每个人的脸上，都荡着浪花一般的笑容，与海浪搏击时的艰辛苦痛都不计了，剩下的只有一腔深情相付。叫人笑着听，听着笑，听着听着，眼眶就湿了。

《渔家傲》也是脱胎于这样的民间音乐吧。它是从哪个渔民的口中，先哼出来的呢？他在斜风细雨里捕鱼，捞上风，也捞上雨。他在夕阳西下时捕鱼，江面上撒满了夕阳产的卵，他一网下去，捞起了无数个橘红的小星星。他在落雪的日子里垂钓，一人一舟，天地任逍遥。这个时候，他怎能不歌唱？那些音符，根本由不得他思索，就从他的胸腔里蹦了出来，如快乐的小鱼似的，脊背上，闪着粼粼的光。人生得失不由天，不由地，不由风，不由雨，而由他，真正是通透极了。

有说它最初是用于佛曲、道曲。这极有可能，大道本来在民间。范仲淹镇守边关，防御西夏，漫漫长夜里，忽忆起这样的渔歌来，于是连作《渔家傲》乐歌数曲，并填词：

　　塞下秋来风景异，衡阳雁去无留意。四面边声连角起。千嶂里，长烟落日孤城闭。
　　浊酒一杯家万里，燕然未勒归无计。羌管悠悠霜满地。人不寐，将军白发征夫泪！

八百里的雄风，挟裹着秋天里的长烟落日、羌管悠悠，就这样，从边关，一路吹呀吹，吹进了中原，成了宋时文人们的新宠，诞生了数阕或婉约，或豪迈，或清丽，或悲慨风格多样的《渔家傲》。其中最典型的代表人物是欧阳修，他简直有些贪了，先是用此调作了十二阕鼓子词，以咏十二月之节序风物，唱时以鼓伴奏。又另作十多阕，或写景，或应歌，或酬赠。

晏殊也作了十来阕。我特别喜欢他填的这一阕：

画鼓声中昏又晓。时光只解催人老。求得浅欢风日好。齐揭调。神仙一曲渔家傲。

绿水悠悠天杳杳。浮生岂得长年少。莫惜醉来开口笑。须信道。人间万事何时了。

好一个"神仙一曲渔家傲"！这才民间起来了，大道至简。浮生若梦，人间万事，无论浅欢，还是深醉，最终都化作绿水悠悠。

白茅时光

现在回头去看，那些与茅草相亲的时光，真正叫人怀念得有些心疼了。

冬至日那天，散步至郊外一条河畔，很意外地看到地上有烧过野火的痕迹。是茅草吧，我暗想。蹲下身子细细察看那些烧焦处，不出我所料，果然都是些茅草的根。心里一喜，来年春天，我一定要到这里来拔茅针。我已好多年未吃过这自然的馈赠了。

苏北里下河一带，有冬天烧野火的习俗。挑个大晴天，农人们把沟畔河旁的野草点燃了，一任它们燃烧成灰。待春回大地，那灰烬里，定会冒出更蓬勃的草芽来。所谓"野火烧不尽，春风吹又生"，其实饱含着农人的智慧的：草木灰是天然的好肥料，这是其一；其二，可减少病虫害。一把野火，把蛰伏在草丛里越冬的虫子，一网打尽。

这燃烧的野草里，数量最多最庞大的，一定是茅草。茅草冬枯春荣，是乡野里生命力最顽强的一种草了。春天，它们齐刷刷冒出芽来，"布地如针，俗谓之茅针"。沟畔河旁，整日里便都晃动着我们这些孩子的身影了，我们拔呀拔呀拔茅针，拔了一把又一把，肚子装满了，裤兜装满了，帽子装满了。实在没处装了，就脱下外套给兜着。茅针的幼苞里，裹着又白又嫩的穰，软乎乎甜滋滋的，这天赐的零嘴儿，没有一个孩子不爱的。

那时不知，远在《诗经》年代，这"零嘴儿"就遍地密布着，且成就了一段爱情：

> 静女其娈，贻我彤管。彤管有炜，说怿女美。
> 自牧归荑，洵美且异。匪女之为美，美人之贻。

一夜春风，吹绿大地。放牧的姑娘，在草地上看到一地的茅针。她一下子想到心上人，高兴地拔了一大捧，用红丝带系着，送给心上人。收到姑娘馈赠的男子，真是喜出望外啊，他一边幸福地剥着茅针吃，一边乐滋滋赞美道，哎呀，这茅针多么明亮啊，好姑娘你是多么叫人愉悦啊。这茅针的穰多么美味啊。哦，不，不是它有多美味，实则是因为，它是好姑娘你赠给我的啊。这样的民间爱恋，真真叫人向往得很，它纯朴如茅草一样的，野生野长着，自有着它迷人的甜蜜和芳香。

也不过三五日，茅针见老了，不能吃了，幼苞成穗。再几日，穗粒炸开，就是一枝枝白茸茸的茅花了。《诗经》里拿这样的茅花，来比喻年轻的姑娘："出其闉阇，有女如荼。"城门口，年轻的姑娘扎堆儿走着，多像一片纯洁的茅花在飘啊，真叫人眼花缭乱呢。然处在恋爱中的男子，还是在无数枝"茅花"中，一眼就找到了他的那一枝："虽则如荼，匪我思且。缟衣茹藘，聊可与娱。"那个穿着素衣扎着红腰带的姑娘，才是我想念的人啊，她看起来真叫我欢喜啊。这茅花般的爱情，每一回读到，都令我感动不已神往不已。

　　茅草狭长的叶片是随着茅花的盛开而抽长起来的。李时珍语："茅叶如矛，故谓之茅"。它也的确有几分古兵器矛的性情，看似柔软，实则锋利坚韧得很，是绵里藏针的。你一个不小心，就能被它划破手。或许是它的这种柔中带刚的性子，才能更抵得住风雨侵蚀吧，人们拿它捆扎东西，拿它盖房。生活中，处处遍布它的痕迹，一代一代的，它成功拴住了多少的爱恋和烟火啊：

　　　　野有死麕，白茅包之。有女怀春，吉士诱之。

　　　　林有朴樕，野有死鹿。白茅纯束，有女如玉。

　　莽莽苍苍的天空下，风吹过成片的茅草，时不时可见野獐和野鹿飞奔的影子。擅射的年轻猎手一箭射去，只见一片茅草陡地颤动了一下。猎手眉开眼笑跑过去，捡起他的战利品。他第一个想到的是，要把这野鹿送给心爱的姑娘。他果真这么做了，顺手扯一把茅草，把野鹿捆捆好。这一捆，也把姑娘的心给捆上了，快快乐乐地跟着他住到茅草房里，生儿育女去了。

我小时，家家都住茅草房的。每到冬闲，我们孩子都领了任务，要去割茅子，回家修缮屋顶。对，吾乡人唤茅草为"茅子"。拔几根茅子来捆一捆，他们吩咐。摘把菜，可以拿茅子捆；收割好的庄稼，可以拿茅子捆；拾些柴火，可以拿茅子捆；河里捕上鱼来，顺手在岸边扯几根茅子，穿过鱼鳃，提着回家。后边跟着摇头摆尾的狗，那尾巴，摇得跟风吹茅花似的……

想想那时的生活场景，真是朴素绵长得很，人们在茅草屋下吃饭、做事，在茅草屋里婚丧嫁娶，无物不相亲，一派《诗经》年代的遗风。当时身在其中，并不自觉。现在回头去看，那些与茅草相亲的时光，真正叫人怀念得有些心疼了。

我在春天的时候，如愿在郊外的河畔拔到了茅针。当时河岸边除了我，没看到别的人。风吹得寂寂的，鸟叫得寂寂的。我拔了好多茅针，一个人没吃掉，后来全扔了。

第六辑
南方以南

我仿佛走进一段远古时光，
遇见一群纯朴的先民。

山中琐记

我且暂享这片刻的好，陶然忘机，做一回小神仙。

一

从红河州过来，在路上走了八个多小时，到山上时，是下午四点多。太阳艳丽，完全一副仲春的模样。

我住的房是山坡上一幢连体别墅中的一套。房前有花几丛，是三角梅、蓝草花和扶桑。有树三棵，一棵鸭掌木，一棵鸡蛋花树，一棵桂花树。鸭掌木高过二楼的房顶，一树青绿的枝叶撑开来，像把大伞。鸡蛋花树掉光了叶子，光秃秃的枝条像煮熟的铁棍山药，在一片蓬勃青绿中，显得很另类。桂花树给我最大的惊喜，一树浅黄细小的花开得密匝匝的，香味儿撩拨得人的心发软。

推开大门，便是客厅。一张实木茶几上，插一瓶鲜花，十来枝康乃馨，外加两枝满天星，都是好颜色。楼上两个卧室，外加一个书房。朝东南的一间靠着山体，山花拂墙拂窗。朝西北的一间对着景洪城，外面有个敞开的观景阳台，可观远山，也能看到一截儿的澜沧江和流沙河。书房夹在两个卧室中间，光线有点暗，白天也要开着灯。

把行李搬进来，稍作整理，换上单衣出门。从家里出来时，是穿着冬衣的，结果一路走，一路脱，到达山上时，只能穿单衣了。山上草绿着，花开着，完全不知冬天已深。

满眼蹦跳着盛开的三角梅，紫红的、大红的、莹白的、浅黄的，瀑布一般的，急急地飞泻下来，沿着山体，沿着人家的房檐。也多见羊蹄甲，高大且壮实，满枝头都缀着紫红的花，花瓣儿又长又卷。微风不摇，它们也能自个儿掉下来，"啪"一下，摔得很重的样子。我跑过去看，花朵躺在地上，没事人似的笑着，花瓣儿还是又长又卷，一点儿也没损伤。转过一个山头，见到山谷中腾起一片淡紫的"云雾"，一片草花，融融洽洽，我既惊且喜。当即查询，知它的学名叫"飞机草"，从中美洲而来，是入侵性极强的一种草。

晚上八九点的时候，一轮大月亮从山后爬上来，被缥色的云彩簇拥着，冰清玉洁。树影幢幢，虫鸣阵阵。

二

飞机草的花近看模样愁人，像一只只张牙舞爪的小蜘蛛。稍稍离远了看，却美得有些动人心魄了。一片小花开着，密密的，一层淡淡的紫雾弥漫，很有点仙气飘飘的意境。

夜里是下了露的。我跪伏到地上，看一些萼距花上的露。它们多像小婴孩额上沁出的汗水啊，甜得叫人的心软绵绵的，不知怎么爱才好。花朵含露，如灵魂出窍了，我这么比喻。也许不通。管它呢，在我这里就通了。

遇见一棵长满"菱角"的树，树干上密密麻麻结满"菱角"，且是些老"菱角"。尖硬的角，不容置疑地拒绝着他人亲近。它却拥有个很有意思的名字，美人树。是要等到春天开花，才能领略到它的壮美的，那时，一树缀满紫红的花朵，轰轰烈烈着，不见一枚叶子。

意外见到香蕉花，着实被它惊艳了一把。太美貌了，跟朵荷花似的。未开时，像。绽放开来了，更像。荷结出莲蓬，它结出香蕉。人类坐享其成。人类真幸运。

山上也长着好多棵火焰木。从红河州一路行来，路边就多此树，长得又高大又健壮，举着一束束火把似的红花朵，站在公路两旁夺人眼球。我当时就很迷惑，这到底是啥花呢？恨不得跳下车去问个究竟。在这里，我终于知道了它的名字。它果真很像火焰，花朵雄踞枝叶顶端，橙红橙红的，恰如一簇簇熊熊燃烧的炉火，热烈得很是扎眼。像旗帜。像口号。如果它喊口号，会喊什么？我想，它一定会这么喊：

燃烧吧，火焰！

我捡到三朵掉落的火焰花。它们原是开在空中的，只能仰观，现在，我终于瞧见它们的真容了，它们的模样真奇妙，好似东北人表演二人转手上抛玩的那块帕子，滴溜溜转呀转呀，转成一朵火红的花了。我把三朵花摆在客厅的茶几上，它们的余热尚在，给客厅增添了暖意。

三

清晨，好一场大雨降临。哗哗哗的，好似响着飞瀑。

我醒了，因这场雨而不想起床。这该是耳朵享受盛宴的时候了。古人云，画船听雨眠。给足了时光的静好与安谧。我呢，是"枕山听雨眠"。人睡在山上，也如同睡在波浪之上。似穿越过去，与那个叫韦庄的人劈面相逢，含笑致意，心照不宣。是啊，什么也不必说，一起听雨吧。嚓嚓嚓，沙沙沙，哗哗哗……尘世的好梦，都在绿波浪上荡荡悠悠。

一小时后，雨止。天青色破烟霭，朝雨浥清尘，一座山洁净得如同初生。

这个时候，千万别在屋内待着，去山上走走，看天，看树，看花，听鸟鸣雀叫，一切的一切，都是刚刚沐浴过的。这个时候，无论视觉，还是听觉，还是触觉，都带着一份水灵灵。

雨雾晕开，花朵格外娇艳，每一朵上，都似镶着珠宝了。那人见我对着一丛三角梅痴痴发呆，遂口占一诗：山上一场雨，花中露珠透。

我大笑："这都哪跟哪啊。"

他说："雨露不分家嘛，这花上之雨滴，可不像露珠？"

"像，像极了。"我哈哈一乐。

清洁工们又在清扫，雨打湿的地面清扫起来不大容易。我跟她们打过招呼后，我说："今天这地难扫呢，辛苦你们了。"她们齐齐笑答："不辛苦呢，慢慢扫好了。"

她们笑起来，很像雨后的好天气。

四

买菜我们喜欢去附近的傣族寨子里买。

寨子门口设有自由摊位，都是当地村民摆的。摊子上有自家产的蔬菜，有自家养的鸡。鸡都是散养的，整天山上山下跑，肉质紧密，卖的价钱不便宜。可冲着这纯天然的，值得。他们在山上捡到的山珍，也都摆出来卖。

比如今天碰到的野山药。

我从没见过那么粗壮的山药，就跟丰满的猪蹄膀似的。卖它的女人扎花头巾，着红袄，口罩蒙住大半张脸，只露出里面的一双大眼睛，晶亮晶亮的，额上皱纹如波。她笑嘻嘻地说："山上挖的呀。"

"挖下去有这么深——"她张开双臂，比画给我看。

我瞪大眼，惊奇地说："那不得挖出一口小井来？"

她笑了。我也笑了。

她的摊子上还摆着木瓜三个，老生姜两袋，新生姜一袋。她说今天的货就这么多，卖掉就回家。

问她明天是不是还在这儿摆摊。她笑道："不一定呀。明天没有东西卖了，我就不会来。"

"不来摆摊，你做些什么事呢？"

"做的事可多啦，上山走走啊，说不定又挖到野味了，可能是野山药，也可能会采到一些菌菇啊。有的时候，也去工地上做工。反正是要干活的，不干活浑身就难受。"她扭扭腰，甩甩胳膊，扑哧笑了，"我就是个劳碌命。"

五

山上的夜晚真是好长，早上七点多了，月亮还清清亮亮地挂着，只不过是从东边山头，移到了西边山头。月亮是忙了一

274

整夜了，忙着给万物织梦。清晨的最后一个梦是织给谁的呢？虫子们还在梦中呢喃。鸟儿也还没睡醒。这里的鸟睡眠真充足，反正夜晚长着呢。白天它们相当精神，歌喉亮得很。

我起床，总是先推开阳台的门。桂花的香，冷不丁扑过来，让我打出一个香喷喷的喷嚏。这树桂花太叫我感激了，我来了一个月，它就持续给我送了一个月的甜香。我在阳台上喝茶，一探身子，随手从树上取下几朵来，扔进茶杯里，那一口一口的甜香，就入了我的肺腑。想到一些天后，我将离开这里，我一定很想很想这座山。而这棵桂花树，是我最不舍的吧。

哗啦啦，哗啦啦，对面的榕树又在掉叶子，声音鼎沸。时令更替，以肉眼可见的速度在这里进行着。我前几天去雨林幽谷那边，看到红了一山的橡胶树，昨儿再去看时，已几乎全掉光叶了。在山上扫地的大姐告诉我，马上新叶就会长出来了，等新叶长好了，又可以割胶了。

在山上随便走着，也会时不时碰到一棵掉光叶的树，脉络毕现，很冬天的样子。我确信，几天前见到它时，还是满枝的浓密。

意外遇见郁李树，有十多棵之多，长在山坡旁。裸露的枝头，已绽放出三五朵糯白的小花，很秀气。我起初以为是梅花，心里一阵激动，这里也有梅花？但走近了细瞧，它与梅花还是有区别的，枝条不像，花朵也不是很像。查询得知，它叫"郁李"，有别名叫"爵梅"。大约从前也有人误把它当梅花的吧，故给它的名字按上了个"梅"字。李时珍是这么解释的：

郁，是馥郁也。花、实俱香，故以名之。

它的枝头，结着一撮撮小花苞。如幽暗的水里，挤着一群一群小蝌蚪。

六

山上种植了很多果实极大的树。

这话其实说得有点多余。南方的树，基本都结很大的果实。那是因花朵硕大，所以孕育出的果实，几乎无一不是以"大"为特征的。

菠萝蜜不消说了。每次看到，我都替树累得慌。沉甸甸的果实像个弹药包似的，几个一组地拴在一起挂着，树不累吗？树肯定也累。所以，有的果实是攀着粗粗的树干的。还有的果实干脆趴到地上去了——从树根处结出来。

椰子树太高了。椰头一般沉沉的椰子结在树顶，因为高，也没人去采，只任果实就那么挂着，熟了自己掉下来。幸好它们不是长在道旁，要不然，你走着走着，一不留神，就被椰子砸了头，那可不是闹着玩的。我仰头望着的时候，总忍不住想，有没有鸟儿尝试着用喙敲开它，喝里面的椰子汁？

狐尾椰子的果实是留着赏玩的。卵形的果实，缀在一起，成熟了会自动掉下来。它们都有着鲜亮的红色，看着很喜庆。

山上还长着几棵莲雾，果实漂亮如莹润的宝石。我曾跳起来摘了一个吃，味道不是我喜欢的。

羊蹄甲等豆科类的植物，果实都带着豆类家族明显的标志，如豆角一般的荚果，长长地垂挂着。

散步时，遇见一老人持一根长长的竹竿，对着树上褐色的荚果敲下去。

我好奇问："这是什么？"

老人答："酸角啊。"

"酸角是什么？能吃吗？"

老人好笑地看我一眼，"能啊，是很好吃的水果。"

"这也是水果？"我看着那褐色的蚕豆角一般的果子，惊奇了。之后就满山去找酸角树。这一找，找出不少棵来。酸角外面的壳有些毛糙糙的，里面的果肉黏糊糊的，包裹着如菩提珠一般的黑色种子，味道酸酸甜甜。

后来，又遇见两个女人在摘杨桃。山上种的杨桃树真不少，有的树上果实熟了，自动掉下来，成了蚂蚁们的下午茶。杨桃的口感有说好的，有说不好的，我是吃不来这种水果的。看看可以，绿得可爱，有棱有角。一刀切下去，会切出个绿绿的五角星来，挺养眼的。

我住的房子旁边，有块空地，空地上长着五棵腊肠树。这树的名字让我叫绝，结出的果实，真的如一根根风干的腊肠。一男人持了竹竿过来敲打这些"腊肠"，说用它泡茶喝，可缓解便秘之症。"这是便秘果啊。"他说。并慷慨地送我几根。我拿石头砸开，掏出里面墨色的果肉尝了尝，微甜，有风干的桂圆的味道。

这里的许多树木花草都有药效，当地人全知道。一般的小毛小病，他们都自己治，喝点什么树的皮泡的茶，吃点什么树结的果，拔点什么草摘点什么花熬汤喝下去，也便全好了。

七

清晨七点过后，天门开，光的小兽被放出来，漫山遍野跑着了。

放眼望去，只见雾霭漫漫，天光是拌了橙红和桃粉的，似乎舀上一勺子，加点淀粉，就可以蒸出好看又好闻的米糕来。群山被光惊醒，它们睡眼惺忪，气质上显得很迷离很柔软。

一棵美丽异木棉的新叶子已长全了，一树嫩软的淡金色，不比花开时逊色。我仰头望，刚好晨光来照，片片淡金的叶片，变得黄澄澄的，闪亮耀眼。

我不免想了些别的。比如，一棵树的追求是什么？是为了长叶、开花和结果吗？当它完成了生命的一轮之后，它有没有厌倦？

比如，光有故乡吗？若有，它的故乡在哪里？

每一个生命体，都有自己的使命。树的使命是帮助记录四季的吧。

每一个生命体，亦都有各自的光。光的故乡，应该是在灵魂里吧。

新识得一种植物叫"旅人蕉"，满山头都长着它。它的叶片太有意思了，一左一右，分列于茎的顶端，好似一柄巨型折扇。叶柄坚硬结实如木头，我上去敲了敲，敲得手疼。倘若我扛一把这样的大折扇，在大街上走，那将是什么风情？光想想，就开心得不行。

它也是开花的，佛焰苞花。盛开时如同纸叠的纸鹤，一抹淡淡的绿。

我深喜它的名字，旅人蕉。它是为旅人而活的芭蕉。它的叶片基部可以储存大量的水，长途跋涉的旅人正渴着呢，一眼瞭见它，遇到救星了啊。奔它而去，剖开它的叶柄，干渴的唇和心，立即得到滋润。

它自己亦是个旅人，从故乡的马达加斯加，漂洋过海走到中国，走到西双版纳，是不远万里了。

八

　　每日在山中徜徉，生活简单宁静，更易品出时间的味道吧，每一寸都是缓慢的，带着质感和芳香，不觉时光悠悠。

　　我走着昨天走过的路，看着昨天看过的草木，听着昨天听过的鸟声虫语，依然是兴冲冲的。我总能发现一些新颖的事情，比如说，树上几只鸟说的话，跟昨日的有所不同。今天它们似乎起了争执，有一只鸟情绪特别激动，不停地说着，切切，切切，切切，切切……咬牙切齿的，它的声音一时占了上风。另两只小心地唧啾，唧啾，一两声后停一下，再唧啾，唧啾，似在委婉地劝说。我站着倾听良久，觉得有趣，有趣极了。鸟为什么事而吵呢？是为了谁多吃了一个果子，一只虫子？山上的野果子多的是，一棵高高的树上，挂满黄果子，它们吃不下，乱啄着玩，地上铺一堆儿了。它们定不会为了吃而吵嘴。那么，是因为感情的原因？那只发脾气的鸟，许是求爱被拒了。这么设想一番，我独自乐了很久。

　　还遇见一只小小的鸟，跟只蝴蝶差不多大。它似乎特别喜欢羊蹄甲的花，从一朵上，跳到另一朵上，翘起它的小尾巴，把头埋进花朵里，灵活又灵巧。这也让我看了很久。

　　意外相逢夜来香。这花我见过的次数屈指可数，也就那么一两次吧。一次在大理，人家院子里长着，开着吊钟形的细白小花，从墙头探出来。人告诉我，夜来香。我听过邓丽君唱的

《夜来香》，曲调缠绵，歌词也缠绵："夜来香我为你歌唱，夜来香我为你思量。"所以诧异得很，这细小的花，何以惹上那么缠绵的情思了？还有一次，在勐海的一个茶园里，茶园主人的院子里，长着一棵挺高的树，开着花，花香浸满院子。主人说："夜来香啊。"我也没好意思跳起来摘下花来细细看。在我感觉中，夜来香是藤状的植物，它怎么可以长得那么高大？

然它的确是树，又叫"夜香树"。枝条细长而下垂，确如藤状。这次，它是以藤状的模样，出现在我跟前的。细长的枝条，垂挂在一堵石壁上，花枝从叶腋间抽出，上面缀满白绿色的小花儿。可能是大白天，香气不显。摘下花朵凑近鼻翼，香味儿才慢悠悠放出来。真香。

捡了些红红的狐尾椰的果实，也很漂亮，可放在越南藤编成的小篮子里作清供。东南亚一带，把它叫作"千丝菩提"。很有意思的叫法。

九

去走山，是临时起的意。

本来也只是惯常的散步，打算只在山头上随便走走。遇见虾衣花，我还停下来观赏半天。觉得这名字真是绝了，它的花朵，的确很像一只烤熟的大龙虾。

走到山顶平台，俯瞰峡谷，见到一条细若游丝的小路，直达谷底。我的好奇心被挑逗起来，谷底有什么？我一定得去看看。

我和那人小心攀扯着峡谷边的一些植物，一步一探地走下谷底去。像突然走进一个童话世界，各色野花遍布谷底，多飞机草和鬼针草。花朵儿紫紫白白，轻烟淡雾一般。还有许多漂亮的鸭蹼草，粉蓝粉蓝的花俏立于细长的茎上，如稚气的小蝶，一派天真。

一个老人正挥锄对付着夹杂着石子的山土，山土坚硬，他使得很吃力。谷底有他整出的一块菜地，里面长着生菜、苦菜、红薯和南瓜。红薯的藤蔓挺旺盛的，上面东一朵西一朵的红薯花开得快活极了。不知有没有人用心欣赏过红薯花，它真的很漂亮，小酒盏般紫色的花朵，娟娟秀秀。苦菜也开出细碎的小黄花。南瓜也开出花来，褶皱的花朵，很大的个儿，傻愣愣的。

我夸奖："您真不简单，种出这么多的菜来。"

我是出自真心，这样结实的土壤，该挥下多少锄，才能长出这一片蔬菜？

老人谦虚："哪里不简单，就瞎种了点东西。"

"这里全是您一个人种的吗？"

"是啊，就我一个人。年轻人不会来的，其他人也不会来的，他们找别的事做，我年纪大了，做不了别的事了。"

我问老人多大年龄。老人说："哎呀，大了嘛，七十多了。"

看他样子，真不像，身子骨硬朗，站立有姿，结结实实。

"您真不像七十多，您像六十岁。"我说。

老人一听，呵呵乐了，话也多起来，告诉我们，他是楚雄人，原来是当兵的，退伍后，被分配到这里来垦荒。

"当年这里全是荒山野岭的。"老人说。

我们点头，没有打断他的话。

"大伙儿在这里，一锹一锄一刀一斧，硬是把这些荒山，都种上了橡胶树。"

"那些年啊，"老人说到这里，直起腰来，手撑着锄头柄，望着眼前的山，半眯起眼，"那些年，我们可吃了不少苦。"

"现在这些山头，都不是我们的了，都被有钱人买走了。"

"外面物价高啊，我得种点菜贴补贴补，可省下不少日常开支呢。"

菜地旁有两个蓄水小塘，老人看看天色，太阳刚好被一片乌云吞了。老人有些高兴地说："看来要下雨了，我今天不用浇水了，我们这里旱季里雨少呢。"

不知道怎么接下老人的话，我跑去拍南瓜花、红薯花、苦菜花。老人一直笑眯眯地看着我拍，我征求他的意见："我给您拍张照片好不好？"

老人爽快地答应："好啊好啊。"他站直腰，很郑重地整理好他的衣裳，戴正好他的帽子，笑对着我的镜头。

问老人的家在哪里。他遥遥一指，说："翻过这座山，山后头的洼地里就是。"

"要走上小半天呢。"老人笑笑的。

我们顺着老人手指的方向看去，一条细如青蛇的小路，弯弯曲曲游上山去。那是老人独个儿用双脚踩出来的。

十

这里的清晨，总是多雾。

我喜欢爬上山头去，看山谷里的雾岚飘起来，连绵的山脉没在雾里面，朵朵山峰忽隐忽现，如一扁扁小舟。我总忍不住想，这些小舟上载着什么呢？有树木花草。有日月星辰。应当还有另一些活泼的生命。

比如，小松鼠。散步时遇见几只，在一棵蓝楹树上腾跳，如小鸟一样的快活。

比如，蛇。朋友徐波总是恫吓我，不要去未开发的山里头啊，蛇太多啦。还言之凿凿说，谁谁谁就遇到蛇了，身子有水桶那么粗，差点没被吓死。我没听她的，去爬了几座山，并没遇到蛇。但我知道，山里头肯定有蛇的。

比如，小虫子。山上的虫子太多了，每座山上都是。来了这些日子，我常被虫子偷袭，却不知是什么时候被偷袭的。我并不埋怨虫子，倘若我不进入它们的地盘，它们也不会偷袭我的吧。

雾让天与地没了边界，让山与山没了边界，世界是混沌着的一个世界了。我不免又想了些别的，我们本是从无处而来，去往无处，生命与生命之间，哪里有什么不共戴天？为什么要有隔阂、杀戮、戕害、破坏、占有、阴谋、淡漠、忽视和冰冷呢？

再读苏轼的《记承天寺夜游》，还是喜欢。一字一字认认真真抄写下来：

元丰六年十月十二日夜，解衣欲睡，月色入户，欣然起行。念无与为乐者，遂至承天寺寻张怀民。怀民亦未寝，相与步于中庭。庭下如积水空明，水中藻、荇交横，盖竹柏影也。何夜无月？何处无竹柏？但少闲人如吾两人者耳。

连标点符号算进去，这篇小文只有一百字。我每次读，每次都要被里面的月夜感动。心有澄澈，才享得了那样的月色。苏轼有。张怀民有。人间那一刻因有他们在，是一个会发光的有温度的人间了。

十一

东南亚第一长河澜沧江，从唐古拉山一路而下，多少咆哮，多少跌宕，到达西双版纳景洪市内，脾气已温和了许多，一条青绿的玉带子似的，打了个旋儿，留下几汪青塘，又一甩袖子继续往南，一径往边境去了，没入到崇山峻岭中。

城里的饭店里飘着酒菜香，食客们三三两两就座。多火锅店。傣族餐馆的菜单上，必有菠萝饭、傣家菜包鱼、傣家烤鸡、毫糯索、烤猪皮。餐桌都摆到室外了，上面撑把遮阳伞，食客吃着饭，慢悠悠喝着店家自酿的苞谷酒，一边看着街景，也是一种享受。

江边散步观光的人多，三五一群。有人带了地毯来，铺在江边草地上，躺那儿，似乎在那里生根了。有人带了老人来。老人坐在轮椅上，被推着走，他们脸上都是笑微微的。我看到，免不了多看几眼，心里既感动也羡慕，等我老了，走不动了，我儿子会不会也推我出来，再看看这个世界？

江边有蓼花，有鬼针草和飞机草，也有好多鹅卵石。因是旱季，水位不高。有人没到齐腰深的水里垂钓。这成了一景，路过的人，有好奇的，会驻足看。江对岸是告庄，高耸的房屋，倒映江中。我疑心，那人会把一幢房给钓起来。

黄昏的余晖，越过一些树木，染亮了一掬江水。那掬江水，像披着五彩的衣，就要跃上岸来似的。我和那人去捡鹅卵石，捡到自认为比较特别的，就用江水洗净了，揣口袋里。

回来时，我们揣了一口袋的石头了。知情人得知，笑了，江边那么多的石头，还不都是石头而已，有什么好捡的？

我可不认同。当它被我的眼睛看中，当它被我的手洗濯过了，它就成了天底下唯一的一个石头，价值连城呢。

十一

新探得一条下山的路，因少有人走，草径入荒芜。

我是真喜欢这样的荒芜。无丝竹之乱耳，无人声之劳神，如同回到《诗经》年代，有种苍远澄澈的清宁。

鬼针草顶着几朵小白花，在草径上摇曳。我弯下腰去，跟它打招呼。有点替它叫屈，这小小的白花，多清秀悦目啊，可以说是荒芜中的一股清流，偏偏被人叫成了"鬼针草"。依我说，叫它"仙针草"还差不多。

遇一种蓝紫的花。我如撞见一个落难的小公主。它实在太美貌了，纵是陷身荒芜，也难遮它的映丽出尘。它有着长长的花茎，每一枝花茎上，顶着一"朵"蓝紫色的小花，这"朵"小花，其实是由无数朵小花簇生而成，像一颗蓝色的珍珠。因晨雾的氤氲，花朵上晶晶莹莹，看上去，越发像颗奇珍异宝了。

自然要追问下它的芳名它的家园。它的芳名叫"蓝花野茼蒿"。这名字实在太潦草了，跟它的美貌不相匹配。好在它也不在意这个，叫它这个叫它那个，也只是人类的一厢情愿罢了。

它的家园在热带非洲，马达加斯加一带。它是怎么跑到西双版纳落户的呢？是乘着风而来，还是被哪只飞鸟带来的？不得而知。

因有它在，这座我待着的山，便更是显得不同凡响。我确信，在这座山上，我是见到它的第一人。此等缘分，叫命中注定。或叫不早不晚。

十二

停电，从早上六点，停到晚上十一点。

现代生活真是离不开电了，它和水和盐和空气一样重要。我有点慌张，那可怎么办？要不，下山去，找一家咖啡馆消磨时光？

但我很快打消这个念头。这是老天要让我好好享受一段慢时光啊，为什么不享受？

移了凳子椅子到门口露台上，读书吧。天光不用借，大把大把的，闪着清亮橙红的色泽。不远处一棵紫锦木的叶，红得透透的了。鸡蛋花也开了三朵了。桂花还在持续放着香。它真能香，我来了二十多天了，它就香了二十多天。

摊开书，摊开笔记本，这样读书，可真是幸福，读到好处，顺手记下来，写点随感。

读累了，拔脚就走，山上哪里都是好风景。往山头去，或往雨林幽谷去，完全听凭我的心意。今天想去雨林幽谷转转了，那就去雨林幽谷吧。

一路走，路边的植物我已认识得八九不离十了。走了这么多天，都老面孔了嘛。可还是会发现一些新朋友，比如重瓣臭茉莉。它躲在一棵旅人蕉下，要不是它的花朵那奇特的模样，还真不容易被我发现。

它可真够奇特的。多朵白色的染着紫红的肉质小花，簇在一起，每朵花伸出长长的花丝，像个打扮前卫的美少女。凑近了，气味却直冲人的鼻子，难闻得很，叫人亲近不得。这不是它的本意，而是守护它的叶子们搞出的鬼。它们生怕它们貌美的小公主被人揩了油，故此，整出臭臭的气味来，叫人望而却步。我被逗乐了，植物界里，也有不少绝顶聪明的家伙呢。

读到一首写臭茉莉的小诗，写得可爱极了，跟这样的花朵，实在般配：

　　我是春天吃剩的那半截蛋糕

　　我奔跑在广袤的旷野

　　甜腻腻的奶油

滴落在山间

那就是我，一朵朵乳白色的花儿

涂了浅紫色的胭脂

你来啊，记得带蜡烛、火柴

还有你想对我说的话

十三

午后，山头移来一片黑云，只罩着这座山头，别的地方，依然蓝天白云，响亮地晴着。

这是要下云头雨了？我看着天空想。

果然，风起。隐藏在谷底的风，好像一直蓄势待发着，这个时候一齐窜了出来，就跟唤醒了十万头沉睡的雄狮似的。房子对面的那棵大榕树，被刮得如同海啸一般，叶子们啪啦啦掉下，四下里逃窜。那场景，好像遇上土匪打劫了。我担心着大榕树会不会被连根拔起，又担心着我住的房子会不会被风吹走。

雨跟着来了。先是零星的，敲打在一些植物上，咚咚有声，仿佛调琴师在试弦。很快，节奏急促起来，噼里啪啦，噼里啪啦，豆大的雨粒，滚滚而下。弹至高潮时，落下的竟是颗粒状的冰雹，一颗一颗，堪比小石子，在地上急速地滚动着。我有点担心冰雹会把桂花树上的桂花给敲没了。去查看，竟然没有。桂花的抗击打能力比我想象的要强。

雨来得急，去得也快，前后也就持续了十多分钟。收尾处，曲子变缓，零星的雨滴，弹跳着，弹跳着，渐渐没了声息。天上的云痛痛快快洗了个澡，一垛一垛的，慢慢散开。原先的一身黑，全都洗净了，变得白暄暄的，仿佛刚出锅的馒头。

这个时候去山头上走走，是最惬意的了。一通雨水的浇灌，万物都舒筋活血神清气爽。云雾缥缥缈缈，山翠拂人衣。

十四

很奢侈，山上竟下了一天的雨，至傍晚时分才歇。

按捺了一天的云朵们，这个时候急吼吼全跑出来撒欢了，它们在天边兴风作浪，把一座座山头，当皮球踢来踢去。夕阳如同被打散的蛋黄，洒到哪垛云上，哪垛云就变得绚丽耀眼。天边出现了魔幻的一幕幕，如汪着一片海洋，水底生物个个鲜明，斑斓多彩，摇曳生姿。

我是看呆了的，这样美妙的黄昏，可遇不可求啊。

这边夕阳还没完全消融，那边的月亮，已在椰树、鸭掌木和榕树间穿行。刚好是月圆时分，一颗又大又肥又圆的月亮，真像一朵饱满的牡丹花！

这里的傣族人爱以花入馔。他们吃芭蕉花。吃炮仗花。吃鸡蛋花。吃紫荆花。吃南瓜花。吃滇石梓花。吃晚饭花。简直无花不欢。不知这会儿他们一抬头，看到天上一朵硕大的"牡丹花"，有没有摘下它来炒着吃的冲动。

我在月下走了很久，从一个山头，转到另一个山头，月亮不辞辛苦地跟了我一路。苏轼说，"惟江上之清风，与山间之明月，耳得之而为声，目遇之而成色，取之无禁，用之不竭。"我何其幸运，也能得此山间清风和明月。

十五

六点多我就醒了，山上还在睡梦中，一片寂静。

推门见月。月在偏西北方向，挂在一棵鸭脚木的枝头上。我静静凝望了它许久，它也静静凝望了我许久。有雾弥漫山间，除了月光笼罩的一处是亮的，别处都影影绰绰。不闻虫鸣，叶落有声。

心是平静的。初来山上时的惊奇惊叹，逐渐被淡定从容取代。再看见火焰木如火苗腾腾燃烧的花朵，我不再激动得哇哇乱叫了，我只含笑看着，向它行个注目礼。再望见这种蕉那种蕉的，我也不再莫名惊讶了，我若无其事地经过它们。对蓝天啊白云的，我也不再稀奇了。就像最初当地人对我的惊奇不以为然，语气浅淡地说，这蓝天白云我们天天见啊。每天的日落，又庄严又神圣，又隆重又华丽，这样的大场面见多了，我也不再像刘姥姥逛大观园似的了，而是很能够气定神闲地看着，最多是在心里叹一声，美啊。

美的还有星空。雨是间或落一点的，来得快，收得也快。比如昨天吧，狠狠落了一阵子雨，天昏地暗的，摆出要下上几天几夜的架势。可等我转身去削了个苹果，再来阳台看时，雨已消失得无影无踪。白云飘过来，阳光洒下来，刚才的雨落，仿佛只是一梦。但雨到底还是落下痕迹，整座山被洗得清新出尘。天空也被洗得干干净净。夜晚的星星，一颗一颗，也像被洗过澡似的，格外亮堂，如新鲜的樱桃。

对这样的星空，我也不惊叹了。也不再半夜里爬起来看了。每天都有得看啊，晚饭后绕着山头转一圈，一抬头就是了。

在这里生活，一切都慢下来，人可以像一粒种子似的慢慢出芽，慢慢长叶，慢慢抽茎，慢慢结花苞。人可以清晰地看到自己内心的所需所求。回来做自己吧。整座山说。

站山头，环顾四周，看到一些高层建筑如雨后春笋，拔地而起，对这座山呈包围之势。我有些担忧，这世外桃源般的山头，终究是要被尘俗的迷雾给淹没了的吧？我且暂享这片刻的好，陶然忘机，做一回小神仙。

曼丢村

我想，那是通向幸福的密码吧。

曼丢，在傣语里是皇家仪仗队存放物品的地方。又被译成，提起走，不用背挑。这牵涉到一个传说故事，说是很久很久的从前，这里有个力大无穷的女人，干活时别人都要用肩挑用背扛，只有她轻轻用手一提就走。久而久之，人们便把这里叫作"曼丢"了。

从一条大道拐进林荫深处，便进入了大山腹地，一个古村落呈现在眼前。村落前有一池碧水相照。寨子顺山势而建，路路相通，房房相连，基本都是木质栏杆式傣楼建筑。有不少上了年纪的老屋，虽破旧，却一尘不染。村道是干净的。村民的衣着，也是干净的。家家都是养花高手，一盆盆多肉，被养得肥头大耳的。再破旧的房子前，也有鲜花灼灼。鲜花就是他们的日常。有妇人持一长柄勺，给花浇水。她"哗啦"一下，把一勺水喂给一盆多肉。"多肉也能浇水？"我惊讶地问。因为我平常接受的知识是，多肉要少浇水，最好干养，这么浇下去要烂根的。她笑答："能啊，谁都要喝水的嘛。"她是把花当人来养了。

他们不止敬重花草爱护花草，他们敬重和爱护所有的自然之物，这是根植于他们血液里的信仰和敬畏，也是他们传统文化的一种。其中的竜林，更是他们特有的文化。竜林的核心是将自然森林、水源林当作本民族的祖先神灵居住的家园，家园里的一切，包括那些走兽飞禽，都是神圣不可侵犯的。每个竜林里，都住着自然的精灵——竜树，即神树，在傣族人的心中，神树代表了神圣、吉祥和高尚。曼丢村有自己的神树——毒箭木，另一些古树像高山榕、菩提树，也被傣族人视为神树，寨子里的祭祀活动，大多都在神树旁举行。

每个寨子都有自己的寨神，即傣族人心中的"色曼"。每年要祭拜两次，一次是傣历八月，那是准备耕种的季节。一次是一月，是谷子成熟的时候。曼丢村祭的是女神，祭祀仪式由"色曼"主持，以鸡为主要祭品，从外寨娶进来的媳妇出两只鸡，本寨子出一只鸡，女人们杀鸡滴血后，把祭祀品摆在神树下。全村人参加祭拜活动，请求居住在竜林里的寨神降临，把游荡在寨中的一切游魂亡灵礼送出寨。这个时候，寨子周围都用茅草绳围住，寨门上插着竹篾片编制的辟邪物，本寨人不许外出，外寨人不许进来，直到祭祀活动结束才能解除。

我在好几棵古树下，都见到一束束扎成捆的礼束，它们是祭祀活动举行后留下的。在祭祀活动中，寨子里每家每户都得送上一份礼束。礼束用一根方木条、一根有四节开口的竹竿和十二根芦苇秆，也可以是十二根细竹竿捆扎而成，顶端绑上一段手工织锦和一些甘蔗叶或是茅草。在四个开口的竹节里，分别装入沙子、水、稻种和大米，寓意收到礼物的魂灵离开寨子后，一路上有粮草，有衣穿，逢山开路，遇水架桥，去到一个好地方，重新安家落户，垦田种稻，日子过得像甘蔗一样的甜蜜，兴旺发达。寨子里谁过世了，家中亲人也必扎上这样的礼束。礼束扎好后，要先送去寨心或佛寺，经由佛爷诵经、祈福，等祭祀礼成后，再移送到菩提树下。

　　说到寨心，这也是傣族村寨的一大特色。每个寨子都有自己的寨心，那是一个寨子的灵魂所在，相当于一个人的心脏部位。曼丢村的寨心，是一方洁白如玉的石头为标志物的。一年一度的祭寨心活动，放在傣历的泼水节期间。仪式非常隆重，要搭建祭台，准备祭口，堆沙，插彩旗。全村老少一个不落，过后大家会一同分享食物，放高升，跳象脚鼓舞，诵念经文，那时，一个寨子的心脏跟着欢快跳动。

　　傣族人的寨子是少不了寺庙的，曼丢村也不例外。曼丢村的寺庙还牵涉到一个美丽的传说。从前，寨子里有两个孩子，男娃叫岩香，女娃叫玉拉，他们从小一起长大，青梅竹马。两人互相爱恋，成了恋人。成年后，岩香按傣族传统风俗，要去寺庙里修行三年，玉拉留在寨子里，两人开始了长长的思念和等待。就在这对恋人苦盼相聚之际，玉拉家里出事了，她的父亲上山砍柴时摔成重伤，母亲又得了痨病，一个家摇摇欲坠。无奈之下，玉拉只得嫁人，扛起照顾全家的责任。三年后，岩香从寺庙归来，得知玉拉已嫁人，他悲伤不已。不久，他独自离开寨子，云游四方，传播佛音。又几年，玉拉病逝，岩香回到寨子，在寨子最高处建了一座寺庙，并在寺庙后面种下两棵树，那里，是他和玉拉小时常去玩耍的地方。他每天除了在寺庙里讲经，就是去树下打坐，风雨无阻，一直到他圆寂。两棵他亲手种下的树，长着长着，竟慢慢合二为一，像极了一对紧紧依偎在一起的恋人。人们想到了他和玉拉，遂把这两棵树，命名为"连理枝"。村里年轻人常来树下求姻缘，据说很灵。

橡胶林中的蚂蚁堆，是真真吓了我一跳，那活生生就是一个大坟墓。我是看介绍才知那是蚂蚁堆。西双版纳地处热带雨林，蚂蚁的种类繁多，单单白蚁就有六十多种。蚁后不断产卵，蚁群规模越来越大，所需巢穴便越来越多，工蚁们只有不停地挖啊挖啊，才能容下这庞大的家族。日积月累，堆出的泥土高高隆起，便成了"坟墓"了。我突然对"千里之堤，毁于蚁穴"有了更深的理解，别小看小蚂蚁，它们群体的力量真的能毁堤撼山。

寨子里的孩子都集中在村部玩耍，有的在打球，有的在玩滑轮，有的骑着小车奔来奔去，欢声笑语一片。我拉住一个长相水灵的女孩儿，要给她拍照。她很高兴地冲着我的镜头笑，又把另一个更小的小女孩拉过来，对我介绍："这是我的妹妹。"妹妹也立即对我摆好造型，我于是又帮她妹妹拍了一张。

黄昏了，寨子里的炊烟起，外出做工的人陆续回到寨子里，他们骑着电瓶车摩托车，一路上打着招呼说着话。鸡被赶进鸡笼了。狗跟在主人身后跳跃。我也要回了，走前，我停在一面墙前，看那上面的一行文字：幸福的曼丢处处美丽。分别用了傣文、汉文和英文书写。傣族文字看上去真像神秘的密码。我想，那是通向幸福的密码吧。

半坡寨

无人恋恋挽留，你来，自便。你走，也自便。

跟谢哥去他堂妹家做客。堂妹住在大山里头的半坡寨。

这是基诺族人的一个寨子，离景洪城区直线距离不足五公里，但我们愣是走了一个小时。因为全是盘山路，山连着山，山叠着山。山上长着橡胶树，冬末时节，都在换叶子，老叶子的面孔，呈现出回光返照的艳红，很是漂亮。山山因此而斑斓。

谢哥介绍，半坡寨的人几乎都跟他沾亲带故的。他侄子的妈妈，就是土生土长的半坡寨的人。侄子的外公外婆、五个舅舅，及一个姨妈，目前都还在寨子里住着。

谢哥不是基诺族人，他妈妈是哈尼族人，他父亲是汉族人，在基诺乡行医多年。他是跟着父亲在基诺乡长大的。

谢哥堂妹家今天杀年猪，寨子里的人都跑到堂妹家吃年猪了。堂妹也把所有的亲戚全招呼上。寨子里的风俗就是这样，年脚下，家家杀年猪。哪家杀了，全寨的人都跑去吃。一个腊月，寨子里肉香不断。

我们赶到时，猪早已杀好，该烤的肉已烤完，都分食了。吃饱的孩童们在门口空地上玩。狗也扎着堆儿撒着欢。鸡也扎堆儿撒着欢。堂妹家的院子里人声鼎沸，花花绿绿一片。山坡上的房子里也满是人。山坡上面还有山坡，那里也有房，房子里也满是人。路上不断走着端着菜盘子的人。

几张矮桌上摆满菜肴：炒肉片，煮肉片，炒猪肝大肠，拌猪血……一拨人吃完，又一拨人坐上去，菜源源不断着，吃掉会再被添上。酒是自家酿的苞谷酒，一杯接一杯，也没谁吆喝，端起来就喝。没人劝酒，没人劝菜，自取，自便。

我们扎进人堆里，找到空位子坐下。谢哥的外甥也在，他另去烤了些肉，炭火烧得旺旺的，肉在上面嗞啦嗞啦作响。这场景，看得人热血沸腾。不怎么吃肉的我，沾上盐巴，一连吃了好几块烤肉。真香啊。

当然香，猪都以食草食谷物为主，很少用猪饲料。旁边圈栏里圈着十几头猪，我被惊艳到了，那一身油光金黄的皮毛，简直贵气逼人啊。除了这金黄的猪以外，就是黑色的猪了。街上有专门卖黑猪肉的，说是山猪。

桌上坐了两个基诺族人。他们不说基诺族语，说是现在很少有人说了，也只一些老人会说。他们都说云南方言。他们告诉我，寨子里的人有地没田。一家都有几百亩的胶树地，都在山上。早些年，胶价贵着，一公斤胶可卖到四十多块钱。那时，家家都发了财。割胶苦，得凌晨两三点去割，割到早晨八九点，太阳一上来，胶就收住了，割不了了。每到割胶时，他们都是晨昏颠倒的，白天睡觉，晚上劳作。现在胶价跌了，但维持生活还是可以的。寨子里现在也没穷人了，不愁吃喝了，住房也改进了，日子过得蛮好的。他们现在既不能算是农村人，也不能算是城里人，过的是半农村半城市的生活吧。

因要赶夜路下山，酒筵未散，我们提前离席。无人恋恋挽留，你来，自便。你走，也自便。院子里还聚集着不少人，大概是要吃个通宵的了。

走到寨子门口，我忍不住回头望去，只见一轮明月，被山头托着，皎洁明亮。刚刚我们所在的院子，已跟山体完全融合在一起，分不清谁是谁了。

曼远村

我们走时，他把我们一直送到大门口，像送亲戚一般的。

通往曼远村的路两边都是果林，见得最多的是香蕉林。这个时候，香蕉挂果了，果实都用纸袋子给兜住。芒果树花期刚过，已结出细小的果子。村口有草莓园，红红的草莓，如美人的红唇，在阳光照射下，发出诱人的光泽。有个傣族女子守着她的草莓园，我跑去地里采草莓，二十五元一斤，她当场帮我用清水洗了，我丢一个到嘴里，酸酸甜甜，吃到从前的草莓味了。

一个四五岁的傣族小姑娘跑来，扯着傣族女子的衣襟，把小身子扭得像水蛇，要女子陪她玩。我问："上学了吗？"女子说："读幼儿园呢。"

村子里有幼儿园，有小学，老师都是上面派来的。小学只教到二年级。读三年级了，就要转到勐罕镇上去读。三年级有晚自习，每天他们接送小孩子来去要走八趟路。镇上也有初中，小学念完了，直接就念初中了。条件好的，也有送到景洪去念的。女子有两个小孩，大的已送到镇上去念书了。

村子里现有八十三户人家，四百多口人，大家平时说话都用傣语。不过有些傣语小孩子不会说了，但他们听得懂。我问小孩子为什么不会说？女子说："他们跟学校老师学的汉语嘛，学着学着，傣语就不怎么会说了。"我笑笑，没再说什么。心里有隐隐担忧，再过一些年，傣语会不会消失？这个古老的寨子，到时的面目又是怎样的？

进了寨子，水泥路铺得平平的，又宽敞又干净。家家房前屋后，都长着果树。以芒果树居多，还有酸角树、泡果树。家家养花，张眼处，一片姹紫嫣红。房子很大，两层，砖木结构，楼下四面敞开，客人可以自由进出。楼上是主人一家的起居间，客人不得随便上去。鸡也叫得温柔。狗也叫得温柔。寨子里的人并没有受到游客的干扰，他们该干吗还干吗。也有小摊子摆在门口的，卖些自家种的香瓜，树上摘下来的酸角和椰子。没有任何叫卖声和吆喝声。

我们在一个摊子前停下，是因为看到屋子前悬着一个巨大的豆角，好奇地问："这是什么？"漂亮的女主人笑着答道："扁豆啊。"我惊异极了，"扁豆？有这么大的扁豆吗，简直可以当艘小小的船了。"女主人仍是笑着说："有啊，山上长的啊。"村子四面都是山，什么稀奇东西都能长出来。我信了，那些山上，肯定有成了精的植物。

说到成了精的植物，村子里就有一棵。是棵榕树，有一千三百六十多年的历史了，庞大翁郁得像座小森林。傣族人信奉自然神灵，信奉树神"丢瓦拉盾迈"，寨子里的古树都保存得很好。

我品尝了香瓜、酸豆角，还捧了一只椰子当饮料。椰子太大了，一次喝不完。他们说："里面的果肉也好吃啊。"说着，给我切下一块来。果真好吃得很。

村子里有手工织布、制陶和酿酒的作坊。老远就闻到酒香味了。也是奇怪了，我是闻不惯酒的人，可这飘来的酒香味，却让我一嗅再嗅，觉得好闻极了。我们循着酒香，进了酿酒人家。一男人出来迎，非常客气地请我们喝酒。他家的酿酒手艺，是从他外祖那里传下来的。后来他来到岳父家，岳父是酿酒的高手，酿了四十年，前年过世，岳母把手艺接过来，继续酿。他现在不酿酒，只负责品酒。酒的纯度如何，他一品就知道了。

"我藏有好酒呢，我都舍不得喝。"男人神神秘秘地说。他起身，进屋，不知从哪个旮旯里倒出一杯酒来，递给我家那人。"你先闻闻，看有什么不同？"男人两眼灼热地盯着我家那人说。那人举杯靠近鼻子，深吸一口气，脸上现出陶醉色，说："真香。"男人当下长舒一口气，欣欣然笑道："当然香啊，这酒存了五年了，纯粹的苞谷酿的。"

说到苞谷酿酒，工序可多了，要先把挑好的苞谷用井水清洗两遍，水也是有讲究的，不是啥水都能用，他家的井水甘甜得很，最适合酿酒。清洗好的苞谷，放锅里煮上七个小时。然后，再用井水淘洗两遍，放甑子里蒸。蒸上两个小时，再摊开来晾上一个半小时。之后兑上酒曲，盛入筐子里。酒曲放多少才合适，酿酒师都做熟了的，他们很清楚。筐子下面垫块塑料薄膜，上面盖上盖子，搁置二十四小时。这二十四小时里，要不时去查看，因为里面的苞谷翻江倒海着，会不断冒出水来。这冒出的水，就是酒了。把这些水接出来，再放置四十天，便可以品尝了。

我们买了他五斤苞谷酒，有一斤三十块的，有一斤五十块的。我们买的五十块的。还问他买了两个漂亮的酒瓶，是这里的陶坊制作出来的。我们走时，他把我们一直送到大门口，像送亲戚一般的。

基诺山见闻录

这可爱的民间饮食，不分民族。

谢哥的父亲是个医生，长年驻扎在基诺乡的诊所里。谢哥从小跟着父亲生活，和一群基诺族的娃儿们玩在一起。他会说流利的基诺族语，且练就了一身在热带丛林中求生的本事。他说，让他只身进入丛林，只要带上一把弓，他能活上一个星期。

"那你吃什么呢？睡在哪里呢？"我问。

"睡树上啊。吃嘛，森林里能吃的东西多嘛，采采果子采采菇啊，打打猎嘛。我的箭法和枪法可好了，一瞄一个准。基诺族的男人个个都是狩猎高手。我小的时候，那里还是允许狩猎的。"谢哥笑了笑，说，"现在不允许了。"

"基诺族是我国最后一个民族，这是个很有意思的民族，是直接从原始社会过渡到社会主义社会的。'基诺'是舅舅的后代的意思，舅舅的地位很高的。现在舅舅的地位还很高，家里大事小事，都是舅舅说了算。若孩子没有舅舅，那就要认蚂蚁堆或一棵树做舅舅的。"

"二月六号是基诺族的特懋克，相当于汉族人的过年。那时，寨子里热闹得不得了，杀猪宰牛，大家都穿节日盛装，喝酒唱歌跳舞，要热闹上三天，第一天祭鼓，第二天祭铁房，第三天备耕。"

"每年过这个节，他们都会邀请我回去。今年他们若邀请我，我带你们一起去。"谢哥允诺道。

"你和他们一直有来往？"我问。

"当然有啊，我们一起长大的朋友嘛，他们都留在基诺山。每年过节我都要回去一趟，喝酒吃肉啊，玩一个通宵。"

"什么是特懋克？"我实在好奇。

"这是基诺语，是打铁的意思。他们的节日与使用铁器有关。有个传说故事嘛，网上有的，你可以搜搜。"谢哥说。他已喝下不下一斤苞谷酒了，说话开始大着舌头了。

我上网查了查，看到这样一则传说：远古的从前，基诺山还不叫"基诺山"，叫"攸乐山"。山里一个妇女怀孕了九年零九个月后，才生下她的孩子。这孩子见风长，风吹一吹，他就长高一尺。再吹一吹，又长高一尺。眨眼间，他就长成了一个一手持锤、一手握钳的壮实汉子。他立即安炉支砧，打制铁刀、铁斧。从此，攸乐山的人们都用上了铁制工具，大大提高了生产力。基诺族人为纪念这个人，每年都要举行一次打大铁的庆祝活动，特懋克节也就成了基诺族全民共庆的重大节日。

我一直等着谢哥带我去基诺山，去过一过基诺人的特懋克节。然因特殊原因，今年基诺山有关特懋克节的庆祝活动取消了，谢哥没去成，我当然就没去成。但"基诺山"三个字太诱惑我了，我一直关注着那边的情况，在得知供游人参观的"基诺山寨文化体验地"开放了，我第一时间跑了去。

体验地建立在一个叫"巴坡自然村寨"的边上，那是基诺族世代繁衍生息之地。游人甚少，景区门口冷冷清清的。只有一家店开着门，出租些棉服，说是山上冷。接待我们的导游是个胖胖的基诺族"米拷"（基诺族人管女孩叫"米拷"，男孩叫"绕拷"）。她说基诺族以胖、黑和大耳朵为美。从前他们基诺族人的牙齿，都是要用药草染黑的，那药草防蛀牙。所以，基诺族人都有一口好牙，八十岁的老太太还咬得动核桃呢。

她关照我们，进寨子有禁忌：

不能看到鼓就随便敲。有的鼓是不能敲的；

进到人家家里，阳台千万不要去，卧室千万不要去。我们这里家有家神，灵魂在卧室里。你进去了，我们基诺人会认为你把他们的灵魂带走了。

我们跟着她登山，进寨子。山不算高，也不算陡，五百多个台阶，一路而上。树木夹道的，有上百年的高叶榕，也有神神秘秘的毒箭木。台阶两旁有柱子，上面悬着牛角。导游姑娘让我们伸手去摸，她说："你们摸摸，这都是真牛角。我们这里牛越多的人家，代表越富有。每个绕拷成年时，都要杀一头牛，并将牛头挂在树上，这样就可以避邪驱灾。我们走的这条上山路，叫"牛角路"。走牛角路，寓意着通向富裕的地方。"

我对牛角兴趣不大，倒是对拴在牛角上的基诺族的那些俚语很是上心，遂慢慢地，一一看过去。

基诺族是个只有语言没有文字的民族，这些俚语能流传下来，靠的是口口相传。细细咀嚼，很有意思。我记下了几则：

　　破藤要从头破，破竹要从底破（基诺语：耶考了比，哇爬多铺）。

　　鸡冠开花开三月，健康身体一辈子（基诺语：波儿阿波虽捞妈书，泽遮稍依提桌妈书）。

　　嘴多喊不出钱财来，懒汉睡不出银子来（基诺语：白了都没卡，逼鸡猫布鲁）。

　　人不孝不交，人不诚不处（基诺语：则者私作，则者喝作）。

　　荆芥花开一层层，做人做事一步步（基诺语：鸡乌儿波泽遮扩铁，泽遮若阔阿拓铁）。

绿壳虫翅膀不变色，诚挚的爱情不变心（基诺语：
补门夺门猫升，巴波能门猫升）。

基诺族人相信山有山神，水有水神，地有地神，火有火神，
太阳有太阳神，月亮有月亮神，每个屋子里，又都住着家神。
他们崇拜所有的神灵。他们的创世女神"阿嫫腰北"，更是受到
所有基诺族人的顶礼膜拜。

有关阿嫫腰北的传说，很是惊天动地。传说是她创造了世
间万物。她用右手分开天与地。用左手抓起泥土，成山成河。
她又搓下一些泥垢，变出动物、植物和人类。世界热闹起来，
烦恼也随之来了，动物、植物和人类并不能和平共处，而是打
打闹闹，把世界的秩序搞得一塌糊涂。阿嫫腰北很生气，决
定毁灭掉这一切重创一个世界。她造了七个太阳，晒死部分植
物。又造洪水，淹死部分动物。她偏爱人类，就把基诺的祖先
玛黑、玛妞兄妹放入特制的大鼓中，躲避洪灾。洪水来了，玛
黑、玛妞躲在蒙着牛皮的大鼓里顺水漂流。他们每天击鼓，如
果鼓响了，就说明洪水已退，他们便可用刀划破鼓皮出来。大
鼓漂了七天七夜，漂到基诺山时，鼓声才响起来，兄妹俩从鼓
里爬出来。两人结为夫妻，生儿育女，成了基诺族的祖先。基
诺族也因此被称为"从大鼓里走出来的民族"。大鼓是基诺族人

的圣物。

山上悬着吉祥鼓，雕有玛黑、玛妞兄妹的塑像。有二男二女演奏他们狩猎的乐器奇柯和布谷。奇柯又称"七音竹筒"，由精心制作的七个长短不同的竹筒组成。原为盛水和饮酒的器物，在庆贺狩猎丰收时，敲击自娱。敲着敲着，敲成狩猎时的专用乐器了。我上去敲着试了试，每个竹筒发出的声音不一样，有深有浅，连成一片敲击时，居然敲出流水之音。

一阵鼓声震天震地，大鼓舞的表演开始了。在基诺山，一面大鼓的诞生，颇不寻常。先是派族人上山寻找上等材料。找到材料后，由长老率众向山神请愿，念诵祭词，完毕后，才能砍伐。制成的鼓身要等日落，才能搬至搭好的棚屋中。鼓面由黄色牛皮制作，蒙鼓前，需杀鸡祭祀。鼓身两端，各用数个木柄环绕，象征着太阳的光芒。寻常日子里，大鼓都安置在专门的鼓房里，任何人不能随意敲击。只有等到祭神等特定场合，才会请出大鼓，由长老敲响第一声，其他人方可敲击，并跳起大鼓舞。现在，表演给游人看的那面大鼓不算，他们真正的大鼓，是待在鼓房里的，无人敢随意碰触。

基诺族人服饰古朴，穿自织的带有蓝、红、黑色彩条的土布衣服。他们认为男孩子有九个灵魂，故男子的衣服由九块布组成。女孩子有七个灵魂，故女子的衣服由七块布组成。这个说法颇有意思，好像拥有好多条命似的。"可为什么女孩子少了两个灵魂？这里不是女孩子为尊的吗？"问那个导游姑娘，她摇摇头上戴着的尖顶披肩帽，笑笑，说："老人们都这么说的呀。"

去吊脚楼里喝茶。从前，基诺族人都是几代人同住一间大草房。现在住房改进了，住上吊脚楼，以琉璃瓦覆顶。底下撑着的木柱子，都是方的。导游考我们："知道这些柱子为什么是方的吗？"我们答不出。她说："防蛇呢。我们这里蛇多，如果是圆柱子，蛇很容易爬上去的。"真是长知识了。同时却起了一身鸡皮疙瘩，再走路，免不了四下张望，害怕看到蛇。

茶喝了一泡一泡再一泡，喝的都是山上的古树茶。这里原是六大茶山之首，盛产地道的普洱茶。一个基诺族的绕拷接待了我们，小伙子普通话说得不错，他讲了很多识别乔木茶和台地茶的知识。说他们的古树茶有多独特，寨子里老人们上山采茶的不易，让我们多多帮着宣传，他们将感激不尽。他们寨子里实行的，还是合作社。全寨子的好茶叶，都集中到一起卖，所得的钱，归整个寨子所有。

吊脚楼外，是连绵的茶山。一棵芭蕉碧绿碧绿的，高过楼顶去了。吊脚楼的阳台上，蹲着两个在做饭的姑娘，木炭上架着一口锅，只听见"滋啦"一声响，随即爆出的葱姜之香，溢到我们坐着的窗口来了。她们在煎鱼。我笑了，这可爱的民间饮食，不分民族。

南方以南

我觉得自己仿佛走进一段远古时光，遇见一群纯朴的先民。

一

出景洪城，沿澜沧江，一路往南，经过一个村寨，又一个村寨。它们很原始，它们又不可避免地现代着。

山上的橡胶树返青了，山山披新绿，在阳光照耀下，蒸腾起一股股若有似无的绿色烟雾。寨子掩映在绿树里，好似美人犹抱琵琶半遮面，我总忍不住要去亲近。

邂逅到一幢被遗弃的傣楼。它濒临着江，楼下空无一物，楼上搁着些旧桌椅。院子里一丛扶桑开得艳丽。沿江一排芭蕉树，叶子大得不像话。扒开那浓密的芭蕉叶，可见底下绿莹莹流动着的江水。脚下的土是红土，最适合制陶的了。在那红土地上，附生着许多地皮菜。我幻想着把这房子买下来，修修整整，住到里面。屋后栽上柚子树、菠萝蜜树、芒果树、火焰木、木棉树，院子里再长些别的花草，桂叶山牵牛很不错，那就多长些吧。三角梅顶好长了，最好用它做篱笆墙。鸡是要养一些的，狗是要养一只的，还要养只猫，让它们做朋友。我这么想着想着，笑起来。愿望真是美好。

路过橄榄坝农场三分场第六生产队，进去看了看。几排很有些年代的老房子里，都还住着人。这时节山上的橡胶还不能割，人们歇在家里，有的在聊天，有的在打牌。见到我们，也没表现出惊讶，只是略略抬眼看了看，又继续他们的聊天和打牌。

一破旧的院门前，长着一棵开花的蕉。长长的花茎上，高擎着一朵粉红，粉面含娇，跟荷花别无二样。我被花吸引住了，觉得它好看，好看极了。一老人提着一桶水出门，见我仰头看花，他主动告诉我："这是我栽的。"又指指隔不远的地方，"那边边上的几棵，也是我栽的。"那边是运动场，设有篮球架。我看过去，几棵开花的蕉很是显目。

我由衷夸："您真了不起，长出这么漂亮的花。这是什么蕉？"

老人笑了，说："这是花，不是蕉。"

"可它长着蕉的叶子啊。"

314

老人抬头看了看，说："这是花蕉，我长着看花的。"

我乐了。好吧，这是花蕉。向一颗爱花的心致敬。

二

第一次听说河里的青苔也是能吃的。

具体怎么吃呢？当然要先从河里把它捞上来。打捞的最好时节就是眼下二、三月。过了二、三月，河里没有了。或者有，也不能捞了。"那时候捞起来的，不好吃。"脸庞丰润的傣家妇人告诉我。

捞上来之后，要用模具把它压成型，再摊开来晒干了。然后，用火烤，烤完后，揉成碎末，就可以炒着吃了，也可以煮汤。

妇人说话时，手里可一直没闲着。她忙着把一个个薄薄的绿色圆饼样的东西，用牙签串在一起。她家竹楼前，已摊着很多了。那是在勐罕镇上。我本是闲逛来着，一眼瞥见她家竹楼前那一地蔚为壮观的绿绿的圆饼子，好奇得不得了，自然要上前寻问了。

"你们以前就吃这个？"

"以前就吃啊。"

"这么多啊，都是你捞的？"

"是的啊。别人预定了，这压出的青苔饼子，三块钱一个呢。"

"那你可要发财了。"我打趣道。

她笑了。说她家山上还有好多橡胶树。另外还有些耕地，耕地被大老板租去种果树了。

她家竹楼占地很大。她有些不好意思地说："不知道来客人，哎呀，家里太乱了。"得知我是江苏人，她高兴地说："江苏我去过呢，跟旅游团去的。"

"去了苏州呀，无锡呀，去了十天呢。那里真漂亮，我们看了好多老房子。"

"是那种粉墙黛瓦的，小桥流水的？"我问。

她高兴地说："对啊，对啊，小桥流水的，粉墙黛瓦的，漂亮的。"

我扑哧笑了，我说："你们这里也很漂亮啊。"

我不远千里而来，她不远千里而去，我们原本都是从风景里走出来的人啊。

三

曼空岱村的道路平坦宽阔，家家鲜花簇簇，竹筒里可养花，木桩里可养花，石头里可养花，瓦片里可养花……花无处不

316

在，开得又丰腴又阔气。上午时光，村子里少有人走动，不时听到鸡鸣鸟叫，更添一份静谧。

我走进一户簇新的宅子里。看得出来，那是新盖不久的，在原先傣楼的基础上，改进了不少，屋顶以绿琉璃瓦覆顶。一楼辟了一处，展览手工陶器，架子上摆了不少陶罐陶瓶陶盆。他们采用的是远古时期的制陶技术——慢轮制陶，器物表面均用有纹的木拍拍打出印纹。

女主人坐在门口喝茶，说那是一个老人制作的。"今天老人没来，大概有什么事吧。"她说。

她的院子收拾得好像有贵宾要来，门前还铺着塑料草坪，上面摆满鲜艳欲滴的鲜花。我真心夸："你家宅子真大，收拾得真干净。"她听了，开心得很，陪我聊起来。说从前不是这样的，现在村子要评美丽乡村，家家户户都收拾得很干净了。

她领我看她家的宅子，告诉我柱子是买的什么什么木头。"好着呢，贵着呢，"她说，"一幢这样的宅子，建起来要花二十万，能住上三十年。地震嘛，楼会晃一晃，不会倒的。"

我惊奇："这里有地震？"

她平静地答："有啊，常有，三到四级的，没事的。"

她只有一个儿子，21岁，在景洪打工。她平时若是不割橡胶，也出去打工。她家的经济收入，主要靠割胶和打工。她有橡胶地几亩，有耕地几亩。"生活还是很舒服的。"她总结道。

在曼累讷村，刚好撞见一户人家在办喜宴。河南的小伙子与傣家姑娘在打工时相识,恋爱两年,过年时,姑娘跟小伙子回了河南老家。今天是他们举行订婚仪式,小伙子的家人也都从河南赶过来了。全村二十三户人家一个不落,都跑来同庆。我和那人在门口刚一露面,男主人就跑出来了。得知我们只是偶然路过,他热情相邀:"快快进来,一起吃饭吧。"

谢绝了那份好意,匆匆跑出来。有村人指引,说:"从这里走上去,你们可以随便逛啊。"路上所遇之人,皆是良善的友好的。我觉得自己仿佛走进一段远古时光,遇见一群纯朴的先民。

四

穿过一片柚子林,眼前竟出现了一块草地。草地上,有三匹马在吃着草。大约听到我们的动静了,远处的狗叫起来。临江有一幢房子,狗叫声是从那里传出来的。

我们到达江边浅滩处,遇见好多的木蓝、飞机草、青葙和猪屎豆。猪屎豆的名字不好听,可花儿委实算得上好看,一串串豆瓣似的黄花,在微风中摇曳,摇出很像油画的感觉。江边蹲着几个人在垂钓,他们的身影被花儿掩映着,看上去也很像油画。他们中有女人,在江边生起一堆火,钓上的鱼现烤了吃。江面在这里显得比较宽阔,碧绿碧绿地铺展开去,一直铺向远处两峰的夹缝中去了。

我们越过浅滩，钻进一片橡胶林，橡胶林的尽头，就是江。我坐到临江的一块石头上，吹着江风，眺望着江和远处的山。想起文坛上一字公案，是有关陶渊明的"采菊东篱下"，后面一句到底是悠然"见"南山，还是悠然"望"南山呢？大文豪苏轼力主用"见"字，并留下这么一段言辞激烈的话：

因采菊而见山，境与意会，此句最有妙处。近岁俗本皆作望南山，则此一篇神气都索然矣。古人用意深微，而俗士率然妄以意改，此最可疾！

后世之人皆以此为标准，都说"见"比"望"更贴切。我却更喜欢"望"字，它更符合陶渊明悠然的心境。他回归田园，心态很放松了，没有乍惊乍喜了，世外的纷扰离得远远的，再也扰乱不了他的心，他只和他的菊花和他的南山待在一起，日日陶陶相望。

我坐在江边，望着远山，如老朋友般的，就那么遥遥望着，神态怡然。山峰住进青绿的江里，江水会不会把它们带到远方去？我在那里待了很久，一直待到日落西山。